세계화 시대의 서양 현대사

Contemporary Western Civilization
in the Age of Globalization
by Chungki Song, Namsub Kim, et al.

ACANET, Seoul, Korea, 2009

ACANET STUDENT EDITION

세계화 시대의
서양 현대사

송충기, 류한수, 박상철, 김진희, 황보영조, 김학이,
이용재, 최승완, 이남희, 박구병, 김남섭, 배영수

아카넷

머리말

20세기를 마감한 지 채 10년도 되지 않은 시점에서 벌써 그 시기를 역사의 장으로 불러내는 작업은 우리에게 어렵고도 과중하다. 역사를 연구하고 서술하는 데 쉽고 가벼운 시기가 따로 있지 않겠지만, 다른 시기보다 20세기에 대한 종합적 서술이 유독 어려운 데는 그럴 만한 이유가 있다. 지난 세기에는 무엇보다 사건들이 더 이상 일국적 차원에 머무르지 않고 국제적으로 서로 긴밀하게 영향을 주고받았던 것이다. 이렇게 세계화가 본격적으로 진행된 시대를 제대로 이해하는 일은 지금까지의 관행대로 각국사의 내적인 역동성을 파악하는 것만으로는 불가능하다. 그보다는 세계적 차원에서 전체적인 맥락을 강조하는 것이 필수적일 것이다. 세계화에서 결코 자유롭지 않은 우리도 더 이상 그 맥락을 무시하기 어렵게 되었다.

  사정이 이러한데도 20세기를 이해하려는 국내의 방법론과 연구는 여전히 지지부진하다. 20세기 전반기에 대한 연구도 결코 충분하다 할 수 없지만, 특히 냉전 성립 후인 1960년대 이후의 역사는 역사학자의 눈길조차 거의 받아보지 못했다. 물론 20세기 후반기에 대한 역사학적 연구가 거의 전

무하다시피 한 것은 무엇보다 지금까지 우리 학계가 역사학 본연의 황금률
인 객관성을 담보하겠다는 이유로 최근의 시대적 상황과 흐름을 검토하고
분석하려는 시도를 은연중 회피했기 때문이다. 이 시기에 대한 연구는 주
로 사회과학자들의 몫이었다. 그 결과 당대의 사건들에 대한 연구는 시간
에 따른 변화보다는 정적인 구조적 분석을 강조하기에 이르렀다. 현대사
연구의 낙후성은 또한 '현대사' 개념과 방법론이 정립되어 있지 않은 데에
서도 잘 나타난다. 현대사의 전통적 의미는 '동시대사'에 가깝지만, 우리에
게는 그 개념에 대한 학술적 논의가 거의 없었다. 게다가 다른 시대사 연구
와 달리 사료가 넘쳐나고 또 전통적인 문헌사료보다는 사진과 영상매체 등
새로운 형태의 사료가 유난히 많아 현대사연구에는 또 다른 연구방법론이
요청됨에도 불구하고 기존의 방법론이 답습되어 왔다.

이러한 상황에서 20세기 현대사를 기술하는 것은 무모한 시도일 수밖에
없다. 그럼에도 이 책의 집필진은 현대사에 대한 관심을 환기시키고 현대
사에 대한 사회적 요구에 조금이나마 부응할 필요를 느꼈다. 이러한 필요
에 공감하여 그간 20세기를 전공분야로 삼고 대학에서 서양현대사를 강의
해오고 있는 연구자들이 이 시기의 주요 흐름들을 함께 연구하고자 모임을
결성했다. 그나마 다행스러운 것은 최근 서양현대사를 전공한 젊은 학자의
수가 늘어나 지난 세기의 주요 주제들을 다룰 수 있는 최소한의 조건이 마
련되었다는 점이다. 물론 이들 대다수는 그동안 세세한 주제를 연구했을
뿐 시대적 흐름이라는 커다란 그림을 그려 본 적은 없었다. 이러한 일천한
경험에도 불구하고 집필진은 용기를 내서 일국적 차원을 넘어서 좀 더 거
시적이고 장기적으로 사건들의 흐름을 파악하는 공동 작업을 기획했다.

이번 작업에서 집필진이 애초부터 염두에 두고 있었던 것은, 우선 현대
사회는 그 어느 때보다도 국가와 국가 사이, 사회와 사회 사이에 인적, 물
적 교류가 활발한 만큼 일국사적 관점에서 현대사를 파악하는 것은 한계가
있다는 점이다. 따라서 역사를 국가의 경계를 뛰어넘어 좀 더 거시적인 지

역적 관점이나 혹은 인류 전체의 시각에서 바라보는 세계사적 관점에서 파악해야 한다는 점을 강조하고자 했다. 둘째, 기존의 서양 현대사 서술은 주로 정치사와 외교사 혹은 경제사에 치우쳐 있었으나, 이제는 사회사나 문화사가 강조되어야 한다는 것이다. 특히 지난 몇 십 년간 집중적으로 연구된 분야인 사회사와 문화사의 연구 성과를 이 서술에 반영하고자 했다. 셋째, 현대사의 영역을 시간적, 공간적으로 확장해야 한다는 것이다. 최근까지도 서양 현대사는 20세기 전반기만을 주로 다루었다. 하지만 집필진은 이제 서양 현대사의 기본적인 흐름을 제대로 파악할 수 있기 위해서는 20세기 후반에 일어난 굵직한 사건들을 빼놓을 수 없다고 여겼다. 그래서 이 책에서는 20세기 후반의 주된 주제인 냉전, 68운동, 사회주의 몰락을 포함하였다. 또한 공간적으로 라틴아메리카를 추가했고, 여성을 하나의 주제로 독립시켜 기술했다.

물론 이러한 취지가 구체적 서술에 얼마나 반영되었는지에 대해서는 집필자들 스스로도 회의적이다. 게다가 서술방식에서 일관성이 지켜지지 않은 부분도 있다. 또한 꼭 필요하다고 계획했던 주제가 여러 이유에서 취소되거나, 적임자로 여겨졌던 필자가 이런저런 사정으로 그만두고 다른 필자가 대신하여 집필하는 등 우여곡절도 있었다. 무엇보다도 안타까운 점은 이 작업을 진행하면서 대부분의 필자들이 시대사의 흐름을 아우를 만한 깊이 있는 지식과 충분한 통찰력을 갖고 있지 않음을 자인할 수밖에 없었다는 것이다. 사실 여기에서 다룬 주제들을 기술하기 위해서는 여러 시대와 여러 나라를 관통하는 폭넓은 경험과 사고가 필요했는데, 안타깝게도 필자 대부분은 그렇지 못했다.

이러한 역부족을 인정하면서도 우리가 기어코 책을 내고자 한 것은 우선 20세기 서양사를 한 눈에 살필 수 있는 책이 거의 없다고 생각했기 때문이다. 그나마 20세기를 다룬 역사책은 대부분 서양의 학자들이 집필한 번역서이어서 한국의 관점이라는 또 다른 맥락이 필요한 국내의 독자들이 그것을 이해하는 데에는 많은 어려움이 있었다. 그러나 무엇보다도 필자들이 책을 출간하는 만용을 부린 것은 스스로의 한계를 고스란히 독자 앞에 밝히는 것도 필요하다는 자각 때문이었다. 이를 계기로 이후 더 나은 개설서가 나오고 더 많은 연구가 이루어진다면, 우리는 더 이상 바랄 것이 없겠다.

책이 나오기까지 많은 도움이 있었다. 우선 대우재단과 한국학술협의회의 지원이 없었더라면, 이 시도는 결코 실현되기 어려웠을 것이다. 장기간의 공동연구가 그마나 끝을 맺을 수 있었던 것은 이러한 피할 수 없는 외적인 압력이 있었기 때문이다. 또한 각자 개성이 뚜렷한 필자가 여럿인 탓으로 책을 만드는 과정도 순탄치 않았다. 그 과정에서 수고를 아끼지 않은 아카넷 출판사 여러분에게 이 자리를 빌려 깊이 감사드린다.

2009년 8월

저자들을 대신하여

송충기, 김남섭

차례

세부 차례

제1장

20세기 초 서양 세계

송충기 공주대 사학과

【연표】

1882	삼국동맹(독일, 오스트리아-헝가리, 이탈리아) 성립
1890	비스마르크의 실각과 빌헬름 2세의 친정체제
1891	시베리아 철도 건설 시작
1894	러시아와 프랑스 동맹
1898	파쇼다 사건, 드레퓌스 사건
1899~1902	보어전쟁
1900	막스 플랑크의 양자론
1901	빅토리아 여왕 사망(재위 1837~1901)
1903	라이트 형제의 비행기 발명
1904~1905	러일전쟁
1904	파나마 운하 건설 시작
1905	러시아 제1차 혁명, 아인슈타인 특수상대성 원리, 프로이트의 성이론
1905~1906	제1차 모로코 사건
1907	삼국협상(영국, 프랑스, 러시아), 할리우드 건설: 영화산업의 시작
1909	피어리의 북극 탐험 성공
1911	아문센의 남극 탐험 성공, 제2차 모로코 사건
1912	타이태닉 호의 침몰
1912~1913	제1, 2차 발칸 전쟁
1914	제1차 세계대전 발발

장밋빛 미래에서 절망의 세기로

1900년을 맞이하는 서양 사람들은 이들보다 1세기 후에 살았던 사람들보다 훨씬 더 낙관적이었다. 오랫동안 총성이 들리지 않았고, 기술은 끝없이 발전하고 있었으며, 삶은 점점 더 풍요로워지고 있었다. 따라서 사람들은 국가와 사회가 더욱 진보하리라는 믿음을 자연스럽게 갖게 되었다. 하지만 슈펭글러가 『서구의 몰락』을 쓰게 된 계기인 제2차 모로코 사건(1911)을 시작으로, 이러한 낙관론이 무너지는 데까지는 그리 많은 시간이 걸리지 않았다. 이어 두 차례에 걸친 대전으로 사람들은 더욱 비관론에 젖어들었고, 홀로코스트 등 인종 전쟁과 이데올로기 전쟁을 겪으면서 절망의 나락으로 빠져들었다.

왜 이러한 일이 벌어졌을까? 낙관론의 근저에 깔려 있던 파국의 전조를 일찍 알아차리지 못한 탓일까? 아니면 문명이 갑작스럽게 파국으로 치닫게 된 것일까? 지나고 나서 살펴보면, 이 파국은 사실 19세기 후반에 거세진 식민지 쟁탈전[1]에서 이미 시작되었다. 아시아와 아프리카에 진출한 유럽 국가들은 식민지를 놓고 서로 갈등을 빚었지만 가급적 총을 감춘 채 평화를 연출하여 겉으로는 진보와 화합이 계속될 것처럼 보였다. 하지만 그 내부에서는 이미 돌이킬 수 없는 갈등의 씨앗이 잉태되고 있었다. 이들 국가들도 어렴풋이 이를 감지하고 있었지만 그 충돌이 저 멀리 식민지 대륙에서 일어날 것이라고 애써 스스로를 달래고 있었을 뿐이었다. 그러나 문명을 이식한다는 명분으로 아프리카 식민지에 진출했던 이들이 그 과정에서 경험한 것은 오히려 야만이었다. 야만적인 행위에 쉽게 젖어든 이들은 이후 피할 수 없는 충돌을 일으켰고 그것은 곧바로 유럽의 변방인 발칸을

---

1 여기에서는 제국주의라는 용어를 가급적 피하고자 한다. 이는 이 용어가 많은 논쟁점을 내포한 것이기 때문이기도 하지만, 후술할 것처럼 기존의 의미로는 이 시대의 다양한 모습을 포괄할 수 없기 때문이다.

거쳐 거침없이 유럽의 안방까지 치달았다. 일단 유럽 대륙에 상륙한 야만적인 충돌은 결코 그 기세를 누그러뜨릴 줄 몰랐다. 유럽의 심장부를 강타한 충돌의 씨앗은 순식간에 세계적 차원으로 증폭되어 희망의 20세기를 갑자기 '야만의 세기'로 바꾸어놓았다.

그러므로 서양 현대사의 시작은 홉스봄(E. Hobsbawm)이 『극단의 시대』에서 설명한 것처럼, 1914년 제1차 세계대전으로 유럽이 위기를 맞고 이어 1917년 러시아 혁명으로 새로운 체제가 수립되는 시점, 곧 세계적 충돌의 씨앗이 뿌려진 시점이라고 할 수 있다. 이때 일어난 변화는 근본적으로 19세기에 성립한 두 가지 현상—하나는 국내적인 것으로 부르주아 사회의 성립, 그리고 다른 하나는 국제적인 것으로 식민지 쟁탈전—이 위기를 맞이하면서 비롯되었다. 19세기 중반 영국 빅토리아 시대에 부르주아지가 등장한 것과 이들이 주도하여 벌인 식민지 쟁탈은 사실 내적으로 서로 연관되어 있었다.

1789년 프랑스 혁명을 거치면서 유럽에서 정치권의 주역으로 나선 부르주아지는 19세기 중반에 이르러서는 정치뿐만 아니라 사회의 여러 방면에서 영향력을 행사할 수 있게 되었다. 하지만 1870년대 이후 부르주아지는 국내외의 여러 측면에서 위기를 맞았다. 부르주아는 점차 분화되어서 귀족과 노동계급이 양쪽에서 벌이는 공격에 속수무책이었다. 귀족은 점차 세력을 잃어가고 있었지만, 노동계급과 사회주의는 나날이 성장하고 있었다. 또한 민족주의는 점차 공격적인 경향을 띠기 시작했고 여성과 소수집단의 갈등까지 이에 가세하면서, 부르주아지 사회는 각종 위기에 노출되어 있었다.

게다가 이미 유럽의 중심부는 식민지 쟁탈전으로 조화와 화해가 아닌 배제와 파괴의 논리에 젖어 있었다. 서구의 여러 나라는 문명의 전파자로서 인종의 우월성을 강조했고 열등한 부분을 과감하게 도려내어 제거하는 방식을 옹호했다.[2] 바로 이들이 '주변부'에서 시행한 식민지 정복의 논리는 부메랑처럼 다시 중심부로 돌아와 유럽의 심장을 겨누었다. 국내에서도 이

제 식민지를 경영하면서 사용했던 논법, 곧 중심과 주변, 지배와 복종, 근대와 전통, 우수성과 열등성의 이분법에 익숙해졌다. 이렇게 국내에 이식된 식민지 통치술은 식민지 쟁탈전으로 일시적으로 잠잠해졌던 내부의 갈등을 다시 일깨웠다. 그래서 갈등의 불씨가 옮겨 붙자 누구도 그것을 통제할 수 없게 되었다. 식민지에서만 벌어졌던 억압과 전쟁, 그리고 인종학살이 이제 중심부에서 등장하기 시작했다.

이처럼 이 시기에 영국, 프랑스 등 서구의 국가들은 국외에서는 뒤늦게 식민지 쟁탈에 뛰어든 독일 등과 충돌을 빚고 있었고, 국내에서는 사회주의와 노동계급이 대두하여 부르주아지 사회에 심각한 도전을 해왔다. 처음에는 이 국내외의 위기가 아무런 연관이 없는 것처럼 보였으나, 점차 하나의 위기로 귀결되었다. 곧 한편으로는 국내 문제를 해결하기 위해 관심을 국외로 돌리게 되면서 식민지를 둘러싼 충돌의 위험성은 더욱 커졌고, 거꾸로 식민지 쟁탈전을 거치면서 이들이 경험한 야만적 해결책이 다시 국내에 이식됨으로써, 두 위기는 하나가 되었다. 이처럼 20세기 초에 나타났던 전쟁, 혁명, 대공황의 전조는 국내 위기의 심화와 해외 식민지 갈등이 서로 결합하면서 비롯되었던 것이다. 이것이 서로 결합되지 않았다면 위기와 갈등이 있었다고 해도 그것은 아마 유럽 내부의 일로 끝났을 것이다. 하지만 막 등장한 부르주아 사회가 맞이했던 국내의 위기와 해외의 식민지 쟁탈전은 서로의 갈등을 증폭시키면서 급기야 전 지구 차원의 파국으로 번졌다.

이처럼 20세기 초기는 서구 유럽과 그 밖의 세계가 하나로 연결되는 과정이었다. 19세기 서구는 자본주의의 발전을 통해 국내에서 서로 대립하는 두 사회를 만들어냈고, 이어 식민지 정복을 통해 서로 대립하는 두 세계를 만들어냈다. 이 사회들과 세계들은 비록 서로 대립하고 있었지만 이미 시

2 일국사 차원을 넘어선 보편사를 강조하고 인류 역사를 몇몇 대표적인 문명권으로 나누어 그 흥망성쇠를 기록하는 시각이 이때 유행한 것은 결코 우연이 아니다.

작된 '세계화(globalization)'로 서로 연결되어 있었다.

세계화 시대의 개막

이 '세계화'는 지리적 정복과 이주, 그리고 경제적 통합으로 시작되었다. 미국의 저명한 엔지니어 조지 모리슨(George S. Morison)은 1898년 다가올 미래를 다음과 같이 전망했다. "동력을 생산함으로써 우리는 전 지구를 횡단할 수단을 얻었다. 더구나 안정된 속도로 횡단하면서 모든 인종을 한데 모으기 때문에, 조만간 능력상의 모든 차이가 제거될 것이다. ······ 이로써 국경은 무너지고 마침내 전 인류는 하나의 거대한 전체가 될 것이다"(Morison, 1903, 6쪽). 그것은 사실 20세기 초에 부분적으로 이미 그렇게 되었다. 지구는 지리적으로 하나로 통합되었다. 아프리카 탐험에 이어, 1909년과 1911년에 북극과 남극이 각각 차례로 정복됨으로써, 지구는 그야말로 사람의 손길이 닿지 않은 곳이 없게 되었다. 이들의 탐험은 눈에 보이는 실질적인 이득은 없었지만, 그 어느 것보다 손에 땀을 쥐게 하는 긴장감을 불어넣었다. 이렇듯 자본주의의 경쟁은 이제 양극까지 미치고 있었던 것이다. 1900년의 시점에서 보면 수에즈 운하가 완성된 지 이미 30년이 흘렀고, 1904년에는 파나마 운하의 공사가 개시될 참이었다. 어디 이것뿐이었겠는가? 같은 해에 완성된 시베리아 횡단철도 덕분에 이제 2주일이면 파리에서 블라디보스토크까지 갈 수 있게 되었다.

지리적 환경의 변화만이 '20세기 초의 세계화'를 가져다준 것은 아니었다. 세계화의 양상은 우선 인구 증가의 결과였다. 1900년 지구의 인구는 약 16억 3000만 명으로 추산된다. 그보다 1세기 전인 1800년에는 약 9억 5000만 명이었으니, 1세기 동안 인구가 거의 두 배로 늘었다. 가장 인구가 많은 대륙은 여전히 아시아였지만(약 55%), 19세기 줄곧 가장 빠른 인구 증가를 보인 곳은 아메리카였다. 이 시기에 이 지역 인구는 약 3000만 명에서 1억 6000만 명으로 놀라운 증가세를 보였다. 특히 북미 대륙은 약 700만 명에서 8000만 명으로 10배 이상 늘었는데, 이것은 물론 이민자가 없었다면 불가능했을 것이다. 유럽은 이 지역으로 많은 이민자를 보내고서도, 1800년에 약 2억 명이던 인구가 1900년에는 4억 명으로 두 배나 늘어났다. 이러한 기하급수적 인구 증가는 산업혁명과 공중위생의 개선으로 가능했다. 하지만 과학 기술과 의료 시설의 개선에 따른 혜택은 아직 유럽에만 국한된 현상이었다.

인구증가와 더불어 인적 교류의 확대가 세계화 시대의 개막을 알렸다. 19세기 이민자의 수만 보더라도 세계가 어떻게 변하고 있었는지를 실감할 수 있다. 미국은 1821년부터 1920년까지 주로 유럽에서 3300만 명을 받아들였다. 유럽은 미국뿐만 아니라 북아프리카(주로 프랑스 이민자 150만 명)와 오세아니아(주로 영국 이민자 200만 명), 남아메리카 지역(360만 명)에도 많은 이민자를 보냈다. 이민자의 수만 보아도 놀랍거니와, 이들이 이주한 경험이 1세기 동안 유럽 밖에 미친 영향까지를 감안하면, 그것의 영향력은 단순한 수치로 설명되지 않는다. 그래서 역사가 홉스봄은 『제국의 시대 1875~1914』를 기술하면서, 가장 먼저 자신의 가족사를 언급한다. 오스트리아 출신의 어머니와 러시아 출신이며 영국으로 이민한 아버지가 만난 곳은, 영국도 오스트리아도 아닌 제3의 장소 카이로였다. 그러한 만남이 이전 시기에는 불가능했을 것이다. 우리는 현재 이민 2세와 같이 민족과 국가의 경계를 뛰어넘는 새로운 집단의 출현을 목격하고 있지만, 1900년의 서양 세계에서도 그것은 전혀 놀라운 현상이 아니었다.

세계가 좁아지면서 여행객도 늘어났다. 1879년 한 해에 스위스를 관광한 사람은 이미 100만 명에 육박했고, 그 가운데 약 20만 명이 미국인이었다. "산, 호수, 대양은 더 이상 예전처럼 멀리 떨어져 있지 않았다. 자전거, 자동차, 기차가 거리를 단축하여 세계에 새로운 공간성을 부여했다. …… 예전에는 오직 소수 특권층만이 해외여행을 했지만, 이제는 은행 직원이나 소규모 무역업자들도 프랑스와 이탈리아로 여행한다."(츠바이크, 2001, 201 쪽)는 슈테판 츠바이크의 주장은 결코 과장이 아니었다. 20세기 초가 되면서 인적 교류는 이민이나 여행에 국한된 것이 아니라, 국제무역, 유학, 기술 원조 등 새로운 방면에서도 이루어지게 된다.

거리상의 단축은 피부로 느낄 수 있었다. 1873년에 출판된 쥘 베른의 책 제목인 '80일간의 세계일주'는 사실상 세계 일주의 기준이 되었다. 많은 사람이 그 기록을 뛰어넘고자 했으며, 표준 시간의 도입, 전화, 무선의 도입으로 기록 단축은 그야말로 시간문제가 되었다. 1892년에는 60일 정도가 되었고 이후 해마다 그 기간이 짧아졌음은 두말할 나위가 없다. 전화의 발명도 사람들의 거리감을 줄여주었다. 1870년대부터 각국은 전화를 사용하기 시작했으며 세기말에 이르러서는 전화를 사용하는 사람의 수가 기하급수적으로 늘었다. 1891년 파리와 브뤼셀 사이에 국제선이 놓였고, 이어 영국과 프랑스 사이에 해저 전화 케이블도 개통되었다. 1912년 4월 14일 한밤중에 일어난 타이태닉 호의 침몰은 근대 기술에 대한 맹신에서 비롯된 비극적인 사고였지만, 사람들은 침몰한 지 2시간 만에 무선전신을 통해 재난 소식을 처음 접했고 다음 날 이른 새벽에는 전 세계에서 이 소식을 알게 되었다.

사회적 여건도 세계화를 부추길 새로운 단계에 돌입했다. 표준시의 등장이 바로 그것이었다. 14세기 시계가 발명된 이래 세계는 고사하고 한 나라 안에서도 단일하고 공적인 시간은 여전히 존재하지 않았다. 영국에서는 19세기 중반 표준시가 등장했지만 다른 곳은 여전히 다양한 지방시를 사용하고 있었다. 그러나 사람들의 교류가 차츰 많아지면서 표준시에 대한 요구가 커졌다. 1886년에 이를 요구한 캐나다 공학자 플레밍(Fleming)에 따르면, 전신(電信)을 사용함으로써 "지구상의 모든 곳이 문명사회의 관측 범위 안으로 들어왔고 멀리 떨어진 지역들 간의 시차도 모두 지워져버렸다."(스티븐 컨, 2004, 42~45쪽). 특히 당시 급속도로 발전한 철도에서 표준시의 도입은 필수적이었다. 각 현지 시간에 맞추다가는 워싱턴에서 샌프란시스코까지 200번이 넘게 시계를 새로 맞추어야 했기 때문이다. 이러한 요구 때문에 미국의 철도회사는 1883년 표준시를 받아들였다. 그리고 이어 1884년 그리니치 천문대를 기준으로 이제 전 세계가 동일한 시간 축에 따라 움직일 수 있게 되었다. 독일의 몰트케(Helmuth von Moltke) 백작은 1891년 독일 의회에서 표준시를 채택해야 한다고 주장했다. 이에 따라 1890년대에는 벨기에, 네덜란드, 독일, 오스트리아, 이탈리아가 표준시를 받아들였다.

이주와 여행의 상황이 이렇다면 자본은 과연 어떠했을까? 사실 당시의 자본 흐름을 파악한 신뢰할 만한 통계가 없기 때문에 확실한 근거를 갖고 이야기할 수는 없지만, 이 시기에 총자본에서 국제 자본이 차지하는 비중은 아마 20세기 말에 비해 결코 적지 않았을 것이다. 오히려 20세기가 진행되면서 두 차례 세계대전과 대공황, 그리고 탈(脫)식민지화 등의 영향으로 보호주의적 조치들이 늘어나면서 국제 자본의 비중은 점차 줄어들었다. 따라서 자본의 측면에서만 본다면, 20세기 초는 세계화의 세기가 시작된 것이 아니라, 오히려 기존에 이룩된 세계화에 대한 저항이 시작된 시기였다.

경제 분야에서 세계화의 첨병은 물론 다국적 기업이었다. 물론 이전에도 국가의 경계를 뛰어넘어 무역을 한 사례는 많았고, 메디치(Medici) 가와 푸거(Fugger) 가 등이 다국적 성격을 지향한 상거래를 했지만, 근대적 의미의 다국적 기업이 등장한 것은 19세기 말과 20세기 초이다(Wilkins, 2005, 45~79쪽). 이들 기업들은 당시 일어난 운송과 매체의 혁명에 힘입어 무역, 금융, 기술, 제조업을 하나로 통합했으며, 특히 초기에는 석유와 석탄, 철강 등을 주요 산업 분야로 삼았지만, 이후 제조업을 기반으로 하는 다국적 기업을 탄생시켰다. 재봉틀 제조업체의 대명사인 미국 싱어(Singer) 사는 19세기 중반에 이미 유럽 시장을 개척하여, 제1차 세계대전 이전에 미국 본사 공장보다 스코틀랜드 현지 공장에서 재봉틀을 더 많이 생산할 정도가

1900년 《펀치(*Punch*)》지에 실린 세실 로즈의 거상(巨像). 세실 로즈가 케이프타운에서 카이로까지 전신망을 구축하겠다고 밝힌 후 나온 캐리커처이다.

되었다. 우리에게는 다소 생소하지만 무명실 제조업체인 스코틀랜드의 코트(Coats) 사는 1860년대부터 해외 지점망을 개설하여 1900년대 초에는 러시아, 미국, 라틴아메리카, 그리고 일본까지 진출했다. 독일의 지멘스(Siemens) 사도 비슷한 시기에 영국과 러시아에 공장을 세웠다. 아스피린으로 유명한 독일의 화학약품 회사인 바이에르(Bayer) 사도 1900년경에는 다국적 기업의 면모를 갖추었다. 미국과 영국, 독일의 회사들뿐만 아니라, 프랑스, 스웨덴, 스위스, 네덜란드, 그리고 벨기에 회사들도 이에 가세했다. 세실 로즈(Cecil Rhodes)는 금광을 채굴하여 제국주의 사업가로서 상징적인 존재가 되었지만, 사실 그의 뒤에는 로스차일드(Rothschild) 가가 버티고 있었다. 로즈가 일군 회사로 전 세계 다이아몬드 사업의 90퍼센트를 장악하고 있던 데베르스(De Beers) 사의 주주였던 로스차일드는 로즈보다 두 배나 많은 주식을 보유하고 있었다.

하지만 이 시기가 1870년대부터 1896년까지 계속된 경제적 대(大)불황기를 겪고 난 후라는 점을 잊어서는 안 된다. 이 시기에 겪은 심각한 경제 불황의 여파로 자유무역보다는 보호무역이 점차 확대되고 있었다. 독일, 프랑스, 미국, 이탈리아 등에서는 정치적인 민족주의가 고조됨과 더불어, 그 어느 때보다 보호무역주의가 시대적 조류로 자리를 잡았다. 여전히 자유무역의 대변자 노릇을 하던 영국에서조차 관세 개혁에 대한 논쟁이 들끓었다는 점에서 알 수 있듯이, 이 시기에는 전통적인 자유주의 무역에 대한 반발이 고조되었다.

그렇지만 1900년의 세계가 더 이상 유럽을 중심으로 하지 않는다는 것만은 분명해 보였다. '서구의 몰락'이라고 일컫기에는 아직 일렀지만, 적어도 서양 세계 안에서 중심축이 이동하기 시작했다. 1920년대에 들어서면 이 세기가 '유럽의 세기'가 아니라 '미국의 세기'임을 누구나 쉽게 실감할 터이지만, 레이몽 아롱이 회고했듯이, 20세기 초만 해도 사람들은 영국을 대신해 세계의 패권을 장악할 나라는 미국이 아니라 독일이라고 생각했다. 그래서 유럽의 세기가 저물었다는 점을 인식하는 사람은 거의 없었다.

제국과 식민

세계화로 이제 전 세계는 동시성을 경험하게 되었지만, 그 안에는 서로 뛰어넘을 수 없는 두 세계가 공존하고 있었다. 제국과 식민지가 바로 그것이다. 물론 그렇다고 이 시기를, 최근까지 논의된 것처럼, '제국주의'라는 용어만으로 파악할 수는 없다. 이 시기를 자본주의가 팽창하는 한 단계인

제국주의로 규정하는 방식에도 일리는 있지만, 자본주의의 발전이나 경제적 이해관계로 포괄하기 어려운 대목도 많다. 사실 '제국주의'의 시대에도 과거의 영광을 그리워하던 옛 제국이 여럿 존재했다. 역사상 그 어느 때보다 이 시기에 스스로를 황제로 칭하는 지배자가 많았던 것이다. 영국과 독일 같은 나라만이 아니라 러시아, 터키, 오스트리아 등도 스스로를 제국이라 칭했다. 유럽 밖에 있었던 제국들까지 합치면 그 목록은 한참 더 길어진다. 물론 외형은 과거의 제국이면서 그 내용은 자본주의적 형태를 띤 경우도 많았지만, 이러한 구래의 제국을 제국주의라는 용어로 단숨에 설명하기는 어렵다.

19세기 말에 이루어진 아프리카의 분할은 유럽 세계가 어떻게 팽창하고 있었는지를 잘 보여준다. 영국은 빅토리아 여왕이 재위하던 시기(1837~1901)에 해마다 영토를 거의 본토와 맞먹는 넓이만큼씩 확장해갔다. 특히 1870년대 이후 이집트 정부의 재정에 깊숙이 개입하기 시작하면서부터 노골적인 간섭과 군사적 침략도 마다하지 않았다. 이렇게 확보한 수에즈 운하를 정점으로 영국은 1882년 이집트를 비롯한 나일 강 주변 지역을 확보했고, 이어 남아프리카에 관심을 갖게 되면서 이집트와 남아프리카를 잇는 이른바 '종단 정책'을 시행했다. 이에 반해 프랑스는 1881년 튀니지를 점령함으로써 서북부 아프리카를 장악하고 아프리카 서쪽에서 동쪽으로 영토를 확장하는 횡단 정책을 추구했다. 이들의 정복 사업은 결국 이집트령 수단의 파쇼다에서 충돌하게 되었고, 드레퓌스 사건 등 국내 문제가 복잡했던 프랑스가 양보함으로써 타협이 이루어졌다. 하지만 독일, 이탈리아, 벨기에, 네덜란드 등 다른 유럽 국가들도 앞다투어 아프리카 영토 분할에 참여함으로써 식민지 경쟁의 열기는 식을 줄 몰랐다. 1902년 보어 전쟁이 끝날 때까지 이 과정은 계속되었고, 이때 생긴 국경선이 지금까지도 유효한 곳이 많다.

아프리카의 분할을 마무리한 유럽 각국은 아시아 태평양 지역으로 진출

1901년에 사망한 영국 빅토리아 여왕은 유럽의 구제국의 구심점이었다. 인도의 여왕까지 겸한 그녀의 재위 기간만 64년이었고 그 손자들(영국 왕 조지 5세, 독일 황제 빌헬름 2세, 러시아 차르 니콜라이 2세)도 유럽 구제국의 통치자들이었다.

했다. 물론 이 지역에서도 영국과 프랑스가 오래전부터 주도권을 장악하고 있었다. 인도를 점령하고 있던 영국의 빅토리아 여왕은 수상 디즈레일리의 권고에 따라 1876년 '인도의 여왕'이라는 칭호를 공식적으로 갖게 되었다. 이렇게 영국이 식민지 확보에 대한 의지를 노골적으로 드러내면서, 동아시아 지역에서 유럽 국가의 식민지 쟁탈전은 더욱 거세졌다. 실론, 말레이 반도, 홍콩을 확보한 영국에 이어서, 프랑스는 1887년 인도차이나를 보호령으로 삼았다. 영국과 프랑스에 이어 독일은 사모아 지역 등에서 영향력을 넓혀나갔다. 1900년 독일 황제는 의화단 사건으로 출병하는 독일 군인에게 "제군들은……독일인 전체와 유럽인에 대한 복수를 해야 한다."면서, 옛날 훈족이 적군을 용서하지 않았던 것처럼 "즉시 적군의 목을 베어……포로로 만들지 말라."(Piereth, 1996, 162～163쪽)는 저 악명 높은 '훈족 연설'을 통해 독일 제국의 위상을 보여주고자 했다.

식민지 획득으로 이득을 본 사람은 군인, 상인, 제조업자, 금융가 등 이른바 부르주아지였다. 이들은 경제적 이익과 함께 사회적 명예도 얻었다. 게다가 이들 집단이 전 세계를 누비며 얻은 풍부한 경험과 정보는 경제적 이익에 비할 바가 아닐 정도로 중요했다. 그렇지만 제국의 수혜자가 아닌 사람이나 그에 비판적인 사람도 많았다. 그래서 제국주의의 도덕성을 의심하는 여론도 생겨났다. 급진적인 사람들이 보기에 제국주의는 도둑질과 다를 바 없었다. 이들은 영국 납세자들이 제국주의에 돈을 대고 영국 군인들이 제국주의를 위해 싸웠지만, 이익을 얻는 것은 소수의 특권적 부자 엘리트들, 즉 로즈나 로스차일드와 같은 자들뿐이라고 생각했다. 이것이 바로 1902년 홉슨(J. A. Hobson)이 쓴 『제국주의론(*Imperialism : A Study*)』의 주된 내용이었다. 홉슨의 주장으로 제국주의는 식민주의와는 구별되는 개념이 되었는데, 그에 따르면 식민지는 원래 인구가 과잉되어 새로운 곳을 찾거나 혹은 영국 상품을 수출하기 위한 곳이었으며, 제국주의는 금융자본가들이 식민지를 자본 투자처로 삼으면서 나타난 새로운 현상이었다. 그의 주장은 이후 힐퍼딩(R. Hilferding), 로자 룩셈부르크(Rosa Luxemburg), 레닌(Lenin) 등 사회주의자들에게 계승되어 '독점 자본주의'가 식민주의를 만들어낸다는 공식이 만들어졌다.[3]

문제는 이 시기의 식민지 팽창이 제국 내의 모든 이들에게 이득을 가져다주지 않았음에도 어떻게 그것을 계속 추진할 수 있었는가 하는 점이다. 그것은 제국의 경제적 팽창이 일반인들의 기대만큼 이익을 가져다주거나 선거에서 표를 몰아준 것은 아니지만, 적어도 국내의 불만을 진정시키거나 가끔은 사람들의 시선을 딴 곳으로 돌리게 할 수 있었기 때문에 가능했다. 홉스봄이 이야기한 것처럼, 식민지 쟁탈은 경제적 이득이나 정치적 개혁을 통해서가 아니라 국가의 영광을 드높인다는 선전과 선동을 통해 가능했다(홉스봄, 1998, 171쪽). 제국의 옛 위용을 과시하는 제국주의 깃발 아래로 수많은 사람이 모여들었다. 선거권의 확대와 노동운동의 성장으로 날로 긴장되어 가던 국내의 사회적 문제는 이제 막 성립한 부르주아지 사회로서는 감당하기 힘든 것이었다. 그래서 세실 로즈를 비롯한 많은 제국주의자는

⋯⋯⋯⋯⋯⋯⋯⋯⋯⋯⋯

3 구체적으로 들어가면, 이 사회주의자들도 이 문제에 대해 서로 다른 견해를 갖고 있다.

내란을 피하고자 한다면 제국주의자가 되어야 한다고 했으며, 국내의 긴장이 더욱 고조된 독일과 같은 나라에서는 식민지 쟁탈이야말로 그 유일한 대안이었을 수도 있었다.

식민지 지배를 가능하게 한 제국의 통치 기반은 무엇이었을까? 영국을 비롯한 유럽 제국들은 소규모 군대와 관료 집단을 통해 광활한 지역을 지배할 수 있었다. 예를 들어, 1890년경에도 불과 6000명이 조금 넘는 영국 관리들이 여러 지역 출신의 유럽인들로 이루어진 7만여 명에 이르는 군대의 도움을 받으며 3억 명에 달하는 인도인들을 지배하고 있었다. 물론 19세기 산업과 기술의 발전─철도와 전신, 전함과 기관총─이 엄청난 도움과 이점을 제공했지만, 많은 토착 현지인의 협조 없이는 불가능한 일이었다. 주로 토착민들로 이뤄진 인도군(Indian Army)은 백인 장교의 지휘를 받았으며 인도 대륙뿐만 아니라 상당히 넓은 주변 지역─중국에서 우간다에 이르는 지역─까지 영향력을 발휘하면서 전체 영제국의 유지에 중추적 역할을 담당했다. 또한 토착민들은 때때로 현지 식민정부의 하급 관료로 충원되기도 하는 등 식민행정에서도 없어서는 안 될 존재였다. 그러나 이러한 의존은 제국주의자들의 운신을 제한할 수밖에 없었다. 권력의 기반이 되는 현지 공동체와 소원한 관계를 맺고서는 효율적 통치가 불가능함은 분명했으며 본국과 현지가 어느 정도 타협하는 것은 필연적이었다. 인도군의 근간을 이룬 펀자브(Punjab) 지방의 중농층이나 아프리카 영국군(King's African Rifles)에서 탁월한 실력을 발휘한 니아살란드(Nyasaland)의 야오족(Yaos)은 제국 군대에서 복무함으로써 돌아올 이득을 잘 알고 있었고 이것을 최대한 누렸다. 또한 말레이의 술탄들, 아프리카의 족장들, 인도의 제후들도 영국의 비호 아래 각각의 지역에서 권력을 행사하며 영제국의 통치에 기여하고 협조했다. 강제만큼이나 협조도 식민통치에 긴요했다.

'사회제국주의'에 따르면 제국의 팽창이 국내의 사회문제를 해결하는 수단이나 사회적 불만을 밖으로 내보내는 배출구 역할을 했을지 모르지만,

20세기의 시작과 더불어 진행된 보어전쟁은 20세기의 전쟁이 얼마나 참혹하고 야만적인 전쟁이 될 것인지를 예고했다. 이때 식민지 변방에서 등장한 강제수용소는 곧 유럽과 아메리카 전역에 퍼져 문명의 역설을 보여줄 것이었다.

제국의 통치 방식이 결국 본국 정치의 야만화를 가속시킨 측면도 있다. 예를 들어 영국에서는 이 시기가 마치 '팍스 브리타니카(Pax Britanica)'인 것처럼 보이기도 했지만, 그것은 본국에 국한된 것이었고 식민지에서는 보어 전쟁 등으로 적어도 평화는 없었다. 예전에 풋내기 장교로 식민지 점령에 참여했고 당시 특파원으로서 보어 전쟁을 지켜본 처칠도 영국의 영광을 찾아볼 수 없고 이상하고 끔찍한 광경만 남았다고 하지 않았던가! 인종학살의 징후도 이미 이 시기에 등장했다. 보어 전쟁에서 영국은 보어인들을 영국에 있는 (강제)수용소에 감금했다. 이 가운데 대다수를 차지했던 어린이를 포함해 보어인 총 2만 7927명(전체 보어인의 14.5퍼센트)이 영국에서 사망했다. 성인의 경우 실제 전투에서보다 더 많은 사람이 영양실조나 열악한 위생으로 죽었다. 흑인 11만 5000여 명이 억류되었고, 그 가운데 1만 4000

명이 죽었다(퍼거슨, 2006, 372~373쪽). 보어 전쟁에서 영국이 승리한 것은 이처럼 초토화 작전과 수용소가 결합된 결과였다. 조지프 콘래드(Joseph Conrad)가 『암흑의 핵심(*The Heart of Darkness*)』에서 증언한 대로, 콩고와 아마존에서 제국주의자들이 벌인 잔학한 행위는 결코 과장이 아니었다.

독일의 경험은 더욱 끔찍한 것이었다. 훗날 나치 시대 유행했던 생활공간(Lebensraum)과 수용소(Konzentrationslager)는 20세기 초 독일령 서남 아프리카(현재 나미비아)를 통치하면서 생겨난 것이었다. 1884년 점령 이후 이곳에 거주하는 독일인들의 수는 계속 늘어나 1903년에는 약 5000명을 헤아리게 되었다. 1904년 1월 헤레로(Herero)족은 독일의 지배에 반대해서 봉기를 일으켰다. 그러나 기관총과 대포로 무장한 독일 병사들은 이들을 물리쳤고, 결국 '반항하는 종족을 절멸시키고자' 하는 독일군 장군 폰 트로타(Lothar von Trotha)의 의지대로 4만에서 7만 명에 이르는 헤레로족이 몰살당하고 약 1만 5000명에서 2만 명에 이르는 사람만이 생존했다. 독일군의 참살은 이것으로 끝나지 않았다. 1904년 10월 주변의 나마(Nama)족이 다시 봉기를 일으키자, 1907년까지 1만 명이 넘는 나마족을 학살했다. 이를 바탕으로 최근 나치가 홀로코스트에서 행한 방식이 식민지 지배에서 연유되었다는 주장이 설득력을 얻어가고 있다.[4]

식민지 모국과 식민지 사이의 상호 연관성은 이처럼 부정적인 측면에만 국한된 것은 아니었다. 세계화의 결과라고도 할 수 있겠지만, 식민지의 상품이 대대적으로 모국으로 수입되면서 식민지 문화에 대한 새로운 시각이 생겨났다. 폴 고갱(Pau Gauguin)은 1891년 타이티로 건너가 그 지역의 문화

....

4 이러한 주장을 처음 편 것은 철학자 한나 아렌트(Hannah Arendt)로 그녀는 『전체주의의 기원』이라는 책에서 유럽 제국주의가 전체주의의 발전에 중요한 역할을 했으며 제노사이드와도 연관이 있다고 밝혔다. 최근에는 식민지 통치 경험이 어떻게 홀로코스트로 이어졌는지에 대한 구체적인 연구가 등장했다. Benjamin Madley, "From Africa to Auschwitz: How German South West Africa Incubated Ideas and Methods Adopted and Developed by the Nazis in Eastern Europe", *European History Quarterly* 35(2005), 429~464쪽.

와 풍경을 주제로 삼아 그림을 그렸다. 이는 아프리카의 조각물이나 공예품들이 서구적이고 근대적인 미술 세계와 결합한 한 예이다. 이는 물론 식민지 문화를 제대로 이해하거나 인정한 것이 아니라 대부분 인종적 편견과 이색적인 소재에 대한 관심에 불과한 것이었지만, 혼용 문화 혹은 다문화의 첫걸음이 시작되었다는 점은 부인할 수 없다.

부르주아지 사회의 위기

부르주아지가 정치권의 주역으로 나선 계기가 되었던 프랑스 혁명은 1889년에 이미 100주년을 맞이했다. 부르주아지가 미국 독립혁명과 프랑스 혁명 100주년을 산업혁명의 총아였던 박람회와 더불어 자축한 것은 우연이 아니었다. 하지만 이들이 100주년 기념식에서 환호하고 있을 만큼 사회적으로 안정된 것은 아니었다. '낡은' 귀족계급은 여전히 권력을 되찾을 기회를 호시탐탐 노리고 있었고, 노동자층은 점차 단결하여 사회의 위협적인 세력으로 등장했다. 또한 소시민층의 변화도 부르주아지에게는 은근한 압력이 되었다. 소시민층은 소상점주, 수공업자 등 예전처럼 과거를 대표하는 신분들로 구성된 것이 아니라 당시부터 크게 늘어난 사무직 노동자를 포함하면서 정치에서 중요한 변수로 부상했다.

전통적 지주계급은 19세기 말까지도 가장 힘있는 지배계급의 하나로 군림했으며, 자본주의적 발전을 선도한 영국에서조차 그러했다. 이들은 중세 말 이래 많은 변화와 위기를 겪었지만 그때마다 성공적으로 대처했다. 그러나 대(大)불황을 촉발한 19세기 말의 농업 위기는 지주들의 경제력과 자신감에 심각한 타격을 가했고, 이들은 드디어 한계를 드러내기 시작했다. 이미 도시화가 상당히 진행되었고 부의 중심은 산업으로 옮겨간 지 오래였기 때문에, 이때 불어닥친 경제 위기는 마지막까지 토지에 미련을 두었던

근대 산업의 총아인 만국박람회가 1900년 파리에서 열렸다. 아르 누보(Art Nouveau)라는 새로운 예술양식으로 장식된 이 박람회에 대한제국도 참여했으며 에스컬레이터와 디젤엔진 등 비롯한 새로운 과학기술이 선보였다. 그러나 다른 한편으로 아프리카 '인종'까지 전시함으로써 새로 시작되는 이 새로운 세기가 '야만의 세기'임을 유감없이 드러내기도 했다.

지주들에게 치명적인 결과를 안겨주었다.

이들과 더불어 사회의 주도적 세력을 형성했던 부르주아지—금융인, 공장주, 상인, 전문직 종사자—는 수적으로 확대되고 출신도 다양해졌지만, 단일한 정체성을 유지하기 위해 노력하기 시작했다. 물론 부르주아 계급의 충원과 내적 구조가 이 시기에 훨씬 복잡하게 되어 간단히 설명하기가 쉽지 않다. 그렇지만 부르주아지의 공통된 '생활양식'은 분명하고 쉽게 확인될 수 있다. 이들은 교양을 강조하는 중등교육과 고등교육을 받고, 전통귀족과 구별되는 스포츠—골프, 자전거 타기, 테니스—를 즐기며, 교외 지역에 모여 살면서 그들만의 사회적 연대와 응집력을 증대시키려 했다. 산업화에서 벗어나고자 했던 일부 부르주아지는 '자연'에 관심을 돌리기 시작하여 '자연의 벗(Naturfreunde)'과 같은 조직을 결성했다.

1848년에 고개를 내밀었던 노동계급도 곧 다시 숨을 죽였다. 하지만 19세기가 다 지나갈 즈음에는 상황이 달랐다. 자본주의의 진전이 속도를 더함에 따라 노동자들의 계급적 정체성이 강화되었다. 수적으로 증가한 노동자들은 자본의 힘에 맞서 산업과 정치에서 그들의 조직을 강화하고 투쟁을 확대해나갔다. 불황 타개를 위한 자본의 여러 경영정책으로 노동자들은 19세기 중반과는 다른 차원의 노동쟁의와 정치투쟁을 하지 않으면 안 되었다. 노동조합의 외형적 증대와 조직상의 성숙, 그리고 노동자 정당의 출현과 확산이 줄을 이었고, 이러한 과정에서 사회주의 이념의 여러 조류—마르크스주의, 사회민주주의, 프루동주의, 페이비언주의, 생디칼리슴 등—와 밀접하게 관련되었다. 이 시기의 노동운동은 사회를 혁명적으로 바꿀 수 있는 잠재력을 갖고 있었지만, 이것을 저해하는 현실적 요인들도 많았다. 노동과정에서의 차등적 지위, 작업장 규모, 기술, 임금 수준, 종교, 인종, 언어의 차이 등이 바로 그것이었다. 또한 투쟁 방법을 둘러싼 노동조합과 노동자 정당 간의 알력뿐 아니라 지도부와 일반 노동자 간의 긴장도 적지 않은 경우에 노동계급의 힘을 약화시키는 요인으로 작용했다.

겉으로만 본다면 사회주의와 노동운동이야말로 부르주아지 체제에 가장 위협적인 세력이었다. 19세기 말까지 유럽의 사회주의와 노동운동은 괄목한 만한 신장세를 보였다. 체제변혁을 꿈꾸던 사회주의 운동은, 마르크스가 말한 것과는 반대로, 자본주의 후발국인 독일과 러시아에서 더욱 힘을 발휘하고 있었다. 영국에서는 점진적인 변혁을 시도했던 페이비언(Fabian) 사회주의자들 외에 이렇다 할 세력이 형성되지 못했고, 미국에서는 사회주의가 거의 발 붙이지 못했다. 대신 미국과 서유럽 등지에서 노동자의 생활을 개선시키고자 하는 노동운동이 활발하게 일어났다. 영국에서는 이미 노동자들이 정치 세력화를 시도하여 1890년에 독립노동당(Independent Labour Party)을 결성하여 독자적인 대표를 의회에 보냈다. 미국에서도 1881년 미국노동연맹(American Federation of Labor, AFL)이 결성되어 1900

년에는 노조원을 54만 명이나 거느리게 되었다. 프랑스에서는 1895년에 전국 조직인 노동총연맹(Confédération Générale de Travail, CGT)이 결성되어 이후 격렬한 총파업을 이끌었다.

1900년까지 사회주의 운동은 주로 프랑스와 독일에서 발전했다. 프랑스에서는 1880년대 이후 수많은 사회주의 분파가 난립했으나 차츰 통합이 이루어져 1905년에 통합사회당(Section Française de l'Internationale Ouvrière, SFIO)을 결성했다. 독일에서는 독일사회민주당이 1875년 통합을 거쳐 비스마르크 치하에서는 탄압을 받았지만 마르크스주의를 수용하면서 조직 정당으로서의 틀을 갖추게 되었다. 1890년 비스마르크의 퇴위를 계기로 독일사회민주당은 급성장하여 1912년 제1정당의 자리에 올랐다. 하지만 사회주의자들도 점차 분열 양상을 보이기 시작했다. 사회주의 정당이 부르주아 체제에서 안정세를 보이기 시작하자, 사회주의자들은 혁명보다 개혁을 원하게 되었고 이에 대한 목소리도 점차 커졌다. 초기에는 당 강령을 놓고 갈등이 일어났으나 구체적인 문제에서도 점차 의견 차이를 보였다. 이후 이러한 차이는 제1차 세계대전과 러시아 혁명을 통해 더욱 커질 것이었다.

19세기 말에 불어닥친 정치적 변화의 하나는 바로 민족주의이다. 자유주의와 함께 19세기 주요한 정치적 이념으로서 자리를 잡았던 민족주의는 이제 구체적인 모습을 드러내기 시작했다. 민족국가의 성립으로만 본다면 민족주의는 오히려 19세기 중반까지가 절정이었다. 독일과 이탈리아가 통일된 후 제1차 세계대전이 터지기 전까지 유럽에서 민족국가를 성립한 나라는 불가리아(1878)와 노르웨이(1907) 등 몇 나라에 불과했고, 그것도 유럽의 '변방'에 위치한 나라들이었다. 하지만 문제는 이미 민족국가를 수립한 나라들에서도 민족주의의 열풍이 다시 거세게 불었다는 것이다. 폴란드 출신의 정치가 피우수트스키가 말한 대로, "국가가 민족을 만들고" 있었던 것이다. 뒤늦게 민족국가를 수립한 나라들은 민족주의 운동을 통해 하나의 민족, 하나의 국민으로 정체성을 획득하고자 노력했고, 이 열풍은 다시 다른 나라를 위협하여 경쟁을 자극했다. 민족은 부르주아지의 새로운 종교가 되었고 많은 숭배자를 거느렸다. 국가는 민족적 혹은 국민적 정체성을 확보하기 위해 박물관을 짓고, 역사를 새로 쓰고, 전통을 '창안'하려 했다. 또한 새로운 세대의 주역이 될 어린이들에게 공교육을 통해 자국민의 역사와 문화, 그리고 언어가 얼마나 중요한가를 끊임없이 주입했다. 이 과정에서 잊지 말아야 할 점은 지방의 방언이나 문화는 과감히 무시되거나 사라졌다는 것이다.

지방과 마찬가지로 소수집단도 민족주의 열풍의 희생물이었다. 이제 사람들은 한 민족에게는 하나의 국가와 하나의 문화, 그리고 하나의 언어뿐이라고 고집하기 시작했다. 이는 특히 정치적 우파가 민족주의의 깃발을 치켜들면서 생겨난 현상이었다. 사회주의자들을 포함한 좌파는 적어도 이때에는 그리고 적어도 겉으로는 국제주의를 주장했고, 또 그렇게 행동하고자 애썼다. 우파의 민족주의는 점차 국수주의적 모습을 띠거나 외국인이나 소수집단에 대한 혐오감으로 변색되었다. 이 시기 소수집단 중에는 유대인처럼 오랫동안 그곳에 뿌리박고 살았던 사람들의 공동체도 있었지만, 당시 증가한 이민 노동자들 때문에 생겨난 새로운 소수인종 집단도 존재했다. 프랑스에서는 이탈리아와 에스파냐에서 건너온 이민 노동자들이 100만 명에 이를 정도로 많았고(전체 노동인구의 약 10%를 차지했다), 독일에서는 폴란드 노동자들이 독자적인 정치집단을 형성하는 수준까지 이르렀다. 영국과 미국에도 이민자나 식민지에서 건너온 사람들이 넘쳐났다.

19세기 말 프랑스 제3공화국을 위기로 몰아넣은 드레퓌스 사건이야말로 인종주의와 이민, 그리고 소수집단이 어떠한 정치를 만들어내는가를 보여주는 좋은 예이다. 전형적인 반유대주의의 산물이라고 할 수 있는 이 사건은 1894년 유대인이면서 프랑스 장교였던 드레퓌스가 독일에 군사비밀을 빼돌렸다는 혐의로 기소되어 유배지에 감금되었으나, 실제로는 그가 억울한 누명을 쓴 것으로 판명된 일이다. 하지만 이 사건은 그가 유대인이라는 이유로 정치적 사건으로 비화되었고, 1898년 작가 에밀 졸라(Emil Zola)가 「나는 탄핵한다(J'accuse)」라는 공개 서한을 통해 그를 변호하면서 결국 프랑스 제3공화정 사회는 두 편으로 갈라졌다. 이는 1890년대부터 동유럽에서 이민 온 많은 유대인들에 대한 혐오증이 '애국주의'와 결합하면서 나타난 사건이었다.

사회에 대한 도전은 노동자들한테서만 일어난 것은 아니었다. 여성들도 불만을 토로하기 시작했다. 인구의 절반을 차지하는 여성이 사회에서 누리는 지위는 100여 년 전이나 당시에나 마찬가지로 낮았다. 프로이트, 니체, 뫼비우스와 같은 학자를 포함한 대다수 남성은 여전히 여성이 "일을 한다면 얼마나……" 하는 편견을 갖고 있었다. 또한 결투와 같이 낡았지만 남성적인 문화가 그대로 이어지기도 했다. 명예를 위해 생사를 거는 이것은 원래 귀족들의 유산이었지만 부르주아지는 19세기 말까지 이러한 전(前) 근대적 전통을 발전시키고 있었다. 이러한 중세적 '폭력' 행사 방식으로 '남성'의 명예를 지키고자 했던 사람들 가운데는 낡은 귀족들만이 아니라 사회주의자이자 평화주의자였던 조레스, 병약한 프루스트, 정치가인 클레망소, 사회학자 막스 베버 등이 포함되어 있었다.

한편 부르주아가 추구한 가족의 이상은 매우 이율배반적 성격을 띠었는데, 그것은 부르주아 가족의 구조와 이것을 떠받치는 가치가 부르주아가 공적 영역에서 추구하던 것과 정면으로 배치되었기 때문이다. 부르주아 가족의 토대가 되었던 가부장적 독재와 계서적 질서는 바로 부르주아가 공공연하게 비난하고 제거하려던 속성이었다. 19세기 후반만 하더라도 남성이 마음만 먹으면 얼마든지 아내를 구타할 수 있는 상황이었던 것이다. 부르주아의 계급적 특성과 관련하여 일어난 변화로서 빼놓을 수 없는 것이 바로 '신여성'과 여권운동의 대두였다. 사무직 고용의 확대로 인한 여성 취업의 확대, 피임법의 개발과 적용은 중간계급 여성이 주도한 여권운동의 등장과 확산에 결정적인 요인이었다. 이 운동의 가시적 효과는 물론 제1차 세계대전 이전에 크게 나타나지 않았지만, 미래의 초석을 다졌다는 의미에서 그 의의는 분명했다.

이 시기에 이르러 여성이 직업을 갖기 시작했으며, 여성운동의 선각자들이 등장하여 여성운동의 싹을 틔웠다. 이것이 가능하기 위해서는 먼저 여성이 출산과 육아로부터 해방되어야 했다. 물론 상류층과 중산층에 국한된 내용이었지만, 영국은 1900년에 가정의 평균 자녀 수가 2.8명으로 감소했다. 이즈음 여성은 신문을 읽고 운동을 즐기고 학교에 다니는 등 사회활동에 참여하기 시작했다. 그러나 무엇보다도 큰 변화는 역시 미혼 여성들의 사회 진출이 급격하게 늘었다는 점이었다. 예전에도 공장에서 남성과 경쟁하면서 일을 하기는 했지만, 여성들의 사회적 진출을 도운 것은 아무래도 여성 직업이라고 부를 만한 일자리가 창출되면서부터이다. 상점과 사무실에서 일하는 타이피스트야말로 대표적인 여성 직업이었다. 독일에서 여성 상점 보조원의 수는 1882년 약 3만 2000명에서 1907년에는 17만 4000명으로 늘었다. 영국도 비슷한 과정을 겪었다. 다른 나라도 그렇지만 프랑스에서는 초등학교에 여성이 남성보다 더 많이 고용됨으로써, 또 다른 여성 직업의 도래를 알렸다. 여성이 직업을 갖고 사회로 진출하기 시작했지만, 그것은 어디까지나 미혼 혹은 과부와 같이 가정을 갖고 있지 않은 이들에게 국한된 일이었다. 1900년대 초 유럽에서 기혼 여성이 직업을 갖는 경우는 아주 드물었다.

그럼에도 여성의 사회적 진출이 의미가 있었던 것은 그것이 여성의 권리를 확대시키는 계기가 되었기 때문이다. 여성의 권리를 가장 먼저 요구하고 나선 곳은 역시 영국이었다. 1896년에 이미 '여성참정권단체 전국연합(National Union of Women's Suffrage Societies)'을 결성하여 정부와 의회에 압력을 가했다. 하지만 별다른 성과가 보이지 않자 운동은 점차 과격해져 시위와 점거, 농성, 옥중단식으로 번졌고, 결국 1913년 에밀리 데이비슨(Emily Davison)이 경마가 한창 진행 중인 경마장에 뛰어들어 목숨을 잃기도 했다. 이들이 투쟁한 성과는 제1차 세계대전이 끝날 무렵에 나타났다. 반면 영국과 달리 프랑스에서는 여성의 지위가 크게 나아지지도 않았으며 선거법 확대가 커다란 반향을 일으킨 것도 아니었다.

새로운 과학기술과 문화

20세기를 시작하는 1900년에 열린 파리 박람회에서는 새로운 과학과 기술의 진보를 알리는 많은 신제품이 전시되었다. 특히 전기 시대의 개막을 알리기라도 하듯이, 유성기, 영사기, 조명기 등 새로운 발명품이 등장했다. 오티스(Otis) 사가 만든 엘리베이터가 첫선을 보여 인기를 끈 것도 바로 이 즈음이고, 전기를 이용한 화려한 조명은 이제 인공조명의 시대가 왔음을 말해주었다.

20세기 초 과학은 새로운 단계로 접어들었다. 물리학은 눈부신 발전을 거둬 갈릴레이와 뉴턴 이후 물리학계를 지배해온 기계적 세계관에서 벗어나 상대적이고 직관적인 세계관을 갖게 되었다. 이것은 19세기의 합리적이고 객관적인 관찰이 여전히 중요하기는 했지만, 그것이 세계를 단순히 재현함으로써 끝나는 것이 아니라 주관의 선험적 내용과 연결되어야 한다는 것을 뜻했다. 이러한 발전은 이미 1895년부터 시작되었다. 뢴트겐이 발견한 X선은 19세기 물리학이 접근하지 못하던 미지의 세계를 열어주었다. 이어 영국의 톰슨(J. J. Thomson)은 전류가 전자라는 알갱이의 흐름이라는 사실을 밝혔다. 1900년에는 막스 플랑크(Max Planck)가 양자론을 발표하여 고전물리학의 토대에 의문을 제기했고, 1905년 아인슈타인(A. Einstein)이 특수상대성 원리를 만듦으로써, 플랑크의 이론을 입증하고 현대 물리학의 토대를 구축했다. 이로써 1900년경에는 우주의 구성과 인간의 삶에 대한 근본적인 시각이 변했다. 이러한 과학혁명은 우주와 세계에 대한 선입견을 없애고, 복잡한 현상을 새롭게 이해할 수 있게 했다.

또 하나의 과학적 발전은 생물학에서 이루어졌다. 무엇보다도 1883년 세상에 새로운 이름을 알린 우생학은 진보와 개선에 대한 열망으로 가득 찬 시대정신과 맞아떨어지는 것이었다. 원래 선택적 품종개량에서 시작된 우생학은 나중에 '유전학'을 통해 과학이 되기는 했지만, 이 시기에는 유사과학의 형태에서 벗어나지 못했다. 특히 극단적인 우생학자들은 인간에게서 좋지 않은 혈통의 인자를 제거함으로써 인간을 개량할 수 있다고 믿었다. 이러한 믿음으로 우생학은 대중적인 학문에 그친 것이 아니라 정치적 운동과 결합함으로써 인종주의의 이론적 근거가 되었다. 우생학에 대한 이러한 집착은 다른 한편으로 서양 문명의 쇠퇴에 대한 반응이기도 했다.

과학기술의 발전에 힘입어 사회와 대학에서도 과학자와 기술자의 비중이 커졌으며 이들에 대한 대우도 점차 나아졌다. 그 동안 주로 법학자 출신이 관료사회를 지배했던 데 반해 이제 기술자들도 관료사회에 진출할 수 있게 되었다. 또한 공학자들도 인문학자와 똑같이 박사학위를 받게 되었다.[5] 이 시기의 과학연구는 그 어느 나라에서보다 대학교 밖에 연구소를 세워 과학기술의 발전을 추구했던 독일에서 빛을 발했다. 1880년에서 1910년 사이에 이 나라에서 과학도의 수가 여덟 배나 늘어난 것은 우연이 아니었다.

부르주아 사회의 위기는 이 당시 문화에서도 잘 엿볼 수 있다. 전통적인 '고급 문화'는 '저급한' 대중문화의 도전을 받았으며, 일부 부르주아는 부르주아 문화를 부정하고 대중문화의 선구자가 되었다. 19세기 말과 20세기 초에는 많은 사람이 고급 문화를 더 이상 유지할 수 없다고 생각하게 되었다. 문학은 여전히 고전의 산실이었지만, 공상소설이나 과학소설

....

5 독일에서 종합대학의 반대에도 불구하고 공대에서 박사학위가 수여되기 시작한 것은 1899년의 일이다.

과 같은 대중적인 장르가 등장하여 사람들의 관심을 끌었다. 이렇게 하여 이른바 대중문화의 탄생이라고 이름 붙일 만한 일들이 적지 않게 일어났다. 영화와 광고의 등장은 이러한 현상을 더욱 부추겼다. 이보다 먼저 사진은 1902년 스티글리츠(A. Stieglitz)가 조직한 '사진분리파'를 통해 바야흐로 예술로 승화되고 있었다. 정기적인 출판물이 늘고 광고 산업의 등장으로 삽화나 디자인의 수요가 늘어났고 새로운 시각예술이 창조되기도 했다.

이러한 변화는 새로운 매체에서뿐만 아니라 기존 매체에서도 일어났으며, 그것은 전통적인 방식을 부정하는 형태로 드러났다. 그래서 새로운 전위예술운동이 탄생했다. 다소 모호하고 포괄적인 이 개념 속에는 다다이즘, 미래파, 입체파, 초현실주의 등 회화의 다양한 흐름뿐만 아니라, 건축에서의 기능과 장식 탈피나 음악에서의 음조 포기 그리고 문학에서의 전통 포기 등이 포함되어 있다. 이러한 경향은 부르주아 문화에 대한 혐오감에서 주로 '진보'의 이름으로 포장되었다. 일부 부르주아가 주도하여 만든 이 현상은 아방가르드(avant-garde), 아르누보(art nouveau), 유겐트스틸(Jugendstil) 등으로 나타나, 1910년 이후 구체적인 예술운동으로 발전했다.

당시 각종 문화현상이 공통적으로 담고 있는 것은 불안감이었다. 세기말(Fin de siècle)과 데카당스로 표현되는 시대적 징후가 이를 선도했다. 아직 과학까지 번지지는 않았지만, 문학에서는 데카당스와 타락이 시대의 주요한 정서를 반영하고 있었다. 노르다우(Max Nordau)는 1895년 발표한 「타락(Entartung)」에서 인류가 퇴폐에 탐닉하고 있다고 노골적으로 경고했다. 니체는 "1888년의 독일 정신은 1788년의 그것보다 후퇴했다."(Nietzsche, 1985, 65쪽)고 주장했다. 그는 평범한 사람들이 문화를 '폭도와 변덕쟁이들'의 지배에 대항하는 것으로 만들어놓음으로써 수준이 낮아졌다고 불평했다. 이는 불안감의 출발점인 대중의 등장에 대한 혐오감이나 다름없었다. 이들은 대중교육을 통해 문화가 민주화됨으로써 중·하층계층이 수적인 성장을 앞세워 문화적으로 침투했다는 점을 못마땅하게 여겼던 것이다.

이와 더불어 20세기 초에 예술운동의 진원지는 유럽의 '변방'이었다. 20세기 초에 '근대성의 발상지'는 파리가 아닌 빈이었고,[6] 1920년대까지 아방가르드의 요람은 베를린이었다. '분리파', '표현주의', '청기사파' 등은 그중 대표적인 화가 집단이었다. 이처럼 당시 중부 유럽에서 예술운동이 강력하게 대두된 것은 다른 곳에 비해 이곳에서는 정치에서 밀려난 부르주아지들이 예술에 관심을 보였기 때문이다. 곧 영국과 프랑스에서는 부르주아지들이 정치와 경제를 주도할 수 있는 분위기인 데 반해, 중부 유럽에서는 전통적인 계급이 정치를 주도함에 따라 정치권에서 부르주아지의 영향력은 제한되어 있었다.

이 시기 문화의 또 다른 특징은 점차 국제화되었다는 점이다. 그것은 앞서 말한 지식인과 예술가들이 국경을 뛰어넘어 세계로 퍼져나간 결과였다. 이후 파리에서 유명한 예술가는 프랑스인이었기보다는 피카소(에스파냐), 모딜리아니(이탈리아), 샤갈(러시아) 등 외국인이었다. 이제 문학과 음악도 국경을 뛰어넘어 다양한 독자와 관객을 만나게 되었다. 망명자와 이민자뿐만 아니라, 여행객과 대학도 문화의 국제화를 이끌어냈다. 대중예술도 마찬가지였다. 대중오락, 곧 가난한 사람에게 제공되는 오락이 국제적인 혁신을 이루기도 했다. 나중에 세계를 정복한 재즈만큼은 아니지만, 안달루시아의 플라멩코는 에스파냐 지식인들에게 퍼져나갔고, 부에노스아이레스의 사창가에서 생긴 탱고는 유럽 사교계에 진출했다. 더욱이 새로운 영화의 발전으로 미국의 대중음악이 인기를 얻으면서, 국제화의 새로운 메카로 이제 고급 예술의 고장인 유럽이 아니라 미국의 할리우드가

....
6 빈이 당대부터 '근대'의 예술 중심지로 인정받게 된 것은 아니었다. 빈의 세기말 문화가 연구대상으로 떠오른 것은 1960년대 이후의 일이고 이 일을 맡은 사람이 바로 쇼르스케(Carl E. Schorske)이다. *Fin-de-Siècle Vienna: Politics and Culture*(N. Y., 1980).

떠올랐다.

흔들리는 평화

유럽에는 한동안 평화가 지속되었다. 이 시기에 일어난 두 전쟁인 보어 전쟁과 러일 전쟁(1904~1905)은 유럽 밖에서 일어났다. 그러므로 이 시기에 유럽에 존재하던 군대는 거의 위험에 노출되지 않았다. 사라예보 사건을 세계전쟁으로 몰아간 삼국협상이나 삼국동맹과 같은 국제적인 협력관계도 1900년 이후에 성립된 것이었다. 그래서 당시 대다수 사람들은 1914년 8월처럼 그렇게 전쟁에 열광하리라고 또 강대국 사이에서 곧 전쟁이 발생하리라고는 전혀 예상하지 못했다. 게다가 평화운동과 반전운동이 심심치 않게 등장하여 평화에 대한 근거 없는 낙관론이 널리 퍼졌다. 특히 제2차 인터내셔널의 사회주의자들은 전쟁의 우려가 있을 때마다 반전시위를 벌이고 성명서를 발표하여, 만약 부르주아지들이 전쟁을 벌이면 혁명을 일으킬 것이라고 위협하기도 했다. 그렇다고 해서 평화가 사회주의자들만의 전유물도 아니었다. 부르주아지 진영에서도 평화운동이 일어났고, 노벨 평화상이 제정되었으며, 제1차 헤이그 만국평화회의와 같은 항구적 평화를 위한 국제적 노력도 이어졌다.

하지만 평화에 대한 낙관적인 기대감으로 사람들은 전쟁의 위협에 둔감해졌다. 또한 평화의 이름으로 군비경쟁이 지속되었다. 1890년대부터 벌어진 영국과 독일 사이의 건함 경쟁에서도 양쪽 모두 그것이 평화를 위한 것이라고 주장했다. 당시 군수산업은 국방에서만 중요한 것이 아니라 이미 국가 경제의 견인차 역할을 하고 있었기 때문에, 이 두 국가는 국가 발전을 위해서라도 그것을 결코 포기할 수 없었다. 그래서 영국과 독일이 1900년을 전후로 해군에 쏟아부은 군사비는 크게 증가했다. 이 두 세력은 언제라도 전쟁을 일으킬 폭약을 준비하고 있는 셈이었다.

훗날 닥칠 냉전의 시기와 달리, 이 시기의 갈등은 두 진영 간의 직접적인 싸움으로 비화되었다. 1882년부터 시작된 삼국동맹(독일, 오스트리아, 이탈리아)과 1907년에 이룩된 삼국협상(영국, 프랑스, 러시아)은 유럽 강대국 간의 전면적인 대립구도를 보여주었다. 당시 사람들도 이것의 위험성을 알아차렸지만, 복잡하게 얽힌 이 구조가 쉽게 허물어지지 않을 것으로 믿었다. 1905년 러일 전쟁과 러시아 혁명, 그리고 모로코 사건, 2년 후에 발생한 터키 혁명, 1911년 모로코 위기가 큰 전쟁으로 확대되지 않음으로써, 그러한 믿음이 옳았음을 증명해주었다. 그래서 낙관주의도 덩달아 커졌다.

그러나 1914년 8월, 붕괴되지 않을 것처럼 여겨졌던 이것이 스스로 폭발하고 말았다. 바깥에서부터 점차 증폭되어온 갈등이 드디어 유럽 내부의 뇌관을 건드린 것이다. 특히 러시아와 독일이 안고 있던 내부의 뇌관은 정말 위험한 것이었다. 그것은 이들 국가의 국내정치가 영국과 프랑스에 비해 불안정했기 때문이었다. 이들은 적어도 국민과 국가를 위한 '방어' 전쟁에는 서슴지 않고 뛰어들 명분과 확신이 있었으며, 또한 군비를 감축한다거나 반전운동이 실제 가능하다고는 생각하지 않았다. 유럽인들은 전쟁을 먼 나라의 일처럼 느꼈고 실제로 당시에 전쟁은 유럽 밖 머나먼 식민지에서만 일어나고 있었다. 하지만 이들이 잊고 있었을지 모르지만 그들 스스로 이 유럽 밖에서 일어난 전쟁에 개입하고 있었고 그에 따라 사회 전체가 전쟁에 익숙해지고 있었다. 사회가 점차 식민지에서 일어난 전쟁의 폭력에 노출되면서, 강하고 영웅적이며 힘센 남성에 대한 이미지는 더욱 숭상되었고, 전쟁소설 등으로 전쟁의 경험이 자극되고 있었으며, 그 결과로 군사조직과 징병제가 등장했다. 대(大)전쟁을 예상하지 못하고 있었을 뿐, 전쟁은 이미 사회의 한 부분이 되어 있었다. 슈테판 츠바이크가 말한 대로, "문제는 사소한 국경지역이 아니었다. 지난 40년 동안 축적된 힘의 내면적인 역동성의 비극적 결과이자 격렬한 폭발을 향해 나아가는 이 과도한 힘"이 전쟁을 이끌었다(슈튀르머, 2003, 114쪽). 게다가 앞으로 일어날 전쟁은 발전된 과학기술로 더욱 비참한 결과를 낳을 것이었고 당시처럼 단순히 각국의 왕가들이 주도하는 것이 아니라, 국민 전체가 참여하게 될 것이었다.

◯ 기본문헌

에릭 홉스봄, 『제국의 시대』, 김동택 옮김(한길사, 1998)

1875년부터 1914년까지의 시기를 다룬 고전적인 저작. 19세기를 다룬 다른 저작 『혁명의 시대』, 『자본의 시대』와 함께 20세기 초를 이해하는 데 가장 중요한 저술이라고 할 수 있다. 다만 서술의 중심이 19세기이기 때문에 20세기와의 연계가 다소 약한 점이 흠이라고 할 수 있다.

스티븐 컨, 『시간과 공간의 문화사 1880~1918』, 박성관 옮김(휴머니스트, 2004)

원본이 1983년에 출판되었기 때문에 최근 나온 책은 아니지만 이 시기를 문화사 측면에서 새롭게 이해할 수 있게 해준다.

피터 게이, 『부르주아 전(傳)』, 고유경 옮김(서해문집, 2005)

부르주아의 시대상을 직접 엿볼 수 있게 만든 책이다. 오스트리아 작가였던 슈니츨러의 일생을 중심으로 한 것이어서 다소 예외적인 측면이 있지만, 저자의 풍부한 지식은 빅토리아 시대의 생활을 충분히 이해할 수 있게 한다.

박지향, 『제국주의: 신화와 현실』(서울대출판부, 2000); 닐 퍼거슨, 『제국』, 김종원 옮김(민음사, 2006)

전자는 제국주의에 대한 최신 경향을 종합적으로 정리한 책이다. 제국주의의 여러 측면을 다루었고 국내에서 논쟁을 불러일으켰다. 후자는 영국의 제국주의를 구체적으로 서술하고 있는 책으로 전자와 같이 읽어볼 만하다.

『20세기 포토 다큐 세계사』 시리즈물(북풀리오, 2006~2007)

영국, 러시아, 독일 그리고 아일랜드에 관한 20세기 전반을 다룬 책으로 좋은 사진과 일목요연한 설명을 담은 안내서이다.

● 참고문헌

박지향, 『제국주의: 신화와 현실』, 서울대출판부, 2000.

슈튀르머, 미하엘, 『독일제국』, 안병직 옮김, 을유문화사, 2003.

조용욱, 「제국주의와 제1차 세계대전」, 배영수 엮음, 『서양사강의』, 한울, 2001, 417~448쪽.

츠바이크, 슈테판, 『어제의 세계』, 곽복록 옮김, 지식공작소, 2001.

컨, 스티븐, 『시간과 공간의 문화사 1880~1918』, 박성관 옮김, 휴머니스트, 2004.

퍼거슨, 닐, 『제국』, 김종원 옮김, 민음사, 2006.

게이, 피터, 『부르주아 전(傳)』, 고유경 옮김, 서해문집, 2005.

홉스봄, 에릭, 『제국의 시대』, 김동택 옮김, 한길사, 1998.

『20세기 포토 다큐 세계사』, 북풀리오, 2006~2007.

Frevert, Ute, *Das Neue Jahrhunderts. Europäische Zeitdiagnosen und Zukunftsentwürfe um 1900*, Göttingen, 2000.

Nietzsche, F., *Der Wille zur Macht*, Stuttgart, 1965.

Piereth, Wolfgang, *Das 19. Jahrhundert. Ein Lesebuch zur deutschen Geschichte 1815~1918*, München, 1996.

Pilbeam, Pamela M., *The Middle Classes in Europe 1789~1914, France, Germany, Italy and Russia*, Chicago, 1990.

Tilly, Louise A. & Scott, Joan W., *Women, Work, and Family*, N. Y., 1978.

Wilkins, Mira, "Multinational Enterprise to 1930: Discontinuities and

Continuities", A. Chandler & B. Mazlish(eds.), *Leviathans, Multinational Corporations and the New Global History*, Cambridge, 2005, 45~79쪽.

Zeller, Joachim & Zimmerer, Jürgen(Hg.), *Völkermord in Deutsch-Südwestafrika. Der Kolonialkrieg(1904~1908) in Namibia und seine Folgen*, Ch. Links, 2003.

제2장

유럽과 양차 세계대전

유럽의 새로운 '30년 전쟁'

류한수 상명대 역사콘텐츠학과

【연표】

1914. 6	세르비아의 사라예보에서 오스트리아 황위 계승 후보자 페르디난트 공이 세르비아 민족주의 단체 조직원에게 암살당함
1914. 7	오스트리아가 세르비아에 선전포고
1914. 8	타넨베르크 전투에서 독일군이 러시아군 격파
1914. 9	마른 전투에서 프랑스군이 독일군 진격 저지
1916. 2	베르됭 전투 시작
1916. 7	솜 전투 시작
1917. 3	러시아 혁명으로 전제정 붕괴
1917. 11	러시아 볼셰비키 무장 봉기로 권력 장악
1918. 3	러시아와 독일 간에 브레스트-리톱스크 조약 체결
1918. 11	독일 소요로 황제 퇴위
1919	베르사유 조약 체결
1923	프랑스군이 독일 루르 지방 점령
1929	대공황
1930	독일 나치당이 제2당이 됨
1933	독일 나치당 집권, 히틀러 총리 취임
1936	에스파냐 내전 발생
1938	독일이 오스트리아 병합, 체코의 주데텐란트 병탄
1939. 8	독일과 소련 불가침 조약 체결
1939. 9	독일이 폴란드 공격
1940	프랑스가 독일에 항복
1941. 6	독일이 소련 침공
1941. 11	일본이 미국 진주만 침공
1941. 12	소련이 독일군에게서 모스크바 방어
1942. 7	스탈린그라드 전투 개시
1943. 2	스탈린그라드 전투에서 소련군이 독일군에 승리

【연표】

1943. 7	쿠르스크 전투에서 소련군이 독일군에 승리
1944. 6	프랑스의 노르망디에 영미군이 상륙
1945. 5	독일 항복
1945. 8	일본 항복

제1차 세계대전이 직후인 일어난 1914년 8월 2일에 독일의 뮌헨(München) 시에서 중구 열강이 연합국에게 선전포고를 했음을 알리는 정부의 발표가 있자, 흥분한 군중이 광장으로 몰려나와 그 넓은 광장을 빽빽이 메운 채 환호하는 모습을 보여주는 사진이 있다. 오늘날 우리가 흔히 생각하는 바와는 달리, 적어도 대다수의 유럽인은 두려움보다는 환희에 차서 대전을 맞이했다. 적지 않은 사람이 곧 전쟁의 참화에 몸서리를 치며 후회하지만, 또한 적지 않은 사람이 전쟁에서 새로운 생활방식을 찾았다. 앞서 말한 사진을 잘 살펴보면, 군중의 틈 사이로 만면에 웃음을 띤 콧수염을 기른 젊은이가 보인다. 이 젊은이는 다름 아닌 아돌프 히틀러(Adolf Hitler)이다. 제1차 세계대전에 자원해서 독일군 병사로 참전했고 그로부터 25년이 흐른 뒤에는 제2차 세계대전을 일으키는 히틀러는 유럽 사회의 변동과 두 차례 세계대전의 밀접한 상호작용의 여러 단면을 잘 보여주는 인물이다. 왜 유럽은 피바람을 불러올 그 무시무시한 세계대전에 환호했을까? 왜 유럽은 그토록 큰 고통을 겪고도 또 한 차례의 세계대전을 피하지 못했을까? 유럽은 두 차례의 세계대전을 겪으며 어떤 변화를 겪었을까?

제1차 세계대전 이전의 유럽

유럽은 1815년에 나폴레옹(Napoléon) 전쟁 이후 오랫동안 장기간의 대규모 전쟁이 벌어지지 않는 상대적인 평화를 즐겼다. 한편으로 경제가 발전하는 상황에서 유럽 문명은 과학과 이성의 토대 위에서 영원히 진보와 번영을 누리리라는 낙관론이 세간에 널리 퍼져 있었다. 기묘하게도 유럽에서는 평화와 번영이 오래도록 지속되면서도 사회적 다윈주의(social Darwinism)에서 파생된 우생학과 인종이론이 과학으로 널리 받아들여지면서 인간은 전쟁을 통해 종을 개량하고 발전한다는 식의 전쟁 예찬이 횡행했다. 한편으로

1918년 8월 2일, 전쟁이 일어났다는 소식에 환호하는 독일인들. 모자를 벗어든 콧수염을 기른 젊은 이가 히틀러이다(동그라미 안).

는 근대의 과학기술, 규율, 경제발전의 성과가 결합되면서 가공할 파괴력을 지닌 현대적 군대가 형성되었다. 즉 국민개병 원칙에 따라 징병제가 도입되고 징병 충원층이 크게 확대되고 병영(barrack)이 탄생하고 참모(staff) 조직이 설치되었던 것이다. 또한 19세기 후반에 개발된 후장식 대포(birch loaded cannon), 기관총, 라이플(rifle), 잠수함, 어뢰, 항공기를 비롯한 현대식 무기가 산업혁명을 통해 배양된 대량 생산방식과 결합하여 유럽의 주요 열강은 예전에는 상상도 하기 힘들었을 엄청난 파괴력을 지닌 대군(大軍)을 보유할 수 있었다. 19세기 유럽의 평화에는 유례없는 대전쟁의 씨앗이 깃들어 있었던 것이다.[1]

・・・・・・・・・・・・・・・・・・・・
1 이에 관한 더 자세한 논의는 이내주, 「제1차 세계대전은 왜 대량 살육전이 되었는가?」, 《서양사연구》 36(2007), 59~85쪽을 볼 것.

미래를 내다보는 혜안을 가진 사람이 있었다면, 19세기에 몇 차례 벌어진 전쟁에서 이미 근대성의 산물인 현대군이 격돌하는 무력충돌이 미증유의 대참화를 불러올 수 있다는 사실을 감지했을 것이다. 그러나 19세기 당대의 유럽인들은 유럽 문명의 밑동을 뒤흔드는 대전쟁의 가능성을 깨닫지 못했다. 1850년대의 크림(Krym) 전쟁은 장기전이었지만 유럽의 중심에서 멀리 떨어진 흑해에서 벌어진 전쟁일 뿐이었고, 20세기 전쟁의 양상을 미리 보여준 1860년대 미국의 남북전쟁도 대서양 건너편 아득히 먼 다른 대륙에서 벌어진 전쟁이었다. 프로이센-오스트리아 전쟁과 프로이센-프랑스 전쟁은 유럽의 한복판에서 벌어지기는 했어도 워낙 단기전으로 끝나서, 유럽인이 품고 있던 낙관론은 별다른 타격을 받지 않고 그대로 유지될 수 있었다.

통합된 국민국가를 구성하지 못한 채로 영국과 프랑스에 뒤처져 패권 경쟁에서 밀려나 있던 독일어 사용권 국가들이 1871년에 프로이센(Preußen)의 주도권 아래서 통일을 이루면서, 팍스 브리타니카(Pax Britannica)로 표상되는 유럽의 상대적 평화는 궁극적으로 종언을 맞이했다. 독일은 제2차 산업혁명의 선두에 서서 급속한 공업화를 이루어냈고, 19세기가 끝날 무렵에는 비약적으로 발전한 공업 생산력을 토대로 적어도 경제 면에서는 프랑스는 물론 영국까지 제칠 수 있었다. 전통적으로 육군 강국이었던 프로이센은 지상군에서는 인구 정체 현상 탓에 군대 충원에 어려움을 겪던 프랑스를 압도했고, 해상 병력에서도 대규모 건함 정책으로 영국의 제해권을 위협하게 되었다. 19세기 말에 독일이 유럽 정치에서 자신들의 국력에 걸맞은 발언권을 요구하면서, 기존의 패권 열강인 영국과 프랑스는 심각한 위기감을 느끼기 시작했다.

이렇듯 세기의 전환기에 유럽은 빠르게 솟구치는 독일에 어떤 지위와 위상을 부여해야 하느냐는 과제를 안고 있었다. 19세기 후반에 지구상에서 패권을 행사하던 서구 국가들은 20세기에 접어들면서 후발 열강인 독일에게 적절한 지위를 인정해주고 이해관계를 평화롭게 조정해야 할지, 아니면 전면적인 무력충돌을 불사하고서라도 세계 정치와 경제상의 기득권을 지켜내야 할지를 결정해야 할 갈림길에 서 있었다. 19세기가 20세기로 넘어가는 전환기에 유럽인들은 인간의 이성과 합리성을 바탕으로 발전하는 과학과 기술이 유럽 세계에 영원한 번영을 보장해주리라고 낙관하면서 새로운 세기의 벽두를 맞이했다. 그러나 그 과학과 기술은 파괴의 방향으로도 변용될 수 있다는 점을 눈치채지 못하고 있었다.

제1차 세계대전과 유럽

20세기에 접어들면서 패권 열강의 대열에 끼어들려고 발돋움하는 독일과 기존의 패권 열강인 영국 및 프랑스 사이에 조성된 긴장이 나날이 고조되고 있었다. 그러던 가운데 오스트리아 제국의 황위 계승 후보자인 페르디난트(Ferdinand) 대공이 아내와 함께 1914년 6월 28일에 보스니아(Bosnia)의 사라예보(Sarajevo)를 방문했다. 이곳에서 대공 부처는 오스트리아가 세르비아 국가의 발전을 가로막고 있다며 오스트리아 제국에 반대하는 비밀결사의 조직원인 세르비아인 청년이 쏜 총에 목숨을 잃었다. 이로부터 딱한 달 뒤인 7월 28일에 오스트리아가 세르비아에게 선전포고를 하자, 세르비아의 후견 국가인 러시아가 총동원령을 내렸다. 이에 오스트리아와 동맹관계에 있던 독일이 러시아에 전쟁을 선포했고, 곧바로 프랑스와 영국이 독일에 선전포고를 했다. 독일의 동맹국인 오스트리아 제국과 러시아의 후원을 받는 세르비아 민족주의가 충돌하면서 도화선에 불이 붙어 결국 제1차 세계대전이 터진 것이다.

발칸(Balkan) 반도의 국지전으로 끝날 수도 있었을 전쟁이 마치 들불처럼 유럽 전체로 걷잡을 수 없이 번져나가 유럽의 전쟁, 더 나아가서 세계의 전쟁이 되는 일이 벌어진 까닭은 무엇일까? 제1차 세계대전의 발발 원인에 관해서 수많은 학자가 엄청나게 많은 연구를 통해 다양한 요인을 제시했다. 크게는 네 가지 요인을 들 수 있다. 첫째, 다른 국가를 미워하고 두려워하는 민족주의 정서의 고조. 둘째, 식민지 쟁탈 경쟁이 불러오는 유럽 열강들 간의 긴장. 셋째, 전쟁에 대비하는 동시에 전쟁의 가능성을 부채질하는 격심한 군비 경쟁. 넷째, 조그만 분쟁만 일어나도 관련 당사자의 동맹국들이 자동으로 참전하도록 되어 있는 동맹 체제. 19세기 중반까지 국가의 통일과 건설에 치중해서 식민지 획득에 소홀하던 독일이 세기의 전환기에 접어들면서 세계정책(Weltpolitik)을 표방하며 기존의 식민지 열강 대열에 끼어들려고 하자 유럽의 열강 사이에 긴장이 발생했고, 이에 따라 각국 사이에 치열한 군비 확장 경쟁이 벌어졌다. 이런 와중에 한 나라의 참전이 여러 나라의 참전을 유도할 가능성을 지닌 동맹체제가 형성되었다. 영국과 프랑스와 러시아의 삼국협상과 독일과 오스트리아와 오스만 제국의 삼국동맹의 체결이 바로 그 단적인 예이다. 그러나 어느 요인이 가장 중요한 본질인지를 둘러싸고 치열한 논쟁이 벌어져왔다. 사실 이 문제에 관해서는 학자들 사이에서 어떤 합의가 존재하지 않는다. 한편 군사사의 대가인 존 키건(John Keegan)은 제1차 세계대전이 일어난 원인을 따지기보다는 제1차 세계대전을 전례를 찾아볼 수 없을 만큼 파괴적인 전쟁으로 만든 원인을 밝혀내는 작업이 더 생산적이라는 의견을 내놓았다(키건, 2007, 17쪽).

막상 대규모 전쟁이 일어날 가능성에 직면한 각국 지도부는 전면전을 벌여야 할 부담에 매우 주저하는 모습을 보였다. 그러나 결국 전쟁이 일어나게 되었고, 각 교전국의 대중은 열렬하게 환호하면서 자기 나라의 참전을 적극적으로 지지하는 모습을 보였다. 프랑스의 사회주의자인 장 조레스(Jean Jaurès) 같은 이는 신념에 따라 전쟁에 반대하다가 결국 프랑스 국수주의자에게 암살당하고 말았다. 이런 회오리바람 속에서 반전을 외치던 각국의 사회주의 세력은 결국 자국 정부의 전쟁 수행 노력(war effort)에 동조하거나 적극적으로 참여하는 모습을 보였다. 러시아의 혁명가 블라디미르 레닌(Vladimir Lenin)을 비롯한 소수의 사회주의자들이 정부의 전쟁 수행 노력에 동참하는 각국 사회민주당 지도부를 격렬하게 비난했지만, 각 교전국에서 무섭게 솟구치는 애국주의에 휩쓸려 아무런 힘을 발휘할 수 없었다. 이렇듯 전쟁을 피하지 않는 분위기는 전쟁이 단기간에 자기 나라의 승리로 끝나리라는 낙관론의 산물이었다. 유럽인은 19세기의 유럽 문명이 대규모 살육전을 배태했다는 사실을 전혀 감지하지 못한 셈이다.

단기전을 예상한 각국 국민들의 환호성 속에 시작된 '대전쟁(Great War)', 즉 제1차 세계대전은 얼마 지나지 않아 끝이 보이지 않는 대량 살육전으로 바뀌었다. 양면 전선을 피하려는 독일은 서부 전선에서 먼저 프랑스군을 격파하고 승리를 거둔 뒤에 주력 부대를 동부 전선에 투입해서 러시아군을 제압한다는 슐리펜(Schlieffen) 계획에 따라 중립국 벨기에를 순식간에 제압하고 프랑스 영토 안으로 진격해 파리(Paris)에 다가섰다. 그러나 러시아는 독일 지도부의 예상보다 훨씬 빠른 속도로 군을 동원해서 독일의 동쪽을 위협했다. 이 위협에 직면한 독일은 서부 전선의 병력을 일부 빼돌려서 러시아군을 맞이했다. 1914년 8월 말에 힌덴부르크(Hindenburg) 장군이 이끄는 독일군이 타넨베르크(Tannenberg)에서 러시아의 대군을 쳐부숴서 동부 전선의 위협을 없애버렸다. 그러나 이 와중에 서부 전선에서 독일군이 프랑스군을 밀어붙이는 힘이 약해졌고, 이 틈에 영국군과 프랑스군이 9월 초에 마른(Marne) 전투에서 독일군을 밀어냄으로써 독일의 속전속결 계획에 중대한 차질이 생겼다. 적어도 서부 전선에서는 전쟁 초기에 나폴레옹 전쟁 식으로 전개될 기미를 보이던 기동전이 지루한 참호전을 벌이는 끔찍한 장기전으로 변해갔다.

전반적인 국력과는 크게 상관없이 정예군으로 한두 차례의 결전(decisive battle)을 승리로 이끌어 적국을 단숨에 제압함으로써 전쟁의 승패를 가름한다는 19세기의 군사 이론이 20세기에 나타난 새로운 형태의 전쟁에 직면해서 완전히 무용지물이 되었다. 기관총과 철조망으로 강화된 참호를 일렬횡대 대형으로 공격하는 상황에서는 방자(防者)측이 절대 유리했으며, 공자(攻者)는 아무리 발버둥쳐도 적의 전선을 뚫지 못하고 극심한 피해만 보는 상황을 면할 수 없었다. 고위 장교들은 자국군 병사들의 용기 부족을 탓했지만, 기병대식 돌격으로 적을 제압할 수 있다는 의식은 19세기에나 어울리는 화석화된 교리였다. 자연히 교착 상태가 지속되었고, 참호에서 생활하는 병사들은 극한에 이르는 고통을 겪었다.[2] 1914년에 적군에게 손쉬운 승리를 거두고 성탄절이 되기 전에 고향으로 돌아가게 되리라는 병사들의 순박한 믿음은 이미 1915년에 산산조각이 났다.

　병사들에게 극심한 고통을 안겨주는 지리한 참호전이 지속되자 각 교전국의 지배계급은 초조해지기 시작했다. 애국심이 깃들어 있던 자국 병사들의 가슴에 염전(厭戰) 사상이 대신 들어서고 결국에는 자칫 사회혁명으로 이어지지 않을까 하는 걱정이 생겼던 것이다. 초조함이 더해갈수록 교전국의 전쟁 지도부는 더는 통하지 않는 결전에 더더욱 매달렸다. 교착 상태를 타개하려고 독일군은 1916년 2월부터 6월까지 베르됭(Verdun)에서, 영국과 프랑스군은 7월부터 11월까지 솜(Somme)에서 각각 엄청난 인력과 물량을 투입하는 대공세를 펼쳤다. 그러나 각 공세는 방어 시설이 완비된 적진을 향해 무모한 돌격을 수행하다가 공자가 천문학적 인명 피해만 보고 아무런 성과를 거두지 못한 채 결말이 났다. 솜 전투 첫날에만 사상자가 6만여 명(전사자 1만 9000명)이나 나왔지만, 전진한 거리는 수십 미터에 지나지 않았다. 솜 전투에서 영국군이 당한 사상 피해는 무려 42만 명에 이른다. 대전투가 한 번 크게 벌어지고 난 뒤 얼마 지나지 않아 한 동네의 거의 모든 가정에 한꺼번에 날아든 전사 통지서를 받아 들고 온가족이 오열하는 모습이

----

2 참호에서 병사들이 겪는 고통은 John Ellis, 『참호에서 보낸 1460일』, 정병선 옮김(마티, 2005)에 잘 드러나 있다.

전쟁에 지쳐 피곤한 기색이 역력한 프랑스군 보병들. 1916년에 프랑스 육군의 일선 부대에는 항명과 불복종이 만연해 있었다.

유럽의 향촌에서 여러 차례 연출되었다. 제2차 세계대전에 비해 피해가 훨씬 적었던 제1차 세계대전이 유럽인의 뇌리에 왜 '대전쟁'으로 각인되어 있는지를 이해할 수 있을 것이다.

애초에는 기동전으로 진행되리라고 예상되던 전투가 참호전으로 바뀌었고, 전투가 참호전 형태로 이루어지면서 결정적인 돌파가 사실상 불가능해졌다. 돌파가 불가능한 상태에서 적을 제압하려면 적군의 전투력을 천천히 떨어뜨리는 소모전을 구사할 수밖에 없었다. 소모전은 천문학적 수준의 군수 물자를 동원하는 물량전으로 이어졌다. 독일을 비롯한 교전국들은 소모전과 물량전을 감당하고자 나라의 모든 자원을 조직해서 전쟁 수행에 동원하는 총력전(total war; totaler Krieg) 체제를 구축했다. 병사를 전선에 더 많이 보내려고 산업에서 남성을 대체하는 노동력으로 여성이 대거 동원되어 군수 공장에 투입되었다. 근대에 들어서서 가정이라는 영역에 갇혀 지내던

제1차 세계대전 기간에 공장에서 기계를 돌려 군수품을 생산하는 영국의 여성 노동자들.

여성이 사회가 요구하는 노동력으로서 예전에는 진입이 허용되지 않았던 각 분야에 진출하는 현상이 전쟁으로 말미암아 촉진되었다. 군대는 비록 소수이지만 여성을 보조 인력으로 동원해서 전쟁을 수행하기도 했다.

총력전 체제에서는 이전의 전쟁에서는 상대적으로 평온함을 누리던 후 방까지도 전쟁의 영향을 직접적으로 받았고, 군수 물자의 생산에 동원되는 민간인도 살상 대상이 되었다. 무장하지 않은 민간인은 해치지 않는다는 종전의 전쟁 윤리는 새로운 시대의 전쟁에는 통하지 않게 되었다. 총력전 이 수행되자 적국 전쟁수행 기구(war machine)의 기반을 구성하는 전쟁수 행 노력을 무너뜨릴 필요성이 생기면서 장거리포나 비행선과 항공기로 적 국 후방을 공격하는 양상이 나타났다. 이로써 전방과 후방, 전투원과 비전 투원의 구분은 제1차 세계대전부터 그 의미를 잃었다. 유럽 대륙에서 전쟁 의 불길이 솟구쳐도 바다가 섬나라 영국을 안전하게 지켜주리라고 믿고 있 던 영국인들에게 밤의 어둠을 틈타 해협을 건너와서 도시에 폭탄을 떨어뜨리는 독일 비행선은 경악 그 자체였다. 비행선에서 떨어지는 폭탄의 수가 얼마 되지 않았더라도 적군이 바다를 건너와 후방을 노린다는 사실에 영국 국민은 공황 상태에 빠졌다.

독일은 비록 공업 열강이라고는 해도 객관적 지수로만 보자면 영국과 프랑스, 그리고 러시아, 나중에는 미국까지 포함된 연합국의 힘을 당해낼 경제력은 지니지 못한 상태였다. 그러나 전쟁 기간 내내 인적·물적 자원 측면에서 연합군보다 매우 열세였음에도 독일 주도의 중구 열강이 협상국과 대등한 전쟁을 수행하고, 더 나아가서 때로는 더 우월한 전투 능력을 발휘해 주도권을 유지할 수 있었다. 그 요인은 대략 다음과 같은 세 가지다. 첫째, 더 효율적인 참모 조직을 갖춘 독일 육군의 뛰어난 전투력, 둘째, 유럽의 한복판에 위치한 지리적 요인에서 오는 내선(內線)의 이점, 셋째, 레닌이 사회주의 경제체제의 모델로 삼을 만큼 효율적으로 작동하는 산업 경제의 체계적 조직화. 이런 사정을 감안하면 경제 규모와 생산량의 우세가 반드시 전장(戰場)의 우세로 직결되지는 않는다는 사실을 인식할 수 있다.

전술과 무기의 측면에서 제1차 세계대전은 제2차 세계대전의 총예행연습의 성격을 띠었다. 제2차 세계대전에서 일상화될 전술인 탱크(tank)를 이용한 적진 돌파, 항공기를 이용한 후방 폭격, U-보트(Unterseeboot)를 이용한 선단 공격과 이에 대항한 호송선단(convoy)의 형성, 보병과 포병의 협조를 극대화한 탄막 공격 등이 제1차 세계대전에서 그 모습을 드러냈던 것이다. 따라서 제1차 세계대전은 제2차 세계대전의 비극을 어렴풋하게나마 미리 보여주는 새로운 무기와 전술을 배양하는 토대가 되었다. 뒤에서 서술하겠지만, 아이러니한 점은 이런 새로운 요소를 전후에 더 적극적으로 받아들이고 체계화한 나라는 승전국들이 아니라 패전국 독일이었다는 사실이다.

제1차 세계대전의 후반기가 되면 정치도 전쟁 못지않게 소용돌이쳤다. 전쟁의 중압을 견뎌내지 못하고 가쁜 숨을 몰아쉬던 러시아 제국에서 드디어 1917년 초봄에 혁명이 일어나 제국이 무너졌다. 연합국은 전제정을 대신해 들어선 러시아 임시정부가 전열에서 이탈하지 않도록 독려했다. 그러나 임시정부는 승리할 때까지 전쟁을 지속하겠다는 노선을 고수하다가 8개월 만에 무너지고 말았다. 전쟁에 지친 대중에게 엄청난 호소력을 지닌 '병합과 배상금이 없는 공정한 평화'를 슬로건으로 내건 볼셰비키(Bol'sheviki)의 공격을 이겨내지 못해서였다. 세계 최초의 '노동자 정부'를 표방하고 나선 혁명 러시아 정부는 1918년 3월에 나라 안팎의 반대를 물리치고 독일과 단독 강화를 맺은 다음에 전열에서 이탈했다.

양면 전선의 곤경에서 벗어난 독일은 서부 전선에서 맹렬한 공세를 폈다. 그러나 연합군은 고전을 하면서도 적절한 대응으로 독일군에 반격을 가했다. 그 사이에, 독일로서는 암울하게도, 고립주의 정책에서 탈피한 미국이 연합국 편에 서서 참전하게 되었다. 제해권을 쥐고 중구 열강의 숨통이 서서히 조여오는 연합국의 해상 봉쇄를 타개하려고 독일이 펼친 무제한 잠수함 공격 작전에 피해를 본 미국이 참전의 빌미를 얻었던 것이다. 전쟁에 지치지 않은 미국이 전쟁에 끼어들기 전에 어떻게든 승기를 잡고자 독일이 사력을 다해서 1918년 여름에 펼친 대공세가 끝내 실패로 돌아갔다. 이로써 독일의 군사력은 바닥을 드러냈고, 전쟁을 지속할 힘이 남아 있지 않았다. 마침내 전쟁에 지친 독일의 해군 병사들이 11월에 일으킨 항명 사태가 독일 전역의 혁명적 사태로 이어지면서 전쟁은 중구 열강의 패배로 끝이 났다.

독일 제국은 겉으로 보기에는 전선에서 아직 패하지 않았고 적군의 침탈을 받지 않은 상태에서 내부의 혁명적 소요로 말미암아 패망하는 운명을 맞게 되었다. 이런 상황에서 패전을 인정하려 들지 않는 독일 우파와 패배한 까닭을 이해할 수 없었던 상당수의 일반 독일 국민 사이에서는 '승리를 바로 눈앞에 두고 있었는데 사회주의 세력의 내부 준동 때문에 패전했다'는 이른바 "등 뒤에서 칼에 찔렸다."는 신화(Dolchstoßlegend)가 적잖은 설득력을 지녔다. 이런 인식은 그 뒤 독일에서 나치즘(Nazism)이 탄생해서 발호하는 기름진 토양이 되었다.

제1차 세계대전은 전 세계에서 무려 1000만 명 이상의 인명 피해를 가져온 대비극이었다. 이 전쟁은 다음과 같은 특징을 띤다. 첫째, 제1차 세계대전은 근대 유럽의 군사 체계에서 일어난 5대 혁명적 변혁 가운데 하나로 꼽힐 충분한 근거가 있을 정도로 "프랑스 대혁명과 산업혁명의 유산을 결합하고 20세기 전쟁의 양식이 되"었다(Knox · Murray, 2001, 6쪽). 둘째, 지배계급이 제국과 사회의 통합성을 위협하는 민족주의와 계급투쟁을 제어하는 한 수단으로 택한 전쟁이 오히려 궁극적으로는 독일, 오스트리아, 러시아, 오스만 제국 등 대제국의 해체를 몰고왔다. 대전쟁은 민주주의 체제의 승리로 보였다. 셋째, 100년 동안의 평화를 누리다가 돌연 일어난 제1차 세계대전의 비극이 유럽의 번영과 발전을 믿어 의심치 않던 유럽인에게 엄청난 충격을 주어 19세기 후반기에 널리 퍼져 있던 인간 사회의 진보에 관한 낙관론이 사그라들었다. 유럽인들은 진보의 토대로 여겨온 과학과 기술이 오히려 문화와 문명을 파괴하는 힘으로 작용하는 현실을 보면서 회의를 품지 않을 수 없었다. 넷째, 유럽은 과학과 기술의 진보를 통해 근대를 주도하는 한편으로 그 근대성의 종합체이자 최종 산물인 현대적 군대를 동시에 배태했고, 그 결과 미증유의 피해를 자초했다. 다섯째, 유럽이 전쟁으로 내상을 입는 동안 아메리카에서는 미국, 동아시아에서는 일본이 국제 열강으로서 국제 무대에 등장했다. 또 한편으로는 전쟁 수행의 와중에 식민지의 민족주의가 직·간접적으로 북돋워진 결과로, 비록 완전히는 아닐지라도 근대에 들어와 유럽이 행사해온 패권이 적잖이 훼손되었다.

전간기(戰間期)의 유럽

제1차 세계대전의 여파로 유럽의 지도가 크게 바뀌었다. 패전한 오스트리아 제국이 해체되어 중유럽에 독립국가가 여럿 탄생했다. 1917년에 전쟁의 중압을 이겨내지 못한 러시아에서 혁명이 일어나 제국이 해체되고 혁명 정부가 들어섰다. 볼셰비키 정권과 이에 반대하는 세력 사이에 벌어진 피비린내 나는 내전은 1921년까지 지속되었다. 한편 통일된 독일과 그 동맹국들의 도전을 가까스로 이겨내고 제1차 세계대전에서 승전국이 된 프랑스와 영국은 강력한 독일이 주는 잠재적 위협의 싹을 아예 없애버리고자 일체의 전쟁 책임을 패전국인 독일에 떠넘기고 승자의 의지를 일방적으로 강요하는 베르사유(Versaille) 체제를 수립했다. 독일인들은 이 체제를 강화가 아니라 일방적인 강압적 명령(Diktat)으로 받아들였다. 이런 사정은 민족적 긍지와 애국심에 찬 병사로 전쟁에 참여해서 싸움터에서 뛰어난 부사관으로 두각을 나타냈고 미래에 독재자가 되는 히틀러가 전쟁 직후인 1923년에 울분에 찬 독일 국민을 상대로 "독일인 200만 명이 헛되이 쓰러졌을 리가 없습니다.……아닙니다. 우리는 용서하지 않습니다. 우리는 요구합니다. 복수를!"이라고 외쳤다는 사실에서도 잘 드러난다. 독일의 이런 불만이 가져올 여파를 눈치챈 프랑스의 포슈(F. Foch) 원수는 베르사유 조약이 "강화가 아니라 20년간의 휴전"에 지나지 않는다고 한탄했다. 제1차 세계대전의 비극은 이 전쟁이 정치가들의 주장과 달리 '모든 전쟁을 끝낼 전쟁'이 되지 못하고 불행히도 포슈의 예언대로 또 한 차례의 다른 전쟁, 그것도 '대전쟁'을 훨씬 더 능가하는 더 큰 전쟁의 씨앗을 뿌렸다는 데 있다.

영국은 패전국에 비할 바는 아니어도 나름대로 크나큰 참화를 겪었지만, 프랑스를 동반자로 삼아 국제 정치를 주도하면서 패권을 잃지 않고 유지하는 듯 보였다. 패권 국가가 될 잠재력을 지닌 미국과 러시아가 각각 고립주의 노선으로의 복귀와 혁명으로 국제무대의 일선에서 물러나게 되었기 때문이다. 서유럽이 국제 정치에서 발휘해온 헤게모니는 비록 제1차 세계대전으로 적잖은 타격을 입기는 했지만 무너지지는 않았다. 영국과 프랑스는 여전히 해외에 엄청난 넓이의 식민지를 보존한 데다가, 승자의 이점을 누리면서 패자인 독일의 해외 식민지를 나누어 가지는 이득을 얻었다. 한편 제1차 세계대전 기간에 연합국의 편에서 독일을 적대한 일본은 전후에 아시아에서 독일 식민지를 챙기면서 유럽의 열강과 어깨를 나란히 하는 명실상부한 동아시아의 패자로 한 단계 더 발돋움했다. 팽창의 관성을 제어하지 못한 일본은 1930년대에 중국을 침략하고, 더 나아가 1940년대 아시아에서 서구 제국주의를 대신해서 새로운 패자가 되려는 야심을 펼치게 된다.

양차 세계대전의 사이, 즉 전간기는 제1차 세계대전의 경험을 되돌아보고 분석하면서 새로운 군사 이론들이 선을 보인 시기이기도 했다. 제1차 세계대전의 경험을 기반으로 각국의 군사 이론가들은 전간기에 새로운 군사 이론을 개발했다. 육해군의 동원 없이 항공 부대의 힘만으로 적군을 제압할 수 있다고 주장하는 이탈리아의 군인 줄리오 두에(Giulio Douhet)의 제공권 이론(듀헤, 2000)은 몸서리쳐지는 지상전의 참화를 겪은 영국군에 강렬한 인상을 주어 나중에 영국 공군(Royal Air Force)이 채택하게 될 전략폭격(strategic bombing) 이론을 예시해주었다. 소련의 미하일 투하쳅스키(Mikhail Tukhachevskii) 원수와 독일의 하인츠 구데리안(Heinz Guderian) 장군을 비롯한 선구적 군사 사상가들이 주창한 기갑부대의 기동전과 종심전투(deep battle) 이론은 독일국방군(Wehrmacht)과 붉은 군대(Krasnaia armiia)에서 적극적인 지지를 받게 되었다. 반면에 승전국인 영국과 프랑스에서 군사 이론의 선각자들이 편 새로운 지상전 이론은 보수적인 군대의 벽을 넘지 못하고 따돌림을 당했다. 기갑부대가 미래 지상전의 주인공이 되리라고 주장하는 구데리안이 히틀러의 눈에 들어 자기의 이론을 마음껏 현실로 옮길 수 있는 기회를 부여 받은 데 비해, 같은 논지를 편 드골(De Gaulle) 장군은 프랑스 지도부의 인정을 받지 못하고 외톨이가 되었다. 해상전에서도 당장 눈에 띄지는 않았지만 물밑에서 커다란 변화가 일어나고 있었다. 대구경 주포를 장착한 전함(battleship) 위주의 해전에서 탈피해 항공기 위주로 대형을 편제하는 항공모함(carrier) 함대의 건설은 영국 해군이 효시였을지 모르지만, 이를 가장 적극적으로 채택한 국가는 일본과 미국이었다.

패전국의 멍에를 쓰고 베르사유 체제에 절치부심하는 독일인들의 불만을 대변하고 자극해서 권좌에 오른 인물이 히틀러였다. 1929년의 대공황으로 직격탄을 맞은 독일에 조성된 혼란 속에서 기회를 잡아 히틀러가 이끄는 나치(Nazi)가 1933년에 독일의 집권당이 되면서 한동안 안정을 유지하던 전간기 유럽의 국제 정세는 급속히 소용돌이에 빨려들어가 1930년대 후반기에 에스파냐 내전, 추축(Axis)의 형성, 독일 오스트리아 병합(Anschluss), 뮌헨(München) 회담, 체코 위기 등을 거치면서 숨가쁘기 이를 데 없이 돌아갔다. 에스파냐 내전의 국제적 의의는 바로 이 내전에서 파시즘의 선구자로 두체(Duce)를 자처한 이탈리아의 독재자 베니토 무솔리니(Benito Mussolini)와 그의 궤적을 좇아 독일의 영도자(Führer)가 된 히틀러가 에스파냐의 반란군 지도자인 프란치스코 프랑코(Francisco Franco) 장군을 공공연하게 지원하는 가운데 두 파시즘 지도자 사이에 굳건한 동맹이 이루어졌다는 데 있다. 영국과 프랑스가 자신의 공공연한 도발에 별다른 대응을 하지 않는다는 사실에서 더 큰 자신감을 얻은 히틀러는 베르사유 체제를 무력화하고 유럽 대륙의 패자가 되려는 계획을 밀고 나갔다. 한편 그는 영국이 쥐고 있는 지중해의 제해권을 이탈리아에게 넘겨줘 무솔리니를 자기의 하위 파트너로 묶어두려고 했다.

히틀러는 상당 부분 허장성세로 상대를 위협해 자기의 정치적 이득을 극대화하는 재주를 지닌 모험주의적 정치가였지만, 한편으로는 유대인을 극도로 미워하고 두려워하는 극단적 인종주의자였다. 그의 눈에 유대인은 열등한 존재인데다가 독일을 망쳐놓은 원흉이자 볼셰비즘을 통해 궁극적으로는 세계 지배를 획책하는 음모 세력으로 없애야 할 대상에 지나지 않았다. 민족의 순수성을 지고의 가치로 여기는 히틀러에게 국제주의를 외치는 공산주의자들은 유대인과 동의어였다. 히틀러는 당시에는 과학으로 취급되던 우생학 이론을 근거로 세운 자기의 인종주의 이론에 따라 유대인만큼이나 열등한 존재로 설정된 슬라브(Slav)인을 정복해서 노예로 삼겠다는 '생활공간(Lebensraum)' 이론을 숨기지 않고 드러냈다.

상대방의 공격을 막아낼 힘이 충분하지 않은 상황을 숨기고 만약 요구를 들어주지 않으면 전쟁을 불사하겠다고 허세를 부리는 도박에 나선 히틀러의 모험적 팽창에 오로지 '유화' 정책으로 대응하던 영국과 프랑스는 나치 독일의 위협을 가장 절실하게 느끼고 군사 동맹을 맺자는 소련의 제의에 냉담에 가까운 미적지근한 반응으로 일관했다. 두 나라가 '붉은 러시아'와 제휴하기에는 불신의 골이 너무 깊었던 것이다. 이런 상황에서 소련의 안위를 이데올로기를 포함한 모든 것에 앞세우는 이오시프 스탈린(Iosif Stalin)에게 히틀러가 다가갔다. 도저히 이루어질 수 없어 보이던 파시즘 국가 독일과 공산주의 국가 소련의 불가침 조약이 1939년 8월 23일에 체결되었다.

영국의 역사학자 테일러(A. J. P. Taylor)는 히틀러가 유럽, 더 나아가서 세계의 석권이라는 목표를 위한 정교한 청사진을 가지고 있었다는 주장을 반박했다. 그에 따르면, 히틀러의 정책은 정교한 사전 계획에 따른 것이 아니라 즉흥적인 임기응변의 연속이었다(테일러, 2003). 히틀러의 최종 목표는 세계 지배였다기보다는 프랑스를 제압해 베르사유 체제를 뒤엎고 유럽의 패권을 차지하는 데 있었으며, 이를 위한 엉성한 수준의 마스터 플랜만을 가진 채 그때그때 임기응변으로 대처했다는 것이 현재로서는 가장 타당한 잠정적 결론이라고 할 수 있다.

제2차 세계대전에 관한 설명에 들어가기에 앞서 붉은 군대와 숙청에 관한 언급이 필요할 듯하다. 1938년에 소련에서 대대적으로 군 숙청이 자행되는 바람에 붉은 군대가 노련한 군 수뇌부와 재능 있는 지휘관을 잃었고 이것이 독소 전쟁의 초기 단계에서 소련군이 지리멸렬하게 패배를 당한 원인이 되었다는 통념은 상당히 큰 폭으로 수정되어야 한다. 실증적 연구가 이루어진 결과, 소련군의 숙청 규모는 지금까지 알려진 것과는 달리 그리 크지 않았고 숙청된 장교단의 상당수가 얼마 지나지 않아 복직했다는 사실이 밝혀졌다. 소련군의 허약성은 군 지도부가 숙청 대상이 되었기 때문이라기보다는 1930년대 후반에 들어와 군의 규모가 급속도로 팽창하는데도 이를 지휘할 충분한 수의 유능한 간부진을 제때 배출하지 못했기 때문에 생긴 결과였다. 즉 몸집은 순식간에 커졌는데 이를 제어할 신경체계가 같은 속도로 성숙하지 않았다는 것이 소련군의 최대 약점이었다(Reese, 2000, 4장).

제2차 세계대전과 유럽

소련과 불가침 조약을 맺은 독일은 일주일 뒤에 폴란드를 침공했다. 맥없이 양보만 거듭해오던 영국과 프랑스가 폴란드의 동맹국으로서 독일에 선전포고를 함으로써, 제2차 세계대전이 시작되었다. 독일은 비록 완벽한 형태는 아니었지만 당시 유럽을 비롯한 전 세계에 강렬한 인상을 준 전격전(Blitzkrieg)을 구사하면서 대군이었지만 구식인 폴란드군을 섬멸하고 나서 약 한 해 동안 휴지기를 가졌다. 서부 전선에서는 막강한 지상 병력을 보유한 프랑스가 교전에 나서지 않음으로써 전쟁이 일어났는데도 전투는 없는 '말뿐인 전쟁(phony war)'이 거의 한 해 동안 지속되었다. 그러다가 독일군이 5월 중순에 마지노선을 우회해서, 대규모 기갑부대가 통과할 수 없는 험준한 지역이라고 여겨져 방어선이 구축되어 있지 않은 아르덴(Ardenne) 지역을 통해 영국과 프랑스의 지상 병력을 급습하는 기동전을 폈다. 독일의 전격전에 압도당한 프랑스는 항전을 포기하고 6월 18일에 맥없이 백기를 들고 말았다.

규명해야 할 쟁점은 '당시 최강의 육군, 그리고 난공불락이라는 마지노선과 독일보다 더 뛰어난 기갑 전력을 갖추고 있던 프랑스가 왜 독일에게 한 달 만에 무너져버렸느냐'이다. 프랑스군이 마지노선을 맹신했다는 사실은 그들이 진지전으로 진행된 제1차 세계대전의 경험에 얼마나 얽매여 있었는지를 잘 말해준다. 독일군의 대담한 '전격전'과 프랑스군의 소극적 방어 위주 전략의 한계를 가장 중요한 요인으로 꼽는 군사적인 설명이 제시되지만, 전선이 붕괴하자마자 프랑스 사회 전체가 아무런 저항도 하지 않은 채 투항해버린 무기력함은 설명되지 않는다. 프랑스 내부의 정치적 분열이 패전에 가장 큰 영향을 미친 요인이라고 보아야 한다. 좌익 세력이 권력을 잡을 기회를 허용하는 무정부 상태보다는 차라리 독일의 우위를 인정하고 하위 파트너로서 축소되었을망정 기득권을 보장 받는 쪽을 택한 프랑스의 지배 세력은 군사적 패전에 직면해서 끈질긴 저항보다는 항복을 더 나은 대안으로 여겼던 것이다. 모스크바의 영향을 크게 받고 있던 프랑스의 좌익 세력은 소련의 동맹국인 독일에 적극적으로 저항할 수 있는 입장이 아니었다. 패배한 프랑스의 항복을 받아들이고 점령한 파리를 둘러보던 이때가 히틀러의 전성기였다. 반신반의하는 심정으로 제2차 세계대전 개시를 받아들이던 독일 국민은 히틀러에게 가히 숭앙에 가까운 지지를 보내기 시작했다.

프랑스라는 난적을 제압하고 느긋해진 히틀러는 영국이 현실을 받아들이고 무력으로 항거하기보다는 독일을 영국의 정당한 파트너로 인정한 다음 세력권 협상에 나서리라고 예상했다. 히틀러의 기대와는 달리, 영국은 윈스턴 처칠(Winston Churchill) 총리의 지도 아래 거국적으로 독일에 저항하는 쪽을 택했다. 섬나라 영국을 침공한다는 바다사자(Seelöwe) 작전의 사전 포석으로 독일 공군(Luftwaffe)이 영국에 대대적인 공습을 가했지만, 영국 공군의 응전으로 브리튼 전투(Battle of Britain)가 벌어졌다. 영국이 독일 공군의 최고사령관 괴링(Goering)의 호언장담과 달리 공군력만으로 제압당하지 않자 영국과 독일의 대결은 그 초점이 대서양 전투(Battle of Atlantic)로 옮아갔고 미국에서 오는 보급선을 끊으려는 독일 해군의 잠수 함전과 이로부터 생명선을 지키려는 영국 해군의 치열한 싸움이 이어졌다. 미국의 프랭클린 루스벨트(Franklin D. Roosevelt) 대통령은 국내 여론을 감안해서 참전하지는 않았지만 영국에 막대한 물자를 제공했고, 영국의 목숨은 미국이 제공하는 물자를 싣고 대서양을 건너오는 수송선단의 안전에 달려 있었다. 영국은 반격은커녕 생명 유지에 급급한 형편이었다.

이런 상황에서 돌연 히틀러가 불가침 조약을 깨고 1941년 6월 22일에 소련을 전격 기습하는 바르바로사(Barbarossa) 작전을 펼쳤다. 히틀러가 동쪽으로 진격한 동기로는 다음 세 가지를 들 수 있다. 첫째는 유대인 볼셰비키를 박멸하겠다는 이데올로기적 이유, 두 번째는 장기전을 위해서는 러시아와 우크라이나의 자원이 필요하다는 경제적 이유, 세 번째는 영국의 항전 의지를 꺾으려면 소련을 제압해야 한다는 정치적 이유이다. 여기서 잊지 말아야 할 점은 히틀러나 독일국방군의 장군들, 그리고 영국과 미국 모두 소련이 독일군의 공격을 두어 달 넘게는 버텨내지 못하리라고 판단했다는 사실이다. 독일이 거대한 인력과 공간을 가진 소련을 침공함으로써 이기지 못할 싸움을 자초했다는 평가는 소련을 공격했다가 졌다는 '결과를 아는 상태에서 내리는 사후 판단(retrospective perspective)'의 전형적인 사례에 지나지 않는다.

독소 전쟁 초기에 독일군의 진격은 그야말로 파죽지세였지만, 당초 예상과는 달리, 소련의 신경 중추에 해당하는 모스크바와 레닌그라드를 단숨에 점령하는 데에는 실패했다. 소련군은 모스크바로 가는 길목인 스몰렌스크(Smolensk)와 소련 남부의 핵심 도시인 키예프(Kiev)를 빼앗기는 파국을 겪으면서도 1941년 11~12월에 걸친 모스크바(Moskva) 공방전에서 독일군의 진격을 가까스로 막아냈다. 독일군에게 포위된 레닌그라드는 100만 명이 넘는 시민이 굶어죽는 고통을 겪으면서도 1000일 가까이 지속된 봉쇄를 이겨내는 영웅적인 투혼을 발휘했다. 세계의 이목은 유럽 전역(戰域)의 동부 전선에 쏠렸고, 이곳의 전황에 따라 세계의 정치가 요동치게 된다.

신화에 가려 보이지 않았지만, 사실 독일군에게는 커다란 약점이 있었다. 이른바 '전격전'을 구사하는 독일군의 전투력은 유능한 참모장교들이 사전에 짜놓은 정교한 계획, 무수한 변수가 작용하며 사전 계획이 때로는 무용지물이 되어버리곤 하는 야전에서 마찰요인(friction)을 최소화하는 뛰어난 능력을 갖춘 노련한 야전 지휘관과 부사관, 그리고 강철 주먹, 즉 기갑부대(panzer)를 집중해서 운용하는 뛰어난 전술, 이 삼박자의 절묘한 배합에서 나왔다. 그러나 결코 놓쳐서는 안 될 약점이 존재하는데, 그것은 독일군의 기계화는 선봉 돌격부대(spearhead)에 국한된 현상이었다는 점이다. 즉 선두에 선 기갑부대가 적군 전선을 돌파해서 부챗살처럼 퍼져나가 적 배후를 휘저어놓으면 그 뒤를 보병부대가 따라 들어가 고립되어 무기력해진 적군을 소탕하는 역할을 맡았는데, 문제는 이 보병부대가 도보로 행군하고 보급 물자를 말로 운반하는 19세기형 군대였다는 데 있다. 따라서 독일군 전체의 전진 속도에는 한계가 있을 수밖에 없었다. 또한 프로이센 육군의 전통에서 비롯된 습성상 독일군은 보급 부문을 등한시했고, 이런 점은 장기전에서는 매우 불리하게 작용할 가능성이 있었다. 또 다른 한편으로 독일 육군 장교단과 히틀러 간의 끊이지 않는 반목은 전쟁 기간 내내 전쟁 수행의 효율을 떨어뜨렸다. 그리고 흔히 알려진 통념과는 달리, 히틀러는 장군들, 특히 융커(Junker) 출신 장군들을 휘어잡지 못했고, 히틀러와 독일국방군 최고 지도부 사이에는 갈등과 불화와 오해가 끊이지 않았다.

여기서 반드시 짚고 넘어가야 할 점이 히틀러가 군사 지도자로서 지닌 능력에 대한 평가이다. 흔히 1941년 8~9월에 히틀러가 주공격 방향을 모스크바 대신에 남쪽에 있는 키예프로 돌리는 독단적인 결정을 내렸기 때문에 모스크바를 조기에 점령할 기회를 놓쳤다고 알려져 있다. 이것이 소련에게 기사회생할 기회를 주었다는 당시 독일 장군들(과 현재의 많은 군사사가들)의 평가는 현재 설득력을 잃고 있다. 그 뒤 비슷한 여러 경우에도 그랬던 것처럼, 결정적인 상황에서 올바른 판단을 내린 쪽은 대개는 장군들이 아니라 지금도 '아마추어'라는 잘못된 평가를 받고 있는 히틀러였다. 군사의 문외한인 히틀러가 군사 작전에 제멋대로 끼어들어 고집을 부렸기 때문에 독일이 전쟁에 졌다는 식의 주장은 종전 뒤에 죽어서 말이 없는 히틀러에게 모든 책임을 떠넘겨 패전의 치욕을 피하고 직업 군인으로서의 자존심을 지키려는 독일군 장군들의 회고록에서 비롯된 잘못된 통념에 지나지 않는다. 히틀러는 전쟁 지도자로서 나름대로 뛰어난 재능을 발휘했지만, 그의 인식은 자기가 경험한 제1차 세계대전의 전투에 국한되어 있었다. 히틀러는 일선 전투부대에 지나치게 치중함으로써 현대전에서 보급이 차지하는 비중을 과소평가했다. 그리하여 히틀러는 장기전으로 진행된 현대전인 제2차 세계대전에서 보급의 중요성을 더 깊이 인식한 스탈린에게 패하게 된다.

독일군의 공세에 소련의 수도인 모스크바의 안위가 위협 받는 상황이 벌어지던 1941년 늦가을에, 독일의 동맹국인 일본이 미국의 경제 봉쇄에 견디다 못한 나머지 전쟁을 결심하고는 몰래 기동함대를 보냈다. 미국의 정찰을 용케 피하고 태평양의 절반을 가로질러 항해한 일본 해군 기동함대의 항공모함에서 떠오른 최정예 항공부대는 12월 7일에 태평양 한복판에 있는 미국의 전진 기지인 하와이(Hawaii)의 진주만을 기습해서 미국의 태평양 함대를 일거에 유린했다. 모호한 중립정책을 견지하던 미국의 루스벨트 대통령은 분노로 들끓는 미국의 여론에 힘입어 드디어 참전한다는 결정을 내릴 수 있었다. 히틀러는 나름대로 승산이 있다고 자신하면서 미국을 상대로 선전포고를 했다. 사실상 유럽과 지중해에 국한되어 진행되던 전쟁이 진정한 '세계'대전이 되는 순간이었다.

미군은 비록 유럽 본토에서 지상 작전을 펼치지는 못했지만, 북아프리카 전선에서 고전하는 영국군을 거들고 영국 공군과 함께 독일 본토와 점령지에 전략 폭격을 수행했다. 미국은 한편으로 '무기대여법(Lend-Lease)'을 통해 막대한 전쟁 물자를 영국과 소련에 쏟아부었다. 미국의 막대한 산업 생산력에서 오는 우세가 곧바로 유럽의 전쟁터로 이어지지는 않았다. 그러나 미국의 경제력은 빈사 상태에 빠져 헤매는 영국을 살려냈고, 전쟁을 판가름하는 격전이 벌어지는 유럽 동부 전선에서 고전하는 소련군에게 커다란 도움을 주었다. 사실 소련이 미국의 무기대여법으로 얻는 군수품의 양은 붉은 군대가 소비하는 전체 물량에서 그리 높은 비율은 아니었다. 그러나 문제는 양적 요소가 아니라 질적 요소였다. 미국에서 건너오는 군수 물자는 붉은 군대의 취약점을 확실하게 보강하는 귀중한 역할을 했다. 이를테면 미국이 제공하는 교통수단과 무선통신 설비는 소련군의 전투력을 크게 드높이는 결정적 요소로 작용했다. 소련군은 미국이 공급해준 화물차를 이용해서 보급을 원활하게 유지함으로써 진격 속도를 높일 수 있었으며, 소련군이 수행하는 전투의 효율성이 전쟁 초기에 비해서 몰라보게 올라간 데에는 미제 통신장비의 몫이 컸다.

제1차 세계대전에서 첫 선을 보인 총력전이 거의 완전한 형태로 수행된 나라는 바로 소련이었다. 스탈린은 강압과 회유를 통해 인민을 동원하는 데 능란했으며, 비효율적으로 보이던 소련 체제는 축소된 자원을 효과적으로 활용하는 지혜를 나름대로 터득했다. 소련 체제가 후방 동원을 극한의 수준까지 몰아붙인 반면, 히틀러는 전쟁이 끝날 무렵까지 독일 후방을 심하게 옥죄지 않았다. 이는 후방의 불만이 결국 전쟁수행 기구의 붕괴로 이어진 제1차 세계대전의 경험에서 비롯되었다고 추정된다. 소련이나 영국에서라면 사치품으로 여겨질 만한 민간 필수품이 상대적으로 경제력이 뒤처지는 전시 독일에서는 버젓이 생산되고 있었다. 전쟁 후반기에 괴벨스(Paul Goebbels)의 지도 아래 독일도 총력전 체제로 전환을 시도했지만, 이 시도는 다른 나치당 지도자들의 견제와 비협조에 부딪쳐 물거품으로 끝나고 말았다.

제2차 세계대전의 가장 큰 수수께끼 가운데 하나는 소련이 "어떻게 그토록 파괴적인 침입에서 살아남아 그러한 어려움을 견뎌내고, 끝내는 그토록 완전한 승리를 거둘 수 있었는가?"이다(Barber, 1993, 39쪽). 전쟁을 통틀어 소련에서는 군인 900만 명과 민간인 1800만 명 이상이 목숨을 잃었으며, 그 피해도 주로 전쟁 초반부에 집중되어 있었다. 사망자로만 총인구의 13%를 잃는 피해를 견뎌낼 수 있는 다른 사회는 존재하지 않는다. 관료주의와 비효율에 찌들어 있는 것처럼 보이던 소련 사회가 유럽의 양대 민주주의 국가를 순식간에 제압한 독일에 맞서 괴력을 발휘해 위기를 이겨내고 결국은 승리를 쟁취해낸 역설은 역사가들에게 그야말로 풀기 어려운 문제를 내놓는다.

독일군이 붉은 군대보다는 러시아의 동장군(冬將軍)에 졌다는 식의 주장은 왜 그 기나긴 여름에 독일이 결정적인 승리를 거두지 못했느냐는 반론에 무너진다. 소련이 무한한 인적·물적 자원을 지녔기 때문에 이겼다는 주장도 독일에게 상당한 영토를 빼앗긴 소련이 인력과 물자의 부족에 시달리면서 잔여 경제를 운영했다는 기본적인 사실에 눈을 감는 좁은 시각이다.[3] 장기적으로는 현대화된 독일군보다는 전근대적인 소련군이 더 유리했다는 주장 또한 전쟁 후반기에는 소련군이 독일군이나 미군 못지않게 자본집약적인 기계화 군대였다는 사실을 망각한 것이다. 소련의 승리에는 여러 요인이 작용했지만, 절체절명의 위기에 처한 스탈린 체제가 군과 대중에 대한 통제를 완화할 수밖에 없었고, 이런 상대적 자유의 분위기에서 소련군과 인민이 차츰 자율성을 발휘했고 소련사에서 보기 드물게 허용된 이 자율성이 승리의 밑거름이 되었다는 해석이 힘을 얻고 있다(오버리, 2003, 437~438쪽).

....

[3] 스탈린그라드 전투가 본격적으로 벌어지기 직전인 1942년 7월 28일에 스탈린은 「명령 227호」에서 "모든 사령관과 붉은 군대 병사와 정치지도원은 우리가 가진 자원이 무한정이 아니라는 점을 반드시 이해해야 한다."고 못박았다. O. Rzheshevskii 엮음, *Voina 1941-1945: Fakty i dokumenty*(M.: Olma Press, 2001), 376쪽.

전차부대 지휘관으로 독일군과 싸우다가 베를린 전투에서 전사한 소련의 여성 군인 알렉산드라 사무센코(Aleksandra Samusenko) 대위.

소련의 총력전은 여성 인력의 활용에서 잘 드러난다. 남성의 징집으로 남자 없는 곳이 된 소련의 농장과 공장에서 여성이 곡식을 키우고 기계를 돌렸다. 대체 노동력으로 여성을 활용하는 현상은 거의 모든 교전국에서 공통적으로 나타난 현상이었지만, 소련에서는 여성 인력의 활용 수준이 극히 높았다. 더욱이 소련은 여성을 군대의 보조 병력만이 아니라 전투원으로도 운용했다. 영국군과 소련군은 다양한 보조 인력으로 여군 병력을 많이 활용했다. 영국군 가운데 여성이 차지하는 비율은 무려 10%에 육박했으며, 특히 인류 역사상 가장 큰 군대였던 붉은 군대에서 여성이 차지하는 비율은 8%였다. 영국군이 끝까지 여성 군인을 전투에 투입하지 않은 반면, 소련군은 적지 않은 여성에게 전투 임무를 맡겼다. 소련군의 여성 전투원들은 일반 소총수는 물론 폭격기 조종사, 저격수, 탱크병으로 많은 무공을 세웠다. 여성 전투원은 어쨌든 간에 예외적인 현상이 아니었냐는 통념을 깨는 가장 설득력 있는 예가 바로 제2차 세계대전 때의 붉은 군대이다. 제1

차 세계대전이 남성을 더 많이 군대로 보내려고 국가가 여성 인력을 동원한 전쟁이었다면, 제2차 세계대전은 남성을 더 많이 전선으로 보내려고 군대가 여성 인력을 동원한 전쟁이었다. 소련군의 경우에는 여성 군인을 전선에 대규모로 투입하기까지 한 사실이 두드러진다.[4]

제2차 세계대전의 물줄기를 바꾼 주요 전투는 유럽 동부 전선에서 벌어졌는데, 1942년 늦여름부터 이듬해 2월까지 볼가(Volga) 강에서 벌어져 사상 최대의 격전으로 꼽히는 스탈린그라드(Stalingrad) 전투, 붉은 군대가 독일군에게 전쟁의 주도권을 빼앗아오는 계기가 된 1943년의 쿠르스크(Kusk) 전투, 소련군이 1941년에 당한 대로 독일군에게 앙갚음을 해준 1944년 여름의 바그라티온(Bagration) 작전을 꼽을 수 있다. 스탈린그라드 동부 전선의 규모를 영미군이 북아프리카와 이탈리아 반도 남부에서 독일군과 싸우던 서부 전선과 비교하면 양 전선의 비중을 명확히 이해할 수 있다. 동부 전선에서 붉은 군대가 250개 사단에 이르는 독일군 정예부대를 대적한 반면, 버나드 몽고메리(Bernard Montgomery) 장군이 북아프리카에서 상대한 에르빈 로멜(Erwin Rommel) 장군의 독일군은 형편없는 보급에 시달려서 화주(火酒)에서 연료를 증류해서 몇 대 남지 않은 탱크를 가동하는 4개 사단이었다. 이런 비교를 통해서, 제2차 세계대전 유럽 전역(戰域)의 중심은 서부 전선이 아닌 동부 전선이었으며, 지상전에서 독일 패망에 가장 큰 공헌을 한 교전국은 소련임을 알 수 있다.

1944년 6월에 펼쳐진 영미군의 노르망디(Normandie) 상륙작전을 연합군 승리의 결정적 계기로 보는 이도 많지만, 이 '제2전선'은 이미 기운 독일의 패망을 앞당겼다는 정도의 평가를 받아야 마땅하다. 1943년 쿠르스크 전투에서 붉은 군대가 독일군에게 대승을 거두고 테헤란(Teheran)에서 12

---

4 소련군을 비롯한 여러 교전국 군대에서 여성을 군인으로 활용한 사례와 그 영향에 관한 논의로는 류한수, 「제2차 세계대전기 여군의 역할과 위상: 미국, 영국, 독일, 러시아 비교 연구」, 《서양사연구》 제3집(2006. 11), 131~159쪽을 볼 것.

월에 정상 회담을 마친 뒤 귀로에 오르면서 스탈린은 게오르기 주코프 (Georgii Zhukov) 장군에게 "루스벨트가 1944년에 프랑스에서 광범위한 군사 활동을 전개하겠다고 확약해주었네.……하지만 그 사람이 약속을 지키지 않더라도, 우리에게는 히틀러의 독일을 쳐부술 힘이 충분히 있지!"라고 말했다(Zhukov, 2002, vol. 2, 192쪽).

제2차 세계대전에는 깨져야 할 신화가 몇 가지 있다. 첫째가 바로 레지스탕스(Resistance) 신화이다. 독일 치하의 유럽에서, 특히 프랑스에서 벌인 무장저항이 연합군의 승리에 큰 도움이 되었다는 주장은 매우 심한 과장이다. 제2차 세계대전에서 군사적으로 의미가 있는 레지스탕스 세력은 유고슬라비아와 소련의 파르티잔뿐이었다. 엄밀히 평가하면, 이것도 독일군에게 위협적인 존재라기보다는 단지 귀찮은 골칫거리 정도에 지나지 않았다. 따라서 프랑스 등지의 무장저항은 도덕적 측면에서만 의의가 있을 뿐, 군사적으로는 거의 의미가 없었다고 해도 지나친 말이 아니다. 프랑스 레지스탕스 소탕에 투입된 부대는 독일 정규군이 아니라 프랑스인으로 구성된 경찰과 우익 민병대(milice)였다.

깨뜨려야 할 다음 신화는 독일국방군 신화다. 동유럽과 러시아에서 민간인을 대량 학살하는 만행을 저지른 조직은 나치 이데올로기의 전사들인 SS 부대였고 독일 정규군은 만행에 가담하지 않았다는 일각의 주장은 독일 소장 역사학자들의 실증적 연구로 이미 오래전에 설득력을 잃었다. 또한 독일 정규군의 일반 병사는 나치즘에 동조하지 않고 다만 조국을 위해 싸운 병사로서 이들도 역사의 희생자라는 시각 역시 일반 병사 다수가 거의 끝까지 히틀러 신화를 신봉하면서 그를 믿고 따랐다는 사실을 도외시한 것이다.

동부 전선에서 힘겨운 방어전을 치르던 상태에서 영미군에게 뒤통수를 얻어맞은 독일군은 동서 양쪽에서 연합군에게 난타를 당하며 급속히 무너졌다. 환몽에서 깨어난 히틀러가 베를린(Berlin) 제국 청사 지하 벙커에서 권총으로 자살한 1945년 4월 30일에 소련군이 국회 의사당 꼭대기에 낫과

망치가 그려진 깃발을 올리면서, 적어도 1000년은 가리라던 독일 제3제국이 무너졌다. 홀로 남은 일본은 동맹국 없이 항전을 이어갔다. 일본도 미국의 원자폭탄 공격을 받은 데다가 만주에 주둔한 관동군(關東軍)이 8월에 소련군의 공격에 속절없이 무너지자 8월 15일에 드디어 항복 의사를 밝혔다. 당시 세계 인구의 3%에 이르는 7000만 명의 목숨을 앗아간 제2차 세계대전이 끝나는 순간이었다.

양차 세계대전의 유산

제2차 세계대전은 유럽의 패권을 놓고 기존의 패권 열강인 영국과 프랑스의 지위에 도전한 독일과 이탈리아의 처절한 패망으로 끝이 났다. 동유럽에 정착한 독일계 정주민이 전쟁 말기에 피점령 국가와 소련군의 보복을 피해 독일로 한꺼번에 이주함으로써, 비록 폭력적인 방법이기는 했지만, 동유럽의 독일 민족 문제가 해소되었다. 전후에 독일에서 나치 청산 작업이 이루어지고 독일 자체가 분단됨으로써, 유럽의 정치·군사적 패권을 추구하던 독일의 국가 정책은 종언을 고했다.

그러나 한편으로 승전국인 영국의 지위가 보전되지는 않았다. 처칠은 각각 유럽과 동아시아에서 영국의 패권을 위협하던 독일과 일본의 항복을 받아낸 뒤 루스벨트와 스탈린과 나란히 서서 승자의 기쁨을 누렸지만, 세기의 전환기에 대영제국이 누리던 영광은 그림자만 남기며 사라지고 있었다. 독일의 위세에 눌려 일찍이 항복했고 나중에 연합군이 거둔 승리에 별다른 기여를 하지 못한 프랑스의 지위는 더더욱 보잘것없었다. 이로써 제1차 세계대전을 겪고도 지속되어온 서유럽의 패권은 영영 사라지고 말았다. '해가 지지 않는 제국'의 맹주였던 영국은 자의 반, 타의 반으로 식민제국을 해체하는 길을 밟았고, 프랑스는 제국의 영광을 재현하려고 몸부림치다가 베트남과 알제리에서 현지의 민족주의 세력에게 쓰라린 패배를 맛보아야 했다. 일본은 동남아시아와 동북아시아에서 영국, 프랑스, 네덜란드의 세력을 몰아내고 그 패권을 이어받으려는 야망을 품었으나, 미국의 힘에 패퇴를 맛보면서 아시아의 맹주라는 꿈도 한낱 물거품으로 끝이 났다.

한편 서유럽의 지위 하락의 근본 요인은 서유럽이 전쟁에 온 힘을 쏟아부어 국가 역량이 소진되었다는 측면보다는 엄청난 잠재력을 지니고 있으면서도 국제무대에서 물러나 있던 미국과 소련(러시아)이 제2차 세계대전을 계기로 국제무대에 등장해서 기존의 주연이었던 서유럽 국가를 밀어내고 국제 정치를 좌우하는 양대 초열강으로 자라났다는 데 있다. 제2차 세계대전이 일어나기 100년 전에 미국을 둘러본 뒤 "미국인은 러시아인과 함께 세계를 지배하도록 하늘의 계시를 받은 듯하다."는 프랑스의 보수적 지식인 알렉시스 드 토크빌(Alexis de Tocqueville)의 예언적 성찰이 적중했다. 타협과 상호 이해를 통해 협조를 이루어낼 수도 있었던 미국과 소련은 서로 다른 체제를 가진 이질성을 극복하지 못하고 다섯 해가 채 지나지 않아 세계 곳곳에서 극단적으로 대립하는 냉전의 주역이 되어 이후 반세기를 지내왔다. 냉전이 과연 불가피했는지는 다른 장에서 규명해야 할 물음일 것이다. 어찌되었든 19세기의 세계에 확립되었던 서유럽의 패권은 20세기 전반기에 일어난 두 차례의 세계대전으로 무너지고, 20세기 후반기의 세계에서는 미국과 소련이 극한적 차원의 체제 경쟁을 벌였다.

제2차 세계대전의 성격을 규정하는 작업에는 냉전이 크게 작용했다. 이데올로기의 격전이 벌어지는 20세기 후반기의 냉전 상황에서 학자들은 제2차 세계대전을 기본적으로는 의회민주주의, 파시즘, 볼셰비즘 사이의 이합집산과 갈등으로 파악하려는 경향을 보였던 것이다. 그러나 냉전이 소멸하고 이데올로기의 위상이 축소된 1990년대 이후에는 제2차 세계대전을 상이한 이데올로기의 충돌로 보는 견해가 힘을 잃기 시작했다. 독일어 사용 국가들이 통일제국을 만들어낸 1871년을 기점으로 19세기 후반기의 유럽에서 새로운 강국으로 자라난 독일이 어떤 위치에 서야 하는지를 놓고 갈등을 빚다가 일어난 국가 간 체제의 균열이라는 양차 세계대전의 성격에 더 크게 주목하는 학자들이 늘어나고 있다.

이런 학자들의 시각에서 보면, 제1차 세계대전과 제2차 세계대전 사이에 존재하는 연속성이 더 강해진다. 독일 스스로 보기에 '정당한 지분' 요구를 영국과 프랑스가 받아들이지 않고 독일을 배제하는 정책을 고수하면서 유럽에 제1차 세계대전의 불길이 일었다. 이때 영국과 프랑스는 유럽의 동쪽에서 독일을 견제하는 러시아라는 동맹국을 가지고 있었기 때문에 독일의 힘을 꺾을 수 있었다. 전쟁의 중압을 견뎌내지 못한 러시아가 혁명으로 전열에서 이탈한 뒤에는 미국이 러시아의 자리에 대신 들어와 독일의 패망에 크게 이바지했다. 제1차 세계대전이 끝난 1918년부터 제2차 세계대전이 일어난 1939년 사이의 전간기는 패망한 독일 국가가 부활해서 예전 못지않게 강력한 국가로 발돋움하는 시기로 볼 수 있다. 제1차 세계대전과 달리 제2차 세계대전에서 영국과 프랑스가 독일의 공세에 짓눌려 맥없이 밀려난 까닭은 독일이 러시아 제국의 후속국가인 소련과 동맹 관계를 맺어 동쪽에서 오는 위협을 없앨 수 있었기 때문이다. 이런 점에서 1941년에 소련을 침공한 히틀러의 결정은 실로 엄청난 패착이었다. 영국은 미국과 소련의 힘에 기대어 독일을 막아내는 데 성공했지만, 그 대가로 패권 국가의 지위에서 제 발로 내려와야만 했다. 패권을 둘러싸고 상호 이해 조정에 실패한 영국 · 프랑스와 독일의 다툼은 두 차례의 세계대전을 벌인 끝에 유럽의 동반 '몰락'으로 이어지면서 유럽이 세계 각지에 건설했던 식민 제국들은 해체의 길로 접어들었다.

유럽을 휩쓴 두 차례의 세계대전은, 한데 묶어서 본다면, 일종의 '20세기판 30년 전쟁'이라고 할 수 있다. 1618년에 일어나 1648년에 끝난 30년 전쟁은 유럽에 정치 · 사회 구조의 탈바꿈을 몰고왔다. 유럽의 세력균형이 바뀌고 제국의 자리에 영역국가가 들어선 것이다. 그로부터 3세기가 지난 뒤 유럽은 30년 전쟁을 넘어서는 강도로 그것도 두 차례나 세계대전을 치렀다. 그 결과로 유럽의 정치 · 사회 구조는 30년 전쟁에서 그랬던 것처럼 또 한 번 크게 바뀌었다. 다른 것이 있다면, 17세기 전반기에 일어난 30년 전쟁의 여파는 유럽에 국한된 반면 '20세기판 30년 전쟁'의 여파는 세계의 구석구석까지 미쳤다는 점이다.

○ 기본문헌

피터 심킨스·제프리 주크스·마이클 히키, 『모든 전쟁을 끝내기 위한 전쟁: 제1차 세계대전, 1914~1918』, 강민수 옮김(플래닛 미디어, 2008); 존 키건, 『1차세계대전사』, 조행복 옮김(청어람 미디어, 2009)(근간)

군사사 분야의 최고 전문가들이 쓴 이 두 책은 제1차 세계대전이 일어나서 치러지고 끝나는 과정을 차근차근 밟아가며 대전쟁의 전개 과정을 치밀하게 재구성한다. 단순한 연대기나 사건일지에 그치지 않고 전쟁의 다양한 양상을 묘사하면서 서술의 초점을 최고위 전쟁지도부부터 말단 병사까지 여러 층위에 분산한 것이 큰 장점이라고 할 수 있다.

존 엘리스, 『참호에서 보낸 1460일』, 정병선 옮김(마티, 2005); 미하엘 유르크스, 『크리스마스 휴전: 큰 전쟁을 멈춘 작은 평화』, 김은수 옮김(예지, 2005)

제1차 세계대전에서 전투를 직접 수행한 병사들이 느끼고 생각한 바를 들여다보는 데 알맞은 책이다.

A. J. P. 테일러, 『제2차 세계대전의 기원』, 유영수 옮김(지식의 풍경, 2003)

1961년에 처음 나온 이 책에서 저자는 히틀러라는 인물이 추진한 정책이 정복 야욕을 구현하려는 치밀한 계획에 따랐다기보다는 그때그때 상황에 맞게 펼친 임기응변의 성격을 띠고 있다고 주장했다. 이 주장은 당시 학계에 크나큰 파문을 불러일으켰다. 저자의 주장을 좇아가다 보면, 전간기 유럽 각국의 국가 정책과 제2차 세계대전 발발 직전의 숨 막히는 외교전에 관한 풍부한 정보를 얻을 수 있다.

존 키건, 『2차세계대전사』, 류한수 옮김(청어람 미디어, 2007)

군사사의 거두로 손꼽히는 저자는 이 책에서 제2차 세계대전을 군사, 정치, 외교,

사회, 심리적 측면에서 다각도로 분석한다. 매우 풍부한 내용이 담겨 있으나, 서술의 초점이 유럽 전역(戰域)의 서부 전선에 맞춰져 있어서 정작 가장 중요하다고 할 수 있는 동부 전선에 관한 설명이 미흡하다.

데이비드 M. 글랜츠 · 조너선 M. 하우스, 『독소전쟁사, 1941~1945: 붉은 군대는 어떻게 히틀러를 막았는가』, 권도승 외 옮김(열린책들, 2007); 리처드 오버리, 『스탈린과 히틀러의 전쟁』, 류한수 옮김(지식의 풍경, 2003)

이 두 책은 키건의 『2차세계대전사』가 지닌 허점을 채워서 아쉬움을 달래준다. 앞의 책은 유럽 전역(戰域)의 동부 전선에서 전개된 전쟁의 군사적 측면을 꼼꼼하게 재구성한다. 반면에 뒤의 책은 초점을 소련의 전쟁 수행 노력에 맞춰두고 전시 소련 사회의 모습을 다양한 각도에서 흥미롭게 서술하면서 소련이 독일을 상대로 승리를 거두게 된 이유를 설명한다.

○ 참고문헌

글랜츠, 데이비드 M. · 하우스, 조너선 M., 『독소전쟁사, 1941~1945: 붉은 군대는
　　어떻게 히틀러를 막았는가』, 권도승 외 옮김, 열린책들, 2007.

듀헤, 줄리오, 『제공권』, 이명환 옮김, 책세상, 2000.

루카치, 존, 『히틀러와 스탈린의 선택, 1941년 6월』, 이종인 옮김, 책과 함께, 2006.

류한수, 「20세기 전쟁의 연대기와 지리」, 《진보평론》 제16호(2003 여름), 9~34쪽.

─── , 「제2차 세계대전기 여군의 역할과 위상: 미국, 영국, 독일, 러시아 비교 연
　　구」, 《서양사연구》 제3집(2006. 11), 131~159쪽.

르 나우르, 장 이브, 『살아 있는 무명용사 이야기』, 황순희 옮김, 생각의 나무,
　　2004.

르누뱅, 피에르, 『제1차 세계대전』, 김용자 옮김, 탐구당, 1985.

린드크비스트, 스벤, 『폭격의 역사』, 김남섭 옮김, 한겨레신문사, 2003.

심킨스, 피터 · 주크스, 제프리 · 히키, 마이클, 『모든 전쟁을 끝내기 위한 전쟁: 제1
　　차 세계대전, 1914~1918』, 강민수 옮김, 플래닛 미디어, 2008.

에벨레, 헨릭 · 울, 마티아스 엮음, 『히틀러북』, 윤종상 옮김, 루비박스, 2008.

엘리스, 존, 『참호에서 보낸 1460일』, 정병선 옮김, 마티, 2005

오버리, 리처드, 『스탈린과 히틀러의 전쟁』, 류한수 옮김, 지식의 풍경, 2003.

원철, 「제2차 세계대전의 기원과 전쟁 책임 문제」, 우경 이민호 교수 정년기념논총
　　간행위원회 엮음, 『유럽사의 구조와 전환』, 느티나무, 1993.

유르크스, 마이클, 『크리스마스 휴전: 큰 전쟁을 멈춘 작은 평화』, 김수은 옮김, 예
　　지, 2005.

이광주 · 노명식, 「제1차 세계대전과 그 문명사적 의미」, 이광주 엮음, 『20세기 현대사』, 청람, 1981, 19~39쪽.

이내주, 「제1차 세계대전은 왜 대량 살육전이 되었는가?」, 《서양사연구》 36(2007), 59~85쪽.

콜리어, 폴 외, 『제2차 세계대전: 탐욕의 끝, 사상 최악의 전쟁』, 강민수 옮김, 플래닛 미디어, 2008.

키건, 존, 『1차세계대전사』, 조행복 옮김, 청어람 미디어, 2009(근간).

──────, 『2차세계대전사』, 류한수 옮김, 청어람 미디어, 2007.

터크먼, 바바라, 『8월의 포성』, 이원근 옮김, 평민사, 2008.

테일러, A. J. P., 『제2차 세계대전의 기원』, 유영수 옮김, 지식의 풍경, 2003.

페이즈, 폴 엮음, 『유럽 현대사의 제문제, 1890~1945』, 강철구 외 옮김, 명경, 1995, 141~71쪽.

폴리, 마틴, 『폴그레이브 맥밀런 지도로 보는 세계전쟁사 2: 제2차 세계대전』, 박일송 · 이진성 옮김, 생각의 나무, 2008.

프리저, 칼 하인츠, 『전격전의 전설』, 진중근 옮김, 일조각, 2007.

황동하, 『필사적인 포옹: 독소 불가침조약과 소련 측의 동기 분석』, 한국학술정보, 2006.

후스, 매슈 · 필포트, 윌리엄 J., 『폴그레이브 맥밀런 지도로 보는 세계전쟁사 1: 제1차 세계대전』, 나종남 · 정상협 옮김, 생각의 나무, 2008.

Barber, John, "The Image of Stalin in Soviet Propaganda and Public Opinion during World War 2," John & Carol Garrard(eds.), *World War II and the Soviet People*, Basingstoke: Macmillan, 1993.

Knox, MacGregor & Murray, Williamson, "Thinking about Revolutions in Warfare", MacGregor Knox & Williamson Murray(eds.), *The Dynamics of Military Revolution, 1300–2050*, Cambridge University Press, 2001.

Reese, Roger R. *The Soviet Military Experience*, London: Routledge, 2000, chapter IV.

Zhukov, Georgii K., *Vospominaniia i razmyshlenii* 2 vols.(13th ed.), M.: Olma Press, 2002, vol. 2.

제3장

혁명과 이데올로기

소련 사회주의 체제의 성립

박상철 전남대 사학과

【연표】

1853~1856	크림 전쟁
1861	알렉산드르 2세의 농노해방령
1898	러시아 사회민주노동자당 창당
1901~1902	러시아 사회혁명당 창당
1903	러시아 사회민주노동자당 2차 전당대회에서 볼셰비키와 멘셰비키 분열
1904~1905	러일 전쟁
1905. 1. 9	피의 일요일 사건으로 1905년 혁명 시작
1905. 10. 17	니콜라이 2세의 10월 선언으로 유사 입헌군주정 도입
1914. 8	제1차 세계대전 발발
1917. 2	'2월 혁명'으로 전제정 붕괴 및 이중권력 형성
1917. 4	레닌의 4월 테제 및 전쟁 문제를 둘러싼 4월 위기
1917. 6	'6월 총공세' 시작
1917. 7	'7월 무장시위'와 볼셰비키 탄압
1917. 8	코르닐로프 쿠데타
1917. 10. 24~25	'10월 혁명'으로 임시정부 붕괴 및 소비에트 권력 성립
1918. 1	헌법제정회의 소집 및 강제 해산
1918. 3	브레스트-리톱스크 조약 체결과 사회혁명당 좌파의 반발
1918. 5	체코 군단의 반란으로 내전 발발
1921. 3	크론시타트 반란, 러시아 공산당 10차 전당대회, 신경제정책의 도입, 반분파주의 결의문 채택
1922. 12	소비에트 사회주의 공화국 연방 성립
1924. 1. 21	레닌 사망
1927. 5	영국과 외교관계 단절
1927	가을 곡물 위기
1928. 5~6	'사흐티 사건'에 대한 재판

【연표】

1928. 10	1차 5개년 경제계획 착수
1929. 11	부하린 축출, 전면적인 농업 집단화 시작
1934. 1~2	소련공산당 17차 전당대회
1934. 12. 1	키로프 암살, 뒤이은 테러와 숙청의 물결
1936. 12. 5	새로운 소련 헌법('스탈린 헌법') 채택
1937	대규모 숙청과 테러
1939. 8. 23	독일과 상호 불가침 조약 체결
1941. 6. 22	나치 독일의 침략으로 대조국전쟁 시작
1945. 5. 8	소련군의 베를린 점령과 독일의 무조건 항복
1953. 3. 5	스탈린 사망

20세기 초 유럽에서 가장 보수적인 정치체제를 지닌 러시아 제국에서는 여러 혁명가 집단이 대중운동의 주도권을 둘러싸고 경쟁했다. 이런 세력의 하나였던 볼셰비키는 레닌의 지도 아래 마르크스주의에 입각한 급진적인 혁명을 주장했고 1917년 러시아 혁명, 특히 '10월 혁명'을 통해 국가 권력을 장악했다. 그런데 이들에게 국가 권력의 장악은 인간에 대한 억압과 착취가 없는 '사회주의 사회'를 건설할 더 철저한 사회혁명을 위한 첫 걸음에 불과했다. 따라서 권력을 장악한 후 공산당으로 이름을 바꾼 볼셰비키는 1920년대 말 스탈린의 주도로 급격한 공업화를 비롯한 이른바 '위로부터의 혁명'을 추진했고, 그 결과 흔히 '스탈린 체제'라고 불리는 소련 사회주의 체제를 확립했다. 그 후 '최초의 사회주의 국가'인 소련은 제2차 세계대전에서 엄청난 인적-물적 희생을 감수하면서 나치 독일의 침공을 격퇴했고, 이후 거의 반세기 동안 초강대국의 하나로서 동유럽을 비롯한 여러 지역에서 막대한 영향력을 행사했다.

이런 '눈부신 성공'과 증대된 영향력을 바탕으로 소련공산당은 자신들의 경험을 정통 마르크스-레닌주의에 입각한 '모범적인' 사례로서 다른 나라들에게 제시하거나 강요했는데, 이는 결국 서구 자본주의가 지배하는 세계체제에 대한 도전을 의미했다. 즉 러시아 혁명과 소련 사회주의 체제는 제국주의 열강의 침략과 착취 아래 허덕이던 세계의 피압박 민족과 하층계급들에게 적어도 한동안은 새로운 '해방'의 가능성이자 실제적인 대안으로서 잠재적인 영향력을 행사했고, 서구 자본주의가 주도하는 국제 질서를 위협하고 변화시켰다. 이런 점 때문에 러시아 혁명과 소련 체제는 한쪽에는 자긍심과 희망을, 다른 한쪽에는 경악과 두려움을 안겨주면서 각국의 변혁운동에 긍정적이든 부정적이든 깊은 영향을 미쳤으며, 흔히 20세기 역사에서 가장 중요한 사건의 하나로 평가되고 있다.

이런 역사적 중요성에 대해서는 많은 역사가들이 쉽게 합의에 도달하지만, 그와 관련된 구체적인 내용과 의미에 대해서는 이데올로기적 성격의 논쟁과 결부되면서 합의가 쉽게 이루어지지 않고 있다. 예컨대 냉전 시기에는 1917년 '10월'을 한편에서는 대중의 열망을 실현한 '위대한 10월 사회주의 혁명'으로, 다른 한편에서는 권력욕에 사로잡힌 소수 음모가들이 대중의 열망을 짓밟은 '군사적 쿠데타'로, 그리고 스탈린 체제는 '억압과 착취가 없는 최초의 사회주의 사회' 또는 '파시즘에 비견될 전체주의적 독재체제'로 평가했다. 이런 상반된 해석은 관련 연구가 정치사 중심에서 벗어나 사회사, 문화사 등으로 확장되면서, 그리고 소련 체제가 무너지면서 점차 다양한 해석으로 바뀌고 있지만 여전히 많은 쟁점에서 입장 차이는 계속되고 있다.

사회적 대립과 반체제 세력들

표트르 대제는 서유럽의 선진 문물을 적극적으로 받아들였을 뿐만 아니라, 18세기 초 스웨덴과의 북방전쟁에서 승리하여 러시아를 유럽 열강의 하나로 만들었다. 그 이후 러시아는 유럽 열강의 지위를 유지하고 그럼으로써 전제 군주 또는 기존 체제의 권위를 강화하기 위해 서유럽 문화를 적극적으로 받아들였다. 비록 프랑스 혁명 이후 서유럽 문화가 러시아의 기존 정치-사회 체제를 위협할 수 있다는 사실이 명확해졌지만, 러시아는 유럽 강대국의 지위를 유지하기 위해서는 서유럽의 변화에 뒤처지지 않아야 했다. 이런 딜레마 속에서 서유럽 열강과 벌인 전쟁은 러시아의 능력을 점검하는 시험대 역할을 했으며 전쟁 패배는 위로부터의 개혁 또는 아래로부터의 혁명으로 이어졌다. 예컨대 19세기 중반에, 농민 약 5000만 명에게 영향을 미쳤던 농노해방과 여러 개혁들을 실행하게 된 주된 계기도 크림 전쟁에서 당한 굴욕적인 패배였다.

1860년대의 '농노해방'은 농민들에게 충분치 못한 토지와 불완전한 자유를 부여함으로써 이후 제정 러시아를 괴롭힌 '농업문제' 또는 '농민문제'를 낳았다. 농민들은 흔히 자기 몫으로 생각했던 것보다 더 적고 나쁜 토지를, 그것도 시세보다 비싼 가격으로 구입해야 했고, 국가가 먼저 지주 귀족들에게 지불한 토지 대금을 이자와 함께 49년에 걸쳐 상환해야 했다. 또한 농민들은 권리와 의무에서 차별을 받는 '2등 시민'으로서 다른 신분들보다 무겁고 다양한 세금을 부담했다. 따라서 생산성이 낮은 토지에 비해 과도한 부담을 짊어졌던 많은 농민들은 지주 토지의 임대, 가내 수공업, 돈벌이 여행 등 추가적인 소득원을 찾아야 했다. 농민공동체는 토지 소유권을 지닌 채 토지를 각 농가에 노동력이나 가족 수를 기준으로 주기적으로 재분배했을 뿐만 아니라, 공동체 단위로 부과된 여러 의무, 즉 세금, 토지 상환금, 징병, 부역 등을 책임지는 말단 행정기관으로서 농민 생활을 통제하는 동시에, 외부 세계로부터 농민들을 지켜주는 사회적 보호막 역할을 했다. 이런 공동체적 삶 때문에 러시아 농촌에서는 토지를 사유재산이 아니라 필요한 사람이 이용하는 공동 재산으로 간주하는 경자유전(耕者有田) 사상이 널리 퍼져 있었다. 따라서 19세기 후반 농촌 인구가 급격히 증대되면서 농민들은 '정당한' 몫보다 많은 이웃 지주 귀족의 토지를 분배해야 한다고 생각했으며, 특히 1905년 혁명 시기에는 그런 생각을 다양한 집단행동으로 표현했다.

토지 점거 및 분배, 지주 가옥 방화 등 농민들의 집단행동에 대한 정부의 대응책은 단호한 무력진압과 스톨리핀 농업개혁이었다. 스톨리핀 농업개혁은 농민공동체가 농민 소요의 온상이자 농업기술 개선의 장애물이라는 전제 위에서 농민공동체를 해체하고 일부 '강건한' 농민을 부유한 자영농으로 육성하여 사유재산 옹호세력으로 키우려는 시도였다. 하지만 이런 정책은 지주 귀족의 토지를 전혀 건드리지 않았을 뿐만 아니라, 대다수 농민들의 열망을 무시한 것이었다. 따라서 스톨리핀 농업개혁은 강제적인 행정조치를 이용하여 전체 공동체 농가의 약 3분의 1을 농민공동체에서 탈퇴시키는 등 큰 성과를 거두었지만 부유한 자영농 계층을 육성하지도 못했고 널리 퍼진 공동체 사상 또는 경자유전 사상을 뿌리 뽑지도 못했다. 그 결과 러시아 농촌은 1907년 이후에 외견상 평온해 보였지만 언제라도 상황이 바뀌면 곧바로 혁명의 물결에 휩싸일 가능성을 여전히 갖고 있었다.

또한 크림 전쟁의 패배는 러시아가 서유럽 열강에 비해 무기 및 장비, 특히 수송능력 등에서 크게 뒤처져 있으므로 산업화 정책이 시급하다는 점을 명확히 보여주었다. 그 후 러시아의 산업화는 철도 건설을 중심으로 서서히 진행되다가 1880년대 중반 이후, 특히 비테(S. Y. Witte)가 재무대신으로 있던 1890년대에 정부의 적극적인 주도로 급속하게 추진되었다. 이 시기에 러시아 공업은 철도 건설 및 중공업 육성, 고율의 보호 관세, 외국 자본 유치 등을 특징으로 한 이른바 '비테 체제'(Millar, 2004, 4권, 1670쪽)에서 연평균 7~8%로 성장했다. 하지만 러시아 국가경제는 농업의 더딘 성장, 넓은 국토, 산업 부문과 지역에 따른 불균등 발전 등을 고려한다면 여전히 다른 유럽 열강들에 뒤처진 상태였다.

급속한 산업화는 노동계급의 팽창을 수반했다. 공장 노동자는 19세기 중반의 수십만 명에서 1900년에는 약 200만 명, 1914년에는 약 350만 명으로 빠르게 증가했다. 물론 이들은 전체 인구(1914년에 약 1억 7000만 명)에 비하면 적은 수였지만 주로 정치적 중심지의 대규모 공장들에 집중되어 있었다. 많은 노동자들은 농촌 출신으로서 여전히 농민적 심성을 지녔고 출신 농촌과의 유대를 유지했다. 그리고 대다수 노동자는 장시간 노동, 낮은 임금, 가혹하고 권위적인 공장 질서 등 열악한 노동조건을 감수해야 했고, 공장 밖에서는 급속한 도시화로 인한 끊임없는 물가 상승, 악화되는 주택난 등으로 큰 고통을 겪었다. 이런 현실에 대한 불만은 합법적인 노동자 조직이나 정당이 허용되지 않는 상황에서 간헐적이지만 폭발적인 방식으로 표출되었다. 하지만 점차 2세대 및 3세대 노동자들의 비중이 증대하면서 노동운동도 더욱 조직적이고 정치적인 성향을 띠게 되었다. 이런 노동운동은 더 많은 교육과 임금을 받았고 자신들의 불만을 구체적인 요구로 표현할 수 있는 숙련 노동자들이 주도했다. 이들은 노동과정의 재편과 관련하여 그리고 경기순환의 악영향에 맞서 싸우면서 독자적인 계급의식을 발전시켰고, 자신들에게 관심을 보이는 혁명세력들의 활동에 호의적인 반응을 보였다(Acton, 1990, 66~67쪽).

20세기 초 러시아의 대표적 혁명세력으로는 인민주의 전통을 계승한 사회혁명당과 마르크스주의에 입각한 사회민주당이 존재했다. 사회혁명당은 1880~1890년대에 마르크스주의 이론을 많이 수용하여 혁명에서 노동계급의 선도적 역할을 인정했지만, 여전히 정치적 테러를 중요한 투쟁수단으로 사용했고, 농민을 지지기반으로 삼았으며, 사유토지의 몰수와 분배를 의미하는 '토지의 사회화'를 주장했고, 사회주의 건설에서 농촌공동체와 소농경영의 중요성을 강조했다. 반면에 사회민주당은 노동계급을 혁명 주도세력으로 보았지만 후진국 러시아는 2단계의 혁명, 즉 노동계급이 부르주아 세력과 협력하여 전제체제를 타도할 부르주아 혁명과, 노동계급이 주도적으로 자본주의를 철폐할 사회주의 혁명을 거쳐야 한다고 주장했다. 그런데 러시아 사회민주당은 1903년의 2차 전당대회에서 노동계급을 이끌 규율 잡힌 직업혁명가 정당의 건설을 주장하는 볼셰비키와, 민주적인 의사결정과 당원들의 자율성을 주장하는 멘셰비키로 분열되었다. 이런 노선 차이에도 불구하고 여러 혁명세력은 주로 노동자들을 겨냥한 선전선동 활동을 적극적으로 전개했고, 이런 노력은 제한적이나마 가시적인 성과를 거둘 수 있었다.

이런 상황에서 러시아 정부는 혁명세력들의 노동운동 침투를 막기 위해 비밀경찰의 감독 아래 노동운동을 허용하는 이른바 '경찰 사회주의' 정책을 실험했다. 경찰 사회주의는 러시아 민중들의 황제 숭배와 정교 신앙을 이용하여 '자애로운 아버지'로서의 황제 이미지를 유지하는 반면에, 노동자들의 비참한 현실을 자본가들의 탐욕 때문이라고 비난함으로써 노동운동이 반체제운동으로 발전하는 것을 막으려는 시도였다. 하지만 경찰 사회주의는 노동자들의 비참한 현실을 개선시켜줄 수도 없었을 뿐만 아니라, 참여 노동자들이 많아지면서 감독이 어려워지자 경제투쟁과 급진적 정치교육의 장으로 변화되고 말았다. 결국 경찰 사회주의 정책은 1905년 1월 페트로그라드에서 황제에게 자신들의 비참한 현실을 개선해줄 것을 호소하고자 평화 행진을 벌이던 노동자와 그 가족들에게 무차별 총격을 가한 '피의 일요일' 사건으로 이어졌다.

한편 동아시아에서 러시아의 '모험주의적인' 팽창정책은 만주와 조선을 둘러싸고 일본의 야욕과 충돌하여 결국 1904~1905년의 러일 전쟁으로 이어졌다. '유럽의 큰 나라' 러시아가 '아시아의 작은 나라' 일본을 쉽게 이길 것이라는 초기의 예상과 달리, 러시아군은 일본군에게 계속 패하였고, 그에 따라 러시아 국내에서는 군 지휘부와 정부의 무능력에 대한 비판 여론이 고조되었다. 특히 오래전부터 지방자치단체들을 중심으로 활동하면서 국민대의기구 설치 등 체제 개혁을 요구해온 자유주의 세력들은 러일 전쟁의 계속된 패배는 전제 체제의 비효율성을 보여주는 것이자 체제 개혁의 필요성을 입증해주는 것이라고 주장했다. 이에 대해 황제와 정부가 냉담한 반응을 보이면서 자유주의 세력들은 더욱 급진적인 개혁을 요구함에 따라 정부와 자유주의 세력 사이의 긴장은 고조되었다. 이런 상황에서 1905년 1월 '피의 일요일' 사건이 발생했으며, 이 사건은 황제에 대한 대중들의 막연한 믿음을 깨뜨리는 동시에, 정부의 '야만 행위'에 대한 여러 사회세력의 분노와 항의를 불러일으켰다.

이제 1905년 혁명이 시작되었다. 많은 군부대가 러일 전쟁으로 만주에 있는 상황에서 자유주의 세력들의 비판과 개혁 요구는 노동자들의 파업과 시위, 농민 소요, 병사들의 반란 등과 결합하였고, 그 과정에서 여러 전문직 단체, 자유주의 정당, 노동자 대표 소비에트, 노동조합, 농민동맹 등 새로운 성격의 조직들이 우후죽순처럼 등장했다. 또한 소수민족 지역에서는 주민들의 사회경제적 불만과 정치적 요구가 민족주의 감정과 결합되면서 특히 격렬한 대중운동이 전개되었다. 이렇게 고양되던 혁명의 물결은 전 러시아를 마비시켰던 '10월 총파업'으로 절정에 도달했고, 이런 혁명적 상황에서 황제 니콜라이 2세는 국민대의기구인 국가두마(Duma)의 설치와 시민적 권리를 약속하는 '10월 선언'을 발표했다. 이 선언을 계기로 자유주의 세력들은 혁명 대열에서 벗어났지만 혁명적 대중운동은 더욱 과격해졌다가 12월의 모스크바 무장봉기가 진압된 후에야 서서히 가라앉기 시작했다.

1905년 혁명은 대중혁명에 대한 기억과 함께, 국가두마, 정당, 노동조합 등 자유주의 세력들이 이용할 수 있는 여러 제도를 남겨놓았다. 따라서 자유주의 세력들은 황제가 자신들의 개혁 요구에 양보할 것이고 러시아는 점진적으로 근대적 입헌체제로 발전해가리라고 믿었다. 하지만 황제 니콜라이 2세는 전제체제가 러시아에 가장 적합한 정치체제라고 확신했고, 그런 확신에 따라 자신의 양보를 되돌리거나 무력화하려고 시도했다. 그 결과 새로운 제도들은 제 역할을 하지 못했고 자유주의 세력들의 불만은 증대되었다. 또한 러시아 정부는 대중의 자생적인 움직임에 대해 지나친 의심과 단호한 무력탄압으로 대처했고 이는 대중운동의 과격화를 가져왔다. 예컨대 1905년 혁명 이후 정부는 개혁주의적인 노동조합조차 가혹하게 탄압함으로써 노동운동을 일시적으로 잠재웠지만, 1912년 4월 수백 명의 희생자를 낳은 레나 금광 학살 사건 이후 노동운동이 다시 고조되었을 때 노동조합은 혁명적 노동운동의 중심기관으로 부상했다. 이렇듯 1905년 혁명 이후 등장했던 점진적 개혁 노선이 지지부진한 상태에서 더 큰 전쟁과 혁명이 다가오고 있었다.

전쟁과 혁명, 내전

1914년 7월 말에 제1차 세계대전이 시작되면서 러시아 사회는 애국주의
적 열정과 반독일 감정에 휩싸였다. 국가두마는 국내 세력의 단합을 호소
하면서 전쟁 예산안을 승인했고 여러 사회 세력은 정부의 전쟁 노력을 지
원하기 위해 젬스트보 동맹, 도시동맹, 전시 산업위원회 등 다양한 민간단
체를 자발적으로 조직했다. 노동자들도 이런 분위기와 정부의 가혹한 탄압
으로 한동안 파업에 소극적인 태도를 보였다. 하지만 전제 정부는 전쟁을
성공적으로 이끌지도 못하면서 여러 사회 세력의 자발적인 협조를 거부했
다. 그에 따라 전쟁 초기의 애국주의적 열정은 정부의 잘못된 정책에 대한
우려 또는 비판으로 바뀌었다. 예를 들어 1916년 11월 밀류코프는 정부의
여러 실책이 "우매함 때문인지 아니면 반역 때문인지" 물어보면서 애국심
의 이름으로 정부를 강력하게 비판했다(Jahn, 1995, 7~9쪽). 또한 전쟁이 장
기화되면서 대중들의 고통과 불만은 1915년 여름부터 파업과 시위, 식량
폭동 등으로 표출되기 시작했고 1916년 말에는 전쟁과 전제체제를 공공연
하게 비난할 정도로 발전했다. 한편 러시아 정부는 화력의 열세와 군수품
의 부족을 병력의 우위와 군 규율 강화로 보완하려 했지만, 이는 막대한 인
명 손실을 낳았다. 이런 인명 손실과 군 규율 강화는 염전(厭戰) 사상의 확
산과 함께, 주로 사회 상층 출신의 장교들과 사회 하층민 출신의 사병들 사
이의 첨예한 갈등으로 이어졌다. 이런 상황에서 황제 니콜라이 2세가 계속
해서 무능력한 인물을 정부 및 군의 주요 직책에 임명함으로써 사회 여론
은 더욱 악화되었다. 게다가 독일 출신인 황후를 둘러싼 다양한 성 추문과
독일간첩설이 유포되면서 황제와 정부의 권위는 급속히 추락했다.[1]

....

1 이에 대해서는 Orlando Figes & Boris Kolonitskii, *Interpreting the Russian Revolution:
The Language and Symbols of 1917*(New Haven and London, 1999)의 1장인 "The
Desacralization of the Monarchy: Rumours and the Downfall of the Romanovs", 9~29쪽

1917년 2월 말에 수도 페트로그라드에서 일어난 노동자들의 파업 및 시위운동은 주민들의 식량폭동과 결합하면서, 그리고 병사들의 반란을 야기하면서 대중혁명으로 발전했다. 이런 '자생적인' 혁명은 많은 노동운동 경험을 가졌거나 여러 혁명정당과 연계된 현장 활동가들이 이끌었다. 이들은 서로 정보를 주고받으면서 고양된 대중운동에 투쟁 목표와 구호, 구체적인 행동지침 등을 제시했으며 이후의 혁명 발전과정에서도 중요한 역할을 하게 된다. 하지만 대중혁명의 성공은 자유주의 세력들의 개입과 군 고위 장군들의 지지에 힘입은 것이었다. 이들은 전쟁을 효율적으로 수행하려면 정부와 사회가 협력해야 한다고 생각했기 때문에 니콜라이 2세에게 사임하도록 압력을 가하였고, 결국 니콜라이 2세의 사임은 전제정의 붕괴로 이어졌다.

2월 혁명 이후 러시아에는 자유주의 세력들을 중심으로 하는 임시정부와, 민중을 대변하는 노동자-병사 대표 소비에트가 공존하는 '이중권력'이 형성되었다. 이런 정치체제는 러시아의 오랜 사회적 갈등, 특히 사회 상층 또는 '부르주아지'에 대한 사회 하층 대중들과 사회주의자들의 불신을 반영한 것이었다. 하지만 이런 점은 2월 혁명 직후의 해방 및 단합 분위기에 가려졌다. 게다가 임시정부에서는 온건 사회주의자들과의 협력을 주장하는 급진 자유주의자들이 우위를 차지했고, 소비에트에서는 현재 '부르주아지'의 주도권을 인정하고 반혁명세력에 맞설 '건전한 세력들의 단결'을 주장하는 온건 사회주의자들이 지도부를 구성했다. 따라서 임시정부와 소비에트 지도부는 상호 이해와 협력을 이루었고 이를 상징하는 인물로서 케렌스키가 부각되었다(Wade, 2000, 76~77쪽).

이런 이중권력 체제를 비판하면서 대안을 제시한 인물은 4월 초 독일 정부가 제공한 밀봉열차를 타고 귀국한 볼셰비키 지도자 레닌이었다. 그는

· ·
을 참고하라.

96

타브리다 궁에서 열린 병사 대표
소비에트의 회의 장면.

도착 직후 발표한 '4월 테제'에서 ①임시정부 타도와 소비에트로의 권력
이양, ②즉각적인 전쟁 중지, ③광범위하고 급진적인 사회경제적 개혁의
즉각적인 실행 등을 주장하였다. 레닌의 이런 주장은 러시아 혁명을 시작
으로 유럽에서 혁명이 연속적으로 발생할 것이라는 예측과 함께, 부르주아
지와 국민 대중의 이해는 대립할 수밖에 없다는 '계급 투쟁적' 관점에 입각
한 것으로서 얼마 후 볼셰비키당의 공식 노선으로 채택되었다. 또한 사회
혁명당 좌파, 멘셰비키 국제주의자, 무정부주의자 등도 볼셰비키와 함께
느슨한 좌파 연합을 구성하여 임시정부와 온건 사회주의자들의 여러 정책
을 계속 비판했다.

한편 오랜 전쟁에 지친 민중들, 특히 병사들은 무엇보다도 전쟁 중지를 원했고 소비에트 지도부도 이를 잘 알고 있었다. 그래서 소비에트 지도부는 '혁명적 방어주의', 즉 영토 병합이나 전쟁 배상금이 없는 평화조약을 체결하고자 노력하겠지만 그때까지는 조국과 혁명을 지키기 위해 싸워야 한다고 선언하였고 임시정부에게도 이런 입장을 표명할 것을 강요했다. 그런데 외무장관 밀류코프는 4월 18일 이런 내용을 담은 선언문을 연합국들에 발송하면서 "승리할 때까지 전쟁을 계속하겠다."는 비밀 각서를 첨부했다. 4월 20일 이런 사실이 대중들에게 알려지면서 노동자와 병사들은 항의 시위를, 그리고 장교, 관료, 학생들은 지지 시위를 전개했고 결국 두 시위대가 충돌하는 '4월 위기'가 발생했다. 위기 상황은 밀류코프의 사임 등으로 곧바로 진정되었지만, 이 사건을 계기로 온건 사회주의자들은 임시정부의 강화를 위해 입각하였고, 그 결과 정부 정책을 공동으로 책임지게 되었다.

연합국들은 평화 협상을 시작하자는 임시정부의 호소에 냉담한 태도를 보였다. 당시 혁명적 방어주의자들은 독일과의 단독 강화가 독일의 승리를, 그리고 독일의 승리는 러시아의 지위 하락과 전제체제의 복귀를 초래할 것으로 생각했기 때문에 단독 강화를 추진할 수도 없었다. 그래서 혁명적 방어주의자들은 연합국들에게 러시아의 군사력을 과시할 필요가 있었을 뿐만 아니라, 국내적으로도 군 규율을 회복하고 애국심을 고양해 급진주의의 성장을 저지하려면 '군사적 승리'가 필요하다고 판단했고, 이를 위해 6월 18일 총공격을 추진했다. 하지만 총공격은 준비 부족, 병사들의 반발 등으로 7월 초에 이미 군사적, 정치적 의미에서 완전히 실패했음이 명확해졌다.

2월 혁명 이후 러시아 민중들은 대중혁명의 성공에 자부심을 느끼면서 그 동안 억눌려 있던 다양한 열망을 표출했다. 우선 노동자들은 8시간 노동제, 임금인상, 노동조건 개선 등을 요구했는데, 이는 '민주 투사'에게 합당한 인간적 대우와 존경을 의미했다. 또한 이들은 소비에트, 공장위원회 등을 통하여 사회 또는 공장의 민주화를 주장했고, 이를 위해 노동자 민병대, 적위대 등 무장조직을 조직했다. 이런 활동 덕분에 노동자의 사회적 위상이 높아지면서 사무직, 하층 전문직, 비정규직 등도 자신들을 노동자로 규정하여 노동조합을 조직하고 소비에트에 대표를 파견했다. 대다수 병사들은 혁명적 방어주의를 받아들여 조국과 혁명을 방어할 필요성은 인정했지만, '불필요한' 희생을 불러올 공격 작전에는 반대했고, 병사위원회를 통하여 장교-사병 관계를 더 평등하게 변화시키려 했다. 많은 농민들은 지주 토지의 분배와 농민공동체 중심의 생활을 원했고 초기에는 조심스럽게, 하지만 점차 과감하게 이를 실행에 옮겼다. 여러 소수민족은 민족에 따라 차이는 있었지만 대체로 연방국가 내의 정치적 또는 문화적 자치를 요구하면서 다양한 민족주의 운동을 전개했다.

이런 민중의 열망은 다른 사회집단의 이해와 충돌하기 쉬웠다. 이를테면 병사들의 권리 확대는 장교들의 지휘권 축소를 의미했고, 대체로 민족주의 성향이 강했던 장교들은 군사적 공격과 승리에 더 적극적인 태도를 보였다. 또한 노동자들이 물가 상승을 기준으로 임금인상을 요구했다면 자본가들은 노동 생산성을 기준으로 '지나친' 임금인상을 비난했으며, 노동자들이 '생존권' 차원에서 경영 감시와 공장 점거를 감행했다면 자본가들은 '수익성' 차원에서 생산 축소 또는 중단을 결정했다. 이런 갈등은 정치적, 경제적 위기가 심화될수록 악화되었고 러시아 사회는 노동자와 '부르주아지', 병사와 장교, 농민과 지주 귀족 등으로 양극화되었으며, 결국 하층과 상층, '민주주의'와 특권세력이라는 대립되는 두 정체성으로 결집되었다(Wade, 2000, 87~127쪽).

게다가 '부르주아지'와 연합한 온건 사회주의자들은 토지, 민족 등 주요 문제들은 헌법제정회의에서 결정해야 한다고 주장하면서 그 해결을 미루었고, 사회경제적 문제들에서도 모호한 태도를 취했다. 반면에 볼셰비키 등은 임시정부와 온건 사회주의자들을 신랄하게 비난했고 사회경제적 혼란을 '부르주아지' 또는 '사악한 세력들'의 음모 탓으로 돌리면서 그 해결책으로서 '소비에트 권력'의 확립을 주장했다. 볼셰비키의 이런 주장은 사회적 갈등, 경제혼란, 무질서 등이 증대되면서 설득력을 갖게 되었고 그에 따라 점점 더 많은 노동자와 병사들이 '소비에트 권력'을 유일한 해결책으로 생각하게 되었다.

이런 상황에서도 온건 사회주의자들이 '부르주아지'와의 연합정책을 계속 고집하자, 볼셰비키, 사회혁명당 좌파, 멘셰비키 국제주의자 등은 권력 문제를 논의할 새로운 소비에트 전국대회의 소집을 요구했다. 하지만 레닌은 소비에트 전국대회 이전에 볼셰비키가 주도적으로 무장봉기를 일으킬 것을 주장하였고 이런 노선은 일부 당 지도자들의 반대로 난관에 부딪혔다. 그 결과 무장봉기의 실제적인 준비 작업은 트로츠키가 의장으로 있던 페트로그라드 소비에트를 중심으로 진행되었다. 이에 위협을 느낀 임시정부가 소비에트 전국대회가 열리기 전날인 10월 24일 새벽에 볼셰비키 세력을 공격하자, 페트로그라드 소비에트측은 '소비에트 전국대회'를 지키기 위해 무장한 노동자와 병사들을 동원하여 수도의 대부분을 장악했고, 볼셰비키와 사회혁명당 좌파가 주도한 소비에트 전국대회는 '10월 혁명'을 승인하면서 '소비에트 권력'의 확립을 선포했다.

10월 혁명 이후 볼셰비키는 국가 권력을 유지하면서 계속 '소비에트 권력'을 표방한 반면에, 다른 사회정치 세력들은 볼셰비키 권력이 곧 무너질 것으로 판단하여 적극적인 반발을 자제했다. 하지만 양측의 대립은 나날이 심각해져갔다. 예컨대 1918년 1월에 소집된 헌법제정회의에서 다수당인 사회혁명당 중도 및 우파 등이 10월 혁명과 소비에트 정권을 인정하지 않자, 소비에트 정부는 곧바로 헌법제정회의를 무력으로 해산했다. 게다가 1918년 3월 초 독일 등과 맺은 굴욕적인 브레스트-리톱스크 평화조약은 사회혁명당 좌파의 반발까지 불러일으킴으로써 볼셰비키당을 더욱 고립시켰다. 이런 상황에서 1918년 5월에 발생한 체코슬로바키아 군단의 반란은

내전에서 중요한 역할을 한 무장 열차.

반(反)볼셰비키 세력의 무장반란과 연합국들의 무력 개입을 초래함으로써 곧바로 본격적인 내전으로 이어졌다.

10월 혁명과 내전의 발발은 2월 혁명 이후 시작된 러시아 제국의 해체를 더욱 부채질했다. 이런 해체 경향에 맞서 볼셰비키는 권력과 생존을 위해 비밀경찰, 붉은 군대 등을 새롭게 조직했고 필요한 경우에는 극단적인 조치도 주저 없이 사용했다. 비밀경찰인 '반혁명, 사보타주 및 투기와 싸우기 위한 비상위원회', 즉 체카(Cheka)는 1917년 12월에 설치되었는데, 특히 1918년 8월 레닌 저격 사건 이후에는 적대계급이나 적으로 의심되는 사람들을 무차별적으로 처형하는 '적색 테러'를 주도했다. 붉은 군대는 1918년 2월에 지원병을 중심으로, 그리고 6월부터는 강제 징집한 병력을 받아들여 계급제도에 입각한 정규 군대로 조직되었다. 이 기관은 1918년 4월 20만 명에서 1920년 말 550만 명으로 팽창하면서 구체제 장교들과 함께 수많은 농민을 공산주의자로 육성한 '혁명의 학교'이자 공산당 입당 통로가 되었고, 이는 공산당 안에 군사적 정치 문화를 확산시키는 한 요인이 되었다(Siegelbaum, 1992, 14쪽, 23쪽).

이런 기관들과 함께, 해체 경향을 저지하는 데 중심적 역할을 한 것은 볼셰비키당, 즉 공산당이었다. 1917년 초 2만 5000명 정도였던 볼셰비키(공산당)는 1920년 말에는 거의 80만 명으로 성장했는데, 군대 또는 비밀경찰에 근무한 경험을 지닌 대다수 신입 당원들은 민주적 토론이나 이데올로기 논쟁보다는 구체적이고 실용적인 실천, 규율, 희생 등에 더 익숙했다. 또한 많은 공산당원이 정부 요직을 차지하면서 소비에트 국가는 공산당 주도의 일당국가체제로 변화했고, 끊임없는 위기 속에서 당과 정부의 많은 요직을 선거가 아니라 위에서 임명한 인물이 차지함으로써 관료제가 확대되면서 중앙집권화가 진행되었다. 게다가 신속한 결정을 내리기 위해 공산당 중앙위원회에 정치국 등이 새롭게 설치되면서 주요 문제에 대한 논의 및 결정 권한은 더욱 집중되었다.

또한 사회 혼란과 경제 위기는 10월 혁명 이후에도 계속된 물가 상승, 자본 도피와 경영자 및 기술자들의 도주, 브레스트 조약으로 인한 경제적 손실, 그리고 내전의 격화 등으로 더욱 악화되었다. 그에 따라 소비에트 정부는 1918년 중반부터 '전시 공산주의' 체제를 도입하였는데, 이는 국가가 거의 모든 공장을 국유화하고 모든 상거래를 독점함으로써 전선의 요구에 맞추어 주요 물자의 생산과 배급을 계획하고 통제하려는 시도였다. 하지만 수송 체계의 붕괴, 식량 및 연료 부족 등으로 공업 생산은 크게 감소했고 배급제와 물물교환이 확산되었으며 도시 주민, 특히 산업노동자의 수는 급격히 줄어들었다. 이런 상황에서 볼셰비키는 생산성을 향상시키고자 1인 경영 책임제, 노동규율 강화, 전문가 우대 등 새로운 정책을 도입했지만, 이는 열악한 경제상황과 맞물려 노동자들의 불만과 항의를 초래했다. 한편 상품 부족과 물가 상승 때문에 농민들이 시장에 곡물을 내놓지 않자, 정부는 잉여 곡물을 강제로 징발하였고, 이는 파종 면적의 축소와 격렬한 무력

충돌을 낳았다. 그 결과 볼셰비키는, 비록 토지 재분배조차 인정하지 않는 반혁명군보다는 여전히 유리한 위치에 있었지만, 곡물 징발로 농민의 지지를 잃게 되었으며, 농민들의 저항은 반혁명군의 위협이 사라진 1920년 중반 이후 더욱 격렬하게 전개되었다.

타협과 모색: 신경제정책(NEP) 시기

1920년 말 내전은 소비에트 정권의 승리로 끝나가고 있었다. 하지만 유럽의 혁명적 물결은 이미 가라앉아 유럽의 동지적 지원은 더 이상 기대할 수 없었다. 반면에 7년여에 걸친 전쟁은 러시아 경제를 파탄으로 몰아갔고 위기는 1921년 초에 절정에 이르렀다. 공업 생산은 전쟁 전의 14% 수준까지 감소했고(Соколов, 1999, 98쪽) 많은 산업 노동자들은 실업으로 고통 받았다. 이런 상황에서 식량 부족은 종종 노동자의 항의로 이어졌다. 예컨대 1921년 1월 말에 모스크바, 페트로그라드 등 주요 산업 중심지에서 식량 배급량의 3분의 1이 삭감되자 2월에 노동자들의 항의 파업 및 집회가 여러 도시로 확산되었고 멘셰비키와 사회혁명당의 유인물이 유포되었다. 농촌에서는 정부의 곡물 징발에 대응하여 농민들이 파종 면적을 축소함으로써[2] 곡물 생산은 급속히 감소했다. 하지만 도시의 심각한 식량 부족 때문에 당국은 더 가혹하게 식량을 징발했고, 그에 따라 농민의 저항도 격렬해졌다. 특히 반혁명군의 위협이 사라지면서 농민들의 저항은 새로운 차원으로 발전하여 1921년 무렵에는 대규모 농민 봉기가 많은 곳에서 동시에 진행될 정도에 이르렀고, 그중 가장 규모가 크고 강력했던 탐보프 지역의 농민부

---

2 예컨대 탐보프 주의 경우 1918년에 평균 4.3데샤티나였던 파종 면적이 1920년에는 2.8데샤티나로 줄어들었다. О. В. Волобуев и другие, *Драма Российской исто-рии: большевики и революция*(Москва, 2002), 346쪽.

대는 1921년 1월에 약 4만 명의 병력을 거느렸다(Волобуев и другие, 2002, 354쪽). 게다가 공산당 10차 전당대회가 열리고 있던 1921년 3월에는 '볼셰비키의 오랜 지지 기반'이었던 크론시타트의 노동자와 수병들이 무장 봉기를 일으켜 전시 공산주의 폐지, 소비에트 민주주의 회복 등을 요구하였고 이는 군대 반란이 확산될 수 있다는 우려를 낳았다.

이런 급박한 상황에서 공산당 10차 전당대회에서는 곡물을 강제 징발하는 대신에 일정 비율의 현물세를 도입했다. 전시 공산주의와의 결별을 상징하는 '현물세'의 도입은 신경제정책(New Economy Policy) 체제, 줄여서 네프(NEP) 체제를 구성할 몇몇 후속조치로 보완되었다. 우선 농민들이 잉여 곡물을 '지방 시장'에서 자유롭게 처분할 수 있도록 허용하면서 점차 모든 물품의 시장 거래가 가능해졌다. 국유화된 소규모 공장들이 소비재 생산 촉진을 위해 개인에게 임대 또는 매각되었으며, 얼마 후에는 소규모 기업의 설립이 허용되었다. 또한 소비에트 정부는 계속 기간산업을 통제했지만, 시장 경제의 재등장으로 통화의 안정성이 요구되면서 통화 개혁과 균형 예산, 국영기업들의 독립채산제 등을 도입했다. 나아가 정부는 다시금 외국과의 정상적인 무역 관계를 확립하고자 노력했고, 심지어 임업과 광업 분야에 외국 자본을 유치하려고 시도했다.[3]

이렇듯 신경제정책이 경제 분야에서는 '전략적 후퇴', 즉 자유화 조치를 의미했다면, 정치 분야에서는 "당내의 더 확실한 단합(과 규율), 멘셰비키 및 사회혁명당과의 더 치열한 투쟁"을 의미했다. 사실 공산당은 위험한 내전 상황에서도 주요 문제를 둘러싼 논쟁을 허용해왔고, 이는 10차 전당대회에서도 마찬가지였다. 하지만 10차 전당대회에서 채택된 '당의 단합에 관한' 결의안에 따르면, 독자적인 강령을 지닌 분파의 형성은 허용되지 않

----

3 외국 자본을 끌어들이려는 시도에 대해서는 Yurii Goland, "A Missed Opportunity: On Attracting Foreign Capital," *Europe–Asia Studies*, vol. 55, no. 2, 179~216쪽을 참고하라.

ТОВ. Ленин ОЧИЩАЕТ
землю от нечисти.

1920년에 빅토르 데니(Viktor Deni)가 도안한 포스터. 레닌 동지가 지구에서 쓰레기를 치우고 있다.

으며 이를 어길 시에는 무조건적이고 즉각적으로 당에서 쫓겨날 것이었다. 물론 이런 결의문은 당시에는 큰 변화를 초래하지 않았지만 훗날 권력 투쟁 과정에서 중요한 역할을 했다. 반면에 다른 정당들은 더 큰 탄압에 직면했다. 내전 기간에 힘겹게 활동해왔던 멘셰비키와 사회혁명당은 1922년을 전후로 대대적인 체포, 정치재판, 망명 또는 추방, 처형 등을 경험했고, 그 결과 공개 활동을 중단할 수밖에 없었다. 이로써 공산당 외에는 어떤 정치 세력도 활동할 수 없는 명실상부한 일당국가체제가 확립되었다.

또한 러시아의 공산당 정권은 군사적으로 다시 점령한 비러시아계 민족

지역을 통합할 새로운 국가체제를 마련해야 했다. 1922년까지 이들은 이미 몇 차례 민족자결 원칙을 국내외에 선언했고, 옛 러시아 제국 영토에 등장한 몇몇 '공화국'과는 모호한 성격의 조약을 맺었다. 하지만 민족 인민위원이었던 스탈린은 이들 공화국을 러시아 공화국(RSFSR) 체제에 흡수병합하자고 제안했다. 반면에 레닌은 러시아도 다른 공화국과 동등한 자격으로 참여하는 소비에트 사회주의 공화국 연방(SSSR), 즉 각 공화국의 주권을 인정하는 연방제를 고집했다. 결국 스탈린이 레닌의 주장을 받아들여 1922년 12월에 소비에트 연방이 형성되었다. 그러나 소련 체제는 형식상 연방제였을 뿐 공산당의 우위와 중앙집중적 체제, 당 및 국가기관 내의 러시아인의 높은 비율, 러시아의 압도적 비중 등 때문에 사실상 모스크바에 권력이 집중된 체제였다. 그런데 공산당 지도부는 민족주의를 부르주아 시대의 산물로서 사회주의적 국제주의가 발전하면 소멸할 것으로 생각했다. 따라서 이들은 소수민족의 언어와 문화를 발전시키고 토착 정치 엘리트와 지식인을 육성하는 등 소수민족 민족주의의 발전을 장려했다. 그 결과 모스크바의 정치경제적 권력 독점과 소수민족의 증대하는 민족적 정체성 사이에는 항상 충돌 가능성이 존재했고, 중앙 정부는 때때로 기존 체제에 도전하는 소수민족 공산주의자들을 '부르주아 민족주의자'로 낙인찍어 제거했다(Hoffman, 2003, 166~175쪽).

한편 신경제정책의 도입으로 경제와 사회의 재건은 신속하고도 활기차게 진행되었다. 1921년에는 우크라이나 등에서 극심한 흉년이 들어 1922년 여름에는 식량 사정이 악화되었다. 하지만 1922년 가을부터 신경제정책의 효과가 나타나면서 식량 사정은 개선되기 시작했다. 그 결과 정부는 1923년 후반에 그 전해보다 세 배나 많은 곡물을 현물세로 거둘 수 있었고, 통화가 안정된 1924년부터는 세금을 현금으로 징수했다. 농업 생산의 급속한 회복은 곧바로 경공업 분야로, 뒤이어 중공업 분야로 확산되었고 1926~1927년에는 경제 전반이 전쟁 전의 수준까지 회복되었다. 이 시기에 소비에트 정권은 노동자·농민 동맹의 중요성을 계속 강조했고, 옛 '부르주아' 전문가들과 멘셰비키 지식인 등은 여러 경제 및 산업 분야에 진출했으며, 네프멘(Nepmen), 즉 상인, 기업가, 중개인 등 자영업자들이 급속히 성장하여 1926년에는 약 200만 명에 이르렀다.

경기 회복은 산업 노동자의 증가와 함께 고용 불안정, 실업 증가, 주택난 등 여러 사회문제를 낳았다. 자영업자들의 소규모 공장에서 노동자들은 혁명 이전과 비슷한 열악한 상황에 놓여 있었다. 국영 공장들은 1921년 8월 '독립채산제'가 도입되면서 산업부문 또는 지역에 따라 '트러스트' 체제로 재편되었고, 각 트러스트는 비효율적인 공장들을 폐쇄 또는 임대함으로써 실업자를 양산했다. 게다가 실업은 군 동원 해제, 농민의 도시 이주 등으로 더욱 증가했고 이는 임금 하락으로 이어졌다. 이에 비해 수요가 증가하던 일부 숙련기술자와, 특히 옛 '부르주아' 전문가들은 고위직과 특권적인 대우를 보장 받았다. 또한 '붉은 공장 지배인'은 당 조직과 노동조합의 협력 아래 생산 증가를 독려하면서 노동자들을 거칠게 다루었다. 이들은 성과급 임금을 낮추고 생산량 기준을 높였으며 생산의 기계화, 표준화, 합리화 등으로 노동 생산성을 높이려 했다. 그리고 정부가 균형 예산 등을 이유로 사회복지 분야의 지출을 줄이면서 여성, 고아 등 사회적 약자들의 처지는 더욱 어려워졌다. 이런 상황에서 많은 네프멘은 하인을 부리면서 비싼 음식과 비싼 옷으로 자신의 부를 과시했다(Smith, 2002, 131쪽). 따라서 네프멘, 공장 경영진, 전문 기술자 등에 대한 민중들의 적대감은 증대되었다.

신경제정책의 경제적 성과도 많은 공산당원에게 환호와 함께 우려를 불러일으켰다. 이들은 사회변화를 계급적 관점에서 분석하려는 마르크스주의자로서 네프멘을 '새로운 부르주아 계층'으로 파악하였고 부유한 농민계층이 결국 부르주아 계급으로 성장할 것이라고 믿었다. 따라서 이들은 경제 재건을 사회주의 건설의 토대가 강화되는 것으로 환영하면서도, 적대적인 부르주아 계급이 성장할 것을 우려했다. 또한 당시는 중공업을 국력의 주요 척도로 보던 시대로 경공업 또는 소비재 산업에 비해 중공업의 재건이 더디게 이루어진다는 사실도 당 지도부의 걱정을 자아냈다. 더욱이 경제 재건이 마무리되고 새로운 건설이 시작되면 더 많은 자본을 투자해야 하는데, 신경제정책이 그것을 감당할 수 있을지, 그리고 그때 중공업의 발전속도가 더 떨어지지 않을지 불확실했다. 많은 공산당원은 격렬한 내전의 기억을 소중히 간직한 채 네프 시대의 지지부진한 상황에 불만을 느끼면서 새롭고도 급격한 변화를 기대하고 있었다. 이들은 신경제정책을 '일시적인 후퇴'로 간주했기 때문에 1926~1927년 무렵 경제가 회복되자 다시 사회주의 건설에 매진해야 할 시기가 되었다고 생각했다.

소비에트 당국은 교육과 계몽을 통해 주민들을 사회주의 사회에 걸맞은 '소비에트 인간형'으로 육성하려 노력했지만, 그런 노력은 대중들, 특히 농민의 무관심과 은밀한 저항에 직면하면서 좌절되거나 왜곡되었다. 볼셰비키는 문맹 퇴치 활동을 적극적으로 전개했고 초등교육을 의무화했으며 중등 및 고등교육의 기회를 확대하기 위해 노력했다. 하지만 당국의 이런 노력은 재정 및 인력의 부족으로 한계가 있었고 교육 수준도 만족스럽지 않았다. 여성 활동가들은 여성들을 사회 활동에 참여시키고 억압적인 가족제도를 폐지하기 위해 여성부를 설치하여 적극적인 계몽활동을 전개했다. 하지만 이런 활동은 특히 농촌 지역에서 강한 반발에 부딪혔고 가부장제적 규범은 도시 사회에서도 그리고 당-국가 안에서도 여전히 강력했다. 게다가 대다수 여성도 실업과 저임금으로 고통 받는 현실에서 불안정한 '성해방'보다는 안정된 가족제도의 확립을 요구했다. 그 결과 1926년에는 1918년의 가족법보다 '후퇴한' 새로운 가족법이 도입되었다. 물론 많은 젊은이는 당국의 호소에 호응하여 자신을 적극적으로 변화시키려 노력했고 어떤 사람들은 새로운 정권의 언어와 가치를 부분적으로 수용하기도 했다. 하지만 당국은 새로운 신념과 가치관이 민중, 특히 농민들 사이에 너무 늦게 확산된다고 생각했다.

네프 체제는 시장관계를 통해 곡물을 조달했기 때문에 안정적인 곡물 조달이 보장되지 않는다는 문제점을 지녔는데, 그것은 결국 1927년 가을에 다른 여러 요인과 결합하여 심각한 곡물 조달 위기를 낳았다. 원래 신경제정책은 곡물 조달을 극대화하기 위해 도입되었고 실제로 곡물 조달은 점차 증대했다. 하지만 혁명 기간에 농민 토지가 균등화되면서 농업의 자급자족적 성격이 강화되었기 때문에 곡물 생산이 증가한 만큼 시장에 나오는 곡물의 양이 증가하지는 않았다. 또한 농촌 지역에는 당-국가 조직이 여전히 취약했고 국가 유통망이 불충분했기 때문에 자영상인들의 영향력이 컸으며 많은 농민은 곡물 가격이 낮거나 공산품이 부족할 경우에는 곡물을 시장에 내놓지 않으려 했다. 그런데 네프 시기에는 농업에 비해 공업의 회복 속도가 늦었기 때문에 공산품은 항상 부족했다. 게다가 저물가 정책으로 도시의 공산품 소비가 증대되면서 농촌의 공산품 부족은 더욱 심각해졌지만, 당국은 계속 싼 가격으로만 곡물을 조달하려고 했다. 그 결과 1927년 가을에 심각한 곡물 조달 위기가 발생했다.

이런 곡물 위기를 더욱 심화시킨 것은 1927년 소련의 대외관계 악화였다. 사실 1920년대 이후 소련의 대외정책은 세계혁명을 추구하는 혁명주의 노선과, 비사회주의 국가들과 정상적인 외교 및 무역 관계를 확립하려는 평화공존 정책이 불안정하게 결합된 것이었다. 이런 이중적인 외교 목표는 서로 자주 충돌했고, 그럴 때마다 소련은 외국과의 첨예한 갈등에 직면했다. 또한 소련은 제국주의 열강들이 소련 체제를 무너뜨릴 음모를 꾸민다고 선전해왔는데, 이는 1927년 영국과의 외교 단절, 중국 국민당의 공산당 공격 등과 결합하여 광범위한 '전쟁 공포'를 불러일으켰다. 이런 전쟁 공포는 생필품 사재기를 확산시켰을 뿐만 아니라, 곡물 가격 상승을 예상한 농민들의 곡물 비축을 조장하면서 곡물 조달 위기를 더욱 심화시켰고, 동시에 중공업 중심의 급속한 산업화가 시급하다는 인식을 확산시켰다.[4]

하지만 네프 체제가 1927년의 식량 조달 위기를 계기로 붕괴된 것은 네프 체제의 내부적 모순 때문이라기보다는 스탈린의 정치적 결단에 따른 것이었다. 다시 말해서 네프 체제는 스탈린과 그 측근들이 사회주의 건설 노선과 연관된 당내 권력 투쟁, 국내외 상황 등을 고려한 정치적 판단에 따라 곡물 조달 위기를 가격정책의 변화 등과 같은 경제적 조치가 아니라, 강력한 행정적 조치로 해결하려 했기 때문에 무너진 것이다.

당내 권력 투쟁은 당의 공인된 지도자였던 레닌이 병으로 정치 활동을 중단하면서 시작되었고, 최종 승자는 당 총서기로서 당 조직 정치를 효과적으로 이용할 줄 알았던 스탈린이었다. 스탈린은 레닌이 죽기 전부터 여러 인맥과 당 총서기로서의 인사권을 이용하여 자신의 세력 기반을 확대하였고, 이는 병이 재발하면서 불발로 그쳤지만 스탈린을 총서기직에서 해임하려는, '레닌의 마지막 투쟁'의 한 원인이 되었다. 그럼에도 불구하고 스탈린은 레닌 사후에 레닌의 충실한 후계자로서 그리고 당 단합(과 규율)의 옹호자로서 처신했고, 이를 통해 한편으로는 팽창해가던 당 관료조직의 지지를 확보하였고, 다른 한편으로는 경쟁자들을 반레닌주의 또는 분파주의 세력으로 비난하면서 제거할 수 있었다. 그 결과 스탈린은 1920년 말에 이르러 당-국가 체제에서 가장 강력한 지도자로 부상했다.

이런 권력 투쟁은 소련에서 사회주의 건설, 특히 공업화 방식을 둘러싼 노선 투쟁과 뒤얽혀서 진행되었다. 물론 사회주의 건설에 관한 구체적인 청사진은 없었지만, 사회주의 건설을 위해서는 무엇보다도 선진적인 공업, 도시화, 대규모 노동계급 등이 필요하였다는 점은 명확했다. 더욱이 노동계급 정당을 자처하는 공산당에게 공업화는 경제적 차원을 넘어서 정권의 생존과 결부된 절박한 문제였고 이에 대한 올바른 노선 제시는 당 지도부

---

4 전쟁 공포에 대해서는 Alfred G. Meyer, "The Great War Scare of 1927", *Soviet Union/ Union Soviétique*, vol. 5, part 1(1978)을 보라.

의 의무이자 정통성의 근거로 간주되었다.

공업화 논쟁은 이미 1923년부터 시작되었다. 좌익 반대파는 급속한 공업화의 필요성을 강조하면서 국가가 적극적으로 농업 부문을 수탈하여 투자 자본을 마련해야 한다고 주장했다. 또한 이들은 러시아의 사회주의 건설에 서방 선진국의 도움이 필요하기 때문에 혁명의 확산에도 관심을 기울여야 한다고 생각했다. 반면에 우익 반대파는 기존의 네프 체제를 유지한 채 시장을 통해 '농업생산 증대 → 소비재 산업 또는 경공업의 육성 → 중공업 발전'으로 이어지는 점진적인 공업화를 추진하자는 입장이었다. 이런 논쟁에서 스탈린은 소련이 자력으로 사회주의를 건설할 수 있다는 '일국 사회주의론'을 주창함으로써 당 관료와 대중들의 민족적 자부심을 만족시켜 주었고, 동시에 네프 체제가 제대로 작동하던 경제 재건 기간에는 신경제정책을 지지하면서 좌익 반대파를 제거했다. 그러나 네프 체제가 곡물 조달 위기로 고질적인 문제점을 드러내고 국내외 상황 때문에 급속한 공업화의 필요성에 대한 공감대가 널리 확산되자 스탈린은 네프 체제를 버리고 좌익 반대파의 주장보다도 더 급속한 공업화를 추진하게 된다.

'위로부터의 혁명' 또는 '사회주의 대공세': 스탈린 체제의 확립

1920년대 말에 시작된 '사회주의 대공세'는 소련 사회를 1917년 혁명보다 더 급격하게 변화시킴으로써 1930년대에 '스탈린 체제'라는 소련 사회주의 체제를 출현시켰다. 그런데 스탈린 체제의 확립 과정은 오늘날에도 다양한 논쟁을 불러일으키고 있다. 어떤 학자는 스탈린 체제가 예상치 못한 긴급 상황에 대응해 즉흥적으로 취해진 비상조치들의 결과였다고 주장하는가 하면, 다른 학자들은 스탈린이 소련 사회의 재편을 신중하게 계획하여 교묘하게 추진했다고 믿고 있다. 또한 스탈린 체제를 낳은 원인에 대해서도 학자들은 볼셰비즘 또는 레닌주의의 권력 집중적 전통, 러시아의 후진성, 스탈린의 개인적 성격, 당시의 국제 상황 또는 국내의 사회적 갈등 등 여러 요소를 지적한다. 그러나 그 중 어떤 요소가 더 중심적인 역할을 했는지에 대해서는 의견이 일치하지 않는다. 어떤 사람들은 스탈린 체제를 러시아 혁명의 필연적인 결과라고 보는 반면에 어떤 사람들은 러시아 혁명에 대한 '배신' 또는 '왜곡'으로 간주한다. 그리고 최근의 몇몇 연구는 스탈린주의의 기원을 더 이상 소련 사회에서 찾으려 하지 않으며 '근대적 복지국가 및 국가 폭력'의 비교사적 맥락에서 파악하려고 한다. 아마도 이런 논쟁은 스탈린 체제의 성립 과정에 담긴 다양한 측면과 상반된 특성을 일정 정도 반영하고 있을 것이다(Gill, 1990, 1~13쪽 ; Ward, 1993, 18~31쪽 ; Hoffmann, 2003, 1~7쪽).

사회주의 대공세는 1927년 가을에 곡물 조달 위기가 발생한 농업 부문에서 시작되었다. 공산당 지도부는 마르크스주의자로서 대규모 농장이 소농 경영보다 우월하다고 믿었으며, 구체적인 방법에는 견해 차이가 있었지만 농촌이 공업화에 필요한 재원을 제공해야 한다는 데에는 의견이 일치했다. 공산당은 오래전부터 농민 계급에 대한 강한 불신감을 지니고 있었고 1928년까지도 공산당의 영향력은 농촌 지역에서 미약한 상태였다. 게다가 1927년 가을의 곡물 조달 위기는 공업화를 본격적으로 추진하려는 시점에서 발생하여 당 지도부의 우려를 심화시켰다. 이런 상황에서 스탈린과 그 측근들은 1928년 1~3월에 시베리아, 우랄 등을 방문하여 곡물 조달 캠페인을 주도하면서 곡물 조달 위기를 '부농들의 곡물 파업'으로 규정한 후, 이에 대해 곡물 거래 금지, 곡물 할당제, '투기세력' 체포 등 강압적인 조치를 취하도록 촉구했다. 이런 조치들은 일시적으로 곡물 조달 물량을 증대했지만 전시 공산주의를 연상시킴으로써 농민들의 저항과 곡물 은익, 파종 면적 축소 등을 초래했을 뿐만 아니라, 당내 우익의 강력한 반발로 당 지도부의 노선 투쟁을 격화시켰다. 그 결과 1928년 가을의 곡물 조달 상황은 더욱 악화되면서 여러 도시에서 식량 배급제가 다시 도입되었고 정부가 다시 강압적 수단을 사용하자 여러 지역에서 농민 소요가 발생했다. 그렇지만 스탈린은 더욱 '좌경화되어' 1929년 4월에 우익 반대파를 공격했고 1929년 가을에는 본격적인 농업 집단화와 '부농 계급 청산' 작업을 추진했다.

이렇게 농업 집단화는 당내 우익의 반대와 광범위한 농민 계층의 저항을 폭력적으로 억누르면서 시작되어 1933년에는 전체 농가의 거의 60%가, 그리고 1935년에는 약 83%가 집단농장에 속하도록 만들었다(Perrie et al., 2006, 196쪽). 그 과정에서 당 지도부는 내전을 연상시키는 전투적 용어와 구호를 사용하면서 당과 정부 관료들과 함께 많은 도시 주민, 특히 젊은 노동자들을 동원했다. 예컨대 약 2만 5000명의 도시 노동자는 농업 집단화를 조국 근대화의 일부로 간주하였기 때문에 '집단화 여단'에 자발적으로 참여하여 집단농장의 조직과 운영에서 적극적인 역할을 수행했다. 하지만 그것은 농사일에 낯선 이들이 감당하기 힘든 과업이었다. 게다가 농업 집단화는 준비 부족과 혼란 속에서 무력에 의존하여 실행됨에 따라, 나중에 소련 경제에 큰 부담을 안겨주게 될 엄청난 인적 희생과 물질적 손실을 초래했다. 수백만 명의 농민은 상대적으로 부유했거나 집단화에 반대했기 때문에 '부농' 또는 '부농 지지자'로 낙인찍혀 재산을 빼앗긴 채 정든 고향을 떠나야 했고, 1932~1933년의 기근은 정부의 가혹한 곡물 조달 정책과 결합하여 수백만 명의 희생자를 낳았다. 또한 농민들이 강제적인 집단화에 반발하여 농기구와 가축 등을 파괴하거나 도살하면서 1928년과 1932년 사이에 소와 돼지가 각각 45.5%와 53.5%가 감소하는 등(Gill, 1990, 17쪽) 농업 기반은 급속히 약화되었다. 하지만 농업 집단화는 급속한 공업화에 필요한 곡물 등을 확보하는 데에 도움이 되었고 농촌 지역에 대한 소련 정부의 통제력을 강화해주었다.

'사회주의 대공세'는 1차 5개년 경제계획안과 함께 공업 분야에서도 시작되었다. 스탈린과 그 측근들은 선진 자본주의 국가들을 추월하기 위해 중공업 중심의 급격한 산업화가 필요하다고 이미 여러 차례 강조한 바 있었다. 1928년 3월의 '사흐티 사건'에 대한 공개재판은 '부르주아' 기술자 또는 전문가들이 외국 열강과 연계하여 파괴 및 방해 행위를 저질렀음을 '폭로'했고, 이는 신중함과 균형을 강조하는 우익 반대파의 주장을 의심스럽게 만들었다. 이런 상황은 경제계획 작성자들에게 성장 목표를 높이라는 압력으로 작용했으며, 그에 따라 1차 5개년 경제계획안은 '야심 차게' 작성되어 1928년 10월부터 실행되었다. 하지만 그 후에도 공산당은 "볼셰비키가 점령하지 못할 요새는 없다."는 믿음을 강요하면서 성장 목표를 계속 상향 조정했으며 심지어 5개년 경제계획을 4년 안에 완수하자는 결의안을 채택했다. 그 결과 이미 합리적 수준을 넘어버린 성장 목표들은 엄청난 자본 투자, 도시 인구와 노동계급의 급속한 증가, 노동통제 강화 등 사회 전반에 걸쳐 엄청난 긴장과 혼란을 가져왔다. 이에 대응하여 중앙 정부는 자원 배분에 관한 통제를 강화했고 경공업을 희생시키면서 '더 중요한' 중공업에 물자와 노동력을 우선적으로 공급했다. 이런 방식의 급속한 공업화는 경제적 병목 현상, 생활 수준의 하락, 과도한 자원 낭비 등 많은 문제와 부작용을 낳았고 설정된 목표는 달성될 수 없었다. 하지만 소련 당국은 1932년 12월에 첫 5개년 경제계획을 4년 3개월 만에 완수했다고 선언한 후 1933년부터 2차 5개년 계획을 시작했다.

2차 5개년 계획은 1933년에 심각한 기근, 운송 체제의 마비, 투자 자본의 감소, 공업 총생산량의 낮은 증가 등 경제 위기의 징후들이 나타나면서 비교적 현실적인 방향으로 수정되었다. 이제 야심 찬 건설 계획안들은 사라졌고 소비재 공업에 더 많은 자본이 투자되었다. 또한 1차 5개년 계획 때 착공한 많은 공장이 완공됨에 따라 공업 생산성도 점차 향상되었고, 소련 농촌이 집단화의 악영향에서 벗어나면서 식량 사정도 개선되었다. 그 결과 소련은 1934~1936년에 '좋은 3년'을 경험했다. 하지만 1937년부터 소련

경제는 다시 혼돈과 정체에 빠지게 되었다. 1937년에 이루어진 대규모 숙청은 수많은 경제 지도자를 제거함으로써 경제 연계망을 붕괴시켰고, 뒤이은 국제정세의 불안으로 군수공업에 투자가 집중되면서 소비재 부족이 다시 악화되었다. 1941년 나치 독일의 침략 이후에는 소련 경제가 군수품 생산을 최우선으로 고려하는 전시 경제체제로 전환되면서 국민의 경제생활은 더욱 어려워졌다.

이런 급속한 공업화 과정에서 소련 사회의 여러 측면은 큰 변화를 경험했다. 이제 모든 경제적 결정권은 중앙 계획당국에게 넘어갔고 국가 경제가 시장 원칙이 아니라 중앙의 지시에 따라 움직이는 이른바 '명령–행정 체제'가 형성되었다. 그러나 역사상 전례가 없었던 중앙 계획당국의 통제는 여러 문제점과 한계가 있었고, 그에 따라 지방당국과 공장 경영자들은 상당한 자율권을 행사했다. 이들은 영향력을 증대시키기 위해 더 많은 공장을 자기 지역에 유치하거나 더 많은 재원을 자신이 통제하려 했으며, 자신의 책임구역에서는 막강한 권력을 행사하는 '소(小) 독재자'로 처신했다. 동시에 이들은 연줄과 편법을 동원하여 어떻게든 할당된 목표치를 달성하기 위해 노력했지만 때로는 자신들의 성공을 과장하거나 실패를 은폐하는 등 거짓 보고를 통해 중앙 계획당국을 만족시키면서 책임추궁을 피하려 했다. 이에 대응하여 중앙 정부는 지방당국과 공장 경영자들의 이런 행위를 막기 위해 점점 더 폭력적인 숙청에 의존했다.

공업화는 기존 공업 중심지를 계속 팽창시켰을 뿐만 아니라, 수많은 새로운 공업 중심지를 탄생시키면서 도시 인구와 노동자의 규모를 급격히 증대시켰다. 1927~1928년에 약 1140만 명이던 국영기업 노동자들은 1932년에 2280만 명, 1940년에는 3120만 명으로 늘어났고, 도시 인구는 1926~1939년 사이에 약 3000만 명이나 증가했다(Ward, 1993, 94쪽). 그에 따라 거의 모든 도시가 인구 과잉과 그에 따른 주거 여건 악화, 물가상승, 식료품 부족 등에 시달렸다. 특히 여러 공장에 농촌 출신의 미숙련 노동자들이 대규모로 유입되면서 노동규율이 문란해지고 노동자들의 전통적인 결집력은 무너졌으며 노동자들은 더 나은 조건을 찾아 빈번하게 이동했다. 반면에 공장 경영진은 비상시를 위해 많은 예비 노동력을 붙잡아두려 했으며, 특히 숙련 노동자를 끌어들이기 위해 높은 임금과 다양한 공식·비공식적 혜택을 제공했다. 이런 상황에서, 스탈린이 1931년 6월에 '지나친 평등주의'를 비판하자, 정부는 임금 격차와 보너스 제도를 도입했을 뿐만 아니라, 1932년 12월에 국내 여권을, 그리고 1938년에는 모든 노동 관련 사실을 기록할 '노동수첩'을 제도화하는 등 다양한 노동자 통제 조치를 실시했다. 게다가 노동조합의 영향력도 이 시기에 체계적으로 약화되었고, 이는 다른 여러 요인과 결합하여 '산업 노동자들의 원자화'를 초래했다. 이제 노동자들은 불만 사항을 공장 경영진 또는 지방당국과 개인적으로 해결했으며 경영진은 노동자의 전출과 집단행동을 막기 위해 노동자들의 기강해이를 상당한 정도까지 용인했다.

사회주의 대공세는 많은 사람을 급격한 신분 변화의 소용돌이 속으로 끌어들였다. 예를 들어 '부농', 네프맨, 그리고 부르주아 전문가 등으로 비난받은 수많은 사람은 강제수용소에 수감되거나 숙청 대상이 되는 등 급격한 신분 하락을 경험했다. 반면에 노동자 또는 농민 출신의 젊은 사람들은 이전에는 상상하기 어려웠던 높은 지위 또는 직업에 접근할 기회를 가질 수 있었다. 농업 집단화는 집단농장을 비롯한 새로운 여러 조직을 탄생시켰고 거기에는 믿을 만한 관리직이 필요했다. 그리고 급속한 공업화로 공장이 계속 건설되고 가동되면서 다양한 관리직과 기술직이 증가했으며, 교육과 과학 분야에서는 정치적으로 충성스러운 인력이 항상 부족했다. 게다가 당 지도부가 옛 '부르주아' 전문가들에 대해 깊은 불신감을 지녔기 때문에 소련 체제에 충성스러운 노동자 또는 농민 출신의 전문 인력을 육성하는 것은 정치적 측면에서도 시급한 일이었다. 따라서 이를 위한 다양한 교육과정이 개설되었고 여러 고등 교육기관들이 노동자 및 농민 자녀들에게 개방되었으며, 새로운 간부 계층이 신속하게 육성되었다. 이렇게 등장한 새로운 세대의 엘리트들은 스탈린 체제를 적극적으로 지지했을 뿐만 아니라, 당국이 제시한 가치 기준에 따라 처신하려고 노력했다.

그런데 사회주의 건설에 모든 역량을 동원하려는 당·국가의 노력은 시민들의 개인적 생활영역을 축소시켰고 문화적 가치기준을 변화시켰다. 1928년 3월의 '샤흐티 사건' 이후 사회주의 건설 투쟁에서 '중립'은 있을 수 없다는 원칙에 따라 시민들의 모든 생활이 국가의 정당한 관심영역이 되었다. 또한 그 사건은 예술, 과학, 전문직 분야에서 젊은 공산당원이 비당원 원로들을 공격하는 계기가 되어 문화 분야의 계급투쟁인 '문화혁명'으로 이어졌다. 이 시기에 전위적인 지식인·예술가들은 '낡은 부르주아 문화'를 부정하고 새로운 '프롤레타리아 문화'를 창출하려는 다양한 급진적 문화운동을 주도했다. 일반 노동자와 농민을 사회주의 건설의 주역으로 추켜세웠고 프롤레타리아적 가치로서 평등주의와 집단성을 강조했다. 하지만 1931년 무렵 이런 문화운동은 통제하기 힘들었을 뿐만 아니라 당 내외에서 강한 반발을 불러일으켰기 때문에 당 지도부의 지지를 잃었다. 이제 프롤레타리아적 가치인 평등주의 대신에 위계질서와 권위가 강조되었고 일반 노동자 대신에 성공한 관료들과 뛰어난 전문가들이 주인공으로 부각되었다. 또한 소련의 상징체제에서 러시아의 역사적 전통이 높이 평가되고 러시아의 역사적 위인들이 다시 주목을 받는 등 러시아 민족주의 경향이 등장했다. 그런 움직임은 사회주의 건설을 주도하던 수백만 러시아인에게 강한 자부심과 문화적 일체감의 주된 원천을 제공했다(Gill, 1990, 21~24쪽). 그리고 당 이데올로기 분야에서는 스탈린 숭배가 그의 탄생 50주년인 1929년 12월부터 시작되었고 그것은 1930년대를 지나면서 스탈린을 전지전능한 인물로서, 그리고 소련의 모든 성취가 스탈린의 천재성과 뛰어난 지도 덕분인 것으로 묘사될 정도로까지 발전했다.

그런데 스탈린이 절대적 권위와 독재적인 권력을 행사하는 '스탈린 체

보리스 에피모프(Boris Efimov)가 도안한 포스터. "소련의 선장 스탈린이 우리를 승리로 이끈다"는 말이 적혀 있다.

제'는 1930년대의 대규모 테러를 통하여 확립되었다. 사실 1920년대 말경에 스탈린은 당·국가의 가장 권위 있는 지도자였지만, 여전히 주요 쟁점에서 당 지도부 내의 반대에 부딪히곤 했다. 심지어 1934년 1월에 열린 제17차 전당대회에서는 스탈린을 당 총서기직에서 몰아내려는 움직임이 있었고 당시 레닌그라드 당 지도자인 키로프는 스탈린보다 더 많은 지지를 얻었다. 이런 상황은 스탈린 자신이 관련되었을 것으로 추정되는 1934년 12월 1일 키로프 암살과 그 후의 대규모 숙청으로 이어졌다. 1935년과 1936년에는 '경계심 고취' 캠페인과 '자아비판' 물결이 전국을 휩쓸었고 '당원 자격 확인'과 '당원증 재발급' 작업을 통해 수십만 명의 당원이 당에서 쫓겨났다. 1936~1938년에는 모스크바에서 부하린 등 원로 볼셰비키의 '간첩 및 반역 행위, 암살 모의' 등에 관한 3건의 조작된 대규모 전시(展示) 재판이 국내외 언론의 주목을 받으면서 진행되었고, 소련 각지에서는 중앙의 승인을 받아 사보타주, 파괴 및 반역 행위 등을 고발하는 지방 차원의 전시 재판이 열렸다. 그러나 수백만에 달하는 테러 희생자들은 사법재판이 아니라 내무부 특별위원회의 '판결'에 따라 처형되었거나 강제노동수용소로 끌려갔고 많은 수가 거기에서 죽었다. 특히 1937년을 전후한 '대규모 숙청'은 고위 당 간부와 군 장성들을 포함하여 다양한 계층의 수많은 사람을 희생시켰고 그 후에도 테러는 간헐적으로 계속되었다. 즉 테러 정책은 1930년대 스탈린 체제의 일부로서 자리를 잡았던 것이다.

이 시기에 테러 정책은 무엇보다도 집권 세력이 정치적, 경제적, 사회적 목표를 달성하기 위해 주로 의존했던 수단이었다(Пыжиков, 2002, 216쪽). 테러 정책은 경쟁 세력들을 제거할 뿐 아니라, 팽창하던 당–국가 기구 안에서 독자적인 '관료' 세력이 형성되는 것을 막을 수 있는 수단이었으며, '명령 · 행정 체제'가 제대로 작동하도록 만드는 동시에, 새로운 엘리트 세대에게 교육 및 승진 기회를 제공해주는 수단이었다. 또한 테러 정책은 '계급 또는 인민의 적'을 제거한다는 등 계급 투쟁 논리와 전쟁 분위기 속에서 실행되었고, 그 과정에서 내무부 등 일부 기관들은 자신의 존재를 정당화하고 영향력을 확대하기 위해, 그리고 많은 출세주의자들은 자신의 충성심을 과시하기 위해 열광적으로 활동했다. 동시에 그것은 '내부의 적'을 찾으려는 대중들의 비정상적인 강박 관념, 급변하는 현실로 인한 사회적 긴장과 충돌, 사회 상층에 대한 적대감과 현실적 불만 등을 반영했다. 그 결과 테러 정책은 공포와 혼란 속에서 눈덩이처럼 확대되었고 특히 재능과 경험이 있는 뛰어난 인물들을 대규모로 희생시켜 체제 자체를 위협할 정도로까지 진행되었다. 이런 테러를 목격하면서 적지 않은 공산당원들도 소련의 공식적인 사회주의적 가치들에 대해 의구심과 환멸을 느끼게 되었고 많은 소련 시민은 불안과 공포, 불신 속에서 언제나 속마음을 감춘 채 당국의 요구대로 움직이는 이중적인 행동방식에 익숙해졌다. 이로써 공산당은 더 이상 주요 문제에 대한 논의의 공간이 아니라 '위로부터의 지시'를 '승인'하는 기구로 전락했으며, 이제 스탈린은 소련 사회에서 그 누구도 도전할 수 없는 권위를 지니게 되었다.

제2차 세계대전과 그 후

1936년 12월 스탈린은 새로운 소련 헌법('스탈린 헌법')을 채택하면서 소련에 사회주의가 성취되었고, 이제 소련 내에는 적대계급들이 사라졌다고 선언했다. 동시에, 소련이 적대적인 자본주의 국가들에 둘러싸여 있는 상황에서 이들과 연계된 체제 전복 세력 및 간첩들과의 단호한 투쟁이 필요하다고 강조함으로써 테러 정책을 정당화했다. 그러나 1937~1938년의 대규모 테러는 소련 체제의 잠재적 능력을 약화시켰을 뿐만 아니라, 특히 대다수의 군 지휘관을 희생시킴으로써 소련의 군사력에 악영향을 미쳤고, 이는 나치 독일의 침략과 초기의 패전을 초래한 중요한 요인이 되었다.

1939년 8월 소련은 '자본주의 열강 간의 전쟁'에 휩싸이지 않기 위해 나치 독일과 불가침조약을 맺었지만 그것은 단지 전쟁을 연기한 것에 지나지 않았다. 1941년 6월 나치 독일의 '예상치 못한' 침략은 소련 체제를 혹독한 실험대에 올려놓았다. 그러나 소련은 초기의 굴욕적인 패전에도 불구하고 엄청난 인적, 물적 희생을 감수하면서 커다란 승리를 거두었다. 물론 이런 승리가 모든 문제를 중앙에서 통제하는 스탈린 체제 덕분이었는지 아니면 전쟁 상황에서 스탈린주의가 제대로 관철될 수 없었기 때문이었는지는 여전히 논란의 여지가 있지만, 소련의 큰 승리는 소련 사회주의 체제와 스탈린의 권위를 드높였다. 그 결과 스탈린 체제의 약점과 비효율성은 전혀 문제가 될 수 없었고, 오히려 스탈린 체제는 현실 사회주의의 모델로서 동유럽을 비롯한 여러 지역으로 확산되었다. 그런 상황에서 전쟁으로 파괴된 소련 경제가 중공업 중심의 재건 정책으로 회복되고 냉전이 점차 고착되자 스탈린은 전쟁으로 느슨해진 '스탈린 체제'를 재확립하기 위해 새로운 대규모 테러를 준비하였다.

　새로운 대규모 테러는 1953년 3월 초 스탈린의 갑작스러운 사망으로 중단되었지만, 당-국가 지도자들의 지위와 생명을 다시 위협함으로써 테러 정책에 대한 혐오감을 확산시켰다. 그래서 스탈린의 '후계자'인 흐루쇼프는 1956년 2월의 비밀연설에서 스탈린의 '개인 숭배'와 자의적인 테러를 격렬하게 비난했고 그 결과 대규모 테러는 소련에서 더 이상 일어나지 않았다. 그러나 스탈린 체제의 다른 부분들은 소련 사회주의의 기본 틀로서 큰 변화 없이 그대로 유지되었고, 흐루쇼프가 실각한 후에는 스탈린의 권위도 점차 재확립되었다. 브레즈네프 시대에 소련 사회주의 체제는 초강대국으로서의 국제적 지위가 더욱 강화된 듯이 보였지만, 내부적으로는 비효율성, 부패, 정체 등에 시달렸다. 이렇듯 소련 사회주의 체제의 약점과 비효율성이 명백해진 이후에, 고르바쵸프가 '인간적인' 사회주의를 위한 체제 재편, 즉 '페레스트로이카'를 주창하면서 스탈린 시대는 소련에서 전면적 재검토 대상이 되었고 그것은 결국 소련 사회주의 체제의 붕괴로 귀결되었다.

○ 기본문헌

스티브 스미스, 『러시아혁명: 1917년에서 네프까지』, 류한수 옮김(박종철출판사, 2007)

러시아 혁명 직전 시기부터 신경제정책이 끝나는 1920년대 말까지를 다룬 비교적 짧은 개설서이다. 관련 분야의 최신 연구 성과들을 압축적으로 반영하고 있어 이 시기에 대한 간략한 안내서로서 좋은 책이다.

쉴라 피츠페트릭, 『러시아혁명(1917-1932)』, 김부기 옮김(대왕사, 1990)

원본이 1984년에 출판되었기 때문에 최근 나온 책은 아니지만 러시아 혁명을 '노동자 혁명'으로 분석하려 했던 수정주의적 해석을 잘 보여주는 책이다.

레온 트로츠키, 『러시아혁명사 1-3권』, 최규진 옮김(풀무질, 2003~2004)

마르크스주의적 관점에 입각하여 1917년 혁명의 진행 과정을 자세히 서술한 책이다. 저자인 레온 트로츠키는 러시아 혁명에 직접 참여하여 주도적인 역할을 하였던 유명한 혁명가이며 세 권으로 출간된 이 책은 오늘날까지도 러시아 혁명에 대한 고전적 저작으로 인정받고 있다.

알렉산더 라비노비치, 『혁명의 시간: 러시아 혁명 120일 결단의 순간들』, 류한수 옮김(교양인, 2008)

원본이 1976년에 출판된 이후 오랫동안 1917년 10월의 무장봉기를 다룬 최고의 연구서로 평가받았던 책이다. 이 책은 주로 볼셰비키당의 여러 기관과 대중들의 활동에 초점을 맞춰 1917년 7월부터 10월까지의 짧은 기간을 다루고 있다.

존 리드, 『세계를 뒤흔든 열흘』, 서찬석 옮김(책갈피, 2005)

미국의 급진적 언론인인 저자가 직접 러시아에서 경험한 혁명의 여러 모습을 스케치한 르포 문학의 걸작이다. 여러 경향의 정치 지도자들부터 현장의 일반 병사, 노동자, 농민 등에 이르는 러시아 혁명의 다양한 주인공들이 직접 등장하기 때문에 당시의 분위기를 이해하는 데에 많은 도움이 될 것이다.

○ 참고문헌

가이어, 디트리히, 『러시아혁명』, 이인호 옮김, 민음사, 1990.

김남섭, 「고르바쵸프 혁명과 스딸린 체제: 글라스노스찌 시대의 역사 다시 쓰기」, 《인문논총》 제54집(2005), 3~44쪽.

────, 「스딸린 대테러의 성격: 1937~38년의 『대규모 작전』을 중심으로」, 《러시아연구》 제15권 제2호(2005), 35~68쪽.

남석주, 「소비에트 정권초기의 여성문제」, 《슬라브학보》 제16권 제1호(2001), 415~447쪽.

노브, 알렉, 『소련경제사』, 김남섭 옮김, 창작과비평사, 1998.

라비노비치, 알렉산더, 『혁명의 시간: 러시아혁명 120일 결단의 순간』, 류한수 옮김, 교양인, 2008.

레닌 외, 『레닌의 반스딸린 투쟁』, 김진태 옮김, 신평론, 1989.

리드, 존, 『세계를 뒤흔든 10일: 1917년 러시아 10월 혁명의 현장기록』, 장영덕 옮김, 두레, 1986.

메드베제프, 로이, 『역사가 판단하게 하라 1, 2』, 안광국 옮김, 새물결, 1991.

박원용, 「사회주의 몰락 이후 러시아 혁명 해석의 흐름」, 《역사와 경계》 제42집(2002), 99~125쪽.

────, 「『스타하노프운동가』 만들기: 국가권력과 민중의 상호작용을 중심으로」, 《러시아연구》 제15권 1호(2005), 315~339쪽.

베버, 헤르만, 『레닌』, 정초일 옮김, 한길사, 1999.

서비스, 로버트, 『스탈린, 강철권력』, 윤길순 옮김, 교양인, 2007.

스미스, 스티븐 A., 『러시아혁명: 1917년에서 네프까지』, 류한수 옮김, 박종철출판
　　사, 2007.

스타이티스, 리차드, 『현대러시아 문화세미나』, 한국외대 러시아문화연구회 편역,
　　미크로, 2000.

안바일러, O., 『노동자농민병사 소비에트』, 박경옥 옮김, 지양사, 1986.

이인호 엮음, 『러시아혁명사론』, 까치, 1992.

이정희, 「네쁘 시기의 노동자계급의 사회적 지위 변화」, 《서양사론》 제63권(1999),
　　111~139쪽.

――――, 「스탈린의 문화혁명과 그 사회적 의미에 관한 일고찰, 1928~32년」, 《슬라
　　브학보》 제16권 제2호(2001), 269~296쪽.

――――, 「1930년대 스딸린 대숙청에 관한 비판적 고찰: 대숙청의 배경과 규모를
　　중심으로」, 《역사학보》 제180집(2003), 247~277쪽.

주경철, 「1920~1930년대 소련 영화와 프로파간다」, 《서양사연구》 제29집(2002),
　　129~163쪽.

컨체스던, 로버트, 『혁명과 권력 1·2』, 최숭 옮김, 슬라브연구사, 1987~1988.

톰슨, 존 M., 『20세기 러시아 현대사』, 김남섭 옮김, 사회평론, 2004.

트로츠키, 레온, 『러시아혁명사』, 최규진 옮김, 풀무질, 2003~2004.

피츠페트릭, 쉴라, 『러시아혁명(1917~1932)』, 김부기 옮김, 대왕사, 1990.

한정숙, 「러시아 내전을 바라보는 몇 가지 시각들」, 《서양사연구》 제25집(2000),
　　163~176쪽.

호스킹, 제프리, 『소련사』, 김영석 옮김, 홍성사, 1988.

황동하, 「소련 역사 속의 『스탈린 시대』: 이를 바라보는 몇 가지 시각」, 《서양사학
　　연구》 제7집(2002), 89~122쪽.

――――, 『필사적인 포옹: 독-소 불가침 조약(1939.08.23)과 소련 측의 동기분석』,
　　한국학술정보(주), 2006.

Acton, E., *Rethinking the Russian Revolution*, London, 1990.

Gill, G., *Stalinism*, London, 1990.

Hoffman, D. L., *Stalinist Values: The Cultural Norms of Soviet Modernity, 1917 ~1941*, Ithaca, 2003.

Hoffmann, D. L.(ed.), *Stalinism*, Oxford, 2003.

Jahn, H. F., *Patriotic Culture in Russia during World War I*, Ithaca, 1995.

Millar, James R.(ed), *Encyclopedia of Russian History*, New York, 2004.

Perrie, M., *The Cambridge History of Russia*, vol. 3: *The Twentieth Century*, Cambridge, 2006.

Siegelbaum, L. H., *Soviet State and Society between Revolutions, 1918~1929*, Cambridge, 1992.

Smith, S. A., *The Russian Revolution*, Oxford, 2002.

Wade, Rex A., *The Russian Revolution, 1917*, Cambridge, 2000.

Ward, C., *Stalin's Russia*, London, 1993.

Волобуев и другие, О. В., *Драма Российской истории*, Москва, 2002.

Пыжиков, А., *Хрущевская 'Оттепель'*, Москва, 2002.

Соколов, А. К., *Курс советской истории, 1917~1940*, Москва, 1999.

제4장

대공황의 충격과 세계의 변화

김진희 경희사이버대 미국학과

【연표】

1929. 10. 24	미국 뉴욕 월가 주가 폭락
1930	미국이 헐리-스무트 관세법 제정 및 75개 농산품에 대한 보호관세 인상으로 유럽 각국의 보복 관세 야기 일본 금본위제로 복귀
1931	일본군 만주 침략, 영국 금본위제 이탈, 오스트리아 최대 은행 크레디트 안쉬탈트 파산으로 유럽에 경제공황 확대, 미국 엠파이어 스테이트 빌딩 완공
1932	프랭클린 루스벨트 대통령 당선 및 뉴딜 제안
1933	독일 아돌프 히틀러 독일 총통 당선, 미국 실업자 수 1500만 명으로 증가(전체 노동력의 30%), 제1차 뉴딜 개시, 농업조정법(AAA), 전국산업부흥법(NIRA), 미국이 소련을 최초로 공식 인정
1934	미국 전역에 노동자 대파업 확산
1935	미 대법원이 농업조정법과 전국산업부흥법에 위헌 판결, 제2차 뉴딜 개시(전국노사관계법, 사회보장법, 공공사업추진청), 미국 최초의 산별노조인 산업노조회의 (CIO) 출범, 최초로 캔맥주 등장, 소련 지하철 완공
1936	프랭클린 D. 루스벨트 재선 성공 및 뉴딜 연합 형성, 스페인 내전, 독일 베를린 올림픽 개최
1937	루스벨트가 대법원 개혁안 제시하며 대법원에 선전포고, 뉴딜 비판 세력의 반뉴딜 연합 형성, 미국 500만 노동자 대파업
1938	미국 공정노동기준법, 미국 반미조사위원회 청문회, 최초의 장편 만화영화 「백설공주」 개봉, 독일의 폴란드 침공, 제2차 세계대전 발발
1939	독소불가침협정
1941	일본이 진주만 폭격, 미국 제2차 세계대전 참전

128

20세기 자본주의 대위기 : 세계대공황

'암흑의 목요일'로 불리는 1929년 10월 24일, 증권거래소가 위치한 뉴욕 맨해튼 월가의 좁은 길은 '주가가 폭락'한다는 소문의 진위를 확인하기 위해 몰려든 군중으로 오전부터 분주했다. 오전 11시, 증권 거래소 근처의 고층빌딩 꼭대기에 한 중년 남자가 매달린 것이 군중의 눈에 띄었다. 주가 폭락의 충격으로 자살하려고 하는 주식중개자, 혹은 투자자라는 소문이 삽시간에 퍼져나갔다. 군중의 눈이 그에게 고정되어 있는 동안 경찰이 출동했고, 고층빌딩에 매달린 남자는 창문을 닦던 빌딩청소부임이 밝혀졌다. 빌딩 꼭대기의 남자가 주가 폭락으로 처지를 비관한 자살미수자가 아닌 것처럼, '암흑의 목요일' 사태가 대공황의 직접적 원인은 아니었다. 그러나 전 재산이며 희망이던 주가가 하루아침에 떨어진 순간을 확인하기 위해 모인 군중의 두려움과 혼란, 그것은 향후 10년간 미국인들이 느낀 두려움과 크게 다르지 않았다.

1929년부터 10여 년간 지속된 대공황은 무엇보다 경기침체의 기간과 규모, 그리고 파급 효과 면에서 전무후무한 역사적 사건이었다. 주가 폭락에서 가시화된 대공황의 증후는 곧 미국 전역으로 확산되었다. 공장이 도산했고, 실업률이 증가했다. 미국 경제가 저점에 도달했던 1932년, 동북부와 중서부 산업도시들은 실업으로 거의 마비 상태에 이르렀다. 오하이오 주의 클리블랜드, 톨레도와 같은 도시는 실업률이 60~70%에 이르기도 했다. 도시 모퉁이마다 무료 급식을 받기 위한 줄이 늘어섰고, 대통령 이름을 딴 급조된 빈민촌 '후버 마을'이 난립했다.[1] 대공황 이전에 이미 낙후되었던 농

---

1 미국 대공황기 대통령이었던 허버트 후버(Herbert Hoover)는 미국적 시스템과 자본주의에 대해 낙관했다. '자립정신'과 '개인주의' 등 전통적인 미국적 가치를 신봉했던 후버는 정부의 적극적인 경제 개입을 반대했다. 대공황이 장기화되는 상황에서 대공황에 대한 정부의 적절한 대응책이 나오지 못하자, 후버는 전 국민의 비난의 대상, 나아가 조롱의 대상이 되

1930년경 무료 급식을 기다리는 뉴욕 사람들. 경기침체가 장기화되자 미국의 각 도시마다 무료급식으로 연명하는 실업자들이 늘었다.

촌지역 경제는 대공황으로 더욱 악화되었다. 1932년 당시 농가소득은 1929년 대비 60% 감소했고 농민의 30%가 땅을 잃었다. 또한 은행이 도산하면서 금융 시스템이 마비되었다. 1930년에서 1933년까지 9000개 이상의 미국 은행이 도산하거나 폐업했다. 1920년대를 지배했던 미국 경제에 대한 낙관론과 자유방임주의에 대한 옹호는 차츰 빛을 바랬고, 사람들은 조심스럽게 자본주의의 종말을 이야기하기 시작했다. 1930년대가 경기침체기일 뿐만 아니라 정치적 변혁기이자 사회혼란기일 수밖에 없었던 이유가 그 때문이다.

대공황은 전 세계적인 경기침체를 유발했던 첫 사건이라는 점에서 또한 중요하다. 대공황의 충격은 채무 및 무역관계로 미국과 연결되었던 유럽, 라틴아메리카, 심지어 아시아와 아프리카까지 확산되었다. 국가별 회복 시기가 다르기는 했지만, 1920년대 말에 시작된 대공황은 10년 이상 장기화되면서 세계에 기근과 빈곤, 실업률 증가와 같은 경기악화를 가져왔다. 또

· ·

었다. 무허가 빈민촌이 '후버 마을,' 노숙자가 덮는 신문이 '후버 담요,' 빈 주머니가 '후버 포켓'으로 불린 이유가 여기 있다.

한 대공황은 자본주의와 자유민주주의에 대한 비판세력이 득세하는 계기로 작용했다. 이탈리아의 무솔리니, 독일의 히틀러, 라틴아메리카의 포퓰리즘은 공통적으로 대공황기에 권력을 장악했다.

　대공황은 정치, 경제, 문화의 다각적 측면에서 시스템적 대변혁을 일으킨 일대 전환점이었다. 그것은 전 세계가 상호 밀접하게 연결되었고, 정치와 경제가 유기적 관계를 맺고 있음을 증명했다. 대공황기에 발생한 정치적 변화들은 제2차 세계대전을 야기했고, 또한 미국의 경우처럼 몇몇 국가는 세계대전을 계기로 대공황에서 벗어났다. 그런 점에서 제1차 세계대전에 의해 재편된 세계 구도 속에서 출발한 대공황은 또 다른 세계대전을 유발한 뒤 막을 내렸다.

대공황의 발발과 확산

번영의 20년대와 암흑의 목요일

　제1차 세계대전이 끝난 뒤 미국은 '번영의 20년대(roaring twenties)'로 진입했다. 전시 군수물품을 생산하던 공장들은 대량 생산공장으로 재정비되었다. 신기술과 테일러리즘의 결합으로 힘을 받은 일관작업대가 소비재를 대량으로 쏟아냈다. 포드 사의 T자형 자동차가 국민차로 각광을 받았고, 중산층 가정에 라디오, 냉장고, 전기청소기가 구비되었다. '소비의 시대,' '재즈의 시대'로 불리기도 하는 1920년대에 미국 상품은 국내시장을 넘어 세계로 확산되었다. 1920년대 평균 수출성장률은 25%에 달했다. 19세기 말까지 영국이 세계시장에서 차지하던 역할을 미국이 물려받았다. 차이점이 있다면 19세기 영국이 자유무역을 원칙으로 했던 반면, 20세기 미국은 보호관세를 실시했다는 것이다.

1920년대에 미국은 세계 상품생산의 중심지일 뿐만 아니라 금융 중심지로 부상했다. 역시 제1차 세계대전이 계기가 되었다. 세계대전을 통해 미국은 채무국에서 채권국으로 변모했다. 미국은 군수물자를 판매하면서 부를 축적했고, 상품대금을 지불할 수 없던 연합국들은 미국 은행에 대규모의 부채를 졌다. 종전 이후 미국은 채무를 탕감하거나 축소하기를 바라는 연합국의 요구를 거부했다. 연합국, 특히 프랑스는 미국에 부채를 갚기 위해 독일과 오스트리아에 전쟁배상금을 요구했다. 따라서 전후 유럽은 각 국가 간 채무관계와 미국에 대한 부채로 복잡하게 얽혀 있었다. 또한 전쟁으로 기간시설이 파괴된 유럽 국가들은 미국에서 들여온 차관에 의존해 산업을 복구하지 않는 한 부채를 갚을 수 없는 상황이었다(페인스틴 외, 2000, 117~124쪽). 1924년부터 미국이 독일에 제공했던 도스 차관(Dawes Loan)은 그런 점에서 독일뿐 아니라 유럽의 경제복구를 도왔다. 그러나 경제문제를 자체적으로 해결할 능력이 부족했던 유럽은 미국의 작은 변화에도 쉽게 영향을 받을 수 있었다.

1929년 1월, 제31대 미국 대통령 허버트 후버(Herbert C. Hoover)는 취임사에서 미국이 전대미문의 풍요의 시기에 접어들었고 더 이상 빈곤은 없다고 선언했다. 이를 의심하는 사람은 많지 않았다. 그러나 취임 9개월 후 정반대의 상황이 전개되었다. 미국은 전대미문의 장기화되고 심각한 경기침체에 돌입했던 것이다. '암흑의 목요일' 다음 날 열린 기자회견에서 후버 대통령은 "미국 경제의 근간, 즉 상품 생산과 분배는 건전하며, 번영의 기반에 있다."고 주장하며 국민을 안심시켰다(*Wall Street Journal*, 1929. 10. 26, 1면 ; Walch · Miller, 1998, 6쪽). 몇 주 후 그는 미국 경제의 건전함을 다시 한 번 강조했다. "미국 경제의 미래와 기업의 견고함을 의심하는 것은 어리석다. 근면하고 협조하는 우리의 능력은 미래를 보장할 것이다."(*New York Times*, 1929. 11. 16, 1면) 재무부 장관 앤드루 멜런(Andrew W. Mellon) 역시 "경기침체가 스스로 물러나도록 내버려두라."고 충고했다. 미국 경제는 건재하며, 경기침체는 일시적 현상이라는 것이다. 멜런은 정부가 개입하지 않는다면 시장경제는 자정기능을 회복할 것이라고 주장했다. 그것이 대공황에 대처하는 후버 행정부의 기본 입장이었다. 그러나 정권이 바뀌기까지 3년 동안 미국 경제는 최악의 상태에 머물렀다. "경기침체가 스스로 물러"난다거나 미국 경제가 건전하다는 후버 행정부의 경제 진단은 잘못되었던 것이다.

실제로 대공황 이전부터 미국 경제에 적신호가 감지되었다. 농촌지역은 1920년대에 대공황 수준의 경기침체를 경험했고, 농촌지역을 중심으로 은행들이 줄줄이 도산했다. 1920년대 중반에는 공산품 가격이 하락했고, 구매력이 감소했으며, 생산품 재고가 쌓였다. 고용이 보장되지 않았던 대다수 노동자는 주기적 실업상태에 처했다. 그러나 1920년대의 눈부신 변화들은 국민을 현혹했고, 국민은 미국이 풍요의 시대에 접어들었다는 정·재계 지도자들의 믿음을 공유했다. 그 믿음 속에서 국민은 '할부제'라고 하는 새로운 신용체계에 의존했다. 결과적으로 1920년대 말에 미국인들은 그어느 때보다 물질적 풍요를 만끽했지만, 그 어느 때보다 부채에 시달렸다. 소비자들은 시장에 쏟아지는 자동차와 라디오, 냉장고를 할부로 구매했지만, 거품경제에 의존한 할부구매는 곧 한계에 도달했다. 소비의 시대가 주는 사회적 분위기와 할부제의 매력에 빠졌던 소비자들은 곧 청구서를 감당하지 못해 신용불량자가 되었다. 또한 미국인 다수는 풍요의 직접적 혜택을 누리지도, 주식투자의 대열에 끼지도 못했다. 심지어 성장산업에 종사하던 노동자들조차 적정임금을 받지 못했다. 대공황 직전에 조사한 바에 따르면, 1929년에 4인 가족 정부지정 최저생계비인 연간소득 1500달러에 못 미친 가구가 전체의 40%에 이르는 1200만 가구에 달했다.[2] 4인 기준 최

2 가구 수입은 도시와 농촌에서 확연한 차이를 보였다. 1929년에 뉴욕과 보스턴 등 동북부 지역 노동자들이 연간 1000달러 정도를 받았던 반면, 같은 동북부 지역에서도 농업 노동자의 수입은 366달러에 머물렀다. 미국에서 수입이 가장 낮았던 동남부 지역에서는 산업노동

저생계비를 3000달러로 책정했던 브루킹스(Brookings) 연구소의 기준에 의하면 대공황 이전에 미국 가정의 60% 이상이 최저생계비 이하 수준으로 살았다. 1929년 시점에서 상위 2만 4000가구의 수입이 하위 1150만 가구의 수입에 상응했으며, 상위 2만 4000가구가 미국 전체 은행예금의 30%를 보유한 반면, 인구의 80%는 은행잔고가 전무했다. 더욱이 1920년대의 고금리-저임금 정책은 불균형을 가중시켰다. 부자들은 투자할 돈이 증가한 반면, 국민 다수는 빚을 지지 않고는 구매할 능력이 없었다.[3]

그런 점에서 1920년대 미국 경제는 구매력의 부재뿐만 아니라 적절한 자본의 투자처가 없다는 것에도 문제가 있었다. 자본은 산업분야에 과도하게 집중되었고, 대안이 될 만한 생산적 투자의 전망이 부재했다. 자동차 산업과 건설업이 경제발전의 동력으로 부상하기는 했지만, 이미 공급 과잉상태였고 이를 대체할 유망산업이 쉽게 대두하지 않았다.[4] 생산적 투자가 어려워지자 부자들은 투기로 눈을 돌렸다. 1920년대 중반에 부동산 시장이 과열되면서 플로리다 등 일부 지역 땅값이 폭등했다. 다시 1926년에 마이애미에서 발생한 허리케인으로 부동산 열기가 주춤해지자 자금이 주식시장으로 몰렸다. 1927년에 연방준비은행이 재할인율을 4%에서 3.5%로 내리자, 주식시장은 더욱 과열되었다. 1925년에서 1929년 사이에 생산투자의

••••••••••••••••••••••

자의 연평균 임금이 535달러인 것에 비해, 농업노동자의 연평균 수입은 183달러에 그쳤다.

3 미국의 대공황기의 경제 상황은 David M. Kennedy, *Freedom From Fear: The American People in Depression and War, 1929-1945*(NY: Oxford University Press, 1999), 1~2장; Piers Brendon, *The Dark Valley: A Panorama of the 1930s*(NY: Vintage Books, 2000), 4장, Michael Bernstein, *The Great Depression: Delayed Recovery and the Great Depression*(Cambridge: Cambridge University Press, 1989) 등 참조.

4 연간 400만 대가 생산된 자동차는 1922년에서 1926년까지는 자동차 등록이 연간 200만 대씩 증가했으나, 1926년 이후에 연간 100만 대로 감소하면서 재고량이 증가했다. 또한 1920년대에 자본은 주로 포드, GM과 같은 자동차 기업, U. S. 스틸과 같은 대기업에 집중적으로 투자되었다. 따라서 공급과잉 상태인 산업 부문에 대한 자본의 과도한 투자와 이를 대체할 새로운 산업부문의 부재가 심각한 문제였다.

규모는 35억 달러에서 32억 달러로 감소한 반면, 같은 기간에 거래된 주식의 명목가치는 270억 달러에서 870억 달러로 증가했다. 같은 시기에 주가는 250% 상승했다.

미국 연방준비위원회가 1928년 말에 긴축통화정책을 채택하여 이자율을 인상하자 해외대부 유인이 약화되었다. 또한 월가의 주가가 급속히 상승하자, 미국 투자가들은 자금을 국내에서 운용하려는 경향을 보였다. 유럽으로 유입되던 미국 자본이 급격히 감소하자, 미국과 무역 및 채무관계로 밀접한 경제적 관계를 맺고 있던 국가들이 타격을 입었다(Eichengreen, 1992, 223쪽). 캐나다와 라틴아메리카의 주식과 독일 지방정부에서 발행한 채권의 가격이 급락했다. 가장 큰 타격을 입은 국가는 독일이었다. 독일은 1920년대 내내 대외부채총액 증가와 원리금 상환능력에 대한 대외적 의심을 불식하지 못했고, 해외자본투자 유치의 어려움을 겪으면서 미국 자본에 대한 의존도가 높아졌다. 따라서 1920년대 말에 미국 자본의 유입이 급격히 줄어들자 독일은 극심한 경기침체를 겪었다.[5]

미국 주식시장에 대한 과잉투기가 감지되자 정부가 개입했다. 연방준비위원회는 1929년 초에 '도덕적 권고' 캠페인을 펼친 데 이어, 9월에는 할인율을 5.5%에서 6.5%로 인상했다. 그러나 할인율 인상은 이미 진행되던 디플레이션 효과를 강화했을 뿐만 아니라, 주식시장의 투기를 과열시켰다. 유럽 각국도 해외투자를 되돌리기 위해 미국에 맞추어 할인율을 인상했다. 그러나 프랑스를 제외한 유럽 각국은 달러 투자를 재개하지 못했다. 할인율 인상은 오히려 디플레이션 효과를 강화하는 결과를 가져왔고, 미국의 해외투자액은 더욱 감소했다. 주식시장의 열기는 미국 경제가 하강국면에 접어들고 있음을 간과하게 했다. 오히려 대출을 해서라도 주식에 투자하려

----

5 1929년에서 1932년 사이에 실질 국내생산은 16%, 공업생산은 40%, 수출액은 60% 감소했다. 실업자는 1927년에 전체 노동력의 4% 이하였던 130만 명에서 1932년에 17% 이상인 560만 명으로 급증했다.

는 사람들이 늘어났다. 물론 주식투자에 참여했던 사람은 여전히 소수로 인구 1억 2000만 명의 2.5%였던 300만 명에 불과했다. 그러나 주가상승은 곧 미국의 번영으로 간주되었고 온 국민은 주가의 등락에 촉각을 곤두세웠다. 신문은 매일 주식시장 현황을 알렸고, 라디오는 일기예보를 하듯 주가 예보를 했다. 뉴욕의 택시기사들은 승객들에게 주가에 대한 최근 정보를 은밀히 알려주기도 했다. 대기업들은 대출이자를 받을 목적으로 월가의 주식 중개인들에게 돈을 빌려줬고, 주식을 매입하는 사람들은 유가 증권가액의 20~30%를 내고 중개인에게 돈을 빌려 주식을 구매했다. 뉴욕의 버나드 바루치와 보스턴의 조지프 케네디(Joseph P. Kennedy)와 같은 소수의 대투자가들은 주식시장의 과열을 파악하고 일찌감치 주식을 처분했지만, 대부분의 개인투자자는 현실을 직시하지 못했다.

1929년 9월과 10월에 수차례 주가가 동요하고 등락을 거듭한 데 이어, 1929년 10월 24일 검은 목요일에 주가가 수직 하강했다. 월요일인 10월 28일에 대투자가들이 주식을 매도했고, 뒤이어 주식의 가치가 조금이라도 남아 있는 상태에서 주식을 처분하려는 개인투자가들의 매도가 이어지면서 주가가 걷잡을 수 없이 폭락했다. 1929년 11월 중순에 이르면 월가 주식시장에서 거래되던 주식총액의 30%에 이르는 가치가 사라졌다. 최소한 100만 명의 주식투자자들이 큰 손실을 입었다. 존 갤브레이스(John K. Galbraith)의 표현에 의하면 "부자들은 월가의 주가폭락으로 러시아 혁명에 비견할 만한 손실을 입었다". 미국의 갑부 코넬리우스 밴더빌트(Cornelius Vanderbilt) 3세는 '암흑의 목요일' 하루 동안만 800만 달러를 잃었다. 1929년 9월에 138달러까지 올랐던 몽고메리워드 사의 주식은 1933년에 4달러로 떨어졌다. 실제로 월가 주식폭락 이후 일주일간 미국 투자가들은 미국 정부가 제1차 세계대전에서 사용했던 비용보다 더 큰 손실을 보았다. 비록 주가하락의 즉각적 영향을 받았던 미국인은 상대적으로 소수였다고 해도, 그 상황을 목격했던 국민은 주가폭락을 그들에게 닥칠 경제적 운명으로 생각했다. 국민은 할부제 구입을 중단했고 자동차와 가전제품 등, 값비싼 소비재 판매가 현격히 줄어들었다. 1930년에 소비재 판매는 전년 대비 20% 하락했고, 실업은 전년 대비 두 배 증가했다.

주가폭락이 심각한 경제위기라고 해도, 향후 10년간 지속된 대공황의 직접적 요인이라고 할 수는 없다. 역사가들은 월가의 주가폭락은 회복될 수 있는 규모였다고 평가한다. 그렇다면 1929년 이후의 경기침체가 세계 대공황으로 발전한 원인은 무엇인가? 그 원인은 첫째 경제통상과 차관으로 미국과 밀접한 관계를 맺고 있던 유럽과 라틴아메리카, 그리고 아시아의 여러 나라에서 발생한 대공황의 여파가 역으로 미국의 경기침체를 장기화하면서 동반 하강국면으로 들어가게 했다는 것과, 둘째 일단 시작된 '경기침체'에 대해 정부가 잘못된 경제정책을 폈다는 데 있다.[6]

대공황에 대처하는 정부정책

1931년에 미국을 방문한 존 케인스(John M. Keynes)는 대공황의 원인을 정부의 '예외적 무능' 때문이라고 비판했다. '예외적 무능'이나 잘못된 정책이 미국에 한정되는 것은 아니었다. 각국 정부는 케인스가 미국에 대해 지적했던 것처럼 잘못되고 미약한 방식으로 대공황에 대처했다. 잘못된 정책의 대표적인 사례는 금본위제의 고수였다. 여러 국가가 금본위제를 고수함으로써 경기침체를 장기화했다. 물론 금본위제는 대공황이 발발하기 전부터 있었다. 특히 전후 초인플레이션을 경험했던 유럽 각국은 금본위제가

---

6 대공황의 원인에 대해서는 양동휴 편저, 『1930년대 세계대공황 연구』(서울대학교 출판부, 2000); 디트마르 로터문트, 『대공황의 세계적 충격』, 양동휴 · 박복영 · 김영완 옮김(예지, 2002); 찰스 페인스틴 외, 『대공황 전후 유럽 경제』, 양동휴 · 박복영 · 김영완 옮김(동서문화사, 2000); Patricia Clavin, *The Great Depression in Europe, 1929~1939*(NY: St. Martins, 2000) 등을 참조.

물가안정과 경제발전을 가능하게 하는 기본이라고 생각했다.[7] 문제는 대공황으로 디플레이션을 우려해야 할 시점에 각국이 금본위제를 고수했기 때문에 경기를 악화시켰다는 데 있다. 미국의 경우, 1932년에 글래스-스티걸법을 제정함으로써 금본위제를 재확인했다. 유럽의 정책결정자들 역시 1929년과 1930년에 금본위제의 고수가 안정과 번영을 가져올 것이라고 생각했다.

그러나 금본위제는 대공황을 해결하기 위한 조치들을 불가능하게 했다. 대공황기에 정부가 취했어야 할 조치들은 무엇인가? 정부는 은행 공황과 파산을 막기 위한 정책을 도입해야 한다. 또한 공공사업에 투자하여 고용과 소비를 촉진하는 팽창정책을 펼쳐야 한다. 금리인하를 통하여 국내투자를 장려하고, 기업가와 농민들의 부채를 경감하는 것도 필요하다. 그런데 이 모든 조치가 금본위제에 집착하는 동안에는 어려울 수밖에 없다. 실제로 금본위제를 고수한 유럽 각국의 중앙은행은 금리인하를 반대했다. 금리인하로 금이 프랑스나 미국 등 고금리 정책을 펴는 나라의 은행으로 가게 될 것을 우려했기 때문이다. 유럽의 정치가들과 금융업자들이 인플레이션 발생을 우려하면서 금본위제를 고수한 결과, 미국의 대공황은 유럽에 쉽게 전이되었다. 물론 대공황의 발생이 일방적으로 미국에서 유럽으로 전이된 것만은 아니었다. 그러나 이미 유럽에서 나타났던 경제문제들에 덧붙여 유럽 각국의 금본위제에 대한 집착은 유럽이 미국과 함께 경기침체를 겪게 했다.

미국의 경우 1930년 10월에 1차 금융위기가 시작되었을 때 즉시 팽창정책에 돌입하여 은행도산에 적절히 대처해야 했으나, 오히려 통화공급을 감소시킴으로써 심각한 디플레이션을 야기했다. 경제사가인 로터문트가 지

---

[7] 전후 유럽 각국은 인플레이션으로 경제가 황폐화되었다. 특히 독일, 오스트리아, 폴란드 헝가리 등은 초인플레이션을 겪었다. 독일에서는 1922년 8월부터 1923년 11월까지 도매물가가 월 335%의 비율로 상승했다. 찰스 페인스틴 외, 『대공황 전후 유럽 경제』, 65쪽.

적한 것과 같이 디플레이션은 주식시장의 붕괴의 충격을 다른 분야로 파급해 대공황으로 변모시킨 전달 장치였다(로터문트, 2003, 86쪽). 연방준비은행은 통화공급을 증가시키고 물가하락을 억제하는 정책을 펴야 했는데, 오히려 물가상승을 막는 정책을 폈다. 연방준비은행은 금리인상이 투자를 늘리고 대출을 어렵게 할 것으로 기대하여 금리인상을 감행했다. 이러한 전략은 금본위제의 주창자에게는 만족스러울 수 있으나, 인플레이션 정책이 필요한 시점에 디플레이션의 효과를 가져왔다(Chandler, 1971, 437쪽). 미국 경제는 돈의 유통을 늘림으로써 투자와 일자리를 늘려야 하는 상황이었다. 그러나 정부의 경제정책은 금본위제 고수에 집착함으로써 반대방향으로 나아갔다. 심지어 후버 당시 대통령은 금본위제 고수가 "상거래의 도덕체계에 대한 효과적인 보증"이 된다고 주장했다(*New York Times*, 1933. 4. 20). 결과적으로 미국 정부가 디플레이션 정책을 견지함으로써 채무자들의 부담은 더욱 증가했고, 경제활동이 둔화되었다(로터문트, 2003, 79~93쪽). 경제사가인 아이켄그린과 테민 역시 미국의 제한적 통화정책이 공황을 악화시켰다고 지적했다. 그것은 국내뿐 아니라 세계 금본위제 국가들의 제한적 통화정책을 유인했던 것이다. 대공황기에 디플레이션과 공황을 이겨내기 위해서는 할인율과 금리를 충분히 인하하거나 공적 부문의 지출을 증가시키는 팽창적 정책을 도입해야 한다. 그러나 대공황 초기에 금본위제의 이데올로기는 그와 같은 정책이 입안되는 것을 방해했다(Eichengreen · Temin, 1997). 전반적으로 금본위제에서 이탈한 국가들의 경기회복 속도는 훨씬 빨랐다. 영국은 1931년에 금본위제를 포기하고 통화 평가절하와 팽창적 기조로 돌아선 이후 경기회복을 경험했다. 영국에 이어 덴마크, 노르웨이, 스웨덴 등이 차례로 금본위제를 포기했다. 금본위제를 포기한 국가들은 평가절하를 감행했고 자국 통화가치를 방어할 필요가 없었기 때문에 통화 팽창정책을 실시할 수 있었다. 그 결과 무역이 증가했고 경제성장이 뒤따랐다. 반면 금본위제를 고수했던 나라들의 상황은 훨씬 열악했다. 영

1932년 대통령 선거 프랭클린 루스벨트 후보의 포스터. 1932년 대통령 선거에서 핵심적 쟁점은 대공황의 원인 규명과 극복방안에 있었다. 루스벨트가 대공황의 원인을 집권 공화당의 경제정책으로 돌린 반면, 허버트 후버 당시 대통령은 미국 경제가 근본적으로 건전하며 단지 세계 경제의 영향을 받고 있을 뿐이라고 반박했다. 선거는 루스벨트의 압도적인 승리로 막을 내렸다.

국이 금본위제를 포기하면서 디플레이션 압력은 미국과 독일로 전가되었다. 미국에서는 루스벨트(Franklin D. Roosevelt)의 대통령 당선 직후인 1933년에 금본위제를 포기하고 달러 평가절하를 추진했는데, 그 결과 경기침체와 물가하락의 압력은 프랑스가 이끄는 금 블록으로 전가되었다.

금본위제가 부분적으로 해체되는 과정에서 각국은 국제협력보다는 경쟁을, 대공황을 극복하기 위한 공동의 노력보다는 자국의 이해를 보호하는 정책을 우선했다. 그 결과 1930년대 초에 세계는 경쟁적인 통화·통상 블록으로 재구성되어 금 블록, 스털링 지역, 그리고 나치 독일이 지배하는 국가군으로 삼분되었다. 삼분된 지역은 경제적 측면에서뿐 아니라 정치적 측면에서 경쟁을 심화했다. 또한 각국은 보호무역정책을 실시하여 관세장벽을 높였다. 미국의 경우, 1930년에 홀리-스무트 관세법을 제정하여 75개 농산품에 대한 보호관세를 실시했는데 이 법은 곧 다른 나라의 보복관세를 야기했다. 23개국이 관세율을 인상했고, 32개국이 수입 할당제, 수입금지제, 그리고 수입허가제를 도입했다. 영국 역시 1932년에 수입 관세법을 제정하여 자유무역 전통을 폐기했다. 이러한 각국의 경쟁적 정책들은 이미 위축된 세계시장의 상황을 더욱 악화시켰다.

대공황의 세계화

월가의 주가하락은 차관과 통상으로 미국과 밀접한 관계를 맺고 있던 세계 각국에 타격을 줬다. 특히 유럽은 제1차 세계대전이 종결된 이후 줄곧 불안정한 상황이었다. 각국은 상이한 경제상황과 파급 메커니즘으로 시차를 두고 대공황에 돌입했다. 1931년 오스트리아 빈의 크레디트 안쉬탈트 은행은 유럽 경제악화의 신호탄과 같은 역할을 했다. 오스트리아는 오랫동안 중부 유럽 금융의 중심이었다. 곧이어 불안정했던 바이마르 공화국에서 은행위기가 나타났다. 독일은 1931년 7월에 금본위제를 포기했다. 독일이 모라토리움을 선언하고 외국인 예금인출을 금지시키자, 유럽 각국이 외국인 자산의 인출을 제한했다. 독일이 금본위제를 포기한 직후 영국의 파운드가 압박을 받기 시작했다. 특히 지불유예협약으로 독일에 대한 영국의 7000만 파운드 대부가 동결되자 영국의 경제상황이 악화되었다. 결국 영국은 1931년에 금본위제를 포기하고 할인율을 인하하면서 경제적 어려움을 피해갔다. 영국은 금본위제의 포기와 함께 통화량이 증가했고, 민간건설이 자극을 받음으로써 대공황으로부터 회복될 수 있었다.

영국이 금본위제를 포기하고 통화팽창을 하면서 디플레이션 압력은 미국과 독일로 전이되었다. 독일은 디플레이션으로 실업률이 증가했음에도 디플레이션 정책을 고수하면서 경제가 더욱 악화되었다. 1929년에 이미

200만 명에 이르던 실업자 수는 1930년대에는 300만 명을 넘어섰다. 1931년에 금융위기에 직면하자, 바이마르 공화국은 금본위제를 고수했고 엄격한 외환통제를 실시했다. 그러나 경기가 계속 악화되면서 정부 채권이 인수될 수 없는 상황에 이르렀고, 정치적 긴장 또한 고조되었다. 바이마르 공화국이 경제적 난국을 타개하기 위해 고군분투하는 동안 히틀러는 불만세력을 결집하여 힘을 키우고 있었다.

한편 프랑스에서는 대공황의 영향이 늦게 나타났다. 프랑스의 프랑은 1928년에 금본위제로 복귀하면서 과소평가되었고, 통화가 안정된 상태였다. 1930년대 초반까지는 농산물 가격이 안정되었고 공업생산이 유지되었으며 실업률도 상대적으로 낮았다. 미국과 영국, 독일이 디플레이션으로 난항을 겪은 반면, 프랑스 경제는 인플레이션 추세를 나타냈다. 또한 대공황 초기에 유럽 각국에서 유출된 자본이 프랑스로 들어왔다. 따라서 1930년대 초반까지도 프랑스는 대공황의 여파를 피해가는 것처럼 보였다.

그러나 1931년과 1933년에 각기 영국과 미국이 평가절하를 단행하면서 과소평가된 프랑의 혜택이 사라졌다. 이와 함께 각국의 보호주의 정책, 농산물의 과잉생산에 따른 가격하락 등이 프랑스 경제를 악화시켰고, 1934년에는 프랑스 역시 경기침체기에 들어갔다. 프랑스 자본가들은 정부가 평가절하를 통하여 팽창정책을 추진할 것으로 생각하고 자본을 해외로 이전했다. 그러나 프랑스 정부는 프랑의 가치를 유지하기 위해 정통 금융정책을 시행했다. 이와 함께 프랑스 역시 다른 나라들이 겪은 디플레이션을 경험하게 되었다. 디플레이션은 1936년 9월에 프랑스가 평가절하를 감행할 때까지 지속되었다.

한편 선진공업국들이 보호주의 정책을 도입하고 자유무역을 포기하자, 경제위기는 한층 심각한 국면으로 치달으며 세계 각국으로 전파되었다. 선진국들은 보호관세를 통하여 자국의 경기를 회복시키려고 했다. 특히 식민지를 보유한 선진국들은 보호관세를 유지하는 동시에 식민지와의 불평등한 무역관계를 통하여 막대한 이익을 얻었다. 로터문트가 기술한 것과 같이 대공황은 세계 주변부의 상황을 악화시켰다. "대공황기에 금은 세계 경제의 중심부로 흘러들어가 중심부의 통화와 그들이 생산한 공산품 가격 수준을 지지했다. 그 결과 교역조건은 세계 주변부의 농산물에 불리하게 변했고 주변부 국민들의 구매력은 감소했다."(로터문트, 2003, 77쪽)[8]

라틴아메리카의 여러 나라도 하루 아침에 자본 수입국에서 자본 수출국이 되었고, 대외 채무불이행 국가의 불명예를 안았다. 채무불이행은 1931년 1월에 볼리비아, 5월 페루, 7월 칠레, 10월 브라질의 순으로 확대되었다. 대외부문에서 시작된 위기는 명목소득의 하락과 실업으로 이어졌다. 대공황의 여파로 라틴아메리카 국가들은 새로운 정책적 실험을 하게 되었고, 쿠데타와 혁명을 포함한 정권교체를 경험하기도 했다. 아르헨티나는 1929년까지만 해도 1인당 국내 총생산(GDP) 4367달러로 세계 10위권 안에 들던 나라였다. 그러나 농축산물 수출에 크게 의존했던 아르헨티나 경제는 1920년대 후반에 발생한 세계 농산물 가격의 하락과 월가의 주가하락에 영향을 받았다. 이에 대한 대처방안으로 아르헨티나는 1930년에 영국과 조약을 체결하여 영국 육류시장에서 쿼터를 보장 받았다. 또한 평가절하와 농업에 대한 신용확대를 통해 경기회복에 성공했다. 그러나 경기회복 과정에서 아르헨티나는 영국에 대한 의존도를 높였고 그 결과 경제적 예속상태가 강화되었다. 더욱이 1930년대에 전통 과두세력이 군부와 결탁하여 정

....

[8] 대공황 당시의 조선 사정을 보면 농민은 전체 인구의 80%였기 때문에 농업 부문의 경제변화는 전체 국민의 생활과 밀접하게 관련되었다. 일본이 조선에 대한 토지조사 사업을 실시한 후부터 조선에서는 쌀 생산량과 쌀 수출량이 크게 증가했다. 1910년에 쌀 생산량은 200만 톤이었고, 그 중 15%인 30만 톤가량이 일본으로 수출된 반면, 1940년에 쌀 생산량은 400만 톤으로 증가했고, 그 중 50%가 수출되었다. 30년간의 인구 증가를 고려해보면 쌀 수확량이 두 배로 늘었음에도 불구하고 조선에서 1인당 쌀 소비량은 오히려 감소했다. 더욱이 쌀값이 떨어지면서 기초적인 의식주 생활조차 타격을 받게 되었고, 토지를 소유하지 못한 소작인과 화전민의 수가 크게 증가했다.(로터문트, 2003, 175~178쪽)

치적 영향력을 행사하자, 국민은 부패한 정치지도자를 불신했다. 국민들은 자유무역 질서에 대한 불신과 외국자본에 대한 반감, 그리고 부패한 정치권력에 대한 비판을 결합했고, 이와 같은 저항운동의 사회적 기반은 제2차 세계대전 이후 아르헨티나에서 민족주의 정서를 구심점으로 한 포퓰리즘의 출현을 야기했다.[9]

한편 대공황의 여파는 아시아의 작은 식민지 국가 조선에까지 영향을 미쳤다. 당시 일본의 주요 수출품목은 생사와 면화였고 미국은 가장 큰 생사 시장이었다. 따라서 미국의 구매력 감소와 보호관세정책은 일본 농촌지역에 큰 타격을 주었다. 1927년 금융공황과 인플레이션을 경험했던 일본 정부는 1929년 대공황에 대응하여 금본위제와 금해금을 단행했다. 당시 상황에서는 디플레이션을 방지하는 정책이 필요했지만 일본은 금본위제를 고수한 다른 많은 국가와 마찬가지로 디플레이션 정책을 채택했다. 일본은 물가하락과 생산비 저하에 따른 경기회복을 기대했으나, 실제로 생산품 판매는 증가하지 못했고, 국제수지를 개선하지도 못했다.

바로 이 시점에서 일본 군부는 조선에서 산금정책을 실시했다. 일본은 조선에서 금 채굴을 장려하기 위해 금광에 보조금을 지급했고, 생산된 금을 고가에 매수했다. 1930년까지도 조선에서 5원 미만이던 금 한돈이 1935년에는 13원, 1939년에는 30원까지 올랐다. 1932년 금재금 이후 8년 동안 금값이 6배 이상 폭등했다. 금값 폭등은 한반도에서 때 아닌 '황금열풍'을 일으켰다. 또한 일본은 대공황기에 저곡가와 저임금을 통하여 경제회복을 도모했는데, 조선의 쌀은 일본 대공황 극복에 일익을 담당했다. 그러나 그

---

9 라틴아메리카에 대한 대공황의 충격을 검토하면서 김우택은 '대공황=재앙'이라는 등식이 성립되지 않는다는 점을 강조한다. 대공황의 단기적 충격은 재앙이었지만, 중기적 관점에서는 수입 대체적 공업화를 통해 견실한 경제성장을 할 수 있는 계기가 되었기 때문이라는 것이다. 김우택, 「라틴아메리카에서의 대공황의 영향: 정치경제학적 접근」, *Asian Journal of Latin American Studies* 20: 1(2007), 5~53쪽.

과정에서 조선 경제는 피폐해졌다.

일본은 평가절하를 시행하고, 군사팽창정책에 돌입함으로써 경기를 회복시켰다. 그러나 통화 관리가 일본에 종속되었던 조선은 일본이 금본위제를 고수했을 때는 동반적 디플레이션과 경기침체를 경험했던 반면, 일본이 1932년에 불황극복을 위해 팽창재정으로 전환할 때에도 여전히 경기침체를 경험했다. 독자적 정책을 도입할 수 없었던 조선은 단지 값싼 노동력과 쌀값을 통하여 일본이 대공황으로부터 벗어나는데 일조했을 뿐이다(로터문트, 2003, 175~179쪽 ; 전봉관, 2005 ; 박영준, 2005).

대공황기의 삶의 변화들: 미국의 경험

대공황 초기상황과 사회적 불만의 확대

대공황 초기 3년간 미국경제는 큰 타격을 입었다. 공업생산은 1929년을 100으로 했을 때 1932년에 54까지 떨어졌다. 민간투자는 1929년에 162억 달러에서 1933년에 33억 달러로 감소했다. 농가평균 순소득은 1929년의 945달러에서 1932년에 304달러로 감소했다. 실업자의 수는 1929년의 200만 명에서 1932년의 1500만 명으로 증가했다. 실업이 가장 두드러지게 증가한 집단은 25세 이하 청년층과 60세 이상의 노년층, 그리고 소수 인종자들이었다. 실업은 동북부와 중서부의 대규모 공업도시에 집중되었고 남성 블루칼라 노동자들에게 더 큰 타격을 주었다. 특히 미국 경제 발전의 견인차 역할을 했던 자동차 산업과 철강업이 불황의 타격을 받자, 디트로이트와 피츠버그의 실업률이 급속히 증가했다. 대기업들은 경제위기 속에서 나름의 해고 기준을 세우려고 했다. 장기근속 숙련노동자들을 해고하기보다는 노동시간을 줄이는 방법을 채택하거나, 해고된 비숙련노동자의 업무를 숙련노동자에게 맡기는 경우도 있었다. 미국 기업 웨스팅하우스(Westinghouse)는 근무시간을 단축하고 직종을 이동함으로써 10년 이상 장기근속자 전원을 계속 고용했다. 그러나 시간제 노동자를 고용할 여력조차 없는 회사가 점차 늘었다. 1929년에서 1933년 사이에 건설업 분야에서만 고용이 80%가량 감소했다.

1932년 시점에서 볼 때, 전체 인구 중 1500만 명이 실업자일 뿐 아니라 200만 명이 걸인이었고 학령기 아동의 20%가 저체중이었다. 펜실베이니아 광부는 90%가 질병에 걸렸다. 1932년 한 해만 50만 명의 미국인들이 생계를 해결하지 못해 귀농했다. 1930년대 초에 미국 역사상 처음으로 외국으로 이민 간 사람이 미국으로 이민 온 사람 수를 넘어섰다. 1929년에서 1932년 사이에 출생은 1000명당 18.9명에서 17.4명으로 감소한 반면, 자살은 1만 명당 14명에서 17.4명으로 증가했다. 미시간 주의 디트로이트 시에서는 노동인구의 3분의 2가 실업자였다. 디트로이트 어린이가 하루 4000명씩 무료 배급줄에 서 있었고, 프랭크 머피(Frank Murphy) 시장이 사용한 구제 기금은 한 달에 100만 달러에 이르렀으나 그나마도 곧 바닥을 드러냈다. 영양실조를 동반한 구루병과 펠라그라가 확산되었다.

더 끔찍한 일은 대공황기의 미국에 풍요와 기근이 왜곡된 상태로 공존했다는 것이다. 도시 모퉁이마다 빵 배급줄이 늘어섰고 영양실조에 걸린 아이들이 넘쳐났지만, 농촌의 밭에서는 수확되지 않은 곡식이 썩어나갔다. 몬태나에서는 밀이, 오리건과 캘리포니아 농장에서는 복숭아가, 텍사스와 오클라호마에서는 면화가 밭에서 썩었다. 농산물의 가격인하로 경작비용을 충당하지 못한 농부들이 경작을 포기했던 것이다. 서부의 목장 운영자들 역시 가축을 사육할 돈이 없어서 도살했다. 이전에 비교해 1920년대와 1930년대에 식료품의 실질가격은 하락했고, 다양한 식품이 개발되었다. 그러나 미국 인구의 40%는 충분한 음식을 섭취할 기본적인 여건을 갖추지 못했다. 특히 애팔래치아 산맥에 사는 거주민과 남부의 빈민들, 그리고 실

146

업자들의 영양 상태는 심각한 수준이었다.

실업률이 증가하면서 주택융자나 집세를 지불하지 못한 사람들이 거리로 내몰렸다. 필라델피아 한 도시만 해도, 1930년 한 해 동안 13만 가구의 주택이 공매에 부쳐졌다. 그들 중 일부는 이른바 '후버빌(Hooverville)'이라는 임시 판자촌을 형성했다. 일자리와 거주지를 찾아 무작정 떠나는 사람들의 수 역시 증가했다. 기록에 따르면, 1932년 한 해 동안 이렇게 떠나 히치하이크를 하거나 몰래 화물열차에 오른 21세 이하의 젊은이만 25만 명에 이르렀다. 이를 목격한 한 공무원이 표현한 것처럼 대대적인 '절망의 이주'가 시작되었다.

높은 실업률을 해결하기 위해서는 국가의 적절한 정책이 필요했다. 그러나 미국은 전통적으로 공동체의 자력구제에 의존해 실업과 경제위기를 해결해왔다. 실업은 개인의 문제로 간주되었고, 실업자에 대한 구제는 주로 교회나 공제회, 자선단체 같은 지역공동체에서 이루어졌다. 일부 지방정부와 시정부가 제한된 자원으로 실업대책을 마련하기는 했으나, 연방정부 차원의 실업정책은 거의 전무한 상황이었다. 따라서 실업과 경제문제를 해결하기 위한 연방정부의 개입은 거부감을 초래할 수 있었다. 그러나 대공황이 장기화되자, 전통적 구제방식으로는 실업에 대처하기가 힘들었다. 대공황이 초래한 광범위한 실업은 사설기관이나 지방정부에서 제공할 수 있는 구조의 범위를 훨씬 넘어섰던 것이다. 더욱이 대공황으로 지방정부의 세입이 줄어들면서 공무원마저 해고되어 일상적 업무를 수행하기조차 어려웠다. 이 상황에서 실업에 대한 대규모 대책을 마련하기는 쉽지 않았다.

실업률이 빠르게 증가하면서 뉴욕과 로스앤젤레스, 시애틀과 시카고 등 대도시에서 공산당이 이끄는 실업자 폭동이 확산되었다. 시위대는 '일자리 아니면 임금을' 달라고 외쳤다. 그러나 그들에게 돌아온 것은 최루탄과 경찰봉이었다. 국민들은 정부가 수수방관하고 있다고 불평하기 시작했다. 1930년 가을에 뉴저지의 한 주민이 후버 대통령에게 보낸 편지는 당시 국민의 불만을 대변했다. "굶어 죽기 전에 우리를 구할 방법을 좀 더 신속하게 찾을 수는 없겠습니까?"(Kyvig, 2002)

미국에서 대공황이 야기한 사회적 불만은 정부를 전복하거나 헌정 민주주의를 결정적으로 위협할 만한 수준은 아니었지만, 오랫동안 사회적 존경을 받던 엘리트의 위신과 권력에 일격을 가했다. 일반 시민들은 대공황의 발발을 투기꾼, 은행가, 독점자본가의 탓으로 돌렸다. 월가를 장악한 유대인의 음모론이 대두하기도 했다. 이와 함께, 은행, 대기업, 청교도적인 상층계급은 더 이상 가장 존경 받는 대상이 될 수 없었다. 전통적으로 존경받던 사회 엘리트층이 비난받기 시작한 것은 주목할 만한 변화였다. 흔히 계급 없는 사회로 간주되는 미국에서 계급갈등이 표출되었고, 공화당과 민주당 모두 계급적 이해를 내세우며 유권자에게 호소했다. 대기업가들이 방만한 경영과 사적 이윤추구로 경제 시스템에 문제를 일으킨 대공황의 원인제공자들로, 노조는 실질임금을 상승시킴으로써 노동시장을 경직시킨 주범으로 비난 받았다.

한편 일자리 부족은 사회적 편견과 차별을 가중시켰다. 백인 노동자들은 토박이인 자신들이 고용에서 우대 혜택을 받아야 한다고 주장했고, 고용주들 역시 백인을 선호했다. 따라서 유색인종 노동자들이 노동시장에서 밀려나는 사례가 더욱 빈번해졌다. 당시 멕시코계 미국인들은 인종차별로 가장 큰 피해를 본 집단이었다. 캘리포니아, 애리조나, 텍사스 등 서남부 지역 주정부는 멕시코계 미국인들에 대한 특별한 조치를 취했다. 멕시코인들이 많이 거주하던 캘리포니아에서는 멕시코인들에 대한 차별이 두드러졌다. 1933년경에 이르면 실업의 증대와 백인 노동자들의 캘리포니아 이주, 그리고 농산물 가격하락으로 캘리포니아 농장에서는 일자리 하나에 최소한 두 사람이 경쟁하는 상황이 벌어졌다. 그러나 일자리를 차지한 사람은 대개 백인이었고, 조상 대대로 캘리포니아에서 농업노동에 종사하던 멕시코인들은 오히려 일자리를 잃고 떠나야 했다.

심지어 지방정부와 사설기관들은 멕시코인들이 미국을 떠나도록 장려했다. 몇몇 주정부에서는 뉴딜 정부기구인 공공진흥청이 실업자들에게 제공하는 채용기회에서 비시민권자를 배제함으로써 비시민권자 멕시코인들의 본국 귀환을 부추겼다. 미시간 주 이민국은 정부의 복지혜택 대상 멕시코인들과 추방된 멕시코인들에게 멕시코 국경까지 가는 교통편을 제공했다. 상공회의소는 멕시코인들이 미국을 떠나게 하는 캠페인에 앞장섰다. 그 결과 1932년에 디트로이트에서만 멕시코인 4명 가운데 3명이 멕시코로 돌아갔다. 1932년 한 해 동안만 멕시코계 미국인들 중 8만 명이 공식적으로 미국에서 추방되었고, 그들과 함께 또 다른 32만 명의 멕시코계 미국인들이 국경선을 넘었다(Balderrama · Rodriguez, 2006 ; Guerin-Conzales, 1994).

대공황은 이미 미국에서 구조적으로 2등 시민 대접을 받아온 흑인들의 어려움을 가중시켰다. 흑인들은 경기침체의 영향을 받기 쉬운 비숙련 제조업, 건설업, 광산, 목재업 등에 종사했다. 실업상태의 백인 노동자들이 흑인들의 일자리까지 침범하면서 흑인들은 거리로 내몰렸다. 경우에 따라서는 흑인을 내쫓기 위해 극단적 방식을 사용하기도 했다. 애틀랜타의 한 공장에서는 흑인 급사들에게 누명을 씌워 체포한 뒤 일자리를 백인에게 내줬고, 루이지애나에서는 자경단원들이 흑인 철도 화부들에게 테러를 가하여 강제로 철로로 내리게 했는데 그 과정에서 10명의 흑인이 살해되는 사건이 발생했다. 밀워키의 한 철도회사에서는 백인 노동자들이 흑인 노동자들을 해고하라고 주장하며 파업했다. 흑인의 30% 이상이 거주하던 남부 농촌지역에서도 흑인들은 극심한 빈곤과 실업상태에 처했다. 또한 미국 각 지역의 흑인 게토지역은 다른 지역보다 더 높은 실업률을 보였다. 한 연구에 따르면 클리블랜드의 가장 큰 흑인 게토에 거주하는 주민의 절반 이상이 1930년대에 실업상태에 있었다.

대공황기에 여성의 경제적 지위도 전반적으로 하락했다. 물론 저임금을 이유로 여성 노동자를 선호하는 고용주들이 있었고, 남성 가장이 실업에 처하면서 여성이 유일한 경제활동 종사자인 경우도 증가했다. 그러나 대부분의 여성이 비정규직의 저임금 직종에 종사했다. 그럼에도 일하는 여성, 특히 기혼 여성에 대한 편견이 강화되었다. 스스로를 '선량한 시민'으로 밝힌 한 남성이 루스벨트 대통령에게 쓴 편지의 내용처럼 기혼여성이 "미혼 여성, 미혼 남성, 기혼 남성의 직업과 지위를 빼앗아"간다는 생각이 팽배했고 '기혼 여성들에 대한 모종의 조치'를 공공연하게 요구하는 목소리가 커졌다.

일하는 여성에 대한 사회적 편견에도 불구하고, 경제적 필요성 때문에 노동시장으로 진출하는 여성의 수는 줄지 않았다. 그러나 여성 대다수는 비정규직에 종사했다. 여성이 남성과 동일직종, 동일노동에 종사한다고 해도 임금차별을 받았다. 또한 대공황으로 여성이 종사하던 화이트칼라 직종이 감소했기 때문에 1920년대까지 지속되던 여성의 지위향상 기회는 급격히 감소했다. 결과적으로 대공황기에 고용된 여성 평균임금은 남성 평균임금의 절반 수준이었다. 또한 경제적 궁핍으로 여성의 가사노동이 더욱 가중되는 경향이 있었다. 많은 여성이 대공황기에 의복이나 가재도구를 새로 구입하기보다는, 낡은 것을 수선해서 사용했는데, 그런 일은 거의 예외 없이 여성의 몫이었다(Ware, 1983).

침체 속의 발전

대공황에 대한 일반적 이미지는 극심한 경기침체에 동반한 피폐한 삶의 모습이다. 그 이미지는 도로시아 랭(Dorothea Lange)의 사진 속에 나타난 굶주린 이주민 가족이나 빵 배급줄로 각인되어 있다. 그러나 장기적인 경기침체기에도 발전은 지속되었다. 특히 1920년대와 1930년대에 모습을 드러낸 미국의 도시는 근대적 가치와 과학기술을 집약해놓은 것과 같았다. 각 도시에 들어선 고층빌딩은 미국의 도회적 아름다움을 상징했다. 고층빌

도로시아 랭(Dorothea Lange), 「이주민 어머니」(1936년 작). 뉴딜 농업안정국(Farm Security Administration, FSA)은 다큐멘터리 사진작가들을 고용하여 농촌의 실상을 사진에 담았다. 이때 농업안정국에서 활동한 작가들에는 도로시아 랭, 워커 에번스(Walker Evans), 벤 샨(Ben Shahn) 등, 20세기의 대표적인 다큐멘터리 사진작가들이 포함되었다. 랭의 '이주민 어머니(Migrant Mother)' 연작에는 대공황기에 서부로 내몰린 이주민 가족의 고단한 삶의 모습과 어머니의 강인함이 담겨 있다.

딩은 높은 건축물 이상의 의미를 지녔다. 그것은 거대자본과 기술집약, 그리고 인간의 진보를 상징했다. 고층빌딩의 최고봉은 엠파이어 스테이트 빌딩이었다. 대공황의 정점인 1931년에 완공된 엠파이어 스테이트 빌딩은 높이 381미터에, 67개의 엘리베이터, 6400개의 창문을 갖춘 세계에서 가장 높은 건물로, 2만 5000명의 사무직원이 근무할 수 있었다. 비록 대공황기에 '엠티(Empty, 텅빈)' 스테이트 빌딩이라는 별명을 듣기는 했지만, 이 거대한 고층빌딩은 진보는 계속된다는 믿음을 상징했다.

또 다른 발전을 보여주는 것은 할리우드 영화였다. 대공황기에 할리우드는 전 세계의 영화 관객들을 현혹시켰다. 스크린에 나타난 휘황찬란한 이미지들은 유령군단처럼 사람들의 마음을 정복했다. 물론 영화산업도 대공황의 여파를 쉽게 피해 갈 수는 없었다. 공황 초기인 1930년에서 1933년까지 티켓 판매는 25%의 하락세를 나타냈다. 1920년대 말까지 일주일에 1억 명에 이르던 영화 관객은 대공황 초기 2년 동안 6000만 명으로 감소했다. 1933년에 박스 오피스의 수입은 최저점을 나타냈다. 미국 극장의 3분의 1이 문을 닫았고, 패러마운트(Paramount)와 RKO가 파산했으며 워너브라더스(Warner Bros.)는 자산의 일부를 팔아 부채를 갚았다.

그러나 여전히 많은 사람들이 영화의 가능성을 믿고 투자함으로써 영화계에 기사회생의 기회를 부여했다. 1928년에 「재즈 싱어(Jazz Singer)」라는 유성영화가 처음 도입된 이후, 영화산업은 비약적 발전의 가능성을 예고했다. 그럼에도 파산을 면한 영화업계는 경제적 어려움을 피하기 위한 방안을 고안하기 시작했다. 1930년대 중반에 미국 극장의 50%는 동시 상영을 시작했고, 팝콘과 캔디를 판매했다. 팝콘과 캔디 판매수익은 극장 수익의 45%까지 차지했다. 이 시점부터 영화를 보면서 스낵을 먹는 것이 보편화되었다. 심지어 '록시(Roxy)' 극장은 관객에게 무료로 담배를 나눠주기도 했다. 드라이브 인 극장이 처음 문을 연 것도 이 시기로, 1933년 뉴저지에 서였다. 이처럼 다양한 서비스로 관객을 끌어들이면서 대공황기에 살아남은 영화산업은 스튜디오 시스템을 정착시켰고, 제작부터 배급까지 담당하는 거대기업으로 변모했다.

1930년대의 영화들은 대공황기를 살던 사람들의 좌절과 열망을 반영했다. 1930년대 초반에 출시된 「리틀 시저(Little Caesar)」(1930), 「공공의 적(Public Enemy)」(1931), 「스카페이스(Scarface)」(1932)와 같은 갱 영화들은 불안정한 사회에 대한 대중의 두려움을 반영했다. 갱단은 왜곡된 형태의 아메리칸 드림으로 간주되면서 관객에게 대리만족을 주기도 했다. 한편 1933년 뉴딜 정책 도입 이후 제작된 영화들은 희망의 메시지를 전달했다. 특히 역사적 사실이나 문학작품을 기반으로 하여, 난관을 극복한 사람들을 주인공으로 내세운 영화들이 인기를 얻었다. 1939년작 「바람과 함께 사라지다」

에서 전쟁으로 폐허가 된 남부를 다시 일으키는 스칼릿 오하라는 희망을 상징했고, 프랭크 카프라(Frank Capra) 감독의 「미스터 디즈 타운 가다(Mr. Deeds Goes to Town)」(1936), 「미스터 스미스 워싱턴 가다(Mr. Smith Goes to Washington)」(1939)와 같은 미스터 디즈 시리즈는 대공황기 미국의 낙관적 정서를 대변했다. 새로운 영화의 형태를 제시한 디즈니만화 역시 낙관적 메시지를 전달했다. 「아기 돼지 삼형제(Three Little Pigs)」(1933)는 성실하게 일하는 사람이 승리한다는 메시지를 전달했고, 만화영화 주제곡 「누가 거대한 나쁜 늑대를 두려워하랴」는 뉴딜 송가가 되었다. 1930년대 영화의 또 다른 특징은 도피주의적 기제로 작용한 영화가 대중적 인기를 확보했다는 것이다. 아름다운 남녀 배우가 등장하는 보편적 사랑 이야기와 경쾌하고 즐거운 뮤지컬 코미디가 1930년대 내내 가장 인기 있는 장르로 자리잡았다.

한편 대공황기에 제작된 소비재들 사이에서는 판매량이 급증한 품목과 하락한 품목이 뚜렷하게 대조를 보였다. 높은 판매량을 자랑한 대표적인 품목은 스카치테이프였다. 1920년대에 처음 발명되었을 때에는 판매량이 많지 않았던 스카치테이프는 1930년대에 폭발적인 인기를 얻었다. 스카치테이프가 고장난 물건을 임시로 수선해서 사용하는 데 요긴하게 쓰였기 때문이다. 반면 자동차와 같은 고가품 판매는 현저히 감소했다. 1929년에 445만 5000대에 이르렀던 신차 판매량은 1930년대에는 평균 214만 2000대로 감소했다. 또한 전반적인 식료품 판매는 감소했으나, 담배 판매는 급증했다. 1933년에 금주법이 폐지되자 맥주, 와인, 양주의 합법적 판매가 가능했고, 주류 판매 역시 증가 추세에 있었다. 영화와 함께 스포츠 역시 대공황의 경제악화로 큰 타격을 받지 않았다.

정치적 파장

포퓰리스트 · 전체주의 정권의 등장

대공황은 국내정치와 국제관계에 큰 지각변동을 야기했다. 각국의 중도 정치가 대공황이 야기한 문제들에 대한 효과적 대응책을 제시하지 못하자, 이에 실망한 국민들은 위기를 틈타 등장한 극좌 · 극우의 포퓰리스트들에게 열광적 지지를 보냈다. 대공황기에 대중은 포퓰리스트 정권이 사회갈등을 해소하고 생산을 촉진하며 완전고용을 이룩함으로써 대공황을 극복할 것으로 기대했다. 또한 각국은 자국의 이해에 대한 보호를 우선으로 하면서 앞 다투어 보호정책을 도입하거나 확대했다. 전 세계는 경쟁적 화폐블록과 무역블록으로 재구성되었다. 극심한 상업경쟁과 화폐가치 인하는 국제협력을 약화시켰다. 무역이 종결되었고 '근린 궁핍화'가 진행되었다. 경제적 민족주의는 정치적 공격으로 발전되었다. 독일이나 일본에서처럼 극단적 형태의 민족주의와 군국주의가 등장하여 국제평화를 위협하기도 했다. 독일과 이탈리아에서 나타난 경제적 민족주의는 제국 건설의 꿈을 위한 첫 단계로 간주되었다.

막상 무솔리니와 히틀러가 지중해 국가들과 아프리카를 침범했을 때, 이를 제재할 효과적 수단이 없었다. 대공황은 협조적 외교의 기반을 약화시켰을 뿐만 아니라 침략국가에 저항할 국내적 기반을 약화시켰기 때문이다. 반면 장기적 경기침체가 야기한 사회 갈등은 자유주의적 자본주의에 적대적인 대중운동의 성장을 가져왔고, 포퓰리스트적 정치세력의 득세를 야기했다. 좌파에서는 사회주의와 공산주의가, 우파에서는 군국주의와 파시즘, 그리고 국민주의가 등장했다. 일본에서는 군부가 정치적 영향력을 확대하면서 다이쇼 데모크라시가 위축되었다. 군부는 일본 중앙 외무성 및 육군성의 저지에 불응하면서 만주사변을 독단적으로 일으켰다. 아시아에서는 영미

협조주의를 대신하여 동아대동권이 대두했다(박영준, 2005, 175~235쪽).

독일에서 경제위기는 히틀러가 권력을 장악할 기회를 제공했다. 그런데 다른 나라에서 대공황이 일차적으로 경제위기였다면 독일에서 그 위기는 정치적인 것이었다. 전쟁과 전후 협상타결에서 주도권을 상실한 바이마르 공화국은 대공황이라고 하는 새로운 충격을 이겨낼 수 없었다. 민주주의 주창자들은 힘을 잃었고 바이마르 공화국은 공화국이 대실패라고 하는 비판자들의 공격에 속수무책이었다. 히틀러는 일자리를 잃고 공적 부조에 의존한 실업자들과 모기지를 지불할 능력이 없는 농부들, 그리고 나치에서 동지애와 목적을 확인한 젊은 실업자 집단에게 호소력을 지녔다. 수백만 독일 유권자는 단기간에 공황을 극복한다는 히틀러의 약속을 믿었고, 또 나치의 승리를 믿었다.[10]

자유민주주의 국가에서도 대공황을 자본주의와 자유주의의 실패로 여기는 경향이 나타났다. 미국과 영국, 그리고 프랑스 실업자들은 스탈린이 계획경제를 통하여 진보와 사회적 평등을 달성했다거나 히틀러가 나치체제에서 독일의 실업률을 급격히 감소시켰다는 소식에 큰 관심을 기울였고, 전체주의 체제에 대한 호감을 나타내기도 했다. 기존 정당과 정치 지도자들이 대공황을 해결할 만한 적절한 대응책을 제시하지 못한다고 생각한 유권자들은 극단적 정치체제나 시위에 눈을 돌리게 되었다. 영국은 해군반란, 파시스트들의 시위, 그리고 배고픈 군중의 시위를 경험했다. 프랑스는

• •

10 히틀러는 1936년 이후에 재무장을 추진하기 시작했다. 1930년대에 독일의 경제장관이던 샤흐트(Hjalmar Schacht)는 베르사유 조약이 독일에 부과한 조건을 수정하는 데 전력을 다하면서 조심스럽게 경제를 팽창시켰다. 샤흐트는 재무장을 위해 돈을 찍어내고 국가 채무를 증가시키는 것이 독일 경제를 파탄으로 이끌 것이라고 히틀러에게 경고했으나, 결국 히틀러를 설득할 수 없었고 자리에서 물러났다. 나치 정부가 물가와 임금을 통제했고 노조를 제거했다. 독일에서 단기간에 생산을 증대하면서 완전고용에 도달한 것으로 나타난다. 1932년의 실업률 30%와 비교해 1938년에는 2%에 불과했다. 그러나 경제사가들은 이와 같은 통계가 의심스럽다고 주장한다. 나치 정권이 실업상태를 불법으로 간주했고, 실업통계를 조사한 관료들이 충성스러운 나치 당원이었다는 이유 때문이다.

파리 코뮌 이래로 가장 격렬한 군중시위를 경험했다.

자본주의 국가들이 대공황으로 고통 받는 상황에서 소련의 경제발전은 새삼 주목 받았다. 당시 2차 5개년 계획에 돌입한 소련은 지속적 발전을 이룩했다. 1934년에 개최된 17차 공산당 회의에서 리트비노프가(Maksim Maksimovich Litvinov) 주장한 것처럼 '소련은 세계에서 경제위기의 영향을 받지 않은 유일한 국가'로 보였다. 세계 대공황에도 불구하고 소련은 계획경제의 성공으로 활기차게 보였다. 상점에는 다양한 식료품과 소비재가 진열되었다. 모스크바에 댄스홀이 들어섰고 재즈가 허락되었다. 사람들은 「졸리 펠로스(Jolly Fellows)」라는 뮤지컬을 관람했고, 대중가요를 듣기도 했다. 테니스는 더 이상 부르주아의 운동으로 간주되지 않았다. 2500만 명이 소유하고 있던 토지는 24만 개의 집단농장으로 재구성되었다. 농부들은 정부로부터 소규모 땅과 가축을 불하 받았다. 또한 과학기술의 발전과 함께 다양한 변화가 나타났다. 도시를 리모델링하면서 교회를 철거했고, 공장과 지하철역이 들어섰다. 특히 1935년 완공된 메트로는 소련의 자랑거리였다. 그것은 공산주의적 계획이 이룬 성취를 상징했다(Calvin, 2000, 176쪽; Brendon, 2002, 230~256쪽, 465쪽, 493쪽).

소련이 이룩한 발전은 대공황기에 많은 미국인을 매료시켰다. 미국에서 노동자들이 노조의 합법화를 위해 생사를 건 투쟁을 하는 시점에 소련은 노동자들을 위한 정권을 세운 것으로 간주된 것이다. 소련을 적색독재, 노예노동 수용소, 기독교 탄압과 등치시켰던 공화당 정치가들조차 소련의 5개년 계획에 감탄했다. 공산주의 체제가 풍요의 시대에는 경멸의 대상이었다고 해도, 자본주의가 위기에 처하자 경제 기적을 이룩한 것처럼 보였다. 많은 혁신주의자는 러시아 전제주의에 대한 거부감을 억누르고 "공산주의는 세계의 도덕적 최상"이라는 에드먼드 윌슨의 견해를 부분적으로 인정했다. 1920년대까지 계속된 자유방임주의 경제의 폐해를 지켜본 미국 개혁가들에게 계획경제는 불가피한 것으로 간주되었다. 저널리스트 롱(Ray

Long)은 러시아 5개년 계획이 그리스도 탄생 이후 가장 중요한 인류의 진보라고 표현했다. 뉴딜 진보주의자 터그웰(Rexford Tugwell)은 대중이 '계획'을 불안전성의 피난처로 생각한다고 주장했다. 그러나 터그웰이 "러시아에 미래가 있다."고 언급했을 때, 터그웰을 포함한 뉴딜주의자들이 원한 것은 '민주적 계획'이었다. 뉴딜주의자들은 어디까지나 미국적 시스템에서의 통제를 구상했던 것이다. 뉴딜은 공산주의나 파시즘 체제와 달리, 실용성을 강조하는 부분적 계획과 통제를 가미한 '수정 자본주의'였다.

미국의 새로운 실험, 뉴딜

뉴딜은 본래 프랭클린 루스벨트가 1932년 민주당 대통령 후보를 수락하면서 처음 사용한 표현이다. 후버 정권은 경제상황이 악화되는 상황에서도 적절한 대응책을 제시하지 못했다. 루스벨트는 공화당 주도의 자유방임적 질서와의 단절을 선언했고, 국가가 주도하는 경기부양책을 제시했다. 처음 루스벨트가 뉴딜을 언급했을 때, 그것은 새로운 시작을 의미했다. 그러나 루스벨트가 처음부터 뉴딜이 의미하는 구체적 청사진을 제시한 것은 아니었다. 그런 점에서 뉴딜 프로그램에는 경제운영에 대한 통일된 방식이 없었다. 역사가와 사회과학자들은 뉴딜을 '개인의 자유'와 '조직의 권위'를 조정하는 행위, 혹은 자본주의를 구제하기 위한 선견지명을 가진 자본가들과, 근본적으로 보수적인 자유주의 정치가들의 합작품 정도로 평가하는 경향이 있다.[11] 그러나 루스벨트나 뉴딜주의자 중 어느 누구도 '균형 잡힌 시

---

[11] 그 대표적인 예로 다음과 같은 것들을 들 수 있다. Isaiah Berlin, "President Franklin Delano Roosevelt", ed. Henry Hardy and Roger Hausheer, *The Proper Study of Mankind: An Anthology of Essays*(London: Chatto and Windus, 1997), 636~637쪽; Barton Bernstein, "The New Deal: The Conservative Achievements of Liberal Reform", ed. Melvyn Dubofsky, *The New Deal: Conflicting Interpretations and Shifting Perspectives*(New York & London: Garland Publishing, Inc, 1992), 1~24쪽; Thomas

스템,' 혹은 자본주의를 붕괴에서 구할 수정자본주의를 주도면밀하게 고안하지는 않았다. 심지어 루스벨트 대통령은 향후 성공적인 뉴딜입법으로 떠오른 핵심적 법안과 정책에 반대하기도 했다. 한 역사가가 지적한 바와 같이 뉴딜은 하나의 '이데올로기적 상자'에 담을 수 없는 성격의 것이었다. 그런 점에서 뉴딜은 대공황에 대처하는 방식을 모색하는 과정에서 대통령과 의회, 대법원과 이해집단이 갈등하고 투쟁한 결과로 나온 것이다.

뉴딜은 편의상 경제회복과 구제에 중점을 둔 1차 뉴딜(1933~1935)과 영구적 개혁을 가능하게 하는 2차 뉴딜(1935년 이후)로 구분된다. 1차 뉴딜은 루스벨트가 취임한 직후에 소집된 100일 의회에서 통과된 개혁입법으로부터 시작된다. 초기 정책은 주로 통화와 신용 회복에 집중되었다. 루스벨트는 비상은행법을 가동하여 은행 휴업과 은행 재조직에 착수했다. 새롭게 설립된 연방예금보험공사(FDIC)는 도산한 시중은행 예금자들에게 보상을 하게 되었는데, 예금보험공사가 없던 시절에는 한 은행의 파산은 또 다른 은행의 파산으로 이어졌다. 따라서 연방예금보험공사의 설립은 경제학자 밀턴 프리드먼이 지적한 것과 같이 "남북전쟁 이후 통화안정에 기여한 가장 중요한 구조적 변화"였다. 1933년 4월에 의회는 증권법을 통과시켜 증권시장의 개혁을 추진했고 이 법은 1934년 6월에 증권거래법으로 대체되면서, 본격적으로 국가가 증권거래를 감시하도록 했다. 또한 1934년 1월, 의회는 정화준비법(Gold Reserve Act)을 통과시켜 금 가격을 1온스당 35달러로 고정시켰다. 이 때문에 달러 가치가 60% 이상 하락했다. 달러의 평가절하는 미국으로 대량의 금이 유입되도록 했다. 1933년 12월에서 1934년 7월 사이에 미국이 보유한 금괴는 40억 4000만 달러에서 79억 달러로 96%

....

Ferguson, "Industrial Conflict and the Coming of the New Deal: The Triumph of Multinational Liberalism in America", ed. Dubofsky, *The New Deal*, 25~56쪽; Colin Gordon, *New Deals: Business, Labor, and Politics in America, 1920-1935*(Cambridge: Cambridge University Press, 1994).

콘라드 알브리지오(Conrad Albrizio)의 「뉴딜」(1935년 작, 뉴욕 시 레오나르도 다빈치
아트 스쿨 벽화). 뉴딜 고용 구제정책을 담당했던 공공사업추진청(Works Progress
Administration, WPA)은 댐과 교각, 빌딩을 건설하는 노동자뿐 아니라 미국 문화를
복원하는 작가, 음악가, 화가, 연극인을 고용했다. 공공사업추진청에 의해 고용된 화가
들은 우체국과 학교 등의 공공기관에 벽화를 그렸다.

증가했다. 금 유입은 통화공급량의 증가를 가져왔고, 경제활동을 활성화하
는 데 기여했다(스마일리, 2008, 113~114쪽).

또한 제1차 뉴딜기에 뉴딜 정권은 고용창출과 실업자 구제를 위한 다양
한 정책을 추진했다. 1933년부터 테네시 강 유역개발공사에 착수했고, 같
은 해 5월에 연방긴급구제법을 통과시켜 민간토목사업정책, 긴급교육정책
등을 시행했다. 1933년에서 1934년까지 토목사업국은 400만 명의 노동자
를 고용했다. 연방긴급구제법은 1935년에 공공사업추진청으로 대체되어
다시 수백만 명의 실업자에게 일자리를 제공했다. 공공사업추진청이 시민

의 혈세로 게으르고 무능력한 사람들의 배를 불린다는 비난을 받기도 했으나, 각 지역 공동체는 이를 통해 다양하고 유용한 프로젝트들을 전개했다. 무엇보다도 공공사업추진청을 통해 미국인들은 직업안정과 최저생계수준을 보장 받는 것이 자신들의 권리라는 새로운 인식을 갖게 되었다(Meriam, 1946, 346쪽).

그러나 뉴딜 행정부는 부조의 즉각적 효과와 장기적 통화팽창의 효과, 그리고 대공황의 재발방지를 동시에 고려해야만 했다. 따라서 뉴딜주의자들은 미국 정치경제를 영구적으로 변화시킬 수 있는 방식을 모색했고, 그 결과로 1차 뉴딜의 핵심법안인 전국산업부흥법(NIRA)과 농업조정법(AAA)을 도입했다. 농업조정법은 농작물에 패리티 가격을 도입하여 가격을 유지하게 했다. 패리티 가격 도입은 농촌과 도시의 구매력 격차를 줄일 것으로 기대되었다. 그러나 농업조정법은 농업 문제의 장기적 해결책을 제시하지 못했다. 더욱이 본래의 의도와 달리 농업조정법은 토지를 소유한 부유한 농민에게는 도움이 되었으나, 실질적 도움이 필요한 가난한 농민들을 돕지 못했다.

농업조정법과 마찬가지로, 전국산업부흥법 역시 정부가 가격을 통제하는 것을 골자로 했다(Hawley, 2005, 96쪽). 전국부흥청(NRA)은 기업을 독점금지법 적용에서 제외하는 대신, 공정경쟁 규약을 부과했다. 또한 동업조합을 활성화함으로써 불필요한 가격경쟁을 종식하려고 했다. 규약에는 생산량 할당, 가격협정, 신생기업의 시장 진입 등의 내용이 포함되었다. 기업들은 전국부흥청이 제시한 포괄적인 규약에 서명했고, 그 표시로 청색 독수리 문장을 내걸었다. 당시에 청색 독수리는 경기침체에서 국가를 구하기 위한 애국적인 행위로 간주되었다. 전국산업부흥법은 기업과 노동자, 그리고 소비자의 입장을 모두 고려한 옴니버스 법이었다. 그 법은 국가가 시장에 개입하여 기업과 노동, 그리고 노동시장을 조정하는 것을 핵심으로 했다. 전국산업부흥법 7조는 노동시간단축, 아동노동금지, 그리고 노조의 인정과 같은 내용을 담고 있었다.

그러나 전국산업부흥법과 농업조정법은 법 자체에 문제가 있었다. 전국
산업부흥법은 산업자치를 통하여 문제를 해결할 것으로 기대되었던 것과
달리, 노동자나 소비자의 주장과 권리는 제대로 반영하지 못했다. 결국 반
독점 조항이 명시됨으로써 독점이 증가한 반면, 노동자의 권리는 지켜지지
못했다.[12] 또한 동일임금, 동일가격 규정은 실제 시행에서 많은 문제를 일
으켰다. 1935년에 대법원이 농업조정법과 전국산업부흥법에 위헌판결을
내리기 전부터, 이미 두 법의 문제점에 대한 비판이 거셌다. 그러나 1차 뉴
딜의 실패를 바탕으로 새로운 정책이 추진되었다. 전국산업부흥법과 농업
조정법이 갖고 있던 국가주의적 성향을 제외한, 같은 목적을 지닌 뉴딜법
이 새로운 형태로 제정되었다.

2차 뉴딜은 개혁에 초점을 맞춘 만큼, 대공황 재발방지를 위한 시스템을
개발하면서 동시에 부의 재분배가 가능한 정책을 수립하려고 했다. 루스벨
트 행정부가 선택한 방식은 시장이 좀 더 공정하게 작동하도록 만들고, 정
부의 직접적 관여 없이 노동자와 시민이 자기 몫을 갖도록 하는 시스템을
완성하는 것이었다. 이와 같은 목적을 위해서 뉴딜은 노동단체와 소비자
단체가 시장에서 더 공정한 자기 몫을 확보하기 위한 협상력을 갖도록 했
다. 기업이 조직력을 통하여 효과적으로 운용되는 것과 같이 소비자와 노
동자 역시 조직력을 통해 스스로 권리를 확보하고 효율성을 증대할 것으로
기대되었던 것이다. 제2차 뉴딜기의 핵심 입법은 와그너법(전국노사관계법)
과 사회보장법이었다. 와그너법은 노조에 대한 법적 보호를 제공함으로써

• •

12 전국산업부흥법 7조 a항에서는 노동자의 결성권을 명시했다. 그러나 대체로 회사 주도 노
조였던 기업노조를 금지하는 조항이 없었고, 비타협적 기업에 대하여 노조의 권리를 강제
할 수 있는 장치를 결여하는 등의 문제로 실제로 노조의 정착보다는 노사분규의 증가를
가져왔다. 김진희, 「뉴딜 단체협상법의 생성과 변형: 와그너 법에서 태프트−하틀리 법까
지」, 《미국학논집》 38 : 3(2006. 12), 29~62쪽.

노조가 길항세력으로 성장할 수 있도록 했다. 노조의 성장은 과도한 국가 개입 없이도 부의 공정한 분배를 가능하게 할 수 있는 기제로 간주되었다. 사회보장법 역시 개별 노동자와 소비자가 독립성을 확보하기 위한 정부의 보호정책이었다. 뉴딜주의자들은 사회복지제도를 미국인들이 고용주로부터 독립하게 하고 미국의 길항력을 키우는 전략의 한 부분으로 간주했다. 그런 점에서 뉴딜주의자들은 국가의 힘을 성장시키는 것보다는 개인으로서의 시민, 혹은 단체로서의 시민의 힘을 키우려고 했다.

새로운 정치 프로그램으로서 제시된 뉴딜 정책은 미국인들이 국가를 새롭게 인식하게 하는 계기를 마련했다. 미국에서는 반국가주의와 개인주의 전통이 깊게 뿌리내려져 있었다. 또한 1920년대까지 미국의 번영은 자유방임주의와 개인주의의 결과라는 믿음이 팽배했다. 그러나 1930년대를 거쳐 미국인들은 점차 개인이 아닌 공동체가, 개별 국민이 아닌 국가가 문제 해결의 주체가 되어야 한다는 인식을 하게 되었다. 뉴딜의 정권창출과 기층민들의 집단적 요구, 그리고 이에 상응하는 혁신주의적 정치세력의 프로그램이 상호 작용하여 미국의 정책을 사회민주주의적 방향으로 선회하게 했다(Hofstadter, 1955 ; Lipset · Marks, 2000, 230쪽).

그러나 뉴딜 정책이 대두하여 연방정부 주도의 경제회생과 복지제도 확립을 시도했을 때, 전국 규모의 대대적 반격이 뒤따랐다. 뉴딜 정책의 반대자들은 루스벨트와 뉴딜주의자들이 미국을 소비에트화한다고 비난했다. 1938년을 기점으로 반뉴딜연합이 형성되어, 뉴딜이 추진하던 노동개혁 및 사회보장정책 등의 혁신적 프로그램에 반대했다. 대법원이 초기 뉴딜 정책에 대해 위헌 판결을 내리고, 뒤이어 루스벨트가 '대법원 개혁안'을 제시한 1937년 이후 뉴딜 반대자들은 스스로 헌법 수호자를 자처하며 루스벨트와 뉴딜을 맹비난했다(김진희, 2005, 66~94쪽 ; 김진희, 2006, 213~244쪽). 그러나 루스벨트의 비판자들이 대법원 판결을 지지하는 한편 뉴딜에 맞섰다면, 루스벨트는 뉴딜을 지지하며 대공황에 맞섰다.

대공황이 남긴 유산

대공황은 세계 경제를 악화시켰을 뿐만 아니라 전 세계 정치 구도에 일대변화를 야기했다. 독일 바이마르 공화국의 붕괴와 히틀러의 대두, 일본 의회주의자의 약화와 군국주의의 기승, 이탈리아 무솔리니의 권력장악은 모두 대공황으로 가능했다. 독일과 이탈리아에서 파시스트 정권이 들어서면서 공산주의와 자유민주주의 국가들은 파시즘에 대항하는 공동전선을 추구했고, 양 진영은 제2차 세계대전을 통하여 싸웠다. 미국의 루스벨트는 역사상 가장 대대적인 연방 프로그램인 뉴딜에 착수했다. 프랑스에서는 블룸(Leon Blum)이 주도하여 급진당, 공산당, 사회당 연립정부의 인민전선이 1936년 경제회복을 계획했다(이용우, 1994, 119~153쪽). 반면 영국에서는 상대적으로 큰 변화 없이 보수적 합의가 이루어졌다(Smith, 1998).

각 국가는 대공황에 대처하여 순차적으로 '자유주의 경제의 오랜 우상'이던 금본위제를 포기했다. 또한 재정균형을 맞추기 위해 많은 정부는 자유방임주의를 폐기하고 보호주의를 선택했다. 그러나 그 결과로 나타난 극심한 상업경쟁과 화폐가치 인하는 국제협력을 약화시켰다. 국제무역이 사실상 종결되었고 '근린 궁핍화'가 진행되었다. 각국의 경제적 민족주의는 정치적 공격으로 발전되었다. 이러한 과정은 불평등한 세계 질서에 의해 더욱 확대되었다. 영국과 프랑스 등 제국주의 국가는 원료를 독점적으로 확보하고 공장제품을 판매할 수 있는 시장을 갖고 있었고, 그로부터 이득을 취했다. 그것은 식민지를 갖지 못한 일부 국가들이 그 자체의 공영을 창조하도록 부추기는 결과를 낳았다. 일본은 만주를 병합한 데 이어, 중국 정복을 시도했다. 이탈리아는 에티오피아를 정복한 뒤, 지중해 연안까지 침투하려고 했다. 독일은 로카르노 조약과 베르사유 조약을 폐기하면서 유럽의 힘의 균형을 교란했다. 이와 함께 서구 민주국가들과 국제 공산주의 양자에 적대적인 독일-이탈리아-일본의 주축국이 형성되었다.

세 파시스트 국가의 연계는 세계의 세력균형에 위협이 되었다. 그러나 대공황이 야기한 국내문제 해결에 몰두하던 미국은 국제적 역할을 떠맡기를 거부했다. 영국과 프랑스 역시 경제적 부담을 이유로 군비확장을 거부하면서 나치의 군사행위를 초기에 차단할 수 없었다. 제1차 세계대전 이후의 경제적 상황이 주요 원인으로 작용하여 발생한 대공황은 이제 또 다른 세계대전을 야기하는 환경을 조성했다.

1930년대의 변화들은 표현 방식은 다를지라도 국민주의적 정체성을 재고하는 계기가 되었다. 미국에서 국민주의는 보호관세정책을 통해 나타나기도 하고 '공산주의는 20세기 미국주의'라는 미국 공산당의 독특한 슬로건에서 나타나기도 한다. 독일에서 정치적 국민주의는 게르만 우월주의로 등장하여 나치 침략을 정당화하는 이데올로기로 작용했고, 브라질에서 국민주의는 문화적 르네상스를 꽃피우는 역할을 하기도 했다.[13]

대공황이 각 국가를 변화시킨 형태는 다양했다. 미국의 뉴딜 시스템처럼 그 시대를 넘어서까지 영향력을 지속시킨 것도 있고, 독일의 나치처럼 영향력이 사라진 것도 있으며, 아르헨티나의 포퓰리즘처럼 대공황 이후에 발생한 것도 있다. 그러나 대공황의 경험은 각국의 정치와 경제, 그리고 문화를 변모시키는 중대한 계기가 되었다. 또한 대공황은 세계를 경쟁적인 화폐/통상블록으로 재구성했고, 국제협조를 와해함으로써 제2차 세계대전이 발발하게 했고, 전후에는 대공황의 경험에 비추어 사반세기 동안 지속된 브레턴우즈 체제가 태동하도록 했다.

---

13 바르가스(Getulio Vargas)가 추진한 국민주의적 문화정책으로 1930년대에 삼바가 브라질의 문화 아이콘으로 등장했고, 카니발은 상업적으로 성공했다. 또한 정부가 축구를 국기로 만들기 위한 정책을 지원함으로써 1938년 월드컵부터 브라질 축구의 약진이 두드러지기 시작했다.

◯ 기본문헌

디트마르 로터문트, 『대공황의 세계적 충격』, 양동휴 외 옮김(예지, 2003)

미국과 유럽뿐 아니라 라틴아메리카, 아시아와 아프리카 등 세계 곳곳에서 발생했던 대공황의 추이와 정부의 대응을 묘사한다. 저자는 대공황의 최대 희생자가 저개발국가의 국민들, 그 중에서도 농민이었다고 주장한다.

찰스 페인스틴 외, 『대공황 전후 유럽경제』, 양동휴 외 옮김(동서문화사, 2000); 찰스 페인스틴 외, 『대공황 전후 세계경제』, 양동휴 외 옮김(동서문화사, 2008)

세계 대공황과 금융위기를 1차 세계대전의 경제적 결과와 전후 평화 조약의 조건들, 그리고 경제정책의 실패를 통하여 설명하고 있다. 경제사적 관점에서 대공황의 원인과 영향을 분석한다. 후자는 전자의 확대개편판이다.

존 케네스 갤브레이스, 『대폭락』, 이헌대 옮김(일리, 2008)

미국의 진보적 경제학자인 갤브레이스의 대표작이며 대공황에 관한 고전이다. 1929년 월가의 주식대폭락에 초점을 맞추어 주식투기, 주가조작, 주가폭락을 다큐멘터리처럼 분석하고 있다.

진 스마일리, 『세계 대공황』, 유왕진 옮김(지상사, 2008)

저자는 "1930년대 경제위기는 정부가 시장경제에 간섭해 만든 비극적 증거"라고 주장한다. 신자유주의적 입장의 뉴딜 비판자에 의해 쓰여진 대공황 연구서이다.

F. L. 알렌, 『원더풀 아메리카』, 박진빈 옮김(앨피, 2006)

원제가 *Only Yesterday*로, 동시대인의 관점에서 1920년대와 1930년대 초반에 진행되었던 미국의 사회·문화적 변화를 묘사하고 있다. 1931년에 쓰여진 만큼, 뉴딜 이후의 상황에 대해서는 다루지 않는다. 알렌의 또 다른 책 『빅 체인지』(앨피, 2008) 10장에서는 대공황과 뉴딜의 특징을 짚어준다.

◉ 참고문헌

김우택, 「라틴아메리카에서의 대공황의 영향: 정치경제학적 접근」, *Asian Journal of Latin American Studies* 20 : 1(2007).

김진희, 「대공황기 미국인의 정체성과 문화형성: 인민전선문화와 뉴딜연합을 중심으로」, 《미국학논집》 35: 2(2003. 9).

———, "The Nemesis of the New Deal: New York State Economic Council and the Ives Committee in New York State", *Journal of American Studies* 37: 1(Spring 2005).

———, 「『이중적 연방주의』에서 『협조적 연방주의』로: 1930년대 미국 노동법의 변화를 통해 살펴본 연방주의 변천의 의미와 한계」, 《서양사론》 89(2006. 6).

———, 「1930~40년대 미국 지식인의 대중문화 인식: 뉴욕 지식인들을 중심으로」, 《미국학논집》 40: 3(2008. 12).

로터문트, 디트마르, 『대공황의 세계적 충격』, 양동휴 · 박복영 · 김영완 옮김, 예지, 2003.

박영준, 「일본 경제위기의 전개과정 비교: 1930년대와 1990년대를 중심으로」, 『1990년대 구조불황과 일본정치경제시스템의 변화』, 한울아카데미, 2005.

스마일리, 진, 『세계 대공황』, 유왕진 옮김, 지상사, 2008.

양동휴 편저, 『1930년대 세계대공황 연구』, 서울대학교 출판부, 2000.

오버리, R. J., 『대공황과 나치의 경제회복』, 이헌대 옮김, 해남, 1998.

이용우, 「프랑스 공산당의 변화와 인민전선의 기원」, 《서양사연구》(1994. 4), 119~153쪽.

전봉관, 『황금광 시대』, 살림, 2005.

페인스틴, 찰스 외, 『대공황 전후 유럽경제』, 양동휴 외 옮김, 동서문화사, 2000.

Balderrama, Francisco E. & Rodriguez, Raymond, *Decade of Betrayal: Mexican Repatriation in the 1930s*, Albuquerque: University of New Mexico Press, 2006.

Berlin, Isaiah, "President Franklin Delano Roosevelt", Henry Hardy & Roger Hausheer(eds.), *The Proper Study of Mankind: An Anthology of Essays*, London: Chatto and Windus, 1997.

Bernstein, Barton, "The New Deal: The Conservative Achievements of Liberal Reform", Melvyn Dubofsky(ed.), *The New Deal: Conflicting Interpretations and Shifting Perspectives*, New York & London: Garland Publishing, Inc., 1992.

Bernstein, Michael, *The Great Depression: Delayed Recovery and the Great Depression*, Cambridge: Cambridge University Press, 1989.

Brendon, Piers, *The Dark Valley: A Panorama of the 1930s*, NY: Vintage Books, 2000.

Calvin, Patricia, *The Great Depression in Europe, 1929-1939*, NY: St. Martins, 2000.

Chandler, Lester V., *American Monetary Policy, 1928-1941*, New York: Harper and Row, 1971.

Edsforth, Ronald, *The New Deal: America's Response to the Great Depression*, Oxford: Blackwell, 2000.

Eichengreen, Barry, "The Origins and Nature of the Great Slump Revisited", *Economic History Review* 45: 2(1992).

Eichengreen, Barry & Temin, Peter, "The Gold Standard and the Great Depression", NBER Working Paper No. 6060, Cambridge, MA, 1997.

168

Ferguson, Thomas, "Industrial Conflict and the Coming of the New Deal: The Triumph of Multinational Liberalism in America", Dubofsky(ed.), *The New Deal*.

Gordon, Colin, *New Deals: Business, Labor, and Politics in America, 1920-1935*, Cambridge: Cambridge University Press, 1994.

Guerin-Conzales, Camille, *Mexican Workers and the American Dream: Immigration, Repatriation, and California Farm Labor, 1900-1939*, Piscataway: Rutgers University Press, 1994.

Hawley, Ellis W., *The New Deal and the Problem of Monopoly: A Study in Economic Ambivalence*, Princeton: Princeton University Press, 2005.

Hofstadter, Richard, *The Age of Reform: From Bryan to FDR*, New York: Knopf, c1955.

Kennedy, David M., *Freedom From Fear: The American People in Depression and War, 1929-1945*, NY: Oxford University Press, 1999.

Klein, Maury, *Rainbow's End: The Crash of 1929*, NY: Oxford University Press, 2001.

Kyvig, David E., *Daily Life in the United States, 1920-1940: How Americans Lived through the Roaring Twenties and the Great Depression*, Chicago: Ivan R. Dee, 2002.

Lipset, Samuel Martin & Marks, Gary, *It Didn't Happen Here: Why Socialism Failed in the United States*, New York and London: W. W. Norton & Co., 2000.

McElvaine, Robert S., *The Great Depression America, 1929-1941*, New York: Times Books, 1993.

Meriam, Lewis, *Relief and Social Security*, Washington, DC: Brookings Institution, 1946.

Pells, Richard H., *Radical Visions and American Dreams: Culture and Social Thought in the Depression Years*, Middletown, CT: Wesleyan University Press, 1973.

Smith, Malcom, *Democracy in a Depression: Britain in the 1920s and 1930s*, Cardiff: University of Wales Press, 1998.

Walch, Timothy & Miller, Dwight M.(eds.), *Herbert Hoover and Franklin D. Roosevelt: A Documentary History*, Westport, CT: Greenwood, 1998.

Ware, Susan, *Holding Their Own: Americans Women in the 1930s*, Boston: Twayne Publishers, 1983.

Watkins, T. H., *The Hungry Years: A Narrative History of the Great Depression in America*, NY: Owl Book, 1999.

제5장

파시즘과 대중정치

황보영조 경북대 사학과

【연표】

파시즘은 근대의 산물

1990년대 중반부터 유럽에서 발생한 일련의 위기 상황을 두고 파시즘이 부활한 것이 아닌가 하는 의혹을 제기하는 이들이 있다. 발칸 반도의 인종 청소, 공산주의 붕괴 후 동유럽에 나타난 배타적 민족주의의 고양, 영국과 독일, 스칸디나비아 및 이탈리아에서 발생한 이민자들을 대상으로 한 스킨 헤드족의 폭력 행위, 1994년 실비오 베를루스코니(Silvio Berlusconi) 정부에 이탈리아사회운동당(MSI)을 직접 계승한 국민연합(AN)이 합류한 사건, 오스트리아에서 나치 전력자들에 대한 지지를 밝힌 외르크 하이더(Jörg Haider)의 자유당이 2002년 2월 집권에 성공한 일, 프랑스 극우 지도자 장 마리 르펜(Jean-Marie Le Pen)이 2002년 5월 대통령 선거에서 득표율 2위를 기록한 사건, 같은 달 네덜란드에서 이민을 반대하는 소수파 '핌 포르투완(Pym Fortyun)'이 갑작스럽게 등장한 일 등이 그것이다.

국내에서는 1999년 한 대학신문이 실시한 여론조사에서 서울의 한 명문 사립대학 학생들이 복제하고 싶은 역사적 인물 1위로 박정희 대통령을 꼽은 일이나 박정희 기념관 건립을 둘러싸고 나타난 박정희 신드롬도 이러한 맥락에서 살펴볼 수 있을 것이다. 이와는 성격이 다르기는 하지만 2004년 여름에서 2005년 봄까지 《역사비평》과 《교수신문》을 통해 대중독재론을 둘러싼 지상논쟁이 전개되기도 했다(비교역사문화연구소, 2005, 제3부). 파시즘을 비롯한 근대 독재를 제대로 파악하기 위해서는 강압과 희생 혹은 강압과 저항이라는 단순한 도식이 아니라 대중의 자발적 동원 같은 복합적인 측면들을 고려해야 한다는 주장이 제기되었고, 이에 대해 그것은 결국 파시즘 정당화의 징검다리가 될 위험성이 있다는 반론이 있었다. 논쟁은 특히 박정희 체제에 대한 평가와 과거 청산의 문제를 중심으로 뜨겁게 달아올랐다.

이상에서 열거한 유럽에서 발생한 일련의 위기 상황이나 한국 사회에 나타난 박정희 신드롬을 어떻게 보아야 할 것인가? 이들을 파시즘의 부활로 보아야 할 것인가? 이 질문에 답을 하기에 앞서 아무래도 먼저 파시즘이란 과연 무엇인지를 진지하게 따져볼 필요가 있을 것 같다.

파시즘은 '묶음' 또는 '결합'을 뜻하는 이탈리아어의 '파쇼(fascio)'에서 유래한 말로 국가의 권위와 결속을 상징한다. 이 파시즘은, 좁게는 두 차례의 세계대전 사이 무솔리니의 정치운동이나 정치체제를 의미하지만, 넓게는 이 기간을 넘어 오늘날에 이르기까지 적용되기도 한다. 다시 말해 서유럽과 동유럽, 라틴아메리카는 물론이고 심지어 아프리카와 아시아 지역의 이데올로기, 정치운동, 정치체제를 일컫는 말로 사용되기도 한다.

사정이 이렇다 보니 파시즘을 둘러싼 해석 또한 다양할 수밖에 없다. 이들을 세 부류로 압축해보면 다음과 같다. 첫째는 파시즘을 특정한 사회·경제적 발전 단계의 산물로 보고 그 주도 세력을 계급적으로 파악하는 견해이다. 이 견해는 파시즘을 폭압적이고 독재적인 형태의 부르주아 지배체제로 본다. 둘째는 파시즘의 핵심을 전체주의로 파악하려는 견해이다. 이 견해는 파시즘을 마르크스주의의 한 유형이나 변종으로 이해한다. 셋째는 그것을 심리적·정신적 위기의 산물로 파악하는 견해이다. 이들은 파시즘을 19세기 말과 특히 제1차 세계대전의 영향으로 발생한 고립과 좌절, 아노미, 무능감 등이 권위주의를 통해 탈출구를 모색한 결과 생겨났다고 본다.

한편 '현존하는 파시즘 연구의 총결산자'로 알려진 로버트 팩스턴(Robert Paxton)은 파시즘을 다음 두 가지 명제로 정의한다. 그 첫째는 파시즘이 공동체의 쇠락에 대한 두려움에서 민족의 갱생을 부르짖는 반자유주의적이고 대중적인 민족주의 정치라는 것이고, 그 둘째는 민족주의 과격파 정당이 전통적 엘리트층과 협력 관계를 맺고 민주주의적 자유를 포기하며 윤리적·법적 제약 없이 폭력을 행사하여 내부 정화와 외부적 팽창이라는 목표를 추구하는 정치 행동의 한 유형이라는 것이다(팩스턴, 2005, 487쪽). 이러한

174

지도자의 연설에 환호하는
대중의 모습.

정의는 대중적 열정의 조직과 보수적 기성제도와의 타협이라는 두 요소를
동시에 고려하고 있다는 점에서 종래의 해석들보다 좀 더 설득력이 있다.

또한 파시즘과 혼동하기 쉬운 것들을 통해 파시즘의 의미를 좀 더 명확
히 할 수 있다. 우선 고전적인 폭압정치나 군사독재와 파시즘을 혼동하기
쉬운데 파시즘은 이들과 달리 민주주의가 실패하면서 나타나는 현상이다.
파시즘은 시민들을 단순히 억압하는 고전적인 폭압정치와 달리 대중의 열
정을 끌어모아 내적 정화와 외적 팽창이라는 목표를 향해 국민적인 단결을
강화했다. 다음으로 권위주의 체제와 파시즘을 구별할 필요가 있다. 권위
주의 정권들은 시민의 자유를 짓밟고 살인도 불사하는 잔인함을 보이기는
했지만 파시즘처럼 사적 영역을 완전히 없애버리지는 않았다. 아울러 권위
주의 통치자들은 국민을 동원하지 않고 수동적인 상태로 놓아두는 편을 선
호한 반면, 파시스트들은 대중을 흥분시켜 끌어들이고자 한다.

우리가 이 대목에서 놓치지 말아야 할 것은 파시즘이 근대의 산물이라는
점이다. 다시 말해 파시즘은 대중이 정치에 참여하기 전에는 아예 존재할
수 없는 것이다. 대중 사회의 출현이 파시즘을 탄생시킨 역사적 조건이라
고 볼 수 있다. 1800년부터 1914년까지 유럽 인구는 1억 8000만 명에서 4

억 6000만 명으로 늘어났다. 1세기가 조금 넘는 기간에 거대한 인간의 무리가 급류처럼 역사의 평원에 흘러넘쳤다. 이들이 제1차 세계대전의 총력전 체제를 거치면서 역사 무대의 전면에 등장했다. 그러면서 대중 민주주의가 교양 시민층의 자유주의를 대체했다. 성인 남자의 보통선거권 도입, 의무교육과 징병제의 실시, 노동운동의 성장과 사회보장제도의 정비, 산업화와 도시화 등이 이를 대표적으로 보여준다. 예전에 대중은 공적 문제에 대해서는 소수의 정치인들이 자신보다 더 많이 알고 있다고 생각했다. 하지만 이제는 찻집에서 논의되는 화제들에 법의 힘을 실어줄 권리가 자신들에게 있다고 생각하게 되었다. 민주주의와 독재를 막론하고 이제 평범한 사람들의 목소리를 무시할 수 없는 시대가 되었다. 따라서 권력은 이들을 단순히 배려하는 차원을 넘어 국가의 동원 체제에 자발적으로 참여하도록 유도하려는 관심을 갖게 마련이다.

파시즘 운동은 이러한 대중정치와 불가분의 관련을 맺고 있다. 파시즘 운동을 근대적인 대중정치의 맥락에서 파악하는 것이 중요한 이유가 바로 여기에 있다. 그리고 파시즘의 전형은 뭐니뭐니 해도 제1차 세계대전과 제2차 세계대전 전간기 이탈리아의 파시즘과 독일의 나치즘이기 때문에 이들을 중심으로 살펴보는 것이 마땅할 것이다. 여기서는 파시즘 운동을 탄생과 정착, 파시스트의 집권, 파시즘 정권의 통치, 파시즘 정권의 몰락과 그 후로 나누어 추적해본다.

파시즘 운동의 탄생과 정착

흔히 이탈리아 파시즘 운동의 공식 탄생일을 1919년 3월 23일 일요일로 잡는다. 그 근거로 제1차 세계대전 참전 퇴역군인과 전쟁을 찬양하는 생디칼리스트, 미래파 지식인, 언론인, 단순 가담자 등 약 100명 이상의 군중이 산세폴크로 광장이 내려다보이는 밀라노 상공업연맹 회의실에 모여 '민족주의에 반하는 사회주의와의 전쟁을 선포'한 사건을 든다. 무솔리니는 당시 자신의 운동을 '전우단'이라는 뜻의 '파시 디 콤바티멘토(Fasci di Combattimento)'라고 불렀다.

산세폴크로 광장의 모임이 있고 3년 뒤 이탈리아에서는 무솔리니의 파시스트당이 권력을 잡았다. 그로부터 11년 뒤 독일에서 또 다른 파시스트당이 정권을 잡았다. 그리고 얼마 지나지 않아 유럽을 비롯한 세계 각국에서는 독재자를 열망하는 목소리와 무솔리니나 히틀러처럼 권력으로 향하는 길을 걷는 무리의 외침이 울려 퍼졌다. 불의 십자단을 이끌고 프랑스 사회당을 설립한 라 로크(Jean François de La Rocque), 프랑스 녹색셔츠단의 지도자 도르제르(Henry Dorgères), 헝가리의 화살십자당을 이끈 살로시(Ferenc Szálasi), 루마니아의 대천사 미카엘 군단을 이끈 코르넬리유 코드리뉴(Corneliu Codreanu)와 호리아 시마(Horia Sima), 벨기에의 렉시스트를 이끈 레옹 드그렐(Léon Degrelle), 노르웨이의 국가통일당을 이끈 비드쿤 크비슬링(Vidkun Quisling), 영국 파시스트연합을 이끈 오스왈드 모슬리(Oswald Mosley), 아일랜드의 적색셔츠단을 이끈 이오인 오더피(Eoin O'Duffy), 에스파냐의 팔랑헤당을 이끈 호세 안토니오 프리모 데 리베라(José Antonio Primo de Rivera) 등이 그 대표적인 예들이다.

그렇다면 이런 운동들과 그 무리를 탄생시킨 배경은 무엇일까? 이 배경을 직접적인 것과 장기적인 것으로 나누어 살펴보면 다음과 같다(팩스턴, 2005, 83~115쪽). 먼저 직접적인 배경으로는 첫째, 제1차 세계대전을 꼽을 수 있다. 제1차 세계대전은 파시즘 운동이 탄생할 수 있는 문화적·사회적·정치적 기회를 제공해주었다. 전쟁이 문화적으로는 미래에 대한 낙관적이고 진보적인 전망을 불신하게 만들었으며, 사회적으로는 법이나 도덕을 무시하고 분노와 환멸을 표출할 길을 찾아나서는 퇴역군인들을 양산해냈다. 정치적으로는 전쟁이 기존 제도가 지닌 역량으로는 해결할 수 없는 커다란 사회 · 경제적 긴장을 초래했다. 전후 유럽에서는 세계 질서의 3대 이념인 자유주의와 보수주의와 공산주의가 각축을 벌이고 있었다. 하지만 그 어떤 진영도 완전한 성공을 거두지는 못했다. 이것이 세계 질서의 네 번째 원리인 파시즘이 활동할 정치 공간이었다.

또 다른 직접적인 배경으로는 지적 · 문화적 · 정서적 토양을 들 수 있다. 19세기 후반에 들어와 개인의 자유, 이성, 인류의 조화, 진보를 신봉하는 자유주의 신념에 맞선 반지성주의적 문화가 확산되었다. 반자유주의적인 가치, 더욱 공격적인 민족주의와 인종주의, 본능과 폭력에 대한 새로운 미적 태도는 1914년 이전부터 유행하고 있었다. 여기에는 프리드리히 니체(Friedrich W. Nietzsche), 조르주 소렐(Georges E. Sorel), 구스타프 르 봉(Gustave Le Bon) 등이 이바지한 바가 컸다. 19세기 후반을 지배한 또 다른 정서는 오스발트 슈펭글러(Oswald Spengler)가 대변한 쇠락(데카당스)이었다. 이런 불안이 파시즘의 상상력에 불을 지펴 마침내 파시즘 특유의 '적'이라는 개념을 발견하게 했으며, 더 나아가 파스퇴르의 박테리아 규명과 멘델의 유전 법칙은 전염병 보균자나 유전질환자 분류를 통해 내부의 적도 상상할 수 있게 만들었다.

장기적인 배경으로는 정치, 사회, 경제 전반에 걸친 구조 변화를 지적할 수 있다. 이 가운데 필수적인 배경이 '대중정치'이다. 좌파에 대항하는 대중 운동으로서의 파시즘 운동은 시민이 정치에 참여하기 전에는 아예 그 존재가 불가능하다. 제1차 세계대전이 끝난 뒤 그 동안 확대해온 선거권을 다시 축소할 수 없는 상황이 되었다. 조국을 위해 목숨을 바치라고 청년들을 소집한 마당에 그들에게 주어진 시민의 권리를 부정할 수 없게 된 것이다. 북유럽의 많은 나라는 전쟁 중에 사회경제적 역할이 커진 여성들에게도 선거권을 부여했다. 파시스트들은 보수주의자들이나 신중한 자유주의자들과는 달리 이들 대중을 결코 정치 밖으로 몰아내려 하지 않았다. 그 대신 그들을 끌어들여 훈련하고 활력을 불어넣기를 바랐다.

한편 좌파는 볼셰비키 혁명의 물결을 타고 전 세계를 향한 매우 위협적인 전진을 시도했다. 러시아보다 더 산업화된 독일에서 레닌의 추종자들이 승리하게 될지도 모른다는 불안감은 중간계층과 상류층을 두려움에 떨게 만들었다. 볼셰비즘이 울린 이 경보는 앞서 언급한 자유주의적 가치와 제도가 맞닥뜨린 곤경을 한층 가중시켰으며 이후 1929~1934년의 경제위기는 설상가상 물질적 궁핍과 심리적 위기감을 증폭하는 작용을 하게 된다.

파시스트들은 이러한 배경 속에서 1920년대에 유럽 최초의 '모든 것을 다 끌어안은' '참여' 정당을 탄생시켰으며 계급을 넘나드는 사회 구성원들과 운동가들의 강렬한 행동주의를 통해 진부하고 편협한 경쟁 세력들과의 차이를 뚜렷이 제시했다. 하지만 파시즘 운동은 대부분 정착하는 데 실패하고 말았으며 심지어 일부는 정착을 시도해보지도 못했다. 두 차례 세계대전을 거치는 동안 유럽에서 파시즘 운동이 정착하는 데 성공한 경우는 손가락으로 꼽을 수 있을 정도에 불과하다. 그 대표적인 경우로 다음 두 사례를 들 수 있다(팩스턴, 2005, 146~166쪽).

첫째, 무솔리니가 이끈 검은셔츠단(행동대)의 경우이다. 검은셔츠단은 1920~1921년 이탈리아 북부의 포 계곡을 장악하는 데 성공했다. 당시 이 일대의 지방 정부는 사회주의자들의 수중에 있었다. 각종 사회주의 정책에 불만을 품은 농장주들은 자유방임주의 정책을 펴던 졸리티(Giovanni Giolitti) 총리로부터 아무런 도움도 받지 못하게 되자 검은셔츠단에게 지원을 요청했다. 공격할 기회를 노리고 있던 파시스트 행동대는 시청을 공격한 다음 인근의 부유한 농촌 지역을 장악해나갔다. 그리고 소작농들에게 일자리와 농토를 제공하는 한편, 지주를 보호하고 질서를 유지했다. 이를 통해 기존 정부의 무능력이 여지없이 드러났다. 그들은 정부의 기능을 대신해 공적 생활을 조직했고 이런 활동을 도시 전역으로 확장해나갔다. 파시스트 행동대원들이 성공한 배후에는 대지주들뿐만 아니라 경찰관과 군 지휘관들의 지지와 참여가 있었다. 파시스트들은 이렇게 이탈리아 동북부의 농촌 지역에서 실질적인 권력을 장악하면서 무시할 수 없는 세력으로 성장했다. 졸리티 총리가 1921년 의회 선거에서 무솔리니의 파시스트들을 선거연합에 끌어들인 것은 바로 이러한 이유에서였다. 선거 결과 35명의 파시스트당 후보들이 당선되어 파시스트들이 국가적 차원의 주요 세력으로 부상하게 된다.

둘째, 1932년 7월 31일 의회 선거에서 나치당(NSDAP)이 슐레스비히홀슈타인 주에서 51%의 지지를 얻은 경우이다. 나치당은 독일노동자당(DAP)을 개칭한 것이다. 히틀러가 이 당에 가입한 것은 1919년이다. 나치당은 1932년 선거 결과 1928년의 9번째 정당에서 전체 37%의 지지를 얻은 제1당으로 부상했다. 모래가 많은 목장지대에 거주하는 슐레스비히홀슈타인 주의 농부들은 당시 대공황의 여파로 비틀거리면서 전통적인 보수 민족주의 정당인 독일국가인민당(DNVP)과 독일 정부를 신뢰할 수 없었다. 나치당은 이 농부들에게 눈길을 돌렸고 그 결과 과반수의 지지를 얻는 데 성공했다. 히틀러의 나치당이 이곳에서 성공한 비결은 바로 그가 유권자 대중을 움직이는 방법을 간파했기 때문이다. 다른 정당들은 하나의 이해관계, 하나의 계급, 하나의 정치적 접근법만을 고수한 데 비해 나치당은 모든 사람에게 각각 무엇인가를 약속하는, 유권자의 직종에 따른 맞춤형 구애 작전을 실시했다. 그 결과 나치당은 모든 계층을 포괄하는 거대 정당으로 성장할 수 있었다.

이 두 사례를 통해 볼 때 파시즘 운동이 정착을 하는 데는 결국 자유주의 질서의 위기, 대전의 패전국, 공산주의의 위협, 구심점 역할을 하는 지도자, 동맹 및 공모세력의 존재 등의 다섯 가지 요인이 중요하게 작용했음을 알 수 있다. 무엇보다도 자유주의 질서의 위기가 가장 중요한 전제조건이었다. 파시즘 운동이 가장 쉽게 진출한 곳은 기존 정부의 기능이 형편없거나 아예 전무한 곳이었다. 여기서 말하는 자유주의 질서의 위기는 다시 다음 네 가지로 상술해볼 수 있다. 첫째, 통치기술의 위기이다. 1918년 이후 정치가들은 대중 선거에 대처하는 법을 배우지 않으면 실패할 수밖에 없었다. 하지만 자유주의와 보수주의를 막론하고 구세대의 정치가들은 대중의 흥미를 끄는 법을 전혀 몰랐다. 반면에 파시스트들은 이들의 무능력을 이용해 대중정치를 장악해갔다. 이를 위해 그들은 흥미진진한 정치적 볼거리를 만들어내고 능숙한 홍보활동을 전개했다. 둘째, 산업화와 근대화를 거치면서 겪는 시련, 곧 '전환의 위기'이다. 산업화가 가장 먼저 이루어진 영국에 비해 후발 산업화 국가들은 매우 빠른 산업화 속도와 훨씬 강력하게 조직된 노동자들로 말미암아 그 사회적 부담이 훨씬 컸을 것이다. 셋째, 사회적 위기이다. 산업화 이전의 구세력과 새롭게 등장한 관리자 및 노동계급 간의 갈등이 분출되었다. 넷째, 문화적 위기이다. 20세기 들어 읽고 쓰는 능력이 보편화되고 저렴한 대중매체의 등장과 낯선 문화의 침투로 자유주의 지식인들이 전통적인 질서를 유지하기가 더욱 힘들어졌다.

다음으로 중요한 전제조건은 대전의 패전국이라는 점이다. 유럽 지도에서 파시즘이 성공을 거둔 지역과 제1차 세계대전 패전국을 찾아보면 그것이 정확히 일치하지는 않지만 상당히 비슷하게 겹치는 것을 알 수 있다. 그 전형적인 예는 비열하게 허를 찔려 패전했다고 믿은 독일이다. 승전국에 속했지만 민족주의자들이 기대한 영토 확장에는 실패한 이탈리아도 마찬가지이다. 이탈리아 민족주의자들의 눈에는 대전의 승리가 '불구의 승리'에 불과했기 때문이다.

세 번째 요인은 공산주의의 위협이다. 파시즘 세력이 성공한 지역과 볼셰비키 혁명이 전파된 지역이 완전히 일치하지는 않는다. 하지만 독일과 이탈리아, 헝가리는 모두 전후 '빨갱이의 위협'이 특히 강했던 지역이다.

네 번째는 구심점 역할을 하는 지도자의 등장이다. 경쟁세력을 밀쳐내고 모든 불만세력을 한곳으로 모을 수 있는 지도자가 필요했다. 히틀러와 무솔리니 모두 군중을 선동하고 모든 계층의 지지를 이끌어내는 데 탁월한 능력을 발휘했다. 마지막 다섯 번째는 동맹세력과 공모세력의 존재이다.

히틀러의 카리스마 넘치는 모습.

이는 경찰과 군대, 지방 관료들의 지원을 받은 포 계곡 파시스트 행동대의 경우에서 확인할 수 있다.

파시즘 운동이 탄생하여 정착한 것은 바로 이러한 배경과 조건에서였다. 파시즘 운동의 탄생은 전 유럽적인 현상이었지만 그것이 정착에 성공한 경우는 드물었다. 더 나아가 권력 장악, 곧 집권에 성공한 사례는 이탈리아와 독일의 경우뿐이다.

파시스트의 집권

파시스트가 집권하는 과정은 사실 신화화된 측면이 없지 않다. 무솔리니의 '로마 진군'(1922. 10)이 그렇고 히틀러의 '골방의 음모'(1933. 1)의 경우도 마찬가지이다(팩스턴, 2005, 205~224쪽).

무솔리니의 '로마 진군' 신화는 파시스트가 '강탈'이라는 형태로 권력을 획득했다는 잘못된 해석을 전제로 하고 있다. 사실 1922년 10월 루이지 파크타(Luigi Facta) 총리가 취한 비상조치로 파시스트의 진군은 저지되는 듯했다. 검문소를 피하거나 기차를 버리고 도보로 계속 전진한 검은셔츠단 9000명은 10월 28일 아침, 로마로 이어지는 진입로에 잡다한 무리를 이루어 모였다. 이들은 무기도 변변히 갖추지 못하였고 임시변통으로 만든 제복 차림에 먹을 것과 마실 것도 부족한 상황에서 비까지 내리자 우왕좌왕하는 모습을 보였다. 이러한 상황을 반전시킨 것은 다름 아닌 국왕 비토리오 에마누엘레(Vittorio Emanuele) 3세였다. 그가 파크타 총리가 제출한 계엄령에 서명을 하지 않은 것이다. 오히려 갑자기 유명해진 풋내기 지도자 무솔리니에게 총리직을 제안했다. 그러므로 상황을 반전시킨 것은 파시즘 세력이 아니라 국왕이었고 그 배후에 있던 보수주의자들이었다. 보수주의자들은 무솔리니에 대항해 무력을 사용하면 오히려 자신들의 권력이 위험에 처하지 않을까 두려워했다. 이러한 파시스트들의 '로마 진군' 신화가 그 시절은 물론 지금도 무솔리니가 정권을 탈취했다는 믿음에 영향을 미치고 있다.

이 점은 히틀러의 경우에도 마찬가지이다. 1923년 11월 뮌헨의 '맥주홀 반란'을 성사시키지 못한 히틀러에게 1930년대의 대공황은 더할 나위 없는 좋은 기회였다. 당시 독일 정부는 연합국측에게 배상금 지불을 약속하는 영안(案) 채택과 대공황으로 실업률 증가, 농산물 가격 폭락 등 중요 문제들에 직면해 있었다. 설상가상으로 1930년 3월 27일 5개 정당이 연합한 뮐러(Herman Müller)의 연립정부가 무너지면서 정치는 교착상태에 빠졌다. 이런 상황에서 나치당은 급속한 성장세를 보여 1930년 9월 선거에서 독일 제2의 정당이 되고 1932년 7월 선거에서는 마침내 제1당의 지위를 차지했다. 이러한 성공으로 총리직을 얻기 위한 정치세력과의 협상에서 히틀러는 운신의 폭이 넓었다. 힌덴부르크(Paul von Hindenburg) 대통령과 바이마르 공화국 최후의 두 총리 파펜(Franz von Papen)과 슐라이허(Kurt von Schleicher)는 처음에 보잘것없는 오스트리아 부사관 출신에 불과한 히틀러를 배제하려 했다. 그러나 뜻밖에도 나치당이 제1당을 차지하게 되자 파펜은 히틀러를 유명무실한 부총리로 임명하려 했다. 하지만 히틀러에게는 총리직이 아니면 아무것도 받아들이지 않겠다는 도박사다운 배짱이 있었다.

1932년 11월 6일 파펜이 실시한 임시선거 이후 슐라이허가 새 총리에 임명되었다. 이 무렵 히틀러는 심각한 난관에 부딪혔다. 11월 6일 실시된 선거에서 나치의 지지율이 처음으로 하락하면서 히틀러는 귀중한 자산이던 추진력을 잃게 되었다. 그리고 당의 재정은 거의 바닥이 난 상태였다. 게다가 당 지도부마저 히틀러의 '모' 아니면 '도'라는 전략에 지쳐 있었다.

이러한 난관에서 히틀러를 구출해준 사람은 다름 아닌 파펜이었다. 그는 슐라이허에게 총리직을 빼앗겼다는 사실을 견디기 힘들어하며 비밀리에 히틀러와 거래를 시도했다. 히틀러는 총리직을, 자신은 부총리직을 차지한다는 내용이었다. 부총리가 되어서도 자신이 실질적인 권한을 가질 수 있을 것이라는 계산에서였다. 슐라이허가 자신을 제거하고 군사독재를 실시하려 한다는 측근들의 말에 흔들리고 있던 힌덴부르크 대통령은 보수주의자들에게 다른 대안이 없다는 파펜의 설득에 못 이겨 결국 1933년 1월 30일 히틀러와 파펜을 정부의 총리와 부총리로 지명했다. 히틀러가 총리직에 오른 것은 바로 이러한 '골방의 음모'를 통해서였다.

이상에서 살펴보았다시피 히틀러와 무솔리니는 쿠데타를 통해 집권한 것이 아니다. 그들은 국가 원수에 의해 합법적으로 정부의 수장에 임명되었다. 이들은 곧 제한된 통치권을 넘어 무한 권력을 휘두를 개인 독재를 수립하는 데 성공한다.

무솔리니가 일당독재체제를 구축하게 된 것은 이탈리아사회당(PSI)의 개혁주의 분파를 대변한 자코모 마테오티(Giacomo Matteotti)의 암살사건(1924. 6)을 통해서였다(팩스턴, 2005, 251~253쪽). 집권 후에도 무솔리니와 열성당원과 보수파 기득권층 간의 다툼은 여전해 정국이 불안정했다. 파시스트 행동대는 자리와 이권을 독차지하기 위해 폭력을 휘두르며 언제라도 무솔리니의 통제권을 벗어나겠다고 위협했다. 이런 상황에서 마테오티의 살해 사건은 절호의 기회였다. 사회주의 진영은 이 사건에 대한 항의로 의정활동을 거부했고 보수파 동맹세력은 뚜렷한 해법을 찾지 못한 채 망설이고 있었다. 교착상태가 몇 달간 계속되자 각 지역 파시스트 우두머리인 라스(ras)들이 무솔리니에게 행동을 강요하고 나섰고, 1924년 12월 31일 파시스트 민병대 지도자들 33명이 그에게 최후통첩을 보냈다. 반대 세력의 주저와 라스들의 반란 위협에 직면한 무솔리니는 1925년 1월 3일 "지금까지 일어난 모든 사태에 대한 정치적 윤리적 역사적 책임"을 인정하고 적극적인 행동을 취하겠다고 약속했다. 그리고 그 후 2년에 걸쳐 일련의 국가 방위법을 제정하고 언론과 라디오에 대한 검열을 실시하며 파시스트당(PNF)을 제외한 모든 정당을 해산하는 등의 조처를 취함으로써 1927년 초에 일당독재체제를 확립했다.

한편 히틀러는 1933년 2월 27일 베를린 독일제국 의회 의사당 방화사건을 그 발판으로 삼았다. 그는 이 사건을 계기로 힌덴부르크 대통령에게 '국민과 국가 보호를 위한 법령'을 발표하게 하고, 수권법을 통과시켰으며, 일당독재체제를 구축했다. 그리고 이어서 '장검의 밤'(1934. 6. 30, 룀 숙청 사건)[1]을 통해 보수주의자들과 당내의 반대세력을 제거함으로써 명실공히 강력한 독재 권력을 확립했다.

---

1 히틀러가 친위대(SS)를 이용해 룀과 돌격대(SA)의 고위 간부들을 죽이거나 체포한 사건이다. 이때 파펜의 측근들이 제거되었다.

파시즘 정권의 통치

끝없는 주도권 쟁탈

파시즘 정권들의 역사는 독재 권력을 수립한 뒤에도 보기와 달리 갈등과 긴장으로 점철되었다. 그 지도자들은 보수 엘리트층과 열성당원 양측의 도전에 맞서야 했다. 이러한 상황에서 이탈리아의 파시즘 정권은 보수적 권위주의 통치로 후퇴한 반면, 독일은 당이 전권을 휘두르는 급진적인 방향으로 나아갔다. 파시즘 정권의 통치는 이처럼 여러 연합세력 간의 끝없는 주도권 쟁탈전의 성격을 띠었다.

이러한 현상을 잘 설명해주는 이론이 이중국가론이다.[2] 여기서 '이중국가(dual state)'란 표현은 정당과 국가 간의 갈등을 묘사하기 위해 사용된 것이다. 곧 합법적으로 구성된 정부 당국과 기존의 관료조직으로 구성된 '규범적 국가'가 정당의 '동형 기구'로 만들어진 '자의적 국가'와 권력 다툼을 벌였다는 것이다. 하지만 '규범적 국가'와 '자의적 국가'는 갈등을 빚으면서도 어느 정도는 손발을 맞추어 협력하기도 했다. 그 결과 파시즘 정권은 관료주의적 형식주의와 독단적인 폭력이 혼합된 기묘한 형태를 띠게 되었다.

히틀러는 1919년 바이마르 공화국을 위해 마련한 헌법을 공식적으로 폐지한 적이 없으며 '규범적 국가'를 완전히 해체해버린 적도 없었다. 하지만 1933년 제국 의회 의사당 방화사건[3] 이후 국가 비상사태에 대처하기 위해 기존의 어떤 법이나 권리도 무시할 수 있는 권리를 획득했다. 그 결과 나치의 '자의적 국가'는 끊임없이 '규범적 국가'의 영역을 침해하고 그 기능을

---

2 에른스트 프랭켈(Ernst Fraenkel)이 나치 독일을 '이중국가'라고 표현한 데서 비롯되었다.
3 1933년 2월 27일 발생한 사건이다. 나치는 이 사건을 공산주의자들의 계획적인 범행으로 몰고 갔고 공산주의 혁명에 대한 공포심을 이용해 1933년 3월 27일 의회에서 수권법을 통과시켰다.

방해했다.

이에 반해 무솔리니는 '규범적 국가'의 영역에 훨씬 더 큰 권력을 허용했다. 그는 정당을 국가에 종속시켰다. 이로 말미암아 그는 히틀러에 비해 선택의 폭과 추진력이 부족했으며, 힌덴부르크의 사망으로 전권을 장악할 기회를 얻은 히틀러와 달리 마지막까지 비토리오 에마누엘레 3세의 간섭을 받아야 했고, 1943년 7월에는 총리직에서 쫓겨나기도 했다. 그에게 자의적 요소(비밀경찰, 통제된 언론, 당 간부의 활개)가 없었던 것은 아니다. 하지만 무솔리니는 권력이 공고해지자 지사(知事)를 당 간부들보다 높은 국가의 최고 권위로 공표했다. 이것은 라스가 자기의 약점을 물고 늘어지는 일이 없도록 예방하기 위해서였다.

독일의 나치당도 동형 조직을 갖추었다. 이를테면 준군사 조직인 나치 돌격대(SA)와 재판소, 비밀경찰 조직(게슈타포), 청년단 등이 그것이다. 나치당은 이를 통해 기존의 조직과 경쟁했고 기존의 권력 기구를 복제하기도 했다. 나치당의 선전원들은 이를 '평준화' 혹은 '동등화'라고 불렀다. 이것이 파시즘 통치를 군사독재나 권위주의 통치와 구분하는 주요 특징 가운데 하나이다.

하지만 이 이중국가론이 모든 것을 설명해주지는 않는다. 파시즘 정권 내의 권력 투쟁에는 이 밖에 국가 외적 요소들이 끼어들기도 하고 시민사회 세력 또한 무시할 수 없는 요소로 작용했기 때문이다. 파시즘 정권에서도 지도자와 정당, 국가 기구, 시민사회 사이의 경쟁과 긴장은 항구적인 것이었다.

그럼에도 파시즘 지도자는 다른 체제의 지도자와는 달리 지배권을 만끽했다. 그 비결은 퓌러(Führer) 히틀러와 두체(Duce) 무솔리니의 '카리스마'에 있었다. 여기서 카리스마는 성직자나 당 간부들을 배제한 채 국민과 직접 나누는 신비한 교감을 의미한다. 이는 미디어 시대의 '스타 자질'과 유사하다. 지도자들은 이 카리스마를 통해 자신이 인민의 의지의 체현이자

인민의 운명을 짊어진 존재라는 특별하고 초자연적인 지위를 주장했다. 지금까지 파시즘 정권에서 권력이 계승된 예가 한 번도 없었던 것은 아마도 이런 이유 때문일 것이다.

미숙한 신임 총리를 손쉽게 휘어잡을 수 있으리라는 우파의 기대나 파시즘의 승리를 일시적인 현상으로 본 좌파의 시각과 달리 히틀러는 집권 초기에 잠재적 적들뿐만 아니라 보수세력까지도 장악하는 통합 작업에 성공했다. 히틀러를 견제하려는 보수주의자들은 힌덴부르크 대통령과 파펜 부총리에게 자신들의 희망을 걸었다. 하지만 파펜의 측근들은 '장검의 밤'을 통해 제거되었으며 파펜도 1934년 7월 오스트리아 대사로 좌천되고 8월 2일에는 힌덴부르크 대통령마저 사망하자 그들의 희망은 사라지고 말았다.

무솔리니 정권은 히틀러의 경우처럼 권력을 완전히 장악하지는 못했다. 그는 스스로 당의 활동가들을 국가에 종속시키려 했을 뿐만 아니라 국왕과 함께 최고 권력자 자리를 나누어야 했으며 국왕보다 훨씬 강력한 세력이던 교회를 달래야 하는 처지에 있었다.

다양한 대중 정책

파시즘 정권은 끝없는 주도권 쟁탈전에 시달리면서도 대중을 포섭하기 위한 노력을 게을리하지 않았다. 계급과 성별, 세대, 지역 등으로 분열된 기존의 다양한 사회적 정체성들을 해체하고 이들을 단일한 국민적 정체성으로 결속할 필요가 있었는데 전자를 위해서는 강압과 폭력이 효과적일 수 있지만 후자를 위해서는 대중의 동의가 필수적이었다.

무솔리니 정권은 집권하자마자 대중의 지지를 확보하는 데 몰두했다. 이를 위해 새로운 공동체와 새로운 인간형의 비전을 제시하고 다양한 조직과 매체를 동원해 그들의 의식과 정서를 장악하는 데 힘을 기울였다. 새로운 비전과 조직은 위에서 아래로 일방적으로 주어지는 것이 아니라 대중의 절망과 희망, 편견과 욕망을 자극하고 부추기며, 그것에 가시적인 외형을 부여하는 과정에서 생겨나기 때문이다. 독일의 나치즘도 여기서 예외는 아니다.

이를 위해 파시즘은 우선 '두체 신화'나 '퓌러 신화'와 같은 지도자 신화를 생산해 유통시켰다. 두체 무솔리니는 이제 이탈리아와 유럽 역사의 화려한 주인공들, 곧 카이사르와 콘스탄티누스 대제, 성 프란체스코, 레오나르도 다빈치, 나폴레옹, 예수, 심지어는 신 그 자체에 비유되었다. '두체'라는 단어가 대문자로 판각되었고 그에게 로마식 경례를 올려야 했다. '퓌러 신화'는 1936년 라인란트 진군과 1938년 오스트리아 병합 등의 대외정책 성공, 대공황을 극복하고 일구어낸 찬란한 '경제 기적' 등과 더불어 확산되어나갔다. 신화를 유포하는 데는 신문과 라디오, 영화 등의 매체가 큰 역할을 했다. 지도자 신화가 궁지와 교착상태에서 벗어나고픈 대중을 열광하게 하는 효과적인 수단이었던 것으로 보인다.

파시즘 정권이 다음으로 주목한 영역은 교육이다(비교역사문화연구소, 2004, 66~70쪽). 이탈리아의 파시스트들은 정치문화 전반을 변혁하기 위해 초등교육 기관부터 고등교육 기관까지 모든 공교육 기관을 장악하고 6~21세의 청소년층을 거대한 조직으로 묶었으며 노동자들의 여가 조직을 만들었다. 그리고 파시스트교사연합을 창설하고, 교육과정을 장악했으며, 단일 교과서 제도를 채택했다. 또 공교육 기관의 보조역할을 수행할 발릴라단(Opera Nazionale Balilla)을 창설했다. 특히 1937년경 700만 명의 회원을 자랑한 청소년 조직은 스포츠와 소풍 등의 여가활동을 통해 청소년들에게 파시즘의 교의를 주입했다. 토리노와 제노바, 밀라노 등 이탈리아 북부 도시에서는 6~21세의 약 70%가 파시즘 청소년조직에 소속되어 있었다.

히틀러는 가정, 학교, 교회 등의 전통적인 사회화 기관과 그 속에서 이루어지는 오락들로부터 국민들을 분리해 체제에 순종하는 새로운 인간을 만드는 데 심혈을 기울였다. 그는 1938년 12월 4일 독일 의회에서 "소년들은

어린이들을 훈련한 준군사 조직인 발릴라단.

10세가 되면 우리 조직의 일원이 되어 처음으로 신선한 공기를 들이마십니다. 4년이 지나면 아이들은 유년단에서 히틀러유겐트로 옮겨 다시 4년을 지냅니다. 그렇게 되면 계급과 계층이라는 장벽을 쌓는 사람들에게 이 소년들을 돌려주기가 더더욱 싫어집니다. 차라리 곧바로 당이나 노동전선, 혹은 나치 돌격대나 친위대에 투입하는 편이 낫습니다."라고 말한 적이 있다. 나치는 당 산하에 히틀러유겐트, 곧 히틀러 청소년단과 독일소녀단을 조직했다. 그리고 그 가입 비율을 1932년 말에 10~18세 인구의 1%에서 1939년 초에는 87%로 늘려나갔다. 나치가 이 조직을 통해 바란 것은 '군인적 인간의 창출'이었다. 철갑의 신체 속에 인간적인 욕구를 억제하고 질서와 명령에 철저히 복종하는 인간을 창출하는 것이었다. 이를 위해 나치는 체육 수업을 중요하게 여겼다. 그리고 유스호스텔 건립과 야영 활동을 주로 전개했는데 이는 대중 여가의 대두라는 근대적 흐름을 반영한 것으로 보인다.

나치당 산하의 히틀러 청소년단과 독일소녀단으로 구성된 히틀러 유겐트.

파시즘의 공교육과 청소년 조직은 젊은이들, 특히 프티부르주아 출신 이상의 자녀들에게 상당한 영향을 미친 것으로 나타났다. 이탈리아와 독일의 청년들은 파시스트 청년단이나 여가활동 단체의 일원으로 나름의 소속감을 느꼈으며 동시에 어떤 신분을 얻고자 하는 욕구도 강렬했던 것으로 보인다. 파시즘 초기에는 제복을 입고 대열에 끼어 행진하는 것이 숨 막히는 부르주아 가정과 지겨운 부모로부터 독립을 선언하는 하나의 방식이 되기도 했다. 이런 해방의 기쁨은 여학생들에게 더욱 컸다. 1980년에 제작된 독일 영화 「67번가의 아이들(Die Kinder aus Nr. 67)」은 베를린의 빈민층 아파트에 사는 소년 소녀들이 주위의 유혹과 친구들의 압력, 부모의 가치관과 강압 등으로 1933년 봄 히틀러유겐트에 가입해 조직에 적응해가는 과정을 잘 보여준다. 하지만 가입이 의무화된 1939년부터 여가의 측면은 감소하고 군사훈련이 주를 이루게 되면서 저항 청소년 집단도 생겨났다. 그 대표적인 것이 에델바이스 해적과 모이텐과 스윙 운동이다(포이케르트,

2003, 212~262쪽). 에델바이스 해적 집단은 격자무늬 셔츠, 어두운색 반바지, 흰색 양말, 윗옷 칼라의 양철 에델바이스 핀 등으로 자신들만의 정체성을 표현하면서 별도의 여가시간을 가졌다. 청소년들의 이러한 일탈행위는 1930년대 말에 들어와 늘어났다. 따라서 이 무렵이 되면 히틀러유겐트가 청소년들을 성공적으로 동원했다고만은 볼 수 없을 것이다.

노동자들 사이에서는 이탈리아의 경우 파시스트 여가조직인 도폴라보로(Dopolavoro)가 이와 동일한 효과를 만들어냈다. 이것은 서유럽 자본주의라는 배경 속에서 만들어진 것이기는 하지만 이탈리아 파시스트당의 강력한 개입으로 유지 발전되었다는 점에서 서구의 다른 자유민주주의 사회의 노동자 여가조직과는 다르다. 도폴라보로는 기술교육과 정치교육뿐만 아니라 스포츠, 연극, 음악회, 여행 등과 같은 여가활동을 통해 노동자의 삶에 깊숙이 개입하려 했다. 1940년 무렵에는 그 회원 수가 대략 500만 명에 달했다. 그 결과 파시즘 치하의 젊은 이탈리아 노동자들은 자동차와 오토바이, 비행기, 영화, 라디오, 스포츠 등의 근대적인 표상들에 열광했고 이탈리아인에 대한 긍지를 느끼기도 했다. 하지만 노동자들을 초계급적 민족 공동체로 통합하고 새로운 인간형으로 변화시키려 했던 파시스트들의 처음 의도가 그리 성공적으로 달성되지는 못했던 것 같다. 1939년 5월 피아트 공장을 방문한 무솔리니에게 보여준 토리노 노동자들의 '전설적인 침묵'이나 1943년 3월의 토리노 총파업 등으로 짐작할 수 있다시피 1930년대 말부터는 체제에 대한 대중의 반응이 점차 냉담해지기 시작했다.

한편 나치 지배 아래의 독일 노동자들은 1933년까지 치러진 많은 선거에서 나치즘에 가장 견고하게 맞선 집단이다. 나치는 이들을 이른바 네 가지 수단을 동원해 '봉쇄'했다. 공포와 분열, 이권, 그리고 기쁨을 통한 힘(KdF)과 같은 여가활동 단체들이 그것이다. 직접적으로 저항하는 노동자들에게는 '공포'를 이용해 대처했을 것이다. 그리고 저항을 계속하는 노동자들과 순응을 결심한 노동자들의 '분열'을 손쉽게 유도할 수 있었다. 자율적인 노동자 조직을 탄압함으로써 파시즘 정권들은 노동자들을 집단이 아니라 개인으로 보고 접근할 수 있게 되었다. 지지하던 노조와 정당이 무너지면서 사기가 꺾인 노동자들은 곧 원자화되었으며, 사교활동의 장소마저 사라지자 주변 사람들에게 속내 털어놓기를 꺼리게 되었다. 하지만 기존의 독재정권들처럼 노동자들을 무조건 억압한 것은 아니었다. 작업환경 개선과 급여 인상 등의 '이권'을 제공해주었다. 이를 통해 나치 노동전선을 신뢰할 수 있게 했다. 이탈리아에서도 살펴보았다시피 기쁨을 통한 힘과 같은 단체들은 노동자들의 여가활동을 위해 파시즘 정권들이 새로이 고안해낸 도구들이었다.

다음으로 파시즘 정권은 여성들을 가사와 육아라는 전통적 영역으로 복귀시켰다. 하지만 여성들은 이러한 전통적인 역할 외에 국가의 부름에도 적극적으로 응해야 했다. 다시 말하면 국가에 충성스러운 자녀를 키워야 할 뿐만 아니라 필요하다면 전시에 군수공장에서 일도 해야 했다. 따라서 체제에 대한 여성들의 반응이 남성들과는 달랐다. 그런데도 여성 유권자들이 히틀러에 상당한 지지를 보내고 있어서 여성들이 히틀러 정권의 공모자인지 피해자인지를 놓고 학자들 사이에 격론이 벌어질 정도이다. 훗날 여성들은 이탈리아 파시즘이나 독일 나치즘이 부여한 가사와 육아라는 역할에서 점차 벗어나기는 하지만, 이는 여성들이 직접적으로 저항한 결과라기보다는 그들이 현대 소비사회에 자연스럽게 적응한 결과인 측면이 더 크다.

파시즘 정권들은 또한 대중을 체제에 포섭하기 위한 문화정책을 폈다. 대중을 향한 파시스트 지도자들의 연설 수사(修辭)와 다양한 상징, 대규모 집회와 전시회, 연극, 건축과 도시계획 등이 중요시된 것은 이러한 맥락에서였다. 파시즘 정권들은 이들을 통해 국민 통합과 부흥의 메시지를 전달하고자 했다. 나치 정권의 경우 '제국문화회의소'라는 조직을 설치해 '국민 계몽과 선전'을 담당케 했다. 외관상의 목적은 '민족과 제국을 위해 책임 있는 독일 문화를 함양'하는 것이었지만 실질적으로는 문화를 국가적으로 조직하고 감시하기 위한 것이나 다름없었다. 따라서 영화인, 언론인, 작가, 조각가, 음악가, 방송인 모두가 국가와 민족과 인종을 위해 봉사해야 했다. 이를테면 1934년부터 모든 영화관에서는 본 영화를 상영하기 전에 짧은 뉴스영화인 '문화영화'를 보여주어야만 했는데 내용은 나치당이 내세운 인종 이론 및 '피와 흙'에 대한 선전, 정부의 업적 홍보가 주류를 이루었다. 1936년의 베를린 올림픽은 나치 대중예술의 집합체였다. 거장 리하르트 슈트라우스(Richard Strauss) 지휘의 오케스트라 행진곡 연주와 1000여 명에 이르는 대규모 합창단의 합창, 나치 돌격대의 행진 등으로 이루어진 성대한 개막식은 '나치 독일의 힘을 세계에 알리고' 아리아족의 우수성을 만방에 과시하기 위한 것이었다. 이 올림픽은 또한 영화감독 레니 리펜슈탈(Leni Riefenstahl)에 의해 영화 「올림피아(Olympia)」로 제작되어 일정한 선전효과를 거두기도 했다.

파시즘 정권들이 이렇듯 문화적 생산물을 통해 대중의 지지를 이끌어냈다고 해서 그들이 강제와 억압 수단을 사용하지 않았다는 의미는 아니다. 예를 들어 나치 정권은 법과 경찰을 이용해 대중의 복종을 이끌어내기도 했다. 1939년 이전 법정에서 선고된 사형 판결만도 수천 건에 달했고 1930년대 나치 강제수용소에 수감된 죄수는 2만 5000명에서 5만 명에 이르렀다. 무솔리니 정권의 경우도 법률적 강제에 의존해 대중적 지지를 호소한 바 컸다. 1925년 이후 지하 조직 단속을 위한 결사법과 파업 금지를 위한 노동 관련 규율법 등 다수의 법령을 제정했다. 파시즘 정권은 이런 법적 조치들을 통해 폭력을 공공화하거나 비합법성을 합법화함으로써 다양한 계급들의 지지를 얻을 수 있었다. 하지만 앞서 말한 대로 이들이 단순히 강제와 억압 위에 세워진 것만은 아니다.

마지막으로 파시즘 정권들은 사적인 영역과 공적인 영역의 경계도 허물어버렸다. 그 결과 사적 영역은 거의 사라져버렸다. 심지어 나치 정권의 노동부 장관 로베르트 라이(Robert Ley)가 나치 국가에서 유일한 사적 개인은 잠든 사람일 뿐이라고 말할 정도였다. 유대계 작가이자 저널리스트인 샤로트 베라트(Charlette Beradt)의 꿈 모음집에 등장하는 한 의사의 꿈 이야기도 이를 잘 웅변해준다. 나이가 45세인 이 의사는 제3제국이 들어선 지 1년 뒤인 1934년에 이런 꿈을 꿨다. "저녁 9시경이었다. 진료를 끝낸 다음 마티아스 그뤼네발트(Matthias Grünewald)에 관한 책을 들고 휴식을 취하려고 소파에 몸을 쭉 뻗던 중이었다. 그때 갑자기 방의 벽들이, 다음에는 아파트의 벽들이 사라졌다. 주위를 둘러보았다. 그 순간 시야에 들어오는 모든 아파트의 벽들이 없어진 것을 발견하고 몸서리쳤다."(Mazower, 1998, 35~ 36쪽) 악몽에 시달린 의사는 다음 날 아침 이 꿈을 기록해두었다. 그는 그 후 그 꿈을 기록했다는 이유로 고발당하는 꿈을 꿨다고 한다. 사적 영역을 모조리 공적 영역으로 끌어들이려는 이러한 시도는 파시즘의 핵심에 해당하는 내용이다.

급진화

파시즘 정권들은 권력을 장악한 후에도 안주할 수 없었다. 공동체를 통합하고 정화하며 활기차게 하겠다는 약속을 내걸고 그것을 완수하기 위해 질주했다. 이른바 파시즘의 급진화이다. 이 급진화의 핵심은 팽창주의 전쟁이었다. 파시즘 정권들은 자기 민족의 생존에 필요한 새로운 영토, 곧 생활권을 적극적으로 손에 넣지 않고서는 지속할 수 없었기 때문에 그 목표를 이루기 위해 공격적인 전쟁을 택했다. 히틀러가 괴벨스(Paul Joseph Goebbels)에게 전쟁이 "평상시에는 절대로 풀 수 없었던 여러 가지 문제를 해결할 수 있게 해준다."라고 말한 적도 있다. 그뿐만 아니라 전쟁을 통해 국민들의 긴장 수위를 높이려는 의도도 분명 있었을 것이다. 전시에는 국민들이 기꺼이 공동체를 위해 희생하고 자유를 포기하는 것도 마다하지 않기 때문이다.

히틀러는 의도적으로 갈등을 조장했으며 무솔리니 역시 전쟁에 매력을 느꼈다. 무솔리니는 외무장관 갈레아초 치아노(Galeazzo Ciano)에게 "이탈리아 국민의 성격은 싸움을 통해 다져가야 해."라고 말했다. 그리고 "남자가 전쟁을 하는 것은 여자가 아이를 키우는 것과 같다."며 전쟁이 인류 발전의 유일한 원동력이라고 주장했다. 그는 총리가 되고 채 1년도 안 된 1923년 8월 코르푸 사건을 계기로 대외정책 무대에 처음 모습을 드러냈다. 1933~1934년 에티오피아 침략을 위한 준비에 착수한 다음 1935년 전쟁을 통해 그것을 격파했다. 그리고 1936년에는 독일과 함께 에스파냐 내전에 참전했다. 1938년의 체코 위기와 1939년 8월의 폴란드 위기를 협상으로 타개하기를 원한 그가 아이러니하게도 독일의 승리가 확실해 보이던 1940년 6월 10일 서둘러 프랑스 침략 전쟁에 참전했다. 1940년 가을에는 히틀러와 대등하게 독자적인 전쟁을 벌이고 있다는 이미지를 심어주고자 알바니아와 그리스를 침공했다.

히틀러는 1938년 3월 오스트리아 병합을 단행하고 1939년 보헤미아와 모라비아를 독일 보호령으로 만들었다. 같은 해 8월 23일 소련과 상호불가침 조약을 체결하고 9월 1일에는 마침내 폴란드를 점령했다. 이에 영국과 프랑스가 전쟁을 선포함으로써 전 유럽이 제2차 세계대전의 소용돌이 속으로 빠져들어 갔다.

나치의 유대인 학살은 사실 이러한 파시즘의 급진화가 극에 달해 나타난 것이다. 이것은 갑작스럽게 나타난 것이 아니라 점진적으로 증폭된 것이다. 격리와 추방과 학살의 단계가 그것이다(아렌트, 2006, 91~180쪽).

먼저 격리는 내부의 적을 규정하여 국가로부터 격리하고 시민의 권리를 금하는 단계였다. 이 작업은 1933년 봄 과격파 당원들의 가두시위와 더불어 시작되었다. 이민족 간의 결혼을 금지하고 유대인들의 시민권을 박탈하기로 한 1935년 9월 15일의 뉘른베르크 법은 격리를 공식적인 국가정책으로 격상시켜주었다. 1938년 11월에는 괴벨스의 부추김으로 유대교 회당에 불을 지르고 상점을 파괴하는 '수정의 밤' 사태가 발생하고 1941년 8월에는 독일제국 내의 모든 유대인에게 겉옷 가슴에 노란 다윗의 별 표지를 달고 다니게 했다. 이 무렵에는 이미 다음 단계인 추방 작업이 시작되고 있었다.

추방 정책은 1938년 오스트리아 병합을 배경으로 생겨났다. 병합이 제국 내 유대인의 수를 증가시켰을 뿐만 아니라 그들을 더욱 가혹하게 다룰 자유도 제공해주었다. 1939년 9월 독일의 폴란드 서부 지역 점령으로 유대인 인구가 수백만 명이나 증가하면서 그들을 마음대로 다룰 자유도 커졌다. 점령지의 나치 총독들은 유대인들을 추방함으로써 자신의 영토를 모범 식민지로 만들고자 했다. 그 결과 수백만 명의 사람이 고향에서 강제로 추방당해 수백 킬로미터 떨어진 낯선 환경에 정착해야만 했다. 1941년 말까지만 해도 추방이 유대인 문제에 대한 나치의 공식 해결책이었다.

하지만 최근에 와서 폴란드와 소련 내 나치 점령 지역에서는 1939년 9월에서 1944년 말 사이 유대인 처리 문제가 거의 전적으로 나치 행정관들의 재량에 달려 있었고 그 지역적 편차도 상당히 컸다는 사실이 밝혀졌다.[4] 그들은 유대인 강제 거주 지구인 게토를 만들거나 강제노동을 시키기도 하고 재정주 정책을 실시하기도 했다. 심지어 유대인 인구 집단 전체를 학살하기도 했다. 1941년 8~9월경부터 시작된 학살은 현지 행정관들의 자체 결정에 따른 처사로 보인다. 모든 유대인을 동부로 이송해 강제노동을 시킨다는 '최종 해결책' 결의로 유명한 1942년 1월 20일 반제회의(Wannsee Conference)는 새로운 학살 정책을 결정한 것이라기보다는 현지에서 주도한 몰살 작전을 추인한 것으로 보인다. 안락사 작업과 살인특공대(Einsatzgruppen)의 학살, 소련 전쟁 포로들의 학살 등은 '계획적인 학살'을 위한 '예행연습'이었다. 식량부족이라는 심각한 비상사태에 직면한 나치는

••••••••••••••••••••

4 골드하겐(Daniel J. Goldhagen)은 자신의 저서 *Hitler's Willing Executioners*(Vintage, 1997)에서 유대인 학살의 책임이 '평범한' 독일인에게도 있다고 했다. 이것이 이른바 '골드하겐 테제'이다.

유대인과 집시의 '쓸모없는 입'을 제거하기 위한 학살을 진행했다. 물론 그 이면에는 독일 '민족공동체'의 건강을 증진하고 내부의 생물학적 적들을 퇴치하기 위한 이념이 작동하고 있었다. 그 결과 제2차 세계대전이 끝날 때까지 반제회의가 추산한 유대인 1100만 명 가운데 그 절반에 해당하는 600만 명 정도가 목숨을 잃었다.

이탈리아에서는 전반적으로 반유대주의를 찾아보기 어렵다. 하지만 이탈리아인들이 식민지에서 인종차별 정책들을 실시한 것을 볼 때 그런 요소가 없었던 것은 아니다. 1938년 7월 마침내 '파시즘 인종주의 선언'을 공포했고, 그 해 9월과 11월에는 나치의 뉘른베르크 법을 따라 다른 민족과의 결혼을 금지하고 유대인을 공직에서 배제하는 법을 제정했다. 하지만 새 법안들은 별로 인기를 얻지 못했으며 1943년 독일인들이 이탈리아에서 유대인들을 추방하기 시작했을 때 그 작업에 동참한 이탈리아인은 거의 없었다.

파시즘 정권의 몰락과 그 후

파시즘의 패색은 1941년 나치의 소련 침공과 더불어 나타나기 시작했다. 독일군은 소련군의 반격으로 패색이 짙어지고, 대서양에서는 미군에게, 북아프리카에서는 영국군에게 밀리기 시작했다. 1943년 7월 25일 무솔리니는 이탈리아 국왕에 의해 해직된 후 즉각 체포되었다. 그의 실각은 국왕과 일부 장교들, 파시스트당 관료들의 작품이었다. 하지만 무솔리니는 1943년 9월 8일 독일군에 의해 구출되었다. 그는 이어서 살로에서 이탈리아 사회주의공화국을 선포했으나 연합군과 레지스탕스 파르티잔의 공격과 파업으로 오래 버티지 못했다. 1945년 4월 탈출을 기도하다 체포된 무솔리니는 결국 사살되고 그 시체가 밀라노의 한 주유소에 내걸리는 수모를 당했다. 히틀러의 운명도 이와 비슷했다. 1945년 4월 30일 베를린의 한 은신처에서 포위당한 채 자살함으로써 비극적인 최후를 맞이했다.

이처럼 파시즘에 대한 열광의 풍선은 이탈리아에서 먼저 터졌다. 나치 정권은 전쟁을 향한 독일 국민들의 단합에 힘입어 좀 더 오래 버티기는 했지만 그것도 잠깐이었다. 민주국가들의 대중 동원에는 미치지 못했던 것이다. 이탈리아와 독일의 고전적 파시즘은 이렇게 무너졌다.

그렇다면 1945년 이후 파시즘은 사라졌는가? 앞서 제기한 대로 1990년대에 들어 발생한 일련의 위기 상황이 과연 파시즘의 부활인가? 파시즘을 공공연한 폭력적 인종주의와 민족주의라고 파악하는 사람들은 아마도 이 상황들을 파시즘의 부활이라고 경고할 것이다. 그 정도는 아니라 하더라도 파시즘 운동의 탄생과 정착의 징후는 여기저기서 찾아볼 수 있다. 다시 말해 파시즘과 직·간접적으로 연관된 급진적 우익 운동이 광범위하게 전개되는 탄생 단계와 이 운동들이 기존 정치제도에 뿌리를 내려 주요 이익집단의 대변자 역할을 하는 정착 단계의 징후들이 여기저기에서 나타나고 있다.

1945년 이후 파시즘의 유산이 가장 많이 남아 있는 곳은 아무래도 서유럽일 것이다. 독일에서는 동서 분단으로 극우파가 약화되는 바람에 1960년대 이후 극우 단체들의 연합 정당인 독일국가민주당의 지지율은 매우 낮았다. 반면 무솔리니를 직접 계승한 이탈리아사회운동당은 1972년 사회당과 제3당 자리를 놓고 치열한 경합을 벌였으며, 영화배우인 두체의 손녀 알레산드라 무솔리니(Alessandra Mussolini)가 1992년 나폴리 의원으로 선출되기도 하였고, 당수 잔프랑코 피니(Gianfranco Fini)가 1993년 로마 시장 선거에서 47%의 득표율을 기록하기도 했다.

영국과 프랑스에서는 전후 30년 동안 극우파가 선거에서 이기는 경우가 거의 없었음에도 불구하고 인종 문제를 제기하면서 국가 정책에 나름대로의 영향력을 행사해왔다. 서유럽에서 극우 운동과 정당들이 전성기를 맞은 것은 1980년대와 1990년대였다. 1973년에 시작된 석유파동과 경제 불황은 사회·경제·문화적으로 심각한 변화를 초래했고, 이 변화는 새로운 문제와 새로운 대중을 출현시켰다. 그로 말미암아 극우 운동과 정당들은 새로운 힘을 얻게 되고 전후 30년간보다 더 큰 성공을 거둔다. 특히 물밀듯이 들어오는 이민자들에 대한 분노는 서유럽 극우 운동에 횡재를 안겨주었다. 스킨헤드족은 빡빡 민 머리에 나치 문장을 차고 이민자들과 동성애자에 대한 살인을 불사했다. 프랑스에서 르펜의 국민전선이 성공을 거둔 데에는 그들이 이민문제와 이민에서 비롯되는 고용문제, 법과 질서, 문화 수호 문제에 관심을 기울인 점을 빼놓을 수 없다. 오스트리아 자유당의 외르크하이더와 네덜란드의 포루투완이 보인 약진도 이와 비슷한 맥락에서 이해할 수 있다.

소련 붕괴 이후 동유럽과 발칸 지역에서도 맹렬한 극우 운동이 전개되었다. 그 대표적인 예가 세르비아 대통령 슬로보단 밀로셰비치(Slobodan Milošević)가 자행한 '인종청소'이다. 비유럽 지역에서 파시즘이 발호하기에 가장 그럴듯한 환경은 유럽인들이 정착한 남아프리카 식민지들이었다. 라틴아메리카에서도 한때 파시즘 체제와 유사한 형태의 체제들이 들어섰다. 1946년부터 1955년까지 지속된 아르헨티나 대통령 후안 페론(Juan D. Peron)의 독재체제는 비유럽 지역의 정권들 가운데 가장 파시스트적이라는 평을 많이 들었다. 비유럽권 정치체제로서 파시즘적이라는 말을 가장 많이 들은 또 다른 국가는 제국주의 일본이다. 이 시기의 일본 정권을 파시즘이 아닌 다른 부류에 속한다고 보는 서구 학자들과 달리 일본학자들은 '위로부터의 파시즘'이라고 해석하기도 한다. 1920년대에 극심한 반유대주의를 표방하며 재기한 KKK단이 있는, 성조기와 십자가의 나라 미국도 파시즘의 혐의에서 자유롭지 못한 실정이다.

결국 고전적 파시즘을 탄생시킨 정치, 경제, 사회적 위기는 양상만 다를 뿐 여전히 존속하고 있으며, 파시즘의 사상적, 문화적 영향력도 사라지지 않고 있다. 고전적 파시즘의 시대는 저물었지만 그 그늘은 여전히 우리의 삶에 짙게 드리워져 있다.

◯ 기본문헌

고규진 · 김수용 · 조경식 · 최문식, 『유럽의 파시즘—이데올로기와 문화』(서울대학교출판부, 2001)

개념과 생성 배경, 이데올로기, 독일 문화를 중심으로 유럽의 파시즘을 포괄적으로 다루고 있다.

권형진 · 이종훈 엮음, 『대중독재의 영웅만들기』(휴머니스트, 2005)

'영웅 숭배와 대중 매체'를 주제로 한 글 모음집이다. 유럽의 사례뿐만 아니라 중국과 북한, 한국의 사례도 포함되어 있다.

김용우, 『호모 파시스투스』(책세상, 2005)

20세기 초부터 현재까지 꾸준하게 지속되고 있는 프랑스 파시즘을 포괄적으로 분석한 책이다.

데틀레프 포이케르트 지음, 『나치 시대의 일상사—순응, 저항, 인종주의』, 김학이 옮김 (개마고원, 2003)

나치 시대의 일상을 근대성의 맥락에서 소개하고 있다. 특히 중간계층과 노동자와 청소년의 일상이 잘 나타나 있다.

비교역사문화연구소, 『대중독재—강제와 동의 사이에서』(책세상, 2004)

'독재'라는 개념에 대중의 동의를 얻어내고 자발적 동원 체제를 만들어내는 다양하고 정교한 헤게모니적 장치들이 내장되어 있음을 지적하는 글 모음집이다. 유럽의 독재체제는 물론 일본 총력전 체제와 한국의 박정희 체제에 대한 분석도 들어 있다.

비교역사문화연구소, 『대중독재 2—정치종교와 헤게모니』(책세상, 2005)

독재 체제의 정치종교와 헤게모니를 주제로 한 글 모음집이다. 유럽뿐만 아니라 북한, 일본, 한국 등 동아시아의 독재체제도 다루고 있다.

빌헬름 라이히, 『파시즘의 대중심리』, 황선길 옮김(그린비, 2005)

대중들의 파시즘적 심성을 파헤친 고전이다. 파시즘은 대중의 비합리적 성격구조에서 비롯된 것임을 밝힌다.

한나 아렌트, 『예루살렘의 아이히만』, 김선욱 옮김(한길사, 2006)

유대인 학살 집행자 아이히만의 행동 분석을 통해 '악의 평범성'을 살핀 책으로서 '악의 문제에 대한 20세기의 가장 중요한 철학적 기여'로 평가 받는다.

한나 아렌트, 『전체주의의 기원 1 · 2』, 이진우 · 박미애 옮김(한길사, 2006)

전체주의의 기원을 밝힌 정치사상서이다. 전체주의가 왜 그리고 어떻게 20세기의 대표적 정치현상이 되었는가, 현대사회가 어떻게 이 가공할 폭력 장치를 만들어냈는가를 분석하고 있다.

조지 L. 모스, 『대중의 국민화』, 임지현 · 김지혜 옮김(소나무, 2008)

파시즘과 다른 이즘들과의 관계, 파시즘과 미학, 파시즘과 아방가르드 등 파시즘의 다양한 특징을 다룬 글 모음집이다.

로버트 O. 팩스턴, 『파시즘―열정과 광기의 정치혁명』, 손명희 · 최희영 옮김(교양인, 2005)

파시즘을 연대기적으로 서술하면서 사회경제 구조와 정치 행위자의 상호작용 관계를 파헤친다. 서유럽뿐만 아니라 동유럽과 아시아, 라틴아메리카의 파시즘적 징후들도 다루고 있다.

Stanley G. Payne, *A History of Fascism 1914~1945*(The University of Wisconsin Press, 1995)

파시즘의 정의와 20세기 전반기 파시즘의 전개 과정에 대한 자세한 정보를 제공하고 있다. 비유럽 지역의 파시즘도 아울러 다루고 있다.

⬤ 참고문헌

비교역사문화연구소, 『대중독재—강제와 동의 사이에서』, 책세상, 2004.

———, 『대중독재 2—정치종교와 헤게모니』, 책세상, 2005.

아렌트, 한나, 『예루살렘의 아이히만』, 김선욱 옮김, 한길사, 2006.

팩스턴, 로버트 O, 『파시즘—열정과 광기의 정치혁명』, 손명희 · 최희영 옮김, 교양인, 2005.

포이케르트, 데틀레프, 『나치 시대의 일상사—순응, 저항, 인종주의』, 김학이 옮김, 개마고원, 2003.

Mazower, Mark, *Dark Continent: Europe's Twentieth Century*, Vintage, 1998.

제6장

홀로코스트

김학이 동아대 사학과

【연표】

1933. 1. 30	히틀러 독일 총리에 임명
1933. 4. 1~3	유대인 상점 보이콧
1933. 4. 7	직업공무원재건법
1935. 9. 15	뉘른베르크 법
1938. 3. 12	오스트리아 진군
1938. 11. 9~13	제국 '수정의 밤'
1939. 1. 24	유대인 국외이주청 설립
1939. 1. 30	유대인 절멸을 암시하는 히틀러의 의회 연설
1939. 9. 1	폴란드 침공 및 친위특공대의 유대인 부분 학살
1940. 1	유전병 환자에 대한 학살 작전('T4 작전') 개시
1940. 6~8	마다가스카르 계획 논의
1940. 11. 15	바르샤바 게토의 봉쇄
1941. 6. 22	소련 침공
1941. 6. 24	친위특공대의 학살 작전 개시, 1941년 말까지 유대인 50만 명 학살
1941. 7. 31	괴링이 하이드리히에게 유대인 문제의 '전체 해결' 준비 지시
1941. 9. 27~28	키예프 유대인 3만 3771명 학살
1941. 10. 14	독일 유대인의 첫 번째 강제이송
1941. 10. 23	유대인 국외이주 금지
1941. 11. 30	리가에서 독일 출신 유대인 및 현지 유대인 1만여 명 사살
1941. 12. 7	헤움노 학살수용소 가동
1942. 1. 20	반제회의
1942. 3. 16	베우제츠 학살수용소 가동
1942. 5	소비부르 학살수용소 가동
1942. 6	아우슈비츠 수용소가 유대인 학살에 본격적으로 이용되기 시작
1942. 7	트레블링카 학살수용소 가동
1943. 4. 19~5. 15	바르샤바 게토 유대인들의 봉기

【연표】

1943. 6. 11	힘러가 폴란드 게토의 해체 및 잔여 유대인 학살 지시
1943. 8. 2	트레블링카 학살 수용소 유대인들의 봉기
1943. 10. 13	소비부르 학살 수용소 유대인들의 봉기
1943. 11. 3/4	'추수축제' 작전에서 4만 3000여 명의 폴란드 유대인 학살
1944. 10. 7	아우슈비츠 유대인들의 봉기
1945. 1. 17~23	아우슈비츠 유대인들의 '죽음의 행진' 개시
1945. 1. 27	소련군이 아우슈비츠 수용소 해방
1945. 5. 7~9	독일 무조건 항복

일그러진 자화상

20세기는 폭력의 세기였다. 1914년 제1차 세계대전의 발발과 함께 시작된 20세기는 제2차 세계대전과 한국전쟁 및 베트남 전쟁을 거쳐 1990년대의 보스니아 내전에 이르기까지, 시작도 중간도 끝도 전쟁이었다. 물론 전쟁과 폭력은 인류 역사의 상수이다. 그러나 20세기 이전 100년간의 서양은 확연히 달랐다. 1815년에 시작된 19세기의 서양은 전쟁을 국지화하고 단기화하는 데 성공했다. 전쟁은 직업군인들의 전투였고, 전쟁기간 역시 월, 심지어 주 단위로 계산되었으며, 적대국의 수도를 점령하는 경우는 단 한 번도 없었다. 그와 달리 20세기 서양의 전쟁은, 관료제적으로 작동하는 국가가 한 나라의 산업경제와 사회적 참여와 문화적 열광을 전쟁에 집중하는 총력전으로 진행되었다. 제1차 세계대전이 그랬고 제2차 세계대전도 마찬가지였다. 게다가 20세기는 제노사이드의 세기이기도 했다. 1915~1917년에 제1차 세계대전 참전국이기도 한 터키가 수십만 명의 아르메니아인을 학살했고, 나치 독일은 제2차 세계대전의 와중에 유대인 600만 명을 학살했으며, 비교적 최근인 1990년대 초중반의 보스니아와 1994년의 르완다에서도 제노사이드가 발생했다. 혹자는 20세기에 발생한 모든 전쟁과 집단학살로 1억 8000만 명 이상이 죽었다고 추산한다.

20세기에 벌어진 폭력의 양상이 그토록 19세기와 달랐음에도 불구하고, 20세기의 폭력은 사실 19세기 서양문명의 연속이다. 제1차 세계대전은, 프랑스 혁명으로 시작되어 1871년에 독일과 이탈리아에 도달한 민족국가 건설에 대한 열광이 발칸 반도의 여러 민족으로 번진 가운데 유럽의 5대 강국이 자민족의 영광과 이익을 위한 패권 경쟁에 돌입하면서 벌어진 사건이다. 다만 당시는 2차 산업혁명이라는 물리력이 관료제 국가 및 민족주의적 열광과 결합된 상태였고, 그 전쟁은 이전과 비교할 수 없이 강력한 국가와 열광적인 혹은 원한에 사무친 민족을 낳았으며, 그 한 가지 결과가 제2차 세계대전이었다. 제노사이드 역시 마찬가지였다. 19세기 전반만 해도 터키는 유럽에서 내몰린 소수자가 기꺼이 가고자 하는 나라였다. 터키가 관용에서 불관용으로 전환한 때는, 그 나라가 동질적인 민족의 구성이라는 서구적 열망에 사로잡힌 19세기 말이었다. 유사한 양상은 유고슬라비아에서도 확인된다. 르완다에서 일어난 비극의 씨앗도 서구 국가인 벨기에가 뿌렸다.

다만 조심할 것은 19세기의 서양은 필연적으로 세계대전으로 이행할 이유가 없었고, 19세기 서양의 구성 원리인 민족주의 역시 필연적으로 제노사이드를 가져올 이유가 없었다는 것이다. 게다가 전쟁과 학살의 대극인 평화와 인권 역시 근대 서양을 구성하는 원리였다. 따라서 섣부른 일반화는 폭력의 역사에 대한 적절한 이해를 방해하는 동시에, 현재 우리 곁에 잠복하고 있는 폭력의 위험성을 호도할 수 있다. 절실한 것은 오히려 어떤 역사적 조건과 역사적 과정에서 인권 및 평화가 기각되고 전쟁과 학살이 전면에 부각되는지 묻는 동시에, 그것과 근대 서양문명의 연관성을 사유하는 일이다. 이는 가장 극단적이자 예외적인 제노사이드였던 홀로코스트에서도 마찬가지이다. 사실 홀로코스트는 기괴한 사건이다. 그것은 독일인들에게 결코 위협이 되지 못하던 유대인, 유럽 인구 가운데 지극히 적은 일부였던 그들 유대인, 그것도 유럽 전역에 흩어져 해당 국가와 사회에 그럭저럭 동화되어 살고 있던 그들 전체에게 독일의 적이요, 문명의 적이란 죄목을 씌워서 학살한 사건이기 때문이다. 도대체 어떻게 된 일일까?

기본적인 몇 가지 사실부터 지적하고 넘어가보자. 홀로코스트는 나치가 소련을 공격한 1941년 여름에 시작되었고, 그때 사망한 유대인이 600만 명이었는데 그 중 약 500만 명이 폴란드, 발트 해 3국, 소련, 루마니아, 헝가리의 유대인이었고, 나머지는 독일, 프랑스, 벨기에, 네덜란드, 이탈리아, 유고슬라비아, 그리스 등의 유대인이었다. 독일 유대인 희생자는 전체의 3%였다. 그리고 폴란드 지역에 설치된 악명 높은 5개의 학살수용소, 근대적 공장처럼 작동하던 그 수용소에서 죽은 유대인은 전체 희생자의 절반 정도였고, 나머지는 게토와 수송열차, 한갓진 마을이나 숲, 강제노동수용소 등에서 굶주림과 과로, 전염병과 구타 심지어 조준사격에 의하여 야만적으로 피살되었다. 홀로코스트는 그렇게 유럽 유대인의 3분의 2가 희생된 유럽적 사건이었고, 야만적인 학살 사냥과 근대적인 공장제적 학살이 동시에 일어난 사건이다.

물론 독일이 그 유럽적 사건의 진원지이자 본부였다. 1933년에 집권한 나치는 처음부터 유대인을 독일의 존재를 위협하는 절대악으로 규정했다. 그러나 반유대주의가 필연적으로 홀로코스트로 이어질 이유는 없다. 적대감을 해소할, 혹은 이른바 '유대인의 위협'을 제압할 수 있는 다양한 방법이 있을 수 있기 때문이다. 그러므로 유대인에 대한 나치의 적대감이 어떻게 하필이면 학살로 귀결되었는가를 설명해야 할 것이다. 물론 그에 앞서 우선 유대인에 대한 나치의 적대감에 대해 해명해야 할 것이다.

도대체 독일의 유대인은 어떤 존재였기에, 독일은 물론 문명 자체에 대한 위협이라고 성토했던 것일까? 1933년 독일 인구 약 6000만 명 가운데 유대인은 약 50만 명으로 전체 인구의 0.8%였다. 혼혈인까지 합하면 유대인은 약 60만 명, 독일 인구의 1%를 차지했다. 독일 유대인의 사회적 지위는 평균을 훨씬 넘어서고 있었다. 유대인의 72%가 도시에 거주하고 있었고, 절반 정도는 금융 및 상업에 종사하고 있었다. 특히 농산물 유통은 유대인이 장악하고 있었으며, 금융에서도 그 비중이 압도적이어서 베를린 7대 은행 중 4개가 유대인의 소유였고, 베를린 11대 부자 중 10명이 유대인이었다. 이는 교육에서도 마찬가지로 인문계 고등학교 학생의 25%, 대학생의 8%가 유대인이었다. 그들의 전공분야는 의학과 법학에 집중되어 있었으므로, 변호사의 15%, 특히 베를린에서 개업한 변호사의 50%, 독일 전체 의사의 6%가 유대인이었다. 나치가 집권하던 시점의 독일 유대인은 사회의 중상위 계층에 속하는 대단히 모던한 집단이었다.

그렇다면 유대인에 대한 나치 독일의 증오는 사회적 질투였던 것일까? 그럴 수도 있다. 그러나 질투가 집단학살을 낳지 않음은 물론, 질투가 질적인 도약으로 집단적인 적대적 증오심이 되기 위해서는 '그들'이 '우리'와는 질적으로 다른 특수한 소수자, 즉 타자임이 전제되어 있어야 한다. 따라서 무엇보다 중요한 것은 반유대주의를 역사적으로 해명하는 일이다. 반유대주의는 극단적 형태의 사회적 편견이다. 사회심리학 내지 정신분석학에서 보면, 사회적 편견은 그 대상의 현실적 모습과 대부분 무관하고, 관련이 있는 경우에도 지극히 부분적이거나 간접적이다. 다시 말해서 사회적 편견은 편견의 소유자, 즉 주체가 자신의 문제를 투사(投射)한 것이고, 대상은 그 투사의 스크린에 불과하다. 즉 반유대주의는 유럽인들의 일그러진 자화상이었던 것이다.

대중적 반유대주의는 중세 성기(盛期)의 유럽에서 처음 출현했다. 유대인에 대한 집단적 테러가 맨 먼저 일어난 것은 1096년 라인 지방에서였고, 그 직후 비슷한 사태가 북서부 유럽 곳곳에서 발생했다. 그때 유대인에게 가해진 비난의 내용은 부분적으로나마 유대인의 종교적·경제적 실천과 연관된 것들이었다. 유대인들은 자신들의 종교가 예수를 죽였다는 사실을 부인하지 않았으며, 상당수의 유대인이 금융업에 종사하고 있었기 때문에 고리대금업자라는 비난에도 일정한 실체가 있었다. 그러나 12세기 중반부터 현실과 무관한 비난들이 쌓여갔고, 이는 14세기 중반에 내적으로 완결된 체계를 이루게 된다. 즉 중세 말에 이르면, 유대인은 기독교 소년에 대한 살인 의식을 치르고, 그의 고환에서 뽑아낸 피를 섞어서 누룩 없는 유월절 빵을 구워 먹으며, 예수의 성체를 고의적으로 훼손하고, 흑사병을 퍼뜨리는 존재로 낙인찍히게 된다. 중요한 것은 그러한 비난은 현실에서 한 번도 목격된 적이 없었다는 사실이다. 따라서 유대인의 이미지는 실제로는 예수의 성체에 대한 기독교인들의 의심, 중세 말의 사회적 격변에 직면한 그들의 위기감을 유대인에게 투사함으로써 자신들의 신앙 및 사회문제를 유대인과 기독교 사이의 전투로 전환하고, 그렇게 확고한 신앙으로 통합된 사회라는 이상을 실현하려는 시도였던 것이다.

유념할 것은 중세가 근대에게 현실과 무관한 '개념적 유대인' 상을 물려주었다는 사실이다. 이는 서구 근대가 자신의 문제에 부딪힐 때, 이미 존재하고 있는 정형화된 유대인 상이 중요한 역할을 할 수 있음을 뜻했다. 실제로 서양 근대는 중세와 전혀 다른 원리에 입각하여 움직이는 문명이었다. 사회는 이제 중세라는 가시적인 표식과 권리를 보유한 단체(corporation)들의 결합에서, 다만 인간으로 표상되는 개인들의 집합으로 변화했다. 따라서 피아의 구분이 과거처럼 자동으로 이루어질 수 없는 데다가, 사회적 갈등 역시 단체가 아닌 비가시적인 계급 간에 벌어지게 되었다. 이제 사회의 내적 갈등을 덮고 '우리'의 이상적인 모습을 구체화해줄 주체화—타자화 작업은 절실한 문제였다. 산업혁명과 프랑스 혁명이라는 이중혁명을 겪던 18~19세기의 서양이야말로 그러한 작업이 벌어지던 시기이자 장소였다. 그리고 그 일은 민족국가의 구성을 통해서도 추진되었지만, 인민을 민족으로 호명하는 것만으로는 언제나 부족했고, 민족을 내적으로 보충해주는 메커니즘이 필요했는데 그것이 인종주의였다. 실제로 인류학과 결합된 인종주의는 18세기 중반에 처음으로 출현하여 19세기에 본격화된다.

독일에서 근대적 반유대주의는 시기적으로나 내용적으로 국가와 사회의 근대화 과정과 정확하게 일치한다. 독일은 19세기 초 나폴레옹 전쟁의 와중에 민족주의와 자유주의의 기치에 따라 농노해방을 필두로 한 각종 개혁을 단행했고, 1830년대 전반기부터는 산업화를 경험하기 시작했으며, 1848년의 실패한 혁명과 연이은 반동을 거쳐 1871년에는 통일 민족국가를 건설했다. 유대인 해방은 19세기 초의 개혁들과 함께 시작되어, 1848년 프랑크푸르트 국민회의의 평등권 선언을 거쳐 통일과 함께 완료되었다. 그러나 개혁운동의 주역인 피히테(J. G. Fichte)와 얀(F. Jahn)은 반유대주의자였고, 나폴레옹 전쟁 직후에는 각 지역에서 유대인에 대한 대중적인 폭력 사태가 발생하여 심지어 군대가 출동하기도 했다. 1845년에는 서구 문명의 기축을 유대인과 '아리아인'의 대립에서 파악하는 아리아인 신화가 크리스티안 라센(Christian Lassen)에 의하여 최초로 명확하게 정식화되었다. 그리고 유대인에 대한 증오심은 자유주의와 좌파 급진주의의 구성요소인 동시에, 복고주의와 보수주의의 중핵이었다. 전자에게 유대인은 복고주의자 메테르니히(K. W. L. v. Metternich)의 음흉한 배후세력이었고, 후자에게는 '프랑스 이념'의 진정한 보유자였다.

19세기 초·중반의 산발적·부분적·개별적인 유대인 증오는 통일부터 20세기 초에 이르는 시기에 하나의 세계관으로 질적인 도약을 일으킨다. 그때부터 대유행을 경험하게 되는 '세계관'이라는 단어는 현실에 대한 체계적 설명이자 비합리적인 감정이고, 역사에 대한 설명이자 미래에 대한 비전인 동시에 결단주의적 행동의 긴박감을 함축하는 개념이다. 반유대주의 세계관은 '독일 정신'을 표방하던 다양한 신보수주의 극우 운동의 공통분모였다. 그들은 흉측한 대도시에서는 유대인 투기꾼을, 자영농과 중소상공업자의 위기에서는 유대인 도매상과 백화점을, 되풀이되는 경제위기에서는 유대인 증권업자를, 기업 이윤율의 저하에서는 기생적인 유대인 상인을, 사회주의 운동에서는 유대인 지식인을, 외교적 고립에서는 국제 유대인의 음모를, 고전주의 미학의 붕괴에서는 파괴적인 유대인 아방가르드를 그 원인으로 지목했다. 다시 말해서 그들은 세계를 독일 정신과 유대 정신의 이분법으로 분할하고, 모든 현실의 문제를 악한 유대인의 음모로 제시하며, 그 음모를 분쇄할 때 비로소 출현할 유토피아, 즉 국가와 사회, 자본과 노동, 도시와 농촌, 기술과 목가 간의 분열이 극복된 선한 아리아인의 공동체를 이상으로서 제시했다.

극우 문필가들은 결국, 서구에서 상대적으로 늦게 시작되었으나 가장 빨르지만 그만큼 잦은 경기변동 속에 진행되고 있던 산업화 과정, 그러한 상하운동이 초래한 각종 사회적 긴장과 갈등, 통일 민족국가의 꿈은 실현했으나 각 지방이 독자적인 왕정을 유지하고 있을 만큼 느슨했던 내적 통합력, 통치체제는 권위적이었으나 대중의 시대에 직면하여 그만큼 취약하게 인지되던 국가, 지리적·역사적 조건 때문에 제국주의 경쟁에 뒤늦게 뛰어들어야 했고 따라서 모험적이었으며 그리하여 불안정하게 느껴졌던 국제 정치적 지위, 모더니즘 문화 예술에 매혹당하면서도 그에 내포된 문화적 해방을 두려워했기에 나타난 문화적 비관주의 등의 모든 문제에 정면으로 맞서기보다, 유대인이라는 대적(大敵)을 통하여 문제를 우회하고 또한 그 적에 대한 공격을 통해 모든 문제를 해결할 수 있다는 불가능한 이상을 제시하고 있었던 것이다. 그래서 그들은 "유대인 문제는 사회문제이다."라는 슬로건을 만들어냈고, 그 구호를 '반유대주의(Antisemitism)'라는 과학적 신조어의 중핵으로 삼았다.

강고한 이분법은 적이 우리에게 동화되는 것을 용납하지 않는다. 그것이 가장 위험하기 때문이다. 따라서 유대인은 독일 문화에 동화되어서도 본질이 변경될 수 없는 존재여야 했다. 그 일을 해낸 것이 근대 과학, 특히 생물학이었고, 그에 따라 유대인은 유대교(Judaism)가 아니라 생물학적인 유대성(Jewishness)에서 그 존재론적 기초를 갖기에 이르렀다. 생물학적 세계관은 그 자체로 불길한 것이다. 이로써 사회는 건강과 질병으로 표상되고, 병든 사회는 치유의 대상으로 인식되며, 사회의 구성원이 육종(育種)의 목표로 전락하기 때문이다. 여기에 유전학적 발상이 겹쳐지면 병든 구성원은 치유 불가능한 존재로 간주되기에, 사회적 육종은 별 수 없이 그런 구성원의 격리 및 제거를 함축하게 된다. 실제로 이 시기에 유대인에 대한 표상이 달라진다. 과거에 그들은 주로 탐욕과 게으름, 음모로 표상되었지만, 이제 그들은 박테리아, 기생충, 해충, 전염병, 맹수 등으로 표상되었다.

그렇다고 해서 19세기 말과 20세기 초 독일의 반유대주의 현상이 다른 나라보다 심각했던 것은 아니다. 어쩌면 1890년대 말에 드레퓌스 사건으로 홍역을 치른 프랑스가 더 심했다고도 볼 수 있다. 독일에는 그런 대중정치적 사건도 없었고, 1893년 제국의회 선거에서 반유대주의 의원이 17명이나 당선되었지만, 그들은 곧 지리멸렬한 양상을 보이면서 유권자들에게 철저하게 외면당하게 된다. 그러나 문제는 독일의 모든 현안을 유대인에게 결부시키는 발상이 극우 사회운동의 견고한 세계관으로 자리를 잡았다는 점에 있다. 그리고 그것의 직접적인 계승자가 1919년 1월에 창당되고 그해 9월에 히틀러가 입당한 나치당이다. 양자는 동일한 세계관에 입각하고 있었다. 나치 역시 반보수주의, 반자본주의, 반자유주의, 반사회주의를 내세웠고, 내적으로 해결될 수 없는 그 이데올로기적 모순을 반유대주의에서 해소하고자 했으며, 순결한 아리아인의 공동체와 그들이 지배하는 동유럽의 거대한 '생활공간'을 꿈꾸고 있었다.

물론 양자의 차이도 컸다. 종전의 '독일운동'이 지식인 중심이었다면 나치즘은 대중운동이었고, 종전의 것이 사회운동이었다면 나치즘은 정치운동이었으며, 원로들이 이념을 중심으로 했다면 나치즘은 젊은이들의 행동주의 운동이었다. 그 차이는 나치즘에 와서 반유대주의 세계관과 아리아인 신화가 현실정치의 공간 속으로 들어왔음을 의미한다. 게다가 나치즘의 무대였던 바이마르 공화국이라는 정치사회적 환경은 나치에게 무척 양호했다. 패전으로 인한 트라우마, 1달러가 4마르크이던 화폐 가치가 4조 마르크로 전락한 전대미문의 인플레이션, 유럽 국가들 중에서 가장 격심하게 진행된 대공황, 기존 좌우익 정당들의 분열과 원자화 등. 그러나 그에 못지않게 중요했던 것은, 폭력행위가 바이마르 정치문화의 구성요소가 되었다는 사실이다. 전쟁과 혁명, 봉기와 진압을 경험한 독일인들에게 가투(街鬪)와 암살은 불법적이지만 정당한 정치행위였고, 그 선두에 나치가 있었다. 나치의 반유대주의에서 폭력은 자연스러운 아비투스였다. 게다가 제1차 세계대전을 겪고 바이마르 공화국이 진행되면서, 국가의 힘은 더할 나위 없이 강력해진 상태였다. 독일을 구성하던 개별 국가의 독자성이 무너졌고, 국가는 투자, 가격, 노동조건, 주택 공급에 막대한 영향력을 행사했으며, 사회단체들을 정치의 장에 접속시키고 라디오 방송을 장악하고 영화를 검열했다.

불가촉천민

1933년 1월 30일에 히틀러가 총리에 임명되었다. 이는 이분법적 반유대주의 세계관을 보유한 대중정치 운동이 당대 유럽 최고의 공업과 관료제를 장악했음을 의미한다. 물론 히틀러가 단독으로 집권한 것은 아니다. 집권 당시 그는 보수 정치가들로부터 견제를 받고 있었다. 이는 나치의 유대인 정책에서 고스란히 나타났다. 나치에게는 유대인 정책에 관한 정책적 가이드라인이 있었다. 우선 1920년 2월 말에 결정된 뒤 단 한 번도 수정되지 않은 25개조 당 강령이 있었다. 나치당 강령은 유대인을 단 한 번 명시적으로는 언급했다. 국적 문제를 논한 제4조에서 나치는 '민족의 동지'만이 '국민'이고, "유대인은 민족의 동지일 수가 없다."고 선언했다. 그러나 암묵적이지만 실질적으로 유대인을 지칭한 조항이 6개나 되었고, 간접적으로 지시한 조항은 3개였다. 국민이 아닌 자에게는 외국인법을 적용해야 하고, 공직은 국민만이 수행할 수 있으며, 독일인이 아닌 자는 독일 이민을 허용해서는 안 되고, 경제사정이 어려울 때는 국민이 아닌 자를 추방할 수 있으며, 신문 등의 언론매체에는 국민만이 종사할 수 있고, 백화점을 국유화해야 하며, 투기꾼은 사형으로 다스려야 한다는 것이었다. 나머지 조항은 사회개혁을 두루뭉술하게 언급하고 있어서, 사실 나치 강령은 반유대주의 강령이라고 할 만하다. 결국 나치의 유대인 정책은 공민권의 철회와 유대인의 국외 이주 두 가지로 요약할 수 있다. 그리고 나치가 장기적 불황 국면에서 지속적으로 제기한 또 하나의 정책 방향은 경제를 '탈(脫)유대화'하는 것이었다.

나치는 히틀러의 총리 임명을 '민족혁명'이라고 칭했다. 실제로 나치 기층 당원들, 특히 나치 행동대인 돌격대는 즉시 혁명운동에 돌입하고자 했다. 그러나 보수세력과 함께 구성한 나치 내각이 의회 다수세력의 지지를 받지 못하던 현실에서, 그 상황이 나치 지도부에게 달가울 리가 없었다. 따라서 그들은 기층의 행동주의를 강력히 억제했고, 밑으로부터의 압력에 본격적인 활동 공간이 열린 것은 1933년 3월 5일 제국의회 선거 직후였다. 이것이 제2차 세계대전 이전의 나치 체제에서 일어난 세 번의 반유대주의 물결 중 첫 번째였다. 공격 목표는 뚜렷했다. 유대인 경제와 유대인 공직자였다. 독일 각지에서 비슷한 장면이 반복되었다. 돌격대는 유대인 상점으로 몰려가 구호를 외치고 휘갈기며 때로는 유리창을 부수는가 하면 상점으로 들어가는 고객을 막고 이름을 적으며 사진을 찍었다. 자연스럽게 사람들이 몰려들면 유대인 주인은 가게 문을 닫았다. 혹은 3월 9일 켐니츠에서처럼 돌격대가 법원 건물을 포위하고 유대인 판검사와 변호사를 내쫓은 뒤 일부 법률가를 체포했다. 3월 11일 브레슬라우에서는 똑같은 사태가 벌어진 뒤, 법원은 스스로 사흘간의 법원 휴무를 결정했고, 사흘 뒤에는 돌격대와 친위대의 압력으로 추후에는 364명의 유대인 변호사들 중에서 단 17명만이 법원 건물을 출입할 수 있다는 공고를 냈다.

나치 지도부는 당황했다. 유대인 점포에 대한 공격은 종종 독일인 '반동' 기업인에 대한 공격으로 번지기 일쑤였고, 더욱 곤혹스러운 일은 해외의 유대인 기업과 일부 양식 있는 외국 회사들이 독일과의 거래를 끊어버렸기 때문이다. 나치 지도부는 외국의 그러한 반응을 국제 유대인의 음모에 대한 증거로서 기층 당원들의 보이콧 운동이 정당하다고 주장했지만, 대공황이라는 현실 속에서, 특히 아직은 무시할 수 없던 보수세력의 비판을 외면할 수도 없었다. 결국 부총리 파펜(Franz v. Papen)이 미국-독일 상공회의소에 해명 편지를 보내야 했고, 영국을 방문한 외무장관 노이라트는 영국 왕실로부터 냉대를 받아야 했다. 정부 내의 보수주의자들은 유대인을 공격하더라도 길거리 폭력이 아니라 법적 통로를 이용할 것과 유대인을 국외로 이주시키는 데 역점을 둘 것을 강력하게 주장했다. 또한 그러한 조치에서는 제1차 세계대전에 참전한 유대인은 면제시켜야 한다고 주문했다.

국내외의 비판에 직면한 나치 지도부는 길거리 폭력을 전국적인 공식 행사로 전환함으로써 기층 당원들의 행동욕구를 해소해줌과 동시에 일반 독일인들에게 반유대주의 세계관을 각인시키고, 국가를 탈유대화, 즉 유대인 공무원을 숙청한다는 정책적 목표를 법적으로 실현하고자 했다. 그리하여 3월 26일에 나치 지구당 위원장들이 대거 포함된 '유대인의 악행과 보이콧 선동을 방어하기 위한 중앙위원회'를 구성했다. 보이콧을 '인민의 분노'가 빚어낸 장대한 스펙터클로 보도하면서 각종의 사진들로 치장했지만, 보이콧이 시작된 4월 1일은 어차피 오전만 근무하는 토요일이었다. 따라서 일요일을 하루 쉬고 월요일에 보이콧을 재개하자니 이미 맥이 풀린 상태였다. 결국 수요일까지 지속한다는 괴벨스(P. J. Goebbels)의 선언이 아직도 귀에 맴돌고 있던 월요일 오전에 보이콧은 끝나버렸다. 결국 보이콧은 실제적인 경제적 효과는 미미한, 나치 지도부가 연출한 정치적 쇼였다.

유의할 점은 3월 말과 4월 초에 사법 분야에 대한 나치 지도부의 공격은 오히려 강화되었다는 사실이다. 프로이센, 함부르크, 바이에른, 작센, 헤센의 법무부는 유대인 판사와 검사에게 휴직을 강요했고, 프로이센은 유대인 변호사의 자발적 휴업을 권고했으며, 바이에른은 유대인 변호사의 가택연금을 명령했다. 이는 나치가 사법부를 정치적으로 중요하게 여겼기 때문이기도 했지만, 그들이 사법 관리들을 공직의 대표로 간주하고 있었기 때문이기도 했다. 따라서 보이콧 나흘 뒤인 4월 7일에 공포된 직업공무원재건법이야말로 나치 지도부가 집권과 동시에 실천한 반유대인 정책의 중핵이라고 할 수 있다. 그 법의 1차 목표는 사민당과 공산당에 적을 둔 관리들을 숙청하는 것이었다. 그러나 그 법에는 '비(非)아리아인'은 퇴진시킨다는 조항이 있었고, 나치 어법에서 비아리아인은 곧 유대인을 뜻했다. 의미는 분명했다. 이제 유대인의 직업에 제한을 두는 것이니만큼, 이는 1871년에 완료된 유대인 해방의 역전이었다.

그러나 해방의 역전은 온전하게 나치 뜻대로 추진되지 못했다. 법이 공포되기 직전 정부 내부의 논의가 격렬하던 1933년 4월 4일, 보수세력을 대표하던 힌덴부르크(P. v. Hindenburg) 대통령이 히틀러에게 친서를 보내, 제1차 세계대전에 참전한 유대인들을 민족공동체에서 배제하는 것은 "참을 수 없는" 일이라고 경고했다. 그들과 그들의 아버지 혹은 자식은 계속해서 "조국을 위하여 봉사하도록" 해야 한다는 것이었다. 히틀러는 불쾌했지만 힌덴부르크의 '고귀한 동기'를 존중할 수밖에 없었다. 그리하여 공무원재건법의 비아리아인 조항은 1914년 8월 1일 이후 계속해서 공직에 있던 사람, 제1차 세계대전 전선에서 싸웠던 사람, 그때 사망한 자의 아버지나 자식에게는 적용되지 않았다. 유대인 공무원의 반 정도가 그에 해당했다. 그 후 나온 공무원법시행령은 적용 분야를 공직에 준하는 모든 분야로 확대했다. 의사, 치과의사, 변호사, 특허 변호사, 공증인, 세무사, 군인, 언론인이 모두 여기에 해당했다. 초등학교를 제외한 각급 학교의 유대인 학생도 전체 학생의 1.5%로 제한했다. 다만 직업공무원재건법의 예외 조항은 그 모든 시행령에서 유지되었다. 예컨대 프로이센 변호사 1만 1814명 중 유대인은 3370명이었는데, 면허가 취소된 자는 1084명에 불과했다.

직업공무원재건법 제정 이후 1934년 말까지 나치의 반유대주의는 소강상태에 접어든다. 물론 반유대주의적 구호를 휘갈김으로써 유대인 묘지와 회당을 더럽히고, 유대인 상점의 유리창에 돌을 던지고, 돌격대가 행진 중에 "칼을 휘둘러 유대인의 피가 솟구친다면!" "유대인을 목매달고 반동을 벽에 세우자!" "머리를 베어버리니 유대인이 울부짖는구나!" 등의 노래를 부르는 것은 매일같이 벌어지는 일이었다. 즉 반유대주의는 당시 독일의 현실에서 일상이었다. 그러나 그 모든 것은 개별적이고 분산적이었을 뿐, 나치 지도부는 오히려 기층의 요구에 재갈을 물리느라 바빴다. 이는 국내외적 문제 상황 때문이었다. 국내에서는 1934년에 들어와 경기 회복 속도가 더뎌지는 징후가 뚜렷한 터에 돌격대는 혁명의 전위를 자처하면서 히틀러를 압박했고, 이를 기회로 보수세력 일각에서 나치즘에 의문을 던지고 있었다. 국제적으로는 1934년 7월 말 오스트리아 나치가 쿠데타를 일으키는 바람에 독일이 외교적으로 고립될 위기를 맞이한 상태였고, 1935년 1월 중순에는 제1차 세계대전 이후 실질적으로 프랑스가 관할하고 있던 자르 지방을 독일로 복귀시키는 문제를 결정하는 주민투표가 실시되었으며, 같은 시기에 독일 외교는 영국과 해군협정을 추진하느라 정신이 없었다.

나치 독일의 두 번째 반유대주의 물결은 그러한 문제들이 해결되면서 밀려온다. 1934년 6월 30일의 '룀 쿠데타'에서 히틀러는 군대의 지원을 받은 친위대에게 돌격대 수뇌부와 대표적인 보수적 정치가들을 살해하도록 했고, 8월 2일에는 힌덴부르크가 사망했다. 자르 국민투표는 찬성 91%라는 대승으로 끝났고, 1935년 3월에 히틀러는 일반징집제를 전격적으로 도입하였으며, 6월 초에는 영국과 해군협정을 마무리했다. 그 시기에 나치 지도부와 기층 당원 및 돌격대가 반유대주의적 선동과 행동을 놓고 숨바꼭질을 벌이고 있었다. 밑에서 움직이면 위에서 경고하고, 시간이 좀 지나면 밑에서 다시 움직였다. 주목할 것은 그 와중에 나치의 선동 및 행동과 정책 구상이 특정한 지점으로 모아지고 있었다는 사실이다. 유대인과 독일인을 일상에서 분리하는 것, 특히 양자 간의 성적 접촉을 끊어버리는 것이 그것이었다. 그리하여 일부 지방에서는 유대인의 공원, 극장, 수영장 출입을 금지하고, 데이트를 즐긴 독일인과 유대인 남녀를 체포하는 일이 벌어졌다.

다른 한편 나치 체제 내의 전문 관료들, 특히 법무부와 경제부와 외무부는 이에 적대적이었다. 따라서 대단히 모순되는 상황이 연출되었다. 결혼식을 올린 유대인과 독일인 부부의 혼인신고가 접수되기도 하고 거부되기도 하였으며, 때로는 유대인 상점을 박살낸 나치가 경찰에게 체포되는 경우도 있었다. 1935년 여름에 접어들면서 나치 지도부는 행동에 나서기로 결심했다. 유대인을 민족의 동지, 즉 국민에서 배제하는 것이 어차피 당 강령에 선언되어 있는 데다가, 생물학적 반유대주의에 몰입된 그들에게 유대인과의 성교 및 통혼을 금지함으로써 인간 생산을 통제하는 것은 언젠가는 당연히 실천해야 할 과제였다. 게다가 그 동안 지겹도록 반복되는 나치 선동에 심드렁해진 독일인들, 특히 당시 한창이던 가톨릭 교회와의 투쟁에서 직간접으로 교회 편을 들고 있던 일반인들을 이데올로기적으로 곧추세우기 위해서라도 자극적인 조치가 필요했다. 이제 법무부와 경제부도 수긍했다. 다만 법적으로 정리하라는 요구는 견지했다. 그러나 이는 나치 지도부 역시 기꺼이 동의하는 바였다. 그러나 문제가 있었다. 도대체 누가 유대인이란 말인가? 생물학적 유대인을 어떻게 구분할 수 있다는 말인가? 결국 유대인에 대한 정의는 종교를 기준으로 할 수밖에 없었다. 그러나 종교만으로는 부족한 일이었다. 유대인은 어디까지나 생물학적 범주로 간주되고 있었기 때문이다. 따라서 유대교 신자와 비유대교 신자가 낳은 자식을 어떻게 분류할 것이냐 하는 문제가 파생했다.

그렇듯 어정쩡한 상황에서 1935년 9월 10일부터 나치 전당대회가 뉘른베르크에서 개최되었다. 제국의회까지 소집된 전당대회의 의제는 나치의 갈고리 십자가를 독일 국기로 격상시키는 일이었다. 그것만으로는 그 거창한 행사에 격이 맞지 않는다고 생각한 것일까, 히틀러는 9월 13일 갑자기 '독일의 혈통 및 명예보호법'을 이틀 안으로 성안할 것을 지시했다. 베를린에 있다가 호출을 받은 내무부 고위관리들이 비행기를 타고 뉘른베르크로 날아와서 전당대회에 참여하고 있던 장·차관들과 합류했다. 그들이 작업을 하면 내무장관 프리크(W. Frick)가 법안을 들고, 음악소리가 울려 퍼지고 대오가 행진을 하며 깃발이 숲을 이룬 그 소동의 한가운데서 히틀러 숙소와 작업실을 오갔다. 최종안이 만들어졌다. 9월 15일에 공포된 뉘른베르크법은 유대인과 독일인의 통혼과 혼외정사를 금지했고, 45세 이하의 독일 여성이 유대인의 하녀가 되는 것을 금지했으며, 유대인의 독일 국기 사용을 금지했다. 그러나 그 법에 명시된 유대인은 여전히 정의되지 않고 있었다. 9월 14일 저녁 히틀러는 갑자기 '제국국적법'의 성안을 지시했다. 법안이 새벽 2시 반에 완성되었다. 이제 '독일 혈통 혹은 그와 연관된 자'만이 독일 국민이 될 수 있었다. 법안을 받아든 히틀러는 한 줄을 삭제했다. "완전 유대인은 독일 제국 국민이 될 수 없다."는 조항이었다. 그는 부분 유대인도 포함시키기를 요구했던 것이다.

1935년 11월 14일, 제국국적법 시행령이 공포되었다. 양친이 유대인인 자는 유대인이고, 조부모 네 명 중에서 세 명이 유대인인 자도 유대인이며, 조부모 중에서 두 명 혹은 양친 가운데서 한 명이 유대인인 자는 절반 유대인인데, 그들 중에서 1935년 9월 15일 현재 유대교 신자이거나 유대인과 결혼한 자는 유대인이었다. 그렇다면 유대인 여성이 낳은 사생아는 어떻게 처리할 것인가? 이는 아버지가 유대인인지 독일인인지 알 수 없으므로 곤란한 문제였다. 관리들은 머리를 싸맨 끝에 해결안을 제시했다. 바이마르 공화국 이전의 좀 더 '독일적인' 시기에는 유대인 여성이 유대인 남성과 관계를 했을 것이라는 근거에서, 1918년 이전에 태어난 사생아는 유대인이고 1918년 이후에 태어난 사생아는 절반 유대인이기에, 다시금 조부모 두 명 조항을 적용받게 되었다.

유대인의 정의를 둘러싼 저 어이없는 관료제적 소동의 현실적 의미는 같은 해 12월 21일에 공포된 국적법 시행령에서 드러났다. 이제 공직자 해고의 예외 조항이 통하지 않게 된 것이다. 따라서 공무원으로 남으려는 자, 나치당 당적을 유지하거나 새로이 입당하려는 자, 친위대에 가입하려는 자, 한마디로 나치 체제에서 자리를 보전하거나 출세하려는 자는 모두 유대인이 아니라는 증명이 필요했다. 따라서 그들에게 증명 서류를 찾아주는 '관인 족보 연구사'라는 새로운 직업이 출현했고, 의심스러운 경우에는 나치당에 설치된 족보실이 '전문가적' 소견을 제시했다. 그렇게 해서 이제 독일인은 유대인이 아님에 의하여 규정되었다. 반면에 유대인들은 '정치적 권리의 세계' 바깥으로 추방되어 사실상 법외 인간이 되었다. 그들은 더 이상 '독일 국민'이 아니었기 때문이다. 게다가 그들은 섹스와 혼인이라는 가장 근본적인 사회적 · 도덕적 권리를 박탈당했다. 따라서 그들은 사회라는 '도덕적 의무의 세계'로부터 추방된 존재였다. 그런 그들이 나치즘에게는 아리아인의 존립과 문화를 근저에서 위협하는 근본악으로 표상되고 있었으니, 이제 유대인은 저 막강한 근대 국가의 추적 목표 혹은 먹이가 된 것이다.

뉘른베르크 법은 유대인의 구체적인 일상에도 커다란 영향을 끼쳤다. 무엇보다도 독일인과 유대인의 사적 관계가 막대한 장애에 부딪히게 되었다. 우선 남녀 관계가 부자연스러울 수밖에 없었다. 운 나쁘게 지독한 판사에게 걸려든 탓이기는 하지만, 60세 후반의 유대인 노인이 과거 자기 건물에서 사진관을 운영했던 30세 독일 여성과 만나 볼에 가볍게 키스했다가 사형당한 경우도 있었고, 자기 집을 방문한 독일 여성에게 "외투 벗고 편히 앉으세요."라고 말했다가 감옥에 간 사람도 있었다. 판사가 그 두 가지 모두를 성교를 위한 애무로 간주했기 때문이다. 게다가 게슈타포는 성관계, 즉 '인종오염 범죄'만을 수사한 것이 아니었다. 잠재적 범죄인 '친유대적 태도', 구체적으로 유대인을 좋은 좌석에 앉도록 해준 식당 주인, 멀리 있는 유대인 상점에서 물건을 산 고객, 나치의 반유대인 조치에 대하여 투덜거리는 행위 등에 대해서도 수사했다. 그리고 게슈타포가 수사에 착수하게 된 계기는 절반이 독일인들의 밀고 덕분이었다. 그 밀고의 태반이 거짓이었고, 전체 밀고 사건의 절반 정도가 헤어진 애인에게 복수한다거나 유대인 고용주를 혼내준다거나 경쟁 업체를 궁지에 몰아넣는 등 사적 동기에서 비롯된 것이었지만, 이는 독일인과 유대인 모두에게 엄청난 심리적 압박으로 작용했다. 독일인들이 과거의 유대인 지인에게 적대적으로 돌변하는 경우는 그리 많지 않았지만, 대부분은 관계를 꺼리거나 유대인이 핍박받고 있는 현실을 마음으로부터 애써 지우거나 사태에 무관심했다. 그렇게 유대인들은 나치가 의도한 대로 사회로부터 추방되고 있었다.

히틀러는 뉘른베르크 법을 선포하면서, 그것이 '유대인 문제의 법적인 해결'을 시도한 것이며, 법적 해결에 실패하면 문제를 나치당에게 넘겨 처리할 수밖에 없다고 선언했다. 그의 말은 언제나 모호하지만, 독일 제국의 그 영도자는 아마 직접 행동을 멈추어야 하는 나치 대중을 위로하는 동시에 영합하려 했던 것으로 보인다. 어쨌거나 뉘른베르크 법 선포 이후 나치의 반유대주의는 또 한번 잠잠해진다. 1936년 2월과 8월에 각각 동계 및 하계 올림픽이 독일에서 개최되었기 때문이다. 그러나 정책 방향은 뚜렷했다. 유대인 재산의 강탈, 당시 용어로는 '아리아화', 간단히 말해서 유대인 점포를 싼값에 매각하도록 유도하는 것이 하나요, 독일을 떠나도록 압박하는 것이 다른 하나였다. 경제적 입지를 잃어버린 사람이 외국으로 떠나는 것은 자연스러운 노릇이므로, 그 두 가지 정책은 논리적으로 합치된다고 할 수 있다. 그러나 현실에서 나치 정책의 그것은 모순되고 있었다. 나치는 유대인 기업가에게 터무니없이 낮은 가격을 강제하는 동시에 국부의 출혈을 막는다는 구실을 내세워 유대인 이민자 재산의 4분의 1을 '제국탈출세'로 징수했고, 자본 도피를 막는다는 명목으로 마르크화 예금의 70% 내지 90%를 압수했다. 게다가 당시 서양에서 가난한 유대인을 기꺼이 받으려는 나라는 단 한 곳도 없었다.

그리하여 아리아화는 더디게 진행되었고, 유대인 해외 이주자는 많지 않았다. 나치가 집권할 당시 약 10만 개에 달하던 유대인 점포와 기업은 1938년 4월까지 약 4만 개로 감소했다. 약 60%가 아리아화되었다고 할 수 있는데 대부분은 중소기업이었다. 그리고 독일 유대인 60만 명 중에서 1938년 10월까지 독일을 떠난 사람이 약 24만 명에 불과해서, 아직 36만 명 정도가 남아 있었다. 나치는 답답했으나 도리가 없었다. 유대인에게 부동산 거래와 금융업을 금지하는 조치가 논의되었지만 경제 전체에 대한 고려에서 번번이 무산되었고, 나치의 반유대주의를 일시적 상황으로 치부하던 유대인들 스스로가 독일을 떠나려고 하지 않았다. 그런 상황에서 나치의 반유대주의는 1937년 말부터 갑자기 과격해진다. 세 번째 물결이 닥쳐온 것이다. 앞선 두 번의 경우와 똑같이 이번 물결도 국제정치와 긴밀하게 연결되어 있었다. 나치 지도부가 팽창적 대외정책을 결심한 것이다. 히틀러는 1937년 11월 초에 체제의 수뇌들에게 이를 알리고 국방장관, 외무장관, 육군총사령관, 경제장관을 경질했다. 이는 국내정치 일반에서도, 그리고 유대인 정책에서도 큰 의미를 지녔다. 이로써 종전에 나치의 유대인 정책을 포함한 각종 정책에서 폭력 대신 법과 질서를 내세우던 보수세력이 몰락했고, 독일의 국가, 구체적으로 관료제 전체가 나치즘의 수단으로 포획되었던 것이다. 근대의 관료제는 어차피 맹목이어서 그 내부 질서를 전혀 변경하지 않은 채, 소수자를 보호하는 정책 작업에서 억압하는 정책 작업으로 무리 없이 전환할 수 있는 체제이다. 그 막강한 힘을 이제 나치가 온전히 장악한 것이다.

1938년 3월 12일 독일군이 오스트리아로 진군했다. 군사 점령이라는 상황은 폭력적 반유대주의의 문을 활짝 열었다. 나치의 폭력성은 한 줄로 늘어선 유대인들이 발길질을 당하고 욕설을 들으면서 빈(Wien) 거리에서 하필이면 반(反)나치 벽보를 떼어내야 했던 상황에서도 나타났지만, 그것은 특히 독일에서는 그토록 느리게 진행되던 아리아화가 오스트리아에서는 대단히 빠르게 실시된 것으로도 표현되었다. 나치는 불과 몇 개월 만에 빈의 유대인 수공업 점포의 83%, 운수업의 82%, 유대인 공장의 23%, 86개의 유대인 은행 중 79개를 폐쇄했다.

그 해 8월에 아이히만(A. Eichmann)이 빈에 도착하여 유대인 국외이주청을 조직했다. 아이히만은 나치당의 정보를 총괄하던 친위대 보안국의 관리로 그곳에 왔다. 그의 최고위 상사인 보안국 국장 하이드리히(R. Heydrich)는 1936년에 게슈타포와 형사경찰을 합해 만든 보안경찰청 청장에 임명됨과 동시에, 같은 해에 전쟁준비를 위해 설치된 4개년계획청 청장 괴링으로부터 유대인의 자본 도피를 감시하고 수사하는 권한을 위임 받았다. 그때 그의 지시에 따라 보안국에 설치된 유대인과가 국외이주를 중핵으로 하는 유대인 정책을 개발하였는데, 아이히만은 바로 그 과에 소속된 인물이다. 빈에 도착한 아이히만은 1년여 만에 오스트리아 유대인 20만 명 중 거의 절반을 이주시키는 솜씨를 발휘했다. 비결은 단순하지만 새로운 것이었다. 그는 폭력과 약탈에 주눅 들어 있던 유대인들에게 '자치' 행정을 허락하는 대신 최대한 많은 유대인을 이주시키도록 요구했다. 그렇게 해서 이후 홀로코스트를 조직하게 되는 유대인 이송 전문가가 등장했고, 이후의 학살 과정에서 그토록 효과적으로 작동한 유대인 '자치 행정'이 탄생했다.

오스트리아 사태는 곧장 독일 본국에 피드백 효과를 가져왔다. 유대인에 대하여 공공사업 참여, 무기 거래, 경매, 경호 업무, 정보 업무, 토지 거래, 부동산 중개, 혼인중매 등을 금지했고, 아리아화를 강력하게 추진하여 11월까지 4000여 개의 유대인 기업을 매각했으며, 유대인임이 분명하지 않은 이름에는 '이스라엘' 혹은 '사라'라는 중간 이름의 사용을 의무화했고, 여권에는 'J(유대인)'라는 낙인을 찍었다. 그럼에도 불구하고 유대인들은 국외로 나가려 하지 않았다. 그 와중에 뮌헨 조약이 체결되어 체코가 사실상 독일의 수중에 들어왔다. 외교적 승리는 반유대주의적 활동 공간을 더욱 넓혀놓았다. 11월 7일, 독일에 살던 유대인 부모가 친위대에 의하여 폴란드로 내쫓긴 17세의 폴란드 출신 유대인 소년이 파리 주재 독일 대사관에 들어가 서기관 한 명에게 총격을 가했다. 피격자는 11월 9일에 숨졌다. 그 날은 하필이면 1923년 같은 날에 발생했던 나치 쿠데타의 기념식이 열리던 날이었고, 그 날 밤 10시 뮌헨 행사장 단상에서 히틀러와 귓속말을 나눈 괴벨스는 운집해 있던 나치에게 '유대인의 공격'에 폭력으로 대응할 것을 호소했다. 히틀러는 다가오는 전쟁을 달가워하지 않던 독일인들을 이데올로기적으로 무장하고 싶어했고, 괴벨스는 유대인 정책에 한몫하고자 했다. 행사장에 앉아 있던 나치들이 일제히 전화기로 달려가 지방 행사장에 메시지를 전했고, 독일 전역에서 유대인에 대한 가장 강력한 폭력 사태가 터졌다. 이른바 '제국 수정의 밤'이다.

나치의 '공식' 통계에 따르면, 11일까지 계속된 그 테러에서 250개의 유대교 회당이 불탔고, 7500여 개의 유대인 상점이 파괴되었으며, 91명이 사망했고, 총 재산 피해액이 10억 마르크였다. 사태를 예상치 못했던 다른 나치 수뇌들은 일제히 괴벨스를 성토했지만 기민하게 움직였다. 힘러(H. Himmler)는 부유한 유대인만 골라서 3600여 명을 수용소에 보낸 뒤, 3주일 안에 독일을 떠나겠다는 각서를 받고 풀어줬다. 괴링은 11월 12일에 100여 명의 나치 당 및 정부 고위인사들을 모아놓고 대책회의를 열었다. 이 자리에서 수정의 밤에 발생한 재산 손실이 유대인 때문이라는 논리를 전개하여 유대인에게 속죄금 10억 마르크를 부과하고 유대인에게 길거리 청소를 시키기로 하는 등, 후속 대책을 결정했다. 그리고 오스트리아를 모델로 한 유대인 국외이주청이 설치되고, 청장에 하이드리히가 임명되었다. 유대인의 국외이주가 나치 국가의 공식 노선이 된 것이다.

사실 수정의 밤의 폭력 자체가 아리아화와 국외이주의 촉매제가 되었다. 나치는 유대인에게 일체의 자영업을 금지했고, 유가증권과 귀금속을 국가에 위탁하도록 했다. 유대인은 거지가 되었다. 거지 유대인은 영화관, 연주회장, 전시회, 서커스, 발레, 문화센터 등의 문화시설과 번화가, 관가, 운동장, 수영장, 공원 등의 출입이 금지되었다. 드디어 유대인들이 급속히 해외로 빠져나갔다. 1938년 11월부터 1940년 여름까지 총 20만 명의 유대인이 독일을 떠났다. 이제 16만 명의 유대인이 남았고, 그나마 떠난 사람은 그래도 돈 있고 젊은 부류들이었기에 남은 사람은 75%가 40세 이상이었다. 독일에는 이제 고독과 기아와 강제노동에 시달리는 늙은 거지 유대인만이 남았다.

폭발

1939년 9월 1일 제2차 세계대전이 발발했다. 전쟁은 폭력의 보편화이다. 그리고 전쟁은 국가 권력이 폭력으로 전환되는 일이다. 게다가 제2차 세계대전은 폭격기와 전차와 미사일이라는 최신의 과학이 투입된 전쟁이었다. 따라서 그 전쟁의 폭력은 과학성이 원리로 작동할 수 있었다. 물론 전쟁의 폭력은 자국민의 도덕적 의무의 세계에는 적용되지 않는다. 그러나 그 세계에서 배제된 자는 관료제적으로 운영되는 과학적 폭력에 치명적으로 노출될 수밖에 없다. 나치의 의무의 세계에서 배제된 사람들 중 한 부류는 유전병 환자, 떠돌이, 노동 회피자 등의 '잉여 인간'이었고, 다른 한 부류는 유대인이었다. 개전 직후의 폴란드 점령은 실제로 나치의 유대인 정책을 과격화했지만, 동시에 난감하게 만들었다. 한편으로는 전투라는 살인 메커니즘이 유대인 정책의 일부로 자리를 잡았고, 다른 한편으로는 독일과 오스트리아를 합해서 5년 동안 겨우 45만여 명의 유대인을 국외로 내보낼 수 있었던 나치에게 200만여 명의 유대인이 추가되었던 것이다. 유대인에 대한 폭력의 전위는 친위대가 파견한 친위특공대였다. 그러나 그들의 주된 목표는 폴란드의 지식인 엘리트였기에, 학살된 유대인의 수는 추후의 사태와 비교할 때 그리 많지 않았다. 1939년 말까지 약 7000명의 유대인이 죽임을 당했다. 그리고 그에 대한 반발도 만만치 않아서, 학살자들이 군사법정에 서는 경우도 빈발했다.

추후의 전개에 비추어 비상한 변화가 한 가지 더 있었다. 1939년 9월에 보안경찰청과 친위대 보안국을 하나의 조직으로 통합한 제국보안청이 친위대 산하에 설치된 것이다. 청장 하이드리히가 전년도에 설치된 유대인 국외이주청의 청장이라는 사실을 감안하면, 이때 홀로코스트의 주도 기관이 탄생했음을 알 수 있다. 또 하나의 중요한 기관이 같은 시기에 설립되었다. 10월에 친위대 산하에 설치된 독일 인종 공고화청이 그것이다. 공고화청은 동유럽 전체를 아우르는 독일 제국의 '생활공간'을 계획했다. 그 기관은 재외 혈통 독일인을 포함하여 동유럽에 뒤섞여 살고 있던 인종의 청소 및 정리를 생활공간의 핵심 수단으로 간주했고, 유대인은 그 계획의 결정적인 일부였다. 이로써 홀로코스트를 실천할 하드웨어가 완성되었다. 공고화청이 유대인 이주를 매개고리로 삼는 장대한 인구재배치 비전을 제출하면, 제국보안청이 이를 실천하는 구조였다.

공고화청은 진지했다. 이를테면 공고화청 중앙사무국 기획부 부장 콘라트 마이어(Konrad Meyer)는 1940년 1월에, 독일에 편입된 서부 폴란드 지역 유대인 55만 명과 폴란드인 340만 명을 총독령 폴란드로 이동시키고, 그 빈자리에 발트 해 지역 등지에서 데려올 독일인을 배치함으로써, 110만 명에 이르던 독일인 인구를 450만 명으로 증가시키고, 1km²당 인구밀도를 100명으로 한다는 계획안을 제출했다. 인구의 재배치에는 상공업 개발과 기업형 농가의 육성이 동반될 것이었는데, 도시와 농촌 유대인의 배제가 그 두 가지 정책을 결합하는 매개고리였다. 그리고 배제된 유대인은 동부 폴란드의 루블린에 집중 배치할 것이었다. 루블린을 유대인의 '보호구역(Reservation)'으로 삼을 예정이었던 것이다. 유대인의 이주는 그렇게 제국주의적인 사회경제적 근대성을 실현하기 위한 기축이었다.

계획이 곧 실천을 뜻하는 것은 물론 아니다. 구체적인 현실은 오히려 단기적인 계획들의 수립과 수정 및 좌절의 연속이었다. 폴란드를 점령한 직후 하이드리히에 의해 고무된 아이히만은 게슈타포 총수 하인리히 밀러(Heinrich Müller)와 접촉하면서 독일에 새로이 편입된 오버슐레지엔 유대인 7만 명을 루블린 부근으로 이송할 계획을 세우고, 이어서 체코를 포함한 대독일에 잔류하고 있는 유대인 35만 명을 이송 대상에 합류시켰다. 루블린 근처의 니스코가 목적지였다. 그러나 니스코 프로젝트는 시작되자마자 중단되었다. 힘러가 발트 해 지역에 살고 있던 재외 혈통 독일인들의 제국 내 이주에 우선권을 부여했기 때문이다. 그러나 그들의 이주 예정지이던 지역의 나치 지구당 위원장들이 자기 지역의 개발에 방해가 된다면서 재외 독일인의 수용을 거부했다. 힘러는 할 수 없이 그들을 총독령 폴란드에 남기로 되어 있던 공업지역 우지로 보내기로 하고, 우지를 독일의 한 주(州)로 편입된 바르테란트에 추가했다. 그러나 그 때문에 게르만화하기로 되어 있던 바르테란트 유대인의 수가 기존의 20만 명에서 졸지에 55만 명으로 증가하고 말았다. 그러자 바르테란트 나치 지구당 위원장 그라이저(A. K. Greiser)가 불만을 표하면서 자기 지역 유대인의 이송에 우선권을 주장했다. 그리하여 그라이저의 요구를 수용하는 계획이 수립되고 실천되었으니, 8만 명에 달하는 유대인 및 폴란드인이 총독령으로 이송되었고, 원래 이송 대상이던 독일 유대인은 제외되었다.

문제는 재차 발생했다. 소련과의 합의를 통하여 볼리니아 지방의 독일인 12만 명이 다시 유입되기에 이르른 것이다. 그리하여 또다시 단기 계획이 수립되었다. 그러나 문제는 또 발생했다. 이번에는 근원적인 것이었다. 유대인의 집중 거주 지역으로 확정되어 있던 폴란드에 10월 말에 총독으로 부임한 한스 프랑크(Hans Frank)가 독자적인 폴란드 개발계획을 수립하고 나섰다. 그는 전체 인구의 10%에 달하는 유대인을 타 지역으로 이송하고 폴란드인의 20%를 독일로 보내는 동시에 자본 스톡을 증가시키고 중간층을 창출하려 했다. 이는 물론 히틀러 및 힘러의 구상과 전면적으로 어긋나는 것이었다. 프랑크는 총독령 폴란드를 독일의 유대인 및 폴란드인을 처분할 쓰레기 하치장이 아닌, 독일 제국의 번영을 위한 전초기지로 발전시키려 한 것이다. 게다가 프랑크의 야심은 군수생산 전체를 책임지고 있던 괴링의 지지를 얻었다. 프랑크가 괴링과 연대하여 히틀러를 설득하는 데 성공한 그 시기, 장밋빛 미래에 이끌려 이주해 온 재외 독일인들은 드넓은 농장이 아닌 각지의 임시 막사에 처박혀 있었다.

인구정책의 실패가 가시화되는 1940년 봄에 폴란드 지역에 처음으로 게토가 나타났다. 1940년 4월에 16만 명 이상의 유대인을 외부로부터 봉쇄한 우지의 게토가 그것이다. 1940년 11월에는 40만 명이 넘는 유대인을 수용한 바르샤바 게토가 설치되었으며, 1941년 초에는 크라쿠프, 루블린, 라돔에 게토가 만들어졌고, 나머지 지역에서는 1942년 가을부터 1943년 초까지 설치되었다. 우지와 바르샤바의 경우가 입증하듯이 게토는 학살의 전 단계가 아니라 인구정책에 실패하여 유대인 처리가 난감해진 지역의 나치 책임자들이 이후 이송에 대비하여 임기응변으로 마련한 기구였다. 폴란드 게토에서 사망한 유대인은 약 50만 명, 즉 홀로코스트 희생자의 8%를 상회한다. 이는 게토의 사정이 얼마나 열악했는지를 잘 보여준다. 실제로 독일인들이 하루 평균 2310kcal를 배급받고 있던 당시 게토 유대인들은 최악의 경우 겨우 300kcal를 공급 받았다. 따라서 바르샤바 게토의 경우, 월별 최고 사망률을 기록했던 1941년 8월 한 달 동안 무려 5560명이 죽었다. 그렇다고 해서 나치가 게토를 학살의 장소로 여긴 것은 아니다. 게토 설립 초기에는 가혹한 착취로 일관했지만, 이송이 지연되고 사망률이 치솟자 지역 나치들은 내부적으로 '마멸(磨滅) 혹은 생존'을 놓고 치열한 정책 투쟁을 전개했다. 우지와 바르샤바에서는 결국 게토를 자생적인 경제적 단위로 살려나가자는 노선이 승리를 거두었고, 게토의 실정이 조금씩 나아지기 시작했다. 바르샤바 게토의 사망률이 1942년 7월에 드디어 4000명 이하로 떨어진 것이다. 그러나 정확히 바로 그 시점에 게토의 청소, 즉 대학살이 시작된다. 홀로코스트가 그곳에 도착한 것이다.

폴란드에 게토가 설립되기 시작할 무렵 나치의 유대인 정책은 새로운 전기를 맞고 있었다. 1940년 6월에 프랑스에 승리한 나치는 유대인을 처리해버릴 새로운 가능성을 발견했다. 바로 아프리카 동안(東岸)의 프랑스 식민지 마다가스카르 섬으로 대독일은 물론 폴란드, 노르웨이, 벨기에, 네덜란드, 프랑스 등의 유대인을 보내는 것이었다. 나치 지도부는 일제히 환호했다. 모두가 자기 관할을 유대인이 없는 해방구로 만들 수 있게 되었기 때문이다. 아이히만은 무려 580만 명의 유대인을 마다가스카르에 보낼 수 있다고 기대했다. 그러나 밀림으로 가득 찬 마다가스카르는 기껏해야 수십만 명밖에 보낼 수 없는 공간이었다. 이는 나치의 유대인 정책이 얼마나 현실에서 동떨어진 것인지를 말해준다. 게다가 얼마 지나지 않아서 마다가스카르 프로젝트가 망상임이 드러났다. 영국을 제압하지 못해서, 그곳으로 배를 보낼 수 없었기 때문이다. 결국 나치는 프랑스로부터 빼앗은 알자스-로렌 지역의 유대인을 비시(Vichy) 정부의 남프랑스로 슬쩍 밀어버리는 것 외에 한 일이 없었다.

1941년 봄 힘러의 성적표는 초라하기 짝이 없었다. 오스트리아와 보헤미아를 포함하는 대독일 유대인 35만 명 중에서 1만 5000명이 이송되었고, 바르테란트 유대인 55만 명 중에서 11만 명이 이송되었으며, 약 30만 명의 폴란드인이 이송되었다. 그 대신 25만 명의 재외 독일인들이 제국 각지에 세워진 1500여 개의 막사에서 하릴없이 시간을 죽이고 있었다. 그러나 그 시기, 질곡에 빠진 생활공간 및 유대인 정책에 돌파구가 마련되고 있었다. 소련 침공이 계획되고 있었던 것이다. 이미 1941년 3월에 소련 침공을 확정한 나치에게 소련전은 기타의 전쟁과 근본적으로 다른 의미를 지녔다. 히틀러의 말대로 그것은 '세계관의 전쟁', 즉 이데올로기적 구적(仇敵)과의 생사를 건 싸움이었다. 나치의 이데올로기적인 적은 두말할 나위도 없이 '유대화된 볼셰비즘'이었고, 그들에 대한 투쟁의 성격은 민간인을 학살한 군인에게 군법상의 소추를 면제해준다는 히틀러의 명령에서 분명하게 드러난다. 전쟁 발발 직전 히틀러가 독일군에게 소련군 내부의 정치위원들을 즉각 학살하라고 명령한 것도 같은 맥락이다.

스스로를 나치즘의 이데올로기적 전위로 내세우고 있던 친위대에게는 특별한 과제가 주어졌다. 전진하는 독일군을 뒤따르면서 독일 지배에 위험이 될 만한 자를 사살하라는 것이었다. 그 위험 세력에는 공산당원은 물론 유대인도 포함되어 있었다. 이 과업을 실천하기 위해 다시 한 번 살인 특공대가 조직되었고, 제국보안청은 주로 친위대 보안국과 게슈타포 경찰관

3000명으로 이를 충원했다. 1941년 5월과 6월에 활동 및 이념 교육을 받은 친위특공대는 6월 22일 소련 침공이 개시되자 즉각 움직였다. A대대는 발트 해 지역, B대대는 벨라루시, C대대는 우크라이나, D대대는 크림 지역을 담당했다. 개전 이틀 뒤인 6월 24일에 리투아니아 국경 마을에서 최초의 학살을 자행한 친위특공대는 1941년 말까지, 즉 단 6개월 만에 유대인만 최소 50만 명을 학살했다. 3000명에 불과한 인원이 어떻게 그토록 많은 유대인을, 그것도 그 넓은 땅을 횡단하면서 죽일 수 있었는가. 현지인 경찰 및 민병대의 동참과 독일 정규군의 보조적 역할이 그만큼 중요했던 것이다. 게다가 힘러는 7월 말 이후 치안경찰과 예비경찰 2만여 명을 추가로 파견했다.

소련전 초기 친위특공대는 학살 교사와 직접 학살을 병행했다. 상황은 유리했다. 소련에 편입된 지 얼마 되지 않은 발트 해 지역은 물론 우크라이나에서도, 그 동안 지하에 숨어 있던 반소(反蘇) 저항운동 세력이 독일군이 진입하기도 전에 유대인에 대한 테러를 자행하는 일이 빈발했기 때문이다. 그럴 경우 특공대는 그 포그롬(pogrom)을 대량 학살로 유도했고, 아직 포그롬이 발생하지 않은 지역에서는 현지인들을 사주한 뒤 자신들은 뒤처리를 담당했다. 산재한 농촌 마을에서는 그곳 사정을 잘 아는 현지인 민병대가 유대인들을 도맡아서 살해했다. 그러나 그 시기의 학살 대상은 유대인 전체가 아니었다. 특공대는 저항 능력이 있는 유대인, 구체적으로 16세에서 45세 사이의 유대인 남성을 죽이라는 지시를 받았다. 따라서 어린이와 여성은 학살 대상이 아니었다. 예컨대 7월 4일 리투아니아 카우나스에서 학살당한 유대인은 5577명이었는데, 그 중 여성은 47명에 불과했다.

변화는 1941년 7월 말 이후 나타난다. 즉 그 시점부터 현지인은 물러서고 친위특공대가 전면에 나서는 한편, 유대인 여성과 어린이도 학살 대상에 포함시키기 시작하더니 급기야는 유대인 마을 전체를 남김없이 없애버리는 현상이 벌어졌다. 예컨대 리투아니아 유대인 22만 명 중에서 8월 초부터 11월 초까지 13만 7000여 명이 학살되었다. 우크라이나에서 가장 악명 높은 예는, 나치 스스로의 보고만으로도 3만 3771명에 달하는 키예프 유대인이 9월 27일과 28일 단 이틀 만에 바비 야르 골짜기에서 학살된 사건이다. 유사한 양상은 벨라루시와 크림에서도 확인된다. 폴란드에서도 마찬가지였다. 소련으로부터 총독령 폴란드에 새로이 병합된 갈리치아에서 10월부터 유대인 공동체 전체에 대한 학살이 시작되었고, 이는 동부 폴란드로 번져갔다. 독일에 병합된 바르테란트에서도 10월에 우지 부근의 헤움노에 최초의 학살용 수용소를 짓기로 결정했다. 11월에는 총독령 폴란드가 베우제츠에 학살용 가스실을 건설하기로 결정했다.

사태는 분명해 보인다. 나치는 1941년 늦여름과 가을에 부분 학살로부터 전면 학살로 이행한 것이다. 그 현상이 점령지 전체에서 고르게 나타나므로, 이에 나치 지도부가 개입했음이 분명하다. 그러나 다른 측면도 있다. 유대인 공동체 전체의 학살로 이행하는 시점이 지역에 따라 다르고, 구체적인 동기가 지역에 따라 특수했다. 리투아니아에서는 남자 유대인만을 학살하려던 친위특공대와 그 노동력을 이용하려던 민간 행정이 대립한 끝에, 차라리 유대인 모두를 죽여서 식량이라도 절약하자는 결정이 내려졌다. 라트비아의 수도 리가에서 11월 말과 12월 초에 발생한 학살은, 그곳으로 이송된 독일 유대인의 거처를 마련하기 위한 것이었다. 바르테란트의 헤움노 가스실 건설에도, 10월에 독일 유대인이 우지로 이송되어 오자 그들의 거처를 마련하기 위해 우지 게토의 유대인을 학살하려는 임기응변이 개재되어 있었다. 총독령 폴란드에서도 기존의 유대인에 갈리치아 유대인까지 더해지자 학살이 개시되었고, 그 동력이 베우제츠 절멸 수용소의 건립으로 이어졌다. 게다가 전면적인 학살이 발생하지 않은 지역도 있었다. 서부 벨라루시와 서부 우크라이나가 그랬다. 그렇다면 이 시기의 전면 학살은 유럽 차원의 절멸이 아니라 '지역적인' 전면 학살이요, 그것은 나치 지도부의 특정한 개입과 현지 사정이 맞물리면서 발생한 학살이었을 것이다.

그렇다면 나치 지도부 차원의 개입은 어떤 맥락에서 이루어진 것일까? 1938년 말 수정의 밤 직후 그들은 이미 유대인의 이송에 합의했으며, 폴란드 전 이후에는 제국주의적인 생활공간을 기획하고 있었던 사실이 결정적이지 않았겠는가. 사실 그들은 계획에 골몰하고 있었다. 인종 공고화청의 마이어는 힘러의 지시에 따라 1941년 7월 중순 이후 수차례에 걸쳐 '동유럽총괄계획'을 작성했다. 정복 지역은 세 구역으로 나누어, 독일에 편입된 서부 폴란드 지역은 '식민지구'로 가까운 장래에 완전히 게르만화할 예정이었고, 제국의 변경, 즉 레닌그라드 인근, 서부 리투아니아, 트란실바니아, 크림은 '전초지구'로서, 그곳의 인구는 20년에 걸쳐서 25% 내지 50%를 게르만화할 것이었으며, 그 사이에는 100km 간격으로 총 36개의 '거점지구'를 설치하고 독일인이 그곳 인구의 25%를 차지하게 할 것이었다. 이 계획을 그대로 밀고 나갈 경우, 저 모든 지역에서 추방될 인구는 최소 3100만 명에서 최대 5600만 명이었다. 그런데 나치는 지난 2년 동안 기껏 70여만 명을 이송하지 않았던가!

유대인에 대한 계획도 있었다. 그들은 우크라이나 남부 늪지대나 우랄 동쪽 혹은 북극해 인근으로 보낸다는 것이었다. 지극히 몽롱한 구상이었던 셈이지만, 보낸다는 원칙만은 분명했다. 괴링은 7월 31일 하이드리히에게, "해외이주든 소개(疏開)든 상황에 가장 걸맞은 형태"로 "독일의 영향권 아래에 있는 유럽 지역 유대인 문제의 전체 해결을" 준비할 전권을 부여했다. 문제는 그 '전체 해결'이 두 달 정도 걸릴 것으로 예상한 승전을 전제로 하고 있었다는 점이다. 그러나 현실은 정반대였다. 이미 8월에 히틀러의 전략은 흔들리기 시작했고, 10월 하순에는 모스크바 점령이 실패로 돌아가고 있음이 가시화되기 시작했다. 이는 저 거창한 인구 재배치 계획은 물론 유대인 이송마저 힘들어졌음을 뜻했다. 그렇다면 그 시기의 유대인에 대한 지역적 전면 학살은, 승전이 연기되자 원래 승전 이후에 착수할 예정이었던 인구 재배치 계획 중에서 그 결정적 일부인 유대인 문제를 앞당겨 처리하고자 해서 일어난 일인 셈이다.

이 국면에서 하이드리히가 움직였다. 유럽 유대인 문제의 '전체 해결'을 실천하려 한 것이다. 그는 1941년 11월 29일에 4개년계획시행청, 제국보안청, 내무부, 법무부, 외무부, 제국철도 등의 차관급 고위 실무 관리들을 12월 9일에 베를린 반제 호수 인근의 한 건물로 초대했다. 그런데 하이드리히는 회의 전날인 12월 8일에 회의 날짜를 이듬해 1월 20일로 긴급히 변경했다. 무슨 일이 일어난 것일까? 그 중요한 회의를 히틀러에게 보고하지 않았을 리는 없다. 그렇다면 회의의 연기에는 히틀러의 심경이 작용했을 것이다. 당시 히틀러는 동맹 상황 전체는 물론 소련 내 전투까지 일일이 간여하고 있었기 때문이다. 그렇다면 그에게는 전황과 국제정치적 맥락이 중요했을 것이다. 우리는 이미 1933년 4월의 보이콧부터 나치의 반유대주의가 얼마나 국제정치적 환경과 긴밀하게 연결되어 있었는지를 보았다. 그렇다면 이번에도 마찬가지였을 것이다.

모스크바의 소련군은 12월 5일에 역공을 개시하여 열흘 뒤에는 클린을 탈환했다. 12월 7일에는 일본이 진주만을 폭격했다. 12월 11일에는 히틀러가 미국에 선전포고를 했다. 이는 앞뒤가 맞지 않는다. 모스크바에서도 밀리던 그가 미국까지 끌어들였으니 말이다. 왜 그랬을까? 히틀러의 내면은 소련군의 역공에 대한 그의 반응에서 추론해낼 수 있다. 역공에 직면한 독일군 장군들이 전략적 후퇴를 주장하자, 히틀러는 대뜸 그들을 해임하고 "군대에게 나치가 되는 법을 교육하겠다."고 말하면서 소련 전선 지휘권을 직접 인수했다. 그렇다면 미국에 대한 선전포고 역시 동일한 사고방식에서 나왔을 것이다. 이데올로기에 대한 주관적 집중으로 객관적 현실의 한계를 극복한다는 발상이 그것이다. 이는 프랑스 혁명 이후 반복되어오던 혁명적 주의주의의 핵심이다. 다만 나치가 맞이한 현실은 극복 불가능한 벽이었다. 그런데 그처럼 해결 불가능한 과제를 향해 질주하는 것은, 당사자가 주관적으로 자신의 목표에 얼마나 진지하든, 객관적으로는 도전 그 자체에 의미를 두고 있는 것이므로 결국은 어느덧 목표는 사라져버리고 급기야 맹목이 되어버리고 만다.

나치즘에 고유한 그 허무주의적 주의주의는 유대인 문제에 고스란히 적용될 수 있다. 최소 3200만 명을 없애겠다는 나치의 생활공간 계획과 전황 간의 간극은 너무나 컸다. 그 간극은 이데올로기적 의지에 의하여 극복되어야 할 노릇이었는데, 생활공간 계획의 이데올로기적 정수는 바로 유대인 문제의 해결이 아니던가. 그러나 그 시점의 현실에서는 유대인 문제가 해결된다고 해서 대제국이 건설되는 것은 결코 아니었다. 따라서 나치가 유대인 문제의 해결에 아무리 진지하게 나선다고 해도, 그 진지함에는 이미 목표가 탈각되어 있는 것이 아닐까. 목표가 상실되어 그 자리를 수단이 차지하고 나면, 그 수단 자체가 목적이 된다. 그리고 그때 그 수단은 더욱 진지하게 추진된다. 그래야만 목적의 결핍이 은폐될 수 있기 때문이다. 1942년 1월, 나치에게 유대인 문제의 해결은 때때로 전쟁보다 더 중요한 목표였다. 그리고 지난 6개월 동안 벌어진 지역적 전면 학살로 동유럽 전역이 유대인의 시체로 뒤덮인 그 시점에, 유대인 문제의 해결은 결국 절멸밖에 없었다. 1942년 1월 22일의 반제회의는 그러한 대폭발의 제도화를 의미했다. 그 자리에서 하이드리히는 노동 능력이 있는 유대인은 노동을 통해서 죽이고, 노동 능력이 없는 유대인은 즉각 죽인다는 결정을 통고하면서 행정적 뒷받침을 당부했다. '유대인 문제의 최종해결', 즉 유대 민족 전체의 절멸이 결정된 것이다.

학살기계

반제회의에서 그 기본 원칙이 수립된 절멸 작전은 네 가지 양상으로 진행되었다. 첫째가 독가스 시설을 갖춘 학살수용소에서의 살인이고, 둘째가 노동수용소에서 벌어진 '노동을 통한 학살'이며, 셋째가 한갓진 곳에 위치한 게토를 해체하거나 유대인 마을 전체를 파괴하면서 실시한 유대인 사냥이고, 넷째가 종전 직전 동유럽 수용소의 잔존 유대인을 독일 제국 내부로 끌고 오면서 벌어진 '죽음의 행진'이다.

학살수용소는 모두 다섯 개로, 바르테란트의 헤움노와 총독령 폴란드의 베우제츠, 소비부르, 트레블링카, 그리고 독일에 편입된 오버슐레지엔의 아우슈비츠에 설치되었다. 최초로 건설된 헤움노 학살수용소는 1941년 12월 7일에 작업을 개시했다. 서부 폴란드 각지에서 주로 정신병자들을 살해하던 친위대 경찰부대가 도착하여, 외부와는 철도로 연결되어 있지만 외진 그곳의 한 평범한 농가에 철조망을 두르고, 그 앞에 너른 마당을 다졌다. 유대인이 도착하자, 수용소 소장은 유대인들에게 샤워한 뒤에 독일로 노동봉사를 떠나게 된다면서 건물 안으로 들어갈 것을 지시했다. 옷을 벗은 유대인들이 덤프트럭으로 들어가면 트럭 문이 잠기고 시동을 건 차의 배기가스가 안으로 유입되었다. 30분 내에 유대인이 모두 죽으면, 기사가 트럭을 숲으로 몰고 가서 시체를 구덩이에 쏟아버렸다. 1943년 3월까지 진행된 뒤 중단되었다가 1944년에 되풀이된 저 단순 작업으로 주로 바르테란트의 유대인 약 15만 명이 살해되었다.

총독령 폴란드에 설치된 세 개의 학살 수용소는 1942년 5월에 수립된 이른바 '라인하르트 작전', 즉 폴란드 유대인 절멸 작전에 주로 이용되었다. 헤움노 수용소에 뒤이어 건설되어 1942년 3월에 작동을 시작한 베우체츠 수용소에서도 배기가스가 이용되었다. 다만 이곳은 헤움노와 달리 디젤 모터를 돌려서 얻은 일산화탄소를 고정된 건물 내부로 들여보내는 방식이 채택되었다. 학살용 건물은 두 채였고, 그 안에는 모두 여섯 개의 가스실이 설치되었다. 1943년 여름까지 가동된 이 수용소에서 폴란드 유대인 50만 명이 학살되었다. 탈출에 성공한 유대인은 단 세 명이었다. 규모와 설비에서 베우제츠와 비슷한 소비부르 수용소는 1942년 5월에, 그리고 10개의 가스실을 갖춘 트레블링카 수용소는 같은 해 7월에 작동을 개시했고, 트레블링카에서는 1943년 8월에, 소비부르에서는 같은 해 10월에 유대인들이 봉기를 일으킨 직후 폐쇄되었다. 그 두 수용소에서는 폴란드 외의 유럽 유대인들도 학살당했으며, 1년여 동안 소비부르에서는 20만 내지 25만 명이, 트레블링카에서는 90만 명이 희생되었다. 그 두 수용소에서도 유대인은 나치에 무력으로 저항하면서 탈출을 시도했지만, 소비부르에서는 단 한 명도 살아나지 못했고, 트레블링카에서는 200여 명이 탈출한 끝에 50명 내지 60명이 생존에 성공했다. 그리고 그들 수용소에는 시체 소각실이 설치되지 않아서, 시신을 숲 구덩이에 파묻었다가 시체가 차고도 넘치면 파내서 장작더미로 태웠다.

그 수용소들은 모두 철도와 연결되어 있었다. 각지에서 기차로 그곳에 도착한 유대인들은 하차장 옆 사열 광장에서 "건강 검진이 필요하므로 샤워를 해야 한다."는 인사말을 듣고, 남녀로 구분되어 친위대가 '하늘로 가는 길'이라 칭하는 좁은 통로를 따라 학살실로 향했는데, 통로 양옆의 담은 가시철망으로 덮여 있었고, 그 너머에는 수용소 요원들과 감시병들의 막사가 있었다. 통로를 지나면 나타나는 가스실 입구에는 예컨대 트레블링카의 경우 "이 문은 의인이 들어가는 문이다."라는 글귀가 새겨진, 유대교 회당에서 떼어온 장막이 쳐져 있었고, 지붕 아래 박공 밑에는 다윗의 별이 매달려 있었으며, 출입문으로 올라가는 계단 양쪽에는 화분이 가지런히 놓여 있었다. 건물에 들어서면 여성들은 이발실에서 머리를 잘라야 했고, 이어서 탈의실에 들어가 옷을 벗은 뒤, "잠시 뒤에 찾아가야 하니 번호를 기억하십시오."라는 글귀가 붙어 있는 옷걸이에 옷을 걸고 신발을 벗어 옷걸이 밑의 신발함에 간수한 뒤 '샤워장'으로 들어갔다. 그들이 따스한 물 대신 독가스를 흡입한 지 수십 분 뒤에 시체로 변하면, 문이 열리고 환풍기 버튼이 켜지고 방독면을 쓴 사람들이 나타나 시체를 끌어냈고, 이어서 사체에서 금이빨을 뽑아낸 뒤 화차에 실어 인근의 시체 구덩이까지 밀고 갔다. 같은 시간, 유대인들이 벗어놓은 옷가지와 귀중품과 머리카락은 종류별로 분류되어 창고에 보관되었으며, 그 물건들은 얼마 뒤 친위대 본부로 보내졌는데, 유대인 여성의 머리칼은 독일군 침낭 제작에 사용되었다.

수용소의 친위대 요원의 수는 많지 않았다. 그들은 원래, 히틀러 개인 비서실의 지휘로 총 8만 5000명 내지 9만 명의 '유전병 환자'를 안락사시킨 바 있는 'T4 작전'과 '14f13 작전' 출신으로 라인하르트 작전을 위하여 친위대에 배속된 자들이었다. 수용소당 그들의 수는 20명 내지 40명 정도였다. 경비 병력도 있었으나, 그들은 우크라이나인과 리투아니아인 및 몇 명의 재외 혈통 독일인이었으며, 그 수는 수용소당 90명 내지 120명 정도였다. 학살에 필요한 각종 업무는 오히려 유대인 자신이 수행했다. 사열 광장에서 '노동 유대인'으로 선택되어 즉각적인 학살을 모면한 그들은 각종의 노동조에 배치되어 유대인 조장의 지휘에 따라 유대인 여성의 머리카락을 자르고, 가스실에서 시체를 끌어내고, 금이빨을 뽑고, 시체를 운반하고, 구덩이를 파서 묻고, 유대인들이 남긴 유품을 정리하고, 그 내역을 대장에 일일이 기록하고, 창고에 보관했다. 그들 노동 유대인을 제외하면, 수용소당 120명 내지 150명 정도에 불과하던 행정 및 감시 요원이 그 절정기인 1942년 여름의 두 달 반 동안 세 개 수용소에서 100만 명을 죽였으니, 그것만으로도 학살수용소는 기실 근대적 공장이었다. 그처럼 세밀하게 분화되고 치밀하게 조합된 컨베이어벨트식 작동 덕분에 힘러는 1943년 10월까지 '라인하르트 작전'을 완료할 수 있었다.

아우슈비츠는 1942년 6월부터 유대인 학살을 본격화했으나 홀로코스트의 중심으로 떠오른 때는 1943년 초였다. 애초에 친위대가 관리하는 평범한 수용소에 불과하던 아우슈비츠는 1941년 9월에 소련군 포로 일부를 학살하면서 학살수용소로 변모하기 시작했고 절정기인 1944년 여름에는 하루에 2만 4000여 명을 죽일 수 있는 초대형 수용소로 확장되었다. 친위대원의 수도 2000여 명이나 되었으며, 다른 수용소들과 달리 다섯 개의 소각장이 설치되었고, 일산화탄소가 아니라 원래 이를 잡는 데 사용하던 시안화수소인 치클론 B를 사용하였으며, 학살 대상이 지역별로 특화되었던 다른 수용소들과 달리 전 유럽의 유대인들을 학살했다. 그리고 아우슈비츠 수용소는 아우슈비츠 시에 소재한 본부(행정 건물, 학살 구역, 노동수용소)와 그로부터 3km 떨어진 비르케나우에 세워진 학살수용소, 그리고 인근에 입주한 민간 기업에 출퇴근하도록 지어진 모노비츠 노동수용소로 구성된 수용소 단지였다. 따라서 이곳에서는 기차 하차장에서 살 자와 죽을 자의 선별이 이루어졌고, 압송되어 온 유대인의 10% 내지 20%가 노동 인력으로 분류되어 죽음을 두세 달간 유예할 수 있었다. 아우슈비츠의 희생자 수는 110만 명 정도였고, 그 중에서 유대인은 100만 명에 달했다.

아우슈비츠 친위경찰대의 규모가 예외적으로 상당했지만 그것은 아우슈비츠가 수용소 복합단지인 데다가 인근에 들어선 군수공장과의 접촉 등 그 업무가 다양하기 때문이었을 뿐, 학살수용소에 근무하는 인력은 많지 않았다. 그처럼 적은 인력이 다섯 개의 학살수용소에서 비교적 단기간에 280만여 명의 유대인을 학살한 것이다. 이는 수용소 소장과 친위대원, 그리고 동유럽인 경비대와 노동 유대인, 마지막으로 희생자 전체가 관료제적으로 분업화된 하나의 유기적 흐름에 통합되어 있었기 때문이다. 살인은 단 한 번의 행위가 아니라, 인사말로 시작하여 가스 유입을 거쳐 시체 소각에 이르기까지 수십 개로 나누어진 행위들의 종합이었다. 그것은 진정 기계였다. 그것도 살인자들의 '양심'을 보호해주는 기계였다. 이는 여느 공장에서 생산된 상품이 특정 공정을 담당하는 어느 한 노동자의 작품이 아닌 것과 같은 이치였다. 학살기계는 그토록 익명적으로 작동했고, 나치 요원들은 유대인을 직접 죽여야 하는 상황에 직면하는 경우도, 유대인과 직접 접촉할 이유도 별로 없었다. 총격은 경비대원의 몫이었고, 학살과 관련된 업무는 노동 유대인의 몫이었기 때문이다.

그 기계에는 특별한 면모가 한 가지 더 있었다. 학살의 대상인 유대인 스스로가 학살기계의 부품 역할을 톡톡히 해내고 있었던 것이다. 학살이 신속하게 진행되기 위해서는 무엇보다도 희생자들 스스로가 기계의 부품 역할을 해야 했다. 유대인들은 실제로 대부분 스스로 귀중품을 맡기고, 스스로 옷을 벗고, 스스로 가스실로 들어갔다. 그들이 정반대로 행동했다고 하더라도 그들의 운명은 바뀌지 않았겠지만, 나치가 지불해야 하는 비용은 엄청나게 컸을 것이다. 물론 희생자의 협조에는 나치의 속임수가 큰 역할을 했다. 그러나 더욱 중요했던 것은, 며칠 혹은 2주일 이상 밀폐된 열차에서 물 한 모금 마시지 못한 채 콩나물시루 신세로 배고픔과 갈증과 악취에 시달리면서 압송되어 온 그들은 이미 고향에서 나치의 폭력에 시달리던 끝에 유대인 공동체 외부의 세상을 바라본다거나 미래를 예측할 수 있는 능력을 상실해버렸다. 그리하여 지극히 협소한 사회적 시공간만 보유하게 된 그들은 어느덧 만사에 무신경하거나, 혹은 나치의 뻔한 거짓말에도 희망을 걸고 싶어했다. 절망과 희망, 무관심과 기대의 기괴한 결합이 희생자들을 학살기계의 한 부품으로 만들었던 것이다. 희생자이면서 가해자가 되어야 했던 노동 유대인들의 악마적인 운명도 마찬가지였다. 그들은 즉각적인 죽임을 모면하고 있었지만, 죽일 유대인의 수가 줄어들면 스스로의 존재 이유가 소멸되어 자신이 죽어야 하는 존재였다. 그리고 그들은 이런 저런 통로를 통하여, 사태가 어떻게 돌아가는지 알 수 있는 사람들이기도 했다. 따라서 수용소에서 나치에 대항하여 봉기할 수 있는 유대인도 그들뿐이었다. 앞서 언급한 봉기 역시 그들이 일으킨 거사였다.

홀로코스트는 1942년 초에 결정되었지만, 그 후 학살이 균일한 리듬에 따라 전개된 것은 아니다. 1942년 3월 중순까지 살해된 유대인의 수는 120만 명 내지 150만 명, 즉 홀로코스트 희생자 전체의 20% 내지 25%였는데, 1943년 2월 중순이 되면 그 비율이 정확히 역전된다. 이제 이미 죽어버린 유대인의 비율이 75% 내지 80%이고, 이후 2년 3개월 동안 죽게 될 유대인이 20% 내지 25%이게 되었던 것이다. 다시 말해서 학살은 1942년 봄부터 1943년 초까지 격렬하게 실시되다가, 1943년 봄 이후에 그 속도가 상당히 감소했다. 이는 나치 지도부가 격렬한 내부 논쟁 끝에 1942년 가을에, 유대인을 마구잡이로 죽일 것이 아니라 노동에 투입하기로 결정했기 때문이다. 전황이 크게 기우는 가운데 노동력 부족 사태가 갈수록 심각해졌던 것이다. 1943년 초 나치 독일은 부족한 노동력의 규모를 150만 명으로 추산하고 있었다.

그리하여 1942~1943년부터 수많은 노동수용소가 건립되었다. 바르테란트에만 200여 개가 설립되었고, 총독령 폴란드에 300여 개가 있었다. 노동수용소는 폴란드뿐만 아니라 독일의 지배령 전역에 있었다. 그 중 대표적인 것이 아우슈비츠, 폴란드의 그로스-로젠, 마이다네크, 독일의 부헨발트와 다카우, 오스트리아의 마우트하우젠 등이었다. 그리고 노동수용소에는 유대인뿐만 아니라 폴란드인과 러시아인은 물론 독일을 비롯하여 전 유럽에서 압송되어 온 사람들이 함께 있었다. 규모도 다양했다. 아우슈비츠와 모노비츠처럼 수감자의 수가 각각 최대 4만여 명에 달하는 곳도 있었고, 게토의 유대인이 대부분 압송된 뒤 노동수용소로 전환한 곳도, 달랑 막사 하나만 서 있는 곳도 있었다. 대형 수용소는 본부 외에 수십 개의 지부 수용소로 분화 및 확장되었는데, 그때 지부는 사기업 혹은 친위대가 직접 경영하는 친위대-기업 근처에 설치되었다. 수감자가 개인 기업에 고용될 경우, 그것은 친위대로부터 노동자를 임대하는 방식에 따른 것으로, 그 대표적인 예가 모노비츠 수형자들이 연합화학(I. G. Farben), 크루프(Krupp), 지멘스(Siemens) 등의 공장에 고용된 것이었다. 수형자들에게 부과된 노동은 공장 노동, 벙커 건설, 채석, 벌목, 목재 가공, 벽돌 제조, 피복 등 매우 다양했다. 그러나 공통점이 있었다. 기술 수준이 높은 공장이든, 터널을 파는 작업이든, 아니면 학살당한 유대인의 소지품을 분류하거나 수선하는 단순 작업이든, 유대인의 노동은 압도적으로 육체노동이었다.

육체노동은 폭력을 부르기에 안성맞춤인 노동이다. 움직임이 둔하든, 행위 규범을 위반하든, 실적이 미비하든, 수감자의 행동 하나하나가 감시의 시선에 노출될 수밖에 없기 때문이다. 따라서 노동수용소는 폭력이 원리이자 일상인 세계였다. 그리고 수용소에서 필요한 노동력은 외부로부터 언제라도 얼마든지 공급할 수 있었기에, 폭력과 생산성의 상관관계는 고려의 대상이 아니었다. 따라서 수용소의 생산성은 대단히 낮아서 일반 노동자의 40%에 불과했다. 그러므로 수용소에서 폭력은 생산의 수단이 아니라 목표였고 폭력의 구실은 지극히 자의적이고 가변적이었다. 따라서 언제 어떤 폭력이 날아올지 합리적 예측은 불가능했다. 그리하여 폭력의 희생자는 쉽사리 폭력 메커니즘의 공범으로 이용될 수 있었다. 체제의 일부가 되면 조금이나마 상황이 계산 가능해졌기 때문이다. 따라서 유대인들은 수형자 대표, 블록장, 막사장, 행정직, 식당, 세탁실, 창고, 수리실, 노동조 조장 등의 수용소 관리직에 기꺼이 선택되고자 했고, 선택되면 자기 일에 최선을 다했다. 그것은 지배에 절대적으로 예속된 자치요, 지배와 예속이 하나의 관료제적 흐름에 통합된 체제였다.

친위대의 폭력은 제멋대로인 데다 변덕스러웠다. 그러나 폭력의 자의성과 가변성에는 어떤 배가 상수가 부착되어 있었다. 폭력의 구실은, 작업 중에 대화를 한다거나, 복장이 불량하다거나, 노동조의 수가 맞지 않는다거나, 행진 대형이 흐트러졌다거나, 장갑 한 짝을 훔쳤다거나, 물건을 거래했다거나, 금지 품목을 소유하고 있었다거나 등등이었다. 그 모든 위반의 공통점은 질서의 위반이다. 그리고 그 질서에 부착되어 있는 규범은 정직, 청결, 정확성, 규율, 절제 등이다. 그러므로 수용소의 폭력은 야만이 아니라 문명적 규범, 즉 수용소 친위대원들에게 체화되어 있던 근대 독일 혹은 서양 근대의 규범에서 비롯된 것이었다. 따라서 친위대원이 알몸의 유대인을 쇠구슬이 박힌 채찍으로 내려치든, 빵 한 조각으로 어린 유대인을 구슬려 성인 유대인을 쏘아 죽이게 하든, 그 모든 것은 규범적 행위였던 셈이다.

친위대원의 그 '도덕적 행위'는 유대인 수감자에게 죽음을 의미했다. 마우트하우젠 수용소에서는 1942년 11~12월, 1943년 1~2월, 1943년 11~12월에 유대인의 월간 사망률이 100%였다. 이 수용소의 경우가 예외가 아니었음은, 전체 노동수용소에서 유대인의 생존 기간이 평균 서너 달에 불과했다는 사실에서 알 수 있다. 노동수용소에 도착하여 샤워를 한 뒤 팔뚝에 수형번호 문신을 새기고 수형복을 입고, 그렇게 자신의 사회문화적 정체성을 빼앗긴 채 강제노동과 추위, 구타와 저급한 음식에 시달리게 되면 그들은 곧 현실과 환상의 경계를 넘나들게 되었다. 수용소로 압송되기 전 그들은 꿈 속에서 자기 집 대문을 향해 다가오는 게슈타포의 발걸음 소리에 가위에 눌렸지만, 현실의 폭력이 그 어떤 상상도 능가하는 수용소의 꿈 속에서 그들은 폭력이 아니라 무시간적인 자연 영상을 보았다. 그런 시간이 한 달 정도 흐르면, 멀쩡한 20대 청년도 산송장으로 변했다. 눈동자에 초점이 없어지고, 먹고 마시고 일하고 움직이는 모든 행위에 아무런 의미가 동반되지 않는, 그렇게 맹목적이고 그저 습관적으로 움직이는, 자신의 이름조차 잊어버리기도 하는 그 껍데기 인간을 유대인들 스스로가 '무젤만(회교도)'이라고 불렀다.

그리하여 어느 게토가 해체되어 그 유대인들이 노동수용소에 오게 되고, 그에 따라 수용소 수형자들 가운데, 학살수용소로 보내든 인근 처형장에서 사살해버리든, 죽여야 할 수가 확정되면 1순위는 무젤만이었다. 그리고 살 자와 죽을 자를 가려내는 선별 작업은 순식간에 이루어졌다. 알몸 상태의 유대인 200여 명을 친위대 장교 앞을 통과하게 하여 죽을 자들을 가려내는 데 걸리는 시간은 3분에서 4분에 불과했고, 1만 2000여 명을 검사하는 데 한나절이면 족했다. 생과 사는 그렇게 문자 그대로 눈 깜빡하는 순간에 결정되고 있었다. 그리고 친위대원들은 선별된 무젤만을 보면서, 저 인간은 차라리 죽여주는 게 인간적인 일이라고 중얼거렸다. 그렇게 노동수용소 역시 반(半)자동 살인기계였다. 다만 그곳은 독가스를 통한 절멸의 장소가 아니라, 노동을 통한 절멸의 장소였다.

독가스와 노동이 학살의 방식으로 채택되었다고 해서, 게토의 유대인 전체를 총격으로 살해하거나 농촌 마을을 찾아다니며 유대인을 사냥하는 방법이 없어졌던 것은 아니다. 러시아, 우크라이나, 벨라루시, 발트 해 지역의 유대인은, 소비부르로 끌려간 극소수를 제외하고는 모두가 직접적인 살인에 의해 죽임을 당했다. 홀로코스트는 결코 학살수용소의 의학적 살인과 노동수용소의 유도된 살인만이 아니었다. 그 절반은 야만적인 뒷머리 총격으로 진행되었다. 이는 학살 및 노동수용소가 가장 많았던 폴란드에서도 마찬가지였다. 예컨대 나치는 1943년 11월 3일과 4일, 폴란드 루블린 지구의 마이다네크, 트라브니키, 포니아토바 노동수용소 뒤에 거대한 구덩이를 파고, 해당 수용소는 물론 인근에 산재해 있는 수용소의 유대인들까지 모조리 압송해서 이틀 동안 무려 4만 3000여 명의 유대인을 학살했다. 작전명 '추수축제'였던 그 사건은 홀로코스트 최대의 집단 학살이다.

남녀노소를 가리지 않고 사람을 구덩이 앞에 무릎 꿇게 한 뒤 뒷머리를 쏘아 구덩이로 떨어뜨리는 살인을 쉬지 않고 수행하고 그 와중에 실수로 한 명이 완전히 죽지 않은 채 구덩이에 처박히기라도 하면 직접 구덩이로 내려가서 조준사격으로 쏘아 죽이고, 그렇게 하여 온몸을 피로 물들인 채 구덩이 밖으로 기어 올라와서 다시금 조준사격에 몰두하던 그 사람들은 도대체 어떻게 된 사람들일까? 홀로코스트에서 직접 사람을 죽인 가해자는 대부분 친위대원직과 경찰직을 겸직하는 자들이었다. 그러나 그들만이 아니었다. 죽일 대상은 확정되었는데 경찰 인력이 부족하면, 친위대는 독일군 병사는 물론 심지어 철도 역무원까지 동원했다. 철도 역무원은 물론 예외적인 경우였지만, 경찰관들 중에는 나치 이데올로기와 전혀 무관한 사람들도 많았다. 예컨대 '추수축제'에 참여한 제101예비경찰대가 그랬다. 그 대원들은 평균 연령이 40세로 나치 이전에 사회화가 이루어진 사람들이었고, 직업적으로는 나치와 거리가 가장 멀었던 노동자 출신이 60%를 넘었으며, 독일에서 가장 자유주의적이던 함부르크의 시민들이었다. 그러나 그들의 행동은 정규 친위대원들과 아무런 차이를 보이지 않았다. 그들 500명이 1942년 7월부터 '추수축제'까지 직접 죽이거나 죽도록 이끈 유대인 수는 무려 8만 3000여 명이었다.

그처럼 지극히 평균적인 독일인들이 나치와 무관하게 애초부터 유대인을 없애버리려 했다고 가정하는 것은 불가능하다. 나치 수뇌조차 1942년 초에 와서야 절멸을 결정했기 때문이다. 따라서 가해자의 행위는 가해 상황에서 직접 설명되어야 한다. 직접적인 학살에서도 관료제적 분업의 원리가 작동했다. 경찰대원들은 유대인을 집합시키는 분대, 모인 유대인을 숲으로 이동시키는 분대, 일부 유대인을 미리 숲으로 끌고 가서 구덩이를 파도록 하는 분대, 인근을 경비하는 분대, 구덩이 모서리에서 조준사격을 하는 분대로 나누어졌다. 그래야 효율성이 높고, 또한 그래야만 책임을 분산할 수 있기 때문이다. 그러나 학살의 책임은 분산될지언정 모면할 수는 없는 노릇이었다. 살인이 너무도 직접적이었기 때문이다. 따라서 처음으로 학살 과제를 떠맡으면 당황했다. 일부 경찰관은 아예 빠졌고, 일부는 시늉만 냈으며, 나머지는 학살 작전에 참여했고, 그 와중에 그리고 특히 일을 마친 뒤에는 모두가 보드카를 엉망으로 들이켰다. 그러나 두 번째 작전에서는 빠지거나 회피하는 사람이 크게 줄었고, 그 다음에는 전원이 참여했다. 즉 반복이 도덕적 금지의 기준선을 바꿔놓고 있었던 것이다.

기준선이 바뀌었어도 도덕은 도덕이다. 그들의 도덕은 오히려 학살의 한 요소였다. 경찰대 대장이 눈물을 그렁거리면서 진심으로 고통스럽게 학살 업무를 설명하면, 감동한 대원들은 대장의 짐을 덜어주고자 살인했다. 유대인 엄마 옆에 어린 아기가 매달려 있으면, 엄마 없는 아기는 불쌍하다면서 아이부터 쐈다. 도덕은 다른 식으로도 작동했다. 학살대원 중에는 거의 언제나 사디스트 혹은 광신적인 나치가 있었다. 예컨대 시체에 걸터앉아서 빵에 마가린을 발라 먹던 자들이 그들이다. 살인 업무에 괴로워하는 대원들은 바로 그 사디스트를 보면서, 자신은 훨씬 인간적으로 죽인다면서 유대인의 뒷머리를 쏘았다. 나치의 이데올로기 선전은 바로 이 맥락에서 작동했다. 쏘아야 하는 그에게, 유대인은 독일인의 대적이라는 구호, 그리고 고향에는 현재 유대인이 조정하는 영국과 미국 공군이 독일 민간인을 폭격하고 있다는 선동이 살인의 구실이 되었다. 그리고 이미 쏘아버린 그에게 나치 이데올로기는 옳은 것이어야 했다. 그리고 두 번째 작전에서 그는 더욱 적극적이어야 했다. 그래야 지난 번 살인을 내적으로 정당화할 수 있기 때문이었다.

독가스 살포와 강제노동과 사냥이 한창 진행되던 1944년 10월 드디어 소련군이 동프로이센에 도착했다. 패전이 코앞에 닥친 것이다. 이제 수용소의 유대인들을 어떻게 할 것인가? 1944년 중반까지 나치는 소련군이 다가오면 유대인을 현장에서 죽이거나 학살수용소로 보냈다. 그러나 1944년 말부터 나치는 수용소의 유대인을 서쪽으로 소개시키기 시작했다. 아마도 힘러는 한편으로는 그들의 노동력이 여전히 필요하다고 여긴 듯하고, 다른 한편으로는 연합군의 배후에는 유대인이 있으므로 수중의 유대인을 인질로 써먹을 수 있다고 생각한 듯하다. 그리하여 경우에 따라 수백 명에서 수천 명에 달하는 유대인들을 때로는 기차로, 기차가 없으면 우마차로, 그것도 없으면 보도로 행진시키는 소개 작전, 당시 유대인들의 표현으로는 '죽음의 행진'이 시작되었다. 1945년 1월에 소련군이 동계 공세를 개시하자, 가속적으로 축소되는 나치 지배령 전체에서 흡사 민족 이동을 방불케 하는 움직임이 펼쳐졌다. 무수한 행렬이 흩날리는 먼지처럼 동에서 서로, 다시 남과 북으로, 또다시 동으로 움직이고 있었다. 그 행렬이 문자 그대로 죽음의 행진이었음은, 1944년 말까지 수용소에 남아 있던 20만여 명의 유대인 중에서 절반이 그 행진 속에서 죽었다는 사실에서 드러난다. 게다가 그 행진은 1945년 4월에 베를린이 포위되고 그 달 30일에 히틀러가 자살했음에도 불구하고, 즉 유대인들이 노동력의 이용과도 연합군과의 협상과도 절대적으로 무관해진 뒤에도 계속되었고, 오로지 소련군 또는 미군과 직접 마주친 뒤에야 끝났다.

한 가지 구체적인 예를 들어보자. 아우슈비츠의 수형자들 5만 8000명은 1월 17일과 21일 사이에 1000여 명 혹은 수천 명씩 행렬을 이루어, 일부는 독일 중북부 니더작센에 위치한 여러 수용소로 걸어갔고, 일부는 니더슐레지엔의 그로스-로젠 수용소로 갔다. 그들 중 그로스-로젠 수용소의 분소인 슐레지어제에 도착한 유대인 여성 970명은, 1월 20일에 다시 그곳을 떠나 8박 9일 동안 행진한 끝에 약 100킬로미터 떨어진 그뤼네베르크 수용소에 도착했다. 1월 말의 혹한 속에서 유대인 여성들은 얼어붙은 겨울 길을 누더기에 때로는 맨발로 걸어야 했다. 행진 중에 20명이 쓰러져 죽었고, 130명이 사살당했다. 소련군이 접근해오자 1월 29일, 그들은 수용소의 다른 여성들과 함께 그곳을 떠났다. 총 1100명이 5주일 동안 걸어서 3월 6일에 바이에른의 오버프랑켄에 위치한 헬름브레트 수용소에 도착했다. 그 동안 479명이 죽고, 621명이 남았다. 그들은 그곳에 약 5주 동안 머물렀는데, 그때 또다시 44명이 죽었다.

4월 13일, 그들은 또 한 번의 죽음의 행진에 나섰다. 580명이 체코 국경을 따라 하루 평균 16킬로미터씩을 걸었다. 5월 4일, 이미 300킬로미터 이상을 행진한 그들이 오스트리아 국경 근처까지 왔을 때 미군기가 기총소사를 가했다. 친위경찰 경비병 한 명이 사망했고 유대인 여성들도 부상을 입었다. 인근의 독일군이 이 광경을 목격하고 부상당한 유대인 여성을 야전병원으로 데려갔다. 그러자 친위 경찰은 그들을 끌어내어 행렬에 포함시켰고, 기총소사에 대한 보복으로 그 날 밤 유대인 여성 12명을 사살했다. 이튿날 그들은 그 어디로도 갈 곳이 없었다. 그러자 그들은 유대인들을 오스트리아 국경 너머로 밀어버리기로 결정했다. 그러나 5월 6일, 오스트리아 국경에서 1.5킬로 떨어진 곳에서 결국 미군을 만났다. 나치 경찰은 도주했고 미군이 발견한 유대인 여성은 118명이었다. 도망간 여성을 빼고 대략 270명이 한 달이 채 안 되는 행진으로 죽은 상태였다. 5월 7일, 미군 의무 장교 한 명이 유대인 여성들이 누워 있는 헛간을 찾았다. 그는 50세 정도로 보이는 유대인 여성 한 명에게 나이를 물었다. 17세라는 답변이 돌아왔다.

◯ 기본문헌

라울 힐베르크, 『홀로코스트, 유럽유대인의 파괴』, 김학이 옮김(개마고원, 2008)
1961년에 초판이 간행된 책으로, 현존하는 가장 위대한 홀로코스트 연구서이다.
최호근, 『서양 현대사의 블랙박스. 나치 대학살』(푸른역사, 2006)
한국의 서양사학자가 서술한 유일한 홀로코스트 연구서로, 학살자의 논리는 물론
유대인 저항의 역사 역시 고르게 서술했다.
한나 아렌트, 『예루살렘의 아이히만』, 김선욱 옮김(한길사, 2006)
홀로코스트 조직자 아돌프 아이히만에 대한 1961년 예루살렘 재판을 방청하면서, 학
살 가해자의 내면을 나치즘의 작동 원리 속에서 고찰한 책. 저자의 『전체주의의 기
원』과 함께 읽으면 나치즘 전반과 홀로코스트에 대한 깊은 이해에 도달할 수 있다.
로버트 S. 위스트리치, 『히틀러와 홀로코스트』, 송충기 옮김(을유문화사, 2004)
나치 이외의 홀로코스트 협력자들에 대한 종합적 서술이 돋보이는 책으로, 이스라
엘 역사가답게 나치의 이데올로기와 의도에 역점을 두어 유대인 학살을 해석했다.
마이클 돕코우스키, 『현대 사회와 제노사이드』, 장원석 외 옮김(각, 2005)
홀로코스트를 포함하여 근대에 발생한 여러 제노사이드에 대한 이론적 성찰을 종
합한 책이다.
루돌프 헤스, 『헤스의 고백록』, 서석연 옮김(범우사, 2006)
아우슈비츠 수용소 소장이었던 헤스의 전쟁 직후 회고록으로, 가해자의 내적 논리
가 잘 드러난 책이다.
프리모 레비, 『이것이 인간인가』, 이현경 옮김(돌베개, 2007)
아우슈비츠에서 살아남은 저자가 전쟁 직후에 수용소 생활을 회고한 책으로, 수용

소의 구체적 일상을 생생하게 접할 수 있다.

데틀레프 포이케르트, 『나치 시대의 일상사』, 김학이 옮김(개마고원, 2003)
나치즘의 작동 논리와 나치 시대 일상에 대한 탁월한 개설서이자, 나치 인종주의에 대한 사회적 해석을 제시한 책이다.

알베르트 슈페어, 『기억』, 김기영 옮김(마티, 2007)
제2차 세계대전 후반기 나치 정부의 군수부 장관을 지낸 사람의 전후 회고록으로, 나치 체제의 작동 방식에 대한 통찰을 얻을 수 있다.

Peter Longerich, *Politik der Vernichtung*(Piper, 1998)
나치 집권부터 홀로코스트의 결정에 이르기까지 나치의 정책 결정 과정을 세밀하게 추적한 책이다.

○ 참고문헌

돕코우스키, 마이클, 『현대사회와 제노사이드』, 장원석 외 옮김, 각, 2005.

레비, 프리모, 『이것이 인간인가』, 이현경 옮김, 돌베개, 2007.

헤스, 루돌프, 『헤스의 고백록』, 서석연 옮김, 범우사, 2006.

힐베르크, 라울, 『홀로코스트, 유럽위대인의 파괴』, 김학이 옮김, 개마고원, 2008.

Aly, Götz, *Vordenker der Vernichtung. Auschwitz und die deutschen Pläne für eine europäische Ordnung*, Fischer, 2004.

Bauman, Zygmunt, *Modernity and the Holocaust*, Cornell University Press, 2001.

Browning, Christopher R., *Ordinary Men. Reserve Police Battalion 101 and the Final Solution in Poland*, Penguin Books, 1998.

Goldhagen, Daniel, *Hitler's Willing Executioners. Ordinary Germans and the Holocaust*, Vintage Books, 1997.

Graml, Hermann, *Reichskristallnacht. Antisemitism und Judenverfolgung im Dritten Reich*, dtv, 1988.

Johnson, Eric A., *Nazi Terror. The Gestapo, Jews, and Ordinary Germans*, Basic Books, 2000.

Kershaw, Ian, *Popular Opinion and Political Dissent in the Third Reich. Bavaria 1933-1945*, Oxford University Press, 2002.

Langmuir, Gavin I., *Toward a Definition of Antisemitism*, University of California Press, 1990.

Longerich, Peter, *Politik der Vernichtung*, Piper, 1998.

Pohl, Dieter, *Holocaust. Die Ursachen–das Geschehen–die Folgen*, Herder, 2000.

Poliakov, Leon, *The Aryan Myth. A History of Racist and Nationalistic Ideas in Europe*, Barns & Noble, 1996.

Sofsky, Wolfgang, *Die Ordnung des Terrors. Das Konzentrationslager*, Fischer, 1993.

Welzer, Harald, *Täter. Wie aus ganz normalen Menschen Massenmörder werden*, Fischer, 2005.

제7장

식민제국의 해체와 제3세계의 대두

이용재 전북대 사학과

【연표】

1942	인도국민회의의 '인도 철수(Quit India)' 법안을 통과시킴, 반영 폭동 발생
1944. 1	콩고의 브라자빌에서 연합국 식민회담 개최
1945. 5	알제리의 세티프에서 반식민주의 봉기 발생
1945	국제연합 탄생
1946	프랑스연합 설립
1947. 3	프랑스령 마다가스카르에서 반식민주의 유혈봉기 발생
1947	인도, 파키스탄, 버마(미얀마) 독립
1946~1954	인도차이나 해방전쟁
1949. 11	인도네시아 독립
1952~1955	영국령 케냐에서 마우마우 봉기 발생
1954~1962	알제리 해방전쟁
1955. 4	반둥 비동맹 선언
1956. 3	모로코와 튀니지 독립
1956. 7	수에즈 운하 위기
1957	가나와 말레이시아 독립
1960~1961	검은아프리카 18개국 독립(카메룬, 토고, 마다가스카르, 다호메이, 니제르, 오트볼타, 코트디부아르, 세네갈, 차드, 콩고-브라자빌, 콩고-킨샤사, 중앙아프리카, 가봉, 소말리아, 모리타니, 나이지리아, 시에라리온, 탄자니아)
1961~1974	앙골라 해방전쟁
1962. 3	에비앙 협정, 알제리 독립
1962~1963	루안다, 부룬디, 우간다, 케냐 독립
1964~1966	말라위, 잠비아, 보츠와나, 감비아 독립
1964~1974	모잠비크 해방전쟁
1963	아프리카연합기구 탄생
1974~1975	앙골라, 모잠비크, 기니비사우 독립
1980	짐바브웨 독립

'탈식민화'와 '민족해방' 사이

'탈식민화(decolonization)'라는 신조어가 처음 등장한 것은 제1차 세계대전 후 '서구의 몰락'으로 표현되는 국제 정세의 변화에 대응하여 유럽 식민제국들이 식민지와의 새로운 관계를 모색하던 1930년대였다. 모리츠 본(Moritz Bonn)은 『사회과학 백과사전』(1932)의 '제국주의' 항목에서 "제국 형성의 시대에 뒤이어 제국 해체의 시대가 시작되고 있다."고 언급하면서 이렇게 달라진 정세를 탈식민화라는 용어로 표현했다. 탈식민화는 대영제국의 해체를 다룬 본의 주저 『제국의 붕괴(*Crumbling of Empire*)』(1938)에서 널리 쓰이면서 영미권에서 본격적으로 학술어로 자리를 잡았다.

반면에 프랑스에서 탈식민화라는 용어가 눈길을 끌기 시작한 것은 제2차 세계대전 이후 아시아와 아프리카에서 독립을 요구하는 식민지인들의 거침없는 함성이 울려 퍼지던 1950년대에 들어서였다. 서아프리카 식민행정관을 지낸 앙리 라부레(Henri Labouret)는 『식민화·식민주의·탈식민화(*Colonisation, Colonialisme, Décolonisation*)』(1952)에서 탈식민화는 종주국이 현명한 정책을 쓴다면 충분히 피할 수 있는 잘못된 길이라고 본 반면에, 인도차이나에서 식민지 해방전쟁을 직접 겪은 폴 뮈(Paul Mus)는 『프랑스연합의 운명(*Le Destin de l'Union française*)』(1954)에서 탈식민화는 돌이킬 수 없는 역사의 추세로 프랑스 제국도 이러한 길로 나아갈 수밖에 없을 것이라고 진단했다.

탈식민화라는 용어가 종주국 정부의 공식 식민지 정책을 거스르는 선동 구호의 범주를 벗어나서 세계사의 진보적 흐름을 나타내는 시사용어로 여론에 받아들여지기 시작한 것은 식민 제국의 해체가 기정사실이 된 1960년대에 접어들면서였다. 하지만 유럽의 옛 식민제국들에서는 여전히 탈식민화라는 용어를 고집하는 반면에, 식민지에서 독립한 아시아·아프리카의 신생국들은 '민족해방(national liberation)' 또는 '독립회복(resumption of independence)'이라는 용어를 즐겨 사용했다. 사실 탈식민화와 민족해방은 동일한 역사 현상에 대한 상반된 시각을 담고 있다. 탈식민화가 유럽 종주국이 식민제국의 건설에서와 마찬가지로 그 해체에서도 주도권을 쥐고 있었으며 따라서 제국의 해체는 종주국의 식민정책 변화의 일환일 따름이라는 해석을 암암리에 내포하고 있다면, 민족해방은 식민지에서의 민족주의 운동과 원주민들의 주체적인 해방투쟁이 식민세력을 내쫓고 제국을 붕괴시킨 원동력이었다는 관점에 입각해 있다. 요컨대 전자가 식민세력의 '철수(pull out)'에 초점을 두는 반면, 후자는 식민세력의 '축출(push out)'을 강조한다(Springhall, 2001, 3쪽).

이렇듯 식민지 해방을 둘러싼 격동의 역사현장에서 탄생한 탈식민화라는 용어는 애초부터 "특정한 역사적 교의와 도덕적 당위의 가치를 담고" 있었으며, 그만큼 객관적인 학술어로 순조롭게 자리잡기 힘들었다. "탈식민화는 아직 합의된 정의를 얻지 못하고 있다."는 것이 연구자들의 한결같은 지적이다. 오늘날 탈식민화라는 용어는 애매하고 중층적인 의미가 뒤섞인 채 막연하게 식민제국의 해체를 뜻하는 역사 용어로 굳어져버렸다(Pervilé, 1993, 15~16쪽).

따라서 탈식민화의 개념과 범주에 대해 몇 가지 덧붙이고 넘어가자.

우선, 탈식민화는 국제 정세의 변화와 식민지의 요구에 대응한 종주국의 정책 전환의 결과, 즉 식민지 건설로 시작해서 그 해체로 매듭짓는 몇 세기에 걸친 유럽 식민통치의 완결판인가 아니면 식민지인의 항거와 독립운동에 의한 식민제국의 붕괴인가? 탈식민화를 식민화의 궁극적 귀결로 보는 견해는 주로 제2차 세계대전 이후 국제 정세의 급격한 변동에 주목하고 식민지의 법적, 제도적 지위 변화를 중시하며 탈식민화의 추동력을 종주국의 정책 변화에서 찾고자 한다. 하지만 이렇게 탈식민화를 식민화의 연장선에 두는 견해는 식민지인들의 독립을 향한 열정과 주체적인 역량을 과소평가하는 경향이 있다. 식민지에서의 토착인들의 각성과 민족주의 운동의 성장이 식민 모국의 정책 전환이나 국제 정세의 변모 못지않게 탈식민화 과정에서 주요한 역할을 담당했음은 의심할 나위가 없는 사실이다. 식민지에서 싹튼 민족해방운동의 결실이라고 할 수 있는 비동맹운동이 아시아와 특히 아프리카에서 식민지 해방으로 나아가는 이념적 토대와 국제적 연대를 제공해준 것이다.

하지만 문제는 토착 민족주의의 성장과 독립운동의 전개라는 내재적 요인만으로는 지난 반세기 동안 아시아에서 아프리카에 이르기까지 시·공간적으로 넓은 지평에 펼쳐진 탈식민화의 궤적을 모두 포착해낼 수 없다는 데 있다. 정치·경제적 발전 정도가 서로 다르고 다양한 종족 분포를 지닌 중앙아프리카 식민지들이 하루아침에 신생국으로 탈바꿈한 것은 탈식민화가 내재적 역량의 성숙에 의해서보다 외부의 요구와 이해관계에 의해 진행되었으리라는 사실을 짐작하게 해준다. 사실 탈식민화는 식민지의 독립에 대한 열망과 종주국의 대응 양식이 변동하는 국제 정세 속에서 현지의 실정에 따라 일정한 접점을 찾으면서 다양한 양태로 전개된다.

다음으로, 탈식민화는 식민지 영토의 독립을 의미하는가 아니면 토착인의 해방을 의미하는가? 식민지 해방의 연대기를 들추어보면, 이미 18세기 말부터 20세기 초에 걸쳐 아메리카 대륙의 여러 식민지가 유럽 종주국으로부터 독립을 달성했음을 알 수 있다. 북아메리카의 영국 식민지들은 모국과 전쟁을 치르면서 1783년에 마침내 주권국가로 독립했다. 남아메리카에서는 1808년에 브라질이 오랜 협상과 타협을 거쳐 본국 포르투갈에서 독립한 데 뒤이어, 1813년에 파라과이에서 시작해서 1868년에 쿠바에 이르기까지 에스파냐의 지배를 받던 10여 군데의 식민지가 때로는 본국과의 거친 투쟁을 거치면서 차례로 주권을 획득했다.

하지만 아메리카 대륙의 식민지 해방은 오래전부터 식민지로 이주해 와서 지배층을 형성한 백인 이주민들이 본국의 간섭과 통제에서 벗어나고자 한 분리 투쟁의 결과였으며, 신생 독립국들은 모두 백인 정착민들에 의해 통치되었다. 요컨대 토착인의 입장에서 볼 때, 식민지의 독립은 식민주의의 종식이라기보다는 백인 이주민의 증대를 동반한 식민 구도의 연속일 따름이었다. 따라서 종주국으로부터 독립한 이후 백인 이주민에 의한 토착인의 수탈 구조가 더욱 강화된 아메리카 대륙에서의 신생 독립국들의 탄생은 진정한 의미의 탈식민화로 볼 수 없다. 1910년 영국의 자치령(dominion)에서 독립한 남아프리카 공화국이나 1965년에 소수파 백인들이 영국 본토에 맞서 일방적으로 독립을 선언한 남(南)로데지아를 탈식민화의 범주에 포함시킬 수 없는 것도 바로 이러한 이유에서이다. 남아프리카 공화국과 남로데지아는 각각 1990년과 1980년까지 소수파 백인이 계속해서 지배해왔다. 따라서 탈식민화는 '식민지 영토의 독립이 아니라 백인 지배층으로부터의 토착인의 해방'을 의미하는 것으로 보아야 할 것이다.[1]

식민지 해방을 향하여

기로에 선 식민제국

유럽 열강에 의한 세계 분할이 완료된 20세기 초, 식민제국은 식민 종주국의 이익에 봉사하는 경제적 배후기지인 동시에 종주국의 국력과 패권의 상징이었다. 19세기 말에 불붙은 열강 사이의 식민지 쟁탈전은 결국 제1차 세계대전으로 이어졌다. 서로 맞싸운 유럽 열강들은 전쟁에서 승리하기 위

• • • • • • • • • • • • • • • • • • • •

1 이러한 의미에서 페르비예(G. Pervillé)는 한 국가에 의한 식민지 영토 지배의 종식과 진정한 의미의 식민주의 종식을 구별해서 전자는 décolonialisation으로, 후자는 décolonisation으로 부르자고 제안한다(Pervillé, 1993, 19쪽). 한편 1990년대에 소련에서 한꺼번에 독립한 동유럽 위성국들의 사례는 탈식민화의 범주에 포함시키지 않는 것이 일반적인 견해이다. 하지만 몇몇 연구자는 러시아 제국의 해체 역시 탈식민화로 규정하기도 한다(Chamberlain, 1999, 93~115쪽).

해 식민지의 물적·인적 자원을 서슴없이 동원했으며, 종주국을 위해 값진 희생을 치른 식민지인들은 적어도 완전한 독립까지는 아니더라도 일정한 자치와 개선을 얻어낼 수 있으리라 기대했다. 하지만 이는 순진한 환상에 지나지 않았다. 전후의 폐허 위에서 경제 회복과 국력 재건 과제에 봉착한 유럽 열강들은 여전히 식민제국의 필요성을 믿고 있었으며 지배인종으로서의 우월감과 비유럽 세계를 문명화해야 한다는 해묵은 주술에 더욱 매달렸다.

제1차 세계대전 직후 영국과 프랑스는 아프리카와 아시아에서 식민지 영토를 더욱 확장했을 뿐만 아니라, 오스만 터키 제국이 해체된 후 국제연맹의 결정에 따라 이라크, 시리아, 레바논 등지를 위임통치(mandate)하게 되면서 중동지역까지 영향권에 넣었다. 패전국 독일은 모든 식민지를 상실했으나, 독일 식민지들은 독립의 기쁨을 맛보기는커녕 마치 전리품인 양 영국, 프랑스, 벨기에, 일본 등 승전국으로 고스란히 넘어갔다. 식민지 유지의 경제적 부담에 골몰하던 영국은 1931년 웨스트민스터 회담을 계기로 캐나다, 오스트레일리아, 뉴질랜드, 남아프리카 연방 등 다수 백인 거주지에 주권 국가와 다름없는 자치령(dominions)의 지위를 부여한 후 영국 본토와의 유대를 강화한 영연방(British Commonwealth)을 결성했다. 이집트에서 격렬한 반식민주의 봉기에 직면한 영국은 국제사회의 압력 속에서 1922년에 서둘러 이집트의 독립을 허용했으며, 1932년에는 이라크의 독립을 승인했다. 하지만 1910년 조선을 합방한 일본이 '대동아공영권'을 주창하며 1931년에 만주를 점령한 데 뒤이어서, 1936년에 이탈리아가 에티오피아를 점령하고 동아프리카 제국을 건설하자 식민지 영토는 한 세대 전에 비해 오히려 늘어난 형국이었다.

제2차 세계대전이 발발할 무렵, 세계 육지 면적의 약 28%, 세계 인구의 약 30%가 여전히 서구 열강과 일본의 식민지 상태에 놓여 있었던 것으로 추정된다.

제2차 세계대전 발발 무렵 식민제국의 영토와 인구(1938년)[2]

식민제국	종주국		식민지	
	면적	인구	면적	인구
영국	244	47,500	13,930	466,520
프랑스	552	42,000	11,840	70,636
네덜란드	41	8,700	2,070	68,375
이탈리아	301	43,600	3,425	12,870
벨기에	31	8,400	2,404	14,300
포르투갈	92	7,500	2,110	10,610
에스파냐	505	25,600	340	1,055
미국	9,373	130,000	328	18,585
일본	378	71,900	299	30,976
합계	11,872	385,200	37,841	694,450
합계 (미국, 일본 제외)	2,121	183,300	37,214	644,891

단위: 면적은 1000km², 인구는 1000명

요컨대 제국주의 후발주자인 미국과 일본을 제외할 경우, 1938년 현재 식민제국들의 영토와 인구는 유럽 7개 식민종주국의 그것과 비교해보면 각각 17.5배, 3.5배에 달한다. '해가 지지 않는 나라' 대영제국은 전 세계에 걸쳐 본국 영토의 57배, 본국 인구의 10배에 달하는 식민제국을 거느렸다. 유럽이 장악한 전체 식민지 영토의 37%, 인구의 72%가 대영제국에 속했다. 특히 전 세계 식민지 인구의 절반이 훨씬 넘는 3억 9000만 인구를 지닌 인도는 글자 그대로 '제국의 진주'였다. 한편 프랑스는 전체 식민지 영토의 32%를 차지했는데, 이는 본국 영토의 20배에 달하는 규모였다. 유럽에서 는 약소국에 지나지 않는 벨기에 역시 콩고를 중심으로 적도 아프리카의 방대한 땅을 차지했는데, 이는 본국 영토의 무려 80배에 달하는 규모로 전

----

2 영국의 경우, 캐나다, 오스트레일리아, 뉴질랜드, 남아프리카 등 자치령을 제외한 수치이 다(Etenad, 2000, 302~316쪽).

체 식민지 영토의 6%에 해당했다.

유럽 열강의 해외 식민지 쟁탈전이 가속화된 19세기 말부터 식민제국들은 한편으로 종주국에 풍부한 노동력과 때로는 병력을 제공하는 인력창고로서, 다른 한편으로 천연자원의 공급처이자 상품 시장으로서의 기능을 떠맡고 있었다. 특히 제1차 세계대전과 경제공황을 거치면서 유럽 열강이 국내외적으로 위기를 맞을 때마다, 식민지에 대한 종주국들의 의존과 수탈은 더욱 강화될 수밖에 없었다. 제2차 세계대전 직전에 유럽 선진국들은 필요한 전체 원료의 20% 정도를 식민지에서 공급받았으며, 석유, 고무, 우라늄, 구리 등 핵심 천연자원들은 전적으로 식민지에 의존하고 있었다. 거대 식민제국일수록 식민지와의 교역 규모 역시 늘어났다. 1913년 영국은 수출품의 36%와 수입품의 20%를 식민지와의 교역에 의존한 반면, 1938년에는 영국 수출품의 44%가 식민지로 향했으며, 수입품의 36%가 식민지에서 나왔다. 프랑스도 마찬가지로 대외수출과 수입에서 식민지 물량이 차지하는 비중이 1913년에 각각 14%와 11%에 그쳤으나, 1938년에는 29%와 26%로 늘었다(Etemad, 2005, 221쪽). 요컨대 종주국의 정치적 위신을 높이고 경제적 안정을 도모하는 데 식민지가 맡은 역할과 중요성은 제2차 세계대전을 앞둔 시기까지 줄곧 커지고 있었다.

하지만 제2차 세계대전을 거치면서 식민제국들은 쇠퇴의 길로 접어들었다. 거대 식민제국 영국과 프랑스는 적어도 대전 초기에는 독일의 침공 앞에 수세를 면치 못했으며 해외 식민지들의 이탈을 막을 여력도 없었다. 프랑스 비시(Vichy) 정권을 앞세운 독일이 북아프리카에서 영향력을 확대해 나가자 드골이 이끄는 런던의 임시정부는 아프리카 식민지들의 충성심을 계속 자기 편에 붙잡아두기 위해 안간힘을 써야 했다. 일본이 동남아시아와 서태평양에 있는 영국, 네덜란드 등 서구 열강의 식민지를 점령하자, 인도에서는 일부 원주민 병력이 독립을 위해 일본측으로 넘어갔다. 강국으로서의 입지를 굳힌 소련과 미국이 식민제국들로 짜진 낡은 세계 질서에 제동을 거는 가운데, 식민 본국에서는 정부의 식민정책에 이의를 제기하고 식민지 독립에 우호적인 여론이 조성되었으며, 그만큼 식민지인들의 저항은 더욱 거세졌다.

1898년에 에스파냐를 꺾고 푸에르토리코, 하와이, 필리핀 등을 차지한 미국은 뒤늦게 식민지 쟁탈전에 합류했다. 하지만 영국의 식민통치에 맞서 독립전쟁을 치른 경험을 지닌 미국은 적어도 원칙적으로는 식민지 지배에 반대하는 입장에 섰다. 미국은 한편으로 제1차 세계대전의 전후 처리 과정에서 윌슨(Wilson) 대통령이 내세운 민족자결주의의 연장선에서, 다른 한편으로 통상 관계에서의 형평성을 요구하는 문호개방 원칙에 따라 유럽 열강의 식민제국 구도에 대해 자주 이의를 제기했다. 식민제국의 해체가 오히려 자국의 이익에 도움이 된다고 판단한 미국은 약속한 대로 제2차 세계대전 직후에 필리핀의 독립을 허용함으로써 유럽 열강을 압박했다. 1947년부터 미-소 냉전기에 접어들면서 미국은 신생 독립국들이 소련의 영향권에 편입될 것을 우려하여 유보적이고 때로는 상충된 입장을 취하기도 했지만, 적어도 해당 지역이 공산주의로 기울지 않는 한 식민지 해방에 호의적인 정책을 고수했다(Droz, 2006, 105쪽). 더욱이 해당 지역의 독립이 자국의 이해관계와 밀접한 관련이 있을 경우, 식민지 해방에 대한 미국의 태도는 더욱 적극적이었다. 북아프리카의 풍부한 부존자원에 눈독을 들인 미국이 프랑스와의 외교적 마찰을 감수하면서까지 모로코와 튀니지의 독립에 우호적인 눈길을 보내고 알제리의 해방투쟁에 외교적 지원을 아끼지 않은 것도 바로 이 때문이었다.

사라져가는 자본주의의 마지막 형태로 간주된 제국주의와 식민주의 체제에 대한 공세가 마르크스-레닌주의에 기반을 둔 소련에게는 당연히 국가의 이념적 토대이기도 했다. 소련의 주도로 1947년에 창설된 코민포름(Cominform, 공산주의 정보국)은 종주국 프랑스에 맞서 해방전쟁을 벌인 인도차이나 공산당에 대해 배후지원을 아끼지 않았으며 공산권의 확대를 위해 식민지 해방투쟁에 직·간접적으로 개입했다. 더욱이 아프리카에서 탈식민화가 본격화된 1960년대 초에 제3세계 비동맹국가들의 눈길이 중국으로 쏠리기 시작하자 공산주의 종주국으로서의 위상을 중국에 넘겨주지 않기 위해서라도 소련은 줄곧 반식민주의 노선을 밀고 나갈 수밖에 없었다.

한편 평화와 번영을 위한 국제기구로 출범한 국제연합(UN)은 비록 식민지 해방전쟁에서 결정적인 영향력을 행사하는 데까지는 이르지 못했지만 적어도 식민지들의 독립에 우호적인 국제 정세를 조성했다. 국제연합은 국가 간의 평등한 권리와 민족자결권을 국제관계의 원리로 재확인했으며 헌장에서 '식민지' 또는 '식민제국'이라는 표현을 삭제하면서 식민지 해방의 당위성을 역설했다. 신생 독립국들의 가입이 늘어날수록 국제연합의 각종 회의장은 식민제국들의 횡포와 전횡을 규탄하는 성토장이 되었으며, 산하기구들은 식민지의 독립을 촉구하는 여러 결의안을 통과시키면서 유럽 종주국들을 압박했다.

전쟁의 폐허 앞에서 유럽의 식민제국들 내부에서도 식민주의에 대해 회의적이거나 반대하는 입장이 고개를 들었다. 지나친 식민지 경쟁이 전쟁의 불씨가 된다는 뒤늦은 반성과 함께 식민지 경영이 과연 종주국에게 경제적 이득을 줄 수 있는가 하는 회의론이 여론을 주도했다. 전후에 정치구도가 재편성되는 과정에서 영국의 노동당이나 프랑스의 공산당 등 좌파 세력은 19세기식의 식민 통치를 밀고 나가려는 보수 정권에 대해 공세를 늦추지 않았으며, 일부 지식인들은 식민지에서 벌어지는 민족해방투쟁을 배후에서 지원하기도 했다. 더욱이 두 차례의 세계대전에서 식민지 병력을 전선으로 동원하기 위해 전쟁 후 개혁과 자치를 식민지에 부여하겠다고 약속했던 종주국들로서는 식민지의 반발을 막으려면 좋든 싫든 어느 정도 양보를 할 수밖에 없는 입장이었다.

이러한 가운데 아시아와 북아프리카 식민지역에서의 민족의식의 각성과 민족주의 운동의 대두는 식민지 해방을 위한 견인차 역할을 했다. 유럽 열강의 나누어 갖기식 다툼으로 종족과 문화를 가로질러 분할 점령된 검은 아프리카 지역을 제외한 거의 모든 식민지에서 제국주의 침략 초기부터 자치 또는 독립을 요구하는 민족주의 운동이 싹텄다. 제1차 세계대전 직후 미국의 윌슨 대통령이 내세운 민족자결주의 원리는 유럽 대륙 외부 식민지인들의 독립을 염두에 둔 것이 아니었음에도 불구하고 주권국가를 세우고자 하는 식민지 엘리트들의 열망을 자극했다. 이집트의 독립을 이끈 민족대표당(Wafd Party, 1919), 튀니지의 초기 독립운동을 이끈 데스투르당(Destour Party, 헌법, 1920) 나아가 19세기 말에 창설된 후 반세기 이상 인도의 독립운동에 앞장선 인도국민회의(Indian National Congress) 등은 국민주권, 대의제 민주주의 등 서구식 제도에 기반을 둔 반식민지 민족해방운동의 구심점이었다.

유럽을 휩쓴 경제공황의 여파가 식민지 민중의 생활에까지 미치기 시작한 1930년대에 민족주의 이념은 부르주아 엘리트의 울타리를 넘어서 농촌 대중과 도시 노동자 계층에까지 파고들었다. 식민지 민족주의는 아시아와 중동 지역에서 이슬람교나 힌두교 등 토착 종교와 결합함으로써 좋았던 옛 시절에 대한 향수를 자극하고 유럽인에 대한 적개심을 부추기기도 했다. 특히 소련은 아시아 각국에서 펼쳐지는 독립운동에 서구식 자유민주주의 체제를 극복할 수 있는 새로운 대안을 제공했다. 인도네시아, 말레이시아, 베트남 등지에서 소련의 후견을 받아 등장한 공산당은 반식민주의 운동에 소련식 공산주의의 옷을 입혀 강력한 무장독립투쟁을 전개했다.

식민제국의 대응양식

지구 영토의 4분의 1을 차지한 대영제국은 두 차례의 세계대전을 거치면서 식민지들과의 새로운 관계를 모색하는 등 일찍부터 탈식민화에 대비했다. 특히 1926년에 영연방이 창설된 후부터 영국의 탈식민 정책은 해당 지역의 정치적 성숙도와 경제적 이해관계를 고려하여 단계적으로 자치(self-government)를 부여하면서 실리를 취한다는 이른바 '점진적 태도(Gradual Mind)'였다(White, 1999, 19쪽). 이는 탈식민화의 대세를 거스르지 않으면서도 식민지들을 영연방의 틀 안에 묶어둠으로써 궁극적으로 영국의 통제를 확고히 하려는 실리적인 접근법이었다.

영국은 1919년에 인도법(Indian Act)을 제정하고 인도에 '양두행정체제(dyarchy)'를 도입했다. 사법 · 치안 · 재정 · 외교와 같은 핵심부서는 계속 영국 관리들이 장악한 상태에서 교육 · 보건 · 공공사업 등에 대한 권한은 토착 지배세력에게 이관했다. 1935년에 도입된 인도법은 양두행정체제를 대체하여 각 지방에서 보통선거제에 입각한 책임정부제의 시행을 구상했으며 이에 따라 국방과 외교를 제외한 거의 모든 분야에서 지방세력에게 더 많은 자치권이 주어졌다. 이와 비슷하게 영국은 아프리카에서도 토착 정치 세력을 양성하여 정치적 후견(trusteeship)을 도모하는 이른바 간접통치(Indirect Rule)로 나아갔다. 1922년 나이지리아 식민총독 루가드(F. Lugard)가 제안한 '이중 위임통치(Dual Mandate)'는 치안 · 징세 등 일반 행정을 세습적인 왕 또는 추장에게 위임하여 토착 지배층의 협력을 얻어내고 이를 배후에서 조정하면서 본국의 지배력을 유지하려는 것이었다. 아시아와 아프리카 식민지에서 거의 동시에 선보인 이러한 유연한 통치방식들의 이면에는 식민지를 유지하는 데 드는 방위비 등 경제적 부담을 줄이는 동시에 자치권을 확대하여 지방 토후세력의 권한을 증대함으로써 궁극적으로 본국의 지배를 더 견고히 하려는 의도가 숨어 있었다.

프랑스의 대응은 더 완고하고 더 느렸다. 1944년 1월 자유 프랑스를 이끈 드골 장군은 콩고의 수도 브라자빌(Brazzaville)에서 아프리카 식민지 총독들과 전쟁 이후 식민지의 미래를 놓고 회담을 가졌다. 브라자빌 선언은 식민지인들이 언젠가 국정의 운영에 참여할 날이 오리라는 막연한 언질을 담고 있기는 했지만 그와 동시에 "식민지에서 프랑스가 수행한 문명화 사

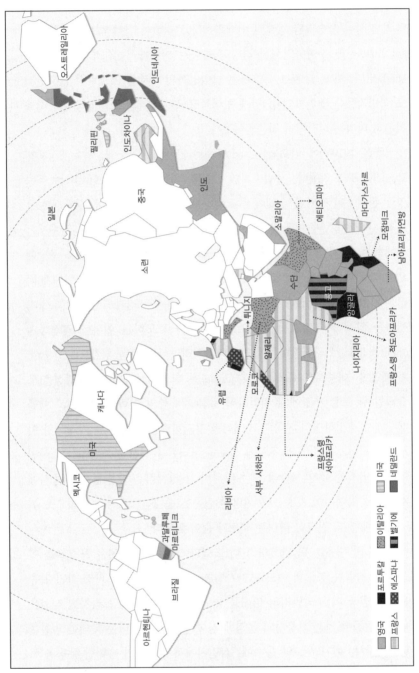

유럽의 식민제국(1945년)

범례:
- 영국
- 포르투갈
- 이탈리아
- 미국
- 프랑스
- 에스파냐
- 벨기에
- 네덜란드

업의 취지는 자율, 식민제국에서의 이탈 가능성 따위를 인정하지 않으며 자치의 수립을 배제한다.”고 단호하게 천명했다. 이는 한 해 전에 영국 식민장관 올리버 스탠리(O. Stanley)가 “영제국의 틀 안에서 식민지 인민들을 자치로 인도할 것”이라고 서약한 것과는 확연히 다른 접근법이었다. 패전에도 불구하고 프랑스적 가치의 우월성과 문명화의 사명이라는 낡은 공식에 매달린 프랑스는 본국의 이념과 가치관을 해외 식민지들에 이식하려는 전통적인 동화(assimilation)정책을 고수했으며 ‘하나이자 나뉠 수 없는 공화국(République une et indivisible)’이라는 중앙집권적 통치이념에 따라 식민지의 자치 요구에 매우 인색한 반응을 보였다(Betts, 1991, 67쪽).

전후 재건 과정에서 프랑스는 식민지들을 ‘프랑스 연합(Union française)’으로 재구성하고자 했다. 프랑스 공화국의 대통령을 의장으로 하는 프랑스 연합은 프랑스 본토와 가입국 대표들로 구성된 고등이사회 및 의회로 구성되었지만 해외 영토들은 제한된 의결권만을 지닐 뿐이었다. 더구나 본국에서 파견된 총독들이 해외 영토의 행정을 관할하는 직접통치 방식이 여전히 고수되었다. 승전국 프랑스군에 대한 환영 행사가 독립시위로 번진 1945년 알제리 북부에서의 세티프(Sétif) 봉기에 대한 가혹한 진압(6000여 명 사망)과 무장투쟁을 통해 프랑스로부터 벗어나려는 1947년 마다가스카르 봉기에 대한 무차별 학살(8000여 명 사망)은 프랑스가 국제적 비난을 감수하면서까지 여전히 옛 제국의 영광에 집착하고 있음을 보여주는 사례이다.

중앙아프리카의 방대한 원료 공급지를 놓치려 하지 않은 벨기에와 16세기 해양 강국의 영광에 집착하는 ‘유럽의 후진국’ 포르투갈은 탈식민화로 나아가는 국제 정세의 흐름에도 아랑곳하지 않고 낡은 가부장적 식민통치 방식을 고집했다. 적어도 제2차 세계대전 직후까지 식민지에서 이렇다 할 민족주의적 저항을 겪지 않은 벨기에와 포르투갈은 국제사회의 이목이 영국과 프랑스 등 거대 식민제국에 쏠린 틈새에서 프랑스에 버금가는 동화정책을 밀고 나가고자 했다. 한편 본국에서 멀리 떨어진 인도네시아 군도를 다스려야 했던 네덜란드는 제1차 세계대전 이후부터 식민지를 효율적으로 통치하기 위해 지방 토후들에게 일정한 자치권을 허용해주고 배후에서 관리하는 방식을 택했다. 하지만 본국이 독일군에게 점령당한 후에도 네덜란드는 태평양 지역에서 미국이 추진하는 반식민주의 정책을 격렬하게 비판했다. 일본군이 인도네시아와 말레이시아를 점령한 직후인 1942년 말, 네덜란드는 식민지 주민의 동요를 막기 위해 식민지에 권역별로 자치권을 확대하고 본국을 축으로 하는 연방국가 체제를 구성하자는 안을 내놓았다. 하지만 때늦은 영국식 통치방식으로의 방향전환은 이미 타오르기 시작한 민족해방운동의 불길을 잠재울 수 없었다.

아시아의 탈식민화

인도의 독립

제2차 세계대전 직후 아시아에서 식민지 해방의 첫 함성이 울린 곳은 바로 지난 한 세기 동안 대영제국의 번영과 영광을 상징하던 인도였다. 민족주의 운동의 구심점은 1885년에 설립된 인도국민회의였다. 인도가 제1차 세계대전에서 영국측에 참전했음에도 약속과는 달리 자치령의 지위를 얻지 못하자, '건국의 아버지' 마하트마 간디(M. Gandhi)는 비폭력 저항운동, 즉 사티아그라하(satyagraha)를 전개했다. 국민회의의 시민불복종 운동과 알리 진나(A. Jinnah)의 무슬림동맹(Muslim League)이 펼치는 급진 투쟁에 시달린 영국 정부는 1935년에 서둘러 새로운 인도통치법을 만들어 발표했다. 인도통치법은 연방제, 의회제, 내각책임제, 지방자치제 등 일정한 개혁과 근대화 조치를 담고 있었으며, 인도 국민은 제한적이기는 했지만 처음으로 참정권을 얻었다.

제2차 세계대전이 발발하고 곧이어 일본이 버마를 점령하자, 유럽에서 나치와 힘겨운 전쟁을 벌이고 있던 영국은 다시 인도의 도움이 필요했다. 영국은 전쟁이 끝난 후 인도에 완전한 자치권을 주기 위한 제헌의회 선거를 약속했다. 그러나 인도국민의회는 궁극적으로 인도를 독립시킨다는 영국의 제안을 거부하고 1942년에 간디의 지휘에 따라 '인도 철수(Quit India)' 운동을 펼쳤다. 사실 처칠(W. Churchill)이 이끈 보수당 정부는 인도에 독립을 허용할 의사가 전혀 없었으며 간디와 네루(J. Nehru) 등 국민회의 지도자들을 모두 체포했다. 반영 감정이 절정에 달했으며 1857년 세포이 항쟁 이후 처음으로 전국에서 반영 폭동이 일어났다. 1946년 2월, 제2차 세계대전 당시 일본군 편에서 싸운 반영국 인도국민군 대원들에게 사형이 언도되자 수도 콜카타에서 대규모 폭동이 일어난 데 이어 봄베이에서 인도 해군이 폭동을 일으켰다.

처칠에 이어 집권한 애틀리(C. Attlee)의 노동당 정부는 탈식민화의 시대적 흐름에 순응하는 편을 택했고, 마지막 인도 총독인 마운트배튼(L. Mountbatten) 경은 마침내 인도의 독립을 결정했다. 하지만 1947년 인도독립법안(India Independance Bill)에 나타난 영국의 최종 선택은 힌두교 인도와 이슬람교 파키스탄의 분리 독립이었다. 전체 인구의 5분의 1에 지나지 않는 무슬림들은 다수의 힌두교도들과 섞이려 하지 않고 분리를 원했다. 신생국 인도에서는 네루가, 동서로 나뉜 파키스탄에서는 진나가 초대 수상이 되었다. 분리 독립으로 지방 토후세력들의 분규가 일어나고 힌두교 주민과 이슬람교 주민들이 이합집산하면서 전국에서 수많은 소요가 발생하고 수십만 명이 살상되었다. 결국 영국의 오랜 식민지배는 인도와 파키스탄의 갈등이라는 씻을 수 없는 상처를 남기며 끝난다. 인도의 독립이 기정사실로 된 후 인접국 실론(스리랑카)과 버마(미얀마)가 이듬해 독립을 성취했다. 영국으로서는 버마를 제외한 나머지 국가들이 영연방에 잔류하기로 결정한 것이 그나마 위안거리였다.

동남아시아의 독립

제2차 세계대전 중 일본군의 동남아시아 진주는 유럽 식민지들에서 민족운동을 고무시키는 역할을 했다. 유럽 식민제국들이 독일에 맞서 고전하는 동안 일본군은 재빠르게 인도차이나, 네덜란드령 동인도, 말라야, 버마, 필리핀 등을 차지했다. 일본군의 진주는 백인 식민세력을 또 다른 식민세력으로 대체한 것에 불과했지만 동남아시아인들에게 유럽의 식민지배가 무너지고 있음을 보여주기에 충분했던 것이다. 인도네시아의 수카르노(A. Seokarno), 베트남의 호치민, 캄보디아의 시아누크, 버마의 아웅 산 등 '건국의 아버지들'은 모두 제2차 세계대전 중 일본군이 유럽 세력을 퇴치한 힘의 공백 속에서 성공적으로 민족주의 운동을 일으켰으며 마침내 독립을 달성했다. 하지만 동남아시아 식민지들이 독립을 획득하는 과정은 종주국의 대응양식과 특히 동·서 냉전구도의 국제적 역학관계에 따라 다양하게 전개되었다.

네덜란드령 인도네시아는 자바, 수마트라, 보르네오로 구성된 인구 6000만 명이 넘는 거대한 군도였다. 1942년 인도네시아를 점령한 일본군은 네덜란드의 식민통치 구조를 해체하고 명목상으로나마 독립을 약속했으나 패전 후 곧 철수했다. 1927년부터 인도네시아 국민당을 이끌던 수카르노는 점령군 일본이 물러난 1945년 8월에 서둘러 인도네시아 공화국을 선포했다. 하지만 전후 복구과정에서 원산지 인도네시아가 절실하게 필요했던 네덜란드는 인도네시아 군도를 재식민화하려 했다. 네덜란드는 인도네시아를 자국의 영향권 안에 두는 연방체로 개편하자는 타협안을 제시하는 한편, 독립운동의 움직임을 사전에 단속하기 위해 1947년 7월과 1948년 12월에 두 차례에 걸쳐 무력진압 작전을 전개했다. 민족주의 진영은 대대적인 저항운동으로, 공산주의 진영은 게릴라 투쟁으로 네덜란드군의 무력진압에 맞섰으며 수천 명의 사상자가 발생했다. 인도네시아 문제를 둘러싸고

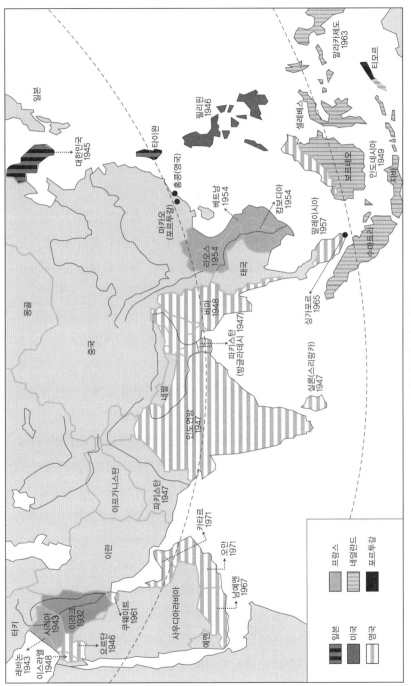

아시아에서의 식민지 해방

일본

대한민국
1945

타이완

홍콩(영국)

마카오
(포르투갈)

베트남
1954

캄보디아
1954

라오스
1954

태국

버마
1948

파키스탄
(방글라데시 1947)

필리핀
1946

셀레베스

보르네오

인도네시아
1949

자바

말레이시아
1957

싱가포르
1965

수마트라

말라카제도
1963

티모르

실론(스리랑카)
1947

인도연방
1947

네팔

파키스탄
1947

중국

몽골

아프가니스탄

이란

카타르
1971

오만
1971

남예멘
1967

쿠웨이트
1961

요르단
1946

사우디아라비아

예멘

이라크
1932

시리아
1943

터키

레바논
1943

이스라엘
1948

프랑스

네덜란드

포르투갈

일본

미국

영국

국제적 긴장이 고조되는 가운데, 수카르노의 반공산주의 노선에 안도감을 느낀 미국은 공산주의 세력의 확산을 차단하기 위해서 서둘러 네덜란드에 압력을 가해 협상을 유도했다. 분열된 인도네시아 공산당은 군소 세력으로 전락했다. 국제사회의 중재로 1949년 12월에 개최된 헤이그 회담에서 네덜란드 연방 안에서의 인도네시아의 주권 인정이라는 타협안이 마련되었으나, 인도네시아는 네덜란드와의 관계를 완전히 단절한 연방국가로 독립하였으며 수카르노가 초대 대통령이 되었다.

인도와 인도네시아의 연이은 독립으로 식민지 해방의 물결이 시작되었다. 아시아의 거대한 두 신생 국가는 곧 인접 식민지들의 탈식민화를 유인했으며 갓 독립한 군소 국가들의 구심점이자 동·서 양대 블록의 틈새에서 '비동맹운동(Non-Aligned Movement)'의 견인차 역할을 했다. 또한 인도와 인도네시아는 공산주의의 침략을 막는 전초기지로서 미국의 세계 전략에 부응하기도 했다. 하지만 1949년에 중화인민공화국이 탄생하고 연이어 한국전쟁이 발발하는 가운데 미·소 냉전이 격화되기 시작하자 아시아의 탈식민화는 공산주의와 서구 자본주의 사이의 대리전의 성격을 띠며 전개되었다. 반식민주의 민족해방투쟁의 공산주의 모델이 대두한 것이다.

일본군이 물러난 후 영국은 말레이 반도 남부에서 보르네오 섬 서북부로 이어지는 옛 식민지를 1948년에 말라야 연방이라는 이름으로 보호령에 편입시켰다. 하지만 일본군 축출에 앞장섰던 중국계 소수파가 말라야 공산당을 창설하고 말레이시아 공산주의 공화국을 선포했다. 말라야 공산당은 8000여 병력의 민족해방군을 조직하고 '영국 제국주의'에 맞서 게릴라전을 펼쳤으며 고무, 주석 등 주요 원료 생산지를 접수하고 해방구를 선포했다. 중국 공산당의 후원과 지시를 받는 말라야 공산 해방군에 맞서 영국은 1952년 한 해에만 정규군 4만과 헌병대 5만 그리고 25만 향토자치대를 동원해야 했으며 반군의 거점을 소탕하기 위해 60만 명의 농민을 다른 지역으로 이주시키는 대규모 작전을 감행해야 했다. 공산군의 세력 확대를 막기 위해 영국은 전략적 요충지인 싱가포르를 계속 영유한다는 조건으로 1957년에 서둘러 말레이시아의 독립을 승인했다. 10년에 걸친 말레이시아 전쟁은 1만 3000명의 희생자를 내고 막을 내렸다.

프랑스령 인도차이나 반도에서 독립투쟁의 선봉에 나선 것은 호치민이 이끄는 공산당이었다. 일본군이 철수한 직후 호치민은 1945년 9월에 하노이에서 베트남 민주공화국의 독립을 선포했으나, 식민지의 종주권을 내세운 프랑스는 군대를 파견하여 사이공과 통킹을 점령했다. 인도차이나 지방을 '프랑스 연합' 안에 묶어두려는 프랑스와 완전한 독립을 요구하는 베트남 사이의 협상이 결렬된 1946년 말, 프랑스군이 하이퐁 항구를 폭격하자 베트남이 무장투쟁을 선언함으로써 '인도차이나 전쟁'이 발발했다. 25만 명의 프랑스 정규군에 맞서 베트남측은 게릴라 전투로 맞섰으며 인도차이나 반도에서 공산주의 정권이 탄생할 것을 염려한 미국이 프랑스를 지원하고 나서면서 전쟁은 동·서 냉전의 양상을 띠며 전개되었다. 1954년 5월, 디엔 비엔 푸(Diên Viên Phû)에 고립된 1만 5000명의 프랑스 정규군이 결국 항복함으로써 베트남이 승리하자 유럽인들은 놀라움을 감추지 못했다. 10년에 걸친 인도차이나 전쟁은 베트남 인민 60만 명의 희생으로 쟁취한 아시아 최대의 민족해방전쟁이었다.

1954년 7월 제네바 협정에 따라 인접국 캄보디아와 라오스는 프랑스로부터 독립을 얻은 반면, 베트남은 북위 17도선을 경계로 공산 진영과 자유 진영으로 나누어 이후 총선거를 통해 통일한다는 데 합의했다. 하지만 남베트남과 미국은 약속을 이행하지 않았고 북베트남에서 공산주의 세력이 확대되자 미국은 군사 개입을 시작했다. 결국 1955년에 베트남 전쟁(제2차 인도차이나 전쟁)이 발발했으며 인도차이나 반도는 미군이 철수한 1975년에 북베트남 공산정권에 의해 마침내 통일되었다.

아프리카의 탈식민화

북아프리카의 민족해방투쟁

아시아에서 일어난 탈식민화의 파고는 곧 아프리카에까지 밀어닥쳤다. 아프리카의 식민지 해방을 위한 아시아의 신생 독립국들의 연대와 협력은 곧 비동맹운동으로 구체화되었다. 1955년 4월에 인도네시아의 반둥 (Bandung)에서 서구 열강의 이목을 집중시키면서 아시아·아프리카 연대 회의가 개최되었다. 네루(인도), 수카르노(인도네시아), 나세르(이집트), 은크루마(가나) 등 아시아와 아프리카의 거물급 정치인들을 비롯해서 29개국 대표가 모인 반둥 회담은 미국·소련으로 양극화된 냉전 블록의 어느 쪽에도 가담하지 않겠다고 천명하는 동시에 식민주의 세력에 맞서 아시아·아프리카 국가들이 정치적·경제적으로 연대하자고 호소했다. 반둥 정신은 곧 비동맹운동의 기치 아래 이른바 '제3세계'[3]의 결집을 촉구했으며, 이는 아프리카의 식민해방을 촉구하는 자극제가 되었다.

반둥 회담에 뒤이어 일어난 수에즈 운하 사건은 서구 열강을 또다시 흔들어놓았다. 1956년 7월 이집트의 나세르 대통령은 팔레스타인 사태에서 이스라엘을 돕는 서방 국가들, 특히 영국에 맞서 돌연 수에즈 운하의 국유화를 선언했다. 막대한 양의 석유를 수에즈 운하를 통해 운송하던 영국과 프랑스는 자국의 이익을 보호하기 위해 이스라엘의 뒤를 이어 이집트를 침

---

3 '제3세계(Tiers monde)'란 1952년에 프랑스 경제학자 알프레드 소비(Alfred Sauvy)가 프랑스 혁명 전 구체제 당시의 '제1신분'(귀족)이나 '제2신분'(성직자)과 구별되는 '제3신분'(평민)에 빗대어 만든 용어이다. 동·서 냉전기에 제3세계는 제1세계인 서방 진영(미국, 서유럽, 오스트레일리아 등)이나 제2세계인 공산주의 진영(소련, 중국, 동유럽 등)의 어디에도 가담하지 않고 중립을 표방한 국가들을 지칭했다. 1991년 소련이 몰락하고 제2세계가 붕괴되자 오늘날에는 정치적 의미보다 경제적 의미로 사용되며 주로 라틴아메리카, 아시아, 아프리카, 중동 등 개발도상국가들을 가리킨다.

공했다(제2차 중동전쟁). 이집트는 전쟁에서 패했지만 국제연합과 미국, 소련의 비난과 반대에 봉착한 영국과 프랑스는 군대를 철수하지 않을 수 없었다. 이집트 혁명 정부를 전복하고 제국의 지위를 재확인하려는 영국과 프랑스의 시도는 완전히 수포로 돌아갔고 아랍 민족주의 지도자 나세르의 위상은 오히려 더 높아졌다. 수에즈 운하 사건은 식민 종주국들이 더 이상 군사적 강압만으로는 아프리카의 정세를 좌우할 수 없다는 사실을 잘 보여주었으며 그만큼 아프리카 식민지 해방의 자극제가 되었다.

아프리카에서 가장 먼저 민족해방의 기치를 든 것은 비동맹운동의 주역으로 등장한 이집트에 인접한 북아프리카 지역이었다. 지중해를 사이에 두고 유럽과 마주한 알제리, 모로코, 튀니지 등 프랑스령 북아프리카는 일찍부터 많은 유럽인이 정착해 유럽 본토와 견고한 유대망을 형성하고 있었으나(1950년대 초, 알제리에 약 100만 명, 모로코에 35만 명, 튀니지에 25만 명에 달하는 유럽인이 거주했다), 다른 한편으로는 고대 문명의 토양이자 이슬람 문화의 요람이라는 오랜 역사 전통을 기반으로 한 민족주의 운동 또한 만만치 않았다.

20세기 내내 프랑스 보호령으로 머물러 있던 튀니지와 모로코에서 제2차 세계대전 직후부터 독립에 대한 열정이 다시 거세게 불타올랐다. 1934년 튀니지에서 하비브 부르기바(H. Bourguiba)의 주도로 다시 조직된 신(新)데스투르당(Neo-Destour Party)이 전쟁 직후에 완전한 주권의 이양을 요구하며 시위를 주도하자 프랑스 당국은 가까운 시일 안에 독립을 약속하는 화해의 손길을 보냈다. 하지만 유럽계 거주자들의 압력에 밀린 본국 정부가 프랑스와 튀니지 사이의 유대를 강화한 '공동주권체제(cosouveraineté)'라는 강경책으로 선회하자 튀니지 위기는 절정으로 치달았다. 부르기바가 체포되자 신데스투르당은 지하투쟁을 전개했으며 테러와 암살이 이어지는 가운데 국경 지역에서는 무장 빨치산 부대(fellaghas)가 조직되었다. 모로코에서도 1943년에 술탄 무함마드 유세프(M. Youssef)의 암묵적인 지원을 받아 이스티클랄(Istiqlâl, 독립)당이 결성되었으며 알 파시(allal al-Fasi)와 알 왓지니(al-Wazzani)의 주도로 독립을 요구하며 프랑스와 맞섰다. 유럽인과 토착인 사이에 유혈충돌이 거듭된 1953년 말에 프랑스가 술탄 무함마드 유세프를 해외로 추방하는 강경조치를 취하자 북부 산악지역에서 빨치산 투쟁이 벌어졌다.

국제사회의 이목이 북아프리카에 집중되고 프랑스의 강경 탄압에 대한 비난이 빗발쳤다. 인도차이나 전쟁에서 패배하는 바람에 사기가 떨어졌을 뿐만 아니라 1954년부터 불붙기 시작한 알제리 민족해방전쟁의 거센 폭풍우에 당황한 프랑스는 더 이상 군사력을 동원할 여력을 상실한 채 서둘러 타협의 길을 찾았다. 독립 영웅 부르기바는 석방되고, 술탄 무함마드 유세프는 승리자로 귀환했다. 1956년 3월, 모로코의 뒤를 이어 튀니지가 마침내 독립을 달성했다.

반면에 알제리의 독립은 종주국 프랑스의 거친 탄압에 직면해야 했다. 알제리는 프랑스의 가장 오래된 그리고 유럽인이 가장 많이 거주하는 식민지였다. 알제리 전쟁(1954~1962)이 발발할 무렵, 아랍족과 베르베르족으로 이루어진 토착 알제리인의 수는 800만 명을 헤아린 반면, 알제리에 정착한 유럽인은 이미 100만 명을 넘어섰다. 알제리는 법적으로 프랑스 본토의 일부를 이루고 있었으며 그만큼 독립을 달성하기 위해서는 20세기 최대의 민족해방전쟁을 치러야만 했다.

알제리 전쟁은 알제리와 프랑스 사이의 '전쟁'이자 프랑스인과 프랑스인, 알제리인과 알제리인 사이의 '내란'이기도 했다. 전쟁은 알제리 해방군의 테러전과 프랑스 군대의 잔인한 진압이 되풀이되는 가운데 엄청난 인명 살상과 인권 침해, 정치적 격변과 국민적 갈등 등 씻을 수 없는 상처를 남겼다. 전쟁의 혼란 속에서 프랑스에서는 제4공화국이 붕괴되고 드골 장군이 다시 권좌에 복귀했다. 알제리 전쟁으로 국민적 파탄의 위기에 직면한 드골 대통령은 결국 알제리의 독립을 허용하는 단안을 내놓았다. 알제리는

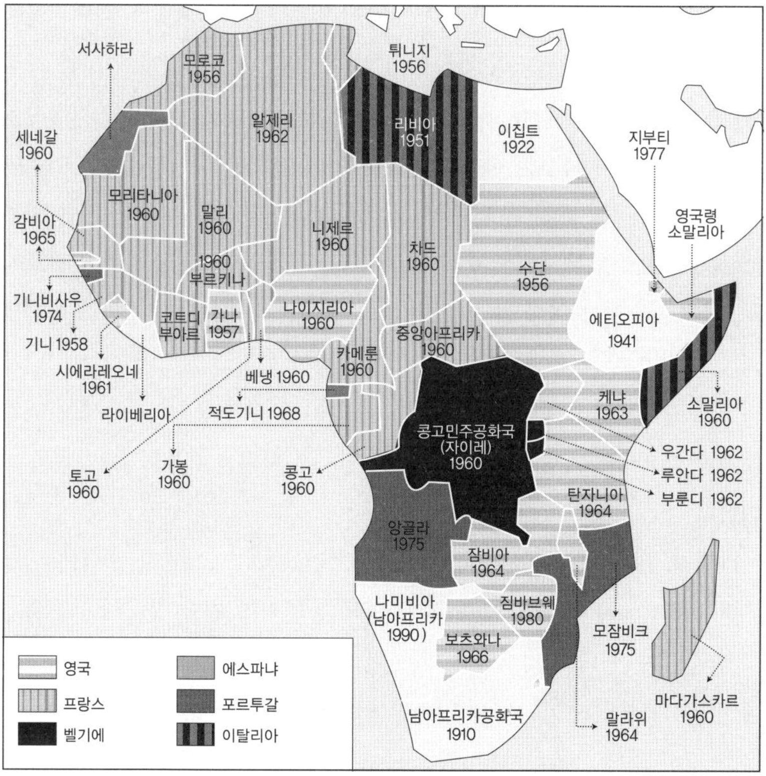
서사하라
모로코 1956
튀니지 1956
알제리 1962
리비아 1951
이집트 1922
세네갈 1960
지부티 1977
모리타니아 1960
말리 1960
니제르 1960
감비아 1965
영국령 소말리아
차드 1960
1960 부르키나
수단 1956
기니비사우 1974
나이지리아 1960
코트디부아르
가나 1957
에티오피아 1941
기니 1958
중앙아프리카 1960
카메룬 1960
시에라레오네 1961
베냉 1960
소말리아 1960
케냐 1963
라이베리아
적도기니 1968
콩고민주공화국 (자이레) 1960
우간다 1962
루안다 1962
부룬디 1962
토고 1960
가봉 1960
콩고 1960
탄자니아 1964
앙골라 1975
잠비아 1964
나미비아 (남아프리카 1990)
짐바브웨 1980
보츠와나 1966
모잠비크 1975
마다가스카르 1960
남아프리카공화국 1910
말라위 1964
영국
에스파냐
프랑스
포르투갈
벨기에
이탈리아

아프리카에서의 식민지 해방

지난 120여 년 동안의 식민통치를 청산하고 마침내 해방의 기쁨을 만끽했다. 8년간의 알제리 전쟁 동안 프랑스군은 3만 명에 이르는 희생자를 낸 반면 알제리측 희생자는 약 40만 명에 달했으며, 종전 후 유럽인들 100만 명이 보복을 피해 알제리를 떠나야 했다(Pervillé, 2002, 122쪽).

검은 아프리카의 탈식민화

북아프리카에서 알제리 해방을 둘러싸고 모진 진통이 거듭된 반면에, 사하라 사막 이남의 검은 아프리카 지역에 있는 영국과 프랑스 식민지들은 비교적 순탄한 탈식민화의 과정을 밟았다. 1947년에 독립한 인도와 스리랑카를 영연방 안에 잔류시키는 데 성공한 영국은 식민지 해방을 기정사실로 받아들이면서 독립을 허용하되 신생국들을 영연방의 틀 안에 묶어두는 실리적인 방안을 택했다. 기존의 '간접통치'를 더욱 완화하여 '동반자 관계(partnership)'를 내세웠으며, 입법부 구성, 선거인단 확대, 선출직 관료기구, 원내 다수당에 의한 정부 구성, 본국과 식민지 대표가 참가한 제헌협의회 등 자치에서 독립에 이르는 일련의 과정이 현지의 실정에 맞추어 단계적으로 진행되었다. 영국은 본국에 호의적인 온건 민족주의자들에게 권력을 이양함으로써 독립 후에도 경제적 · 정치적 이익을 유지할 수 있기를 기대했다.

반세기 동안 이집트와 영국의 공동통치령(condominium)으로 남아 있던 수단에서 1956년에 완전히 발을 뺀 영국은 대서양 연안 황금해안에 관심을 집중했다. 영국의 검은 아프리카 지역 식민지 중 처음으로 독립을 획득한 곳은 가나였다. 가나에서 1949년 의회인민당(Convention People's Party)을 조직한 콰메 은크루마(K. N'Krumah)는 자치를 앞당기기 위한 적극적인 행동을 촉구했다. 은크루마는 체포되었고 영국의 간섭에도 불구하고 의회인민당이 1952년 총선에서 승리하자 영국은 은크루마를 석방해 협력자로 삼는 방안을 택했다. 은크루마는 완전한 독립을 위해 헌법개정을 요구하는 한편, 독립 후에도 영국과의 친선을 유지하고 영연방에 가입하겠다는 의사를 확실히 했다. 1957년 3월에 순조롭게 독립을 달성한 가나는 영국식 탈식민화의 가능성을 선전하는 본보기가 되었다.

'변화의 바람'은 곧 인접한 나이지리아에 불어닥쳤다. 아프리카에서 가장 부유하고 가장 인구가 많은 나이지리아는 9개 종족, 200여 개 방언을 지닌 다인종 혼성 국가였다. 나이지리아에서는 북부 이슬람 지역, 서부 토착종교 지역, 동부 기독교 지역에 따라 정치적 향배를 달리 했으며 지역 간

그리고 종족 간 충돌이 끊이지 않았다. 영국의 목적은 세 지역 모두를 아우르는 연방국가를 구성하는 것이었으며, 1960년 10월에 독립을 승인하기 위해 세 가지 헌법을 따로 마련했다. 하지만 독립 후에도 지역 분규는 끊이지 않았으며, 결국 1966년에는 '비아프라(Biafra) 전쟁'으로 불리는 4년 동안의 유혈 내란을 치러야 했다. 나이지리아에 이어 동부 해안의 시에라 레오네(1961)와 감비아(1965)가 각각 독립을 성취했다.

1919년부터 영국의 위임통치와 신탁통치를 받던, 독일의 옛 식민지 탕가니카에 변화의 바람을 몰고 온 것은 1954년에 탕가니카 아프리카 민족연합(Tanganyka African National Union)을 조직하고 동부 아프리카 식민지 해방의 기수로 나선 율리우스 니에레레(J. Nyerere)였다. 1958년 총선에서 승리를 거둔 니에레레는 국제연합의 지원을 얻어 영국에 압력을 넣어 1961년 12월에 독립을 달성했다. 신생국 탕가니카는 이듬해 독립한 인접국 잔지바르와 합병해서 오늘날의 탄자니아가 되었다. 우간다 역시 우간다인민연합(Uganda Poeple's Union)을 이끈 밀턴 오보테(Milton Obote)의 인도로 영국과 협상을 거쳐 1962년 10월에 독립을 이루었다.

하지만 영국의 실리적이고 유화적인 접근법은 케냐에서 예기치 못한 엄청난 저항을 만났다. 케냐는 서아프리카 지역과는 달리 많은 유럽인이 정착해 사는 정착민 식민지였다. 약 5만 명에 달하는 백인 정착민들은 케냐 중부의 비옥한 고지 농경지대를 차지했으며 원주민 키쿠유족의 값싼 노동력을 이용해 엄청난 이익을 얻었다. 키쿠유족은 빼앗긴 땅을 되찾기 위해 1950년경부터 비밀테러조직 마우마우(Mau Mau)를 결성하고 영국과 유혈 투쟁을 벌였다. 5년여에 걸친 마우마우 봉기는 1만 명이 넘는 희생자를 낳았으며 2만 명이 넘는 키쿠유족이 고향에서 쫓겨나 강제수용소에 격리되었다. 봉기가 진압된 후 오랜 수감 생활을 벗어난 '키쿠유 영웅' 조모 케냐타(J. Kenyatta)는 케냐아프리카민족연합(Kenya African National union)을 결성하고 준법투쟁에 나서 1961년 총선에서 승리한 후 영국과 협상을 벌여 마침내 1963년에 조국의 독립을 달성했다. 독립국가가 출범하자 상당수의 백인 정착민은 보복이 두려워 케냐를 떠났으나 남아 있는 백인들은 결코 정부나 다수 흑인들에 의해 보복당하지 않았다. 케냐는 적어도 1970년대 중반까지 아프리카 신생독립국 중에서 가장 안정된 사회주의 국가였다.

19세기 말 영국 제국주의의 화신 세실 로즈(C. Rhodes)가 점령한 남·북로데지아와 니아살랜드는 백인 정착민의 저항 여부에 따라 상이한 탈식민화 과정을 밟았다. 1953년 백인 식민자들은 세 식민지를 하나로 묶어 중앙아프리카 연방을 결성하고 런던 정부와 권력을 나누는 공동통치령으로 만들었다. 백인의 특권 유지와 인종분리정책에 반발한 토착인의 분규와 시위가 이어지자, 영국은 서둘러 협상에 들어갔다. 1964년에 니아살랜드는 말라위로, 북로데지아는 잠비아로 순탄하게 독립의 길을 밟았다. 말라위와 잠비아의 탄생은 인접국 보츠와나의 독립(1966)으로 이어졌다. 하지만 백인 정착민이 16만 명이나 거주하는 남로데지아에서는 백인 식민자들이 영국 정부에 맞서 독립을 선언하고 백인 지배체제를 강화했다. 남로데지아가 백인 지배를 청산하고 국제사회의 도움을 받아 짐바브웨라는 이름으로 명실상부한 독립을 달성한 것은 1980년에 이르러서였다.

알제리 전쟁의 격류에 휘말린 프랑스 역시 적어도 사하라 사막 이남 지역에서는 영국과 마찬가지로 탈식민화의 대세를 인정하고 식민지들과 협상을 할 수밖에 없었다. 하지만 프랑스의 탈식민화 전략은 현지 실정에 맞추어 단계적이고 순차적인 접근법을 취한 영국과는 달리, 본국에서의 갑작스러운 방향전환에 따른 획일적이고 즉각적인 성격을 나타냈다. 식민지이든 신탁통치령이든 모두 법률적인 선택에 따라 한꺼번에 미래를 결정하게 되었다. 이러한 방향전환에는 식민지와 본국 간의 긴밀한 유대를 잃지 않으려면 식민제국의 해체를 감수하더라도 식민지의 운명을 식민지 주민들에게 맡길 수밖에 없다고 깨달은 드골 대통령의 때늦은 자각과 현실주의가 깔려 있었다.

1946년 해방 직후 내놓은 '프랑스 연합'안이 식민지 주민들에게 별 호응을 얻지 못하자, 프랑스는 1958년에 새로 '프랑스 공동체(Communauté française)' 설립안을 내놓았다. 프랑스 공동체에서 식민지들은 사실상의 주권을 갖게 될 것이며 국방·외교·화폐·무역 등에서만 프랑스의 우월권이 인정될 것이었다. 드골 대통령은 식민지 문제를 해결할 강력한 통수권을 요구하며 헌법 개정작업에 들어갔다. 1958년 9월 제5공화국 헌법에 대한 찬반 여부를 묻는 국민투표는 드골 개인의 영도력에 대한 신임투표인 동시에 아프리카 식민지 주민들에게는 프랑스 공동체에 귀속할 것인가 아니면 이탈할 것인가를 묻는 일종의 대(對) 프랑스 신임투표였다. 그것은 본국으로부터 더 이상 원조를 받지 않는다는 조건으로 완전한 독립을 달성할 것인가 아니면 본국으로부터의 원조 혜택을 누리면서 부분적인 자치에 만족할 것인가 하는 양자택일의 문제였다. 프랑스의 우려와는 달리, 세쿠 투레(Sékou Touré)가 이끄는 기니만이 90%에 달하는 압도적인 반대표로 즉시 독립을 선택한 반면(1958), 마다가스카르 섬을 포함해 나머지 12개 식민지들은 모두 찬성표를 던졌다. 하지만 프랑스 공동체의 성격을 놓고 협상이 진행되는 가운데 불만을 품은 식민지들이 하나둘씩 차례로 공동체에서 이탈해서 독립을 선언하고 나서자 프랑스로서는 '식민지 독립의 도미노 효과'를 막을 수가 없었다. '아프리카의 해'로 불리는 1960년 한 해에 카메룬에서 세네갈을 거쳐 모리타니까지 모두 14개국이 주권국가로 탈바꿈했다.[4] 프랑스 공동체라는 연방구조를 통해 옛 제국의 위용을 조금이라도 되살려 보고자 하던 프랑스의 복안은 완전히 수포로 돌아가고 아프리카의 식민지들은 완전한 주권을 얻게 되었다.

••••••••••••••••••••
4 카메룬(1월), 토고(4월), 마다가스카르(6월), 다호메이, 니제르, 오트볼타(현재의 부르키나파소), 코트디부아르, 세네갈, 차드, 프랑스령 콩고(현재의 콩고공화국), 중앙아프리카, 가봉(이상 8월), 말리(9월), 모리타니(11월).

식민지 해방전쟁

종주국	식민지	연도	인명 손실(명)
영국	말레이시아	1948~1960	13,000
	케냐	1952~1956	10,000
프랑스	인도차이나	1945~1954	600,000
	알제리	1954~1962	400,000
	마다가스카르	1947~1948	8,000
	카메룬	1955~1960	32,000
네덜란드	인도네시아	1945~1948	5,000
포르투갈	앙골라	1961~1975	90,000
	기니비사우	1962~1975	15,000
	모잠비크	1965~1975	30,000

1950년대 말 벨기에인 9만 명이 원주민 1500만 명을 다스린 아프리카에서 가장 큰 식민지 콩고는 가부장적 통치기구, 가톨릭교의 원주민 훈육, 거대 자본주의 기업의 수탈 등 전통적인 식민지배 구조의 전시장이었다. 하지만 인접한 가나와 기니가 연이어 영국과 프랑스로부터 독립하자, 콩고에도 변화의 바람이 불기 시작했다. 가나의 독립 영웅 은크루마가 이끄는 범아프리카 운동의 영향을 받은 파트리스 루뭄바(P. Lumumba)는 1958년 콩고민족운동당(Mouvement national congolais)을 조직하고 완전한 독립을 이룰 때까지 시민불복종 운동의 전개를 선언했다. 1959년 12월에 수도 레오폴드빌에서 발생한 일련의 폭동에 놀란 벨기에 당국은 콩고 사태가 알제리 전쟁처럼 격화되지 않을까 두려워한 나머지 이듬해 1월 서둘러 콩고의 독립을 승인했다.

하지만 갑자기 찾아온 독립은 곧 내란으로 이어졌다. 200여 종족이 혼재된 가운데 독립국가 건설을 둘러싼 종족 간의 갈등은 곧 분리주의 전쟁으로 비화되었다. 벨기에 기업가들의 은밀한 지원을 등에 업은 모이즈 촘베(M. Tshombe)가 부유한 카탕가 지역의 분리독립을 선언하고 벨기에군의 개입을 요청하자, 루뭄바는 국제연합에 호소하는 한편 소련의 도움을 요청하면서 내란은 냉전의 양상을 띠게 되었다. 콩고 사태는 동·서 냉전이 아프리카에서 대리전으로 비화된 첫 사례였다. 루뭄바의 암살로 시작해서 모부트(J. Mobutu)의 쿠데타와 독재로 막을 내린 5년간의 콩고 내란은 서방 세계에서 '탈식민화의 혼돈'과 동의어가 되어버렸다. 벨기에의 신탁통치령인 인접한 르완다와 우룬디(오늘날의 부룬디) 역시 1962년에 독립을 얻었다. 하지만 하나의 연방으로 통합되기를 기대했던 두 왕국은 다수파 후투족(Hutu)과 집권 소수파 투치족(Tutsi) 사이의 인종갈등으로 독립 직후부터 오늘날까지 끝없는 군사쿠데타와 유혈충돌 및 인종학살을 되풀이해야 했다.

탈식민화의 물결이 아프리카 대륙을 휩쓸고 지나간 1960년대에 포르투갈은 유럽에서 마지막 남은 식민제국이었다. 옛 제국의 신화에 매달린 유럽의 후진국 포르투갈은 앙골라, 모잠비크, 기니비사우 등 지난 400여 년 동안 통치해온 아프리카 식민지들을 본토의 일부로 여겼으며 강압적인 동화정책을 밀고 나갔다. '새로운 국가(Estado Novo)'의 기치를 내걸고 1930년대부터 근대화를 추진한 살라자르(Salazar) 독재정권은 국내 경제의 낙후를 만회하고 국민의 불만을 잠재우는 수단으로 국제사회의 지탄을 아랑곳하지 않고 식민지 경영에 박차를 가했다. 1951년부터 식민지들은 법적으로 포르투갈의 해외 주(州)로 편입되었으나, 본국 출신(civilisados)과 동화자(assimilados)를 제외한 대다수 토착인(indigena)은 공민권을 박탈당했으며, 본국의 유화 정책에도 불구하고 동화자의 수는 거의 늘어나지 않았다. 반면에 식민통치를 강화하고자 본국 정부는 백인들의 이주를 권장했다. 1950년에 앙골라에서 약 8만 명, 모잠비크에서 약 9만 명을 헤아리던 백인 이주민 수는 독립투쟁이 한창이던 1970년대에 각각 약 30만 명과 13만 명으로 늘었다(Michel, 2005, 233쪽).

1961년부터 앙골라에서 민족봉기가 일어나자 곧 모잠비크와 기니비사우가 뒤를 이었다. 앙골라와 모잠비크의 해방전쟁은 곧 미·소 냉전에 따른 대리전의 양상을 띠고 전개되었다. 소련의 지원을 얻은 공산 반군의 게릴라전이 확대되자, 살라자르 정권은 아프리카에서 반공산주의 투쟁의 보루임을 자처하며 북대서양조약기구(NATO)의 전폭적인 지지를 받았다. 1971년 한 해에 아프리카 식민지 세 곳에 국가 예산의 절반과 군병력 20만을 동원했다는 사실은 포르투갈이 식민지에 얼마나 집착했는가를 잘 보여준다. 본국의 식민정책에 지친 군부가 1974년에 쿠데타를 일으켜 살라자르 정권을 무너뜨리자 13년에 걸친 오랜 독립투쟁은 마침내 열매를 맺었다. 20세기 최후의 식민지 해방전쟁은 14만에 달하는 목숨을 앗아갔다.

탈식민화 이후

1975년에 앙골라와 모잠비크가 독립을 선포하고 낡은 식민제국 포르투갈이 무너지자 세계 언론은 제2차 세계대전 직후부터 아시아와 아프리카 대륙을 격동의 소용돌이 속에 몰아넣은 탈식민화 시대가 마침내 막을 내렸다는 사실에 주목했다. 한 세대에 걸친 탈식민화의 물결 속에서 6억 이상의 인구가 해방의 기쁨을 맛보았으며 100여 개 이상의 신생 독립국이 탄생했다. 1980년대에 들어서 짐바브웨와 브루나이가 독립하고 마셜 제도에서 홍콩에 이르기까지 태평양과 카리브 해 연안의 옛 점령지역들의 반환이 이루어진 후에도, 현재 30여 개에 이르는 이른바 '제국의 파편들(débris d'empire)'이 세계 곳곳에 흩어져 있다. 하지만 이제 식민주의와 제국주의 시대는 역사의 뒤안길로 사라진 듯이 보인다.

탈식민화는 현지에서의 민족주의 운동의 성숙도나 본국의 대응 수위에 따라 타협과 협상을 통한 점진적 독립 달성에서 무장투쟁을 통한 독립 쟁취에 이르기까지 다양한 형태를 띠며 전개되었다. 일반적으로 사하라 사막 이남 검은 아프리카 지역의 식민 영토들은 탈식민화를 대세로 받아들인 종주국과의 갈등, 타협, 절충을 거치면서 독립을 달성했다. 영국이든 프랑스든 종주국과 우호관계를 유지할 정권을 내세워, 식민지의 독립을 허용하는 대신 자국과의 유대를 이어가려는 실리적 선택을 한 셈이다. 이 경우에 제국의 해체는 비교적 순탄하게 진행되었다. 하지만 식민제국들은 대개 백인 이주민이 널리 자리를 잡은 정착 식민지들을 포기하려 하지 않았으며, 결국 격렬한 저항과 전쟁을 초래하곤 했다. 프랑스가 본국 영토의 일부로 여긴 알제리는 물론이거니와 영국령 케냐, 포르투갈령 앙골라와 모잠비크 등이 여기에 해당한다.

그에 비해 오랜 역사 전통과 강한 민족주의 의식을 간직한 아시아와 북아프리카 지역에서는 일반적으로 독립을 달성하기 전까지 종주국에 맞서 봉기에서 전쟁으로 이어지는 격렬한 유혈투쟁을 되풀이해야 했다. 영국이 스스로 물러서기로 결정한 인도와 버마 등은 비교적 순탄하게 독립을 쟁취한 반면에, 프랑스와 네덜란드가 끝까지 식민통치를 고집했던 인도차이나와 인도네시아에서는 격렬한 해방전쟁이 벌어졌다. 더욱이 탈식민화가 미·소 냉전에 휘말려 대리전으로 번질 경우 상황은 더욱 복잡해졌다. 네덜란드가 공산주의의 확대를 막고자 하는 미국과 국제사회의 압력에 결국 전쟁을 포기하고 인도네시아의 독립을 인정하지 않을 수 없었던 반면에, 인도차이나의 독립과 통일은 공산주의 세력을 저지하려는 미국의 개입에 의해 줄곧 방해받았다. 결국 탈식민화는 식민지의 독립 역량과 이에 맞선 종주국의 대응 정책이 국제 정세의 여건과 맞물리면서 다양한 형태로 전개되었던 것이다.[5]

••••••••••••••••••••

5 따라서 최근의 연구들은 탈식민화의 성격과 양태를 일정한 도식으로 설명하기를 그치고 일관된 형태보다는 복잡성과 다양성을 강조한다. 즉 탈식민화(decolonization)가 아니라 탈식민화들(decolonizations)을 보여주고자 한다(Ageron, 1995; Dufour, 2000).

제국의 해체와 식민지 해방은 유럽 종주국들에 어떤 영향을 미쳤는가? 대다수 유럽 국가는 탈식민화의 진통을 겪으면서 국내에서 심각한 국론 분열과 정치 불안을 감당해야 했으며 국제사회의 압력에 시달려야 했다. 해외 식민지의 독립문제는 흔히 정파 간 갈등과 정권의 교체를 낳는 정치 현안이었으며, 멀리 식민지에서 일어난 봉기는 국내 정국을 혼돈에 빠뜨리기도 했다. 영국은 정착민과 식민관료들이 본국 정치에 그리 큰 영향력을 발휘할 수 없었으며 제국과 관련된 문제들을 정치세력들 간의 협상으로 풀 수 있었던 덕분에 상대적으로 타격을 덜 받았다. 반면에 프랑스에서 제4공화국 체제는 인도차이나 전쟁을 통해 큰 타격을 받았고 알제리 전쟁으로 완전히 붕괴되었다. 앙골라와 모잠비크의 민족해방투쟁은 에스파냐에서 군부 쿠데타에 의한 정권 교체를 몰고 왔다. 하지만 적극적인 대응이든 마지못한 선택이든 일단 탈식민화가 완료되고 나자 정국은 다시 안정을 되찾았으며 여론은 탈식민화를 추진한 자국 정부에 지지를 보냈다(Dufour, 2000, 69쪽).

유럽 식민 열강은 제국 해체에 따른 사회적인 파장을 식민지의 현상유지를 옹호하는 사람들이 예상했던 것보다 훨씬 잘 극복해나갔다. 유럽 종주국들은 우선 식민지들이 독립한 후 때로는 보복을 피해 때로는 새로운 삶을 찾아 본국으로 돌아오는 귀환자 처리 문제에 부딪혀야 했다. 1945년부터 1990년까지 탈식민화 과정에서 본국으로 귀환하거나 추방된 사람은 680만 명(유럽계 400만 명, 비유럽계 280만 명) 정도에 달하는 것으로 추산된다(Etemad, 2000, 274쪽). 영국에서는 50만 명의 영국인이 본국 땅을 밟았으며 175만 명의 비유럽인들이 뒤를 이었다. 하지만 탈식민화가 단계적으로 이루어진 덕에 본토로의 귀환과 적응도 일정한 시간을 두고 순조롭게 이루어질 수 있었다. 반면에 프랑스는 인도차이나와 북아프리카에서 제국이 붕괴되면서 150만 명 이상의 해외 거주자들이 보복을 피해 서둘러 귀환해야 했으며 그만큼 귀환자의 정착과 적응 문제는 때로 심각한 후유증을 남기기도 했다.

탈식민화가 유럽 경제에 미친 영향은 예상외로 그리 크지 않은 듯하다. 탈식민화 시대는 유럽에서 흔히 '영광의 30년(Trente glorieuses)'으로 일컫는 자본주의 경제의 번영기와 맞물렸다. 식민지의 정치적 독립이 곧장 종주국과의 경제적 단절로 이어지는 경우는 드물었으며, 설사 그럴 경우라도 국내 경기의 호황으로 식민지 무역에서의 공백을 메워나갈 수 있었던 것이다. 이렇게 식민지 상실이 결코 종주국의 경제적 손실을 뜻하지 않았다는 사실은 유럽 열강에게 탈식민화에 더욱 박차를 가하게 하는 자극제 구실을 했으며, 다른 한편으로는 유럽인들의 식민주의적 세계관을 재고해보는 계기가 되기도 했다.

그렇다면 식민지 해방은 신생 독립국들에게 무엇을 의미했는가?

식민통치에서 해방된 대다수 신생 독립국은 심각한 영토분쟁과 인종분쟁에 시달려야만 했다. 특히 아프리카에 변화의 바람이 불어닥친 1960년대에 신생 독립국들은 독립 직후 10여 년 동안 무려 50차례에 달하는 군사 쿠데타를 겪어야 했다. 군사 쿠데타는 내란과 인종학살 및 경제파탄으로 이어졌으며, 정치적 독립은 독재와 빈곤이라는 차가운 현실로 나타났다.

더욱이 독립국가로서의 정치적 주권을 누린다는 사실이 신생 독립국들이 세계경제의 연결망과 종속 구도에서 완전히 해방되었음을 뜻하지 않았다. 탈식민 국가들 중에 국제적 연결망 없이 자족적 발전을 추진할 수 있는 여건을 갖춘 곳은 거의 없었으며 민족주의적 고립보다는 세계 시장의 주변부적 위치를 선택할 수밖에 없었다. 민족주의 운동이 깊숙이 자리잡은 인도뿐만 아니라 종주국에 맞서 가장 격렬한 해방투쟁을 펼쳤던 알제리나 베트남 등도 이러한 일반적인 현상에서 결코 예외가 아니다. 탈식민화가 결코 유럽 식민 종주국과의 관계 단절을 의미할 수 없었던 이유도 바로 여기에 있다. 신생 독립국들은 종주국과의 격렬한 전쟁을 치르고 독립을 달성한 후에는 국가 수립 과정에서 좋든 싫든 옛 식민 종주국과 협력과 통상을 유지할 수밖에 없었다. 종주국들 역시 정치적 주권을 완전히 넘겨주는 대신 경제적 통제와 문화적 유대를 유지함으로써 계속 영향력을 행사하고자 했다. 결국 식민지 해방을 맞이한 신생 독립국들은 신식민주의(Neo-colonialism)라는 또 다른 문제에 봉착한 것이다.

● 기본문헌

위르겐 오스터함멜, 『식민주의』, 박은영 · 이유재 옮김(역사비평사, 2006)
식민주의, 식민화, 탈식민화, 신식민주의 등 혼동하기 쉬운 개념들을 명확하게 설명해주는 짤막하지만 매우 알찬 입문서이다. 서구 식민지 경험에 대한 비교사적 시각을 제공해줄 수 있는 최근의 연구 성과를 담고 있다.

스티븐 하우, 『제국』, 강유원 · 한동희 옮김(뿌리와이파리, 2007)
제국의 탄생에서 몰락까지 식민 제국의 영고성쇠를 이론적으로 규명하고 있다. 국가의 경계를 넘어 제국과 문명이라는 넓은 차원에서 역사의 전개를 조망하는 책이다.

박지향, 『제국주의: 신화와 현실』(서울대출판부, 2000)
제국주의에 대한 최근 연구 동향을 잘 보여주는 연구서이다. 제국주의와 식민주의뿐만 아니라 20세기 후반 탈식민화에 대해서도 많은 정보를 담고 있다.

사이먼 스미스, 『영국 제국주의 1750-1970』, 이태숙 외 옮김(동문선, 2001)
영국 제국주의에 대한 고전적인 입문서. 식민화에서 탈식민화에 이르는 과정을 간략하게 정리하고 있으며, 특히 뒤에 실린 관련사료 번역문은 매우 유용하다.

조흥국 · 이광수 · 이희수 외, 『제3세계의 역사와 문화』(한국방송통신대학출판부, 2007)
아시아, 아프리카, 라틴아메리카 등 제3세계의 역사와 문화에 대한 길잡이 구실을 하는 책이다. 특히 아시아와 아프리카의 식민화와 민족해방에 대한 자세한 내용을 담고 있다.

웨인 맥윌리엄스 · 해리 피오트로브스키, 『현대국제정치사』, 이재석 · 이명철 옮김(집문

당, 1995)

제2차 세계대전 이후 동·서 냉전기부터 데탕트 시기까지의 국제관계의 대립과 부침을 잘 설명하고 있다. 국제정세의 관점에서 탈식민화 과정을 설명한다.

○ 참고문헌

Ageron, Ch. & Michel M.(dir.), *Déolonisations européennes*, actes du Colloque d'Aix-en-Provence, Publications de l'Université de Provence, 1995.

———(dir.), *L'ère des la décolonisation*, Actes du Colloque d'Aix-en-Provence, CNRS-Karthala, 1995.

Ageron, Ch.-R., *La décolonisation française*, Armand Colin, 1991.

Betts, R., *Decolonization*, Routledge, 2004.

———, *France and Decolonisation 1900-1960*, MacMillan, 1991.

Chamberlain, M. E., *Decolonization: The Fall of the European Empires*, Blackwell, 1999.

Darwin, J., *Britain and Decolonization, the Retreat from Empire in the Post-War World*, MacMillan, 1988.

Droz, B., *Histoire de la décolonisation au XXe siècle*, Seuil, 2006.

Duara, P.(ed.), *Decolonization, Perspectives from Now and Then*, Routledge, 2004.

Dufour, J.-L., *Les décolonisations de 1945 à nos jours*, Armand Colin, 2000.

Etemad, B., *De l'utilité des empires, colonisation et propospérité de l'Empire*, Armand Colin, 2005.

Etemad, B., *La Possession du monde, poids et mesures de la colonisation*, Editions Complexe, 2000.

Grimal, H., *La Décolonisation de 1919 à nos jours*, Editions Complexe, 1984.

Hargreaves, J. D., *Decolonization in Africa*, Longman, 1988.

Le Sueur, J. D.(ed.), *The Decolonization Reader*, Routledge, 2003.

MacQueen, N., *The Decolonization of Portuguese Africa, Metropolitan Revolution and the Dissolution of Empire*, Longman, 1997.

Michel, M., *Décolonisations et émergence du tiers monde*, Hachette, 2005.

Pervillé, G., *De l'Empire française à la décolonisation*, Armand Colin, 1993.

————, *Pour une histoire de la guerre d'Algérie*, Picard, 2002.

Rothermund, D., *The Routledge Companion to Decolonization*, Routledge, 2006.

Springhall, J., *Decolonization Since 1945, the Collapse of European Overseas Empires*, Palgrave, 2001.

White, N., *Decolonization, the British Experience since 1945*, Longman, 1999.

Wilson, H. S., *African Decolonization*, Edward Arnold, 1994.

제8장

유럽통합을 향하여

국민국가의 유럽인가 연방체제의 유럽인가

이용재 전북대 사학과

【연표】

1951. 4	파리조약, 유럽석탄철강공동체(ECSC) 창설, '6개국 유럽'
1952. 5	유럽방위공동체(EDC) 창설 조약
1954. 8	프랑스 의회가 유럽방위공동체 비준 거부
1957. 3	로마조약, 유럽경제공동체(EEC)와 유럽원자력공동체(EURATOM)를 설립
1966. 1	룩셈부르크 타협
1967. 7	유럽석탄철강공동체, 유럽경제공동체, 유럽원자력공동체가 유럽공동체(EC)로 통합
1973. 1	영국, 덴마크, 아일랜드가 유럽공동체에 가입, '9개국 유럽'
1979. 1	유럽통화시스템(EMS) 시행
1983. 1	그리스가 유럽공동체에 가입
1986. 1	스페인과 포르투갈이 유럽공동체에 가입, '12개국 유럽'
1986. 2	유럽단일의정서(SEA) 채택
1992. 2	마스트리히트 조약, 유럽연합(EU) 탄생
1993. 1	유럽단일시장 설립
1995. 1	오스트리아, 핀란드, 스웨덴이 EU에 가입, '15개국 유럽'
1997. 10	암스테르담 조약 조인
2002. 1	유로화(貨) 탄생
2004. 5	동유럽 10개국 유럽연합에 가입, '25개국 유럽'
2004. 10	로마조약, 유럽헌법 제정
2005. 5~6	프랑스, 네덜란드에서 실시한 국민투표에서 유럽헌법 부결
2007. 1	루마니아, 불가리아가 유럽연합에 가입, '27개국 유럽'
2007. 10	리스본 조약, 수정판 유럽헌법 합의
2008. 6	아일랜드의 국민투표에서 수정판 유럽헌법 부결

위기의 유럽: 국민국가 체제의 동요와 유럽통합 운동의 대두

유럽 체제의 동요

'다양성 속에서의 화합(In varietate concordia).' 유럽헌법을 비준한 2004년 6월에 유럽연합이 희망 찬 미래를 향해 내건 공식 슬로건은 오늘날 유럽이 분열과 갈등으로 점철된 지난 세월을 뒤로 하고 화합과 번영을 약속하는 새로운 미래로 나아가려는 의지를 담고 있다. 사실 7억을 넘어선 인구와 40여 개 국가로 이루어진 유럽은 그 오랜 역사만큼이나 지리, 문화, 종교, 언어, 인종에서 서로 이질적이고 복합적인 생활공간을 이루어왔다. 유럽 통합의 시대를 맞아 유럽의 지난 발자취를 추적한 역사가들은 너나없이 "유럽의 본질은 그 다양성에 있다."며 오늘날의 유럽통합의 움직임이 유럽 역사의 '새로운 전환점'임을 누누이 강조한다(뒤로젤, 2003, 23쪽).

유럽은 작은 대륙에 수많은 민족과 국가가 존재해왔기 때문에 지배와 점령, 주권과 독립을 위한 끊임없는 상쟁과 대립으로 점철된 역사를 간직하고 있다. 오늘날 우리에게 익숙한 유럽, 즉 주권국가들끼리 줄곧 상쟁하면서 세력균형을 유지하는 국제관계 체제로서의 유럽이 흔히 유럽 최후의 종교동란으로 불리는 '30년 전쟁'(1618~1648)에서 출발한다는 것은 널리 알려진 사실이다. 30년 전쟁을 끝맺는 베스트팔렌 조약(1648)에 의해서 '기독교 유럽'의 정체성이 뒤로 물러서고 주권을 가진 국가가 국제질서를 형성하는 '국가들의 유럽'의 시대가 막을 열었다. 근대 유럽은 적어도 그 국제관계의 원리에서 볼 때 영토 주권의 원칙에 따라 국민국가들끼리 서로 경쟁하며 세력균형을 유지하고자 하는 이른바 '베스트팔렌 체제'에 의해 지배되어온 것이다.

자국의 배타적 이익을 우선시하는 개별 국가들이 국제관계의 주요 행위자로 등장하는 베스트팔렌 체제는 결국 평화공존보다는 대립상쟁의 시대를 열었다. 17~18세기 절대주의 시대의 유럽은 크고 작은 국제적 갈등과 전쟁으로 점철되었으며, 19세기 민족주의 시대에 절정에 이른 이러한 국가 간의 경쟁은 19세기 말에 제국주의 경쟁으로 이어졌고 급기야 제1차 세계 대전을 통해 폭발되었다. 유럽 전역을 포연으로 물들인 세계대전의 경험은 주권국가들 사이에 균형과 견제의 원리를 적용해서 평화를 유지할 수 있다 는 기존의 통념을 뿌리째 흔들어놓았다. 국민국가를 구성단위로 하는 유럽 체제를 재고하고 새로운 국제관계의 패러다임을 마련하려는 움직임이 나 타난 것은 이렇게 전란의 폐허에서 미국과 소련이라는 두 신흥 강대국이 출현하는 가운데 이른바 '서구의 몰락'이 운위되던 '위기의 20년대'였다.

유럽 이념과 초기의 유럽통합 운동

두 차례 세계대전 사이의 평화의 외침은 '유럽 이념'에 대한 담론과 '유 럽 통일'에 대한 호소로 구체화되었다. 역사가들은 해묵은 옛 문헌들을 뒤 적이며 '유럽'과 '유럽인'의 정체성을 찾아나섰으며, 사상가들은 분열되고 다투는 유럽을 하나로 묶을 수 있는 공통분모로서 유럽 이념을 개발해내려 애썼다. 정치인들은 국제평화와 화합을 외치며 서둘러 유럽통합을 위한 청 사진을 의제에 올렸다. 오스트리아의 사상가 쿠든호베-칼레르기(R. Coudenhove-Kalergi)는 프랑스 정치인 아리스티드 브리앙(A. Briand)의 적 극적인 지지를 얻어 범유럽(Pan-Europe) 연합을 주창했다. 유럽의 평화와 단합이라는 대의명분은 그 동안 지식인들 사이에서 논의되던 통합운동을 현실정치의 현안으로 만들었다. '유럽합중국(Etats-Unis d'Europe)'의 건설 이라는, 한 세기 전에 빅토르 위고가 외쳤던 고매한 이상이 전후의 폐허 위 에서 많은 지식인과 정치인에게 공감을 얻고 추종자들을 낳았던 것이다.

유럽통합 운동은 파시즘과 경제공황을 거치면서 다시 극단적인 민족주 의의 물결이 휩쓰는 가운데 결국 제2차 세계대전이 발발하자 수포로 돌아가는 듯했다. 그러나 파국적인 두 차례의 세계대전은 유럽인들에게 유럽 통합에 대한 희망을 더욱 북돋워주었다. 파시즘과 전쟁에 맞선 유럽의 항독 저항운동가들, 특히 프랑스의 레옹 블룸(L. Blum)이나 이탈리아의 알티에로 스피넬리(A. Spinelli)는 전쟁의 재발을 막기 위해서 국민국가로 구성된 유럽체제를 재편해 새로이 유럽연방을 건설하자는 운동에 앞장섰다. 이들은 자본주의와 국민국가를 두 축으로 한 종래의 유럽체제는 필연적으로 다시 전쟁을 부를 수밖에 없으며, 따라서 전후의 유럽은 사회민주주의에 의거한 시장통합과 연방주권에 의한 국민국가의 극복이라는 원칙에 따라 재건되어야 한다고 주장했다. 노르망디 상륙작전에 이어 연합군측의 승리가 확실시되던 1944년 7월 항독 저항단체들은 스위스에서 비공개 회합을 갖고 '유럽 저항운동 선언'을 발표하여 전후 유럽 구상으로 '국방과 외교 분야에서 가맹국들의 주권이 상위 기구에 이양되는' 연방제 연합(Union fédérale)을 내놓았다. 연방제에 입각한 유럽합중국 구상은 어떤 체계적인 이론과 구체적인 방안이 아니라 단순히 평화 실현을 위한 염원을 담은 이상적인 틀에 지나지 않았지만 항구적인 평화와 공영을 갈망하는 전후 분위기와 맞물려 폭넓은 지지를 얻었다.

1946년 9월에 영국 수상 윈스턴 처칠이 조직한 '유럽연합운동(United Europe Movement)'을 필두로 10여 개에 달하는 통합운동 국제단체들이 설립되어 저마다 통합 청사진을 내놓았다. 1948년 5월에 네덜란드 헤이그에서 열린 '유럽 대회'에는 정치인, 종교인, 지식인, 사회운동가 등 무려 1000여 명에 달하는 국제적 명망가가 모여 통합 열기를 북돋웠다. 그러나 통합운동의 대세는 초국가적 연방제 유럽에서 한 걸음 물러서서 국가의 주권과 이익을 우선시하는 유럽으로 기울기 시작했다. 저항운동에서 출발한 유럽 연방주의는 전후의 경제복구라는 절박한 과제와 냉전시대의 도래라는 국제관계의 냉혹한 현실 앞에서 큰 힘을 발휘하기 힘들었다. 승전국이든 패전국이든 유럽 각국은 유럽통합이라는 초국가적인 문제에 몰두할 여력이 거의 없었으며 전후의 재건은 철저하게 국민국가 단위로 진행될 수밖에 없었던 것이다(Guieu, 2006, 111쪽).

사실 미·소 냉전체제는 전후 유럽 관계를 완전히 바꾸어놓았다. 미국과 소련이 충돌하는 냉전 구도에서 유럽은 자유주의 진영과 공산주의 진영의 양대 블록으로 분할되었다. 결국 미국의 영향력 아래 편입된 서유럽만이 반(反)공산주의의 기치에 따라 그리고 다자간 무역정책의 실현을 위해 통합을 추진했다. 미국은 통합된 유럽을 소련의 팽창을 저지할 방어벽이자 자국의 이익에 충실한 세계 다자무역 구도의 초석으로 삼으려 했으며, 그만큼 통합과정에서 미국의 영향력이 두드러지기 시작했다. 1948년 4월에 발족한 유럽경제협력기구(OEEC)는 제2차 세계대전 이후 유럽 국가들 사이에 탄생한 최초의 국제협력기구이다. 독일과 에스파냐를 제외한 서유럽 14개국이 참가한 유럽경제협력기구는 서유럽의 전후 복구를 위한 미국의 지원계획인 '마셜 플랜(Marshall Plan)'에 따라 지원 물자를 합리적으로 분배하기 위해서 설립된 것이다. 따라서 그것은 원조 분배 등을 위한 협조와 합의를 도출해내는 정부 간 협의기구일 뿐, 국민국가의 영역을 넘어서는 어떤 초국가적 성격도 지닐 수 없었다.

한편 1949년 5월 런던에서 서유럽 10개국이 참가한 가운데 유럽평의회(Council of Europe)가 출범했다.[1] '민주주의와 인권 그리고 법의 지배와 강화를 목적으로' 유럽의 정치적 협력을 추구하는 유럽평의회 역시 처음부터 초국가적 결정권을 배제하였으며 각국 정부들 사이의 정치적 토의의 장으로서 구실을 할 뿐이었다. 더욱이 같은 해에 대서양조약에 따라 미국의 주

---

1 1949년에 결성된 유럽평의회(Council of Europe)는 유럽연합(EU)의 핵심적 정책 결정기구인 유럽이사회(European Council)와는 전혀 다른 것이다. 참가국들 사이의 정부 간 협력기구로 주로 민주주의와 인권문제를 다루는 유럽평의회는 실질적인 영향력을 행사하지 못했으나 1990년대 동유럽 공산주의 체제의 붕괴 이후 회원국이 점점 늘어나 현재 회원국 수는 러시아 등 동유럽 국가들과 터키를 포함해서 모두 46개국에 이른다. 오늘날 유럽연합에 속한 모든 국가는 유럽평의회의 회원국이기도 하다.

도로 서유럽 10개국이 참가한 북대서양조약기구(NATO)가 탄생하고 동·서 유럽의 분열이 기정사실이 되자 '하나 된 유럽'이라는 원대한 목표는 더욱 멀어져만 보였다.

따라서 유럽통합은 공멸의 위기에서 벗어나 공영의 길로 나아가야 한다는 도덕적 대의명분을 배경으로 출발한 것이기는 하지만, 그와 동시에 전후 재건 및 냉전의 시기에 자국의 경제 부흥과 군사 방위를 도모하며 급변하는 국제정세에서 전략적 우위를 확보해야 하는 유럽 각국의 냉철한 정치적 계산에 좌우되는 것이기도 했다. 유럽의 평화와 공영을 외치는 화려한 수식어 뒤에는 국가 이익이라는 현실적 동기가 숨어 있기도 했던 것이다. 결국 제2차 세계대전 이후에 시작된 새 유럽 건설은 '국가 주권을 초월한 유럽'이라는 애초의 원대한 '이상'과 '국가 이익을 매개한 유럽'이라는 국제 정치의 '현실' 사이에서 줄곧 전진과 후퇴를 되풀이하며 오늘날에 이르고 있는 것이다.

유럽통합을 향하여

유럽공동체를 향하여: 유럽석탄철강공동체에서 유럽경제공동체로(1951~1957)

사실 정부 간 협력기구에 불과한 유럽경제협력기구나 유럽평의회에는 통합을 추진할 만한 실질적인 추진력이 없었다. 서유럽 각국이 미국의 주도권 아래 놓여 있는 유럽경제협력기구와 북대서양조약기구를 통해 경제 재건과 국가 안보를 해결하고자 하면서, 통합 논의는 한동안 구체적인 실행 방안을 찾지 못한 채 지지부진한 상태로 머물렀다. 그러나 냉전체제는 전후 유럽에 대한 미국의 영향력을 증대하는 동시에 미국의 패권주의에 대한 우려와 저항이 응집되는 계기를 제공하기도 했다. 미국은 반소 군사동맹의 축으로 유럽의 재건과 서독의 재무장을 추진했는데, 이러한 미국의 복안에 대한 프랑스의 대처는 독일과 프랑스 사이의 오랜 적대관계를 해소하는 한편 유럽공동체라는 독자적인 정치 공간을 구축하는 것이었다.

유럽통합 운동을 새로운 단계로 끌어올린 견인차는 프랑스와 독일이었다. 프랑스의 외무장관 로베르 슈만(R. Schuman)은 경제기획청장 장 모네(J. Monnet)의 구상에 따라, 1950년 5월 9일에 유럽의 석탄과 철강의 생산과 판매를 공동 관리할 것을 제안하는 이른바 '슈만 선언'을 발표했다. 이로써 통합유럽을 향한 대장정의 첫걸음을 내딛었다.[2] 슈만 선언은 철강이나 석탄과 같은 경제적 분야에서의 협력을 위한 제도적 장치를 마련하는 것이었지만 그 역사적인 의의는 독일과 프랑스 사이의 화해를 위한 첫걸음을 내딛었다는 데 있었다. "유럽 국가들의 결집은 프랑스와 독일 사이의 수백 년 묵은 적대관계의 해소를 요구한다. 이제 도모하는 작업은 무엇보다도 프랑스와 독일로부터 시작되어야 한다."는 것이 슈만 선언의 요지였다(Gerbet, 1998, 58쪽). 서독의 급속한 경제 성장을 보면서 독일의 정치적·군사적 재기 가능성을 우려한 프랑스는 군수 산업에 필요한 원료들을 공동 관리하는 경제 분야에서의 협력을 통해 궁극적으로 독일과의 화해를 위한 정치적 방안을 모색하고자 했다. 슈만 플랜은 서독으로서도 충분히 수용할 만한 제안이었다. 패전국으로서 연합 3개국에 의해 주권 행사를 제약 받아 온 서독으로서는 국제무대에서 승전국 프랑스와 대등한 자격으로 참여할 수 있을 뿐만 아니라 프랑스가 서유럽의 틀을 벗어나서 소련과 동맹을 맺을지도 모른다는 우려를 떨쳐낼 수 있었던 것이다.

1951년 4월 프랑스와 독일을 비롯하여 벨기에, 네덜란드, 룩셈부르크,

---

2 1985년 밀라노에서 열린 유럽이사회에서 유럽연합은 슈만 선언이 발표된 1950년 5월 9일을 '유럽의 날(Europe Day)'로 공식 지정했다.

6개국 유럽(1952)

네덜란드

벨기에

서독

룩셈부르크

프랑스

이탈리아

이탈리아 등 6개국이 참가한 유럽석탄철강공동체(ECSC)가 출범했다. 이로써 오늘날의 유럽연합의 모태가 된 '6개국 유럽'이 탄생했다. 유럽석탄철강공동체의 출범이 향후 유럽통합의 청사진에서 갖는 중요성은 이 기구가 유럽경제협력기구 등 기존 기구와 같은 정부 간 협의체가 아니라 비록 특정 분야와 정책에 대해서이기는 하지만 개별 가입국가들의 간섭에서 벗어난 초국가적 주권기구의 성격을 갖추었다는 점이다. 참가국들은 석탄과 철강 분야에 대한 주권을 독립적으로 활동하는 고등관리청(High Authority)에 6년 동안 이양하기로 합의한 것이다. 유럽석탄철강공동체 탄생의 주역은 고등관리청 초대 의장을 맡은 장 모네(J. Monnet)였다. 연방제 유럽과는 거리가 먼 유럽평의회의 탄생에 실망한 장 모네는 "유럽은 단 한 번에 그것도 한꺼번에 만들어질 수 없다."는 사실을 깨닫고, '제한적이지만 핵심적인 분야'

에서부터 통합을 추진하는 쪽으로 방향을 바꾸었다. 일단 주요 분야에서 통합이 성공리에 이루어지면, 그 효과가 다른 분야에도 '파급(spill-over)'되어 궁극적으로 정치적인 통합에 이를 수 있다는 것이다. 흔히 '기능주의적(functionalist)' 통합방식이라 불리는 장 모네의 이러한 구상은 적어도 경제 분야에서는 큰 성공을 거두었다(Ducomte, 2004, 35쪽).

한편 1950년의 한국전쟁을 계기로 냉전 구도가 세계적으로 확대되자 미국은 유럽에서 소련의 영향력 확대를 막기 위해 서독의 재무장과 북대서양조약기구 가입을 추진했다. 미국의 압력을 완전히 무시하기 힘든 상황에서 프랑스는 서독의 재무장을 받아들이는 대신 서독의 군대를 유럽동맹의 틀 안에 묶어놓을 요량으로 유럽공동방위군의 창설을 제안했다. 이에 따라 1952년 5월 여전히 초국가적 통합 기구의 참여에 미온적인 영국을 제외하고 유럽석탄철강공동체의 6개 회원국만으로 유럽방위공동체(EDC)에 대한 조약이 체결되었다. 유럽방위공동체는 자체의 예산과 기구로 운용될 것이며, 북대서양조약기구의 지휘통제를 받는 40개 사단 1만 3000명 병력의 유럽방위군을 보유하게 될 것이었다. 더욱이 유럽방위공동체 조약에는 유럽방위군을 민주적으로 통제할 수 있는 정치 기구를 창설할 수 있다는 조항이 첨가되어 있다는 점에서 유럽의 정치적 통합을 바라는 연방주의자들의 오랜 기대를 다시 불러일으켰다. 1952년 9월 스트라스부르에서 회동한 6개국 외무장관들은 공동방위계획의 원활한 작동을 위해서는 정치적 조율이 필요하다는 데 의견을 같이하고, 연방제 구조에 입각한 유럽정치공동체(EPC) 창설안을 마련했다. 유럽방위공동체 조약과 유럽정치공동체 구상은 유럽 6개국이 경제 분야를 넘어서서 가장 민감한 사안인 '국방과 정치 분야에서 초국가적 권력 기구를 탄생시키려 한 야심 찬 첫 시도'였다는 점에서 회원국들뿐만 아니라 미국과 소련 두 강대국의 관심을 고조시켰다.

하지만 유럽방위공동체 조약은 정작 제안국인 프랑스 국내에서 격렬한 반대에 직면했다. 사실 유럽방위공동체가 미·소 냉전의 산물이었던 만큼,

국제 정세의 긴장이 조금씩 줄어듦에 따라 유럽방위공동체의 필요성에 대한 공감도 그만큼 줄어들었다. 1953년에 들어 한국전쟁이 휴전협상 국면에 들어가고 스탈린의 사망으로 소련의 도발에 대한 경계심도 줄어들자, 프랑스에서는 서독의 재무장을 원하지 않는 여론이 비등했다. 초국가적 공동방위 기구의 탄생에 따른 프랑스의 주도권 약화를 우려한 두 거대 야당 세력인 드골주의자들과 공산주의자들이 일찍부터 유럽방위공동체 거부운동의 선봉에 나섰으며, 기독교민주당과 함께 연립내각을 구성하고 있던 사회당과 급진당의 일부도 반(反)유럽방위공동체 진영으로 돌아섰다. 결국 유럽방위공동체 계획은 프랑스 국내 정치를 극심한 분열 상태로 몰고 갔을 뿐, 1954년 8월 의회에서 인준을 받는 데 실패함으로써 좌초하고 말았으며, 이에 따라 유럽정치공동체 구상도 자동으로 폐기되었다. 유럽방위공동체와 유럽정치공동체의 예정된 실패는 한편으로 유럽 국가들이 통일된 외교 정책을 수립하지 않은 가운데 국방이나 안보 문제와 같은 국가 주권의 중요한 부분을 초국가 기구에 이양하는 것이 여전히 쉽지 않다는 점을 말해주는 동시에, 다른 한편으로는 미·소 냉전체제에서 이른바 '제3세력'의 등장, 즉 유럽의 독자적인 정치·군사 세력화가 허용되기 힘들었던 당시의 국제 정세의 결과이기도 했다(Zorgbibe, 1993, 31쪽).

유럽방위공동체 실패의 여파 속에서 독일과 프랑스가 유럽통합을 추진할 명분을 잃고 대화 창구를 두 나라 사이로 좁히기 시작한 반면에, 벨기에, 네덜란드 등 군소국들이 당분간 통합 운동의 구심점 구실을 할 수밖에 없었다. 유럽방위공동체의 좌초를 몰고 온 국내의 정파 간 대립에 실망한 장 모네는 유럽석탄철강공동체의 고등관리청 의장직에서 물러나 6개국 유럽의 정치인, 사회단체 등을 총망라한 '유럽합중국 행동위원회'를 결성하고 통합 운동에 새로운 활력을 불어넣고자 했다. 성급한 초국가적 정치 통합의 실패에서 교훈을 얻은 장 모네를 비롯한 유럽통합론자들은 다시 경제 분야로 눈을 돌려 유럽 6개국의 공동 관리 영역을 운송과 에너지를 비롯한 일반 통상까지 확대하려는 계획을 추진했다.

통합 운동의 선회는 1955년 6월 이탈리아의 메시나(Messina)에서 열린 유럽석탄철강공동체 외무장관 회담에서 재확인되었다. 벨기에 외무장관 스파크(P.-H. Spaak)와 네덜란드 외무장관 베이안(J. Beyen)은 유럽경제공동체(EEC)와 유럽원자력공동체(EURATOM)의 창설을 제안했다. 유럽원자력공동체는 회원국들 사이에 핵에너지의 평화적 사용을 위한 공동 개발과 연구를 목적으로 한 공동체이다. 유럽원자력공동체는 미래의 주요 에너지원인 원자력을 공동으로 이용하고 이미 진행 중인 프랑스의 핵무기 개발을 통제하는 한편, 서독의 독자적 핵무기 개발 가능성을 봉쇄함으로써 항구적인 평화 유지에 이바지할 수 있다는 정치적 의도를 담고 있었다.

1957년 3월, 로마 조약에 의해 유럽경제공동체와 유럽원자력공동체가 공식 출범하면서 '6개국 유럽'의 통합 기구는 기존의 유럽석탄철강공동체를 포함해서 모두 3개로 늘었다. 특히 유럽경제공동체의 성장은 눈부셨다. 역내 관세의 철폐와 공동시장(Common Market)의 창출, 나아가 역외 공동 관세동맹을 추진하고자 하는 유럽경제공동체는 프랑스에게는 농산물 판매 시장으로, 독일에게는 번창하는 공산품 시장으로 커다란 유인력을 발휘했다. 이제 유럽 공동시장의 출범으로 유럽은 새로운 도약을 준비했다. 하지만 이듬해 프랑스에서 드골 장군의 정계 복귀는 유럽통합에 거친 파고를 예고했다.

도전받는 유럽공동체: 유럽경제공동체에서 유럽공동체로(1957~1970)

경제 분야의 초국가 기구인 유럽경제공동체가 탄생했지만 그것은 여전히 '6개국 유럽'의 협력체에 지나지 않았다. 유럽경제공동체의 출범으로 경제 분야의 유대가 더욱 긴밀해지기는 했지만, 그와 동시에 유럽통합 운

306

동은 두 차례 거센 위기의 파고를 겪어야 했다. 1960년대에 유럽공동체의 순항을 가로막은 첫 번째 역풍은 공동체의 외부에 머물러 있던 영국에서, 그리고 두 번째 역풍은 공동체 내부에서 공동체의 견인차 역할을 해온 프랑스로부터 불어왔다.

통합 운동 초기부터 영국은 늘 '유럽의 이방인'이었다. 섬나라 영국은 유럽 대륙의 문제에 직접적인 당사자가 되기보다는 한 발 물러나 있는 입장이었으며, 영연방 국가들과의 교역망을 통해 독자적인 경제권을 구축하고 있었고, 대서양 국가로서 미국과 돈독한 관계를 유지하고 있었다. 이런 점에서 영국은 유럽통합 문제에서 어떤 초국가 기구의 설립에 따른 부담을 안으려 하기보다는 개별 국가의 지위와 영향력이 유지되는 정부 간 협상 기구를 선호했다. 따라서 영국은 유럽석탄철강공동체의 탄생에서 유럽방위공동체의 좌초로 이어지는 통합 움직임과 줄곧 거리를 두어왔다.

1957년 '6개국 유럽'이 공동시장 창설을 위해 유럽경제공동체를 출범시키자 영국은 6개국뿐만 아니라 유럽 국가들을 모두 포괄하는 자유무역지대를 창설하자는 제안으로 맞섰다. 협상이 결렬된 후 영국은 1960년 5월 유럽경제공동체의 외곽에 머물러 있는 오스트리아, 덴마크, 노르웨이, 포르투갈, 스웨덴, 스위스 등과 함께 유럽자유무역연합(EFTA)을 조직했다. 유럽자유무역연합은 유럽경제공동체와 같은 공동시장을 창출하려는 통합된 경제 동맹은 아니었으며, 공산품에 대한 관세 철폐를 목적으로 하는 회원국 사이의 정부 간 협의체에 불과했다. 공동체 형태의 초국가 기구 없이 유럽경제공동체와 같은 무역자유화의 물결을 쫓아가자는 것이 유럽자유무역연합의 근본 목적이었다. 결국 유럽자유무역연합의 출범으로 유럽은 유럽경제공동체 6개국과 유럽자유무역연합 7개국의 두 경제 블록으로 분리되었다.

그러나 회원국들 사이의 경제적 불균형이 심한 데다가 지리적으로 서로 멀었던 까닭에 유럽자유무역연합의 성과는 상호 경제발전을 도모한다는 당초의 취지에 크게 못 미쳤다. 특히 유럽경제공동체가 완전한 관세동맹으로 발전해가면서 유럽자유무역연합의 일부 국가들은 오히려 유럽경제공동체와 더 많은 무역거래를 하게 되었다. 유럽경제공동체의 성장과 유럽자유무역연합의 정체는 유럽자유무역연합으로 유럽경제공동체에 맞서려던 영국의 구상을 수포로 만들었다. 유럽경제공동체를 중심으로 한 경제통합이 거스를 수 없는 대세임을 확인한 영국은 1961년 7월에 공식적으로 유럽경제공동체에 가입 신청을 할 수밖에 없었다. 하지만 유럽통합의 물결에 합류하려는 영국의 뒤늦은 선회는 뜻밖에도 프랑스의 거센 반발에 봉착했다.

1958년 5월 알제리에서 벌어진 식민지해방전쟁의 소용돌이 속에서 프랑스 제4공화정이 붕괴되고 드골 장군이 정계 일선에 복귀했다. 제5공화국 초대 대통령 드골의 등장은 프랑스의 국내 정치 판도를 완전히 바꾸어놓았을 뿐만 아니라 유럽통합 운동에도 엄청난 파장을 몰고 왔다. 프랑스의 드골 대통령은 미국과 긴밀한 관계를 맺고 있는 영국이 유럽경제공동체에 가입할 경우 유럽 문제에 대한 미국의 영향력이 확대되고 그만큼 프랑스의 주도력이 상실될 것을 염려해서 영국의 가입을 저지하고 나섰다. 드골은 영국의 가입이 '미국의 트로이 목마'라고 비난하면서 거부권을 행사했다. 영국은 1967년에 다시 가입 신청을 했으나, 프랑스는 또다시 거부 의사를 분명히 했다. 드골이 프랑스 대통령으로 있는 한 영국의 유럽경제공동체 가입은 사실상 불가능해 보였다.

10여 년에 걸친 야인시절에 드골은 유럽석탄철강공동체, 유럽방위공동체, 유럽경제공동체 등 통합 유럽을 향한 유럽 6개국의 행보에 줄곧 비판적인 입장을 견지해왔다.[3] 하지만 권좌에 복귀한 드골은 종래의 강경한 비

....
[3] 드골이 볼 때, 석탄과 철강의 '카르텔(pool)'에 불과한 유럽석탄철강공동체는 프랑스 철강 산업을 와해시킬 것이며 농산물, 식민지 산품, 광물 등 프랑스가 경쟁력을 지닌 분야들이 포함되지 않는다면 결국 프랑스에 불리한 교섭으로 그칠 것이었다. 유럽방위공동체 역시 '미국의 지휘를 받는 무국적 군대'에 지나지 않으며 프랑스의 독자적 방어 능력을 약화시

판에서 한걸음 물러서서 유럽통합을 고무하는 정책을 취하기도 했다. 일단 유럽방위공동체를 좌초시키는 데 성공한 만큼, 드골은 유럽경제공동체가 추진하는 유럽 공동시장에 대해서는 이미 그 초국가적 집행권이 대폭 축소된 데다가 프랑스 농산물의 판매에 유리한 입지를 마련해줄 수 있다는 점에서 굳이 고집스럽게 반대할 필요를 느끼지 않았다. 그러나 드골이 구상하는 유럽은 종전 직후 유럽통합론자들이 꿈꾸던 유럽과는 크게 달랐다. 그것은 '대서양의 유럽(Europe atlantique)'에 대치되는 '유럽인의 유럽(Europe européenne)'이었으며, '연방체 유럽(Europe fédérative)'이 아닌 '국가들의 유럽(Europe des états)'이었다. 그는 대서양 구도에 편입되어 미국에 의존적인 외교관계에 머물고자 하지 않았고, 미·소 양대 진영에서 독립한 제3블록으로서 자체 방위를 담당하는 유럽을 원했다. 더 나아가 그는 유럽통합에 찬성하면서도 국가 주권보다 상위에 있는 초국가적 권위체의 설립에 반대했으며 개별국가들의 주권이 보장되는 정부 간 협의체로서의 유럽기구를 구상했다. 요컨대 그는 프랑스가 통합유럽의 기수로서 강대국의 역할을 수행해야 한다는 야망을 품고 있었으며, 이러한 계획이 실현되려면 유럽 문제에서 프랑스가 늘 주도권을 쥐고 있어야 한다고 생각했다(Maillard, 1995, 122쪽).

유럽의 정치적 통합에 대한 드골의 구상은 이른바 '푸셰 플랜'으로 구체화되었다. 1961년 2월 6개국 유럽이 공동 정치기구의 창설을 논의하는 과정에서 프랑스가 각국 정상 또는 각료들 사이의 회담을 정례화하고 외교·국방의 현안을 논의할 정부 간 기구를 설치하여 궁극적으로 '유럽 국가연합(Confédération européenne)'을 창설하자는 안을 내놓자, 이를 위한 준비작업이 프랑스측 대표 푸셰(Ch. Fouchet)에게 일임되었다. 푸셰 플랜은 북

키고 독일의 군사력 강화를 가져올 것이었다. 드골은 종종 유럽석탄철강공동체와 유럽방위공동체에 대해 '석탄과 철강의 뒤죽박죽'이며 '가공의 프랑켄슈타인'이라고 비아냥거리곤 했다(Binoche, 1990, 105~110쪽).

대서양조약기구와의 관계설정에 대한 내용과 기존 유럽공동체 기구들의 존속에 대한 보장안을 삭제한 것이었으며, 유럽공동체 가입 조건을 회원국의 만장일치 동의로 정함으로써 영국의 가입 신청을 미연에 차단하려는 의도를 담고 있었다.

하지만 처음부터 초국가적 주권기구의 설치를 배제하는 국가연합은 사실상 각국의 주권을 기초로 한 재래식 국제기구들과 조금도 다를 바가 없다. 프랑스의 제안은 로마 조약 이후에 진전되어온 유럽통합을 오히려 후퇴시키는 것으로 나머지 회원국들에게서 거센 비판을 받았다. 특히 초국가적 기구를 배제한 국가 간의 연합이 결국 프랑스와 독일 두 강대국의 위상만 높일 것이라고 내다본 베네룩스 3국에게 영국의 가입 여부는 프랑스의 제안을 거부할 수 있는 좋은 명분이었다. 1962년 4월 베네룩스 3국은 프랑스와 최종협상에 들어갔으나 합의를 이끌어내지 못하고 결국 국가연합 계획은 완전한 실패로 끝나고 말았다.

드골의 완고한 행보는 유럽경제공동체의 운용에서도 다른 회원국들과 마찰을 빚기도 했다. 그는 유럽경제공동체의 초국가적 권한을 줄이려는 의도로 각료이사회의 다수결 표결원칙에 맞서서, 회원국의 중요한 이익을 지키기 위해서는 만장일치제가 필요하다는 입장을 고수했다. 1965년에 공동농업정책을 둘러싸고 프랑스와 다른 회원국들 사이에 입장 차이가 드러나자 드골은 유럽경제공동체에 파견한 자국 대표단을 모두 철수시키는 이른바 '공석 정책(chaise vide)'을 취했다. 프랑스의 참여 거부로 촉발된 유럽경제공동체의 위기는 이듬해 룩셈부르크 회담에서 타협안이 마련되면서 일단락되었다. 그러나 '룩셈부르크 타협'은 다수결 결정을 축소하고 만장일치제를 도입한다는 프랑스의 주장을 받아들임으로써 초국가적 공동체로서의 통합유럽은 적지 않은 타격을 받게 되었다. 결국 1960년대에 유럽공동체는 초국가성 문제를 둘러싸고 심각한 제도적 위기에 봉착했으며, 정치적 통합은 그만큼 풀기 어려운 문제로 남을 수밖에 없었다.

하지만 유럽경제공동체는 공동체 내에서의 관세 장벽을 철폐하고 자본과 노동의 자유로운 이동을 촉진했을 뿐만 아니라, 특히 농산물에 대한 생산량과 가격을 합의에 의해 결정하는 공동농업정책(CAP)을 펼치면서 유럽의 경제적 통합에 커다란 역할을 하였다. 유럽경제공동체의 기능과 역할이 확대되면서 기존의 세 통합기구, 즉 유럽경제공동체, 유럽석탄철강공동체, 유럽원자력공동체 사이에 통합이 추진되었다. 세 기구의 의회와 법원, 각료이사회가 서로 통합되고 단일 집행위원회가 설치되었다. 이로써 1967년 7월에 통합 단일기구인 유럽공동체(EC)가 출범했다.

유럽공동체의 확대: 유럽경제공동체에서 유럽공동체로(1970~1990)

1967년 7월에 통합 단일기구인 유럽공동체가 출범하고 1969년 4월에 드골 대통령이 권좌에서 물러나면서 유럽공동체의 확대 및 유럽통합의 움직임은 새로운 전기를 맞았다. 유럽 건설을 프랑스의 국력 강화를 위한 수단 정도로 여겼던 드골에 비해서, 새로 취임한 퐁피두(G. Pompidou) 대통령은 프랑스의 농업과 산업의 발전을 위해서는 유럽공동체의 기능을 강화하고 규모를 확대해야 할 필요를 절감하고 있었으며 영국의 가입을 줄곧 거부할 수 없음을 잘 인식하고 있었다. 프랑스의 태도 변화는 서독 수상 브란트(W. Brandt)가 추진하는 동방정책(Ostpolitik)에 대응하려는 전략에서 나온 것이었다. 빠른 경제성장을 배경으로 동유럽에 영향력을 확대하려는 서독의 의도에 우려를 느낀 프랑스는 서독을 유럽공동체의 구조 안에서 견제할 수 있기를 희망했다. 이런 점에서 유럽공동체 회원국의 확대, 특히 영국의 가입은 서독 견제라는 목표를 위해 정치적으로 매우 긴요한 일이었다.

프랑스의 제안으로 1969년 12월에 네덜란드의 헤이그에서 열린 유럽공동체 6개국 정상회담은 그 동안 답보상태에 있던 통합 운동을 크게 진척시켰다. 헤이그 정상회담은 1957년 로마 조약에서 약속한 유럽공동시장을 조속한 시일 안에 완성하고 유럽의 경제통화연합(EMU)의 창설을 목적으로 단계적 협상에 들어간다는 데 합의했으며, 유럽공동체의 확대를 위한 구체적인 작업을 추진하기로 결정했다. 1972년 1월 영국은 브뤼셀에서 가입 조약에 서명하고 1년 뒤에 아일랜드, 덴마크와 함께 유럽공동체의 정식 회원국이 되었다(노르웨이는 가입 조약에 서명했으나 국내 비준에 실패했다). 영국은 1961년 처음 가입 신청을 한 후 실로 10년 만에 공동체에 합류했다. 이제 9개국으로 확대된 유럽공동체는 통합 운동에 새로운 이정표를 그었다. 유럽공동체에 가입 신청을 하지 않은 유럽자유무역연합 국가들은 공산품 교역에서만 유럽공동체 9개국과 자유무역협정을 체결했다. 이로써 유럽경제공동체에 대한 대항 경제 블록으로 출발한 유럽자유무역연합은 사실상 유명무실해졌다.

회원국의 증가는 서유럽 대다수 국가가 참여하는 통합 기구로서 유럽공동체의 입지를 강화했으나, 그와 동시에 정책의 결정과 집행에서 좀 더 효율적인 방안을 모색해야 할 필요도 커졌다. 1970년대 초부터 유럽이사회에서 정치 통합이라는 유럽공동체의 최종 목표에 대한 논의가 이루어졌다. 정치 통합을 강화하는 효율적인 방식은 기존 기구, 즉 유럽공동체의 집행위원회와 의회의 권한을 강화함으로써 초국가적 성격을 갖게 하는 것이었다. 하지만 이러한 입장은 초국가적 정책결정 기구의 등장에 따른 국가 주권의 약화를 우려하는 프랑스와 영국의 반대에 봉착하곤 했다. 초국가적 정치 기구의 탄생은 다시 한 번 훗날로 미루어질 수밖에 없었다. 하지만 유럽공동체의 예산 집행에 대한 유럽의회의 권한이 확대되고, 공동농업정책에 대한 재정 규칙이 결정되었으며, 단일 화폐 출범을 위한 통화동맹에 대한 합의가 이루어졌다.

유럽공동체의 발전은 국제적 상황이 급변하는 가운데 유럽공동체를 이끄는 주요 국가들, 특히 프랑스와 독일의 지도자들이 바뀌면서 단계적으로 이루어졌다(Nourry, 2005, 19쪽). 영국에서는 노동당의 윌슨이 집권하자 유럽공동체에 대해 다시 신중한 자세로 돌아선 반면, 1974년에 동시에 집권한 프랑스 대통령 지스카르 데스탱(V. Giscard d'Estaing)과 독일 수상 헬무트 슈미트(H. Schmitt)는 통합 움직임에 함께 보조를 맞추었다. 1974년 12월 지스카르 데스탱의 발의로 파리에서 유럽공동체 회원국 정상회담이 개최되었다. 파리 회담의 합의 내용에는 제도 개편에 대한 회원국들의 우려와 기대가 뒤섞여 있다. 한편으로 회원국 정상들의 회담인 유럽이사회(European Council)가 매년 3회로 정례화되어 중요 정책결정 기구가 되었다. 유럽이사회가 상설화됨으로써 명실상부한 최고결정 기구로 등장했다는 사실은 결국 정부 간의 협력을 강화한 것이라는 점에서 초국가 기구로서의 유럽통합으로부터는 한 걸음 후퇴한 것이라고 할 수 있다. 다른 한편으로 프랑스와 영국의 끈질긴 반대를 무릅쓰고 마침내 유럽의회(European Parliament)를 회원국 국민들의 직접보통선거로 선출한다는 데 합의했다. 유럽의회는 유럽 시민들의 직접선거에 의해 선출된다는 정통성을 갖게 됨으로써 앞으로 개별 회원국 정부의 간섭을 받지 않고 초국가적 권위체로 발전할 수 있는 제도적인 틀을 마련한 것이다. 초국가적 기구로서의 유럽의회와 정부 간 협의체로서의 유럽이사회라는 이원적 절충구조가 자리잡은 것이다.

유럽공동체는 1983년에 그리스, 1986년에 포르투갈과 에스파냐가 가입함으로써 '12개국의 유럽'이 되었다. 이로써 스칸디나비아 국가들과 오스트리아, 스위스 등 중립국을 제외한 모든 서유럽 국가가 공동체에 참여했다. 유럽공동체의 확대와 더불어 경제 분야에서의 통합은 한층 진전되었다. 1985년 1월 유럽공동체의 집행위원장 자크 들로르(J. Delors)는 유럽 단일시장의 완성을 통한 통합의 활성화를 추진했다. 들로르의 단일시장 구상은 유럽공동체 회원국 사이의 국경 철폐를 위해 우선 공동체 내 시장의 기술적·재정적 장벽을 제거해야 한다는 것이었다. 이에 따라 1986년 유럽이사회는 1957년에 체결된 로마 조약을 개정하고 공동시장 완성을 위한 회원국 간의 정치적 협력을 체계화한 이른바 '단일유럽의정서(Single

European Act, SEA)'를 표결로 통과시켰다. 단일유럽의정서는 유럽에서 사람 · 상품 · 자본 · 서비스가 자유롭게 이동할 수 있도록 하기 위한 국경 없는 공동체의 창설을 목표로 하고 있다. 즉 유럽공동체는 명실상부한 단일 시장을 완성하기 위해, 국가 간의 협력 강화를 규정하고 각국이 설정해놓은 각종 장벽과 규제의 철폐를 요구했다. 또한 이러한 조치들을 신속하게 집행하기 위해 각료이사회(Council of Ministers)의 의사결정 방식을 만장일치제에서 가중다수투표제(QMV)로 바꾸었으며, 집행위원회(European Commission)의 권한을 대폭 강화했다. 1987년 7월부터 정식으로 발효된 단일유럽의정서는 로마 조약 이후 가장 괄목할 만한 제도 개혁을 성취해 유럽통합의 일대 전환점을 마련했다.

유럽연합의 탄생: 도약인가 정체인가

1990년대에 와서 국제 정세가 급변했다. 1989년에 베를린 장벽이 해체되고 동유럽 공산권이 붕괴한 데 이어 1990년에 독일이 통일되고 1991년에는 걸프 전쟁이 발발했다. 제2차 세계대전 이후 계속되어온 동 · 서 냉전 시대가 막을 내리고 미국의 독주로 표현되는 세계화 시대가 막을 연 것이다. 독일의 빠른 통일과 미국의 패권 확대는 유럽공동체 내부에 심한 동요를 불러일으켰으며, 이 틈새에서 유럽회의주의(Eurosceptism)가 고개를 들기 시작했다. 새로운 국제질서의 정립과 이에 따른 통합유럽의 새로운 도약이 그 어느 때보다 절실해진 것이다. '12개국 유럽'은 단일유럽의정서를 마련함으로써 경제 분야에서의 통합에서 커다란 도약을 이룩했지만, 여전히 '경제 거인, 정치 난장이'였다. 이제 경제 분야에서 거둔 성과를 완성하는 일과 함께 그 효과를 정치 · 외교 분야로 확대하는 일이 기다리고 있었다. 1990년대의 유럽통합은 주로 프랑스의 미테랑(F. Mitterrand) 대통령과 독일의 콜(H. Kohl) 수상에 의해 추진되었다. 독일은 정치적으로 결속된 공

유럽연합의 확대

가입		유럽연합 회원국
1951	6개국	독일, 프랑스, 이탈리아, 벨기에, 룩셈부르크, 네덜란드
1973	9개국	6개국+영국, 덴마크, 아일랜드
1981	10개국	9개국+그리스
1986	12개국	10개국+에스파냐, 포르투갈
1995	15개국	12개국+오스트리아, 핀란드, 스웨덴
2004	25개국	15개국+슬로바키아, 슬로베니아, 폴란드, 헝가리, 체코, 에스토니아, 라트비아, 리투아니아, 키프로스, 몰타
2007 후보신청	27개국	25개국+불가리아, 루마니아 27개국+터키, 크로아티아, 마케도니아

동체에 통일된 독일을 묶어두기를 원했으며, 통일 독일의 잠재력을 우려한 회원국들 역시 공동체를 통해 독일에 대한 정치적 견제력을 갖기를 원했다.

유럽공동체 회원국들은 영국의 소극적인 반응에도 불구하고 통화통합과 정치협력 방안에 대한 여러 차례 열띤 논의와 타협을 거친 끝에 마침내 1992년 초에 네덜란드의 마스트리히트에서 회동을 갖고 '유럽연합조약 (Treaty on European Union)'을 체결하기에 이르렀다. 마스트리히트 조약은 경제통화동맹으로의 전환을 통한 경제통합의 완성뿐만 아니라 공동외교안보정책(CFSP)과 내무사법협력(JHA)을 통한 정치적 통합의 실현이라는 원대한 목표를 설정했다. 이와 같이 마스트리히트 조약의 체결로 '유럽공동체 (EC)'는 '유럽연합(EU)'이라는 일반 호칭으로 개칭되고 정치적 통합을 위한 제도적 장치를 마련했다. 오랫동안 경제적 영역에 국한되어 있던 유럽의 통합이 이제 국내 정치 및 외교 분야의 통합이라는 마지막 단계에 이른 것이다.

그러나 유럽연합으로의 이러한 정치적 통합은 그 동안 주권국가의 고유 권한으로 여겨진 일부 영역, 즉 통화 관리나 외교, 국방, 치안 등에서 유럽연합이라는 공동체에 일부 권한을 이양하는 것을 의미했기 때문에, 인준 과정에서 각국별로 적잖은 논란이 있었다. 마스트리히트 조약의 인준을 둘러싸고 회원국마다 정파 간의 갈등과 국론 분열이 드러나고, 이를 막기 위한 재협상과 선택적 양보가 이루어졌다. 덴마크에서는 국민투표 결과 마스트리히트 조약은 50.7%로 부결된 후 재협상을 거쳐 보완 장치를 마련하고 나서야 1년 뒤인 1993년에 56.8%로 겨우 인준될 수 있었다. 조약 추진국인 프랑스에서조차 1992년 9월에 실시된 국민투표에서 찬반 진영의 팽팽한 대립 끝에 51.05%라는 근소한 차이로 간신히 조약안이 통과되었다는 사실은 정치적 통합에 따른 일부 주권의 양도에 대한 우려가 얼마나 컸는가를 잘 보여준다. 그만큼 주권국가의 틀을 벗어난 새로운 공동체의 창출 시도는 어김없이 상당한 진통과 갈등을 수반했던 것이다.

단일시장과 유럽연합으로 통합이 진전된 이후 다시 가입국의 확대가 이루어졌다. 오스트리아, 스웨덴, 핀란드가 각각 1990년대 초부터 가입 신청을 한 후 자국 국민투표의 비준을 거쳐 1995년 1월부터 정식 회원이 되었다(노르웨이 역시 가입 신청을 했으나 1972년 때와 마찬가지로 국민투표에서 부결되어 또다시 가입이 좌절되었다). 이로써 유럽연합은 '15개국의 유럽'으로 확장되었다. 이로부터 10년 후 2004년 5월에는 동유럽 10개국이 한꺼번에 유럽연합에 가입했으며, 2007년 1월에 불가리아와 루마니아가 뒤늦게 합류했다. 이로써 유럽연합은 27개 회원국에 약 5억의 인구를 지닌 거대한 정치·경제 연합체가 되었다.

마스트리히트 조약에 따라 경제통화동맹이 설립되면서 유럽의 경제적 통합은 바야흐로 완성 단계에 들어섰다. 1993년 1월에 단일시장이 완성되고, 1998년에 유럽중앙은행(European Central Bank, ECB)이 설립된 데 이어, 1999년 1월에 유로화(Euro)가 탄생했다. 2002년 1월부터 유로화는 회원국의 화폐를 대체했으며, '유로화 지역(Eurozone)'에 대한 가입을 미루고 있는 영국·덴마크·스웨덴을 제외한 모든 EU 회원국의 공식 화폐가 되었다. 경제적 통합에 뒤이어 '유럽 시민권' 개념이 뿌리내렸다. 1995년부터 시행된 쉔겐 협정(Schengen Agreement)은 회원국 국민들이 국경을 넘어 자

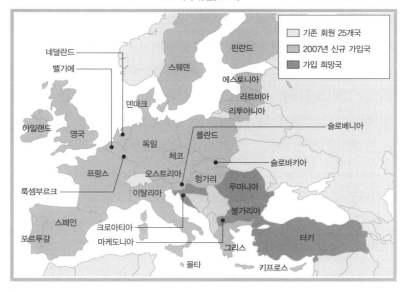

27개국 유럽(2007)

☐	기존 회원 25개국
☐	2007년 신규 가입국
■	가입 희망국

네덜란드
벨기에
핀란드
스웨덴
덴마크
에스토니아
라트비아
리투아니아
아일랜드
영국
독일
폴란드
슬로베니아
체코
프랑스
오스트리아
헝가리
슬로바키아
룩셈부르크
이탈리아
루마니아
스페인
크로아티아
불가리아
포르투갈
마케도니아
터키
그리스
몰타
키프로스

유롭게 이동할 수 있도록 역내 권리를 보장하는 한편, 다른 한편으로는 망명, 불법이민, 공동비자 등 단속조치를 통해 역외 국경을 강화했다. 유럽 시민권의 개념이 확대·강화되면서, 이제 유럽 시민은 이동과 거주의 자유를 누릴 뿐만 아니라 유럽연합 내에서 거주국의 지방 기초단체 선거와 유럽 선거에서 투표권과 피선거권을 모두 갖게 되었으며 피보호권, 청원권을 얻게 되었다.

경제적·시민적 통합을 실행 단계에 올려놓은 유럽연합은 이어서 정치·사회 분야의 통합에 착수해 2004년 10월에 근본적인 제도 개혁을 담은 유럽헌법(European Constitution)을 제정했다. 마침내 유럽통합이 목표점에 도달했음을 상징하는 유럽헌법이 회원국의 비준을 얻는다면, 이제 유럽은 통합 정부와 공동 대통령을 갖는 역사상 유례없는 유럽합중국으로 다시 태어나게 될 것이었다.

그러나 유럽통합이 완성 단계에 진입함에 따라 현실로 다가온 통합에 대한 우려를 담은 유럽회의주의도 거세졌다. 유럽통합은 지난 50년 동안 전진과 후퇴를 거듭하며 유럽 각국의 정치 엘리트들을 중심으로 줄기차게 추진되어왔으며 마침내 완성 단계에 이르렀다. 하지만 회원국 국민들 사이에서는 지난 마스트리히트 조약 이후부터, 통합으로 얻는 경제적 이득보다 손실이 크며 거대 유럽에 묻혀 자국의 정체성이 약해질 것이라는 반대 여론 또한 만만치 않았다. 대다수 동유럽 국가의 가입에 따라 동구권의 값싼 노동력이 밀려들 것이라는 우려와 단일시장의 형성이 결국 미국식 세계화와 무한경쟁을 부추길 것이라는 불안감이 높아졌다. 여기에 이슬람 국가인 터키의 가입 신청을 둘러싼 찬반논쟁도 여론을 양분했다.

유럽헌법 추인을 놓고 회원국 대부분은 의회 비준이라는 안전한 길을 택한 반면, 영국, 프랑스, 덴마크, 네덜란드 등은 유럽헌법이 국가 주권의 일부를 초국가 기구에 양도하는 내용을 담고 있는 만큼 국민의 동의를 받아야 할 사항이라는 이유에서 국민투표라는 다소 위험한 비준 방식을 채택했다. 유럽헌법은 18개국에서 비준을 얻는 데 성공했지만, 정작 유럽연합의 주축인 프랑스는 격렬한 찬반논쟁 끝에 2005년 5월에 실시한 국민투표에서 54.7%에 달하는 반대표로 유럽헌법을 부결시켰으며 곧이어 네덜란드 역시 반대표를 던졌다(찬성 38.5%, 반대 61.5%). 큰 충격을 받은 회원국들은 2007년 10월에 리스본 조약을 통해 초국가적 지위를 담은 내용을 대폭 수정한 '축소판 헌법'을 내놓았으며, 아일랜드를 제외하고 모두 국회 비준이라는 안전한 길을 택했다. 하지만 아일랜드는 2008년 6월에 실시한 국민투표에서 53.5%에 달하는 반대표로 유럽헌법을 다시 한 번 부결시켰다. 결국 1957년 로마 조약 이후 50주년을 맞이한 유럽연합은 정치통합이라는 마지막 고비에서 도약과 정체의 갈림길에 서 있는 것이다.

유럽연합의 기능과 성격: 정부간주의와 초국가주의

　유럽연합은 제도적 측면에서 볼 때, 1957년에 체결된 로마 조약과 1992년에 체결된 마스트리히트 조약에 의해서 구성되었다. 따라서 유럽연합은 로마 조약 이후 뿌리내린 유럽공동체들이 한 축을 형성하며, 마스트리히트 조약에서 성립한 공동외교안보정책(CFSP)과 내무사법협력(JHA)이 나머지 두 축을 형성한다. 흔히 유럽연합은 이렇게 '세 개의 기둥(three pillars)' 구조를 이루고 있다고 말한다. 여기서 흥미로운 것은 유럽연합을 받치고 있는 세 개의 기둥이 각 회원국의 국가주권과 공동체의 초국가 주권이 개입하는 정도를 서로 달리 한다는 사실이다.

　농업·환경·무역에서의 공동정책과 단일시장 및 경제화폐동맹 등 주로 경제 영역을 관장하는 유럽공동체들은 일종의 법인체로서 회원국으로부터 일부 권한을 넘겨받은 초국가적 성격을 지니고 있다. 반면에 외무와 내치 등 국가주권과 직접 관련된 공동외교안보정책과 내무사법협력은 정부 간 협의체의 성격이 두드러진다. 회원국들은 외무와 내치 분야에서 국가의 위상과 관련된 중요 사안에서는 만약 표결로 결정할 경우라도 만장일치제를 채택함으로써 개별 국가의 의사를 최대한 존중하는 선에서 정부 간 협력 체제를 유지하고 있다. 이에 따라 유럽연합의 정책에는 해당 분야별로 때로는 초국가적 권능이 관철되고 때로는 정부 간 협의가 우선시되는 상충적인 내용이 고스란히 담겨 있다.

　이러한 초국가주의(supranationalism)와 정부간주의(intergovernmentalism)의 혼재와 대립은 유럽연합의 조직 구조에도 고스란히 드러난다. 10여 개에 달하는 유럽연합의 정책기구들 중에서 공식적으로 정책결정 권한을 보유한 기구는 집행위원회, 유럽의회, 각료이사회 그리고 유럽이사회로 제한된다. 유럽연합의 행정부 역할을 하고 있는 집행위원회는 자국의 이익을 대표하는 것이 아니라 전체 공동체의 이익을 대표하기 때문에 초국가성을

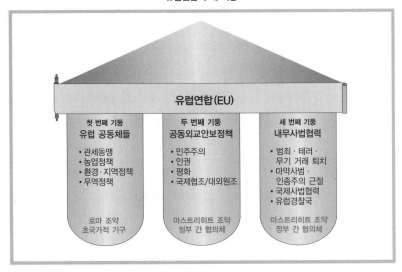

유럽연합의 세 기둥

유럽연합(EU)

첫 번째 기둥 유럽 공동체들	두 번째 기둥 공동외교안보정책	세 번째 기둥 내무사법협력

• 관세동맹
• 농업정책
• 환경·지역정책
• 무역정책
	• 민주주의
	• 인권
	• 평화
	• 국제협조/대외원조
		• 범죄·테러·
		  무기 거래 퇴치
		• 마약사범·
		  인종주의 근절
		• 국제사법협력
		• 유럽경찰국

로마 조약 초국가적 기구	마스트리히트 조약 정부 간 협의체	마스트리히트 조약 정부 간 협의체

강하게 내포하고 있으며 회원국 정부의 지시와 통제에서 벗어나 있다. 회원국의 인구 비례에 따라 직접선거로 선출되는 유럽의회와 회원국 간의 분쟁을 조정하는 유럽사법재판소 역시 개별 국민국가를 초월해 정당별로 구성되기 때문에 그 권한과 결정 범위가 회원국을 넘어서 있는 초국가적 기구라고 할 수 있다. 반면에 회원국 담당 장관들의 모임인 각료이사회와 정부 수반들의 정상회담에 해당하는 유럽이사회는 회원국의 이익을 반영하는 국가 중심적 색채를 강하게 지니고 있다. 회원국의 대표로 구성되는 이사회는 결국 회원국의 이익을 대표하고 있는 것이다.

이렇게 볼 때, EU는 마스트리히트 조약 체결 이후 초국가적 기구나 정부 간 연합 등 어느 하나의 요인으로는 설명하기 힘든 매우 복잡한 수준의 통합 단계에 접어들었다고 할 수 있다. 전통적 국가주권과 공동체의 초국가 주권이 혼재된 결과 오늘날 유럽연합은 정책의 결정과 집행에서 다양한 행위자들 사이에 권위가 분산된 이른바 '다층 거버넌스(multi-level governance)' 체제로 변화한 것으로 평가된다. 다층 거버넌스란 유럽연합이 국가주권과 비

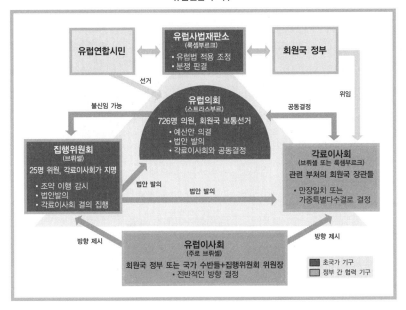

유럽연합의 기구

유럽사법재판소
(룩셈부르크)
• 유럽법 적용 조정
• 분쟁 판결

유럽연합시민

회원국 정부

선거

불신임 가능

위임

유럽의회
(스트라스부르)
726명 의원, 회원국 보통선거
• 예산안 의결
• 법안 발의
• 각료이사회와 공동결정

공동결정

집행위원회
(브뤼셀)
25명 위원, 각료이사회가 지명
• 조약 이행 감시
• 법안발의
• 각료이사회 결의 집행

각료이사회
(브뤼셀 또는 룩셈부르크)
관련 부처의 회원국 장관들
• 만장일치 또는
  가중특별다수결로 결정

법안 발의

법안 발의

방향 제시

방향 제시

유럽이사회
(주로 브뤼셀)
회원국 정부 또는 국가 수반들+집행위원회 위원장
• 전반적인 방향 결정

■ 초국가 기구
□ 정부 간 협력 기구

숫한 권위를 갖게 되었지만 기존 국가처럼 중앙정부를 정점으로 정치적 권
한을 일사불란하게 행사하는 것이 아니라 분야와 사안에 따라 여러 정책
기구가 참여하여 제약적이고 수평적으로 권한을 행사하게 되는 통치 시스
템을 말한다. 즉 외교안보 분야에서는 회원국 정부가 여전히 지배적 권한
을 행사하지만, 통상과 무역에서는 집행위원회가 거의 절대적인 권한을 갖
고, 지역 정책에서는 집행위원회와 해당 지방정부나 단체와 동등한 권한을
행사하게 된다.

통합 유럽의 현황과 의의

유럽 체제의 변화라는 거시적인 관점에서 '유럽통합'을 어떻게 보아야

할 것인가? 20세기에 들어 두 차례에 걸친 세계대전을 겪으면서 유럽인들은 주권국가로 이루어진 전통적인 국제질서에 이의를 제기하고 전쟁 방지와 평화 유지를 위해 국경선을 철폐하고 유럽을 하나의 공동체로 만들고자 했다. 1951년 유럽석탄철강공동체의 설립을 통한 경제 분야의 통합을 출발점으로 1992년 유럽연합의 출범이라는 정치 영역의 통합에 이르기까지 지난 반세기 동안 갈등과 합의를 거치면서 마침내 통합 유럽을 탄생시켰다. 유럽연합은 이제 반세기가 조금 넘은 역사 과정 속에서 여러 차례 확대과정을 거쳐 유럽 대륙 거의 전부를 포괄하는 정치체제로 도약했다. 회원국들이 국가주권의 일부를 유럽연합이라는 상위 공동체에 단계적으로 이양함으로써, 통합 유럽은 점차 초국가적 권위를 지니게 되었다. 유럽의 국민국가들은 유럽의 공동 사안에 대한 정책결정권을 유럽연합과 공유하게 된 것이다. 결국 현재의 통합 유럽은 '국가들의 유럽(Europe of Nations)' 단계와 '연방의 유럽(Federative Europe)' 단계 사이의 어느 중간 지점에 머물러 있다고 할 수 있을 것이다(Roth, 2005, 188쪽).

이러한 통합 유럽 체제의 복합성과 상충성은 지난 반세기에 걸친 통합과정에서 통합의 당위성에는 공감하면서도 한편으로 국가주권의 불가침성을 내세우며 정부 간 협의체로 만족하고자 했던 '소극적 통합론'과 다른 한편으로 궁극적으로 초국가적 유럽연방으로 나아가고자 하는 '적극적 통합론' 사이의 끊임없는 갈등과 타협의 결과나 다름없었다. '정부간주의'의 관점과 '초국가주의'의 관점 사이의 대립은 통합에 참여한 회원국들 사이에서 분규의 씨앗이기도 했으며 회원국 내에서 정파 간의 대립과 여론 분열의 요인이 되기도 했다.

노르웨이와 스위스는 유럽연합 회원국들과 유사한 정치체제와 경제 기반을 가지고 있으면서도 여전히 국제기구에 가입하기를 꺼리는 전통적인 중립국 노선을 고수하고 있으며, 뒤늦게 유럽연합에 동참한 '유럽의 방관자' 영국은 유로화 지역에 아직 발을 내딛지 않고 쉔겐 협정에도 일부 조항

322

에만 서명했을 뿐, 통합 운동의 진전에 여전히 회의적인 시선을 던지고 있다. 회원국 내부에서도 유럽통합을 놓고 정파 간에 찬반양론이 분분하며, 이는 유럽통합의 견인차 역할을 해온 프랑스와 독일에서도 예외가 아니다. 일반적으로 보수 우파는 민족주의 성향이 강하고 진보 좌파는 국제주의 성향이 강한 것으로 나타나지만 실제로 유럽통합을 추진하거나 거부한 정치세력은 좌우에 모두 분포하고 있다. 지난 반세기 동안 유럽통합을 꾸준히 추진해온 정치세력은 일반적으로 중도파 기독교 민주주의나 좌파 사회민주주의 계열의 정당이었다. 반면에 통합 유럽을 이념의 문제보다는 도구 차원으로 보는 경향이 강한 우파 보수주의 정당들은 정치적 상황과 이해득실에 따라 찬성과 반대를 되풀이했다. 그런가 하면 극우 민족주의 세력은 통합 유럽의 확대가 국익의 손실과 민족 정체성을 훼손한다는 이유에서, 극좌 공산당이나 혁명세력들은 세계화와 맞물려 있는 유럽통합이 결국 자본주의적 빈부격차만을 초래할 것이라는 이유에서, 늘 반대 진영의 선두에 선다. 결국 유럽통합의 문제는 좌·우파로 나뉜 기존의 정치 지형을 가로지르는 새로운 갈등선이 되고 있다. 유럽통합이 한 단계 더 나아가기 위해서는 국가 간의 이견을 조정하는 문제 못지않게 국내의 정치적 갈등을 봉합하고 국론의 분열을 막는 일이 그만큼 더 중요한 실정이다(Schirmann, 2007, 191쪽).

유럽통합이 진척되고 유럽 정체성이 강화될수록 국민국가의 지위와 민족 정체성은 약화되었는가? 일반적인 인식과는 달리 최근의 구체적인 연구들은 통합 유럽의 진전에도 불구하고 국민국가의 위상은 우려했던 만큼 흔들리지는 않고 있다는 사실을 입증하고 있다. 유럽연합에서 주기적으로 실시하는 유로 바로미터의 여론조사 결과를 보면, 개개 국민들 사이에서 때로는 민족 정체성에 더 집착하는 경향이 눈에 띄기도 한다. 하지만 일상생활에서 느끼는 체감 정도로 볼 때, 지역·민족·유럽 삼자 간의 정체성이 반드시 서로 충돌하거나 배타적인 것이 아니라 오히려 서로 보완적일 수 있다는 사실을 알 수 있다(du Réau, 2007, 239쪽).

초국가적 유럽통합은 유럽에서 극단적인 민족주의적 대립과 국민국가 체제의 불가침성을 해소하는 데 크게 기여했다. 하지만 지금까지의 통합 역사를 돌이켜보면, 국가주권이 일률적으로 초국가적 권력체로 대체된 것이 아니라 오히려 초국가적 통합 유럽의 권한과 나란히 국가주권도 강화되어왔음을 알 수 있다. 통합 유럽이 극복한 것은 극단적 민족주의 이념과 국민국가들의 배타적 이익 추구이지 국가 기제 자체라고 보기는 어려울 것이다. 이러한 점에서 볼 때, 지난 반세기 동안의 유럽통합은 민족주의적 극한 대립으로 위기에 처한 국민국가가 유럽연합이라는 상위 공동체를 만들어냄으로써 궁극적으로 자기 생존을 도모하는 과정이기도 하다.[4]

유럽통합은 개별 국가 지향성과 초국가 지향성이 전략적 선택과 제도적 제약 속에서 상호관계를 이루며 전진과 후퇴를 거듭하면서 변증법적으로 발전해왔다. 그 결과 통합 유럽에는 초국가적 기구로서의 유럽연합과 개별 국민국가라는 이중적인 통치 단위가 중첩되어 있다. 통합 유럽은 지난 300여 년 동안 불멸의 실체로 군림해온 국민국가의 장벽을 넘어설 수 있는 새로운 정치공동체의 가능성과 전망을 가늠하는 실험장인 것이다. 국경을 넘어 유럽을 조국으로 삼는 단일한 '유럽 민족(European Nation)'의 탄생은 가능할 것인가?

••••••••••••••••••••••

4 유럽통합사에 대한 '현실주의적' 접근을 대표하는 스탠리 호프만과 앨런 밀워드에 따르면, 유럽통합은 평화와 공영을 추구하는 유럽적 이상주의의 결실이라기보다는 위기에 처한 유럽 국민국가들의 이해타산의 산물이며 유럽통합에 의해서 국민국가들의 기능과 활력이 더욱 강화되었다(Hoffmann, 1966; Milward, 1992). 세계체제론자 월러스틴 역시 통합 유럽의 탄생으로 국민국가의 위신이 추락하기는 했으나 자본주의 세계경제 내부의 불평등 구조가 완전히 청산되기 전까지 국민국가는 결코 청산되기 힘들 것이라고 진단한다(Wallerstein, 1988).

○ 기본문헌

장 밥티스트 뒤로젤, 『유럽의 탄생』, 이규현 · 이용재 옮김(지식의풍경, 1993)

유럽통합운동에 적극적으로 가담했던 프랑스 역사가가 1965년에 쓴 유럽사 입문서. 일반적인 유럽사 개설서와는 달리, 고대부터 20세기 중반까지의 유럽사를 소위 유럽의 '이념'과 '정체성'이 싹트고 발전하는 과정을 중심으로 서술하고 있다.

볼프강 슈말레, 『유럽의 재발견』, 박용희 옮김(을유문화사, 2006)

고대 유럽신화에서 현대 유럽연합 탄생에 이르기까지 지난 수천 년 동안 조금씩 형성되어온 유럽의 정체성을 탐색하는 책이다. 유럽연합에 이르기까지의 유럽의 변화와 발전을 문화적 측면에서 설명하고 있다.

강원택 · 조홍식, 『유럽의 부활: 유럽연합의 발전과 전망』(푸른길, 1999)

유럽석탄철강공동체(ECSC)에서 유럽연합(EU)의 탄생에 이르는 과정을 시대순으로 일목요연하게 잘 정리한 책이다. 유럽연합 연구를 위한 입문서로 매우 유용하다.

장홍, 『유럽 통합의 역사와 현실』(고려원, 1994)

유럽연합(EU)이 탄생한 이후 국내에서 출판된 초기의 유럽통합 입문서이다. 유럽연합의 성립에 이르는 과정에 대한 매우 상세한 설명을 담고 있다.

김계동 외, 『유럽연합체제의 이해』(백산서당, 2005)

유럽연합 체제의 성립과 운용 과정을 여러 각도에서 분석한 책이다. 국내 전문 연구자들의 논문 모음집으로 유럽연합의 성격과 기능에 대한 최근 연구동향을 잘 정리하고 있다.

조홍식, 『유럽 통합과 '민족'의 미래』(푸른길, 2006)

유럽통합과 세계화 시대에 '민족'은 어떤 의미를 지니며 앞으로 어떻게 발전할 것인지를 유럽통합의 사례를 통해 분석한 책이다. 영국, 프랑스, 독일 등 각 국가가 유럽통합에 대응한 사례를 구체적으로 잘 보여준다.

www.europa.eu

회원국 언어로 된 유럽연합 공식사이트

www.ena.lu

유럽연합에 대한 각종 자료와 정보 제공(European Navigator)

www.keusa.or.kr

한국EU학회(EUSA-KOREA)

www.europe.ac.kr

한국유럽학회(KSCES)

◯ 참고문헌

Binoche, J., *De Gaulle et les allemands*, Editions Complexe, 1990.

Courty, G. & Devin G., *L'Europe politique*, La Découverte, repère, 1996.

du Réau, E., *L'idée d'Europe au XXe siècle, des mythes aux réalités*, Editions Complexe, 1996.

————, et al., *L'Europe en construction, le second XXe siècle*, Hachette, 2007.

Ducomte, J.-M., *L'Europe, le cheminement d'une idée*, Editions Milan, 2004.

Gerbet, P., *La Construction de l'Europe*, Imprimerie nationale, 1983.

Gerbet, P., de la Serre, F. & Nafilyan, G., *L'Union politique de l'Europe, jalons et textes*, La Documentation française, 1998.

Girault, R.(dir.), *Identité et conscience européenne au XXe siècle*, Hachette, 1994.

Guieu, J.-M., Le Dréau, Ch., Raflik, J. & Warlouzet, L., *Penser et construire l'Europe au XXe siècle*, Armand Colin, 2006.

Hen, Ch. & Léonard, J., *L'Union européenne*, La découverte, 1995.

Hoffmann, S., "Obstinate or Obsolete? The Fate of the Nations State and the case of Western Europe", *Daedalus*, V. 95, N. 3(1966).

Maillard, P., *De Gaulle et l'Europe, entre la nation et Maastricht*, Tallandier, 1995.

Massoulié, F., Gantelet, G. & Genton, D., *Faire l'Europe*, Casterman, 1996.

Milward, A., *The European Rescue of the Nation-State*, Routledge, 1992.

Mioche, P., *De l'idée européenne à l'Europe XIXe–XXe siècle*, Hachette, 1998.

Nourry, Ch., *Le couple franco-allemand: un symbole européen*, Bruylant, 2005.

Pegg, C. H., *Evolution of the European Idea 1914~1932*, University of North California Press, 1986.

Pryce, R.(ed.), *The Dynamics of European Union*, London, 1987.

Reynié, D.(dir.), *L'opinion européenne en 2008*, Editions Lignes de Repères, 2008.

Roth, F., *L'Invention de l'Europe*, Armand Colin, 2005.

Schirmann, S., et al., *Penser et construire l'Europe(1919~1922)*, Sedes, 2007.

Toulemon, R., *La Construction européenne*, Le Livre de Poche, 1994.

Wallerstein, I., "European Unity and its Implications for the Interstate System", B. Hettne(ed.), *Europe: Dimensions of Peace*, Zed Books & United Nations University, 1988.

Werner, K. F.(dir.), *Identités nationales et conscience européenne*, Paris, Presses de l'Institut d'Allemand d'Anières, 1992.

Zorgbibe, C., *Histoire de la construction européenne*, P. U. F., 1993.

제9장

냉전, 또 하나의 세계 전쟁

최승완 이화사학연구소

【연표】

1947. 3. 12	트루먼의 미국 상·하원 합동회의 연설, 봉쇄정책 발표
1947. 6. 5	마셜 플랜(유럽부흥계획) 발표
1947. 9. 30	코민포름(Cominform) 창설(1956년 해체)
1948. 6. 24~1949. 5. 4	제1차 베를린 위기(스탈린의 베를린 봉쇄)
1949. 4. 4	북대서양조약기구(NATO) 창설
1949. 5. 23/1949. 10. 7	서독/동독 건국
1949. 8. 29	소련의 원폭 발사 성공
1949. 10. 1	중화인민공화국 건국
1950. 6. 25~1953. 7. 27	한국전쟁
1953. 3. 5	스탈린 사망
1955. 4. 18~24	제1회 아시아·아프리카회의(반둥 회의)
1954. 9. 8	동남아시아 조약기구(SEATO) 창설(1977년 해체)
1955	바그다드 조약기구 창설(1960년 중앙조약기구(CENTO)로 대체)
1955. 5. 14	바르샤바 조약기구(WTO) 창설
1956. 10. 23~11. 11	헝가리 혁명
1956. 10. 29	수에즈 위기 발발
1957. 10. 5	인공위성 스푸트니크 호 발사
1958~1961	제2차 베를린 위기
1961. 8. 13	베를린 장벽 축조
1962. 10. 14~28	쿠바 미사일 위기
1963. 6. 10	케네디의 '평화의 전략' 연설
1972. 5. 26	제1차 전략무기제한협정(SALT I) 조인
1975. 7. 30~8. 1	유럽안보협력회의(CSCE)
1979. 6. 18	제2차 전략무기제한협정(SALT II) 조인
1979. 12. 12	북대서양조약기구 이중결의

【연표】

1979. 12. 25~1989. 2. 15	소련의 아프가니스탄 침공
1983. 3. 23	레이건의 전략방위구상(SDI) 공표
1985. 3. 11	고르바쵸프의 소련공산당 서기장 선출
1989. 11. 9	베를린 장벽 개방
1989. 11~12	동독, 체코슬로바키아, 루마니아의 민주화 혁명
1990. 10. 3	독일 통일
1991. 7. 1	바르샤바 조약기구 해체
1991. 12. 8/12. 21	독립국가연합 창설
1991. 12. 31	소련 해체

탈냉전시대의 과제 : 냉전의 비판적 조명

1945년 4월 25일 독일 엘베 강가의 작은 도시 토르가우에서 각각 서부 전선과 동부 전선에서 독일군을 격퇴하며 진격해온 미군과 소련군이 만났다. 비록 지향하는 체제는 달랐지만 이들 사이에서 이데올로기적 대립과 상호 적대감은 전혀 찾아볼 수 없었고, 담배며 먹을 것을 아낌없이 나눌 만큼 분위기도 좋았다. 특히 가장 먼저 만나 손을 마주 잡고 기쁨을 나누는 윌리엄 로버트슨(William Robertson)과 알렉산드르 실바시코(Alexander Sylvashko)의 사진이 전 세계로 타전되면서 서방과 소련이 함께 히틀러를 물리쳤다는 연대감과 앞으로의 협력에 대한 기대감이 고조되었다.

그러나 전후 세계 질서에 대한 분홍빛 희망을 상징했던 이 역사적 조우는 곧 '결별을 위한 전주곡'이었음이 드러났다. 양측은 제2차 세계대전 중 히틀러를 타도하기 위해 동맹을 맺었지만 전후 국제질서를 수립하는 과정에서 서로 입장이 엇갈림에 따라 적대관계에 돌입하게 되었다. 전후에 교사가 되어 학생들에게 제2차 세계대전에 관한 이야기를 들려주면서도 자신이 엘베 강가에서 미군과 손을 잡고 기뻐한 사실을 결코 밝힐 수 없었다는 실바시코의 증언은 이러한 냉전체제로의 전환을 단적으로 반영한다 (KBS/ BBC, 1997).

1947년 무렵 본격화된 냉전은 20세기 후반의 역사를 좌우했다고 해도 과언이 아니다. 전 세계적 보편 타당성을 주장하는 이데올로기적 대립의 성격을 띤 냉전은 전 지구적 차원으로 전개되었다. 미·소를 중심으로 블록이 형성되는 가운데 대부분의 국가는 어느 한쪽에 직간접적으로 편입되었고, 이에 따라 세계는 두 개의 전선을 형성하게 되었다. 비록 강대국 간의 전면적 전쟁은 없었지만 양 진영은 지구를 초토화할 수 있는 핵무기를 비롯해 열전을 수행하는 데 필요한 모든 것을 동원해 경쟁하고 대립했다. 이런 맥락에서 냉전에는 20세기 전반의 두 차례 세계대전과는 다른 형태로 전개된 '또 하나의 세계 전쟁'이라는 의미를 부여할 수 있다. 한국 역시 냉전의 소용돌이 속에서 분단과 동족상잔의 비극을 겪었고, 이른바 탈냉전시대에 접어든 21세기에도 여전히 분단국가로 남아 있다. 그러므로 우리의 역사와 불가분의 관계에 있는 냉전에 대한 조명 없이 한국 현대사를 이해할 수는 없을 것이다.

1991년 소련의 해체와 함께 냉전은 공식적으로 종식되었다. 냉전의 한 중심축이었던 소련이 허무하리만치 무력하게 붕괴하자 서방세계에서는 이를 '승리'로 자축하는 목소리가 드높아졌다. 그러나 반세기 동안 냉전으로 인류가 치러야 했던 엄청난 대가를 생각한다면 승리와 패배를 논하기에 앞서 냉전은 무엇이었고, 왜 그토록 오랫동안 무의미한 대립과 갈등이 지속되었는지, 냉전이 인간의 삶을 어떻게 제약했는지를 비판적으로 되돌아보아야 할 것이다. 이는 20세기 역사에서 큰 비중을 차지하는 냉전의 실체를 규명하고 냉전의 역사가 우리에게 던지는 메시지를 파악함은 물론, 여전히 냉전의 그늘에서 벗어나지 못하고 있는 우리 문제의 근원을 밝히고 냉전시대의 논리를 극복하기 위해서도 꼭 필요한 작업이다.

개념과 해석

냉전의 역사를 이해하기 위해서는 먼저 냉전이 무엇을 의미하는지부터 살펴보아야 할 것이다. 냉전이라는 개념의 창시자는 흔히 미국의 유명 저널리스트 리프먼(W. Lippmann)으로 알려졌지만, 실제로는 1946년에 미국 대통령 고문 바루크(B. M. Baruch)의 참모였던 스워프(H. B. Swope)로부터 유래했다. 바루크는 1947년 냉전이라는 말을 공식석상에서 최초로 언급했고, 같은 해 리프먼은 『냉전. 미국 대외정책 연구(The Cold War. A Study in U. S. Foreign Policy)』라는 팸플릿을 출판함으로써 이를 공식적인 정치용어

냉전이라는 용어와 관련된 두 주요인물, 왼쪽부터 바루크와 스워프.

로 정착시켰다.

　이처럼 냉전은 60년이나 된 개념이지만 놀랍게도 냉전에 대한 명확한 정의는 존재하지 않는다. 대신에 제2차 세계대전 후 초강대국으로 부상한 미국과 소련을 주축으로 전개된 동서 진영의 정치·군사·이데올로기적 대립, 그리고 실질 전투인 열전과 구분되는 새로운 종류의 전쟁이라는 넓은 의미로 정의되어왔다. 이러한 대립과 갈등은 제2차 세계대전 후 유럽에서 시작되었지만 곧 다른 대륙으로 확대되었고, 무려 반세기 가깝게 지속되었다. 이런 맥락에서 냉전은 초강대국 미·소 간의 대립과 갈등이라기보다는 하나의 시대로 그리고 전 지구적 영향력을 가진 '질서' 혹은 '체제'로 이해할 수 있다.

　그러나 근래에 이르러 종래의 개념적 이해에 대해 일련의 비판이 제기되고 있다. 그 대상은 우선 중심부 위주의 이해이다. 이를테면 냉전을 흔히 열전이 없는 대립으로 규정하지만, 이는 미·소 혹은 양 진영의 중심국 간의 적대관계에 해당될 뿐 군사적 충돌로 얼룩진 제3세계에는 맞지 않는 다는 것이다. 또한 냉전을 양극체제로 규정하는 시각에도 문제가 제기되었다. 양극체제론은 서방과 소련의 영향에서 벗어나 제3의 세력으로 자리를 잡은 중국과 이들 사이에서 줄타기를 한 제3세계 국가의 존재를 고려할 때 냉전을 지나치게 단순화한다는 것이다. 그런가 하면 냉전에 대한 이해가 미·소 혹은 동서진영 간의 군사적, 외교적 대립에 치중되었다는 지적도 제기되었다. 요컨대 냉전은 정치·군사적 대립을 넘어 경제, 학문, 문화 등 모든 영역에서 펼쳐진 총력전이었기 때문에 전자에 편향된 시각은 냉전의 반쪽 얼굴만 드러내는 것에 불과하다는 것이다. 물론 미·소 간의 정치적, 군사적 대립이 냉전사에서 차지하는 비중이 크고, 제3세계 국가들도 대부분 어떤 방식으로든 양극 대립의 영향을 받았다. 그럼에도 냉전에 대한 조명이 주변부의 상황, 다극적 대립관계와 더불어 사회문화적 측면으로 확대된다면 지금까지 간과된 냉전의 다양한 측면을 밝히고 냉전의 실체를 좀 더 정확하게 파악할 수 있을 것이다(Major·Ritter, 2003; Stöver, 2007 참조).

그렇다면 냉전은 어떻게 해석되어왔는가? 이미 냉전 초기부터 냉전의 기원에 대한 해석이 시도되었는데, 이는 기본적으로 세 부류로 나눌 수 있다. 첫째는 가장 먼저 등장한 전통주의 시각으로, 마르크스-레닌주의의 혁명론을 앞세운 소련의 팽창 야욕과 대서방 공세가 냉전을 야기하고 심화시킨 원인이며, 미국은 단지 이러한 위협에 대응했을 뿐이라고 보았다. 둘째는 1960년대 중반 전통주의 해석에 대한 반발로 등장한 수정주의이다. 이 해석의 대변자들은 제2차 세계대전으로 막대한 피해를 입은 소련이 전후 팽창을 시도할 여력이 없었다는 것을 전제로 오히려 패권 장악과 새로운 시장 획득이라는 미국의 정치적, 경제적 이해관계가 냉전을 야기했다고 주장했다. 셋째는 1970년대 초에 등장한 후기 수정주의 해석이다. 이는 전통주의와 수정주의를 절충한 것으로, 냉전의 책임을 양측 모두에서 찾았다.

요컨대 미·소 혹은 양 진영이 서로 상대방에 대한 불신과 두려움으로 상황을 오판했고 이것이 잘못된 결정을 양산하는 악순환을 거듭함에 따라 냉전으로 치닫게 되었다는 것이다.

이 세 해석은 각각 한계를 드러낸다. 즉 전통주의와 수정주의는 냉전의 대립양상을 고스란히 반영하며 미국과 소련 어느 한쪽에게만 일방적으로 책임을 전가하고 이데올로기적으로 해석하는 경향이 다분했다. 냉전을 쌍방의 책임으로 보는 후기 수정주의는 이로부터 비교적 자유롭고, 냉전 종식 후 공개된 구소련 문서에 비추어볼 때 설득력도 가장 크다. 그러나 냉전이 양측의 근거 없는 불신과 의사소통의 문제에서 비롯된 것으로만 본다면 냉전이 강대국 간의 고전적 패권 다툼의 측면도 내포하고 있다는 것을 간과하게 된다.

이상의 내용을 종합해볼 때 냉전에 대한 조명은 단편적으로 다루어진 냉전사의 조각을 맞추어 전체를 완성하고 이데올로기적 해석의 잔재를 극복하는 방향으로 이루어져야 할 것이다. 그 동안 열람이 허용되지 않았던 소련 측 문서가 부분적으로 공개되고, 객관적 연구를 제약했던 정치적 환경 역시 변화된 만큼 냉전에 대한 논의와 해석은 앞으로 더욱 풍부해질 것이다.

냉전체제의 형성

냉전을 떠올릴 때 가장 먼저 던지게 되는 질문은 아마도 냉전의 원인은 무엇인가 혹은 좀 더 도발적으로 표현해 미국과 소련 중 누가 냉전 발생에 책임이 있느냐일 것이다. 냉전은 종전을 전후해 연합국의 동맹체제가 붕괴하면서 싹텄다. 주지하듯이 서방 연합국과 소련은 1941년 나치 독일을 타도하기 위해 손을 잡았다. 이는 러시아 혁명 이래 지속된 양측의 적대관계와 이데올로기적 대립에 비추어볼 때 지극히 '부자연스러운 동맹'이었지만 공동의 목표가 존재하는 한 협력체제는 유지될 수 있었다. 그러나 전후 국제질서를 수립하는 과정에서 양측의 정치적, 이데올로기적 갈등이 다시 고개를 들게 되면서 동맹관계는 와해되고 적대관계로 변화되었다.

이러한 변화는 무엇보다 소련의 동유럽 정책이 야기한 갈등에서 비롯되었다. 스탈린(I. V. Stalin)은 1945년 2월 얄타에서 개최된 연합국 대표회담에서 유럽 국가들이 나치로부터 해방되면 민주적 절차를 거쳐 독립 국가가 되게끔 하기로 합의했다. 그러나 그는 약속과 달리 독일군을 격퇴하고 소련이 장악한 동유럽 지역에 공산당 정권의 수립을 조장했다. 이에 따라 1948년 체코슬로바키아를 마지막으로 동유럽 거의 전체가 공산당 정권의 지배를 받게 되었고, 결과적으로 소련의 세력권으로 편입되었다.

이러한 상황은 서방측에 소련이 전 유럽의 공산화를 획책하고 있다는 불안감을 불러일으켰다. 1946년 처칠(W. Churchill)이 그 유명한 '철의 장막'이라는 말로 공산주의의 팽창과 그에 따른 자유민주주의의 위기에 대한 경계를 촉구한 것도 바로 이 때문이었다. 그러나 최근에 공개된 구소련 문서에 따르면 스탈린은 전후 유럽을 공산화한다는 마스터플랜을 갖고 있지 않았다. 제2차 세계대전으로 막대한 피해를 입은 소련은 공격적인 팽창을 도모할 여력이 없었고, 무엇보다 전쟁피해 복구가 급선무였다. 이 때문에 스탈린은 국가재건에 주력하기 위해 서방측과의 불필요한 충돌을 자제하고자 했다(김영호, 2001, 448~453쪽). 그렇다면 동유럽의 공산화는 어떻게 설명할 것인가? 독일의 침공으로 막대한 희생을 치른 소련은 차후 또 일어날 수 있는 서방국가의 침공에 대비해 동유럽을 완충지대로 삼고자 했다. 스탈린은 처음에는 이를 강제가 아닌 동유럽 주민의 지지를 바탕으로 시행하려고 했다. 그러나 기대와 달리 이들의 지지 획득에 실패하자 민족자결권을 보장하겠다는 얄타회담의 약속과 달리 공산정권을 수립시킨 것이다.

이처럼 스탈린이 소련의 재건과 안보에 치중한 현실주의 정책을 추구했다면, 이는 최소한 종전 직후에는 양측이 협력구도를 형성할 수 있는 기회가 열려 있었고, 흔히 말하는 바와 달리 냉전이 반드시 불가피하지만은 않았음을 의미한다. 그러나 트루먼(H. S. Truman)을 비롯해 외교적 경험이 부족했던 미국의 정치지도자들은 인내심을 갖고 복잡한 국제정세를 신중하게 판단하지 못했고, 소련의 정치적 의도를 해석하는 시나리오 가운데 가장 부정적인 것을 선택했다(Loth, 1992, 19쪽). 이에 따라 미국을 포함한 서방측은 소련이 안보적 차원에서 동유럽을 세력권으로 삼으려던 시도를 공산주의 팽창 정책으로 받아들였다.

더욱이 이러한 불신과 적대감은 1946~1947년 여타 지역에서 발생한 위기들로 인해 심화되었다. 우선 소련이 제2차 세계대전 기간에 영국과 공동 점령한 이란에서 1946년 3월에 철수하기로 한 합의를 시행하지 않음으로써 중동지역에서 긴장이 고조되었다. 또한 영국의 비호를 받은 부패한 그리스 정부와 공산주의자를 주축으로 결성된 반정부군 간에 내전이 발발하고 소련이 터키에게 다르다넬스 해협에 대한 공동 관리권을 요구함에 따라 동지중해지역에서도 갈등이 야기되었다. 트루먼 정부는 이 모두를 소련의 팽창 야욕이라는 동일한 시나리오로 간주했다. 특히 그리스와 터키가 소련의 수중에 들어갈 경우 유럽, 중동, 아시아가 소련의 지배하에 놓이게 되는 도미노 현상이 일어날 것이라고 주장했다. 그뿐만 아니라 1946년 말에서 1947년 초에 도래한 경제 불황의 여파로 서유럽에서 공산당 세력이 득세하자 이를 전 유럽대륙의 공산화의 서막으로 간주했다.

이러한 긴장상황 속에서 미국은 1947년 소련의 팽창을 힘으로 단호하게 봉쇄하겠다는 전략을 수립했다. 트루먼은 1947년 3월 미국 상·하원 합동회의 연설에서 반공투쟁을 자유와 압제, 민주주의와 전제정 간의 싸움으로 규정하고 공산주의에 저항하는 국가를 적극 지원하겠다는 내용의 '트루먼 독트린'을 선언했다. 그리고 이 원칙에 따라 그리스와 터키에 4억 달러에 달하는 경제·군사 원조를 제공했다. 나아가 미국은 같은 해 '마셜 플랜'을 발표했다. 이는 미국의 원조를 통해 피폐된 전후 유럽경제를 재건하겠다는 취지를 표방했지만, 공산주의 세력이 득세할 수 있는 토양을 경제부흥을 통해 제거하는 데 목표를 두었다. 이 점에서 마셜 플랜은 공산주의의 팽창을 봉쇄하려는 트루먼 독트린과 불가분의 관계에 있었다. 물론 마셜 플랜은 정치적 목적뿐 아니라 유럽경제를 부활시켜 미국의 상품시장을 확대하려는 경제적 이해관계도 반영했다.

미국의 이러한 공세는 소련측에서 볼 때 명백한 선전포고였다. 스탈린은 안보전략으로 동유럽을 소련의 세력권에 포함시킨 것 외에는 가급적 서방측과의 충돌을 피했다. 이란 위기 때에도 소련은 결국 군대를 철수시켰고, 다르다넬스 해협 문제로 긴장이 고조되었을 때도 한 발 물러섰다. 또한 그리스 내전 때도 반정부군을 지원하지 않았다. 따라서 트루먼의 봉쇄정책은 스탈린에게 경제력과 군사력을 앞세운 미국의 독단적 지배 야욕으로 보였다. 특히 동유럽 국가에게도 원조를 제공하겠다고 표방한 마셜 플랜은 미국이 달러의 힘으로 이들을 포섭해 소련의 세력권을 와해시키려 한다는 불신감을 야기해 스탈린이 서방과의 본격적인 대결로 정책을 변경하는 데 중요한 영향을 미쳤다. 이런 맥락에서 일련의 연구는 트루먼 독트린보다 마셜 플랜이 냉전 발생에 갖는 의미를 좀 더 강조하고 있다(김영호, 2001, 453~457쪽 ; Leffler, 1996, 133쪽 참조).

소련은 미국의 공세에 맞서 1947년 국제공산주의 운동조직인 코민포름(Cominform)을 창설했다. 창립총회에서 즈다노프(A. A. Zhdanov)는 제2차 세계대전 후 세계는 미국과 소련이 이끄는 제국주의적 반민주진영과 반제국주의적 민주진영으로 분리되었다고 지적하고, 사회주의 국가와 공산주의자들이 모두 힘을 합해 반제국주의 투쟁을 전개할 것을 강조했다. 나아가 스탈린은 소련의 안보에 중요한 의미가 있는 동유럽에 대한 통제를 한층 강화했고, 급기야 1948년 2월에는 당시 유일하게 공산정권이 수립되지 않은 체코슬로바키아마저 공산화했다. 이러한 소련의 대응은 냉전의 본격적인 시작을 알리는 것으로, 냉전의 시점을 흔히 1947년으로 꼽는 데는 이러한 배경이 자리잡고 있다.

이상을 통해 볼 때 냉전체제로의 돌입은 미국의 공세로부터 시작되었다. 그러나 소련 역시 책임으로부터 자유로울 수 없다. 소련은 대립을 피하려는 의사를 서방측에 제대로 인식시키지 못했다. 이런 상황에서 소련이 동유럽 세력권에서 자행한 정치적 조종과 탄압 그리고 마셜 플랜과 관련해 지나치게 공격적으로 구사한 반서방 비난 등은 서방측에 소련의 위협을 실감나게 했고 강경대립을 주장하는 보수 세력에게 힘을 실어주었다.

그렇다면 냉전을 야기한 책임은 미국과 소련에만 있는가? 냉전의 커다란 밑그림을 그린 것은 두 초강대국이었지만 유럽 역시 부분적으로 중요한 역할을 했다(Loth, 1992, 22~23쪽). 이는 우선 독일 문제를 통해 엿볼 수 있다. 전후 미·영·프·소의 점령통치를 받고 있던 독일은 유럽의 중앙에 위치한 지정학적 요인으로 서방측과 소련 모두에게 적대진영의 팽창을 저지하는 최후의 마지노선으로 인식되었다. 전후 양측의 갈등이 점차 가시화되자 미국과 달리 소련의 위협에 직접적으로 노출된 유럽, 특히 영국은 서방 연합국 점령통치 지역만이라도 분리해 자체 세력권으로 만들기를 원했다. 이에 따라 영국 외무장관 베빈(E. Bevin)은 주저하는 미국을 독려해 분리정책으로 이끌었다. 주지하듯이 이는 독일 분단의 전철이 되었다. 또한 1949년 북대서양조약기구(NATO)의 결성도 서유럽의 촉구에 힘입은 바가 크다. 즉 제2차 세계대전의 여파로 쇠약해진 서유럽 국가들은 군사적 안보를 위해 미국을 끌어들이고자 했던 것이다. 이러한 사실들은 냉전 발생이 어느 한 요인에 의해서 설명될 수 없다는 것과 더불어 복합적인 해석의 필요성을 보여준다.

서방측과 소련이 전후 협력구도 수립에 실패하고 대립이 본격화되면서 미·소를 중심으로 블록이 형성되었다. 소련의 베를린 봉쇄는 그 시발점이 되었다. 1948년 6월 서방 연합국측이 분리정책의 첫걸음으로 서독 지역에서만 화폐개혁을 단행하자 스탈린은 베를린 봉쇄를 단행해 서베를린을 고립시켰고, 서방측은 이에 맞서 1년 가깝게 서베를린에 생필품 공수작전을 펼쳤다. 이러한 양측의 직접적 충돌은 독일의 분단을 가속화했고 유럽에 적대적 전선을 형성시켰다.

냉전기 양 진영 간에 발생한 최초의 군사적 충돌인 한국전쟁도 블록 형성을 촉진했다. 중국 공산화에 성공한 마오쩌둥(毛澤東)이 1949년 10월 중화인민공화국을 수립하고, 호치민(胡志明)의 지휘하에 공산주의자들이 주축을 이룬 베트남독립동맹(Viet Minh)이 식민본국 프랑스와의 전쟁에서 승승장구하던 상황에서 발발한 한국전쟁은 공산주의 팽창에 대한 서방세계의 두려움을 심화시켰다. 서방측은 한국전쟁을 소련이 아시아를 공산화하기 위해 북한을 사주해 감행한 침략전쟁으로 규정하고 즉각 유엔군을 동원했다. 중국과 소련 또한 이에 맞서 북한을 지원함에 따라 한반도는 두 이데올로기가 각축을 벌이는 전쟁터로 변했다. 이러한 군사적 충돌은 한국인들에게 동족상잔의 비극을 초래했을 뿐만 아니라 여타 국가에게도 적과 아군을 명확히 가르는 계기가 되어 세계사적으로 블록 형성을 가속화하는 역할을 했다.

나아가 베를린 봉쇄와 한국전쟁으로 심화된 안보불안과 상호 적대감은 곧 군사적 동맹체제의 형성으로 이어졌다. 1949년 북대서양조약기구 창설에 이어 1951년에서 1955년까지 아시아에서도 태평양 안전보장 조약(Anzus-Treaty), 동남아시아 조약기구(SEATO), 바그다드 조약기구(Bagdad-Pact) 등의 방위동맹이 창설되었다. 이에 맞서 소련은 1955년 바르샤바 조약기구(WTO)를 창설했다. 이처럼 방위동맹을 중심으로 국가들이 결집함에 따라 블록 형성은 구체적으로 완성되었고, 냉전체제는 지역적으로 더욱 확대되었다. 더불어 이러한 군사적 대결구도로의 전환은 상대가 호시탐탐 침략의 기회를 노리고 있다는 강박관념을 기초로 한 안보 딜레마를 파생시켰다. 이는 정도의 차이는 있지만 냉전 말기까지 영향력을 발휘하며 양측의 끝없는 무장경쟁을 유발하고 냉전체제를 지속적으로 유지시킨 요인으로 작용했다.

대립과 공존 사이에서: 1950년대의 긴장 완화 움직임(1953 ~1962)

1953년 스탈린이 사망하고 트루먼이 대통령직에서 물러남에 따라 냉전은 전기를 맞게 되었다. 이들의 뒤를 이은 흐루쇼프(N. S. Khrushchev)와 아이젠하워(D. Eisenhower)는 엄청난 비용과 희생을 요구하는 냉전체제의 긴장을 완화하고 관계개선을 모색했다. 특히 탈스탈린주의를 표방한 흐루쇼프는 스탈린 치하에서 뿌리내린 억압적 지배체제를 완화하고, 이를 대외정책에도 반영해 평화공존론을 내세웠다. 요컨대 사회주의는 스탈린이 고수한 바와 달리 자본주의와의 전쟁을 거치지 않고도 평화적으로 이룩할 수 있다는 것이었다.

이러한 해빙기류에 힘입어 1953년 7월 한국전쟁 '정전협정'이 체결되었고, 1955년에는 10여 년간 중단되었던 서방과 소련 최고 지도자들의 정상회담이 제네바에서 열렸다. 당시 양측은 독일 문제, 유럽의 안보 및 군축 문제를 논의했지만 상호 입장 차이를 확인했을 뿐 별 성과를 거두지 못했다. 한 예로 소련이 병력제한, 핵무기의 점진적 감축을 제안하자 미국은 군축이행 여부에 대한 상호 감시체제의 수립을 주장했고, 소련은 이를 주권 침해라는 이유로 거부했다. 그럼에도 불구하고 양 진영 간에 대화가 재개되었고, 양측이 냉전이 열전으로 치닫지 않도록 협력하겠다는 의사를 피력했다는 점에서 회담의 의미를 찾을 수 있다. 또한 무역박람회, 과학자, 음악인, 연예인들의 상호교류가 가능하게 되었다는 점도 소득이었다.

그러나 이 시기 긴장 완화 모색의 움직임은 냉전체제를 근본적으로 변화시키기에는 역부족이었다. 제네바 회담 결과가 말해주듯이 양측에게는 아직 후일 고르바쵸프(M. Gorbachev)가 보여준 진정한 탈냉전의 의지가 없었다. 이에 따라 한편으로는 공존의 시도가 행해지면서도 다른 한편에서는 대립이 지속되거나 새로이 야기되었고, 1950년대 후반으로 갈수록 충돌은 잦아졌다.

1956년 중동지역에서 발생한 수에즈 위기는 이러한 상황을 잘 보여준다. 1956년 7월 이집트 지도자 나세르(G. A. Nasser)가 아스완 댐 건설자금을 마련하기 위해 수에즈 운하를 국유화하자 동방교역로를 이 운하에 의존하고 있던 영국과 프랑스는 같은 해 10월 이스라엘과 연합해 이집트를 공격했다.[1] 그러자 흐루쇼프는 이집트 편에 서서 의용군 파견과 핵미사일 공격까지 운운하며 초강경 반응을 보였다. 미국 역시 동맹국인 영국과 프랑스에 압력을 가해 서둘러 정전을 성립시켰다.

미·소의 이러한 움직임은 제3세계의 정치적 의미를 반영한다. 주지하듯이 제2차 세계대전 후 독립한 탈식민지 국가의 다수는 미·소의 영향력을 배제하고 자주적 국가 발전을 표방했다. 이들이 1955년 반둥회의를 기점으로 비동맹 국가의 조직화를 시도하면서 양극체제의 변수로 등장하자 범세계적인 체제경쟁을 펼치고 있던 미·소는 이들을 자체 세력권으로 끌어들이고자 신경을 곤두세웠다. 물론 석유를 비롯한 주요 천연자원의 보고가 제3세계권에 분포하고 있다는 점도 이러한 경쟁의 주요 요인이었다.

기본적으로 제3세계의 지지를 얻는 데는 소련이 유리했다. 이는 무엇보다 대부분의 제3세계 국가가 과거 선진 자본주의 국가의 식민지였다는 점에서 서방측에게 거부감을 갖기 쉬운 반면, 소련은 반제국주의를 바탕으로 반식민주의 및 반서방 노선을 표방했기 때문이다. 미국이 수에즈 위기 때 동맹균열까지 감수하면서 영국과 프랑스의 반대편에 선 것도 아랍세계의 호의를 산 소련의 영향력이 막대한 석유가 매장되어 있는 중동지역으로 급격히 확대되는 것을 우려해서였다. 공산주의의 침공을 받은 중동국가가 도움을 요청할 경우 미국은 모든 수단을 동원해 대응하겠다고 공표한 아이젠하워 독트린(1957)도 같은 맥락에서 이해할 수 있다. 이처럼 제3세계가

---

1 10월 29일에 먼저 이스라엘이, 31일에 영국과 프랑스가 공격을 감행했다.

미·소 경쟁의 각축장으로 부상함에 따라 냉전체제도 더욱 확대되었다.

1950년대 긴장 완화의 움직임이 크게 진전되지 못한 데는 군비경쟁 역시 중요한 역할을 했다. 1945년 미국의 원폭개발 후 4년 만에 소련도 원폭실험에 성공함으로써 핵무기 경쟁이 시작되었다. 양국은 무력시위를 통해 상대방을 제압해야 한다는 강박관념과 상대방이 핵무기를 보유하는 것은 위험시하면서도 스스로에 의한 인류파멸의 위기는 생각지 않는 전형적인 냉전논리를 토대로 무기 개발에 박차를 가했다. 그런 가운데 늘 한 발 뒤처져 있던 소련이 1957년 대륙간탄도미사일(ICBM)이라는 고성능 미사일을 개발하고 최초로 인공위성 스푸트니크 호를 쏘아올리는 개가를 올렸다. 그동안 미국이 소련을 기술적으로 월등히 앞선다고 여겨온 미국인들은 엄청난 충격을 받았고, 한동안 장거리 핵미사일 보유에 있어 미국의 열세를 염려하는 '미사일 격차 심리'로 불안감에 휩싸였다. 이를 만회하기 위해 미국은 1958년 미국 항공우주국(NASA)을 창설하고 잠수함발사탄도미사일(SLBM) 개발과 전략폭격기 증산에 박차를 가했다. 이러한 상황에서 실질적 긴장 완화는 기대하기 어려웠다.

나아가 1958년 또다시 베를린을 둘러싸고 분쟁이 야기됨에 따라 양 진영의 관계는 급속히 냉각되었다. 1958년 11월 흐루쇼프는 베를린을 중립도시로 만들 것을 제안하고 4개 전승국 주둔군의 철수를 요구했다. 이는 무엇보다 1950년대 끊임없이 계속된 탈동독 행렬을 저지하기 위한 대책이었다. 주지하듯이 미·영·프·소 4개국 공동 관리구역으로 규정되어 분단 후에도 양쪽의 왕래가 가능했던 베를린은 1950년대 동독인들이 서독으로 넘어가는 주요 탈출구였다. 서방측은 자신들이 철수할 경우 지리적으로 동독에 둘러싸인 서베를린이 동독의 손아귀에 들어갈 것임이 자명하므로 흐루쇼프의 제안을 단호히 거부했다. 이 때문에 양측 간에는 긴장이 고조되었고 전운마저 감돌았다. 다행히 직접적인 충돌은 없었지만 동독 정권은 소련의 동의를 얻어 1961년 8월 13일에 기습적으로 베를린 장벽을 축조했다.

서독은 이에 대해 격렬히 항의하고 서방 연합국에게 적극적 대응을 요구했지만, 이들은 항의를 넘어서는 조치를 취하지 않았다. 왜냐하면 장벽이 축조되어도 서베를린에 대한 이들 국가의 권리는 전혀 침해되지 않았기 때문이다. 또한 이 시기 서방측은 이미 유럽이 두 개의 세력권으로 분할된 상황을 기정사실로 받아들인 상태였다. 4개국 공동 관리 구역이던 베를린만이 당시 유일한 예외에 해당했는데, 장벽은 베를린을 확실히 두 지역으로 나누어 유럽의 세력권 분할을 확정하는 의미를 내포하고 있었다. 따라서 서방측의 관심이 유럽의 현상유지로 모아진 상황에서 장벽 축조는 오히려 정치적 불안의 근원지인 독일 문제의 뇌관을 제거할 수 있다는 점에서 나쁘지만도 않았다. 우리의 경험이 말해주듯이 냉전체제에서는 한 나라의 민족 문제는 부차시되었던 것이다.

이처럼 베를린을 둘러싼 위기는 큰 충돌 없이 마무리되었지만 1962년 소련이 쿠바에 핵미사일 기지를 설립하면서 미 · 소는 핵전쟁의 위기를 맞게되었다. 전통적으로 미국의 세력권이던 쿠바는 1959년 카스트로(F. Castro)가 친미 독재자 바티스타(F. Batista)를 축출한 후 친소국가로 변모했다. 그러자 미국은 1961년에 특수 군사 훈련을 받은 망명 쿠바인들을 쿠바로 침투시켜 카스트로 정권을 전복하려는 비밀공작을 감행했고, 1962년에는 대쿠바 무역 봉쇄 조치를 취했다. 흐루쇼프가 쿠바에 미사일을 배치한 것은 이러한 미국의 압력으로부터 쿠바를 보호하고, 나아가 이미 터키에 미사일 기지를 건설해 소련을 위협하고 있던 미국에 맞대응하려는 것이었다.

그러나 케네디(J. F. Kennedy) 정부는 미국의 코앞에서 소련이 핵미사일을 조준하고 있는 상황을 용납하려 들지 않았고, 미국 의회와 여론도 강경 대응을 요구했다. 이에 따라 미국 정부는 소련에게 미사일 기지 철수를 요구하고 쿠바에 대한 해상 봉쇄를 단행했으며, 핵전쟁도 불사하겠다는 입장을 취했다. 다행히 흐루쇼프가 쿠바에 설치한 중거리 미사일의 철수를 공표함으로써 일촉즉발의 위기는 일단락되었다. 당시 경험한 핵전쟁의 공포는 역설적으로 양측의 관계개선과 대화의 필요성을 인식시켜 이후 냉전체제의 긴장을 완화하는 계기를 마련했다.

냉전기 사회와 문화

내부 냉전

1940년대 말 이래 블록과 방위동맹이 형성되며 동서 간에 치열한 대립이 전개되었지만 그렇다고 냉전이 진영 간, 혹은 국가 간의 군사적, 정치적 대립이라는 거시적 형태로만 전개된 것은 아니다. 주지하듯이 냉전은 특정지역에서 일정 기간에 직접적으로 승부를 가리는 열전과 달리 무려 반세기 가깝게 상이한 체제모델을 내세워 수행된 이념전쟁의 성격을 띠었다. 자연히 그 여파는 일국의 정치, 사회, 문화, 일상에도 침투해 개인의 사고와 행위에도 영향을 미쳤다.

이는 우선 1950년대에 각 진영 내부에서 전개된 '내부 냉전(Cold Civil War)'을 통해 엿볼 수 있다. 냉전은 이념전쟁의 양상을 띠고 있기 때문에 상대 진영의 체제와 이념을 지지하거나 기존체제에 적극 동조하지 않는 자들은 흔히 적의 사주를 받아 체제전복을 기도하는 불순분자로 규정되어 정치적 탄압과 사회적 차별을 겪어야 했다. 이에 따라 냉전체제는 일국 내에서 내부 냉전으로 재편성되었다.

서방의 경우 내부 냉전은 무엇보다 공산주의자를 탄압하는 형태로 나타났다(Major, 1997; Hannover, 2001 참조). 한 예로 1956년 서독 정부는, 이미 1950년대 초 2% 정도에 불과한 득표율로 정치적 영향력을 완전히 상실한 서독 공산당을 불법화했다. 당시 서독 공산당이 합법적 정치활동을 표방했음에도 불구하고 서독 정부는 '반국가적 체제전복세력'이라는 근거를 내세웠다.

1950년대 전반 미국 사회를 휩쓴 매카시즘 역시 빼놓을 수 없다(Mergel, 2003; 손세호, 1994; 차상철, 1999 참조). 1950년 공화당 상원의원 매카시(J. McCarthy)는 미국 정부 주요기관에 공산주의자들이 침투해 있다는 근거 없는 주장을 제기했다. 이는 마침 한국전쟁으로 심화된 반공주의와 맞물려 공산주의자 색출 열풍을 낳았고, 수많은 미국인이 '반국가적 공산주의자' 라는 혐의로 청문회에 소환되어 조사를 받았다. 특히 자신의 과오를 뉘우치는 증표로 여타 공산주의자들을 밀고하라고 강요했던 당시 청문회 상황은 현대판 마녀사냥을 방불케 했다. 한 예로 「에덴의 동쪽(East of Eden)」과 「욕망이라는 이름의 전차(A Streetcar Named Desire)」를 비롯해 수많은 명작을 남긴 엘리아 카잔(Elia Kazan) 감독은 1952년 청문회에서 한때 공산주의자였던 영화인 11명의 이름을 밝혀 그의 영화 인생에 오점을 남겼다(Isaacs · Downing, 2001, 113쪽).

이러한 반공주의의 광풍 속에서 수많은 사람이 정치적 탄압으로 희생되었고, 사회 내부에는 레드 콤플렉스가 확산되었다. 그 과정에서 생겨난 반공단체들은 이른바 공산주의자 블랙리스트를 작성해 고용주에게 이들을 해고하라고 압력을 가했고, 공산주의자가 제작에 관여한 영화 93편을 밝히고 관람 거부운동을 벌이기도 했다(Mergel, 2003, 246쪽). 또한 매카시즘은 맹목적 애국주의를 부추겨 '충성맹세의 날(Loyalty Day)', '시민의 날(I Am An American Day)'과 같은 행사를 활성화했다. 이러한 행사를 통해 미국에 대한 충성고백과 반공주의는 공적으로 결합되었다. 비록 매카시는 1955년에 정계에서 물러났지만 그 동안 뿌리내린 호전적 반공주의의 영향은 이후에도 지속되었다.

사회주의 진영의 경우에도 마찬가지였다. 사회주의를 위협하는 내부의 적을 소탕해야 한다는 스탈린의 주장에 따라 1940년대 말에서 1950년대 초까지 소련과 동유럽 국가에서는 대대적인 정치탄압이 자행되었다. 기존

체제를 비판하는 자는 '미국의 첩자'나 '제국주의의 앞잡이'로 고발되어 탄압을 받았다. 예컨대 1948~1952년에 체코슬로바키아에서는 233명의 체제 비판세력이 사형을 선고 받았고, 거의 15만 명이 정치적 이유로 구금되었다(Isaacs · Downing, 2001, 117쪽). 이러한 억압은 결코 부르주아 정치세력에 국한되지 않았다. 필요하다면 일벌백계의 의미로 공산당 고위 정치지도자도 숙청되었다. 소련의 지배로부터 벗어나 독자적인 사회주의 건설을 시도한 유고슬라비아 지도자 '티토(J. B. Tito)의 스파이'라는 누명으로 1949년 10월 처형된 헝가리 외무장관 러이크(L. Rajk)와 1952년 '미국의 스파이'라는 죄목으로 역시 처형된 체코슬로바키아 공산당 서기장 슬란스키(R. Slánský)가 대표적 예에 속한다.

이러한 상황은 양 진영 모두에서 민주적 사회발전을 저해했다. 내부 냉전은 맹목적 애국심과 모든 것을 적과 동지로 구분하는 이분법적 가치관을 부추김으로써 사회풍토를 획일화했고, 언론과 사상의 자유를 침해했다. 또한 기본적으로 사법권의 독립이 보장되지 않은 사회주의 국가는 물론 민주주의를 표방한 서방에서도 자의적인 정치재판이 이루어짐에 따라 많은 사람들의 인권이 유린되었다. 더욱이 이러한 억압적 풍토로 인해 시민들은 스스로 자기검열을 시행하게 되었고, 정권의 공식노선과 충돌하는 정치적 성향의 주제에 대한 토론이나 글쓰기는 기피대상이 되었다.

또한 내부 냉전은 사회 분위기를 보수화했고, 사회적 주류현상으로부터의 이탈을 철저히 배격하는 풍토를 조성했다. 양 진영 모두에서 동성애를 사회를 내부로부터 약화시키기 위해 적이 퍼뜨린 전염병으로 매도해 억압한 것과 서방에서 1950년대에 가족과 가정생활의 가치를 절대화하며 여성의 사회적 활동을 가로막은 것 등이 대표적 예에 해당한다(Hart, 2001 참조).

더욱이 내부 냉전은 권력자들에 의해 정치적 목적으로 도구화되기도 했다. 미국이나 남한의 선거정치에서 자주 목격되듯이 서방 정치지도자들은 흔히 공산주의 혹은 소련의 위협을 극단화해 국민의 위기의식을 자극하고 이를 통해 정치적 지지를 획득하는 전략을 펼쳤다. 그런가 하면 냉전의 거대담론에 가려진 제반 사회 문제를 공론화하고 개혁을 요구하는 비판세력을 냉전논리를 앞세워 억압하기도 했다. 예컨대 군비확장과 핵무기 경쟁을 반대하는 평화운동가나 노동자의 권익을 옹호한 노조지도자는 공산주의자가 아니었음에도 불구하고 '소련의 첩자'로 몰려 탄압을 받았다. 사회주의 정권 역시 사회주의에 대한 확고한 신념으로부터 민주적 사회주의의 실현을 요구한 자체 비판세력을 '미 제국주의의 앞잡이'로 탄압함으로써 비민주적 지배체제를 공고히 했다. 이러한 상황은 동서의 지배집단이 서로 적대적으로 대립하면서도 공존관계에 있었던 냉전의 흥미로운 모순성을 보여준다.

그나마 미국과 유럽에서는 1960년대 이후 긴장 완화에 따라 내부 냉전도 완화되었고 호전적 반공주의에 대한 비판적 여론의 장도 형성되었다. 그러나 비민주적 정치체제를 견지한 사회주의 진영에서는 비록 정권의 정치적 테러는 줄어들었지만 냉전 이데올로기에 대한 비판적 공론화는 여전히 허용되지 않았다.

대중매체를 통한 문화 전쟁

냉전의 여파는 문화적 측면에서도 목격된다. 냉전체제의 유지와 궁극적 승리를 위해서는 기본적으로 대중의 동의와 지지가 뒷받침되어야 했기 때문에 이들의 심리를 장악하는 것도 중요했다. 이에 따라 양 진영은 냉전기, 특히 1950~1960년대에 다양한 대중매체를 동원해 냉전 이데올로기를 전파하는 데 주력했고, 자연히 냉전은 정치·군사적 대립을 넘어 문화전쟁의 양상을 띠었다. 냉전이 열전으로 표출되는 경우가 상대적으로 적다 보니 이는 실질적 전쟁을 대체하는 의미로 더욱 치열하게 전개되었다.

대중매체를 바탕으로 전개된 이러한 심리전은 무엇보다 상대방 체제의 정당성을 부정하는 흑색선전으로 시행되었다. 서방은 현실 사회주의 국가를 자유가 말살된 전체주의 사회로 묘사했고, 이들 국가의 경제적 궁핍을 서방의 물질적 풍요와 극단적으로 대비해 서방체제의 우위를 강조했다. 이에 맞서 사회주의 진영은 서방을 대자본가들이 모든 것을 장악하고 또 다시 제국주의적 전쟁을 준비하는 신파시즘 체제로 규정했다. 나아가 서방의 물질적 풍요 역시 소수의 자본가만이 향유하고 대다수 민중은 이들에 의해 착취될 뿐이라고 주장하면서 사회적 평등을 보장하는 현실 사회주의 체제의 우위를 강조했다.

또한 양측은 냉전기에 요구되는 내부적 단결을 강화하기 위해 국민들에게 상대 진영에 대한 적대감을 불어넣었다. 상대방이 간첩을 침투시켜 사회 혼란을 조장하고 체제 전복을 시도함은 물론 핵전쟁을 도발하여 인류를 파멸의 길로 몰아넣으려 한다는 것이 고정 레퍼토리였다. 이러한 양측의 상호 '적 만들기'는 흔히 거울의 영상 반사효과처럼 동일한 논리와 적잖은 사실 왜곡을 토대로 이루어졌다.

그렇다면 이러한 선전전은 구체적으로 어떻게 전개되었는가? 기본적으로 전단, 정치 팸플릿과 포스터 등 인쇄물을 이용한 전통적 선전방식이 그대로 고수되었다. 이러한 인쇄물의 내용은 대부분 흑백론을 기초로 한 주장으로 점철되었고 때로는 인간의 말초적 감각에 호소하기도 했다. 예컨대 1950년에 발행된 동독의 한 선전 팸플릿은 미국이 동독의 감자 농사를 망치기 위해 비밀리에 동독에 딱정벌레를 풀었다고 비난했다(Körner, 1992, 92쪽). 또한 동독 정권은 자본주의 문화를 줄곧 '퇴폐문화'로 비난했음에도 불구하고 1957년부터 서독 연방군 사병들을 포섭하기 위해 발행한 몇몇 잡지에 서독의 군국주의를 비난하는 기사나 정치 풍자 외에 소프트코어 포르노까지 가미했다(Körner, 1992, 98쪽).

나아가 양 진영의 지도자들은 딱딱한 정치선전보다는 대중의 감성적 측면을 공략하는 것이 좀 더 효과적이라는 판단에 따라 소설, 라디오, 영화,

잡지, 텔레비전 등 다양한 매체를 적극적으로 활용했다. 우선 냉전을 반영하는 소설로는 르 카레(J. le Carré)의 『추운 나라에서 온 스파이(*The Spy Who Came in from the Cold*)』, 플레밍(I. Fleming)의 007 제임스 본드 시리즈, 오웰(G. Orwell)의 『동물농장(*Animal Farm*)』과 『1984』 등을 들 수 있다. 철저하게 선악의 구도로 동서 간의 첩보전을 다루고, 스탈린주의적 독재와 전체주의를 비판한 이 소설들은 서방에서 베스트셀러가 되어 공산주의에 대한 적대적 이미지를 고정시키는 데 중요한 역할을 했다. 특히 미국과 영국은 막대한 예산을 들여 오웰의 두 작품을 전 세계에 보급해 냉전의 무기로 삼았다(Shaw, 2004). 남한에서도 1948년에 『동물농장』이 미국의 재정지원으로 번역되어 나왔다.

TV가 대중화되기 전 가장 영향력 있는 대중매체였던 라디오 역시 중요한 선전도구 역할을 했다. 양 진영은 특히 공간적 제약을 벗어나 많은 사람에게 신속하게 정보를 전달할 수 있는 라디오의 장점을 이용해 자국민에게 냉전의식을 조장했을 뿐만 아니라 상대 진영에 대해서도 선전공세를 취했다. 예를 들면, 미국이 운영한 '리아스(RIAS)'와 '라디오 자유 유럽(Radio Free Europe)'은 동유럽 주민을 겨냥해 사회주의 체제의 모순과 약점을 강조하는 내용의 방송을 실시했다. 나아가 1956년 헝가리 혁명처럼 동구권에서 위기 상황이 발생하면 이에 대한 서방 세계의 지지 및 연대 선언을 소상히 전달하며 동구권 주민의 반체제 저항을 고무했다.

이에 맞서 사회주의 진영도 자본주의 체제를 부정적으로 선전하는 라디오 방송을 시행했다. 특히 '라디오 모스크바(Radio Moscow)'는 60개 이상의 외국어로 방송했고, 동독의 '라디오 베를린 인터내셔널(Radio Berlin International)'은 주로 제3세계 국가를 대상으로 선전방송을 실시했다. 또한 동구권 국가들은 방해전파 송신소를 가동해 자국민의 서방 라디오 방송 청취를 막는 데도 심혈을 기울였다.

그러나 냉전기 라디오 방송이 정치선전으로 일관한 것은 아니다. 미국의 경우 동구권이나 제3세계 국가를 겨냥해 재즈나 록 음악 프로그램을 많이 편성했다. 왜냐하면 서방 음악에 대한 심취는 곧 서방 문화와 체제에 대한 동화 가능성을 내포하고 있으므로 이 지역 주민을 포섭하는 또 다른 수단이 될 수 있기 때문이다.[2] 실제로 1950~1960년대 동구권의 젊은이들은 서방 라디오 방송을 통해 재즈, 록 음악을 즐겨 들었고, 이들에게도 엘비스 프레슬리(Elvis Presly), 비틀스(Beatles), 지미 헨드릭스(Jimi Hendrix), 밥 딜런(Bob Dylan)은 영웅이었다.

음악이 갖는 정치적 무기로서의 성격을 파악하고 있던 사회주의 진영도 이러한 서방 문화의 침투에 위기의식을 느끼고 반서방 문화선전을 실시했다. 한 예로 동독 정권은 1950년대 초, 당시 유행하던 부기우기(Boogie-Woogie)를 서방측이 미국 문화의 야만적 독성을 퍼뜨려 동독인의 정신을 마비시키려는 수단이라고 규정했다. 엘비스 프레슬리에 대해서도 "중증 정신병자처럼 껑충 뛰어올라, 마치 희석되지 않은 염산을 먹은 것처럼 하체를 흔들어대며, 총 맞은 사슴처럼 울부짖었다", 부족한 음악성을 "마릴린 먼로처럼 야성적으로 엉덩이를 흔들어 메우려 한다"고 혹평하고, 그를 소리와 리듬으로 사회주의를 약체화하려는 '냉전의 병기'로 규정하는 흑색선전을 시행했다(Rauhut, 2002, 7쪽). 그런가 하면 1957년 한 동독 재즈 애호가는 서방 제국주의의 사주로 재즈를 이용해 동독 체제의 전복을 꾀했다는 가당치 않은 죄목으로 2년 징역형을 선고 받았다. 그럼에도 불구하고 동독 젊은 층의 서방 음악 애호를 막을 수 없자 동독 정권은 1960년대에 청소년 라디오 'DT 64'에서처럼 비트, 록 혹은 팝 음악 방송을 허용했고, 1970년대에는 비록 국가가 관리를 했지만 동독 록 그룹의 활동도 허용하고 장려했다. 이는 어차피 서방 음악의 유입을 막을 수 없다면 국가가 이를 통제할

---

2 미국은 라디오를 통해서뿐 아니라 베니 굿맨(Benny Goodman)이나 루이 암스트롱(Louis Armstrong)과 같은 유명 재즈가수를 동구권이나 제3세계 국가로 보내 콘서트를 자주 열게 함으로써 음악을 적극적으로 무기화했다. 이에 대해서는 Hielscher, 2007 참조.

수 있는 범위에서 허용하고 관리해 서방 방송 청취를 막고 서방 문화의 영향력을 최소화하겠다는 전략이었다.

라디오와 달리 영상으로 메시지를 전달하는 영화는 1950년대 선전전에서 가장 선호된 대중매체였다. 왜냐하면 영화는 TV가 대중화되기 전까지 라디오와 더불어 가장 영향력이 큰 매체였기 때문이다. 또한 영화는 선전 내용을 직접 눈으로 확인시켜 다수의 관객에게 집단적 감정이입을 가능하게 하기 때문에 인쇄물이나 강연을 통한 지루한 정치선전보다 훨씬 효과적으로 냉전 의식을 주입할 수 있었다. 특히 신문지상이나 선전물을 통해 알고 있는 내용을 영화를 통해 확인하게 될 경우 이는 마치 사실을 확인하는 듯한 효과가 있었다.

서방에서는 1948년 캐나다 주재 소련 대사관 직원 구젠코(I. Gouzenko)가 캐나다 정부에 소련 비밀문서를 넘김으로써 소련의 대서방 정치음모를 폭로한 실화를 다룬 할리우드 영화 「철의 장막(The Iron Curtain)」을 필두로 수많은 반공영화가 제작되었다. 1950년대 초 동독의 사회주의 체제로의 변혁, 특히 농업 집단화에 불만을 품은 한 동독 농민이 서독으로 탈출하는 과정을 다룬 「서베를린으로의 탈출(Flucht nach Berlin)」(1961), 한국전쟁 때 만주에서 포로가 된 미군 병사에게 최면으로 무의식 속에 살인명령을 심은 다음 돌려보내 정치공작에 이용하는 공산주의의 음모를 다룬 「만추리언 캔디데이트(The Manchurian Candidate)」(1962), 플레밍의 소설을 원작으로 한 007 제임스 본드 시리즈 등이 이에 속한다.

사회주의권의 경우에는 소련 영토를 불법으로 정찰하라는 비밀임무를 부여받은 한 미군 병사의 눈을 통해 미국 체제의 모순을 고발하는 소련 영화 「무자비한 밤(Notsch bes milosserdija)」(1961), 동독의 선로를 파괴해 사보타주를 획책하는 서독의 음모를 다룬 동독 영화 「열차 사보타주(Zugverkehr unregelmässig)」(1951), 동독 국가안전부 요원이 서독 소재 미국 육군정보국 정보원으로 위장 침투한 다음 북대서양조약기구의 동독 침공 작전 문서를

영화 「철의 장막」의 선전 포스터.

입수해 전 세계에 폭로하는 활약상을 다룬 「일급 기밀(For Eyes Only–Streng geheim)」(1963) 등을 예로 들 수 있다.

그런가 하면 1950년대 후반으로 갈수록 또 다른 영상매체인 TV가 대중화됨에 따라 냉전의 여파는 '안방극장'까지 침투했다. 우선 뉴스를 통해 상대 진영에 대한 부정적이고 왜곡된 정보가 일상적으로 전달되었고, 자국 정치지도자나 체제를 찬양하는 정치 다큐멘터리가 방영되었다. 그뿐만 아니라 냉전 이데올로기를 대변하는 드라마 시리즈도 제작 및 방영되었다. 대표적 예로는 1961년부터 1968년까지 방영된 영국 시리즈물 「어벤저(The Avengers)」와 가깝게는 냉전이 다시 심화되는 1980년대에 방영되어 우리나라에서도 엄청난 인기를 끈 미국 드라마 「맥가이버(MacGyver)」, 「전격 Z 작전(Knight Rider)」, 「에어 울프(Airwolf)」 등을 들 수 있다. 악의 무리를 소탕

354

하고 정의를 구현하는 주인공들의 활약을 다룬 이 드라마들은 동구권, 특히 소련 비밀정보기관 KGB를 철저히 악의 화신으로 그렸다.[3]

이상의 예를 통해 볼 때 냉전기에는 문화 영역도 냉전체제의 작동 논리에서 결코 자유로울 수 없었음을 알 수 있다. 각종 대중매체는 항상 자신은 선이고 상대는 악이라는 이분법적 구도를 반복 재생산하며 상대방에 대한 부정적, 적대적 이미지를 고착시키는 데 중요한 역할을 담당했다. 상대 진영에 대한 정보 전달 역시 객관적 사실보다는 뿌리 깊은 편견과 불신을 재생산하는 추측과 단정을 토대로 이루어졌다. 이를 통해 냉전의 여파는 개인의 심리적, 정신적 영역까지 침투할 수 있었다. 냉전에 대한 조명을 사회문화적 측면으로 확대해야 하는 것도 바로 이런 맥락에서이다. 물론 대중매체가 냉전 이데올로기를 전파했다고 해서 그 소비자가 이를 무조건적으로 받아들이는 것은 아니다. 그럼에도 주요 대중매체를 통해 전파된 냉전 논리가 오랜 세월 동안 사회 내에서 주류적 담론을 장악하고 있었다는 사실을 고려하면, 이러한 문화전쟁의 영향력은 결코 무시할 수 없을 것이다. 그나마 서방에서는 1960년대 이후로 갈수록 냉전의 불합리함을 비판하거나 풍자하는 대안문화의 장이 자리잡을 수 있었다. 그러나 대중매체가 위로부터 철저히 통제된 사회주의 진영에서는 이러한 변화를 기대하기 어려웠다. 냉전체제가 이렇다 할 도전 없이 장기간 유지될 수 있었고, 또 냉전이 종식된 후에도 냉전적 사고방식을 쉽게 떨쳐버리지 못하는 것은 상당 부분 장기간 지속된 이러한 '이미지 전쟁'의 여파일 것이다.

---

3 전부 다는 아니지만 이 드라마들의 적지 않은 에피소드가 동구권 혹은 소련의 비밀 음모를 다루고 있다.

스포츠

냉전시대에는 스포츠 역시 정치와 밀접히 관련되었다. 동서 진영이 체제 경쟁을 벌이고 있는 상황에서 올림픽이나 세계선수권 대회와 같은 국제대회에서 좋은 성적을 거두는 것은 해당국의 국위선양과 더불어 그 국가가 소속된 체제의 우위를 입증하는 것으로 간주되었다. 이에 따라 양 진영은 스포츠를 대외정책의 주요 수단으로 삼았고, 정책적으로 스포츠를 육성했다. 특히 경제적으로 서방에 뒤처진 현실 사회주의 국가들에게 스포츠 강국으로의 부상은 사회주의 체제의 약점을 만회하는 길이기도 했다. 이미 1950년대에 이들 국가에서 강도 높은 훈련체제가 정비되고 선수의 건강에 대한 고려 없이 빠른 시간 내에 성과를 내기 위한 목적으로 약물투입이 조직적으로 이루어진 것도 이런 배경에서 이해할 수 있다.[4]

스포츠에 반영된 냉전의 메커니즘은 1954년 월드컵 결승 서독 대 헝가리 전을 통해 확인할 수 있다. 동서 간의 대결로 큰 관심을 불러일으킨 이 경기에서 서독은 예상과 달리 강호 헝가리를 3대 2로 물리치며 '베른의 기적'을 이루어냈다. 이는 서독에게는 엄청난 국가적 자신감을 심어주었지만, 헝가리 선수단에게는 큰 시련을 안겨주었다. 요컨대 서방 국가에게 당한 예상치 못한 패배는 냉전 논리를 작동시키며, 헝가리 선수들이 서독으로부터 뇌물로 벤츠 승용차를 받고 일부러 패배했다는 소문을 확산시켰다(Stöver, 2007, 287쪽). 결국 일부 선수는 강제로 2부 리그 팀으로 강등되었고, 일부는 국가대표에서 제외되었다.

스포츠에 대한 냉전의 여파는 분단국의 경우 좀 더 첨예한 형태로 나타났다. 예컨대 중국은 타이완을 국가로 인정하는 모든 국제 스포츠 대회에

....
4 물론 도핑은 서방 국가에서도 시행되었지만 동구권에서처럼 국가적 차원에서 조직적, 지속적으로 시행된 것은 아니다(Stöver, 2007, 285쪽).

참가하지 않았다. 동서독 역시 스포츠를 둘러싸고 감정적 대립을 펼쳤다. 1951년 동독 올림픽위원회가 발족했지만 서독 정부는 동독 건국이 민주적 선거를 바탕으로 이루어지지 않았다는 것을 근거로 서독의 단독 대표권을 주장하고 동독의 올림픽 참가를 막았다. 그러나 1955년 국제올림픽조직위원회(IOC)는 이것이 올림픽 정신에 위배된다는 것을 근거로 양국이 단일팀을 구성해 참가하라는 결정을 내렸다. 이를 위해서는 먼저 입장식 및 시상식 때 국가(國歌)를 어떤 것으로 하고, 누가 기수를 할 것이며, 양 독일 국가의 선수 참가 비율은 어떻게 정할 것인가 등 민감한 문제들에 대한 합의가 이루어져야 했다. 그러나 동서독 정권은 수차례 협상에도 불구하고 국가 문제를 해결하지 못해 결국은 최초로 양국이 단일팀으로 참여한 1956년 호주 멜버른 올림픽에서 시상식 때 베토벤 교향곡 9번의 4악장 「환희의 송가」를 국가 대신 연주하는 촌극이 벌어졌다. 그런가 하면 1961년 세계 아이스하키 선수권 대회 때 서독은 전력이 훨씬 더 강했던 동독 팀과 맞붙게 되자 패배했을 경우의 굴욕적 상황을 피하기 위해 경기 자체를 포기했다(Balbier, 2005 참조). 다른 나라에게는 져도 같은 독일 국가에게는 질 수 없다는 이러한 심리는 북한과의 스포츠 대결을 통해 우리 역시 경험한 바로, 스포츠에 반영된 체제 경쟁을 명백히 보여준다. 스포츠 제전이 아무리 인종, 종교, 정치색의 초월을 표방해도 전 지구적 체제로 작동하는 냉전의 정치적 메커니즘으로부터 결코 자유로울 수 없었다.

'파괴'와 '진보': 냉전기 이중적 핵 인식

제3차 세계대전 혹은 핵전쟁에 대한 잠재적 불안을 안고 살았던 냉전기에는 개개인까지도 국가 방위체제에 편입되어 냉전 수행에 참여했다. 이는 무엇보다 날로 증대되는 핵무장 경쟁과 무기의 첨단화에 따른 요격거리의 확대로 시민 스스로가 방어체제에 동참할 것이 요구되었기 때문이다. 이에

냉전기 학교에서 실시된 민방위
훈련 모습.

따라 영국(1948), 미국(1951), 소련(1954), 프랑스(1965), 독일(1965) 등 여러
국가에서 민방위법이 제정되었다. 더불어 민방위 훈련도 정기적으로 시행
되었는데, 이는 일차적으로 학교와 일터라는 공적 영역에서 시행되었다.
예컨대 경보 사이렌이 울리면 학생과 직장인은 각각 수업과 근무를 중지하
고 학교와 직장 내의 지정된 장소로 대피하고 핵공격 시 신체보호를 위해
필요한 훈련을 반복했다. 1950년대 소련에서는 민방위 훈련의 일환으로
학교에서 군사교육을 실시했다. 그런가 하면 1950년대 초 미국에서는 가
정별 방위 훈련 프로그램을 제정하고 철저한 훈련을 유도함으로써 가정생
활마저 민방위 체제에 포함시켰다(Oakes, 1999, 69~75쪽). 이러한 상황은
핵전쟁의 공포와 적의 위협 시나리오를 반복 재생산하며 사회 내부에 안보
히스테리 및 군사적 가치관을 조장함으로써 냉전체제 유지에 일조했다.

그럼에도 불구하고 냉전 시기에 사람들이 늘 핵전쟁의 공포와 비상사태와 같은 긴장 속에 산 것은 아니다. 핵무기와 핵전쟁에 대한 두려움이 장기적으로 지속되자 동서 진영의 주민들은 이러한 상황을 원자력 시대의 일상으로 받아들임으로써 정상화했다. 예컨대 미·소의 핵미사일 기지 근처에 거주하는 주민들은 핵폭발을 비롯한 제반 위험 가능성을 의식적으로 무시하거나 아니면 이에 대한 거부감을 핵미사일 기지의 존재 당위성에 대한 믿음으로 상쇄했다. 나아가 양 진영의 주민들은 엄청난 공포의 대상인 핵을 일상생활 속으로 끌어들임으로써 핵전쟁의 공포 속에서도 통상적 삶을 유지하는 대응방식을 보여주었다. 이를테면 핵무기 모형이 인기 장난감으로 제조되었고, "당신은 마치 원자폭탄처럼 나를 완전히 정복했네(You Hit Me Baby Like An Atomic Bomb)"와 같이 핵무기를 비유한 곡명과 가사의 유행가들이 1950년대 서방사회에서 많이 등장했으며, 심지어 미국 라스베이거스에서는 1952년부터 1957년까지 미스 원폭 선발대회가 개최되기도 했다(Stöver, 2007, 192~194쪽). 비키니라는 수영복 명칭도 1946년 태평양의 산호섬 '비키니'에서 시행된 원폭실험에서 힌트를 얻은 것이다.

더욱이 끊임없이 핵무기 증강을 추진하던 양 진영의 정권과 보수세력은 핵을 합법화하고 정상화하는 데 주력했다. 이들은 핵에 대한 정보를 엄격히 차단하는 한편 철저히 연출된 핵실험을 언론에 공개함으로써 대중에게 핵실험이 무조건 위험한 것이 아니라는 인식을 심어주었다. 핵폭발로 생성되는 방사능은 그 특성상 금방 가라앉기 때문에 방사능에 심하게 노출된 지역도 폭발 후 얼마 지나지 않아 정상화될 것이며, 심각한 방사능 질병도 현대 의학의 발달에 힘입어 얼마든지 치유될 수 있다는 공식적 주장 역시 1950년대 동서 진영 내부에서 흔히 접할 수 있었다(Stöver, 2007, 210쪽).[5]

....

5 이처럼 핵의 위험을 상대화하면서도 미국은 1950년대 이후부터 백악관과 대통령의 전용별장 캠프데이비드를 비롯한 일련의 주요 장소에 핵폭발 및 핵전쟁에 대비해 첨단 시설을 갖

미스 원폭 선발대회 포스터.

　나아가 양 진영의 정권은 진보의 이름으로 핵에너지가 인간에게 미래와 풍요를 보장하는 수단이 될 수 있다고 선전함으로써 핵에너지의 파괴적 성향을 상대화했다. 요컨대 북극·사막·대양의 개발, 도로 및 운하 건설, 각종 운반수단을 움직이는 동력의 제공, 제3세계 발전에 필요한 기술 문제 해결 등 핵에너지의 유용성은 무궁무진하다는 것이었다. 일례로 미국 정부는 핵폭발이 토목공사에 큰 도움을 준다는 것을 보여주기 위해 1962년 7월 6일 네바다에서 실험을 하기도 했다. 소련과 동구권에서도 1965년에서 1988년 사이에 100건 이상의 이른바 '평화적 목적의 핵실험'을 시행하였다

<hr />

춘 지하 벙커를 지었고, 소련도 마찬가지였다. 그러나 이 안전시설은 전체 시민이 아니라 정부 인사, 의회 의원 및 그 가족들을 위한 것이었다.

(Stöver, 2007, 202쪽). 이러한 핵에너지 열풍은 1950년대 이후 여러 국가에서 핵발전소 건립으로 이어졌다. 그러나 핵무기 생산이 얼마나 많은 자원을 소모하는지, 핵폐기물 처분 과정에서 얼마나 심각한 방사능 오염이 일어나는지, 또 얼마나 많은 제3세계 약소국의 영토가 강대국의 핵실험 지역으로 전락해 황폐화되었는지에 대해서는 은폐되었다.

물론 이미 1950년대 초부터, 특히 서방에서는 안보 딜레마를 앞세운 양 진영의 핵무기 경쟁과 핵에너지 열풍에 반대하는 반핵운동, 반전운동이 전개되었지만, 이들은 1970년대 후반까지 대중적 지지를 얻지 못해 사회적으로 큰 영향력을 발휘하지 못했다. 대다수는 핵의 파괴력을 알면서도 핵무기를 비롯한 핵에너지 이용을 한편으로는 적의 공격에 대한 대비로, 다른 한편으로는 미래 사회 건설을 위한 진보 수단으로 받아들임으로써 정부의 핵무기 증강이나 핵에너지 개발 정책을 용인하거나 지지했다. 지구를 수차례나 초토화할 수 있는 핵무기의 축적과 1986년 체르노빌 발전소 폭발 사건의 여파 등은 냉전논리에 지배된 핵문제 인식의 맹점을 명백히 보여준다.

데탕트

정치적, 군사적 대립을 넘어 심리전에 이르기까지 총력전의 형태로 전개된 냉전은 1960년대에 들어서 영국 역사가 홉스봄(E. Hobsbawm)의 표현대로 "잠시 동안 건전한 방향으로 몇 걸음 움직이기를 시도"했고 이에 따라 양 진영은 긴장 완화에 성큼 다가서게 되었다(홉스봄, 1997, 339~340쪽). 이러한 변화는 역설적으로 쿠바 미사일 위기로부터 비롯되었다. 핵전쟁 발발 직전까지 갔던 당시 상황은 양측에게 경각심을 일깨웠다. 즉 핵전쟁에서는 어느 한쪽의 승리가 불가능하고 결국은 모두가 파멸에 이르게 될 것이라는 사실을 좀 더 진지하게 인식하게 된 것이다. 이에 따라 1963년 6월 미·소

정상 간에 직통 전화가 개설되어 긴급 의사소통의 장이 마련되었고, 우주 공간, 대기권, 해저에서의 핵실험을 금지하는 '부분 핵실험 금지조약'도 체결되었다. 이러한 변화는 미국의 대외정책에도 반영되어 케네디는 1963년 평화적 체제경쟁, 정치적 해결의 우선시, 선제 핵공격의 포기 등을 표방하는 '평화의 전략'을 공표했다.

또한 양 진영 내부에서 미·소로부터 독립하려는 움직임이 구체화되면서 양극체제가 도전에 직면한 것도 데탕트 도래에 일조했다. 예컨대 중국이 흐루쇼프의 평화공존론을 수정주의라고 비난함으로써 가시화된 양국의 갈등은, 소련이 중국에게 원폭제조에 필요한 기술지원을 거부하고 아무르와 우수리 강변에서 국경분쟁(1969)이 발생함에 따라 계속 악화되었다. 그 과정에서 중국은 자체적으로 핵무기를 갖추고 반소세력으로 탈바꿈했다. 서방에서도 1957년 유럽 6개국이 유럽경제공동체(EEC)를 결성하여 두 초강대국을 견제하려는 시도가 활발해졌다. 심지어 미국이 유럽을 호령하고 세계경제를 좌우하는 상황에 불만을 느낀 드골 정부는 1966년 북대서양조약기구를 탈퇴했고, 프랑스와 유럽의 자주권을 확보하는 데 힘썼다. 이러한 상황에서 자체 진영의 결속을 확신할 수 없게 된 미·소는 긴장 완화의 필요성을 느끼게 된 것이다.

쿠바 미사일 위기 이후 시작된 미·소 간의 긴장 완화는 서독 브란트(W. Brandt) 정권의 '신동방정책'을 토대로 독일과 유럽으로 확산되었다. 1969년 출범한 브란트 정부는 유럽에서 전쟁이 발발할 경우 독일이 가장 위험한 전쟁터가 될 것이고 동서 진영의 대립과 단절이 계속되는 한 독일 통일도 불가능하다고 보았다. 이에 따라 브란트 정부는 대 동독 및 동구권 강경노선을 지향한 역대 정권과 달리 '접근을 통한 변화'의 기치 아래 이들과 관계개선을 도모하는 새로운 대외정책을 추진했다. 그 첫걸음으로 브란트 정부는 1970년 8월 소련과 유럽의 현상유지, 상호 불가침을 골자로 하는 모스크바 조약을 체결했고, 12월에는 폴란드와 양국 간의 기존 국경선을 인정하는 바르샤바 조약을 체결해 분쟁의 소지를 잠재웠다. 이러한 사전 작업을 토대로 브란트 정부는 1972년 동독과 기본조약을 체결해 양국 교류의 발판을 마련했다. 나아가 브란트 정부의 외교정책은 유럽에서도 긴장 완화의 물꼬를 터 1975년에 유럽안보협력회의(CSCE)가 개최되는 데 중요한 역할을 담당했다. 회의에 참가한 미국과 캐나다 그리고 유럽 33개국은 유럽의 현상 유지, 상호 위협 및 무력 사용 금지에 합의했고, 이를 바탕으로 경제, 문화, 학문 등 여러 방면으로 교류와 협력을 추진했다.

긴장 완화의 진척에 따라 미·소 간의 군축협상도 성사되었다. 1969년 11월에 시작된 협상은 양국이 자신들이 우위에 있는 영역을 군축대상으로 삼으려 함에 따라 난항을 거듭했지만, 1972년 5월 26일에 제1차 전략무기제한협정(SALT I)이 조인되었다. 탄도요격미사일과 공격용 전략무기, 즉 대륙간탄도미사일과 잠수함발사탄도미사일의 보유기수를 제한하는 이 협정으로 양국은 과열된 핵무기 경쟁의 열기를 다소 식힐 수 있게 되었다.

긴장 완화의 기류는 다방면으로 감지되었다. 예컨대 미·소 간에 우주탐사 개발을 비롯한 과학 협력 연구가 추진되었고, 양 진영의 문화·경제 교류도 확대되었다. 특히 변화된 국제질서에 힘입어 1970년대 이후부터 동서독 간에 상호 방문과 우편·전화 교류가 가능해짐에 따라 분단의 고통과 상호 이질감도 완화되었다. 또한 데탕트는 비민주적, 권위주의적 지배를 정당화해온 냉전논리를 약화시킴으로써 서방사회의 정치적 민주화를 진전시키는 데 일조했다. 1968년 서독 공산당이 다시 합법화되고, 자의적 국가보안법 성격의 독소 조항이 형법에서 삭제된 것이 대표적 예에 해당한다. 그러나 현실 사회주의 국가에서는 공산당이 독점적으로 지배를 행사한 정치체제의 성격상 큰 변화를 야기하지는 못했다.

긴장 완화의 여파는 문화영역에도 반영되어 과거 금기시되거나 외면되었던 문제가 공론화될 수 있었다. 일례로 이는 핵전쟁의 위협을 비판적으로 다룬 영화를 통해 확인할 수 있다. 대표적 예는 핵전쟁으로 지구가 황폐화된 후 영장류가 인간을 지배하는 암울한 미래상을 그린 「혹성 탈출 (Planet of the Apes)」(1967)로, 이 영화는 흥행에 성공해 4개의 속편이 제작 되었다. 이미 1959년에 핵전쟁의 문제를 비판적으로 다룬 「해변(On the Beach)」이 개봉되었지만 당시에는 양 진영의 팽팽한 대립과 '미사일 격차 심리'로 야기된 서방사회의 히스테리로 인해 관객들로부터 외면당했다. 「혹성 탈출」의 성공은 긴장 완화에 따른 상황 변화와 함께 핵무기 경쟁이 불러올 파국에 대한 비판적 시선도 확대되었다는 것을 보여준다.

그럼에도 불구하고 1970년대 중반부터 국제정세는 다시 악화되었다. 그 렇다면 냉전은 긴장 완화로 일보를 내딛은 후 왜 다시 뒷걸음쳐 10년이라 는 세월을 더 허비하고서야 종식되었는가? 냉전을 멈추기 위해서는 우선 군비경쟁의 실질적 제한이 요구되었다. 미·소의 군축협상은 핵무기의 위 협 자체를 제거하는 것이 아니라 양국 간에 핵무기 보유의 균형을 통해 상 호전쟁을 억지하는 데 목표를 두었다. 그러다 보니 조약이 규정한 제한 영 역 밖에서 군비경쟁은 계속되었다. 예컨대 제1차 전략무기제한 협정은 전 략공격무기의 수량만을 제한했다. 미·소는 보유 수의 제한은 지켰지만, 개별 미사일에 여러 개의 핵탄두를 장착하는 쪽으로 전환했고, 이에 따라 고성능 미사일의 개발은 계속되었다.

냉전기에 형성된 양 진영의 군산복합체도 데탕트의 악화에 일조했다. 미·소의 군비경쟁에 따라 1950년대 이래 양측의 대학과 연구소에서는 엄 청난 수의 무기개발 프로젝트가 진행되었고, 이를 바탕으로 군수산업체가 거대해졌다. 여기에 고용된 민간인만도 수백만 명에 달했다. 따라서 군수 산업 관련자에게는 군비확장이나 최소한 현상 유지가 이익이 되었기 때문 에 이들은 화해보다는 적대적 대립관계를 추구했다. 특히 소련과 달리 국 방예산이 의회를 통과해야 했던 미국에서는 국방부, 군수산업체, 노동계가 정계와 결탁해 군비증강을 주창하고 데탕트에 반대하는 여론을 조장하기 도 했다(장미향, 1995, 57~59쪽 참조). 미사일 탄두 수의 감축까지 목표로 삼은 제2차 전략무기제한 협정(SALT II)이 1972년 말 감축협상이 시작된 이래 난항을 거듭한 끝에 1979년에야 겨우 조인된 것도 이러한 배경에서 이해할 수 있다.

유럽에 긴장 완화가 도래하면서 대립의 주무대가 제3세계로 이동한 것 역시 빼놓을 수 없다. 주지하듯이 양 진영은 1950년대 중반 이후 국제정치계의 주요 변수로 떠오른 제3세계권을 놓고 열띤 경쟁을 벌였다. 유럽이 정치적, 군사적 소강상태에 접어들수록 제3세계는 더욱 치열한 충돌의 장이 되었다. 그 과정에서 양측은 저개발과 빈곤에 시달리는 제3세계 국가들에게 앞다투어 개발 원조를 제공했다. 물론 이는 순수한 인도주의라기보다는 냉전논리를 반영했다. 요컨대 서방과 소련은 각각 친공산국과 친중국 · 친서방국을 원조 대상에서 제외했고, 자신들의 지지 기반이 될 수 있는 국가를 지원했다. 즉 냉전기에는 개발 원조도 정치적 무기의 역할을 했던 것으로, 제3세계 국가들이 공식적으로 비동맹을 표방했지만, 이들 역시 냉전의 편 가르기로부터 자유롭지 못했다.

그뿐만 아니라 제3세계를 둘러싼 경쟁은 흔히 열전을 수반함으로써 냉전이라는 말을 무색하게 만들었다. 미국의 냉전학자 개디스(J. L. Gaddis)는, 비록 냉전기에 대립과 갈등이 전면에 부각되었지만 실제로는 다른 시대에 비해 오히려 평화를 누렸다고 지적했다(Gaddis, 1989). 그러나 냉전을 "긴 평화(the long peace)"로 보는 그의 주장은 유럽 외의 지역으로 눈을 돌리면 설득력이 부족하다. 단적으로 1945년에서 1990년까지 전 세계적으로 발생한 전쟁으로 약 2000만 명이 사망했고, 그 가운데 99%가 제3세계권 주민이었다(McMahon, 2006, 16쪽). 물론 이 지역에서 발생한 내전과 국가 간 전쟁의 근본 원인은 식민지 상태를 벗어나기 위한 독립투쟁, 식민통치의 부정적 유산, 미숙하거나 부패한 정치세력, 불분명한 국경선, 상이한 종족과 종교 간의 마찰 등이었다. 즉 상호 적대적 이데올로기를 앞세운 냉전과는 직접적 관련이 없었다. 그러나 제3세계로의 세력 확대를 꾀한 미 · 소가 이들 문제에 직·간접으로 개입해 정치적 보호, 경제원조, 무기 제공 등을 시행함에 따라 이 지역의 분쟁은 대리전쟁의 양상을 띠게 된 것이다. 제3세계의 열전이 대부분 이데올로기의 외피 아래 장기적으로 지속되면서 수많은 희생자를 낳은 것도 이러한 배경에서 이해할 수 있다.

이 가운데 가장 치열했던 각축장은 베트남으로, 미·소는 각각 남베트남과 북베트남을 지원했다. 나아가 양측은 1960년대 콩고 내전, 4차 중동전쟁(1973), 에티오피아와 소말리아의 전쟁(1977~1978), 이란-이라크 전쟁(1980~1988), 1979년 부패한 소모사 정권을 축출하고 혁명정부를 수립한 니카라과의 산디니스타 정권과 우익 반군 콘트라 간의 내전 등에도 개입했다. 이처럼 제3세계에서 수많은 대리전쟁을 통해 미·소 간의 경쟁이 치열하게 펼쳐지는 상황에서 냉전의 종식은 여전히 요원했다.

그런가 하면 1977년 대통령으로 취임한 카터(J. Carter)가 범세계적인 인권신장을 미국 외교정책의 지주로 삼고 소련에서 자행되는 인권탄압을 문제 삼은 것도 양국관계를 악화시키는 요인으로 작용했다. 그뿐만 아니라 카터는 1979년 1월 중국과의 국교 정상화를 선포하고 이를 소련에 대한 대항카드로 이용하고자 했다. 소련은 당연히 이를 반소적 중·미협력체제로 받아들였고 미국에 대한 불신감은 증대되었다.

이처럼 불안하게 유지되던 데탕트 기류는 1977년 소련이 20년 전에 동유럽에 배치한 미사일을 SS-20 신형 중거리 다탄두 미사일로 교체한 사실이 알려지면서 결정적 위기를 맞았다. 소련은 미사일 교체가 기존의 낡은 무기를 현대화한 것이므로 전략무기제한 협정에 위배되지 않는다고 주장했다. 그러나 북대서양조약기구는 1979년 12월 12일에 소련과 군축협상을 하되 소련이 끝내 동유럽에서 이 신형 미사일을 철수하지 않을 경우 1983년부터 서유럽에 신형 중거리 미사일 '퍼싱 II'와 '크루즈 미사일'을 배치하겠다는 내용의 '이중결의'를 채택해 강경하게 맞섰다. 설상가상으로 그로부터 얼마 후 자행된 소련의 아프가니스탄 침공은 이제 긴장 완화의 시기가 끝났음을 알렸다. 소련이 1978년 쿠데타를 통해 집권한 아프가니스탄의 친소정권을 지원하고, 미국이 이슬람 반정부군을 지원함에 따라 세계는 다시 1950년대의 적대적 대결구도로 회귀했다.

냉전의 종식

아프가니스탄 침공을 기점으로 냉전이 심화되자 국제정세는 급속도로 악화되었다. 카터는 임기 중 표방했던 군비축소노선을 철회하고 국방예산을 대폭 증대했으며, 1980년 모스크바 올림픽 참가를 거부했다. 이러한 강경노선은 1981년 대통령에 취임한 레이건(R. Reagan)이 공산주의를 '악의 축'으로 규정하고 강경 대립을 표방함에 따라 더욱 심화되었다. 특히 레이건은 1983년 3월 소련이 핵미사일을 발사하자마자 대기 중에서 강력 레이저 광선으로 이를 요격시킨다는 일명 '별들의 전쟁(Star Wars)'이라 불리는 전략방위구상(SDI)을 발표했다. 이러한 군비확장과 대소 강경노선은 소련을 자극해 소련 역시 대규모 군비경쟁에 돌입하게 했다.

차갑게 얼어붙은 1980년대 전반의 국제정세로 볼 때 냉전은 끝없이 지속될 것처럼 보였다. 그러나 놀랍게도 냉전은 그로부터 얼마 지나지 않아 갑작스럽게 평화적으로 종식되었다. 냉전 연구에 매달려온 학자나 정치가들도 대부분 예상하지 못한 이 수수께끼 같은 변혁은 1985년 소련공산당 서기장으로 선출된 고르바쵸프와 함께 시작되었다. 그가 서기장으로 취임했을 때 소련은 심각한 경제위기에 직면했다. 무엇보다 1980년대 가속화된 미국과의 군비경쟁과 아프가니스탄 사태로 인한 군사비 증대는 소련 경제에 큰 타격을 입혔고, 자연히 체제에 대한 소련인들의 불만도 커졌다. 고르바쵸프는 페레스트로이카의 기치 아래 억압적 정치체제와 낙후된 경제구조를 개혁해 위기를 타파하고자 했다.

고르바쵸프는 경제위기의 해결 방안을 무엇보다 국방예산의 축소에서 찾았는데, 이는 당연히 서방과의 긴장 완화 및 상호 군비축소를 전제로 했다. 이에 따라 그는 무력사용 배제, 체제 방어에 필요한 최소 수준으로의 군사력 축소, 미·소의 상호협력을 통한 실질적인 긴장 완화를 핵심으로 하는 '신사고' 대외정책을 표방했다. 고르바쵸프는 이전의 소련 지도자들과 달리 진정한 탈냉전 의지를 갖고 있었기 때문에 미국과의 군축협상에서 괄목할 만한 진전이 이루어졌다. 요컨대 고르바쵸프가 양보 의사를 보이며 적극적으로 군축을 제의하고 평화공세를 펼치자 서방을 포함한 국제사회의 여론은 그에게 호감을 갖게 되었고, 레이건도 결국은 협상에 임하게 되었다. 그 결과 1987년 2월 미국과 소련은 중거리핵전력(INF)협정을 체결해 유럽에 배치된 중거리 핵미사일을 폐기하기로 합의했고, 이후 재래식 무기와 전략 핵무기 감축에 대한 논의도 진전되었다. 또한 고르바쵸프는 1989년 2월 아프가니스탄에서 소련군의 철수를 단행함으로써 서방측에 그의 군축 의지에 대한 신뢰감을 심어주었다.

한편 고르바쵸프의 탈냉전정책은 제3세계 및 동유럽 국가와의 관계도 변화시켰다. 그는 1986년 제22차 소련공산당 전당대회에서 제3세계 국가들이 앞으로는 독자적으로 사회주의를 건설해야 한다고 선언하고 이들에 대한 지원을 대폭 삭감하거나 중단했다. 그뿐만 아니라 고르바쵸프는 1988년 12월 7일 국제연합 연설을 통해 동유럽 위성국의 독립적 주권행사를 허용함은 물론 동유럽에 배치한 주요 무기를 철수시키겠다고 공표했다.

이러한 정세 변화 속에서 냉전체제는 1980년대 말 현실 사회주의권의 붕괴와 함께 본격적으로 해체되기 시작했다. 이는 고르바쵸프가 일으킨 개혁의 물결이 동유럽 국가로 흘러들어가 야기한 연쇄적 탈공산화로부터 비롯되었다. 동유럽 주민의 다수는 낙후된 경제와 억압적 정치체제로 이미 오래전부터 현실 사회주의에 대한 믿음을 상실했다. 데탕트 시기의 문호개방에 따른 서방과의 접촉은 이들에게 서방의 자유민주주의 체제와 물질적 풍요로움에 대한 동경을 증대시킴으로써 상황을 악화시켰다. 이런 상황에서 동유럽 위성국의 내정에 간섭하지 않겠다는 고르바쵸프의 노선은 동유럽 주민들에게 용기를 주어 1989년 공산당 정권의 지배를 거부하는 민주화 시위를 야기한 중요한 동인으로 작용했다. 과거였다면 당연히 무력으로 개입했겠지만, 고르바쵸프는 이미 소련은 소련의 길을 갈 테니 동유럽 각국도 자신의 운명을 스스로 결정하라고 물러선 상황이었다.[6] 이제 더 이상 소련의 지원을 기대할 수 없게 된 동유럽 사회주의 정권은 무력하게 무너졌다.

이러한 변혁의 소용돌이 속에서 유럽 냉전의 진원지에 해당했던 독일 문제 역시 해결되었다. 1989년 가을 동독에서 전개된 대규모 민주화 시위로 호네커(E. Honecker) 정권이 붕괴했고, 11월 9일에는 분단과 냉전의 상징이었던 베를린 장벽도 개방되었다. 이후 숨 가쁘게 진행된 동서독 정부의 통일협상과정을 거쳐 1990년 10월 3일 독일은 마침내 분단 40년 만에 통일을 이룰 수 있었다.

소련 역시 변혁의 소용돌이를 비켜 가지 못했다. 고르바쵸프의 개혁에 따른 정치적 자유화와 냉전체제의 해체는 소련 연방의 해체로 이어졌다. 서방과의 대립이 지속되는 한 내부적 단결을 지상명제로 내세워 여타 사안을 부차적인 것으로 억누를 수 있었다. 그러나 냉전체제의 해체로 이러한 논리가 힘을 상실하게 되자 소련 연방 내 소수민족 문제가 수면 위로 떠올라 이들의 독립운동이 전개되었다. 고르바쵸프는 회유와 무력행사를 통해 연방을 유지하려고 노력했다. 그러나 1991년 8월 소수의 반개혁파가 일으킨 반(反) 고르바쵸프 쿠데타 이후 그의 권위는 급격히 약화되었다. 그 대신 개별 공화국의 권리보장과 연방의 지방분권적 구조로의 개편을 주장한 옐친(B. N. Yeltsin)이 급부상함에 따라 연방의 해체는 급물살을 타게 되었

....
6 당시 소련 외무부 대변인 게라시모프(G. Gerasimov)는 고르바쵸프의 변화된 동유럽 정책을 미국 팝가수 프랭크 시나트라(F. Sinatra)의 히트곡 「마이 웨이(My Way)」에 빗대어 '시나트라 독트린'이라 명명했다.

다. 결국 1991년 12월 8일 러시아, 우크라이나, 벨라루시가 독립국가연합
(CIS) 창설을 선언했고, 이후 8개 공화국이 이 대열에 합류해 12월 21일에
출범식을 가졌다. 정치적 영향력을 상실한 고르바쵸프는 결국 12월 25일
대통령직에서 물러났고, 12월 31일을 기해 소련은 해체되었다.

　반세기 가깝게 양 진영이 치열한 대립과 경쟁을 펼친 것에 비추어볼 때 급
속도로 진행된 냉전체제의 해체과정은 놀라움과 더불어 허무함까지 느끼게
한다. 그런 만큼 냉전 연구자나 정치가들은 이러한 변혁을 가져온 원인에 대
한 논의를 활발히 전개하고 있다. 냉전 종식이 결국은 소련과 사회주의 진영
의 해체와 직접적으로 결부된 만큼 이러한 논의는 소련과 동유럽 사회주의
정권의 붕괴 원인을 설명하는 데 초점이 맞추어져 있다. 1990년대 이후 제기
되고 있는 해석들을 종합하면 대략 다음과 같다(슈퇴버, 2008, 243~247쪽).

　우선 일련의 학자는 소련 몰락의 원인을 소련 창설 때부터 이미 내재된
내부적 원인에서 찾고 있다. 즉 소련은 지적, 경제적 자원의 결핍으로 세계
공산주의 혁명을 위한 이데올로기적 선구자 역할을 할 수 없었고, 시간이
감에 따라 대중의 지지를 상실하게 되었다는 것이다. 또한 고르바쵸프의
개인적 역할이 강조되기도 한다. 요컨대 과거 소련의 지도자에게서는 찾아
볼 수 없었던 그의 신사고와 급진적 탈냉전정책이 없었다면 사회주의 진영
의 평화로운 해체나 냉전체제의 종식은 불가능했다는 것이다.

　그런가 하면 외부적 요인도 소련 몰락의 주원인으로 강조된다. 요컨대
서방은 냉전이 시작된 이래 공산주의를 봉쇄하고 무너뜨리려는 공세를 계
속했는데, 무엇보다 미국이 막대한 비용을 들여 소련이 수년간 축적해온
핵무기를 단번에 무용지물로 만들 수 있는 전략방어계획을 공표한 것이 소
련의 무릎을 꿇게 했다는 것이다. 나아가 '접근을 통한 변화'로 대변되는
서방의 '온건한 해방정책'의 역할도 강조되고 있다. 즉 통상과 교류를 통해
동구권을 점차적으로 변화시키고자 한 '작은 일보의 정책'이 사회주의권
내에 소비욕구와 서방사회에 대한 동경을 조장함으로써 공산당 지배체제

를 무너뜨리는 데 기여했다는 것이다.

학자들에 따라서는 단일 원인을 강조하기도 하지만 역사적 진실에 가장 근접하는 길은 이러한 개별 해석들을 종합하는 것일 것이다. 소련은 분명 1980년대에 국내외적으로 심각한 위기에 직면했다. 이는 비단 서방의 전략방위계획 때문이 아니라 사회주의권 주민의 소비욕구나 자유에 대한 열망이 커짐에 따라 심화되었다. 기존의 방식으로는 이러한 위기를 해결할 수 없다고 여긴 고르바쵸프는 과감한 개혁정치를 펼쳤다. 그렇다고 고르바쵸프의 개혁이 필연적이었던 것은 아니다. 왜냐하면 소련과 동구권의 현실 사회주의 체제는 개혁 없이도 당분간은 어떤 식으로든 유지될 수 있었을 것이기 때문이다. 그렇다면 역사 발전을 한 개인의 역할과 결부시키는 것이 위험함에도 불구하고 고르바쵸프의 비중을 인정할 수밖에 없다. 한 가지 덧붙이자면, 고르바쵸프는 전후 소련공산당 서기장 가운데 연령으로나 정치노선으로 보나 지극히 예외적인 존재였다. 그런 그가 소련 최고의 지도자가 되었다는 사실에 비추어보면 냉전의 종식은 우연의 산물인 측면도 있다(Rush, 1991). 냉전 종식의 원인을 확정하기에는 시간적 간격이 충분하지 않은 만큼 앞으로 이에 대한 좀 더 심층적인 연구와 세부적인 논의를 기대해본다.

서방의 승리인가, 모두의 패배인가?

반세기 가깝게 인류는 전 지구적 보편성을 주장하는 두 이념을 바탕으로 체제대립을 벌였다. 정치, 군사, 문화, 과학기술 등 총체적으로 펼쳐진 대립 속에서 인류는 때로는 급박한, 때로는 잠재적인 전쟁의 공포 속에 살아야 했다. 영원히 지속될 것처럼 보인 냉전체제가 안보 딜레마와 이데올로기적 도그마로부터 벗어나 현실을 직시한 고르바쵸프의 탈냉전정책을 계기로 거의 한순간에 해체된 것을 보면 세계가 왜 그토록 오랜 시간을 부질없는 대립과 갈등에 쏟아부었는지, 왜 더 일찍 이러한 기회를 잡지 못했는지 돌아보지 않을 수 없다.

그러나 미국의 부시(G. Bush) 대통령은 이러한 비판적 성찰 대신에 1992년 자아도취적으로 미국이 냉전에서 승리를 거두었다고 선언했다. 그렇다면 냉전은 과연 서방과 미국의 승리인가? 냉전 종식 후 소련은 초강대국의 지위를 상실했지만 미국 역시 이 무의미한 싸움으로 경제적, 외교적, 도덕적인 면에서 많은 대가를 치렀다. 또한 냉전은 기본적으로 미국의 노력보다는 고르바쵸프의 탈냉전정책에 힘입어 종식되었다. 더욱이 냉전을 어느 한편의 승리로 받아들이기에는 인류가 치른 대가가 너무 크다. 냉전은 사회적으로 유용하게 쓰일 수 있는 재원을 무기제작과 전쟁에 쏟아붓게 했다. 또한 핵전쟁은 일어나지 않았지만 재래식 무기로 수행된 열전들로 수많은 사람이 희생되었다. 한국전쟁, 베트남 전쟁, 아프가니스탄 전쟁에서만 수백만 명이 사망했고, 민간인이 입은 피해도 매우 심각했다. 나아가 냉전은 인간의 사고와 행위까지 제약했다. 이런 맥락에서 보면 냉전에서 승리자는 없고 모두가 패배자라는 레보우(R. N. Lebow)와 스타인(J. G. Stein)의 지적이 오히려 설득력 있게 보인다(Lebow · Stein, 1994).

더욱이 냉전은 양 진영 간의 변증법적 수렴을 통해 새로운 세계질서가 생성되는 형식으로 극복되지 않았다. 단지 냉전의 한 축이었던 소련과 사회주의 체제가 몰락함으로써 종식되었다. 그 결과 새로운 세계질서는 유일 초강대국으로 부상한 미국이 일방적으로 주도하는 양상을 띠었다. 이러한 불균형적 냉전의 종식과 미국 유일의 패권주의는 여러 측면에서 냉전체제의 완전한 해체를 가로막고 있다. 예컨대 바르샤바 조약기구를 비롯한 사회주의 군사동맹이 해체된 것과 달리 지구촌 곳곳에는 북대서양조약기구, 한미상호방위조약, 미일 안보조약 등 냉전의 유산인 미국 중심의 동맹체제가 존속하고 있다. 또한 미국은 중 · 동부 유럽을 북대서양조약기구에 끌어들여 러시아에 대한 봉쇄를 시도하는 한편 일본과 필리핀과의 동맹체제를 강화하여 중국을 압박하고 있다. 나아가 탈냉전을 계기로 제3세계에 개입할 명분이 사라지자 '테러와의 전쟁', '인권보호' 등을 내세워 이 지역에 대한 지배를 시도했다. 그 과정에서 미국 정부는 '선과 악'의 전쟁이라는 냉전의 수사학을 거침없이 동원하며 냉전논리를 재생산했다. 1994년 북핵 문제와 관련해 전쟁까지 감행하려 했던 미국의 대북 강경정책과 이에 따른 한반도 냉전구조의 강화도 이런 맥락에서 이해할 수 있다.

이러한 상황은 비록 세계적 수준에서 탈냉전은 이루어졌지만 아직도 지구촌 곳곳에서 '작은 냉전'이 지속되고 있다는 것을 뜻한다. 다시 말해 우리는 아직 냉전으로부터 완전히 자유롭지 못하며 또다시 긴장과 갈등의 소용돌이에 휩싸일 수 있는 가능성에 직면해 있다. 이러한 고난을 되풀이하지 않기 위해서는 냉전체제의 진정한 해체 방안에 대한 더욱 진지한 고민이 필요하다. 누가 이기고 졌느냐 하는 승패의 관점에서 벗어나 지난 세기 냉전으로 인류가 겪은 갈등과 고통을 비판적으로 되돌아보고 여전히 우리의 의식 속에 자리하고 있는 냉전의식을 떨쳐버리는 것이 이러한 고민과 해결방안 모색의 첫걸음이 될 것이다.

○ 기본문헌

김진웅, 『냉전의 역사 1945~1991』(비봉, 1999)

이 책은 제2차 세계대전 이후부터 1991년까지 반세기에 걸친 냉전의 역사를 다루고 있다. 동서 진영의 정치, 군사적 대립을 시기별로 나누어 냉전의 기원과 전개에 중요한 의미를 갖는 역사적 사건들, 긴장 완화 및 냉전 종식의 배경 등을 상세하게 설명하고 있다. 따라서 이 책은 냉전을 공부하려는 이들에게 입문서로서 길잡이 역할을 한다.

김정배, 『미국과 냉전의 기원: 공존과 지배의 전략』(혜안, 2001)

이 책은 냉전을 미국이 소련과의 공존을 전제로 자신의 세력권 내에서 헤게모니를 수립하기 위해 불가피하게 선택한 전략임을 부각시킴으로써 냉전을 미·소 간의 불신과 갈등의 산물로 보는 종래의 문헌과는 다른 해석을 제시한다. 또한 냉전의 연구 경향에 대해서도 상세하게 설명한다.

노암 촘스키 외, 『냉전과 대학: 냉전의 서막과 지식인들』(당대, 2001)

이 책은 미국에 뿌리내린 반공주의가 미국의 대학과 학문, 그리고 지식인의 삶에 어떠한 영향을 미쳤는가를 비판적으로 조명하고 있다. 책의 내용은 저자들이 1950~1960년대에 직접 체험하고 목격한 사실에 대한 회고를 바탕으로 하고 있기 때문에 독자에게 냉전 당시를 지배하던 지적 풍토를 생생하게 전달해준다.

Jeremy Isaacs & Taylor Downing, *Cold War. An Illustrated History, 1945~1991*(Boston: Little Brown and Company, 1998)

이 책은 냉전의 시작에서 종식에 이르는 역사적 발전과정을 시대별로 정리한 개설서이다. 수많은 사진과 사료에 해당하는 각종 발췌문을 담고 있을 뿐 아니라 냉전기 영화나 소설, 스파이 활동 등에 대해서도 흥미 있는 내용을 제공함으로써 정치적, 군사적 대립관계에 치우친 기존 개설서의 단점을 보완해준다.

○ 참고문헌

김영호, 「탈냉전기 냉전 기원의 새로운 해석에 관한 연구」, 《한국정치학회보》 제35집(2001), 445~461쪽.

손세호, 「매카시즘」, 《역사비평》 1994년 겨울호, 293~301쪽.

슈퇴버, 베른트, 『냉전이란 무엇인가. 극단의 시대 1945~1991』, 최승완 옮김, 역사비평사, 2008.

장미향, 「냉전시대 미국의 대소정책과 국내정치」, 경북대학교 교육대학원 역사교육과 석사학위논문, 1995.

차상철, 「매카시즘과 스탈린주의 그리고 냉전의 심화」, 《미국사연구》 제10호(1999), 237~263쪽.

KBS/BBC, 「냉전. 1945~1961」(videorecording), 1997.

콥스, 클레이톤 R., 「라디오 비키니」, 로젠스톤, 로버트 A. 엮음, 『영화, 역사』, 김지혜 옮김, 소나무, 2002, 201~213쪽.

홉스봄, 에릭, 『극단의 시대: 20세기 역사(상)』, 이용우 옮김, 까치, 1997.

Balbier, Uta Andrea, "Sport und Kalter Krieg. Die Auswirkung des Systemauseinandersetzung auf der deutschen Sport. Vortragsmanuskript auf der Veranstaltung der Stiftung Aufarbeitung am 10. 6. 2005 in der Landesvertretung Sachsen-Anhalt" (http://www.stiftungaufarbeitung.de/downloads/pdf/va061005_vortrag.pdf).

Gaddis, John Lewis, *The Long Peace: Inquiries into the History of the Cold War*, Oxford: Oxford University Press, 1989.

Greiner, Bernd, et al.(eds.), *Heiße Kriege im Kalten Krieg*, Hamburg: Hamburger Edition, 2006.

Hannover, Heinrich, *Die Republik vor Gericht 1954~1974*, Berlin: Aufbau Verlag, 2001.

Haynes, John Earl, "The Cold War Debate Continues", *Journal of Cold War Studies*, vol. 2(2000), 94~113쪽.

Hielscher, Hans, "Jazz im Kalten Krieg. Die Freiheit ausposaunen", *Spiegel Online* 2007. 2. 5.

Isaacs, Jeremy & Downing, Taylor, *Der Kalte Krieg. Eine Illustrierte Geschichte 1945~1991*, München: Wilhelm Heyne Verlag, 2001.

Körner, Klaus, "Politische Broschüre im Kalten Krieg 1947~1964", Dieter Vorsteher(ed.), *Deutschland im Kalten Krieg 1945~1963*, Berlin: Argon Verlag, 1992, 85~100쪽.

Lebow, Richard Ned & Stein, Janice Gross, *We All Lost the Cold War*, Princeton: Princeton University Press, 1994.

Leffler, Melvyn P., "Inside Enemy Archives. The Cold War Reopened", *Foreign Affairs*, vol. 75(1996), 120~135쪽.

Loth, Wilfried, "Was war der Kalte Krieg?", Dieter Vorsteher(ed.), *Deutschland im Kalten Krieg 1945~1963*, Berlin: Argon Verlag, 1992, 11~29쪽.

Major, Patrick, *The Death of the KPD. Communism and Anti-Communism in West Germany 1945~1956*, Oxford: Oxford University Press, 1997.

Major, Patrick & Ritter, Rana, "East is East and West is West? Towards a Comparative Socio-Cultural History of the Cold War", *Cold War History*, vol. 4(2003), 1~22쪽.

McMahon, Robert J., "Heiße Kriege im Kalten Krieg", Bernd Greiner, et al.(eds.), *Heiße Kriege im Kalten Krieg*, Hamburg: Hamburger Edition,

2006, 16~34쪽.

Mergel, Thomas, "The Enemy in Our Midst. Antikommunismus und Antiamerikanismus in der Ära McCarthy", *Zeitschrift für Geschichtswissenschaft*, vol. 51(2003), 237~257쪽.

Oakes, Guy, "The Family under Nuclear Attack: American Civil Defence Propaganda in the 1950s", Gary D. Rawnsley(ed.), *Cold-War Propaganda in the 1950s*, New York: Palgrave Macmillan, 1999, 67~84쪽.

Rauhut, Michael, *Rock in der DDR*, Bonn: Bundeszentrale für politische Bildung, 2002.

Rush, Myron, "Fortune and Fate", *National Interest*, vol. 31(1991), 19~25쪽.

Shaw, Tony, "Some Writers are more equal than Others: George Orwell, the State and Cold War Privilege", *Cold War Studies*, vol. 4(2003), 143~170쪽.

Sherron De Hart, Jane, "Containment at Home, Gender, Sexuality, and National Identity in Cold War America", Peter. J. Kuznick & James Gilbert(eds.), *Rethinking Cold War Culture*, Washington/London: Smithsonian Institution Press, 2001, 124~155쪽.

Stöver, Bernd, *Der Kalte Krieg: Geschichte eines radikalen Zeitalters 1947–1991*, München: C. H. Beck, 2007.

제10장

68운동

정치혁명에서 문화혁명으로

송충기 공주대 사학과

【연표】

1954	알제리 전쟁
1959	쿠바 혁명
1960	학생비폭력조정위원회(SNCC) 창립, 신좌파 출현
1961	베를린 장벽 건설, 쿠바 피그만 침공 격퇴
1962	미국 민주사회를 위한 학생연맹(SDS)의 포트 휴런 선언, 비틀스 등장, 알제리 전쟁 종식, 독일 핵무기 반대시위
1963	워싱턴 민권행진, 마틴 루터 킹 연설, 케네디 암살
1964	버클리 자유언론운동
1965	중국 문화혁명
1966	서베를린 반전시위, 미국 블랙팬서당 창당
1967	프랑스 낭테르 학생파업, 미국 대규모 반전시위 및 징집반대행동, 독일 이란 국왕 방문 반대시위(학생 오네조르크 사망) 및 비판대학 설립 이탈리아 대학점거농성, 체 게바라 사망
1968. 1	베트남에서 구정공세
1968. 2	베를린 국제 베트남 회의
1968. 3	프라하의 봄, 프랑스 낭테르 대학 점거
1968. 4	미국 마틴 루터 킹 목사 암살, 독일에서 학생운동 지도자 두취케 피격
1968. 5	프랑스 경찰 소르본 대학 진입, 파리에 바리케이드 등장 및 노동자 파업
1968. 6	미국 로버트 케네디 상원의원 암살, 드골의 프랑스 총선 승리
1968. 8	소련의 프라하 침공, 시카고 민주당 전당대회 반전시위
1968. 10	런던의 베트남 전쟁 반대 시위, 멕시코시티에서 시위대 발포 수백 명 사망
1969	미국 우드스탁 음악축제, 대규모 반전시위
1970	미국 민주사회를 위한 학생연맹 공식해산, 적군파 등장, 켄트 주립대

"지금 세상을 정말 혐오하지 않는다면, 세상을 사랑하는 것이 아니지"[1]

1968년은 전 세계가 격렬한 시위와 저항으로 몸살을 앓은 한 해였다. 새해 벽두부터 베트남 전쟁이 격화되면서 유럽을 비롯한 세계 각국에서는 반전운동에 불이 붙었다. 이어 5월에는 바리케이드와 대학 점거로 '뜨거운 파리'가 연출되었고, 계속해서 노동자들의 총파업이 이어졌다. 미국에서도 대규모 반전운동 및 암살사건, 대학 점거, 시위자 사망으로 온 나라가 한 해 내내 소요사태로 들끓었다. 이러한 저항운동은 서구와 미국 등 자본주의 국가에서만 일어난 것이 아니었다. '프라하의 봄'도 바로 이 해에 일어났고, 이후 전개될 폴란드의 변혁운동도 이때 잉태되었다.

세계가 이처럼 역사상 유례가 없는 격동의 시기를 보내던 바로 그때, 한국은 여전히 독재와 냉전의 그늘에 파묻혀 있었다. 가까운 일본도 '전공투(全共鬪)'로 1968년의 열병을 시작했고, 베트남에서 벌어진 전쟁이 세계적인 반전운동의 기폭제가 되었으며, 파키스탄에서도 독재체제가 무너졌지만, 유독 한국에서만은 68운동이 비켜 갔다. 한국에서 그에 비견될 만한 변혁운동이 일어난 것은 이로부터 약 20년이 지난 후이다. 1987년 6월 한국은 대변혁운동에 휩싸이면서 68운동의 열기를 뒤늦게나마 새삼 실감했다. 이어 7~8월에 전국을 휩쓴 노동자 대파업으로 사람들은 1968년 여름 프랑스에 있었던 파업 열풍을 연상하게 되었고, 양자의 유사성에 주목하기 시작했다. 이 양자의 역사적 경험은 한편으로 '신화'를 낳기도 했지만, 현실정치와 시민운동, 그리고 문화운동 속에 깊은 영향을 미쳐 각각 독자적인

---

* 이 글은 원래 《역사비평》 78호(2007년 봄)에 실린 「68운동과 역사화」란 글을 약간 수정한 것이다. 이 글에서는 68운동과 많은 관련이 있는 여성운동 및 성평등에 관한 서술은 가급적 자제했다. 이에 대해서는 이 책의 다음 장(章)을 참조하라.

1 본문에 나오는 소제목 내용은 당시에 유행한 슬로건이나 노래가사이다.

시대정신을 구현했다. 당시 시위현장에 있었던 반항적인 젊은 세대는 이제 기성세대가 되어 서구에서는 '68세대', 한국에서는 '386세대'라는 독특한 세대문화를 낳았다. 또한 전자는 냉전 후 세계질서의 방향을 놓고, 후자는 민주화된 사회의 방향을 놓고 고민하면서, 새로운 후속세대의 도전에 응하고 있다.

물론 6월항쟁과 68혁명은 많은 점에서 다르다.[2] 후자는 기본적으로 후기 산업사회에서 발생한 세계적 현상이었고, 무엇보다도 문화적 지형을 뒤흔든 사건이었다. 이에 반해 전자는 아직 산업사회의 특징을 간직한 사회에서 발생한 일국적 현상이었고, 정치적인 의제가 중심이 된 변혁운동이었다. 하지만 일국적 단위에서 혹은 사안별로 68운동과 6월항쟁은 현상적으로 많은 유사점을 보이는 것도 사실이다. 예컨대 갑자기 비대해진 대학에서 저항이 시작되어 이내 시민의 가세를 불러오고 결국 노동자의 파업으로 이어진 점이나, 그 운동들이 인권운동이나 과거 청산과 같은 세대적 전환에 영향을 미쳤다는 것, 그리고 무엇보다도 이 양자가 이후에 등장할 다양한 시민운동 및 문화운동의 견인차가 되었다는 점 등은 우리가 한 번쯤 염두에 두어야 할 요소들이다.

신좌파와 전위집단: "나는 반역한다, 고로 우리는 존재한다"

1968년에 폭발하게 될 '혁명'의 씨앗은 이미 1960년대 초 세계 곳곳에 뿌려졌다. 흥미롭게도 그 씨앗은 산업사회가 거의 완성되어가고 있던 미국과 유럽 등 자본주의 중심국에서가 아니라, 이러한 선진 자본국가의 '제국

---

2 좀 더 자세한 사항은 송충기 「'세계의 68운동' 스무 해 뒤의 한국」, 《뉴스위크(*Newsweek*)》 한국판 2007년 11월 28일, 26~27쪽 참조.

주의적' 흐름을 거부하던 주변국의 민족해방운동에서 나왔다. 1950년대부터 베트남, 알제리 그리고 쿠바 등에서 주도된 민족해방운동은 이미 서구에서 잊혀진 변혁운동과 직접행동에 새로운 불씨를 지피기 시작했다. 카스트로, 체 게바라, 호치민, 마오쩌둥 등의 혁명가들이 1968년 당시 학생운동의 우상이 된 것은 우연이 아니었다. 사르트르(J.-P. Sartre)와 같은 지식인들이 프란츠 파농(Franz Fanon)의 글을 소개하고 식민지에 대한 새로운 시각을 요구한 것도 바로 주변의 변혁운동이 중심국의 그것에 크게 자극을 주었음을 시사한다.

이처럼 외부로부터 직접행동에 대한 자극이 있었다고 해도, 중심국에서 직접운동이 반드시 일어나야 하는 법은 없다. 중심국에서는 이미 변혁운동의 씨앗이 사라진 것으로 보였다. 1917년 사회주의 혁명이 일어났지만, 서구의 사회주의자들은 이미 스탈린주의에 환멸을 느끼고 있었다. 서구의 사회당은 전향을 서둘렀고, 자본주의를 타도하는 혁명보다는 개혁으로 선회했다. 게다가 1945년 이후 중심국은 유례없는 호황기를 거쳤다. 이러한 상황에서 변혁이나 혁명을 이야기하기는 어려웠다. 자본주의 질서의 존속은 기정사실처럼 보였고, 자본주의적 호황을 반기지 않을 이유도 없었다. 기성질서의 유지라는 점에서는, 공산주의 국가도 마찬가지였다. 사회주의 혁명을 성취한 소련과 중국은 안정기에 접어들었고, 이에 저항하는 변혁운동은 상상하기 어려웠다. 자본주의나 공산주의 세계는 모두 1950년대에 안정화에 접어든 것이다. 게다가 전후에 수립된 냉전질서는 이러한 기성체제를 유지하는 데 둘도 없는 보장책이었다.

이 견고한 기성질서의 틈새를 민족해방운동의 이념이 파고들었지만, 초기에 그것은 어디까지나 주변국의 문제였지 중심국의 문제는 아니었다. 하지만 1960년대 들어서면서 상황이 변하기 시작했다. 중심국 내에서도 기성체제에 대한 불만이 점차 등장하기 시작한 것이다. 그 불만은 사회적 약자로부터 나왔다. 여성, 흑인, 제3세계 민중이 바로 그들이었고, 이들에 대한 존중과 배려가 바로 68운동의 흐름을 지배하게 될 것이었다. 이것은 자본과 노동이라는 기존의 지배적인 정치이념과 거리가 멀었다. 또한 다수결에 바탕을 둔 의회민주주의 체제에 대해서도 비판적이었다. 이들을 기성질서에 통합시키기 위해서는 더 많은 참여를 보장하는 체제가 필요했다.

중심부에서 먼저 저항의 씨앗을 뿌린 사람은 좌파 지식인들이었다. 하지만 이들은 이미 기성정치 질서에 편입된 유럽 각국의 사회당 및 공산당이나 소련의 정치권력을 장악하고 있던 공산당과는 거리가 먼 사람들이었다. 그러한 점에서 이들은 새로운 좌파, 곧 신좌파(New Left)였다. 이들은 기본적으로 1920년대 이후 형성되어온 변혁이론에 문제를 제기하고 새로운 전략을 세웠다. 이들이 보기에, 1917년 소련 사회주의 혁명으로 이론화된 좌파의 혁명론은 이미 '변혁'이론으로서는 생명을 다했고 '통치'이념으로 변질된 지 오래였다. 이 점은 1950년대에 사회복지국가를 겨냥하던 자본주의 내의 사회민주주의 이념도 마찬가지였다. 소련 사회주의 체제가 자본주의의 대안이 될 수 없다는 것은 이미 1950년대 말에 명확해졌다. '자유가 없는 사회주의는 병영'이었기 때문이었다. 그래서 이들은 정치적 혁명보다는 일상의 혁명에 치중하고, 노동자만을 변혁의 주체로 여기는 것이 아니라 새로운 시민집단과 지식인을 그에 포함시켰다. 특히 이들이 구좌파와 달랐던 점은, 조직 대신 행동을 택했다는 것이다. 그렇게 함으로써 이들은 성격이 서로 다른 여러 차원의 운동이 함께할 수 있는 길을 열어놓았다.

이들 '신좌파'는 사회구조보다는 개개인의 자유와 생활에 더 관심을 두면서 마르크스주의의 경직된 교조적 혹은 '정통적' 해석을 부인하고, 단순한 경제적 이론보다는 소외나 실존, 그리고 심리적 측면을 첨가한 더 유연한 해석을 선호했다. 이렇게 함으로써 이들은 사회가 좀 더 나은 사회로 나아가기 위해서는 사회경제적인 구조를 바꾸기보다는 개개인의 일상생활이나 문화가 바뀌어야 한다는 점을 강조했다. 바로 이러한 사상에서 신좌파는 이후 등장할 '대항문화'의 흐름과 함께 기존체제에 저항할 수 있는 이론적 기반을 마련했다.

이러한 사상적 기반은 다양한 잡지의 출현으로 다져지기 시작했다. 영국에서는 이전부터 이 사상적 흐름에 공감하던 두 잡지가 합쳐져서 1960년 새로 《뉴 레프트 리뷰(*New Left Review*)》가 창간됨으로써 신좌파의 도래를 알렸다. 역사가 톰슨(Edward Thompson)과 사회학자 윌리엄스(Raymond Williams)가 그 대표적인 인물이었다. 프랑스에서는 사회학자 투렌(Alain Touraine)이 대표하는 《아규망》이, 독일에서는 《아규멘트》라는 잡지가 등장했다. 이들은 비슷한 성향의 이탈리아 지식인들과 국제적인 교류를 시도했다.

하지만 68운동의 전체적인 과정에서 더 중요했던 것은 이러한 사상적 기반보다는 전위집단의 형성이었다. 1968년에 시위와 저항운동이 일거에 전 세계적으로 폭발할 수 있었던 것은 사상적 교감 때문이기도 했지만, 그보다는 각국에서 이 거대한 흐름에 최초의 불꽃을 붙일 전위집단이 형성되어 있었기 때문이었다. 이들은 위에서 말한 사상을 흡수하면서도 그 사상을 행동으로 옮기는 실천의 동력을 주입했다.

물론 각국의 역사적 상황에 따라 이들 전위집단의 조직과 이념, 그리고 행동은 달랐다. 그렇지만 이들 전위집단은 젊은이 스스로가 조직하여 운동을 벌였다는 점에서 공통된 특징을 갖고 있었다. 우선 미국에서는 1962년 여름 미시간 주 포트 휴런(Port Huron)에서 열린 미국 대학생들의 모임이 전위 형성의 시발점이 되었다. '민주사회를 위한 학생연맹(SDS)'의 전국 대표들이 모여 채택한 성명에서 이들은 "우리는 대체로 편안하게 자라 지금은 대학에 들어와 있지만, 우리가 물려받은 세계를 편치 않은 심정으로 바라보고 있는 세대의 사람들이다."라는 말로 시작하는 선언문을 발표해, 1960년대 학생운동의 슬로건이 될 '참여민주주의' ─ 각 개인이 자신들의 삶에 영향을 미치는 정책결정에 직접 참여하는 것 ─를 요구했다.

이러한 전위 형성에는 그 전부터 발전하던 흑인민권운동이 밑거름이 되었다. 유럽의 다른 나라에서는 사회당 및 공산당과 같은 구좌파의 전통이

1963년 8월 미국의 민권, 노동 그리고 종교 단체가 조직한 워싱턴 행진. "일자리, 정의, 그리고 평화"를 내세운 이 행진에 20만 이상의 군중이 참여했으며 루터 킹 목사는 유명한 "나에게는 꿈이 있습니다."라는 연설을 했다.

존재했으며 이미 혁명적 상황을 경험했기 때문에 이곳에서 전위집단의 형성은 이것들과의 상호작용 속에서 이루어졌지만, 그러한 전통이 약한 미국에서는 흑인민권운동이 전위 형성의 토대가 되었던 것이다. 민권운동의 첫걸음은 아주 작은 사건으로 시작되었다. 1955년 한 흑인 여성이 버스에서 백인 승객에게 자리 양보를 거부하면서, 흑인차별정책에 반대하는 운동이 점화되었던 것이다. 버스 보이콧 운동으로 시작된 이 움직임은 당시 미국 자유민주주의의 허점을 고스란히 밝혀주었고, 흑인들은 이제 대학을 중심으로 새로운 행동주의를 발전시키기 시작했다. 이 와중에 학생비폭력조정위원회(SNCC)가 성립되어 1960년대 급진적인 운동의 구심점이 되었다. 한편으로 1965년 마틴 루터 킹 목사가 대중적인 시위를 조직하면서, 또 다른한편으로 맬컴 X가 통합되고 독자적인 흑인 공동체에 의존하는 입장으로 전환하면서, 민권운동은 새로운 전기를 맞이했다. "나에게는 꿈이 있습니다."라는 유명한 연설로 잘 알려진 마틴 루터 킹 목사는 비폭력주의를 주장했지만, 맬컴 X는 비폭력을 포기하고 학생비폭력조정위원회에서 백인들을 배제하기 시작했다. 이에 따라 블랙파워라는 수사법을 마르크스 레닌주의 이데올로기 및 전투적인 조직과 결합한 블랙팬서당(Black Panther Party)이 등장했다. 블랙팬서당은 학생비폭력조정위원회를 대신하여 흑인청년운동과 1960년대 후반의 인종운동을 주도했다.

독일에서 전위집단의 중추를 담당했던 사회주의학생연맹(SDS)은 원래 1946년 결성되어 사회민주당과 밀접한 관련을 맺고 있었지만, 1959년 사회민주당이 고데스베르크 당대회에서 마르크스주의와 결별을 선언함으로써 양자의 밀월관계는 끝났다. 사회주의학생연맹은 자신들이 보기에 자본주의에 백기를 들고 투항한 사회민주당 대신에 신좌파의 논의에서 새로운 변혁이론의 근거를 찾았다. 미국에서처럼 인종문제가 커다란 사회적 이슈가 되지 못했던 독일에서 이들이 활동한 무대는 주로 대학이었으며, 이들이 제기한 사회문제는 비상조치법이었다. 이들은 처음에 대학민주화에 전념했으나 정부가 1959년부터 비상조치법을 추진하자, 이것이 의회주의에 대한 폭거라고 생각하고 이에 반대하는 재야파의 결성을 추진하면서 사회로 그 활동영역을 넓혔다.

프랑스에서는 상황주의 인터내셔널(Situationist International)이 68운동의 전위를 담당했다. 다다이즘과 초현실주의 등 아방가르드들이 주도한 이 집단은 기본적으로 상품화된 자본주의 사회에 대한 비판에서 출발했다. 마르크스의 소외이론에 기대어 모든 것을 상품과 스펙터클(spectacle)로 환원하여 소비사회의 병폐에 예리한 비판의 칼을 댄 이들은 정치적이고 구조적 변혁보다는 일상적인 삶에서의 변혁을 지향했다. 그래서 힘겨운 노동과 지겨운 권태로 가득 찬 사회를 변혁하여 진정한 욕망과 열정이 구현되는 사회를 꿈꾸었다. 이들의 주장은 "굶어 죽을 가능성이 있는 세계일지라도 권태로움으로 죽을 가능성이 있는 세계와는 바꾸고 싶지 않다."는 것이었다.

새로운 세대와 대항문화, 대학: "상상이 권력을 장악한다"

사상과 전위가 존재한다고 해서 운동이 폭발적으로 일어나는 것은 아니다. 68운동이 폭발적이게 된 것은 이러한 사상과 전위를 둘러싼 새로운 사회적 변화가 있었기 때문이었다. 진보적인 지식인이나 대학생이 중심이 된 '신좌파' 혹은 전위집단은 당시 반항적인 젊은 세대의 지지를 받았다. 자본주의 사회의 변혁운동에서 원래 주된 지지층은 노동자층이었기 때문에 '구'노동자층과 '신'좌파의 결합은 애초부터 상상하기 어려웠다. 더욱이 노학연대는 '케케묵은' 구좌파의 이상에 불과했다. 신좌파의 이데올로기에 공감을 표시한 것은 오히려 행동파 청년이었다. 투렌에 따르면, 이전의 전통적인 산업사회와는 질적으로 구분되는 후기 산업사회에서 새로운 지배계급은 기술관료층이며, 68운동은 이에 대항한 새로운 피지배층이 해방적이고 반(反)권위주의적이며 공동체적이고 자연발생적인 대항적 유토피아를 내세운 것이었다.

포트 휴런 선언에서 이들 젊은 세대가 밝힌 것처럼, 이들은 전후 경제적 호황기에서 안락하게 자란 세대이다. 이들보다 앞선 세대는 경제공황과 전쟁을 겪으면서 굶주림과 죽음의 위험 속에서 거의 반평생을 보냈다. 따라서 이들 아버지 세대는 어릴 때부터 일터로 내몰렸고, 일과 가족을 위해 평생을 바쳤다. 이들에게서 여가나 안락은 상상조차 하기 어려운 것이었다. 이에 반해 아들 세대는 달랐다. 어릴 때부터 가족의 보살핌 속에서 유복하게 자라났고 걱정거리가 거의 없었다. 일찍부터 소비를 접하기 시작하여 '틴에이저'라는 새로운 용어를 만들어낸 세대가 바로 이들이었다. 십대 청소년들은 호황기 덕분에 쉽게 돈을 벌 수 있었고 결코 무시할 수 없는 소비층으로 대두했다. 이렇게 십대부터 소비문화를 향유하기 시작하면서, 이들은 부모 세대와는 전혀 다른 가치관을 갖게 되었다.

자유롭고 풍요로운 분위기에서 자란 이들은 점차 부모 세대의 권위적인 태도에 저항했다. 사실 1950년대만 해도 유럽이나 미국의 가정에서 아버지의 권위는 절대적이었다. 이러한 가부장적 질서는 가정 내에 국한된 것이 아니었다. 작업장이나 학교에서도 마찬가지였다. 하지만 아들 세대는 이에 이미 염증을 느끼고 있었다. 이들은 "금지를 금지한다"라는 구호에서 드러나듯이 성해방, 로큰롤, 청바지, 미니스커트, 마약 등을 즐기면서 부모 세대가 금기한 사항으로부터 일탈을 꿈꾸었다.

이처럼 다양한 청년 문화가 서로 결합하여 인간의 자유로운 의식을 회복시키려는 하나의 문화적 혁명운동으로 발전했는데 이것이 바로 대항문화운동이었다. 이것은 무질서한 기성세대에 대한 단순한 저항만은 아니었다. 이것은 신좌파의 대안적 생활방식이 구체화된 것이다. 곧 이들은 개인주의, 경쟁, 자본주의를 거부했으며, 동양의 종교에서 힌트를 얻어 우주와 하나가 되는 삶을 꿈꾸었다. 일부일처제를 거부하고 핵가족 대신 공동생활체를 형성하여 개인과 사적 소유 대신 취사, 노동, 성(性)을 공유하고자 했다.

이 대항문화운동에서 가장 중요한 세 가지 요소는 환각제, 록 음악, 성(性)의 해방이었다. 언뜻 보면 이것이 정치적 운동과 무관한 것처럼 보이지만, 사실 이것은 그 자체로 아주 혁명적인 것이었다. 무엇보다도 록 음악은 저항을 상징하고 있었을 뿐만 아니라, 기성세대가 싫어하는 만큼 젊은이의 마음을 사로잡았다. 게다가 이들은 음악으로 일체감을 느꼈고, 흑인과의 유대감을 강화했으며, 민권운동에 더 적극적으로 임하게 되었다. "음악이 그렇게 중요했던 데는 한 가지 이유가 있습니다. 그것은 문화적으로 자기 지역에 고립되어 있으며 주위에 자기와 비슷한 사람이 없는 그런 사람들이 자신과 같은 사람들이 많이 있는 사회적 공간에 들어갈 수 있는 방법이었습니다. 그 느낌은 민주사회를 위한 학생연맹에 가담하는 것과 유사한 것이었습니다. 그것은 아주 흥분되고 고립감을 극복했다는 느낌을 가지게 했습니다."(프레이저, 2002, 113쪽). 1969년 미국 우드스탁에서 열린 음악축제가 그 절정이었다. 여기에서는 록 음악과 반전운동이 한 목소리로 녹아드는 장관이 연출되었다. 좀 더 극단적인 사람들은 환각제를 통해 사회에 대한 저항을 표시하기도 했다. 이것이 사회적인 문제를 야기하자, 일부는 금지되었지만 나머지는 계속 퍼져나갔다.

성의 해방은 육체적인 쾌락을 넘어서 성을 둘러싼 모든 담론, 즉 성적 억압을 통한 노동력의 창출, 개인의 주변 생활 속에서 해결되어야 하는 남녀의 역할분담 문제, 결혼과 이혼, 동성애와 이성애, 성적 표현 등을 밀실 밖으로 끌어낸다는 것을 의미했다. 이로써 성의 해방은 인간의 삶 자체에 대한 이야기가 되었다. 프랑스에서는 낭테르 대학이 남녀 대학생의 숙소를 떼어놓자, 1967년에 남학생이 여학생의 기숙사를 점거하기도 했다. 이러한 움직임은 이후 다른 대학으로 퍼졌다. 라이히(Wilhelm Reich)의 『젊은이들의 성투쟁』이라는 저서가 선풍적인 인기를 끌기도 했다.

미국의 많은 히피족들은 시골로 내려가 공동체 사회를 건설했다. 샌프란시스코에는 유난히 히피족이 많았는데, 이를 못마땅하게 여긴 당시 캘리포니아 주지사 레이건은 이렇게 비꼬았다. "이들은 21세까지는 부모가, 65세 이후에는 정부가 책임지니까 44년만 적당히 때우려 한다. …… 이들은 머리는 타잔이고, 걷는 것은 제인이며, 냄새는 치타이다." 그렇지만 젊은이들은 나름대로 상당히 진지했다. 서베를린에서도 이에 앞서 1967년에 남자 4명, 여자 3명 등 7명이 참여한 가운데 생활공동체인 '코뮌 1'이 만들어져 코뮌 운동을 시작했다. 이들의 이상은 곧바로 환상으로 드러났지만, 대항문화의 혁명성이 1960년대 정치적 혹은 사회적 혁명과 결합했다는 점에서, 이것은 이후 전개될 일상의 혁명을 상징적으로 보여주었다.

이제 젊은 세대는 예전처럼 미성숙한 층으로 학업에 전념하고 직업기술을 배우는 층이 아니라, 완전한 '성인'을 뜻하게 되었다. 이들이 변혁운동에 들어선 것은 무엇보다도 젊음의 의미가 새로 발견되었기 때문이다. 게다가 이들은 새로운 미디어의 발전으로 이전 세대와 '급격한 단절'을 꾀하게 되었다. 이들은 더 이상 부모로부터가 아니라 사회의 미디어로부터 경험을 전수받고 있었던 것이다. 게다가 이제 이혼과 독신의 급격한 증가로 핵가족이라는 가족 구성 자체가 해체되고 있었다. 독신가정의 비율은 예컨대 영국에서 1930년대까지는 미미하게 증가하지만 1960년대에는 급격히 증가했다. 게다가 핵가족의 비율은 미국 등 서구지역에서 1960년대를 기점으로 점차 감소했다. 1960년에서 1980년 사이 미국의 핵가족 비율은 44%에서 29%로, 스웨덴에서는 37%에서 25%로 하락했다. 따라서 이들 세대가 다른 세대보다 더욱 심각한 세대갈등을 겪은 것은 우연이 아니다.

흥미로운 것은 이들 젊은이의 반항은 정치가 아니라 주로 문화에서 이루어졌다는 점이다. 사실 1950년대 정치권은 여전히 늙은 세대의 무대였다. 아데나워, 드골, 프랑코, 처칠, 스탈린, 호치민, 티토, 흐루쇼프 등 이미 한 세대 전부터 시대를 풍미했던 노회한 정치가들이 여전히 무대를 지키고 있었다. 젊은 혈기를 발산했던 1930년대 '젊은' 정치가 세대 가운데 히틀러와 무솔리니만이 무대에서 퇴장했던 것이다. 젊은 혁명가인 체 게바라와 카스트로는 예외적인 존재였다. 대신 문화계는 이미 젊은이의 차지였다. 제임스 딘(James Dean), 지미 헨드릭스(Jimi Hendrix)와 같은 젊은 스타의 요절은 이 상황을 더욱 극적으로 만들었다. 엘비스 프레슬리(Elvis Presley)와 비틀스(Beatles)는 새로운 소비층을 창출했으며, 청바지와 록 음악은 이들의 국제적 연대를 강화했다. 언뜻 보면 이것이 미국 문화의 지배력을 강화한 것 같지만, 그 근간에는 다양한 문화적 원천과 저항의 씨앗이 숨어 있었다.

후기 산업사회의 변혁운동이 대학으로부터 시작되었다는 것은 의미심장하다. 68운동은 기본적으로 학생운동이었다. 후기 산업사회에서 대학이 갖는 사회 내 위상은 우리의 상상을 훨씬 뛰어넘는다. 이렇게 대학이 사회의 전면에 등장하게 된 것은 대학의 양적인 팽창에 힘입은 바 컸다. 미국에서는 1945년부터 1965년까지 대학 진학률이 두 배로 늘어났고, 1960년대에 이르면 농부나 광부보다 대학생의 수가 더 많았다. 마찬가지로 1960년대 일본에서는 대학이 100개나 지어졌으며, 영국에서는 그 사이에 22곳이 늘어 대학생 수가 150만 명에 육박했다. 프랑스에서는 1960년대 초 약 20만 명에 불과하던 대학생 수가 1960년대 말에는 58만 7000명으로 급성장했다. 이렇게 급속하게 성장한 대학은 학생들의 요구를 충족시킬 수 없었다.

대학에서 변혁운동을 촉발시킨 것은 이른바 학내 문제였다. 그것은 작게는 수업 및 강의시설의 문제였지만, 크게는 교육의 전면적인 개혁과 관련된 것이었다. 처음으로 노동자의 자녀까지 대학의 문턱을 밟았던 이때에 이들이 맞이한 것은 전통적인 분위기와 열악한 교육환경이었다. 학생 수는 계속 늘어났지만, 학교시설과 교수진은 이를 따라가지 못했다. 그러나 무엇보다 이들을 가장 괴롭힌 것은 바로 학내에 만연한 권위주의였다. 특히 풍요 속에서 성장한 중산층 출신 대학생들은 자라면서 자유를 만끽했지만, 대학에 들어오니 전혀 그렇지 않았다. 이들은 이에 민주주의란 이름으로 저항했고, 정부가 이를 무력으로 진압하면서 결국 사회 문제로 전이되었다.

1960년대 초 이 청년세대의 저항은 비록 대학 내에 국한된 것이었지만, 점차 실질적인 행동으로 옮겨지기 시작했다. 1964~1965년에 이미 버클리 대학과 베를린 대학은 '행동하는 젊음'의 본거지가 되었다. 전자는 자유언론운동(FSM)으로, 후자는 비판대학으로 구체화되었다. 1964년 경찰이 인종평등회의(CORE)에 소속된 학생을 대학 내에서 체포하려는 데 저항하면서 벌어진 버클리의 자유언론운동은 기본적으로 대학의 정치적 자유를 위한 것이었다. 하지만 이것이 단순한 언론 자유의 차원에 머무른 것은 결코 아니었다. 당시 버클리 대학의 총장이던 클라크 커는 산업체에 필요한 전문 인력을 양성하는 데 초점을 맞춘 개혁안을 들고 나왔다. 그가 제안한 이른바 '멀티버시티(Multiversity)'는 대학, 정부, 재계가 서로 긴밀한 협조체제를 구성하여 대학의 기능을 새로운 시대에 걸맞게 하려는 것이었다. 하지만 대학생들은 이러한 구상이 대학생들을 단순한 기능인으로 만들어 사회에 대한 비판적 기능을 마비시키고, 대학을 직업교육을 위한 도구로 전락시킨다고 비판했다. 이 사태는 결국 버클리 대학 총장의 해임으로 수습되었지만, 다양한 계층의 학생이 이에 참여하면서 급진주의에 대한 낯섦을 줄일 수 있었다. 이것은 곧바로 '자유대학'의 설립운동으로 나타났다. 대학 내에서 기존체제의 이데올로기에 '오염'되지 않으면서도 학생들이 원하는 강의와 세미나를 자체적으로 꾸려가는 이러한 '해방' 공간에서는 누구나 강의를 들을 수 있고 학점이나 시험도 없었다. '자유대학'은 미국에서 1967년까지 그 수가 수백 개를 헤아릴 정도로 급성장했다.

1965년에 베를린 대학에서도 이와 비슷한 상황이 벌어졌다. 대학에서 열기로 했던 한 언론인의 강연회가 대학 당국에 의해 금지되었다. 이에 학생회는 그것을 언론 자유의 탄압으로 간주하고 버클리 자유언론운동을 본받아 저항할 것을 촉구했다. 작가인 귄터 그라스(G. Grass)가 학생들의 요구에 동조했고, 헛소문이기는 했지만 칼 야스퍼스(K. Jaspers)의 강연조차 무산되었다는 소식에 5월 18일 80% 이상의 학생이 수업거부에 돌입했다. 이로써 독일에서도 학생운동이 궤도에 오르기 시작했다. 그 첫 번째 작업이 대학 내에 자신들의 '비판대학(Kritische Universität)'을 세우는 것이었다.

비판대학은 1967년 11월에 베를린 자유대학 내에 신좌파 성향의 교수들과 학생들이 대안적인 학술운동을 목표로 설립한 것이었다. 이들은 실천을 중시하는 비판적 활동과 교육이야말로 장차 사회의 '비판적 지식인'이어야 할 대학생들에게 필수적인 것이며, 그것이 바로 대학의 본분이라고 주장했다. 이를 위해 이들은 제3세계의 해방운동, 대학개혁, 제국주의, 마르크스주의와 같이 그때까지 대학에서 가르치지 않은 강좌들을 개설했다. 또한 이러한 강의들은 예전과 달리 자유롭게 자치적으로 운영되었다. 비판대학은 "대학생들이 주축이 되어 정치적인 운동을 추구하는 실험물이며, 기존의 대학이 학문의 비(非)민주화나 비인간성을 주된 내용으로 하는 반면에, 비판대학은 베트남 전쟁에 반대하는 반미의식, 반전, 반소비주의를 교육하는 곳"(오제명, 2006, 55쪽)이었다.

대학의 저항은 이어 이탈리아와 프랑스에서도 전개되었다. 이탈리아에서도 이미 1967년 봄에 대학의 민주화와 관련하여 대규모 대학 점거의 물결이 있었다. 로마, 토리노, 피사, 나폴리 등 많은 대학에서 학생들이 처한 현실을 둘러싼 항의가 일어났으며, 이 항의는 이탈리아 대학체제 전반에 대항하는 동맹휴학으로 발전했다.

반전운동: "전쟁이 아니라 사랑을 하라"

그리고 이러한 젊은이들의 저항운동을 학교 밖의 사회운동으로 확대시킨 기폭제는 물론 반전운동이었다. 1950년대 말부터 알제리, 쿠바, 베트남에서 전쟁이 발생했는데, 그것은 기본적으로 민족해방운동의 성격을 띠었다. 우선 1954년 프랑스의 식민지였던 알제리에서 해방전쟁이 일어나 1962년에 종결되었다. 프랑스는 징병제를 확대하고 체계적인 고문을 자행하면서까지 알제리를 '프랑스의 땅'으로 남기고 싶어했다. 이에 대학생들은 반전운동으로 맞섰다. 시위를 주도하고 알제리로 군인을 수송하는 열차를 가로막는 등, 반전운동의 열기는 점차 뜨거워졌다. 1962년에는 경찰을 피하다가 시위대 8명이 사망했고, 수많은 인파가 장례식 행렬에 참여했다. 이로써 알제리 전쟁은 막을 내렸다.

베트남의 경우에는 좀 더 복잡한 양상을 보였다. 1954년 프랑스가 철수하고 난 후 베트남은 일시적으로 '제국주의'로부터 해방된 듯이 보였다. 하지만 1960년 이후 미국은 북베트남군을 저지하기 위한 은밀한 지원을 시작했고, 1964년 통킹 만에서 미국 전함이 북베트남군의 공격을 받자 이를 빌미로 노골적인 군사개입에 나섰다. 이후 베트남에 파견되는 미군의 수가 크게 늘었다. 그러자 미국의 '제국주의적 침략'을 비판하는 목소리가 점차 커지게 되었다. 1965년 봄에 민주사회를 위한 학생연맹의 본거지였던 미시간 대학에서는 베트남 전쟁에 반대하는 농성 토론회가 개최되어 상당한 반향을 불러일으켰다. 젊은 학생 다수가 모여 반전운동의 가능성을 보여주었던 것이다. 이어 부활절 주말에 워싱턴 반전 행진을 시작으로, 미국에서 반전의 분위기는 점차 확산되고 있었다.

당시 전위집단이었던 민주사회를 위한 학생연맹은 미국 존슨 정부의 베트남 군사개입을 단순한 대외정책의 결과로만 간주하지 않았다. 군사행동의 배후에는 "안목 없는 냉혈한 관료를 만들어내고 물질적인 가치를 인간적인 가치보다 계속 우선시함으로써……세계 경찰의 역할에 적합하다고 여기는" 체제가 있다는 것이다. 그러므로 미국 내에 인종문제를 위시한 다른 사회문제가 발생하는 것과 베트남에서 벌이는 '제국주의적' 침략이 서로 연관되어 있다고 주장했다. 결국 전쟁의 종식은 국내의 사회문제를 해결하는 지름길인 셈이다. 이로써 중심부의 전위집단 및 소수집단과 제3세계의 피압박 민중이 동일한 목표를 갖게 되는 것이다.

이러한 인권적 차원의 호소가 반전운동에 주효했지만, 그것이 전부가 아니었다. 당시 젊은 세대에게 전쟁은 공포의 대상이었다. 전쟁이라는 국가적 '위기'에서 민주주의의 수호라는 대의명분에 따라 자원입대했던 아버지 세대와 달리, 이들은 '이 전쟁이 과연 누구를 위한 것인가'라는 의문을 던지며 징집에 반대했다. 베트남에 파견될 군인의 수가 많아지면서 징집대상이 확대되자, 징집거부는 점차 운동의 차원으로 발전했다. 많은 젊은이가 징집을 피하기 위해 모든 수단을 강구했다. 신체적 장애나 해외로의 이주도 마다하지 않았다. 징집 대신에 감옥행을 택한 사람도 있었다.

제2차 세계대전의 패전국이었던 독일에서도 반전 요구는 저항운동에 상당한 위력을 보였다. 1965년 6월에는 3000명의 서베를린 학생들이 자유대학에서 최초의 점거와 농성 토론회를 감행했다. 이어 12월에는 일단의 지식인들이 베트남 전쟁 반대를 선언했다. 1966년 2월에는 독일사회주의학생연맹(SDS)이 조직한 베트남 반전시위가 서베를린에서 2000명을 동원하였고, 이후 반전운동의 기폭제가 되었다. 특히 68운동에 주된 사상적 토대를 제공했던 마르쿠제(Herbert Marcuse)는 아우슈비츠와 베트남을 연결시키며 반전운동의 정당성을 설파했다. "역사에는 죄악과 다름없는 것이 존재하며, 베트남에서 일어나는 일은 전략적으로나 기술적으로, 그리고 민족적으로 정당화할 만한 어떤 불가피성도 없다. 여성과 어린이 같은 민간인 학살, 체계적인 식량 파괴, 세상에서 가장 가난하고 방어력이 없는 나라에 대한 대량 폭탄 투하, 그것은 죄악이고 우리는 그것에 저항해야만 한다."(길혀-홀타이, 2006, 61쪽)

1966년에는 프랑스에서도 베트남 전쟁에 대한 반전운동이 시작되었다. 이미 알제리 전쟁에서 반전운동의 단초를 보였던 프랑스 전위집단은 반제국주의적 이론을 수용하고 구체적인 반전단체를 구성했다. 또한 알튀세(L. Althusser)는 제3세계 민중연대에 동참하기도 했고, 사르트르는 제3세계 민중의 반식민지 해방운동에 이론적 단초를 제공했던 프란츠 파농의 이론을 국내에 소개했으며, 1967년에는 영국 철학자인 러셀(B. Russell)과 함께 두 차례에 걸쳐 '러셀 법정'을 조직하여 베트남에서 자행된 전쟁범죄를 조사했다. 이탈리아 트렌토 대학에서도 이어 베트남 전쟁에 반대하는 움직임이 1967년에 일어나, 동맹휴학과 대학점거를 통해 '반(反)대학'을 구체화했다. 독일의 비판대학을 연상케 하는 이 구상은 수업거부와 교수비판 등을 통해 베트남 반전운동을 뛰어넘어 자본주의 사회의 영향을 차단하려는 것이었다. 이 움직임은 곧바로 다른 대학으로 퍼져나갔다.

초기에는 주로 도발적인 행동으로 사회의 주목을 이끌어냄으로써 효과를 본 반전운동이 1967년을 거치면서 거대한 저항운동이자 전 세계적인 운동의 구심점이 되었다. 특히 반전운동에서 변혁이론과 대항문화운동이 하나로 합쳐지면서 그것의 효과는 더욱 두드러졌다. 사회에 대한 참여를 강조하는 전자와 사회로부터 이탈을 꿈꾸는 후자가 드디어 이곳에서 하나가 된 것이다. 미국에서는 징집 확대로 전국으로까지 확산된 반전운동이 1967년 10월 워싱턴 반전 행렬에서 그 결실을 보았다. 약 10만 명을 헤아리는 시위자들이 집결한 이 행사에서 많은 이들은 군인들의 총에 꽃을 꽂고 춤을 추고 노래를 불렀다. 하지만 이것은 폭발의 전조였다. 바로 이듬해에 모든 것이 한꺼번에 폭발할 것이었다.

1968년: "리얼리스트가 되자, 그러나 불가능한 것을 요구하자"

1960년대 초부터 끓어오르던 온갖 종류의 저항운동이 드디어 1968년을 기점으로 서서히 폭발하기 시작했다. 이미 한 해 전부터 그 폭발의 징후가 보였다. 독일에서는 1967년 6월 2일에 선진국의 원조금을 빼돌린 이란 왕이 서독을 공식 방문하자, 이에 반대하는 시위가 일어났고, 그 와중에 학생인 오네조르크(Ohnesorg)가 사망했다. 이는 사회 전체에 반향을 일으키는 계기가 되었다. 1968년 4월에 독일 학생운동 지도자인 두취케(R. Dutschke)가 총격을 받자, 학생 시위대는 암살을 조종한 배후 언론으로 슈프링거(Springer)를 지목하고 이 회사를 공격했다. 이는 파리, 런던 및 뉴욕과 버클리 등지에서도 연대시위를 불러일으켰다. 5월에는 연방 의회에서 통과된 비상조치법에 반대하는 시위가 벌어졌고, 이는 프랑크푸르트 대학 점거로 이어졌다.

이어 민족해방 운동가인 체 게바라(Ché Guevara)가 1967년 볼리비아에서 미국 중앙정보국(CIA)에 의해 살해됨으로써 우상은 전설로 남게 되었다. 반전운동가들은 베트남이 그의 호소에 응대하기를 기대했다. 미국 존슨 대

독일 학생운동 지도자인 두취케가 "베트남 문제를 위한 국제회의"에서 연설하고 있다.

통령이 베트남에서 전쟁을 확대하자, 이들은 "어이, LBJ, 오늘은 얼마나 많은 어린이를 죽였냐?"라는 구호로 맞섰다. 이어 당시 복싱 헤비급 세계 챔피언이던 모하메드 알리는 타이틀을 박탈당하면서까지 징집을 거부함으로써, 미국 정부를 궁지로 몰아넣었다. 1월 30일에 북베트남군은 남베트남에 전면적인 공세를 가했다. 이른바 '구정공세(Tet offensive)'가 시작된 것이다. 일시적이었지만 사이공의 미국 대사관 건물도 점령당했다. 미국에게 패전의 그림자를 드리운 이 사건으로 미국 내에서 반전운동의 힘은 배가되었다.

베트남 문제가 새로운 전기를 맞자, 2월 17일부터 18일에 걸쳐 독일사회주의학생연맹이 주최한 베트남 문제에 대한 국제회의가 서베를린 자유대학에서 열렸다. 프랑스, 독일, 이탈리아, 그리스, 노르웨이, 덴마크, 오스트리아, 캐나다, 영국, 미국의 대표자를 포함해 1만 명이 참가했다. 영국에서도 10만 명 이상이 미국의 베트남전에 항의하여 평화적으로 시위를 벌였

1968년 5월 파리의 시위대.

고, 시위자 3만 명이 미국 대사관 앞에서 경찰과 대치했다. 노동당에 대한 환멸, 인종주의적 조치가 이 운동을 확산시켰다. 영국의 운동은 프랑스나 미국과 같은 범위에 도달하지 못했지만, 그 전의 어느 때보다 많은 사람들을 동원했다.

하지만 68운동에서 저항의 절정은 파리의 '5월 혁명'이었다. 3월에 낭테르 대학에서 학내 문제로 시위와 점거운동이 벌어지면서 뜨거운 파리의 5월은 준비되었다. 1964년 대학생 수의 증가에 발맞추기 위해 관료들에 의해 급조된 낭테르 대학에서는 예전부터 대학의 일방적인 교육정책과 미비한 시설로 학생들의 불만과 소요가 아주 잦았다. 3월에 반전시위 혐의로 체포된 학생이 대학을 점거하여 농성을 벌였지만, 대학 당국은 이들을 쫓아냈다. 그러나 이것은 그대로 수그러들지 않았다. 오히려 이후 소르본 대학의 시위와 파리 바리케이드로 번져나갔다. 5월 초 소르본 대학에서 비슷한 사태가 재연되었고 경찰이 대학에 진입하여 학생을 체포함으로써 대학의 전통적인 독립과 표현의 자유를 '훼손하는 일'을 저질렀다. 그러자 학생들은 대학 밖에서 연좌농성을 시작했고 시민들은 시위대를 지지했다. 5월 10일 금요일에 고등학생까지 가세한 엄청난 시위대는 그 동안 잊고 있던 바리케이드를 파리에 다시 등장시켰다.

파리가 시위대의 물결로 뒤덮이자, 전통적인 저항세력인 공산당과 노동조합이 이에 가세했다. 르노 자동차 회사를 비롯한 대기업에서 총파업이 잇달았다. 고대하던 드골 정권의 퇴진이 시위자들의 눈앞에서 아른거렸다. 학생들과 노동자들이 함께 투쟁하는, 노학연대라는 "생각할 수 없었던 일이 일어난" 것이다. 그러나 그것은 실질적인 권력과는 아무런 상관이 없는 일종의 환상이었다. 드골은 독일로 날아가 그곳에 주둔하고 있던 프랑스군의 충성심을 확인한 후 되돌아와서 이미 5월 8월에 말한 바 있는 "합법적인 국가는 물러서지 않는다."라는 종전의 입장을 고수했다. 노동자들의 총파업으로 새로운 전기를 맞은 것 같았던 저항운동은 이제 지리멸렬해지고 있었다. 저항운동이 오히려 퇴각의 늪에 빠졌다.

1968년 미국에서는 마틴 루터 킹 목사와 로버트 케네디 상원의원의 사망으로 반전운동이 더욱 고양되었다. 루터 킹 목사는 생전에 비폭력을 주장했지만, 그의 죽음은 비폭력의 종말을 뜻하는 것으로 여겨졌다. 전국적으로 흑인청년들이 소요를 일으켰다. 6월에 다시 케네디 상원의원이 암살의 제물이 되자, 저항지도자들은 8월에 열리는 시카고 민주당 전당대회로 모여들었다. 여기에서 이들은 다양한 형태의 시위를 계획했다. 특히 돼지 한 마리를 대통령 후보로 뽑아서 거리로 몰고 다니는 행사도 벌였다. 하지만 민주당은 이러한 시위자들의 행동에 아랑곳하지 않고 베트남전에 반대하는 결의안을 통과시키지 않았다. 급진적인 전위집단은 이에 실망했고, 정치에 환멸을 느꼈다. 여기에서도 민주사회를 위한 학생연맹의 퇴조가 시작되었다.

이러한 저항은 서구와 미국에 국한되지 않았다. 멕시코에서는 올림픽 경기를 앞두고 낮은 생활수준과 정권의 억압적인 정책에 반기를 드는 민주화 운동이 진행되었다. 학생들은 올림픽을 연기시키거나 취소시키겠다고 위협하면서, 정치범을 석방하고 멕시코시티의 경찰 본부장을 퇴임시키며, 세금을 올림픽보다는 국내의 낙후된 부문에 사용하라고 요구했다. 10월 2일, 트레스 쿨투라스에는 1만 명의 군중이 모였고, 오르다스 대통령의 직접 명령을 받은 군대가 이들에게 발포하여 60명 이상이 사망하고 100여 명이 중경상을 입었다. 스페인에서도 파시스트 정권 프랑코 독재를 끝내기 위한 전국적 시위가 전개되었다. 이 시위는 무참히 공격받았고, 수백 명의 사람들이 체포됐다. 마드리드 대학이 폐쇄되었고 수천 명의 노동자가 학생들의 대열에 참가했다. 파키스탄에서는 미국의 후원을 받고 있던 아유브 칸의 군사 독재에 대항한 운동이 일어나 다음 해에 이 정권을 몰락시켰다.

이러한 움직임은 동구에서도 벌어지고 있었다. 관료주의에 의한 독재하에서 진정한 사회주의와 민주주의를 종합할 수 있는 새로운 사상을 추구하는 지식인 집단이 나타나기 시작했다. 1967년 말 무렵 당내 개혁주의자들은 구시대의 스탈린주의 국가와 당의 우두머리인 노보트니가 물러나야 한다고 생각했다. 둡체크를 중심으로 하는 개혁주의자들은 "적극적인 중립 외교 정책, 즉 우리 자신의 필요, 우리 자신의 가능성, 우리 자신의 선택에 따른 우리식 사회주의"를 요구했다. 그러나 이러한 개혁 시도는 1968년 8월 21일, 소련의 탱크가 프라하를 침공하면서 꺾였다. 대규모 군대가 들이닥쳤고 분노한 군중들이 바츨라프 광장을 가득 메웠다. 또한 폴란드에서도 1968년 1월 말, 연극 「조상들」의 공연을 폴란드 당국이 금지하면서 갈등이 불거졌다. 3월에 학생 2명이 체포된 것에 항의하며 자유와 민주주의를 외치는 시위대가 모였다. 바르샤바의 저항운동은 다른 도시들로 확산되었다. 그러나 정부 당국이 이 개혁운동을 유대인들의 각본으로 몰아세우면서 대

소련군의 진주로 끝난 '프라하의 봄'.

중적 적대감을 조장하고, 저항의 물결을 잠재웠다.

월러스틴(I. Wallerstein)이 지적했듯이, 서구사회는 이미 1848년에 첫 번째 '세계적인' 혁명을 겪었다. 따라서 그에 따르면, 68운동은 두 번째로 찾아온 세계혁명이다(월러스틴, 1994, 116쪽). 이렇듯 68운동의 특징은 우선 그것이 국제적인 현상이었다는 점에 있다. 1968년은 베트남 전쟁, 반전운동, 미국의 인권운동, 프라하의 봄, 파리의 '5월 혁명' 등으로 시위와 점거, 연좌농성, 경찰과의 물리적 충돌, 파업의 물결이 끊이지 않은 그야말로 뜨거운 한 해였다. 여기서 '세계적'이라는 수사(修辭)는 그저 수많은 사건이 지리적으로 세계 방방곡곡에서 일어났기 때문에 붙인 것만은 아니다. 이데올로기상으로도 동서 양 진영 모두에서 심각한 변화가 일어났기 때문에 그런 것이다. 곧 자본주의 국가에서만이 아니라 공산권인 체코나 중국에서도 변혁의 물결이 일어났다. 게다가 제3세계에서도 적지 않은 변화가 있었다는 점까지 감안한다면, 이것은 명실상부한 세계적 변혁운동이었다고 말할 수 있을 것이다.

이 운동을 세계적인 차원에서 바라볼 수밖에 없는 또 다른 한 가지 이유는 그것이 당시의 국제질서인 냉전의 구조를 바꾸어놓았기 때문이다. 1968년이라는 시점은 제2차 세계대전이 끝난 1945년과 냉전체제가 종식된 1989~1990년 사이의 기간을 양분하고 있다. 이때를 전후로 하여 냉전체제의 구조는 대결양상에서 긴장 완화(데탕트)로 전환되었다. 냉전체제의 주도세력이었던 미국과 소련 양 강대국은 그해 베트남과 체코에서 새로운 사태를 맞이하면서, 냉전의 전략을 각각 수정해야만 했다. 연초에 구정공세를 당한 미국은 베트남 전쟁에서 승리할 수 있다는 자신감과 도덕적 정당성을 한꺼번에 잃어버렸다. 소련도 도미노 이론에 기대어 동유럽에 대한 압박을 강화했지만, '프라하의 봄'은 오히려 이러한 소련의 정책에 치명타를 안겨주었다.

이로써 미·소 양국은 외교정책을 수정하여 양극체제보다는 중국을 포함한 '삼각정책(triangular policy)' 혹은 데탕트 체제로 넘어가게 되었다. 중국도 소련을 견제하기 위해 이이제이(以夷制夷)의 수법으로 미국, 일본과 관계 개선에 나섰다. 1968년 국제정세와 각국에서 진행된 반전운동으로 분단국가였던 독일에서는 빌리 브란트(Willy Brandt)의 동방정책(Ostpolitik)이 탄력을 받게 되었다. 소련과 독일 양측은 1968년에 반전운동이 강화되자 현상유지의 필요성을 강하게 인식했고, 이듬해부터 동방정책을 받아들이기 시작했다.

냉전체제에서 소외된 제3세계가 벌인 이러한 저항이 중심부에서 반향을 일으킨 것은 바로 중심부 내에 존재하던 사회적 약자의 문제 때문이었다. 중심부 내의 약자인 흑인이나 여성, 전쟁 피해자들은 1960년대부터 각국에서 제기된 사회문제, 예컨대 인권문제, 여성문제, 반전운동과 같은 형태를 통해서 자신들이 제3세계의 민중과 동일한, 억압된 존재라는 일체감을 자각했고, 이를 바탕으로 공통된 대의를 꾸리기 시작했다. 중심부에서도 약자의 저항이 시작된 것이다. 식민지 출신인 프란츠 파농의 저작이 프랑스와 독일에서 커다란 반향을 일으키면서, 제3세계 문제를 중심부로 끌어들인 것은 우연이 아니었다.

하지만 방송과 신문 등 대중매체의 발전이 없었더라면, 68운동의 세계화는 결코 일어나지 않았을 것이다. 1950~1960년대에 대중매체가 널리 보급되면서 사람들은 이제 텔레비전을 통해, 다른 나라에서, 제3세계에서, 그리고 특히 베트남에서, 무슨 일이 벌어지고 있는지를 생생하게 목격할수 있게 되었다. 1960년대 말까지 미국 가정의 95%가 텔레비전을 소유하고 있었고, 절반 이상의 사람들이 이로부터 뉴스를 얻고 있었다. 이에 따라 베트남 전쟁의 참상이 여과 없이 생생하게 미국인의 안방을 파고들면서, 미국의 여론을 움직일 수 있었다. 1968년 이에 관한 다큐멘터리를 제작했던 미국 CBS의 앵커맨 크롱카이트(Cronkite)는 미국이 이 전쟁에서 이길 수 없다고 말함으로써, "미국 역사상 처음으로 앵커맨이 전쟁의 종결을 선포하게 되는"(Fink, 1998, 77쪽) 기이한 사태가 발생했다. 1968년 8월 시카고에서 열린 미국 민주당 전당대회도 전 세계에 전파를 탔다. 여기에 모인 사람들은 "전 세계가 지켜보고 있다."고 외쳤다. 또한 방송은 비틀스나 록 음악을 내보냄으로써 젊은 세대를 무언의 끈으로 연결해주었다. 이를 통해 이들은 민족이나 국가를 뛰어넘는 공감대를 이루고, 저항의 에너지를 분출한 것이다.

이때에는 또한 국제연대가 구체화되기도 했다. 1968년 2월에 서베를린 자유대학에서 열렸던 '베트남 문제를 위한 국제회의'가 그 대표적인 경우이다. 또한 68참가자들은 병역 반대자들을 국제적으로 도와주는 등, 세계적 저항운동의 첫 세대로 기억되게 되었다. 이처럼 68운동이 세계적이라고는 하지만, 그것은 각국의 특색을 아우르는 그야말로 초국가적인 어떤 것을 성취하지는 못했다. 다시 말해 68운동의 세계적 현상이나 이때 등장한 국제연대는 각국에서 이미 진행된 운동과 제도를 연합한 것에 불과했을 뿐 세계적인 차원에서 새로 창조된 것은 아니었다. 또한 이때 결성된 국제적인 연대조직조차도, 조직이 아닌 행동을 지향하는 68운동의 독특한 성격 때문에 곧바로 해체되었고, 인권운동이나 환경론자의 국제조직이 탄생될 때까지는 몇 년을 더 기다려야 했다.

68세대: "제도권을 누비는 대장정"

68운동은 곧바로 수그러들었다. 1970년대 적군파 등 일부 과격한 운동단체가 그 명맥을 유지하고자 했지만, 대중운동의 싹은 이미 사라지고 없었다. 하지만 이 정치적 행동주의는 앞으로 다가올 문화혁명에 비하면 빙산의 일각이었다. 정치적 변혁운동의 기저에 새로운 문화혁명이 꿈틀거리고 있었던 것이다. 곧 68운동에서 정치적 시위와 더불어 나타난 성 해방과 히피문화, 그리고 록 음악은 문화와 일상의 혁명을 예고하고 있었다. 이것은 한순간의 숨 가쁜 시위나 파업으로 해결될 것이 아니었다. 이것은 장기적으로 서서히 일상의 영역에서나 가능한 변혁이었다.

이처럼 68운동의 진정한 의미는 1968년에 직접 행동이 세계적으로 치솟아 올랐다는 데 있는 것이 아니라, 그 영향력이 이후의 과정에서 서서히 드러났다는 데에 있다. 또한 이것은 어느 특정한 사회조직이나 이념정당을 통해서라기보다는 일상생활과 문화면에 '68정신'을 스며들게 함으로써 가능했다. 68운동 자체가 어느 특정한 조직형태를 갖추지 않은 채 진행되었던 것임을 상기할 때, 이것 역시 68운동의 진정한 계승이라고 할 수 있을 것이다.

68운동은 정치적으로 선거연령을 낮춘 것 말고는 의회주의에 이렇다 할 변화를 일으키지 못했고 경제적으로도 별다른 대안을 제시하지 못했기 때문에, 정치 혹은 경제의 측면에서 실패했다고도 할 수 있다. 그렇다고해도 정치면에서 변화가 아예 없었던 것은 아니다. 우선 좌파 정당이 존재하던 서유럽에서 구좌파 정당은 68운동의 요구를 받아들여 '더 많은 민주주의'를 주창하기도 했고, 다른 당과의 통합이나 분열을 시작했으며, 소련 정부와 더 거리를 두기도 했다. 또한 사회주의 전통이 약한 미국에서는 풀뿌리 민주주의 등 새로운 실험이 시도되었다. 하지만 그뿐이었다. 서유럽과 미국의 대의제는 정치적 참여 확대의 요구에도 불구하고, 꿋꿋이 버텼다. 프랑스와 이탈리아에서는 파업의 열풍이 불기는 했지만, 이것도 결국 구좌파를 강화해주는 데 그쳤다.

하지만 이러한 평가는 정치적 변화만을 보았을 때의 일이다. 다른 분야, 특히 변혁의 진원지였던 대학의 민주화 바람은 특기할 만하다. 이탈리아에서는 학생들의 요구를 받아들여서 대학 입학이 훨씬 더 자유롭게 되었고, 미국에서는 이전보다 더 많은 소수인종이 대학에 들어갈 수 있게 되었다. 또한 학교행정에서 대학생들의 발언권이 커졌고, 커리큘럼과 새로운 강좌의 개발도 이루어졌다. 기숙사에서 남녀 대학생이 자유롭게 거주하고, 교수와 학생 간의 호칭이 좀 더 평등해지고, 다른 보수적 인습도 사라졌다.

장기적으로 이 운동은 1989년의 변혁을 이끌어내는 데도 기여했다. 이것은 일상생활의 미세한 권력구조들을 바꾸려는 노력을 통해서만 가능했다. 일상문화의 변혁이라는 점에서 그것은 일시적인 운동으로서만 해결될 일은 아니었다. 사실 여성운동이나 민권운동, 환경운동, 평화운동, 반핵운동이 1968년에 직접적인 행동과 결합되면서 일시적으로 강력한 에너지를 분출했다. 따라서 68운동의 진정한 영향력은 이후에 나타난 '신사회운동'에서 발휘되었다. 이를 통해 여성, 환경, 여론 등의 측면에서 68운동의 요구가 사회 일상에 깊게 스며들었다. 여기에서 68운동이 던지는 메시지는 이른바 '약자'의 복권이었다. 월러스틴의 말을 빌리자면, 다수의 자유 대신에 소수의 자유를 확장하고자 했다(월러스틴, 2005, 203~205쪽). 이들은 역사의 희생자, 인종적 소수자, 성적 약자, 하위 문화 담당자에게 대항의 담론을 제공하면서, 그들로 하여금 주류와 투쟁하도록 만들었다. 이에 따라 권위주의적인 전통적 인간관계를 더욱 평등한 인간관계로 바꾸어놓았다.

이 가운데 과거사 청산, 성(性) 평등, 대중예술, 인권에 대한 새로운 담론 형성이 가장 눈에 띈다. 68운동의 참가자들은 비판적인 사회분석으로 권위주의적 체제가 여전히 지속되고 있는 것은 파시즘 지지자들이 계속 사회의 지도층을 형성하고 있기 때문이라는 결론에 도달했다. 따라서 이들 파시스트 혹은 나치들을 '뒤늦게나마' 청산하려는 구체적인 노력이 1968년 이후 시작되었으며, 그것이 점차 사회적 합의를 이끌어냈다. 여성 문제에서도 『성의 변증법』(1970)으로 여성의 종속성 문제를 더욱 근본적으로 제기한 파이어스톤(S. Firestone)과 같은 급진적인 페미니즘 이론가가 등장하여, 직업과 임금 그리고 교육에서 남녀평등을 요구하는 기존의 틀에서 벗어나, 안전한 낙태, 동성애, 성희롱 등의 문제를 제기했다. 이러한 대항담론을 구체적으로 실현하기 위해, 68운동 참여자들은 잡지와 신문을 창간하기도 했다. 1973년 프랑스에서 사르트르를 중심으로 한 68정신의 계승자들이 일간지 《리베라시옹》을 창간한 것이 그 대표적인 예이다. 그 결과, 1980년대 이후 다시 강력해진 여러 차원의 시민운동이 촉발될 수 있었으며, 그 가운데 환경운동은 정당 결성으로까지 이어졌다.

일상의 변화는 한 번의 운동이 아니라 장기적인 '제2의 68운동' 때문에 가능했다. '68세대'는 이후에도 학계, 예술계, 출판계 등의 문화영역으로 진출하여 장기적인 혁명을 꾀했다.[3] 이처럼 68운동은 문화혁명이자 일상의 변혁을 추구한다는 점에서 현재 진행형이다. 68운동이 쉽게 '역사화'되지 않는 이유도 바로 여기에 있다. 68정신을 지속적으로 일상에 투영하는 것이 아직 완료되지 않은 이상, 이들은 그 사건을 계속 '기억'하고자 한다. 냉

---

3 이른바 문화혁명의 '대장정'에 '68세대'가 적극적으로 참여했다는 사실은 한 연구결과가 잘 보여준다. 이 연구에 따르면, 1968년 당시 운동에 적극적으로 참여했던 사람 가운데 20%는 대학에, 35%는 언론계 및 문화계에, 그리고 15%는 정치에 투신했다. Wolfgang Kraushaar, *1968 als Mythos, Chiffre und Zäsur*(Hamburg 2000), 240~243쪽.

전시대 이후를 선도할 새로운 전망이 아직 모색되지 않은 상태에서는 더욱더 그렇다. 따라서 68운동의 경우, '기억'에서 '역사'로 옮겨가기 위해 걸리는 시간도 길다.

'68세대'라는 용어 자체도 바로 이 과정의 산물이다.[4] 곧 68운동에 참여한 사람들은 당시 시기적으로 공통된 경험을 갖고 있었지만, 그것만으로 '68세대'가 형성된 것은 아니다. 물론 앞서 지적한 대로, 68운동에 참여한 젊은 세대는 베이비붐 세대이자 전후 경제호황의 물질적 풍요 속에서 자라난 독특한 '생애사'를 갖는 집단으로서, 그 전 세대와 분명 다른 특징을 갖고 있다. 하지만 그것만으로, 혹은 68운동에 적극적으로 참여했다고 해서, 그들이 모두 '68세대'가 되었던 것은 아니다. 그보다는 오히려 이들이 68운동 이후에 사회에 참여하면서 혹은 운동을 계속하면서, 독특한 정치적, 사회적, 문화적 목표를 지향했고, 그것이 이 세대를 특징짓는 측면이 되면서 '68세대'가 형성되었다.

이 과정에서 우리가 경계해야 할 것은 그것의 '신화화'이다. 1970년대에 이르러 68운동의 활력이 너무 일찍 소진되면서, 그 신화화의 경향은 오히려 강해지기도 했다. 그래서 모든 운동이 '68로부터 시작되었다든지' 혹은 68운동의 모든 측면이 반(反)권위적이고 반(反)전체주의적이었다든지 하는 신화가 만들어졌다. 서독 적군파(RAF)에서 단적으로 드러나듯이, 이러한 신화화 속에서 원래 의회 '밖' 투쟁을 주장하던 68운동 참여자 일부가 의회 자체에 '대항하는' 테러리스트로 변모하기도 했다. 이제 우리의 임무는 이렇게 신화화된 요소를 해체하고, 1968년에 있었던 직접 행동을 문화의 혁명과 냉전의 종식, 그리고 세계화의 과정 속에서 역사화하는 것이다.

....

4 하인츠 부데(Heinz Bude)에 따르면, 처음에는 '세대'보다는 '운동'이라는 개념을 사용했지만, 1970년대 말부터 세대개념이 사용되기 시작했고, 1980년대에 정착되었다. Heinz Bude, *Das Altern einer Generation. Die Jahrgänge 1938 bis 1948*, Frankfurt 1997, 40쪽 이하.

○ 기본문헌

2000년 이후 68운동에 관한 번역서들이 많이 등장하고 있다. 최근에는 국내 연구자들에 의한 연구서도 출간되었다. 하지만 국내는 물론이고 외국에서도 이에 대한 학술적인 연구는 여전히 부족한 편이다. 연구 경향을 보면 아직도 1968년에 있었던 정치적인 행동들을 르포르타주 형식으로 기술하거나 당시의 생생한 현장의 목소리를 전달하는 데 치중하고 있다. 아래에 소개한 번역서들도 대부분 이런 범주에서 벗어나지 못하는 것들이다.

잉그리트 길허-홀타이, 『68운동, 독일, 서유럽, 미국』, 정대성 옮김(들녘, 2006)
이 책의 강점은 국내에서 출판된 것으로는 유일하게 역사가가 쓴 68운동에 대한 개설서라는 점이다. 프랑스 68운동의 전문가인 저자는 이미 많은 논문과 저서를 내놓았다. 내용이 아주 간략하기는 하지만 정제된 내용을 담고 있어서 개설서로서는 적당하다.

오제명 외, 『68·세계를 바꾼 문화혁명』(도서출판 길, 2006)
이 책은 68운동에 관한 국내 연구성과를 담은 최초의 책이다. 책 제목에 나와 있는 것처럼 주로 문화혁명에 치중하고 있다. 그 동안 정치적 변혁운동에 관한 서적이 주류였다는 점에서, 이 책의 차별성이 돋보인다. 하지만 독일과 프랑스만을 다루었기 때문에 68운동의 문화적 양상을 전체적으로 추적하는 데에는 무리가 있다. 무엇보다도 이 책은 일상에서 드러난 문화혁명보다는 문화운동의 양상에 초점을 맞추었다는 점에서 아쉬움이 크다.

크리스 하먼, 『세계를 뒤흔든 1968』, 이수현 옮김(책갈피, 2004)
이 책은 영국 노동당 소속의 저자가 68운동을 주로 정치적인 측면에서 조망한 것이다. 특히 제2부에서 1968년 이후를 자세하게 다루고 있다.

로널드 프레이저, 『1968년의 목소리』, 안효상 옮김(박종철출판사, 2002)

이 책은 68운동에 참여한 사람들의 생생한 목소리를 복원해주었다는 점에 의의가 있다.

○ 참고문헌

길혀-홀타이, 잉그리트, 『68운동, 독일, 서유럽, 미국』, 정대성 옮김, 들녘, 2006.

노서경, 「1968년 프랑스의 혁명적 학생운동 일상의 삶과 변혁의 가능성」, 문화교양학과 편, 『유럽바로알기』, 한국방송통신대학교출판부, 2006.

안효상, 「버클리 자유 언론 운동」, 《서양사연구》 제23집, 서울대학교 서양사연구회, 1999.

알리, 타리크 · 왓킨스, 수잔, 『1968 희망의 시절, 분노의 나날』, 안찬수 · 강정석 옮김, 삼인, 2001.

오제명 외, 『68 · 세계를 바꾼 문화혁명』, 도서출판 길, 2006.

카치아피카스, 조지, 『신좌파의 상상력, 세계적 차원에서 본 1968』, 이재원 · 이종태 옮김, 이후, 1999.

프레이저, 로널드, 『1968년의 목소리』, 안효상 옮김, 박종철출판사, 2002.

하먼, 크리스, 『세계를 뒤흔든 1968』, 이수현 옮김, 책갈피, 2004.

Beckwith, Karen, *American Women and Political Participation*, New York, 1986.

Bude, Heinz, *Das Altern einer Generation: Die Jahrgänge 1938–1948*, Frankfurt a. M.: Suhrkamp, 1995.

Bundeszentrale für politische Bildung(ed.), *1968, Aus Politik und Zeitgeschichte* 14–15(2008).

Etzemüller, Thomas, *1968—Ein Riss in der Geschichte?*, Konstanz, 2005.

Farber, David(ed.), *The Sixties*, The University of Carolina Press, 1994.

Feitze, B., "1968 als Symbol der ersten globalen Generation", *Berliner Journal für Soziologie*, vol. 7(1997), 365~386쪽.

Fink, Carole, Junker, Detlef & Gassert, Philipp(eds.), *1968, The World Transformed*, Washington, 1998.

Gilcher-Holtey, Ingrid(ed.), *1968, Vom Ereignis zum Gegenstand der Geschichtswissenschaft*, Göttingen, 1998.

————, *Die 68er Bewegung, Deutschland-Westeuropa-USA*, München, 2001.(위 번역서 참조)

————, *"Die Phantasie an die Macht" Mai 68 Frankreich*, Frankfurt, 1995.

Gitlin, Todd, *The Sixties: Years of Hope, Days of Rage*, New York, 1987.

Halberstam, David, *The Power That Be*, New York, 1979.

Heinrich Böll Stiftung(ed.), *Internationale Konferenz am 21./22. Mai 1993 in Prag*, Prague, 1993.

Klimke, Martin, "1968 als transnationales Ereignis", *Aus Politik und Zeitgeschichte* 14-15/2008(31. März 2008).

Kraushaar, Wolfgang, *1968 als Mythos, Chiffre und Zäsur*, Hamburg, 2000.

Levitt, Cyril, *Children of Privilege*, Toronto, 1984.

Luhmann, Niklaus, "1968—und was nun?", Haux(ed.), *Universität als Milieu, Kleine Schriften*, Bielefeld, 1992.

Piccone, Paul, "Reinterpreting 1968: Mythology on the Make", *Toles* 77(1988), 7~43쪽.

Viénet, René, *Enrages and Situationists in the Occupation Movement, France, May '68*, New York, 1992.

제11장

페미니즘과 여성해방운동

일상을 바꾼 파도

이남희 서울대 여성연구소

1893	뉴질랜드가 세계 최초로 여성참정권 도입
1906	핀란드가 유럽 국가 중 최초로 여성참정권 도입
1907	독일의 클라라 체트킨이 로자 룩셈부르크와 함께 국제여성사회주의 노동자연맹 창설
1916	마거릿 생어가 뉴욕 브루클린에 산아제한 클리닉 개소
1920	영국의 옥스퍼드 대학교가 여성에게 학위 수여, 입학은 1884년부터 개방
1924	덴마크의 니나 방(Nina Bang)이 최초로 장관에 임명, 보통선거로 선출된 첫 여성 대통령은 1980년 아이슬란드의 핀보가도티르(Vigdis Finnbogadottir).
1947	이탈리아가 성차별 없이 동등한 시민의 권리를 헌법에 명시
1949	시몬 드 보부아르가 『제2의 성』 출간
1953	킨제이(Alfred Kinsey)가 『여성의 성 행태』 보고서 발표
1961	케네디 정부가 대통령 직속 여성특별위원회 설치, 위원회는 1963년 미국의 성차별 실태 보고서 제출
1963	베티 프리단이 『여성의 신비』 출간
1964	미국 민권법 제7조 통과, 인종은 물론 성에 기반을 둔 차별을 불법으로 규정
1967	11월 유엔총회에서 「여성차별 철폐선언」 채택
1968	미스아메리카 선발대회 반대시위, 미국과 유럽에서 소규모 여성해방 그룹 등장
1970	슐라미스 파이어스톤이 『성의 변증법』 출간
1971	프랑스 페미니스트들이 낙태고백 서명운동 시작, 유럽 각국으로 확산
1972	미국 교육법 개정안 제9조 통과, 교육부문에서 성차별 금지, 특히 여

【연표】

	학생의 체육활동에 대한 제도적 지원 강화
1973	미국 대법원의 로(Roe) 대 웨이드(Wade) 판결, 낙태결정에 대한 여성의 권리 인정
1975	유엔 세계여성대회 멕시코 시티에서 처음 개최(1995년 베이징 제4차 유엔 세계여성대회)
1993	노르웨이 아버지 출산휴가 할당제(Papa's Quarter) 실시, 1995년 스웨덴도 도입

페미니즘의 의미

페미니즘은 서구에서 19세기에 개발되어 20세기에 실용화된 중요한 '발명품'이다. 여성은 해방되어야 할 '최후의 식민지'이며, 여성해방 없는 인간해방은 반쪽짜리일 뿐이라는 사상이 서구 일부 지역을 넘어 지구적으로 유통된 것은 20세기 후반이었다. 페미니즘은 여성의 지위를 개선했을 뿐만 아니라 민주주의의 의미 자체를 확대하는 데 큰 공헌을 했다. 18세기 말 프랑스 혁명을 통해 보편적인 인권 개념이 등장했지만, 그 안에 성별에 따른 차이에 대한 자각은 없었다. 하지만 20세기 말에 이르면 페미니즘에 대한 민감성 지수는 진보의 수준을 측정하는 척도로 대접 받았다. 특히 단순히 정치세력의 교체를 넘어서 일상의 문화와 권력관계를 바꾸는 것이 목표가 된 20세기 후반의 사회변혁에서 여성의 지위, 성차별의 문제는 사소한 고려사항을 넘어 핵심 의제로 확대되었다. 다른 한편 페미니즘은 서구적 인권 및 민주주의 개념을 비서구 지역으로 확산시키는 데 편리한 도구가 되었다. 서구적 민주주의를 기준으로 삼는 곳에서는 정치, 사회 제반 분야에서 여성에게도 남성과 동등한 권리가 주어지는가가 때로는 해당 지역 및 국가의 문명화와 민주화의 수준을 가늠하는 척도로 간주된다. 이러한 '서구적 페미니즘'의 확산은 특히 이슬람 세계를 대상으로 '문화적 차이'와 '여권의 보편성'의 관계에 대한 논쟁을 유발하기도 했다. 이슬람의 베일 착용문제나 '명예살인'의 실행은 대표적인 논란거리가 되었다. 그러나 독일의 앙겔라 메르켈 총리를 비롯해서 국가 원수급 여성을 이미 여럿 배출한 서구에서도 페미니즘은 비교적 짧은 역사를 지녔으며 성차별의 해소는 여전히 풀어나가야 할 숙제로 남아 있다.

페미니즘에 대한 사전적 정의를 찾아보면 "사람은 성별에 관계없이 사회, 경제, 정치적으로 평등해야 한다는 신념"(브리태니커)이라고 풀이한다. 페미니즘이란 용어는 우리에게 외래어이지만 사실 영어권에서도 페미니즘은 외래사조로 취급되었다. 어원을 따지자면 1830년대 프랑스의 공상적 사회주의자 푸리에(Charles Fourier)가 처음 썼다고 알려졌다. 19세기 말 여권운동이 활기를 띠면서 여성해방을 주장하는 이들을 지칭하는 의미로 잡지에 등장하기 시작했다. 1882년 오클레르(Hubertine Auclert)는 여성의 권리투쟁을 상징하는 의미로 페미니즘을 사용할 것을 주장했다. 이 단어는 점차 영미권으로 흘러 들어갔다. 현대 페미니즘 이론가는 페미니즘을 "여성의 종속, 혹은 성별에 따른 차별을 없애려는 사회운동이나 사상"〔앨리스 재거(Alice Jagger)〕, 또는 "남성에게 주어지는 것과 동일한 정치, 법, 경제적 권리를 쟁취함으로써 여성의 지위를 향상시키려는 이론 및 운동"〔케이런 오펜(Karen Offen)〕이라고 정의하고 있다. 그러나 성차별을 거부하고 개선하려는 이념을 페미니즘으로 통칭하더라도, '왜' 그리고 '어떻게'에 대해서는 다양한 사상과 입장이 섞여 있으므로 자유주의, 급진주의, 마르크스주의, 사회주의, 정신분석, 실존주의, 포스트모던, 다문화주의, 에코주의 페미니즘 등으로 갈래가 나뉜다〔로즈마리 통(Rosemary Tong)〕(통, 2000). 그래서 '하나의 페미니즘(Feminism)'보다는 '복수의 페미니즘(feminisms)'을 주장하기도 한다. 페미니즘은 우리말로 남녀평등주의, 여권주의 또는 여성주의로 옮겨 쓰거나 그냥 페미니즘으로 쓰기도 한다. 페미니즘을 실천하는 사람은 여권주의자, 여성해방운동가, 페미니스트, 남녀평등론자라고 부르고, 남성우월주의자, 성차별주의자와 대립되는 개념으로 사용된다. 그렇지만 만일 남성과 여성 모두가 성별로 구분된 사회 구조로 억압받고 있으며 그로부터 해방되어야 할 존재라고 본다면 '여성해방'이란 용어는 상당히 한정적이라는 견해도 있다(조혜정, 1988, 11~12쪽). 어찌 보면 '남녀(라는 구분과 차별로부터의) 해방'이라고 하는 편이 더 설득력 있을 것이다. 그래서 최근에는 성차별에 대해 언급할 때 사회적, 역사적으로 구성된 성별을 의미하는 젠더(gender)라는 용어를 쓰는 것을 종종 볼 수 있다.

페미니즘은 현대사에 어떤 영향을 미쳤나? 여성의 지위는 20세기 전반과 후반을 비교할 때 놀라우리만큼 달라졌다. 19세기 후반부터 선구적인 여성들의 노력 덕분에 직업, 교육, 법적 권리 부분에서 여러 가지 변화가 일어났지만 여전히 제한된 것이었다. 20세기가 시작될 무렵, 미국과 유럽에서 대부분의 여성은 참정권도 없었고, 소수를 제외하고는 대학에 입학할 기회도 갖지 못했다. 의사, 변호사 등 전문직도 여전히 남성의 직업일 뿐 여성에게는 거의 진입이 차단되었다. 여성에게 열려 있는 직장은 섬유공장이나 소규모 가내 작업장, 하녀일이 대부분이었다. 초등학교 교사는 될 수 있었지만, 그것도 양차 세계대전 이전에는 결혼하면 그만두어야 했다. 피임약은 물론 발명되기 전이었고, 게다가 피임에 대한 정보를 유포하는 것 자체가 대부분의 나라에서 불법이었다. 서구 여성에게도 홀로 국외 여행을 한다는 것은 경이로운 사건이었다. 그로부터 100여 년이 지난 후, 우리가 잘 알고 있듯이, 여성의 지위는 각 분야에서 통계상 크게 변했다. 그러나 통계 자체보다 더 큰 변화는 여성의 지위가 삶의 질에 큰 영향을 미치는 요소이며 따라서 국가와 사회는 성별격차를 줄이기 위해 노력해야 한다는 인식을 국제적으로 공유하게 되었다는 점이다. 예를 들어 유엔은 1995년부터 GDI(Gender Related Development Index), 즉 성별개발지수를 국가별로 비교하여 발표하고 있다. 성별개발지수란 평균수명, 문자해득률, 취학률, 소득 등에서 남녀 격차, 피임, 이혼제도 및 상속의 평등, 소비와 지출에 대한 아내의 결정권, 여성에 대한 폭력 수준 등 50여 개 항목을 통해 남녀평등 정도를 측정하는 방식이다. 문화와 역사가 서로 다른 지역을 대상으로 삶의 질을 측정할 수 있는 하나의 잣대가 과연 존재할 수 있겠느냐는 회의론도 존재하지만, 발전의 개념에도 성별이 있다는 인식을 하게 되었다는 점은 높이 평가할 만하다. 유엔은 성별개발지수 외에도 GEM(Gender Empowerment Measure), 즉 여성권한 척도를, 여성의 정치경제 활동과 정책결정 과정의 참여 정도를 측정하는 국제적인 지표로 도입하고 있다.[1] 결론적으로 페미니즘은 20세기 역사에 매우 큰 영향을 미쳤다. 그것은 여성의 지위를 개선했을 뿐만 아니라 사회를 개선하려는 사상과 실천에서 성별에 대한 감각이 중요하다는 점을 각인했다는 점에서 큰 획을 긋는 변화였다.

제1차 여성운동과 신여성

러시아에서 태어나 미국의 노동운동을 통해 성장하고, 에스파냐 내전에서 세상을 떠난 아나키스트 골드만(Emma Goldman, 1869~1940)은 일찍이 다음과 같이 말했다. "내가 춤출 수 없다면 나는 당신의 혁명에 참여하고 싶지 않습니다." 요즘에는 이 구절이 체 게바라의 커리커처만큼이나 티셔츠나 카드에 즐겨 인용되는데, 애초에 골드만이 이 말을 하게 된 취지와 상관없이 인용자의 의도를 담아 재해석되기도 한다. 예를 들어 68혁명 시기의 여성 활동가들은 새로운 세상을 본격적으로 맞이할 때까지 여성의 '사소한' 요구는 참아달라는 남성 동료에게 대선배의 말을 빌려 반박하고 싶었으리라. 사소한 것과 중요한 것을 가르는 기준은 도대체 누가 정하는 것이냐 하는 질문과 함께. 19세기에 시작되어 20세기를 넘어오는 동안 여성운동은 다른 분야의 사회운동과 때로는 함께 발전하고 때로는 불화하면서 진행되었다.

여성운동의 시기는 크게 19세기 후반부터 제1차 세계대전 무렵까지 진행된 제1차 여성운동, 혹은 여권운동(Women' Right Movement) 시기와 1960년대 이후 특히 68혁명으로 불리는 시대를 전후로 크게 일어난 여성운동의

---

1 유엔 산하 유엔개발계획(UNDP)에서는 GDI, GEM이 선진국, 도시생활 중심이라는 비판을 반영해서 2010년부터 두 지수를 통합한 GII(Gender Inequality Index, 성불평등지수)를 내놓고 있다. GII의 중요 지표는 모성사망비율, 청소년출산율, 여성의원비율, 중등교육이상 인구 남녀비율, 경제활동참가율의 남녀비율 등이다. 우리나라는 교육과 건강 분야의 성별 격차는 적은 반면 경제참여기회와 임금, 정치권한 분야의 성별 격차가 발전 수준에 비해 큰 편이다.

'제2의 물결(the Second Wave)' 단계, 즉 여성해방운동(Women's Liberation Movement) 시기로 나눌 수 있다. 마지막으로 위의 두 단계만큼 널리 인정된 것은 아니지만, 1990년대 이후 변화된 상황을 반영한 여성운동을 '제3의 물결(the Third Wave)' 단계라고 부르기 시작했다(Haywood · Drake, 1997).

우선 여성운동의 1단계, 여권운동은 잘 알려졌다시피 참정권 획득, 여성의 고등교육 허용, 직업진출 기회 확대, 재산권 인정, 이혼절차의 형평성 제고 및 어머니의 친권 인정 등 시민으로서 갖추어야 할 기본적인 법적 권리와 자격을 따내기 위한 과정이었다. 여권운동은 프랑스 혁명의 인권과 평등 정신에 근거를 두고, 미국의 노예제 폐지운동, 영국의 의회개혁 운동의 자원과 동력에 힘입어 어느 정도 바라던 성과를 거두었다. 여권운동의 클라이맥스라고 할 수 있는 참정권운동은 미국의 앤서니(Susan Anthony, 1820~1906), 스탠턴(Elisabeth Cady Stanton, 1815~1902)이라든지 영국의 팽크허스트 모녀(Emmeline, Christabel, Sylvia Pankhurst)와 같은 스타급 활동가를 배출했다. 운동방식은 여성 참정권 요구 청원서에 서명을 첨부해서 의원입법안으로 제출하는 방식에서 시작해서 평화로운 대중 시위와 납세 거부와 같은 시민불복종 운동을 거쳐 심하면 방화, 기물파괴에 이르기까지 다양했다. 이름난 여성 지도자뿐만 아니라 다양한 여성단체가 참여하는 대중운동으로서 전개된 참정권운동은 젊은 여성에게 사회의식을 배양, 실천할 기회를 열어주고 단체 상근직 같은 일자리도 제공했다. 참정권운동을 접하면서 공적인 장에서 활동하는 경험을 처음 하게 된 여성도 많았다. 남자 형제들과 달리 고등교육이나 전문직 진출이 막힌 중간층 이상 집안의 여성은 참정권운동을 통해 자신의 역량을 발휘할 수 있는 기회와 사회적 네트워크를 접했다. 크리스타벨 팽크허스트는 한때 맨체스터 법대를 다니며 아버지를 이어 변호사가 되기를 지망했으나 여자라서 불가능하다는 것을 알게 된 후 참정권운동을 주도하게 된다.

1908년 영국 뉴캐슬에서 선거운동 기간 중에 남성 청중 앞에서 연설하는 여성참정권 운동가.

영국과 미국에서는 20세기 벽두부터 제1차 세계대전 직전까지 여성 참정권운동이 가장 활발하게 전개되었다. 영국에서는 참정권운동의 중심 세력이 맨체스터와 같은 산업도시의 노동운동에서 출발했으며, 미국은 노예해방운동에 뿌리를 두는 등 급진주의와도 깊은 관련이 있었다. 반면 시민계급의 형성이 상대적으로 늦고 자유주의의 기반이 미약한 독일에서는 여성참정권운동의 전개 양상도 달랐다. 즉 영국과 미국에서는 참정권 이슈를 계기로 자유주의 여성운동이 결집되면서 다양한 계층의 여성이 연대하고 운동방식도 대중화하는 방향으로 나간 데 비해 독일의 경우에는 그렇지 못했다. 독일의 여성운동은 여성 참정권 요구가 우선이냐, 재산자격 제한철폐가 우선이냐를 두고 찬반 의견이 엇갈리면서 분열했다. 그 결과 독일에서는 여성운동의 독자적인 전개보다는 사회주의 운동과의 관계가 중요하게 작용했다(정현백, 2002). 제1차 여성운동 시기 독일에서 가장 영향력 있는 인물은 독일 사회민주당의 지도자 체트킨(Clara Zetkin, 1857~1933)이었다. 체트킨은 1862~1916년에 《평등(Gleiheit)》이라는 기관지를 발행하면서 사회민주당 내에서 여성문제를 제기하고 국제 여성연대를 강화하는 활동에 앞장섰다. 반면 여성운동과의 관계에서는 부르주아 여성운동과 여성 노동자운동의 이해관계가 서로 다르다는 점을 강조해야 하는 입장이었다. 체트킨은 뉴욕의 여성노동자 시위가 일어난 3월 8일을 세계 여성의 날로 지정해서 세계 각국에서 기념하도록 하는 데 큰 역할을 했다.

제1차 여성운동의 시기는 '신여성(New Woman)'의 출현과 겹친다. 1890년대부터 영국에서 대중소설을 통해 등장한 신여성은 1920~1930년대에 오면서 서구는 물론 당시 식민지 조선까지 포함하는 세계적인 현상으로 진행되었다(김수진, 2006, 185~230쪽). 당시 소설이나 잡지에 등장하는 인물들을 중심으로 영국 신여성의 특징을 살펴보면, 우선 그 시절 막 생겨난 신종 분야인 타이피스트나 경리일을 하거나 교사, 작가나 기자와 같은 지적인 직업을 갖고 있었다. 스타일을 보면 자전거 타기로 여가를 보내고 짧은 헤어스타일에 바지를 즐겨 입거나 안경을 쓰는 경우가 많았다. 결혼관을 보면 연애에 과감하되 결혼을 필수로 생각하지 않고 독신을 대안으로 고려하는 성향을 가졌다. 말하자면 경제적 능력이나 취향, 결혼관에서 낯선 모습을 보이는 존재가 신여성이었다. 이들 중에는 때로 참정권운동에 참여, 헌신하는 모습도 볼 수 있었다. 역사적으로 보면 신여성은 고등교육이 허용된 혜택을 받은 첫 세대로 빅토리아 중간층 이상인 가정 중심의 이데올로기에서 벗어나 자신의 정체성을 세우려고 고군분투하던 여성을 의미한다. 소설의 신여성과 현실의 신여성은 분명 달랐지만, 사회적으로 신여성은 부러움의 대상에서 비난과 경멸의 대상까지 폭넓은 스펙트럼을 가졌다. 경제적, 지적 독립이 가능한 신여성의 출현은 여성들 사이에 생애에 걸쳐 이어지는 연대와 우정의 실현을 가능하게 했고 제1차 여성운동의 물적, 인적 기반을 제공했다. 그러나 일본 유학을 통해 이식된 1920년대 조선의 신여성은 민족주의와 페미니즘의 동거가 불가능했던 식민지적 상황에서 서구의 신여성과 다른 운명의 길을 걸었다(김경일, 2005).

전쟁의 이중적 영향

두 차례의 세계대전이 여성운동이나 여성의 지위에 어떤 영향을 미쳤을까? 치열한 교전이 벌어진 지역에서는 출정한 남성들뿐만 아니라 후방의 여성들도 약탈과 징발, 성폭행의 위협에 시달렸다. 전쟁은 그야말로 재앙이었다. 반면 참전은 했지만 교전지역에서 떨어진 곳에서는 전쟁은 빛과 어둠, 기회와 위기를 동시에 가져왔다. 우선 20세기 전반을 얼룩지게 한 두 차례의 세계대전은 참정권 이슈를 계기로 결집했던 여성운동을 소강상태에 빠뜨렸다. 사회주의 진영이 애국주의와 평화주의로 분열되었듯이 여성운동도 분열했다. 제1차 세계대전 당시 영국에서는 당장 전쟁 승리나 생존이 문제인 분위기 속에서 여성 참정권 운동가들도 소수의 반전평화주의자를 제외하고 대부분이 애국주의의 열풍에 휩쓸렸다. 프랑스의 언론인이자 노동운동가, 참정권 운동가였던 뒤랑(Marguerite Durand, 1864~1936)조차 이렇게 말했다. "여성들이여 국가는 당신들을 필요로 합니다. 시민으로서의 위상에 걸맞은 여성이 됩시다." 여성의 권리에 대한 논의는 한동안 관심 저편으로 사라졌다. 그러나 다른 한편으로 전쟁은 여성에게 새로운 기회를 제공했다. 여성 대중은 전쟁을 치르는 과정에서 성별 구분이 흐려지거나 무너지는 경험을 겪게 되었다. 군인으로 출정한 남자들의 자리를 대신해서 여성들은 군수공장의 임금 노동자로 대거 진출했다. 여성이 할 일, 남성이 할 일이라는 식의 구분은 전쟁이라는 상황에서 무의미해졌고, 미혼 여성뿐만 아니라 기혼여성도 교사로 또는 사무원으로 일을 계속해야 했다(Caine, 1997, 178~182쪽). 바다 건너 유럽에서 벌어진 전쟁에 뒤늦게 참전한 미국에서도 사정은 비슷했다. 군수공장과 사무직에 여성이 진출하고 애국시민이라는 호칭을 부여 받을 기회가 생겼다. 전쟁 막바지인 1918년 영국과 독일에서 선거법이 개정되면서 여성도 참정권을 행사할 수 있는 물꼬가 트였다. 영국에서는 1928년까지 21세 이상 남성과 30세 이상 여성에게

투표권을 주었기 때문에 성인 여성과 남성이 동등한 보통선거권을 갖기까지는 조금 더 기다려야 했다. 미국은 1920년에 연방헌법에 여성 참정권 조항을 포함시켰고, 스웨덴, 노르웨이, 아일랜드, 룩셈부르크, 캐나다의 여성은 1919년에서 1920년 사이에 선거권을 획득했다. 한편 시민혁명과 인권선언의 나라인 프랑스는 1944년에야 비로소 여성에게 참정권을 주었다. 더 특이한 사례는 스위스이다. 스위스는 19세기에 드물게도 여성의 의대 입학을 허용했고 콜론타이를 비롯한 러시아 여성혁명가들이 공부하기도 했는데, 여성 참정권은 유럽 국가에서 가장 늦은 편인 1971년에야 부여했다. 각국별 배경에 따라 차이는 있지만, 제1차 세계대전 이후 서구 여성은 19세기부터 이슈가 되어온 참정권을 드디어 행사하게 됨으로써 마침내 근대적 시민의 반열에 끼게 되었다. 여성들은 근대적 주체로서 각자 개별적인 권리를 행사하게 되었다. 참정권은 강력한 집단적 노력을 통해 획득할 수 있었지만 투표권의 행사는 기표소 안에서 고독하게 해야 했다. 여성운동은 참정권이라는 공동의 대의를 상실했으므로 운동단체들은 이름을 바꾸고 새로운 과제를 찾거나 해소의 길을 갔다. "참정권 운동가에서 시민으로, 가정주부에서 가정 경제학자로, 자원봉사자에서 사회 사업가로, 침묵과 완곡 화법 대신 프로이트 심리학으로 변화해가는 와중에 근대성은 여성에게 이익과 손실을 동시에 가져다주었다. 참정권을 획득한 결과 빅토리아 시대 이래 번창한 여성공동체의 토대는 잠식되었다."(에번스, 1998, 275~276쪽) 하지만 근대화의 산적한 문제를 해결하는 주체로서 근대적 개인이 얼마나 취약한지 그 한계를 생각해본다면 사실 참정권 획득은 여성운동의 시작일 뿐 종료는 아니었다.

전쟁을 거치면서 여성들은 성역할에 따른 고정관념을 벗어난 분야에서 노동할 수 있는 기회도 갖게 되었다. 프랑스에서는 제1차 세계대전 동안 여성들이 은행, 전신전화국, 철도, 지하철 공사 같은 분야나 철강, 무기 등 전쟁관련 사업에도 진출했다. 초기에는 군수산업에 식민지 주민과 외국인 노동자를 고용했으나 나중에는 인력이 부족해서 여성을 고용하기 시작했다. 중공업 분야에서 여성의 고용은 기계화와 임금삭감 효과를 동시에 가져왔다. 그러나 전쟁 기간 중에 이루어진 여성의 노동시장 진출은 영구적인 것이 아니었다. 영국과 독일은 군수산업에 여성을 고용할 때 미리 임시고용이라는 전제를 달았다. 1917년 뒤늦게 전쟁에 참여한 미국에서는 여성 고용이 많이 늘지는 않았으나 여성 노동력이 점차 사무직, 중공업, 운송업 같은 남성 분야로도 옮겨가는 현상이 일어났다. 그러나 전쟁이 끝나자 여성은 돌아온 남성들에게 일자리를 내주고 집으로 돌아가야 한다는 압력이 마치 미리 합의라도 된 것처럼 거셌다. 여성도 나라를 위해 일하라고 강조하던 유럽과 미국 모두 전후에는 여권론에 적대적인 분위기가 팽배했고 여성이 가정에서 해야 할 역할이 강조되었다. 전쟁의 여파는 어머니 역할을 찬양하고 출산을 장려하는 풍조를 강화했다. 1914년 미국의 윌슨(Woodrow Wilson) 대통령은 5월 둘째 주 일요일을 어머니날로 정했는데, 전쟁 후 독일(1923), 프랑스(1926)도 출산을 장려하는 취지에서 어머니날을 채택해서 공식 기념일로 활용했다. 클레망소(George Clemenceau)는 1919년 베르사유 조약 비준을 요청하는 연설에서 "만일 프랑스가 대가족을 거부한다면 여러분이 원하는 가장 훌륭한 조약을 협약에 넣어도 아무 소용이 없습니다. 독일의 모든 대포를 탈취해도 아무 소용이 없습니다."라고 했다. 같은 시기에 낙태와 피임에 대해 글을 쓰거나 정보를 주는 행위는 법으로 금지되었다.

이런 흐름은 제2차 세계대전 이후에도 유사하게 반복되었다. 미국에서는 1944년 취업한 여성이 2000만 명 가까이 되었고, 이들 가운데 85%가 계속 일하기를 원했으나 돌아온 남성들에게 일자리를 제공하는 것이 먼저였다. 특히 전통적으로 남성의 일자리였고 임금이 높은 직종에 있던 여성들이 먼저 떠나야 했다. 전쟁 기간 중 여성 참여를 독려하는 아이콘으로 활용되면서 씩씩하고 아름다운 여성 노동자의 이미지를 새롭게 주조했던 '리

리벳공 로지(Rosie the Riveter) 포스
터. 제2차 세계대전 중 미국 정부는
여성들이 공장에 나가 일하도록 적극
독려했다. 같은 제목의 노래도 인기를
얻었고, 로지는 애국적인 여성노동자
를 상징하는 이미지가 되었다.

벳공 로지(Rosie the Riveter)'는 이제 공구를 놓고 작업복을 벗고 가정으로 돌
아가라는 요구를 받았다. 영국에서는 제2차 세계대전 당시 18~60세 여성
가운데 45%를 차지하는 700만 명 이상이 비행기와 무기 제조에서 간호에
이르는 다양한 전쟁 수행 관련 업무에 참여했다. 그 중 절반 가까이는 기혼
여성이었다(블래닝, 2003, 8장). 이런 수적 우세와 여성단체의 캠페인에 힘입
어 1943년에는 전쟁으로 입은 부상에 대한 보상에서 남녀 차등을 두던 법을
동등하게 보상하도록 하는 운동(Equal Compensation Campaign Committee,
ECCC)을 벌여 개정에 성공했다. 그러나 남녀의 임금 격차를 없애는 동일임
금 요구는 실현하지 못했다. 제2차 세계대전이 끝나자 젊은 여성들은 자의
반, 타의 반으로 일자리를 떠나 서둘러 결혼하고 아이를 낳았다. 미국에서
와 마찬가지로 정부와 언론이 가정과 모성을 강조하는 분위기를 조성한 탓
이기도 했지만, 그와는 좀 다른 해석도 있다. 즉 전쟁 기간에 장시간 저임

금 노동을 하고 가사노동과 육아의 이중부담에 시달리던 여성들 자신이 전업주부로 돌아가는 편을 선호했다는 것이다. 그래서 여성이 일방적으로 가정으로 밀려났다기보다는 전쟁에 지친 여성과 남성을 복귀시켜야 하는 사회 상황에서 양측의 암묵적인 공모를 통해 1940년대 말 베이비붐이 시작되었다. 기성질서를 바닥부터 뒤흔드는 경험인 전쟁을 거치고도 직장, 가정, 정치에서 여성이란 성별은 여전히 개인의 행동을 제약하는 요소로 남아 있었다. 여성의 본분은 아내이자 엄마로서 가정을 돌보는 데 있다고 보는 전통적인 시각도 아직 크게 바뀌지 않았다. 전쟁 후에 강화된 가족주의는 나중에 1960년대 말 여성해방운동이 도래하면서 비로소 도전 받게 된다.

어머니, 주부 노릇이 어디에서나 늘 같은 것은 아니다. 시대에 따라 달라진다. 예를 들어 제1차 세계대전 후 중산층 가정에서는 더 이상 하녀를 고용하기 어려워졌다. 그러자 이전에 하녀가 하던 역할을 각종 가전제품이 대신하게 되었다. 다리미나 청소기부터 냉장고, 세탁기 같은 대형 백색가전이 미국 시장을 필두로 보급되기 시작했다. 가전제품 덕분에 가사노동 시간이 줄었을 법도 하지만 실제로는 가사노동의 종류가 더 다양해졌다. 유능한 주부라면 과학의 이름으로 가전제품 사용법을 비롯해 살림살이 비법을 열심히 연마해야 했다. 모성 역시 과학적인 관리 대상이 되었다. 어머니의 역할은 가정뿐만 아니라 자녀의 학교생활까지 총괄 관리하는 것이었다. 이렇게 가정주부의 역할이 강화되는 한편, 전혀 다른 종류의 신세대 여성도 나타났다. 재즈시대라고도 불리는 1920년대는 젊은 여성이 대거 사무직에 진출한 시기였다. 이들은 일과를 마치면 종아리가 드러나는 짧은 치마와 보브 스타일의 단발을 하고 술, 담배를 거침없이 하면서 재즈바를 드나들며 자동차 운전을 즐기는 신세대 말괄량이(flapper)로 변신했다. 신여성의 경우에는 인생관이 걸린 문제이던 것이 이들에게는 스타일이 걸린 문제가 되었다. 물론 적당한 남자를 만나 결혼하기 전까지만 허락된 일탈이었다. 이 무렵에는 집단보다 개인의 취향이 중시되고, 정치적으로는 개혁보다 보수주의 색채가 강화되었으며, 도시화된 삶 속에서 소비주의가 대중의 관심사로 떠올랐다. 여성의 사회적 역할과 책임이 다시 강조된 것은 1930년대 대공황의 시기를 맞이했을 때였다. 대공황을 거치면서 남성 가장을 유일한 생계 부양자로 삼은 가족 내의 역할 분담 모델은 재조정되어야 했다. 일부 부유층을 제외하고는 기혼여성의 경우에도 임금노동을 해야만 생계가 유지되는 가족의 비율이 늘어났다. 그러나 동시에 남성의 일자리를 빼앗아 '잉여소득'을 올리는 기혼여성은 사회적 비난의 대상이 되고 해고할 때는 우선순위가 되는 모순된 상황이 전개되었다. 이 와중에 루스벨트(Franklin Roosevelt) 대통령 정부에서 최초의 여성각료로 입각해서 12년간 노동부 장관을 지낸 퍼킨스(Francis Perkins, 1880~1965)는 뉴딜 정책의 입법화 과정에서 핵심적인 역할을 했는데, 여성 노동력을 뉴딜에 참여시키기 위해 각별한 노력을 기울였다. 루스벨트 대통령의 부인 엘리너(Eleanor Roosevelt, 1884~1963)는 미국 퍼스트레이디로서는 최초로 공적인 영역에서 활발히 활동했다. 여성, 실업자, 흑인 등 사회적인 소수자의 권익을 위한 일을 하고 여권을 지지하는 발언을 공개적으로 했다.

공황의 여파가 좀 더 파국적으로 나타났던 패전국에서는 파시즘이 등장했다. 독일에서는 1933년 나치당이 집권하면서 여성의 역할도 그들의 이념적 필요에 맞춰졌다. 나치는 1920년대 바이마르 공화국 시기를 부모의 권위가 떨어지고, 여성의 역할이 혼란에 처한 '가족의 위기' 시대로 보았다. 그들은 모성과 가족의 중요성을 강조하고 아버지를 중심으로 이상적 '독일 가정생활'을 복원하는 것이 곧 강하고 안정된 독일 국가를 재건하는 것이라고 주장했다. 단 여기서 개인과 가족생활은 민족과 국가를 위해 언제든 희생할 수 있어야 했다(유정희, 2003). 나치당의 홍보를 담당한 괴벨스 (Joseph Goebbels, 1897~1945)는 여성의 역할을 이렇게 규정했다. "지도자는 여성의 지위에 아주 새로운 생각을 제시했다. ······ 여성은 남성의 동지이자 노동의 동지이다. 여성은 항상 그래왔고 앞으로도 항상 그럴 것이다.

오늘의 산업사회에서도 여성은 그래야 한다. 전에는 밭에서 그랬다면 오늘날에는 사무실에서, 남성은 생활을 조직하고 여성은 그의 보조자이고, 실행기관이다." 괴벨스는 1933년 여성이 국회의원에 출마하는 것을 금지하면서 "남성에 속하는 것은 남성에게 있어야 한다. 민족의 정치와 무장이 바로 남성에게 속하는 것이다."라고 그 이유를 댔다(나베-헤르츠, 2006, 4장). 나치 치하에서 여성은 대학교수 자격시험에 응시할 수 없었고, 판사나 변호사도 될 수 없었다. 대학 내 여학생 비율도 정원의 10%로 제한했다. 다만 미래 세대를 낳고 키우는 생물학적인 역할을 강조했으므로 다산한 어머니에게는 훈장을 주고 미혼자에게는 세금을 물리는 정책을 실행했다. 제3제국 시대에 허용된 여성의 단체 활동은 '여성의 영역'에서의 역할을 지원하는 것으로 한정되었다. 헤스(Rudolf Hess, 1894~1987)는 '나치 여성회'나 '독일여성단체'라는 관제 여성단체를 만들어 나치 정권을 지지하는 역할을 맡기기도 했다. 그 단체의 여성 지도자는 훗날 전범에도 속하지 않을 정도로 권력 안에서 미미한 비중을 차지하는 데 그쳤다. 이렇게 제한된 어머니로서의 역할조차 순수 아리안 혈통의 게르만 여성에게만 주어진 것일 뿐, 유대인이나 집시 등 '열등 인종'이나 장애가 있는 여성들에게는 허용되지 않았다. 그들에게는 강제적인 불임수술을 실시했다. 나치 시대에 여성은 남성을 보조하는 존재이자 가정에 속한 존재로 간주되었지만, 언제나 그렇듯이 적극적인 동조자에서 수용소에 갇힌 피해자에 이르기까지 두루 분포해 있었다.

냉전과 풍요의 시대를 넘어

두 차례의 전쟁을 거치면서 미국과 유럽에서는 일상의 풍경도 달라졌다. 시대는 자기를 닮은 미인을 선호한다. 제2차 세계대전 동안 미군들의 침상위에 꽂혀 있던 핀업걸(Pin-up girl)로는 금발의 백치형 미인이 인기였다. 일찍이 핀업걸로 인기를 모은 매릴린 먼로(Marilyn Monroe)는 1954년 멀리 한국까지 참전용사를 위문 오기도 했다. 반면 베티 데이비스(Betti Davis)나 캐서린 헵번(Katherine Hepburn)같이 독립적이고 강한 여성도 전쟁의 위기에 함께하고 싶은 여인상으로 부각되었다. 전쟁이 끝난 1950년대에는 도리스 데이(Doris Day)처럼 여성미가 도드라지면서도 같이 살기에 부담 없는 사랑스러운 여배우가 인기를 모았다. '여성다움의 귀환'은 전후 대서양 양쪽 여러 국가에서 여성들에게 보내는 공통의 메시지였다. 패션에서 가는 허리가 돋보이는 주름치마, 가늘고 높은 굽을 도입한 프랑스 디자이너 크리스찬 디오르(Christian Dior, 1905~1957)의 뉴 룩(New Look) 스타일이 인기를 끌게 된 것도 유사한 현상이었다. 1948년 크리스찬 디오르는 뉴욕에 매장을 열었고 열광적인 반응을 얻었다. 전쟁이 끝난 후 가정으로 돌아가 살림을 도맡게 되었지만, 실질적인 경제 능력은 없는 가정주부 지망생들로서는 안정적인 재정 후원자를 붙잡기 위한 유혹의 기술이 필요했다. 디오르는 그런 욕구를 잘 읽어냄으로써 성공을 거두었다. 미국의 장난감 제조회사 마텔(Mattel)이 1959년부터 만들기 시작해서 세계로 팔려나간 바비 인형은 전후 풍요로운 사회에서 여성에게 보내는 이중의 메시지를 대변한다. 초기에 나온 바비는 풍만한 가슴과 잘록한 허리에 하이힐을 신은 전형적인 금발 미인으로 잘 생기고 부자인 남성의 짝이 되도록 예정되어 있었다. 하지만 단순히 어머니나 아내 노릇을 하기보다 자기를 가꾸는 데 전념하도록 설정되어 있다는 점이 바로 바비가 소녀들에게 인기를 끌 수 있었던 비결이다(발리시·푸르넬, 2007, 76쪽, 79쪽). 사실 전보다 질 좋은 교육을 받게 되었지만 목표는 여전히 현모양처에 머물러야 하는 젊은 여성들은 혼란에 빠졌다. 1950년대 미국의 명문 여대를 배경으로 한 영화 「모나리자 스마일(Mona Lisa Smile)」(2003)을 보면 당시 여대생이 생각하는 졸업 후의 정상적 진로가 무엇인지 엿볼 수 있다. 자신의 집안이나 학벌에 어울리는 남자를 만나 가정을 꾸리는 것이 부모나 주위에서 생각하는 우선 목표였다. 한 여학생은 졸업을 앞두고 원하던 로스쿨의 입학 허가를 받지만 약혼남과의 장래 때문에 막상 진학은 엄두도 내지 못한다. 자신의 계급적 지위를 유지하기 위해, 다른 길에 대해 생각해보지 않았기 때문에 가장 안전한 길로 가려는 여학생들은 안도감과 자의식, 그래도 뭔가 아쉬운 마음이 뒤섞여 갈등하는 신경증적인 상태가 된다.

이 무렵 보부아르(Simone de Beauvoir, 1908~1986)의 『제2의 성』(1949)이 출간되었다. 여자들은 전쟁 기간 남성의 일을 하고 새로운 경험을 통해 자긍심을 갖게 되었다. 그러나 전쟁이 끝나자마자 집으로 돌려보내져 다시 '여자다움'이란 무엇인가에 대해 귀가 닳도록 듣게 되었다. 실존주의 철학자 보부아르는 이에 대해 '여자로 태어나는 것이 아니라 길러지는 것'이라고 반기를 들었다. 여성을 '타자(the Other)', 즉 비정상적인 존재, 불완전한 남성으로 보는 사회 인식을 비판하는 동시에 무언가 여성적인 것이 태생적으로 존재한다는 본질론에도 반대했다. 『제2의 성』은 여권운동의 기운은 쇠퇴하고 새로운 여성운동은 아직 도래하지 않은 1950~1960년대에 마음 통하는 여성들끼리 입소문으로 돌려 읽는 책이었다. 보부아르 자신은 독립적으로 생계를 꾸리면서, 연애는 하되 결혼은 하지 않았고, 아이도 낳지 않았으며 남녀 친구들과 깊이 교류하며 지내는 등 인습으로부터 자유로운 삶을 살았다. 스스로 새로운 가능성을 여는 실험을 한 셈이다. 그런데 독일의 유명한 페미니스트 잡지 《엠마(Emma)》 편집장 알리스 슈바르처(Alice Schwarzer)가 인터뷰한 내용(Schwarzer, 1984)에 따르면, 보부아르는 『제2의 성』을 출간할 당시에는 페미니즘보다 사회주의에 더 관심을 갖고 있었다. 보부아르는 당시 계급투쟁이 가장 중요하다고 보았고 사회주의를 이루면 여성의 권리문제도 해결될 것으로 보았다. 그러나 그후 20여 년이 지나면서 보부아르의 생각은 바뀌었다. 가장 혁명적인 좌파 그룹 안에서도 성별에 따른 불평등은 지속된다는 것을 깨달았다. 철학자의 혜안으로서 여성이 지금 자신의 권리를 위해 싸우지 않으면 미래는 결코 저절로 나아지지 않는다고 보았다. 그리고 그런 생각을 보부아르답게 바로 실천에 옮겼다. 프랑스에서 새로운 여성운동의 물결이 일어났을 때 당시 이미 원로에 속했던 보부아르는 망설임 없이 후배들의 요청을 받아들였다. 1971년 여성해방운동 진영은 여성 자신의 의사를 존중하지 않는 낙태금지에 반대하는 활동을 조직하면서 보부아르에게 동참을 청했다. 343명의 여성이 자신의 낙태경험에 대해 발언하고 여성의 권리를 선언할 때 보부아르도 그 자리에 있었다. 거리에서 수천 명이 모여 시위할 때도 참여했으며, 필요하면 자기 아파트를 내주기도 했다. 보부아르의 페미니스트로의 전향은 언론의 주목을 받기에 충분한 뉴스거리였다. 보부아르는 대의를 위해서라면 기꺼이 헌신하면서 평판 따위는 개의치 않는 모습을 보여주었다. 또한 당시 자본주의와 사회주의 정당 양쪽을 모두 비판하면서 독자적이고 자율적인 여성운동을 지지했다. 그의 저술은 오랜 전쟁으로 단절된 듯한 제1차 여성운동, 즉 여권운동과 1970년대 새로운 물결의 여성운동을 이어주는 징검다리 구실을 했다.

『제2의 성』과 보부아르가 징검다리였다면, 베티 프리던(Betty Friedan, 1921~2006)의 『여성의 신비(Feminine Mystique)』(1963)는 전후 냉전과 풍요 시대의 침묵을 흔들어 깨우는 종소리와도 같았다. 이 책은 제2차 여성운동, 즉 여성해방운동의 시기에 필독서로 읽혔으며 훗날 20세기에 가장 영향력 있는 책의 하나로 꼽혔다. 이 책은 어머니, 아내의 역할과 자아찾기라는 상충하는 메시지 속에서 정체성 위기를 겪던 전후에 교육 받은 중산층 여성의 상태에 대해 설명했다. 프리던은 이 책을 통해 전후 세계 최대의 호황을 누리고 있는 미국, 그 중에서도 가장 풍요롭게 생활하는 교외 거주 중산층 가정 아내들의 공허한 내면을 드러내서 반향을 일으켰다. 명문 스미스 여대를 졸업한 지 15주년이 되는 1957년, 뒤늦게 공부를 다시 시작한 프리던은 동창생들에게 설문지를 돌렸다. 졸업생 200명을 대상으로 조사한 결과 '여성으로서의 삶의 현실과 추구하는 이미지 사이에는 묘한 불일치가 있다'는 점을 발견했다. 그들 중 다수가 '이름 붙일 수 없는 병'을 앓고 있다는 것이다. "교외의 자기 집에서 주부들은 각자 그 느낌과 홀로 싸웠다. 침실을 정리하고, 시장을 보면서 퀼트 이불보의 조각을 맞추면서, 아이들과 땅콩버터 샌드위치를 먹고 과외활동을 따라다니면서, 밤에 남편 곁에 누운 채, 혹시 이런 질문을 던질까 봐 두려웠다, 이것이 다란 말인가?" 그 어느 때보다 풍족한 환경 속에서 당연히 행복을 느껴야 했던 이들이 왜 이토록 공허감을 느끼는 것인지, 사실 본인들도 그 이유를 알지 못했다. 프리던은 자신과 또래 여성들에게는 21세 이후의 삶에 대한 계획이나 모델이 없었다고 고백한다. 그 자신도 심리학 석사를 끝내고 박사과정 장학금까지 약속 받았으나 알 수 없는 두려움으로 포기하고 한동안 가정주부로 살아왔다. 미국의 중산층 주부들은 제1차 여성운동, 즉 여권운동의 성과로 참정권, 고등교육의 권리 등 기본권을 확보했으나 여전히 공적 사회와 분리된 채 사회적으로 기대되는 성역할과 교육 받은 지식 사이의 괴리에 실망과 혼란스러움을 느끼고 있었다. 그런데 책을 쓰는 과정에서 스미스 여대 재학생들과 대화를 나누어보니 그들 역시 15년 전 대학을 졸업한 선배들과 마찬가지로 주부가 되는 것 외에 자기가 배운 것을 써먹을 수 있는 장래에 대한 구체적인 계획을 세우지 못하고 있음을 알게 되었다. 프리던은 이 문제는 개인적인 것이 아니라 가부장적인 사회구조에서 오는 것이라고 보고 새로운 여성운동의 필요성을 절실하게 느끼게 되었다. 전후 미국 사회는 언론, 교육, 광고 등을 통해 여성은 '성적으로 수동적이고 남편의 지배를 원하고 모성애를 발휘'하는 데 만족하는 존재라고 규정하는 이른바 '여성의 신비' 이미지를 유포했다. 프로이트의 심리학이나 기능주의 사회학이 그 이론적 배경을 제공했다. 그 결과 여성의 역할은 사회적인 활동보다는 가정에 한정되었다. 너무 높은 교육을 받고 커리어를 추구하는 여성은 자연에 거스르는 존재로 취급되었고 여성의 행복과 성취는 그보다는 아이를 키우고 집안 살림을 하는 데 있다고 보았다. 그러나 이러한 규정은 개인의 삶이나 성취에 가치를 두는 자본주의 체제의 삶이나 가치관과도 맞지 않으므로 고등교육을 받은 여성들은 갈등과 분열을 겪게 되었다. 프리던은 그런 갈등은 바람직한 여성의 이미지에 자신을 맞추려고 노력하는 것을 그만두어야 비로소 벗어날 수 있다고 진단했다. 프리던의 해법은 집 안을 벗어나 사회적인 활동을 하는 것이었다. 책의 마지막 장 제목은 「여성의 새로운 인생 계획」이다. 결혼과 어머니 역할이 삶의 중요한 부분이기는 하지만 더 이상 삶의 전부는 아니라는 프리던의 주장은 교육 받은 중산층 여성들의 폭발적인 호응을 불러일으켰다. 다시 학교에 입학하고 직장을 찾으려는 중년 여성들도 생겨났다. 딸의 세대에 이르면서 프리던 세대가 원하던 여성의 사회진출과 가정생활 양립은 당연한 것으로 여겨지게 되었다. 이후 프리던의 활동은 중산층 현모양처의 자아찾기를 넘어서 여성운동의 조직화로 확장되었다. 1966년 프리던은 27명의 동료들과 함께 5달러씩 기부금을 모아 여성단체 NOW(National Organization of Women)를 결성했다. '지금' 그리고 '전국여성연합'이라는 중의적 의미의 이름을 가진 NOW는 여성의 사회적 진출을 가로막는 제도적 장애를 제거하는 데 주력했다. 성차별적 구인광고 금지, 항공사의 기혼여성 해고 철폐에서부터 해묵은 이슈인 성차별 금지 조항을 헌법에 명시하는 '평등권 수정조항(Equal Rights Amendment, ERA)' 통과에 이르기까지 수많은 소송을 진행했다. 프리단과 NOW는 주로 중산층 주부를 기반으로 삼았고, 성향으로 보면 자유주의 페미니즘(Liberal Feminism)으로 분류될 수 있다. 그들의 활동은 당시 흑인민권운동이나 반전운동을 기반으로 성장해온 급진적인 '운동권 여학생'과 함께 1970년대 여성해방운동의 중요한 동력이 된다.

두 번째 물결: 여성해방운동

서구에서 1970년대를 전후로 다시 일어난 여성운동의 흐름을 여성의 제 2물결(the Second Wave), 새로운 여성운동, 혹은 '여성해방운동'이라고 부른다. 처음에는 미국을 근거지로 진행되었고 그후 유럽을 거쳐 비서구 지역으로 확산되었으며 1970년대 후반까지 활력을 유지했다. 다양한 주장과 운동 주체가 존재했던 여성해방운동의 성격을 한마디로 요약하기는 어렵지만, 법과 제도를 개선하는 데 주력하던 여권운동에 비해 여성해방운동은 개인의 삶과 관습의 변화에 방점을 찍었다는 평가를 받는다. 왜 하필 그 시점에 미국에서 여성운동이 부활하게 되었는가? 변호사이자 정치학자로 1967년 시카고에 처음으로 여성해방조직을 만든 프리먼(Jo Freeman, 1945~)은 그 배경을 상세하게 설명했다. 1920년 무렵 미국에서 페미니즘은 죽어버렸다. 너무 이른 죽음이었다. 참정권은 여성이 사회적 역할을 하기 위한 조건 중 하나에 불과한데도 마치 그것이 최종목표인 양 여겨졌고, 참정권이 통과된 후 '페미니스트'라는 호칭은 낡은 묘비명처럼 취급되었다. 그러나 현실은 여전히 억압적이었다. 제2차 세계대전 이후 냉전 시기 동안 여성의 노동력 진출은 늘어났지만 노동시장에서의 지위는 오히려 낮아졌다. 차를 두 대씩 굴리고 TV를 사는 것이 신분의 상징처럼 되면서 늘어난 살림비용을 감당하기 위해 25세 이하 독신여성뿐만 아니라 기혼여성도 노동시장으로 나와야만 할 형편이었다. 그러나 노동시장의 성별 분리로 여성을 위한 마땅한 일자리는 별로 없었고, 남성과의 임금격차도 컸다. 그래서 고학력 여성일수록 일자리를 더 찾기 힘들었다. 1960년대 초, 죽은 듯이 보였던 페미니즘이 살아날 조짐을 보였다. 1961년 케네디 대통령은 대통령 직속 여성특별위원회(the Presidential Commission on the Status of Women)를 설치한다. 위원회는 1963년 자유국가 미국에서 이등 시민으로 사는 여성의 지위를 진단하고 시정 권고 사항을 담은 보고서를 제출했다. 위원회에 참여했으나 그 실효성에 한계를 느낀 여성들은 1966년 베티 프리던과 힘을 합쳐 NOW를 결성한다. NOW는 약 50년 만에 생긴 여성단체로 향후 여성운동에서 중요한 역할을 하게 된다. 새로 부활한 여성운동은 크게 두 축을 중심으로 전개되었다. 하나는 자유주의 여성운동 계열로 분류할 수 있다. NOW와 그 외 몇몇 전문직 여성 직능단체 등이 여기에 속하는데, 주로 여성의 경제적 지위, 노동조건의 개선에 관심을 기울이고, 집행부와 문서화된 정관, 지회 등 형식을 갖춘 조직을 이끌고 주로 백인, 중간계급, 대학교육을 받은 여성이 중심이 된 세력이다. 또 하나의 흐름은 급진주의적 여성운동이 있다. 주로 1967~1968년 무렵 생겨난 규모가 작은 새로운 조직들이다. 그 조직들은 흔히 알려진 것처럼 대학 캠퍼스에서 전부 유래한 것은 아니다. 시기적으로도 좀 차이가 있다. 예를 들어 민주사회를 위한 학생연맹(SDS) 총회에서 학생운동의 이념을 제시한 포트휴런(Port Huron) 선언이 나온 것이 1962년이었고, 흑인민권운동의 기폭제가 된 버스 보이콧 운동은 1955년에 시작되었다. 새로운 여성운동의 작은 조직에 참여한 이들 가운데는 학생운동 출신도 있지만, 대부분이 30대 이하 여성으로 지난 10년간 각종 사회운동에 참여해 정치교육을 받은 경험이 있거나 또 일부는 당시 우후죽순으로 생겨난 자유대학에서 몇 개 과정을 수료했다. 1960년대에 자유대학은 학생이 원하는 강좌를 직접 개설하고 운영할 수 있는 혁명적 시도로 새로운 사상을 배양하는 온상이었다. 시카고, 토론토, 디트로이트, 시애틀 등지에서 자발적인 소규모 조직이 탄생했다(Freeman, 1971).

그 가운데는 1964년과 1965년 '자유의 여름(Freedom Summer)' 캠페인 때, "부모님을 사랑하는 마음은 변함없지만 미시시피로 가야 합니다. 부디 이해해주십시오."라는 간곡한 편지를 띄우고 떠난 후 생명의 위협도 아랑곳하지 않고 흑인 주민들을 상대로 유권자 등록운동을 펼친 용감한 여학생들이 포함되어 있었다. 또 1967년 파이어스톤(Schulamith Firestone, 1945~)

이 한 학생운동 집회에서 그랬듯이, 여성의 권리에 대한 선언문을 읽으려고 연단에 섰다가 "비켜요, 아가씨. 우리는 여성해방보다 더 중요한 논의사항이 있어요."라고 면박을 당하고 분노에 떨었던 여성도 있었다. 아니면 1968년 4월 23일 민주사회를 위한 학생연맹에서 탈퇴한 마지 피어시(Marge Piercy, 1936~)처럼 "남성 우월주의자들의 여성에 대한 관념은 인습적이고 가부장적이었다. 다시 말해 그들에게 여성은 잠자리와 식사를 준비하고 어린이를 돌보는 일, 또는 타이핑 작업이나 사무기기 조작, 지루한 조사 작업을 보조하는 사람에 지나지 않았다."고 선언한 후 조직을 떠난 여성 활동가도 있었다. 흑인민권운동의 중심 세력인 학생비폭력조정위원회(SNCC)의 지도자 카마이클(Stokely Carmichael, 1941~1988)은 1964년 "학생비폭력조정위원회 안에서 여성이 취할 자세는 납작 엎드려 뻗치는 것이다."라고 말해 원성을 샀다(알리 · 왓킨스, 2001).

막상 여성들 자신의 조직이 시작된 것은 1967년에 들어서였다. 1967년은 민권운동에서 백인들이 밀려나던 시기였으며 민주사회를 위한 학생연맹의 평판이 떨어지고 신좌파 세력이 기울던 시기였다. 이 시기에는 반전운동이 중심이고 징집 거부가 중요한 전술로 채택되면서 여성이 조직 내에서 할 수 있는 역할은 더 줄어들었다. 물질적이고 인종차별적인 미국 사회를 개혁한다는 기치를 내건 운동권 남성이 성차별에는 무신경한 것에 지친 여성들은 자매애에 기반을 둔 대안적 공동체를 만들고자 시도했다. 이때 만들어진 새로운 조직은 위계질서나 지도를 거부하고 자생적이고 평등한 구조를 지향하는 것이었다. 기존의 좌파 · 우파 식 구분으로는 설명할 수 없는 성격의 조직이었다. 1968년 처음으로 미국과 캐나다 지역의 여성 200명이 시카고에 모여 전국여성해방대회를 열었다. 새로운 여성운동의 시작을 알리는 신호였다. 1968년은 그 동안 축적되어온 학생운동과 민권운동의 에너지가 베트남전 참전 반대라는 뇌관을 만나 발화된 시기였다. 미국은 물론 서유럽과 남미, 동유럽, 아시아에 이르기까지, 대학생과 노동자를 망라하는 연대가 현실로 일어났고 전쟁, 관료주의, 군산복합체, 독재, 권위주의, 교육격차에 저항하는 구호가 캠퍼스와 거리를 뒤덮었다. 통일된 구호보다 각자 자신의 자리에서 저항의 대상에 일격을 가하는 시도를 했다. 반동의 강도도 만만치 않았다. 같은 해 4월에 마틴 루터 킹 목사가 암살되었고, 케네디 대통령의 동생 로버트 케네디 상원의원이 6월에 저격당했다. 8월에는 민주당 전당대회가 열린 시카고에서 반전 시위를 하던 대학생들이 경찰에게 두들겨 맞는 폭력사태가 벌어졌다. 같은 달 소련의 탱크가 프라하에 진입했고 민주주의를 채 싹틔우기도 전에 프라하의 봄은 끝나버렸다. 그해 1월 워싱턴 D. C.에서는 반전시위 중에 '자매애는 강하다(Sisterhood is Powerful).'라는 구호를 들고 나가 전통적인 여성상을 묻어버리는 퍼포먼스가 벌어졌다. 이들은 9월에는 뉴저지 주의 애틀랜틱시티로 가서 여성의 상품화와 미스 아메리카 선발대회에 반대하는 시위를 벌였다. 이 시위를 주도했던 모건(Robin Morgan, 1941~)은 훗날 미스 아메리카는 '인종차별주의와 군국주의, 자본주의와 같은 미국적 가치가 완벽하게 결합해서 하나의 이상적인 상징'으로 나타난 것이기 때문에 중단시키려고 했다고 설명했다 (Morgan, 1978). 충분히 정치적이었던 이 시위는 대중매체에 의해 의미가 축소되고 희화되는 수모를 겪었다. 당시 200명의 시위대는 대회장 앞에서 자유의 쓰레기통을 설치하고 여성의 고정된 성역할을 상징하는 앞치마, 거들, 브래지어 등을 던져 넣는 퍼포먼스를 선보였다. 이를 두고 언론은 그 취지에 주목하기보다 '브래지어 태우는 여자들(bra-burners)'이라는 선정적인 제목을 달아서 흥밋거리로 삼았다. 이런 식의 왜곡은 그 전이나 후에도 종종 일어났던 일이었다. 이제 달라진 것은 여성들이 더 이상 침묵하지 않고 중요한 순위를 스스로 정하고 자기 목소리를 내기 시작했다는 것이다. 특기할 만한 점은 1968년은 그 동안 진행되어온 각종 저항운동이 정점에 이른 시기이며 그 후 다소 진정 국면으로 접어들었다고 평가되는 반면, 여성해방운동은 이때부터 비로소 힘을 받고 도약하기 시작했다는 점이다.

여성들의 독자적인 요구가 각 분야에서 쏟아져나오기 시작했다.

새로운 여성해방운동은 대서양을 건너 유럽으로 갔다. 영국의 여성운동은 여성 참정권이 실현된 1920년대부터 1960년대 사이에는 비교적 잠잠한 편이었지만 기존의 참정권운동 조직 가운데 일부는 꾸준히 명맥을 이어왔다. 포셋 협회(the Fawcett Society)는 참정권운동의 명맥을 이은 대표적인 기구로 현재도 활동 중이다. 한편 1968년에는 바다를 건너온 여성해방운동의 활력과 영감에 힘입어 새로운 조직들이 생겨나기 시작했다(Zweiniger-Bargielowska, 2001). 영국 역시 여성해방운동에서 신좌파, 반전평화운동의 영향이 컸는데, 특히 '핵무장해제운동(the Campaign for Nuclear Disarmament)'에서 활동했던 여성들이 합류했다. 1968년은 여성 참정권 획득 50주년을 맞이하는 해로, 이를 계기로 페미니스트 조직이 새로이 결집하기도 했다. 일부 여성해방그룹은 직접 행동을 선호한다는 의미에서 전투적 여성 참정권 운동가의 계승자를 자처하기도 했다. 영국 여성운동은 역사적으로 다른 지역에 비해 노동조합과 정치적 좌파와 밀접한 관계를 맺어왔다. 19세기 여권운동 당시에도 독립노동당이나 자유당 내 개혁세력과 공조한 경험이 있고, 여성 노동자와 여성운동의 이슈를 결합하려는 시도를 지속적으로 해왔다. 1968년 6월 영국의 런던 동쪽에 위치한 다겐헴(Dagenham)의 포드자동차 공장에서는 여성 재봉공이 파업을 일으켰다. 포드자동차 공장에서는 성별에 따라 직무가 완전 분리되어 있어서 여성은 매점과 시트 만드는 재봉 공정에서만 일했다. 여성 재봉공들은 아무리 오래되어도 미숙련공 취급을 받아 초보 남성보다 임금이 적었다. 여성들은 남성 노동자의 적대감을 무릅쓰고 공장가동을 정지시키기에 이르렀고 마침내 동일임금을 따내는 성과를 거두었다. 이런 활동은 1970년 동일임금법(Equal Pay Act), 1975년 성차별금지법(Sex Discrimination Act)의 제정으로 이어졌다. 한편 여성해방운동으로 생겨난 그룹을 기존 참정권운동에서 성장한 조직과 비교해보면, 이들은 개인이나 성 관련 이슈에 더 관심을 기울였다. 1970년 러

1968년 영국 다겐햄의 포드자동차 공장에서 파업에 참여한 여성 노동자. 동일한 노동을 하는 남성 노동자와 동일한 임금을 지급할 것을 요구해서 어느 정도 성공을 거두었다.

스킨 대학에서 열린 최초의 전국 규모 여성해방운동 대회에서는 동일임금, 교육 등에서 동등한 기회 제공, 24시간 보육시설, 무료 피임 제공, 낙태허용 등이 논의되었다.

특히 피임과 낙태문제는 1970년대에 미국과 유럽에서 공통적으로 핵심 주제로 떠올랐다. 68혁명 시기에 여성 활동가들이 민권운동과 전쟁 반대운동에서 여성의 재생산 권리의 문제로 관심을 돌리게 된 배경은 무엇일까? 독일 여성운동사를 저술한 홀란드-쿤츠 교수에 따르면, 68혁명은 페미니스트에게 이중적인 영향을 끼쳤다(Holland-Cunz, 2003). 여학생들은 학생운동 조직을 통해 정치화를 경험하고 사회의식을 성장시킬 수 있었다. 그러나 다른 한편 68혁명에 참여한 남성 활동가들의 가부장적인 모습은 여학생들에게 조직을 떠나게 만들었다. 1968년 9월, 집회에서 여성활동가 뤼거(Sigrid Rüger)가 학생운동의 남성 지도자에게 토마토를 던진 것은 일종의 상징적인 사건이다. 68의 활동가들은 세상을 바꾸는 혁명을 하겠다고 했지만 전통적인 사고나 행동방식을 그대로 갖고 있는 경우가 많았다. 그러자 여성들은 명분만 세우고 정작 자신들의 문제에는 무관심한 조직을 떠나 여성의 삶과 직접 연관된 문제에 집중했다. 낙태에 대한 선택권 문제가 1970년대에 부각된 것도 그런 맥락에서 조망할 수 있다.

'개인적인 것이 정치적이다'

여성해방운동 안에는 다양한 흐름의 여성운동과 페미니즘이 합류, 공존하고 있었다. 그 중에도 68혁명의 활동가와 조직의 가부장적인 태도와 관행에 실망한 운동권 여성들은 여성해방운동의 새로운 동력이 되었다. 여성해방운동의 슬로건인 "개인적인 것이 정치적인 것이다(The Personal is political)."도 애초에 신좌파가 기존의 정치제도와 조직의 권위주의를 비판하면서 즐겨 쓰던 것이다. 이 말은 조금씩 다른 뉘앙스로 해석되어왔다. 우선 '자연스럽게' 여겨지는 일상의 관계나 행위에도 정치적인 권력관계가 스며들어 있다고 할 때 인용된다. 예를 들어 남녀의 연애관계나 가족관계에도 국가와 마찬가지로 지배와 종속의 개념이 관철된다. 다음으로 중요한 것과 중요하지 않은 것의 기준이 달라질 수 있다고 말할 때도 인용된다. 예를 들어 시민권, 노동운동, 계급뿐만 아니라 가사노동이나 성과 관련된 주제도 충분히 중요한 정치적 토론거리라는 것이다.

소규모 여성해방 그룹으로 활동하던 급진주의자들은 운동방식이나 이슈에서 이전 세대나 NOW 중심 활동과는 확연히 구분되는 특징을 가지고 있었다. NOW의 경우는 남성도 회원으로 받아들인 반면 소규모 여성해방 그룹은 여성만을 받아들이는 분리주의 전술을 택했다. 이들은 68혁명의 근간을 이룬 각종 저항운동 조직이 가진 남성 중심성을 통렬히 비판하고 자매애로 이루어진 자율적 공동체를 지향했다. 소규모 조직을 통해 진행한 의식화 학습이나 개인적인 경험을 정치적인 의미로 해석하는 방식 등은 학생운동이나 민권운동 초기 방식에서 배운 그대로였지만 그 내용은 달라졌다. 사상적으로는 마르크스주의를 비롯한 계급론적 사회분석의 틀에 영향을 받았으나 '자본주의'가 아니라 '성'을 가장 기본적인 억압의 토대로 보았다. "사회주의 혁명은 여성을 위해 충분히 혁명적이지 않다."고 단언했던 파이어스톤(Shulamith Firestone, 1945~)의 『성의 변증법(The Dialectic of Sex)』(1970)은 급진적 페미니즘에 이론적 틀을 제공했다. 파이어스톤이 이 책에서 제시하는 여성 억압의 기원은 생물학적 기반을 가진 것이었다. 그는 "여성의 억압을 엄격히 경제적 해석에 의거하여 설명하려는 것은 오류이다. 계급 분석은 훌륭한 작업이지만 제한적이다."라고 평가하면서, "경제적 계급과는 달리, 성적 계급은 생물학적 현실에서 직접 발생했다. 남성과 여성은 다르게 만들어졌고, 평등하게 특권을 누리도록 창조되지 않았다. 드 보부아르가 지적한 대로 차이 그 자체가 한 집단이 다른 집단을 지배하는 계급 체계의 발전을 반드시 필연적으로 만들어내는 것은 아니지만, 생식 기능의 차이로 그렇게 된 것이다. 생물학적 가족에는 불평등한 힘의 분배가 내재해 있다."고 분석했다. 파이어스톤은 여성운동의 선배 세대에 대해서도 날카로운 비판을 가했다. "제1차 세계대전 전후의 여성운동가는 여성의 대의 그 자체를 정당한 급진적 문제로 보지 않았다. 여권운동을 다른 것, 즉 더 중요한 정치운동에 부수적인 것으로 파악함으로써 그들은 어떤 의미에서 그들 자신을 결함 있는 남성으로 보았다." 즉 남성과 관계있는 문제는 '인간적'이고 '보편적'인 반면, 여성들의 문제는 '특수'하고 '당파'적인 문제들로 보았기 때문이다. 파이어스톤이 제시하는 여성해방의 해법은 여성이 재생산을 통제할 수 있는 권리와 기술을 가지고 생물학적인 숙명에서 벗어나는 것이었다. 여성이 성계급의 하위 카스트에서 벗어나려면 복제나 인공수정으로 출산을 대체해야 한다는 파이어스톤의 논리가 당시에는 황당하게 들렸겠지만 실제로 오늘날의 의학 발전 수준에서 보면 실현 가능한 혜안을 지닌 예언이 된 셈이다. 하지만 오늘날 발달된 재생산 기술은 여성을 재생산으로부터 해방시키지 못했다. 오히려 태아 감별이나 무리한 인공배란 유도 등으로 여성의 생명을 위협하는 도구가 되는 경우가 많다. 단순히 과학기술의 발전만으로는 충분하지 않다. 문제는 역시 권력관계이다.

파이어스톤의 주장은 그 급진성과 대담함으로 여성해방운동 안에서도 찬반양론을 불러일으켰다. 특히 여성 억압의 기원이 자본주의인가 생물학적인 성별인가, 당면한 적이 체제인가, 남성인가, 여성은 남성 지배적인 좌파와 계속 협력해서 일해야 하는가, 아니면 남성과 관계를 끊고 오직 여성들과 일해야 하는가를 둘러싼 논쟁은 여성운동가들을 정치파(politicos)와 급진적 페미니스트(radicals)로 분열시켰다(Echols, 1998 참조). 여성문제는 사회변혁을 지향하는 더 광범위한 투쟁에 포함되는 부문운동이라고 보고 스스로를 페미니스트로서의 정체성을 가진 마르크스주의자 혹은 사회주의자라고 생각하는 여성들은 정치파로 불렸다. 정치파로 분류된 여성들 가운데는 예를 들어 반전시위에서 전통적 여성상을 매장하는 퍼포먼스를 벌이는 것 같은 분리주의적 행동은 비정치적이라고 비판하는 이도 있었다. 사실 파이어스톤 자신이 처음부터 독자적 여성조직을 주장했던 것은 아니다. 흑인민권과 반전운동을 지향하는 학생조직에서 활동하면서 조 프리먼과 함께 여성문제를 공식 의제로 제출하려 했으나 남성 간부와 청중들에게 야유를 받으며 밀려난 적도 있었다(Rosen, 2000, 127~129쪽). 백인 중산층 여대생의 문제는 흑인이나 아메리카 인디언의 문제만큼 중요하지 않다는 전제가 깔려 있었으므로 그들이 중요하다고 생각하는 여성 관련 의제는 언제나 양보와 침묵을 요구 당했다. 여성 독자조직이 필요하다는 당위성은 바로 그런 배제의 경험 속에서 나온 것이었다.

독일 여성의 경험도 유사했다. "사회 전반에 고조된 민주주의의 분위기를 타고 남녀평등의 사상은 열렬히 고취되었지만 그로 인해 현실과 이상의 간극은 좁혀지지 않았다. 경제부국을 자랑하는 서독 사회에서 여성들이 감수해야 했던 모순은 진보성을 천명한 학생 청년운동 내부에서도 일어났다.……밤을 지새우며 서독 사회의 모순과 그 척결방안을 토론하는 남성 동지들을 위해 그들은 커피를 끓이고 내일 뿌릴 전단을 타자로 쳤다.…… 또 학생운동의 와중에서 소시민적인 성윤리에 정면 도전한다는 기치 아래 주장되었던 성해방도 그 실제에 있어서는 여성들을 또 한 번 대상화하고 말았다.……진보적인 남성들에게 성관계, 임신 그리고 육아는 서로 상관 없는 각각의 문제였으며 해방된 여성이라면 혼자서 알아서 처리해야 하는 문제였다."(이금윤, 1990, 359쪽) 독일에서도 모든 정치조직으로부터 분리를 주장하는 자율적인 여성운동론과 기존 정치조직의 틀 안에서 여성문제를 끊임없이 제기해야 한다는 사회주의 여성운동론 두 진영이 양보 없이 주장을 전개했다. 더불어 마르크스주의와 여성해방론의 관계에 대해서도 방대한 이론논쟁이 지속되었다.

여성해방운동은 그 동안 별로 정치적이라고 여겨지지 않거나 사적인 것으로 취급되었으나 일상의 삶을 제약하는 이슈를 내세운 점에서는 신좌파와 공통점이 있다. 성(sexuality)과 관련된 문제가 대표적이었다. 그런데 여성해방운동에서 성문제에 접근하는 방식은 당시 신좌파운동의 조류 속에 전개되던 성해방의 담론과는 차이가 있었다. 성적인 억압을 근대 권위주의에 대한 비판 및 개인의 소외 문제와 연결한 라이히(Wilhelm Reich, 1897~1957)의 이론에 심취하고, 관습적인 금기에서 벗어나 다양한 성적 표현의 자유를 회복하는 것이 반(反)문화운동의 주된 관심사였다면, 여성해방운동에서는 그 동안 개인적으로 당해온 억압의 경험을 벗어나 대안을 마련할 수 있기를 원했다. 적절치 않은 임신으로부터 벗어나서 피임을 하거나 낙태를 선택할 권리, 일하거나 공부하는 동안 아이를 돌봐줄 시설, 원치 않는 성희롱이나 성폭력으로부터 안전할 권리가 성해방을 논하기 전에 선결되어야 할 요건이라는 점을 여성들은 잘 알고 있었다. 예를 들어 1968년 서베를린에서 열린 '여성해방을 위한 행동 평의회'에 참가한 여성들은 성해방보다는 자신들이 공부하거나 일할 동안 아이를 돌봐줄 시설을 마련하는 문제가 우선 관심사였다(프레이저, 2000, 468~469쪽).

성해방과 몸에 대한 권리

여성이 자기 신체를 통해 일어나는 재생산에 대해 자기 결정권을 가져야 한다는 인식은 곧 여성해방운동의 중요한 이슈로 떠올랐다. 특히 실제로는 공공연하게 이루어지면서 제도로서는 불법인 낙태문제는 윤리와 충돌하면서 대중적 관심을 끄는 쟁점이 되었다. 1971년 4월 5일, 프랑스의 유명 주간지 《누벨 옵세르바퇴르(Le nouvel Observateur)》에 청원서가 실렸다. 「나쁜 여자 343명의 성명서」라는 제하에 시몬 드 보부아르, 마그리트 뒤라스(Marguerite Duras), 프랑수아 사강(Françoise Sagan), 잔 모로(Jeanne Moreau), 카트린 드뇌브(Catherine Deneuve)와 같은 유명인사를 포함한 343명의 여성이 낙태 경험을 고백하고, 처벌을 달게 받겠노라고 나섰다. 당시 프랑스에서 낙태는 중대한 처벌 대상이었다. 성명서에 따르면 "프랑스에서는 해마다 수백만 명의 여성이 낙태 수술을 받는다. 수술은 의사 손에 이루어져야 하는 것이 원칙인데도, 위험한 상황에서 몰래 수술을 받는다. 우리는 이 수백만 여자들에 대해 침묵한다. 나는 내가 그녀 중 한 명임을 고백한다. 나는 낙태 수술을 받은 것을 고백한다. 우리는 피임을 할 자유가 있는 것처럼, 낙태를 할 자유가 있음을 주장한다."는 것이다. 성명서는 매우 큰 충격으로 받아들여졌다. 재생산에서 여성의 자기결정권을 보장하려는 운동은 그 후에도 꾸준히 이어졌다. 1972년 강간에 의한 임신 후 낙태한 어린 소녀에 대한 재판 사건을 계기로 여론이 낙태금지를 반대하는 주장 쪽으로 기울었다. 1974년 보건부 장관 시몬 베유(Simone Veil, 1927~)는 낙태 전면 금지를 푸는 개혁에 성공했다. 1971년 독일에서도 프랑스의 전례를 따라서 낙태 경험을 고백하는 서명운동이 일어났다. 처음에 유명 인사를 포함한 374명의 서명에서 시작해서 《슈테른(Stern)》지를 통해 공개된 서명은 몇 주 만에 수천 명을 훌쩍 넘었다. 미국에서는 1973년 연방대법원이 로대 웨이드(Roe vs Wade) 판결을 통해 낙태 여부를 정할 때 여성 자신의 의사가 존중될 권리를 인정해주었다. 제인 로(Jane Roe)라는 가명을 사용한 텍사스 거주 독신여성은 소송을 제기할 당시 임신 중이었다. 로는 낙태를 금지한 텍사스 주의 형사법은 개인의 자기결정권을 박탈하는 것이므로 위헌이라는 취지의 소송을 제기했다. 연방대법원은 7대 2로 로의 손을 들어주어 임신 초기 3개월에 낙태를 금지한 주법을 무효화했고, 이후 50개 주가 이 판결을 따르게 만드는 성과를 거두었다. 그러나 이 판결을 계기로 낙태반대론자들은 더욱 단호하게 반대활동을 해야겠다고 자극 받았다. 그 결과 1977년에는 가난한 여성들이 낙태할 때 주정부 보조금을 주는 것을 철회하는 판결이 대법원을 통과한 적도 있다. 사실 미국 사회에서 낙태문제를 둘러싼 논란은 여전히 현재 진행형이다. 각기 자신을 선택존중파(Pro-choice)와 생명존중파(Pro-life)로 호명하면서 진보와 보수를 가르고, 대통령 후보의 사상을 검증하는 기준이 되고 있다. 여성감독의 공동 작업으로 나온 「더 월(If these walls could talk)」(1997)이란 영화를 보면 낙태문제를 둘러싸고 여성 개인이 겪는 고통이나 여성을 돕는 의사에 대한 테러까지도 유발하는 사회적인 갈등이 묘사되어 있다. 영국은 보수당 정부가 들어설 때 낙태에 대한 규제가 강화되는 경향이 있고, 이탈리아에서는 1975년 낙태시술이 허용되었으나 가톨릭측의 반대로 갈등이 지속되었다. 독일에서는 동서독이 달랐다. 서독은 1995년까지 치료목적의 낙태만을 허용했으나 동독은 1972년 이후 세계에서 가장 자유로운 법의 혜택을 받았다. 그래서 통일 후 서독측의 규제를 완화하는 새로운 법을 제정해야 했다. 낙태문제

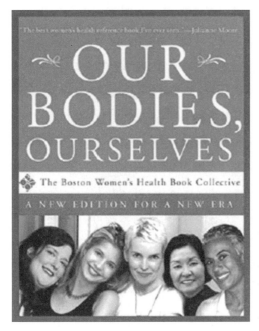

'여성과 몸'이라는 세미나를 통해 여성의 시각으로 여성의 몸을 돌보는 방법을 궁리하기 시작한 '보스턴여성건강모임'은 1972년 『우리 몸 우리 자신』을 출간했는데, 그 후 개정을 거듭하면서 세계 각국에서 독자를 확보했다. 사진은 2005년판 표지.

에 대한 논쟁은 추상적인 찬반보다는 각국별 상황에 따라 차이가 있음을 고려해야 한다. 그러나 아직도 여성들은 의사에게 좀 더 인간적인 취급을 받으면서 안전한 낙태 시술을 받을 권리를 원하고 있다.

문제는 여성의 몸이 사회에서 어떤 대접을 받느냐 하는 것이다. 여성들은 자기 몸에 대해 좀 더 많은 지식을 갖고 제대로 된 대접을 받기 위해 스스로 모임을 만들었다. 1969년 미국 보스턴에서 열린 여성대회에서 '여성과 몸' 회의에 참가한 12명의 여성은 모두 병원에서 분노와 짜증을 느낀 적이 있다고 털어놓았다. 이들은 1972년 '보스턴여성건강모임(the Boston Women's Health Collective)'이라는 조직을 만들었고 그 뒤로 꾸준히 발행했던 소책자를 모아 『우리 몸 우리 자신(Our Bodies, Our Selves)』을 출간했으며 계속 개정판을 내고 있다.[2] 미국에서는 먹는 피임약이 1960년 승인이 났고 1961년부터 시판에 들어갔다. 흔히 피임약 시판은 성혁명의 전제 조건으로 평가된다. 실제로 피임약의 사용은 생식과 쾌락을 분리한 성행위를 가능하게 했고 자기 몸에 대한 여성의 통제권을 확장하는 효과를 가져왔다. 그러나 피임약이 여성에게 곧바로 성해방을 안겨주지는 않는다는 것을 1960년대의 여성들도 알고 있었다. 민주사회를 위한 학생연맹의 활동가였던 린지(Karen Linsey)는 「성혁명은 여성에게 농담거리가 아니다(Sexual Revolution is no joke for women)」라는 글에서 자신의 경험을 담아 당시 성해방 풍조가 여성에게 주는 부담을 설명했다(Rosen, 2000, 145~147쪽). 린지는 조직 안에 사귀는 남자 친구가 있어서 남자들이 여자 동료에 대해 어떤 식으로 말하는지 들을 기회가 있었다. 남자들끼리 모여 아무와도 잔 적이 없는 여자 동료를 두고 쇠로 만든 그것을 가졌을 거라는 식의 농지거리를 주고받는 것을 듣고 자신도 함께 웃기는 했지만 기분이 상했다. 린지 자신은 성혁명에 대해 나름의 소신이 있었고 자유로운 성의 향유를 지지했으나, 성적으로 자유롭고 만족해야 한다는 관념이 또 다른 종류의 강박이 될수 있음을 깨달았다. 성혁명이란 결국 남성은 억제할 수 없는 성적 충동을 가졌으며 여성은 그의 요구를 자유롭게 들어주기만 하면 된다는 신화에 근거한 것이 아닌가 하는 의심도 들었다. 사실 운동 조직 안에서 남자들과 자유로운 성관계를 맺는 '해방된' 여성이 헤픈 여자 취급을 받거나 흑인 남성의 요구를 들어주지 않는 백인 여성이 인종주의자 취급을 받는 것은 드문일이 아니었다. 이른바 성혁명 시기에도 남성이 여성의 성을 지배하는 관계가 변하지 않으면 해방이란 존재하지 않는 것이다.

여성의 몸에 가해지는 각종 폭력을 예방하고 피해자를 지원하는 활동도 여성해방운동의 핵심적인 성과였다. 예를 들어 영국의 여성운동가들은 1976년 '강간방지여성모임(Women Against Rape, WAR)'을 만들었다. 이들은 입법부와 사법부, 행정부를 상대로 피해자 보호법 시행을 요구했고, 대

---

2 한국어판은 『우리 몸 우리 자신』, 또문몸살림터 역편(또하나의 문화, 2005).

중매체에 강간은 중대한 범죄라는 인식을 확산시키는 데 주력했다. 1978년부터는 부부 강간에 대한 인정과 피해자에 대한 재정 지원을 위해 캠페인을 벌였다. 여성에 대한 폭력을 우려하는 입장에서는 포르노에 대해서 검열이 필요하다는 주장도 나왔다. 포르노가 강간 등 여성에 대한 남성의 폭력을 조장한다고 생각했기 때문이다. 반면 자유주의 신념을 가진 여성운동가 중에는 포르노 반대도 일종의 언론자유를 탄압하는 검열이라는 점에서 유보적인 입장을 취한 이들도 있다. 가장 맹렬한 포르노 반대운동가는 드워킨(Andrea Dworkin, 1946~2005)과 매키넌(Catherin MacKinnon, 1946~)이었다. 매키넌은 「목구멍 깊숙이(Deep Throat)(1972)」라는 제목의 포르노 영화에 출연했던 여배우가 촬영 과정에서 전남편에 의해 학대와 강요를 당한 사건을 접하면서 포르노의 폭력성을 더욱 심각하게 느끼게 되었다. 1985년 두 사람은 도덕문제로 접근했던 기존 논의를 벗어나 포르노가 여성의 시민권을 침해한다는 시각에서 소송을 제기했다. 포르노는 오락이란 명목으로 여성에 대한 폭력과 착취를 정당화함으로써 특히 여성에게 해를 끼치는 성차별적인 도구로서 평등을 보장한 헌법에 위배되므로 법적으로 금지해야 한다는 것이다. 이에 대해 '검열반대페미니스트기획단(the Feminist Anti-Censorship Task Force)' 그룹이 역소송을 제기함으로써 논쟁은 격화되었다. 모든 포르노가 반드시 여성의 의사에 반한다고 볼 수 없고, 너무 포괄적으로 금지할 경우 여성 자신의 자유로운 성적 표현조차 제한할 수 있다는 것이 이들의 반대 이유였다. 여성운동 안에서 포르노 검열 혹은 금지를 둘러싼 입장차이 같은 의견 대립은 그 후에도 종종 발생했다.

에필로그

다양성과 차이는 여성해방운동의 특징을 말해주는 가장 적절한 단어이다. 하나의 이념이나 조직으로 설명할 수 없는 여러 빛깔의 목소리가 동시에 울렸다. 여성해방운동은 많은 것을 변화시켰다. 사회운동의 방식을 바꾸고, 정치의 의미를 바꾸었으며, 사람들의 라이프스타일을 바꾸어놓았다. 만일 남자와 여자 사이의 관계가 달라질 수 없다면 계급이나 인종관계의 변화는 어떻게 기대할 수 있을까? 여성해방운동은 법이나 이념만이 아니라 개인의 생활까지 바꾸지 않는다면 진정한 변화는 오지 않는다는 당연한 사실을 알려주었다. 여성해방운동 덕분에 여성전용 카페, 서점, 이론이나 역사 연구단체, 각종 세미나 그룹, 성, 피임, 낙태와 관련된 모든 문제에 정보와 도움을 주는 자선단체와 병원, 구타당하는 여성을 위한 은신처, 성폭행 피해자를 위한 법률상담소와 같은 여성들의 만남의 장소와 상부상조 구조가 생겨났다. 1973년 미국의 여성해방단체 명부에는 2000개가 넘는 이름이 올라가게 되었다. 급진적 페미니스트는 남성이 지배하는 기존 조직에서 벗어나 대안적인 여성 공간, 여성 문화를 만들려고 노력했다. 사회주의 페미니스트는 반제국주의, 노동운동, 신좌파와의 연대를 여전히 지속하면서도 개인과 가족관계의 가부장제를 개혁하고자 했다. 자유주의 페미니스트는 남성과 동등한 권리를 보장 받기 위해 동일임금 획득, 여성의 관리직, 전문직, 고위직 진출 등을 위한 제도 개선에 집중했고, 흑인 여성을 비롯한 유색 여성운동가들은 서구 중심주의에서 벗어나 자신의 문화와 정체성을 담은 목소리를 내고자 했다. 차이와 갈등은 존재했지만 여성해방운동은 여전히 한 나라를 넘어 전 지구적 연대가 가능한 소수 종목 중의 하나였다.

　여성해방운동의 고조와 쇠퇴는 지역에 따라 약간의 시차가 있었다. 여성해방운동의 기운이 뒤늦게 당도한 남부 유럽은 상대적으로 개혁이 천천히 오래도록 진행되었다. 부부 공동재산제와 친권 공유 조항이 이탈리아에서는 1975년, 포르투갈에서는 1978년, 에스파냐에서는 1981년, 그리스에서는 1983년에 인정되었다. 선거권 등이 상대적으로 뒤늦게 인정된 프랑스에서는 1965년부터 여성이 직업 활동을 하거나 자기 재산을 관리하는 데

남편의 허락이 필요하지 않게 되었다. 1970년에는 '가장'의 개념이 사라지고, 부모 양쪽 모두에게 권리가 인정되었다. 1975년에는 간통이 처벌대상에서 제외되었고, 1985년에는 부부 공동재산제와 자녀에 대한 동등한 친권이 인정되었다. 반면 영미권의 여성운동은 1970년에서 1975년 사이에 가장 고조된 양상을 보였고 1970년대 후반에 점차 사그라지는 국면에 접어들었다. 1980년대 대처 수상과 레이건 대통령의 집권은 진보의 종말, 보수의 득세를 알려주는 신호였다. NOW를 비롯한 자유주의 운동진영에서 오랫동안 공을 들여온 ERA(Equal Right Amendment), 즉 헌법에 남녀평등 조항을 넣는 개정안은 신보수주의의 벽을 넘지 못하고 1982년 마지막 비준 시한을 넘겨 무효가 되어버렸다. 새 정부에서는 여성과 소수 인종의 권리를 보장하는 적극적 우대조치(Affirmative Action) 지지자나 페미니스트는 발붙일 곳이 없었다. 수잔 팔루디(Susan Faludi)는 1980년대를 피해자 또는 소수자에게 오히려 책임을 전가하는 반격(Backlash)의 시대로 규정했다 (Faludi, 1992). 독립할 능력이 있는 독신 여성을 결혼도 못 하고 아이도 못 낳는 정서적으로 불안정한 존재로 낙인 찍는 근거 없는 담론이 미디어를 통해 유포되고, 모든 악의 근원에는 여성운동이 있는 것처럼 비난하는 현상이 일어났다. 그러나 신보수주의자들은 이미 세상이 달라진 것에 대해서는 잘 모르거나 의도적으로 무시한 것이 분명했다. 1970년대 중반에 이르면 사회학자나 인구학자 등이 '가부장제' 가족 모델이 서구사회에서 해체되고 있음을 경고했다. 우선 출산율이 급격히 떨어졌다. 1965년 여성 1명당 아이의 수는 2.5~3.2명이었으나 1975년에는 1.5~2명으로 줄었다. 결혼은 이제 더 이상 피할 수 없는 숙명이 아니었다. 미국에서는 1960년에서 1970년 사이에 이혼 건수가 두 배로 늘어 100쌍 중 42쌍이 이혼을 했다. 1980년에 59%까지 증가했다. 결혼 연령도 점점 높아졌다. 1970년 미국에서 24세 여성의 미혼 비율은 36%였는데, 1980년에는 51%로 증가했다. 따라서 가족의 형태도 변했다. 재혼 가정, 한 부모 가정이 늘어났고, 독신자의 비율도 증가했다(발리시 · 푸르넬, 2007, 110~117쪽).

이런 변화에는 여성의 독립 신장이 기여한 바도 어느 정도 있지만, 여성도 대가를 치렀다. 이혼한 여성은 이혼한 남성에 비해 생활수준이 훨씬 많이 떨어졌다. 양육의 부담은 여성에게 여전히 더 크게 지워졌으므로 한 부모 가정은 주로 여성인 경우가 많았다. 설사 여성 자신이 원하더라도 결혼은 더 이상 안전한 평생 안식처가 되지 못한다. 여성해방운동이 이런 변화를 일방적으로 주도한 것이 아니라 이렇게 달라진 가족과 남녀관계에 대응하는 방도를 모색한 것이라고 보는 편이 역사적인 설명방식이다. '가부장제의 귀환'으로는 남녀와 아이들 모두 행복해질 수 없다. 페미니스트에게 책임을 전가하더라도 상황은 크게 달라지지 않는다. 1980년대를 쥐고 흔든 신보수주의자들의 기대와 달리 1990년대에도 전반적인 변화의 추세는 되돌릴 수 없었다. 아카데미 영화제에서는 최우수 외국어 작품상을 받고 《엔터테인먼트(*Entertainment*)》지로부터는 최악의 영화 2위로 지목된 「안토니아스 라인(Antonia's Line)」(1995)은 4대에 걸친 여자들의 변화하는 삶을 다룬 영화이다. 우리는 거기서 남녀관계와 가족 형태에서 이전에 익숙했던 방식을 기대하기보다는 이제껏 한 번도 존재하지 않은 양식에 대한 상상력을 펼쳐야 행복하게 공존할 수 있다는 교훈을 얻는다. 유토피아(utopia)란 말 그대로 아무 데도 존재하지 않는 곳(nowhere)이며 우리가 만들어야 할 곳이다.

● 기본문헌

알리스 슈바르처, 『사랑받지 않을 용기』, 모명숙 옮김(미래인, 2008)

저자 슈바르처는 독일의 대표적인 페미니스트 잡지 《엠마》의 발행인이자 편집장이다. 70년대에 여성해방운동에 참여했던 저자는 현대 페미니즘의 11가지 이슈를 골라 분석했다. 저자의 다른 책 『아주 작은 차이』(이프, 2001)도 사랑과 성을 새롭게 해석한 당대의 베스트셀러이다.

사빈 보지오 발리시·미쉘 장카리니-푸르넬, 『저속과 과속의 부조화, 페미니즘』, 유재명 옮김(부키, 2007)

프랑스 저자들이 쓴 20세기 여성사 개설서. 1900년에서 2000년 사이 유럽 여성사를 사건들, 인물과 신화, 종합 평가와 논쟁으로 나누어 설명했다. 참정권에서 바비 인형까지 다양한 분야를 간략하지만 보기 좋게 다루었다.

벨 훅스, 『행복한 페미니즘』, 박정애 옮김(백년글사랑, 2007)

벨 훅스는 미국 남부의 가난한 지역에서 자란 흑인 여성으로서 68운동에 참여했으며 후일 영문학자, 페미니스트, 교육이론가로 명성을 얻었다. 원제는 *Feminism is for Everybody*(2000)로 대중서 형식의 얇은 책인데 성, 인종, 계급 사이의 관계를 명쾌하게 정리했다.

베티 프리단, 『여성의 신비』, 김현우 옮김(이매진, 2005)

1963년 발간되어 여성운동의 두 번째 물결, 즉 여성해방운동의 물꼬를 텄다고 평가되는 페미니즘 고전의 완역본. 고등교육을 받은 미국의 중산층 주부가 안고 있는 갈등을 개인이 아닌 성차별적 사회구조의 문제로 보고 해결책까지 제안한 선구적인 책.

버지니아 울프, 『자기만의 방』, 이미애 옮김(민음사, 2006)

소설가 울프가 여성문제에 대해 쓴 대표적인 에세이 두 편 「자기만의 방」(1929)과 「3기니」(1939)를 모아놓았다. 여성작가의 생존조건, 제국주의 전쟁과 가부장제 사회의 연관방식에 대해 각기 날카롭게 풍자해서 후대 페미니스트의 영감을 자극한 고전.

참고문헌

김경일, 『여성의 근대, 근대의 여성』, 푸른역사, 2005.

김수진, 「신여성현상의 세계적 차원과 사회적 차이」, 《한국여성학》(한국여성학회) 제22권 1호, 2006.

나베-헤르츠, 로제마리, 『독일 여성운동사』, 이광숙 옮김, 지혜로, 2006.

보지오-발리시, 사빈 · 장카리니-푸르넬, 미쉘, 『저속과 과속의 부조화, 페미니즘』, 유재명 옮김, 부키, 2007.

블래닝, 팀 엮음, 『옥스퍼드 유럽현대사』, 김덕호 · 이영석 옮김, 한울, 2003.

알리, 타리크 · 왓킨스, 수잔, 『1968: 희망의 시절, 분노의 나날』, 안찬수 · 강정석 옮김, 삼인, 2001.

에번스, 사라, 『자유를 위한 탄생: 미국 여성의 역사』, 조지형 옮김, 이대출판부, 1998.

유정희, 「나치독일의 가족과 인구정책」, 한국서양사학회 편, 『서양의 가족과 성』, 당대, 2003.

이금윤, 「서독의 새여성운동」, 《여성과 사회》 창간호(창작과 비평사), 1990.

정현백, 「신자유주의와 대안으로서의 독일페미니즘」, 한국사회민주주의연구회 발표문, 2002. 5. 10.

조혜정, 『한국의 여성과 남성』, 문학과지성사, 1988.

통, 로즈마리, 『페미니즘사상』, 이소영 옮김, 한신문화사, 2000.

프레이너, 로널드, 『1968년의 목소리: 불가능한 것을 요구하라』, 안효상 옮김, 박종철출판사, 2000.

Caine, Barbara, *English Feminism 1780-1980*, Oxford University Press, 1997.

Echols, Alice, *Daring to be Bad: Radical Feminism in America 1967-1975*, University of Minnesota Press, 1998.

Faludi, Susan, *Backlash: The Undeclared War against Women*, Vintage, 1992.

Freeman, Jo, "The Women's Liberation Movement: Its Origin, Structures and Ideas", 1971.(1970년에 대학가에서 한 강연으로 1971년 소책자로 발간)

Haywood, Leslie & Drake, Jennifer, *Third Wave Agenda: Being Feminist, Doing Feminism*, University of Minnesota Press, 1997.

Holland-Cunz, Barbara, *Die alte neue Fraunfrage*, Suhrkamp Verlag, 2003.

Morgan, Robin, *Going Too Far: The Personal Chronicle of a Feminist*, Random House, 1978.

Rosen, Ruth, *The World Spilit Open: How the Modern Women's Movement Changed America*, Viking, 2000.

Schwarzer, Alice, *Simone de Beauvoir Today 1972-1982*, Chatto & Windus, 1984.

Zweiniger-Bargielowska, Ina(ed.), *Women in Twentieth-Century Britain*, Longman, 2001.

제12장

20세기 라틴아메리카

외세 개입, 독재, '저발전' 의 변주곡

박구병 아주대 인문학부

【연표】

1934	미국 프랭클린 루스벨트 대통령 '선린정책' 표방
1934~1940	멕시코의 라사로 카르데나스 집권
1937	브라질 제툴리우 바르가스 대통령 '새로운 국가' 선포
1938	멕시코의 카르데나스 석유자원 수용과 석유산업 국유화 선언
1946	아르헨티나의 후안 페론 대통령 취임
1948	콜롬비아의 보고타 회의에서 미주기구(OAS) 탄생
1952	아르헨티나의 에바(에비타) 페론 사망
1953	쿠바의 혁명가 피델 카스트로와 '7월 26일 운동' 세력이 몬카다 병영 습격
1954	미국 중앙정보국(CIA)의 후원 아래 과테말라 군부의 쿠데타 발발, 하코보 아르벤스 구스만의 중도좌파 정부 전복
1959	쿠바 혁명 성공
1960	과테말라 내전 발발, 1996년까지 36년 동안 지속
1961	미국이 쿠바와 단교 후 코치노스 만 침공했으나 실패, 체 게바라가 쿠바 산업 다변화 정책 주도
1962	쿠바 미사일 위기, '제3차 세계대전'의 위협
1964	브라질 군부 쿠데타로 주아웅 굴라르 정부 전복, 향후 20여 년간 군부의 직접 통치
1966	쿠바 '새로운 사회주의적 인간 운동' 전개
1967	체 게바라가 볼리비아 산악지대에서 게릴라 활동 중 피살
1970	칠레의 사회주의자 살바도르 아옌데 대통령 선거에서 승리
1973	아우구스토 피노체트가 이끈 칠레 군부의 쿠데타로 아옌데 사망, 인민연합 정부 전복, 아르헨티나 후안 페론의 세 번째 대통령 임기 시작
1976~1983	아르헨티나의 '추악한 전쟁', 군사통치위원회의 호르헤 비델라 장군의 대통령 취임, 파업권 박탈, 정당 해산, 다수의 실종자 발생
1979	니카라과에서 산디니스타 혁명 성공

【연표】

1980	쿠바인 약 1만 명 페루 대사관으로 진입, 대량 탈출 사태의 서곡
1980~1982	과테말라 군부 정권이 대대적인 게릴라 진압과 원주민 소탕 작전 전개
1982	아르헨티나가 말비나스(포클랜드) 전쟁에서 영국에 패배, 멕시코의 경제위기와 국제통화기금(IMF) 구제 금융 수혜
1984	아르헨티나의 '실종자 진상조사 국가위원회' 『눈카마스(Nunca Más)』 발간
1989	'워싱턴 합의'를 통해 신자유주의적 정책 기조 확산
1990	니카라과의 산디니스타 정권 선거 패배로 퇴진
1994	북아메리카자유무역협정(NAFTA) 발효, 사파티스타 해방군(EZLN)의 저항 시작
1998	베네수엘라의 우고 차베스 대통령에 당선
2003	'정의당(페론주의 정당)' 소속 네스토르 키르츠네르가 아르헨티나 대통령 취임, 과거사 규명 작업 재개
2005	아르헨티나 대법원 1980~1990년대 민선정부의 '추악한 전쟁' 관련자 사면법과 사면령에 대해 위헌 판결
2006	칠레의 아우구스토 피노체트 사망
2008	쿠바의 피델 카스트로 국가평의회 의장 공식 사임, 라울 카스트로의 승계

전사(前史) : 유럽의 식민 지배와 독립 이후의 혼란

꽤 높은 수준의 토착 문명을 이루어온 '라틴아메리카'는 15세기 말 콜럼버스의 항해 이래 유럽에서 건너온 낯선 침입자들의 일방적인 명명(命名)과 상상의 대상이 되었다. 약 3세기에 걸쳐 대부분 에스파냐와 포르투갈의 식민 지배를 경험한 이 지역을 흔히 라틴아메리카라고 부르는 것은 또 다른 외세인 프랑스의 영향력을 보여주는 것이다. 나폴레옹 3세 치하 프랑스의 멕시코 점령(1862~1867) 과정에서 쓰이기 시작했다는 이 호칭이 프랑스 군대가 퇴각한 뒤에도 유지되었다는 것은 하나의 역설이다.

19세기 초 라틴아메리카의 독립투쟁은 한마디로 에스파냐의 식민 통치에서 벗어나려는 아메리카 태생의 백인, 즉 크리오요(criollo) 민족주의의 표출이었다. 독립투쟁 초기에 일부 지역에서 원주민이나 아프리카계 노예들이 아래로부터 일으킨 봉기가 좌절된 뒤 에스파냐 식민당국의 반(反)혁명이 얼마 동안 지속되다가 결국 보수적인 크리오요가 주축이 되어 독립을 성취하는 경우가 많았다. 여러 나라로 나뉘어 독립한 뒤 에스파냐 인들을 대신해 크리오요가 새로운 지배층으로 부상했지만, 대다수 라틴아메리카 국가들은 경제적 침체, 외세 개입, 정치적 혼란에 시달리게 되었다. 19세기 말까지 라틴아메리카 곳곳에서는 카우디요(caudillo, 軍閥) 간의 분쟁이나 쿠데타를 통해 국가 권력이 빈번하게 교체되었다.

정치적 혼란은 대체로 1870년대에 수습 국면으로 접어들었다. 1870년대에는 멕시코의 포르피리오 디아스 정권과 같은 중앙집권적 과두지배 체제가 여러 나라에 수립되면서 유럽화 전략이 본격적으로 추진되었다. 20세기 초까지 라틴아메리카의 지배 엘리트층은 '질서와 진보'를 표방하면서 '호시절(Belle Epoque)'의 프랑스와 앵글로색슨 지역의 도시 문화를 적극적으로 수입했다. 나아가 아르헨티나와 칠레, 우루과이의 권력자들은 '근대화의 장애물'로 간주된 원주민들을 고립시키거나 학살한 뒤 부족한 노동력을 메우기 위해 유럽인들의 대규모 이주를 받아들임으로써 각국을 '표백'하고 자 했다.

또 라틴아메리카의 여러 나라는 산업 성장의 기반이 취약한 가운데 칠레 의 구리, 아르헨티나의 양모와 쇠고기, 페루의 구아노,[1] 브라질의 커피, 쿠 바의 사탕수수, 베네수엘라의 카카오, 멕시코의 에네켄(henequen, 용설란) 과 같이 단일산물의 경작(monoculture)과 수출을 통해 유럽 중심의 자본주 의 세계경제 체제에 편입되었다. 라틴아메리카의 경제는 낮은 국제 경쟁력 과 협소한 역내 시장, 제조업 생산의 비효율성과 상업망의 부족 탓에 서유 럽이나 미국의 자본과 기술에 크게 의존하게 되었다.

한국 사회에서 바라보는 20세기 라틴아메리카

1898년 미국과 에스파냐의 전쟁, 그리고 쿠바의 독립을 출발점으로 삼아 20세기 라틴아메리카의 역사를 대별한다면 과두지배 체제의 구축과 그에 대한 저항(1898~1920), 포퓰리즘(populismo) 체제의 등장과 대중의 출현 (1920~1950), 냉전 대립과 국가 주도 관리체제의 강화(1950~1982), '민주주 의와 시장'의 모색(1982~현재)으로 요약할 수 있을 것이다. 20세기 라틴아 메리카의 역사적 흐름 가운데 한국 사회의 관심을 끄는 대목은 무엇보다 포퓰리즘 체제, 군부 독재, 민주화 이행으로 이어지는 숨 가쁜 정치적 변화 와 그 유산일 것이다. 그리고 서남유럽과 미국의 경제 상황에 크게 좌우될 수밖에 없었던 라틴아메리카의 일차산품 수출 경제가 대공황의 위기 속에 서 어떻게 변모했는지, 또 빈발하는 경제위기나 세계화와 신자유주의 정책 을 둘러싼 논란도 흥미로운 쟁점이다. 아울러 미국이라는 강대국의 '뒷마

---

[1] 건조한 해안지방에 퇴적된 조류의 분뇨(糞尿)로서 주로 인산질 비료로 쓰인다.

당'에서 라틴아메리카의 여러 나라가 미국의 정치적·경제적 헤게모니에 맞서 어떻게 반응했는지 역시 주목할 만한 문제이다.

적어도 1960년대 이래 아르헨티나, 브라질, 칠레 등 남아메리카 일대에서 오랫동안 지속된 군부 독재는 한국 현대사의 궤적과 유사하게 각국에 어두운 그림자를 짙게 드리웠다. 1980년대 중반부터 군부가 정치 일선에서 물러나고 민선 정부의 주도로 권위주의 시대의 강압 통치에 대해 공식적인 조사가 이루어졌다. 그러나 대개 그 진상이 적절하게 규명되지 않았고, 과거사의 정리와 기억에 관해서는 국민적 공감대를 형성하지 못한 채 최근까지 갈등을 겪고 있다. 현재 비극적인 과거사에 대한 망각이나 무관심이 균형 잡힌 역사 인식과 성찰의 문화를 형성하는 데 큰 걸림돌로 작용한다는 점에서도 한국과 라틴아메리카는 유사성을 지니고 있다.

1980년대 한국 사회에서는 '자립적인 민족 경제의 건설'이라는 정책적 목표가 사회 구성원들의 공감을 얻은 바 있다. 물론 자립에 이르는 방식을 둘러싸고 격렬한 대립과 갈등이 빚어졌다. 외자 도입과 수출 진흥을 통한 경제 개발과 이를 추진하기 위해 강력한 권위주의적 정부의 필요성을 주장한 군부나 경제 관료에 맞서 진보적 지식인과 학생들은 그런 개발 방식이 대외 종속과 체제의 매판성을 심화시킬 뿐이라고 비판하면서 그 역사적 선례로 라틴아메리카를 거론하곤 했다. 이런 주장에 따르면 라틴아메리카나 한국은 미국을 비롯한 선진 자본주의 국가들이 통제하는 '신(新)식민지'에 지나지 않았다(김수행, 2002, 7면). 당시 세계 자본주의 체제의 작동 원리에 대해 비판적으로 검토하고 '신식민지'에서 탈피해 주변부 자본주의 체제의 새로운 진로를 모색하려는 이들에게 라틴아메리카 산(産) 종속이론은 그야말로 매력적인 수입품이었다.

또한 1997년 말 국제통화기금(IMF) 구제 금융과 구조 조정의 한파가 몰아친 뒤 한국인들에게 라틴아메리카의 대국 멕시코는 갑자기 주목의 대상이 되었다. 1994년 말 페소화의 가치하락, 뒤이은 경제위기와 그 극복 방안으로 추진된 여러 개혁 조치 덕택에 멕시코는 단순한 비교대상이 아니라 일종의 모범사례로 떠올랐다. 멕시코 경제위기와 극복 과정에 대한 국내 언론매체의 진단이 대체로 일회성에 그쳤고 심지어 정치적 견해에 따라 실상을 왜곡하기도 했지만 주요 언론 보도에서 라틴아메리카가 한국 경제 현실과 전망의 평가 잣대로 활용되었다는 점은 특기할 만하다.

그러나 이런 관심은 예외적인 것이었고 라틴아메리카에 대한 국내의 전반적인 인식은 서구의 정형화된 일반론(stereotype)에서 벗어나지 못하고 있다. 1940년 12월 미국인을 대상으로 한 여론조사에 따르면, 라틴아메리카 인들은 "정직하고(13%) 용감하며(12%) 진취적이고(11%) 효율적(5%)"이라기보다는 "성미가 급하고(49%) 감정적이며(47%) 후진적이고(44%) 게으르며(41%) 무지하고(34%) 지저분했으며(28%)"(Johnson, 1980, 18쪽) 반세기 뒤인 1980년대 말에도 미국인들에게 멕시코 인들은 여전히 "게으르고 더러우며 도둑질 잘 하고 성적으로 문란하며 과음하는" 이들이었다(Beezley, 1991, 280쪽).

포퓰리즘 체제에서 군부 독재로

1930~1940년대 라틴아메리카의 여러 나라에서는 포퓰리즘이 정치적 대세였다. 제툴리우 바르가스(Getúlio Vargas)가 주도한 브라질의 '새로운 국가(Estado Novo, 1937~1945)'와 아르헨티나의 페론 체제(1946~1955)는 흔히 '멕시코 혁명의 화려한 대미(大尾)'로 평가 받는 라사로 카르데나스(Lázaro Cárdenas)의 통치와 더불어 포퓰리즘의 전형으로 여겨졌다. 포퓰리즘은 딱히 규정하기 어려운 개념이지만,[2] 대체로 개혁적 구호와 민족주의적 수사

....
2 영국의 역사가 앨런 나이트에 따르면 포퓰리즘으로 지칭되는 체제나 운동 세력이 스스로

의 애용, 카리스마적 지도자의 존재, 그리고 무엇보다 직접적인 호소를 통한 대중의 정치적 포섭과 통합을 그 특징으로 꼽을 수 있다. 포퓰리즘 체제가 실제 대중의 권리를 강화하는 데 기여했는지, 아니면 비판자들이 지적하는 대로 과도한 대중동원을 통해 정치적·사회적 혼란을 제도화했는지는 여전히 논란거리이지만, 19세기 말 이후 펼쳐진 과두지배 체제와는 뚜렷이 구별되는 대중의 정치 참여 시대를 열었다는 점은 분명해보인다.

가장 뜨거운 논란을 일으킨 포퓰리즘 체제는 단연 아르헨티나 현대사의 분수령을 이룬 페론 체제였다. 후안 페론(Juan D. Perón)은 1943년 6월 군부 쿠데타에 가담한 뒤 노동계급의 전폭적인 지지에 힘입어 1946년 2월 선거에서 대통령에 선출되었다. 페론은 농축산업자를 주축으로 한 기존의 과두지배 세력을 약화시키고 노동계급을 정치무대의 전면으로 끌어들였으며, 제2차 세계대전 후 전 세계적인 호경기 속에 산업화와 적극적인 재분배 정책을 실시함으로써 노동계급의 경제적 향상에 크게 기여했다. 그리하여 사회정의, 경제적 주권, 외교적 중립노선을 표방한 페론은 노동자 대중의 '영웅'이 되었으나 전통적인 과두지배 세력에게는 혼란과 분열을 증폭시킨 대중 선동가에 지나지 않았다. 페론의 반대자들은 농축산업 부문을 약화시키고 경제 성장의 토대가 확고해지기 전에 대중에게 과도한 수준의 복지를 남발했다고 비판하며 '노동자의 영웅'을 경제 파탄의 주범으로 지목하기도 했다. 페론을 축출한 새로운 군부의 권위주의적 통치를 거치면서 아르헨티나 사회는 '페론 대(對) 페론 반대' 구도 속에서 한층 더 분열되었다.

1930년대 말까지 혁명 후 체제를 정비하면서 비교적 일찍 정치의 탈(脫)

그 명칭을 쓴 적은 없으며 당대인들도 그렇게 규정하지는 않았다. 포퓰리즘은 훨씬 나중에 특정 체제와 운동을 설명하려는 학술적 개념으로 등장해 널리 통용되었으며 후속 세대 정치인들에 의해 일종의 정치적 비방으로 바뀌어버렸다. N. Miller · S. Hart(eds.), *When Was Latin America Modern?*(London: Palgrave Macmillan, 2007) 참조. 한국어판은 서울대학교 라틴아메리카 연구소 옮김, 『라틴아메리카의 근대를 말하다』(그린비, 2008), 139~140쪽.

군사화를 이룬 멕시코를 제외하고 라틴아메리카의 포퓰리즘 체제는 대개 군부 쿠데타에 무릎을 꿇었다. 일찍부터 민간관료의 통제에 효과적으로 군대를 종속시키는 데 성공한 서구와는 달리 대다수 라틴아메리카 국가에서 군부는 1980년대까지, 일부에서는 최근까지도 정국을 좌우하는 핵심세력이다. 오랫동안 군부 쿠데타나 군부 통치의 경연장이 된 라틴아메리카의 여러 나라 가운데 아르헨티나는 가히 군부의 정치 개입의 실험실이라 할 만하다. 1930년부터 1983년까지 최소한 여덟 차례의 군부 쿠데타가 발생했으며, 집권한 대통령 23명 가운데 15명이 군 장교 출신이었다. 민선 정부는 말할 것도 없고, 쿠데타로 집권하거나 정치적 입지를 넓힌 군 출신 정치인 가운데 페론 대령을 비롯해 단지 두 명만이 법정 임기를 끝마쳤을 따름이다(Rouquié, 1998, 161쪽). 특히 아르헨티나 군부의 '추악한 전쟁'(1976~1983)은 1954년부터 35년 동안 파라과이를 장악한 알프레도 스트로에스네르(Alfredo Stroessner) 정권이나 칠레의 아우구스토 피노체트(Augusto Pinochet)의 철권통치(1973~1990)와 더불어 가장 악명 높은 군부 독재로 알려졌다.

이런 추세는 냉전 시대 라틴아메리카에 대한 미국의 영향력이 확산됨에 따라 더욱 확고해졌다. 1950년대 초반 하코보 아르벤스 구스만(Jacobo Arbenz Guzmán)이 이끄는 과테말라의 중도좌파 정부가 자국 경제 전반을 좌우하던 미국계 유나이티드 프루트 회사(United Fruit Company, UFCO)[3]의 이해관계에 반해 토지개혁을 추진하자 미국 정부는 1930년대부터 표방한 '선린정책'을 접고 라틴아메리카에 대한 군사적 개입을 재개했다. 1954년

---

3 1899년 두 회사의 합병으로 출현한 유나이티드 프루트 회사는 과테말라 정부로부터 막대한 토지를 받아 대규모 과수재배에 이용했을 뿐만 아니라 1910년대 중앙아메리카 철도회사와 라디오·전신회사를 설립하고 교통·통신망을 장악하고 있었다. Thomas Skidmore · Peter Smith, *Modern Latin America*(6th edition)(New York and Oxford: Oxford University Press, 2005), 364쪽.

피델 카스트로와 체 게바라.

미국 중앙정보국(CIA)의 지원을 받은 과테말라 군부는 아르벤스 구스만 정부를 무너뜨리고 권력을 장악한 뒤 반대 세력을 대대적으로 탄압했다.

냉전 시대의 좌우 대립과 '라틴아메리카의 고독'

1954년 미국의 과테말라 개입은 아르헨티나 태생의 보헤미안 청년 에르네스토 게바라(일명 체 게바라)를 혁명투사로 변모시키는 계기가 되었다. 곧이어 체 게바라는 망명지 멕시코에서 쿠바 혁명의 '최고 지도자' 피델 카스트로를 만나 뜻을 하나로 모으고 1956년 쿠바 침투 작전에 가담했다. 침투 작전에서 크게 실패한 혁명세력은 어렵사리 동부 산악 지대에 거점을 확보한 뒤 게릴라 전투를 전개했다. 체 게바라는 피델 카스트로의 동생 라울 카스트로와 함께 산악 전투를 지휘했으며 농민층의 규합에 두드러진 성과를 거두었다. 친미 독재자 풀헨시오 바티스타(Fulgencio Batista)에 항거한 청년 게릴라 전사들은 1958년 12월 산타클라라 전투에서 결정적인 승리를 거두고 마침내 1959년 1월 아바나에 진입했다. 미국의 영향력이 막강한 가운데 '미국의 뒷마당'에서 권력 장악에 성공한 쿠바의 혁명세력은 전 세계 좌파 세력을 크게 고무시켰다.

쿠바 혁명은 무엇보다 반제국주의적 민족주권 회복과 민주주의와 사회 정의의 실현을 지향했다. 달리 말하면 '새로운 사회주의 혁명'이 아니라 19세기 말 호세 마르티의 독립투쟁을 계승하려는 것이었다. 처음 6개월 동안 혁명 정부는 '반혁명분자' 550명을 숙청하고 1898년 이래 밀착관계에 있던 미국에게 적대적 태도를 뚜렷이 취하지 않았다. 카스트로는 1959년 4월에 미국을 방문해 드와이트 아이젠하워와 리처드 닉슨 같은 고위급 지도자들을 만났으며 하버드 대학교에서 열광적인 환영을 받기도 했다. 이렇듯 쿠바 혁명은 양국 간 밀착관계의 단절이라기보다는 재조정의 계기를 마련하는 것처럼 보였다.

1898년 미국과 에스파냐의 전쟁이 미국의 승리로 끝난 뒤 1950년대 말까지 쿠바에 대한 미국의 영향력은 실로 막대했다.[4] 이를테면 미국인들은 쿠바 사탕수수 플랜테이션의 절반과 제당공장의 75% 정도를 소유하고 있

....

4 1898년 미국과 에스파냐의 전쟁이 끝난 뒤 '에스파냐의 마지막 식민지'였던 쿠바는 사실상 미국의 보호령이 되었다. 미국은 1899부터 1902년까지 쿠바에서 군정을 실시하고 관타나모 만에 해군 기지를 설치했으며 '플랫 수정안(Platt Amendment)'을 통해 언제든지 쿠바의 내정에 개입할 수 있는 법적 근거까지 마련했다. 코네티컷 주 공화당 상원의원 플랫(Orville H. Platt, 1827~1905)이 제출했기 때문에 흔히 '플랫 수정안'이라고 부르는 이 조항에 따라 미국은 쿠바의 관타나모(Guantánamo) 만에 해군 기지를 할양받았다. 쿠바 인들의 저항에도 불구하고 이 수정안은 1902년 쿠바 헌법의 일부로 편입되었다. 미국은 이 수정안이 1934년 폐기될 때까지 이에 근거해 우호적인 정부를 유지하거나 미국인 투자를 보호한다는 명목으로 여러 차례 군대를 파견했다. 특히 3조에 따르면 "쿠바 정부는 쿠바의 독립을 보존하고 개인의 생명과 재산, 자유를 보호하기에 적합한 정부를 유지하고자…… 미국이 개입권을 행사할 수 있다는 데 동의"할 수밖에 없었다. 쿠바 인들이 주권에 대한 제국주의적 침해라고 여겼던 플랫 수정안은 프랭클린 루스벨트 대통령이 제시한 '선린정책'을 계기로 관타나모 기지에 대한 미국의 권리를 제외하곤 1934년에 폐기되었다. 관타나모 만에 대한 미국의 장기 임대는 현재까지 지속되고 있다.

었다. 이런 사정 속에서 쿠바의 혁명세력이 표방한 주권 회복은 불가피하게 미국의 이해관계와 상충되었다. 1960년부터 전화 회사를 비롯해 미국인 소유의 기업들이 국유화되고 소련식 중앙계획기구(JUCEPLAN)가 설치되자 미국 정부는 이를 묵과하지 않았다. 1960년 10월 미국 정부의 통상금지령과 1961년 1월 단교 선언에 뒤이어 미국의 영향 아래 있던 거의 모든 라틴아메리카 국가들이 쿠바와 외교관계를 끊었다. 더욱이 미국 중앙정보국은 1960년 8월 마피아 조직을 통해 카스트로의 독살을 꾀한 뒤 수십 차례 암살을 시도했다. 존 F. 케네디 행정부가 묵인한 가운데 1961년 4월 중앙정보국의 주도로 이뤄진 반(反)카스트로 세력의 '코치노스 만'[5] 침공도 큰 실패로 끝났지만 냉전 대립 속에서 쿠바는 체제의 존립을 위해 더욱 더 소련의 후원에 의존할 수밖에 없게 되었다.

1962년 2월 4일 미주기구(Organization of American States, OAS)[6]의 회의에서는 쿠바에 대한 통상금지령이 쿠바만 홀로 반대하는 가운데 통과되었고, "아메리카 대륙의 어떤 국가가 대의제 민주주의에서 벗어나 마르크스·레닌주의를 고수하는 것은 미주기구의 설립 취지에 맞지 않으며, 공산권과의 제휴가 아메리카의 단합을 약화시킨다."는 이유로 쿠바의 회원 자격을 박탈했다. 반면 오랫동안 족벌 독재체제를 유지하고 있던 니카라과나 도미니카 공화국, 아이티의 회원 자격은 별 문제가 되지 않았다.

1962년 10월에는 자칫 '제3차 세계대전'으로 비화될 뻔한 쿠바 미사일

....
5 흔히 '피그스 만(Bay of Pigs)'이라고 하는 번역어는 잘못된 것이다. 쿠바의 서남부에 위치한 이 지역을 에스파냐어로는 Bahía de cochinos라고 불렸는데, 여기서 '코치노(cochino)'는 돼지가 아니라 '쥐치 무리'를 뜻한다. 그러므로 문제의 지명은 '피그스 만'이 아니라 '코치노스 만'이라고 표기하는 것이 더 적절하다.
6 1948년 3월 콜롬비아의 보고타에서 창설된 미주기구의 초석은 1947년의 히우 협약이었다. 당시 미국의 주도로 브라질의 히우 지 자네이루(Rio de Janeiro)에 모인 아메리카 대륙의 21개 국가들은 상호 지원 협약을 체결하고 "어떤 아메리카 국가가 내부 또는 외부로부터 공격 받을 경우 아메리카 대륙 전체가 위협당한 것으로 간주해 집단적인 반격을 전개"하기로 결의하면서 냉전 시대 아메리카의 공동 안보 체제를 강화하고자 했다.

위기가 발생했다. 쿠바 미사일 위기는 쿠바를 볼모로 미국과 소련이 벌인 대결로서 결국 미국은 쿠바 개입을 중단하고 터키에 배치한 미사일을 철수하며 소련은 쿠바에 설치한 중거리 미사일을 철수시킨다는 조건으로 케네디와 흐루쇼프가 극적으로 타협하면서 마무리되었다. 이 사건은 두 강대국이 주도하는 냉전 대립 속에서 협상의 '미끼'에 지나지 않았던 쿠바가 선택할 수 있는 길이 얼마나 제한적이었는지를 여실히 드러내주었다. 미사일 위기 뒤에도 미국의 적대감은 쿠바의 혁명 정부에게 지속적인 위협으로 작용했다.

한편 카스트로와 함께 쿠바 혁명의 쌍두마차로 떠오른 체 게바라는 혁명의 급진화에 기여했다. 미국과 단교를 선언한 후 게바라는 산업부 장관으로서 국영 기업들을 관리하고 산업화 4개년 계획을 지휘했다. 그는 '설탕의 섬' 쿠바의 농업생산을 다변화하고 경공업을 육성하고자 했지만 쿠바의 산업화 정책은 미국의 봉쇄와 소련의 미흡한 지원 탓에 큰 성과를 거두지 못했다. 소련은 쿠바의 산업 다변화를 후원하기보다는 쿠바가 사회주의 진영의 무역 동맹인 '상호경제원조회의(CMEA)'의 틀 안에서 사탕 수출에 주력하는 대신 다른 국가들로부터 공산품을 수입하도록 유도했다.

게바라는 소련의 '경제개혁'이 '제2의 미국' 건설과 크게 다르지 않으며, 사회 전체를 위해 공헌하기보다는 물질적 보상과 이윤에 민감하게 된 소련 인민들도 '양키'와 다를 바 없다고 신랄하게 쏘아붙였다. 게바라에게는 개인의 의식에 남아 있는 자본주의적 심성을 어떻게 변화시키고 일상적 욕망이나 물질 우선의 가치관에서 벗어나느냐가 새로운 인간과 사회 체제를 창출하는 데 가장 중요한 관건이었다. 이런 게바라의 생각은 쿠바 정부가 추진한 '도덕적 장려 운동'(1965)과 '새로운 사회주의적 인간 캠페인'(1966)의 밑거름이 되었다.[7]

....
7 체 게바라는 1965년 소련의 패권적 태도를 비난하고 모든 공직과 심지어 쿠바 시민권을 반

또한 미국이 20세기 내내 라틴아메리카 우익 독재의 지원본부 역할을 자임했듯이 쿠바는 반제국주의 혁명의 수출기지가 되었다. 쿠바 혁명은 군부 정권의 탄압에 반발한 과테말라의 일부 군 장교들과 저항 세력이 1960년 마르크스 · 레닌주의를 표방하고 산악지대에 거점을 마련한 뒤 1996년 12월 말까지 독재 체제에 맞서 길고 긴 내전을 전개하는 도화선을 제공했고 니카라과의 '산디니스타 민족해방전선'(1961)이나 엘살바도르의 '파라분도 마르티 민족해방전선'(1979)과 같은 게릴라 조직들의 결성에 자양분을 공급했다. 한편 쿠바 혁명은 1990년대 초 '평화 시의 특별한 시대'를 겪기 전까지 한동안 대안적 발전 모델을 제시하면서 트리컨티넨탈리즘의 형성에 기여했다. 1966년 1월 쿠바의 아바나에서 개최된 '아프리카, 아시아, 라틴아메리카 민중의 트리컨티넨탈 연대 회의'는 공식적인 식민통치 이후에도 지속되는 국제 자본과 서구 열강의 비공식적 지배에 대항해 새로운 국제연대와 초국적인 반(反)식민운동의 전략을 수립하고자 했다(영, 2005, 373~374쪽).

미국은 경제력을 바탕으로 특히 중앙아메리카와 카리브 해 지역에서 지정학적 권력을 강화하면서 직접적으로 또는 은밀하게 개입을 시도했다. 예컨대 1964년 브라질 군부의 주아옹 굴라르(João Goulart) 정부 축출을 수수방관하고, 1973년 살바도르 아옌데(Salvador Allende) 정부에 대한 칠레 군부의 쿠데타를 적극 지원했다. 1970년 아옌데가 이끈 칠레 인민연합(Unidad Popular) 정부는 제3세계에서 보기 드물게 선거를 통해 좌파가 집권한 사례였지만, 기간산업의 국유화를 비롯한 아옌데의 경제 정책에 대한 국내 보수세력의 반발, 국제전화전신(ITT)이나 포드와 같은 미국계 회사들과의 갈등, 그리고 미국의 보이지 않는 봉쇄에 따른 경제 사정의 악화로 권

납한 뒤 아프리카의 콩고와 남아메리카 볼리비아의 혁명 투쟁에 가담했다. 결국 1967년 10월 볼리비아에서 사살된 체 게바라는 '부패할 수 없는' 불굴의 투사이자 '혁명의 순교자'로서 제3세계 반제국주의 투쟁의 정신적 지도자가 되었을 뿐만 아니라 현재까지도 일종의 문화적 표상으로서 전 세계인들에게 다양한 영감을 선사하고 있다.

아우구스토 피노체트(1973년 9월).

력을 유지하는 데 실패했다. 결국 국제전화전신과 미국 중앙정보국의 조직
적인 지원을 받은 칠레 군부가 1973년 9월 11일 대통령 집무실에 십자포화
를 퍼부었고 아옌데는 이 과정에서 사망했다. 쿠데타의 주역 피노체트 장
군은 옹호자들에게 공산주의의 위협으로부터 칠레를 보호해 라틴아메리카
에서 가장 두드러진 경제 성장을 이루어낸 '국가의 수호자'였다. 하지만 그
의 철권통치는 좌파 세력의 위협뿐만 아니라 19세기 말 이래 지속된 칠레
의 민주주의 전통까지 압살하고 말았다.

　대체로 반공 노선을 견지한 라틴아메리카의 군부가 미국 정부의 지원을
받으며 억압적인 '관료적 권위주의 체제'를 유지하는 동안 라틴아메리카의
내분은 가중되었다. 1976년 3월 쿠데타를 일으킨 아르헨티나 군부도 육군
참모총장 호르헤 비델라(Jorge R. Videla)를 중심으로 유례없이 강압적인 통
치를 펼쳤다. 쿠데타의 주역들은 제3차 페론 집권기(1973~1976) 막바지에
심각해진 부패와 사회적 혼란을 불식하고 '불순세력'을 척결하겠다고 공언
하면서 '국가재건과정'이라는 기치를 내걸었다. 하지만 1983년까지 반대
자들에게 '추악한 전쟁'으로 불린 억압적인 통치를 통해 그들은 수많은 저

항세력을 납치·고문·살해함으로써 앞서 여러 차례 등장한 군부 정권의 폭력성을 압도해버렸다. 군부 통치자들은 의회를 해산하고 헌법을 무력화했으며 대중매체를 통제했으나 경제성장과 사회 안정이라는 공약을 이루는 데 성공하지 못하고 또다시 경제위기를 초래했다.

1960년대 이전에 라틴아메리카의 군부는 민간 정치인들의 갈등이 교착상태에 빠졌을 때 정국에 개입해 특정 정치세력에게 권력을 이양한 뒤 병영으로 복귀하는 중재자의 역할을 담당했다. 그러나 1960년대에 접어들어 군부의 정치 개입은 사뭇 다른 양상을 보였다. 예컨대 브라질의 군부는 1945년과 1954년 두 차례 성공을 거둔 쿠데타와는 달리 1964년 쿠데타 때에는 병영으로 복귀하지 않고 1985년까지 직접적인 통치자로 나섰다. 군부의 정치적 개입 양상이 변화한 까닭은 새로운 직업화의 요구, 즉 국가안보와 국가발전에 관련된 임무의 강화와 깊은 관련이 있었다. 군의 직업적 전문화가 심화될수록 정치 개입의 가능성이 줄어든다고 강조한 일부 학자들의 주장은 직업적 전문화의 증대가 반드시 군의 정치 개입 가능성을 축소하는 것은 아니라는 반격에 직면할 수밖에 없었다. 냉전 시대에 국가 안보의 영역이 확대되면서, 달리 말해 외부의 적뿐만 아니라 국내 급진 세력의 위협을 사전에 봉쇄하고 정치적·사회적 혼란을 종식해야 한다는 의식이 직업적 전문화의 핵심요소로 자리잡으면서 군부의 정치 개입 가능성은 결코 줄어들지 않았기 때문이다.

1982년 대표작 『백 년 동안의 고독』으로 노벨 문학상을 받은 콜롬비아의 작가 가브리엘 가르시아 마르케스(Gabriel García Márquez)는 작품 속의 문학적 표현만이 아니라 라틴아메리카가 지닌 가공할 만한 현실, 즉 "매일 헤아릴 수 없이 죽어가는 우리의 순간을 결정하는 현실"이 자신의 수상을 가능하게 했다고 고백하면서 「라틴아메리카의 고독」이란 연설을 통해 20세기 후반 라틴아메리카의 비극을 다음과 같이 요약한 바 있다.

약 2000만 명의 라틴아메리카 아이들은 채 한 돌이 되기 전에 사망했는데 이는 1970년 이래 유럽에서 출생한 아이들보다 더 많은 숫자입니다. 정치적 이유로 실종된 사람들도 12만 명에 육박하는데 이는 마치 스웨덴의 웁살라 시에 거주하는 모든 주민의 행방에 대해 아무도 설명할 수 없다는 것과 같은 이야기입니다. 임신 중에 체포된 많은 아르헨티나 여인들이 감옥에서 출산했지만 아직도 아이들의 신원과 행방에 대해 아무도 제대로 파악하지 못하고 있습니다. …… 칠레에서는 100만 명, 즉 인구의 10%에 해당하는 이들이 조국을 떠나야 했습니다. 라틴아메리카 최고의 문명국으로 자부하던 인구 250만 명의 작은 나라 우루과이에서는 인구 다섯 중 한 명꼴로 망명길에 올랐고 1979년 이래 엘살바도르의 내전으로 20분마다 한 명꼴로 피난민이 늘어가고 있습니다. 따라서 라틴아메리카에서 강제로 이주하거나 망명한 이들을 모두 수용할 수 있는 나라가 있다면 그곳은 노르웨이보다 더 많은 인구를 갖게 될 것입니다.(송병선, 1997, 189~190쪽)

국가 주도 관리경제체제의 성쇠

대공황을 계기로 산업화를 모색하게 된 라틴아메리카의 여러 나라는 제2차 세계대전을 거치면서 이를 토대로 국가 주도 관리경제체제를 강화했다. 멕시코 정부는 1940년대 초부터 길게는 1982년까지, 짧게는 1960년대 말까지 '멕시코의 기적'으로 불리는 고도성장의 시대를 구가하면서 기업가와 도시의 중산층, 수적으로 증대한 노동계급에게 혜택을 제공할 수 있었다. 아르헨티나 정부도 멕시코 정부와 유사하게 석유와 철도 산업에 참여했고, 칠레 정부는 구리 산업(Corporación Nacional del Cobre de Chile, CODELCO), 브라질 정부는 볼타 헤돈다(Volta Redonda) 철강 산업에 투자하며 산업화를 주도했다. 대체로 자유방임주의를 신봉하는 경향이 있었던 기업가들도 값싼 노동력을 활용해 제품 생산을 지속하고 미국이나 전쟁의 폐허에서 점차

라울 프레비시.

회복하고 있던 유럽 국가들과의 경쟁을 회피할 요량으로 정부의 보호정책
에 의존하곤 했다.

이 시기에 라틴아메리카를 풍미한 수입대체산업화(Import-Substituting
Industrialization) 전략은 라틴아메리카 경제의 대외 종속성을 탈피하고 자
립적인 경제 성장을 통해 '저발전'의 문제를 해결하도록 해주는 열쇠처럼
보였다. 아르헨티나의 경제학자 라울 프레비시(Raúl Prebisch, 1901~1986)는
『라틴아메리카의 경제 발전(*The Economic Development of Latin America and
Its Principal Problems*)』(1950)에서 라틴아메리카에 관세나 수입할당제 같은
보호주의 정책과 수입대체산업화가 필요하다고 역설했고 그의 활동 무대
인 '국제연합 라틴아메리카경제위원회(CEPAL)'는 그런 정책들을 라틴아메
리카 국가들의 경제 운용 원칙으로 제시했다. 프레비시는 독일 출신의 경
제학자 한스 징어(Hans Singer)와 함께 정리한 프레비시-징어(Prebisch-
Singer) 가설을 통해 일차산품 생산자와 제조업자 간의 교역조건이 수요의
소득 탄력성의 차이 때문에 시간이 흐를수록 전자에게 불리해진다는 점을

밝히고 자유무역 체제 속에서 일차산품 수출에 의존하는 개발도상국의 구조적 취약성을 지적함으로써 10여 년 뒤 맹위를 떨치게 되는 종속이론 (theory of dependency)의 토대를 예비했다. 이 가설은 근대화론으로 대표되는 낙관적인 성장 담론과는 달리 세계 체제 내에서 엄존하는 불평등의 원인이 바로 시장의 구조에 있음을 시사했기 때문에 수입대체산업화 정책에 대한 정당성을 제공하면서 1960~1970년대에 제3세계 전반과 진보적 성향의 경제학자들 사이에서 큰 인기를 누렸다.

뒤이어 독일 출신의 안드레 프랑크(Andre G. Frank)나 브라질의 페르난두 카르도주(Fernando Henrique Cardoso)[8]를 비롯한 비판적 지식인들은 식민시대 이래 라틴아메리카에 대한 유럽의 수탈과 경제적 종속의 역사, 종속적 자본주의와 관료적 권위주의의 친화성을 강조하며 종속이론을 전개했다. 종속이론에 따르면, 선진 자본주의 국가들의 지속적인 발전은 무엇보다 주변부의 풍부한 자원에 대한 중심부의 수탈과 그것이 낳은 주변부 '저발전'의 결과이다.[9] 종속이론의 주창자들은 지역 간 교역에서 발생하는 이익을 거부하고 나아가 주변부가 중심부 자본주의와의 관계를 단절해야

· ·

8 상파울루 대학교 시절 마르크스주의의 영향을 받은 카르도주는 1964년 군부 쿠데타가 발발한 뒤 칠레로 망명해 '종속이론의 아버지'인 프레비시와 함께 일한 바 있었다. 카르도주가 1993년 재무장관이 되기 전까지 브라질은 1980년대 세계 최대의 채무국으로서 1990년 1500%에 이르는 초고율의 인플레이션을 겪었으며 1992년에는 페르난두 콜로르 지 멜루 (Fernando Collor de Mello) 대통령이 파면 직전 물러나기도 했다. 따라서 재무장관 카르도주는 연방 정부의 지출을 과감하게 삭감하고 징세 실적을 향상시켰다. 또 헤아우(Real) 화 (貨)를 달러에 고정시켜 인플레이션을 약화시키고자 했으며 꾸준히 개방적인 시장 경제를 지향했다. 하지만 카르도주는 브라질의 대통령(1995~2003)으로서 극단적인 신자유주의적 전환에서 한 발 비켜나 '규제 가능한 자유 시장(regulated free market)'을 모색했다.

9 '저발전'을 낳은 라틴아메리카의 경제적 종속은 식민시대까지 거슬러 올라간다. 우루과이의 언론인 갈레아노는 1971년 출간한 『라틴아메리카의 절개된 혈관』에서 자원의 수탈을 통해 촉진된 유럽의 시초축적이 라틴아메리카 경제의 와해를 야기한 주요 원인이었다고 역설했다. Eduardo Galeano, *Las venas abiertas de America Latina*, 『수탈된 대지』, 박광순 옮김(범우사, 1999) 참조.

만 정치적·경제적 종속에서 벗어날 뿐만 아니라 빈곤을 극복할 수 있다고 주장했다.

서유럽에서 복지 국가와 케인스식 개입주의의 효력이 유지되고 있었으며 게다가 마르크스주의와 소련의 위세 또한 만만치 않았던 시대 분위기에 힘입어 프레비시의 가설이나 종속이론은 라틴아메리카 경제 전반의 논리가 되었다. 1950년에서 1970년대 초까지 정부의 역할과 국영기업이 확대되고 보호주의 장벽이 꽤 높은 가운데 라틴아메리카 여러 나라의 일인당 실질 국민소득은 두 배 가까이 상승했다. 이런 기조는 세계적인 석유 위기 속에서도 자원수출국이 많은 이 지역에서 1970년대 내내 실효성이 있는 것처럼 보였다. 하지만 1975년에서 1982년까지 라틴아메리카의 장기부채는 452억 달러에서 1764억 달러로 네 배나 늘었고 1982년에 단기 부채와 국제통화기금의 신용을 합한 총외채는 3300억 달러에 이르렀다. 차입금의 급증과 이자율 상승, 원유가격의 하락, 그리고 선진국들의 경기 후퇴라는 상황 변화에 탄력적으로 대처하지 못한 국가 주도 관리경제체제는 1980년대 초부터 라틴아메리카에 '잃어버린 10년'을 선사하고 말았다. 이에 따라 한때 라틴아메리카의 '저발전'을 타개할 구원의 메시지로 떠올랐던 종속이론은 라틴아메리카 파산의 주범으로 지목되었다.

세계화의 쇄도

1960년대에 군부 독재와 경제적 종속에 대한 저항의 거점으로, 1970년대에는 '게릴라의 대륙'으로 자리한 라틴아메리카는 1980년대 초반부터 신자유주의적 세계화의 무대가 되었다. 이런 변화의 계기는 외채가 급증하는 가운데 1980년대 초 유가하락이라는 악재를 만난 산유국 멕시코의 경제위기였다.[10] 이 위기는 단지 긴급하게 유동성을 확보하는 차원을 넘어 대공황 이래 지속된 국가 관리경제체제의 비효율성을 전면적으로 개혁해야 한다는 공감대를 형성했다. 곧이어 추진된 멕시코의 탈규제, 사유화, 세계화 정책은 라틴아메리카의 여러 나라뿐만 아니라 동유럽 구공산권과 다른 개발도상국들에서 경제적 자유주의 확대의 신호탄을 쏘아올렸다.

1982년 멕시코의 외채 위기가 대대적인 신자유주의 수용의 계기였지만, 칠레에서는 이미 1970년대 중반 '시카고 보이스(Chicago Boys)'로 알려진 미국 유학파 경제학자들을 등용해 이런 노선을 실행한 바 있었다(드잘레이 · 가스, 2007, 265~266쪽).[11] 피노체트를 비롯한 칠레의 쿠데타 세력은 정치적인 억압을 펼치는 동시에 이들을 주축으로 신자유주의적 대외개방정책을 추진하며 1980년대 초 이전에는 아르헨티나의 군부 정권과 달리 얼마간 경제성장을 이룩하기도 했다.

1982년 경제위기 직후 멕시코 정부는 국제통화기금의 권고를 토대로 외국인 투자를 허용하고 1986년 '관세와 무역에 관한 일반협정(GATT)'에 가입하면서 관세 장벽을 낮추었다. 또 고율의 보호관세 장벽으로 특혜를 받던 수산업과 광산, 부두 하역, 철도와 항공업 등 국영 또는 공기업의 사유화에 박차를 가함으로써 관리경제체제를 탈각하고자 했다. 아울러 상업은

---

10 미국 예일 대학교의 경제학 박사 출신인 멕시코의 재무부장관 헤수스 실바 에르소그 (Jesús Silva Herzog)는 1982년 8월 12일 멕시코의 대외채무 지불 유예를 선언하면서 이렇게 말했다. "무서웠다. 석유 때문에 엄청난 실수를 저지른 것이다. 그래도 멕시코에는 승리의 분위기가 지배하고 있었다. 멕시코 역사상 최대 호황을 누리고 있었다. 역사상 최초로 1978에서 1982년까지 세계에서 가장 힘 있는 국민들의 구애를 받고 있었다. 우리는 스스로 부자라고 생각했다. 석유 때문이었다." Daniel Yergin · Joseph Stanislaw, *The Commanding Heights: The Battle for the World Economy*(New York: Simon & Schuster, 1998), 『시장 대 국가』, 주명건 옮김(세종연구원, 1999), 211쪽.

11 정부의 역할 축소와 자유로운 시장의 확대를 주창한 '시카고 학파'의 주도자 밀턴 프리드먼(Milton Friedman)은 1980년대 초 이래 미국과 영국의 보수주의 정부가 견지한 신자유주의 정책의 이론적 지주였다. 그는 1970년대 중반 칠레에 체류하면서 인권탄압 혐의로 국제적인 비난을 사고 있던 피노체트 정권의 경제 정책에 대해 조언하기도 했다.

1992년 10월에 열린 북아메리카자유무역협정(NAFTA) 가조인식(假調印式). 뒷줄 왼쪽부터 멕시코 대통령 카를로스 살리나스, 미국 대통령 조지 H. W. 부시, 캐나다 수상 브라이언 멀로니.

행을 국내와 외국의 민간부문에 개방하거나 민간부문의 역할에 대해 부정적인 기술을 줄이고자 교과서의 개정 작업을 추진하기도 했다. 특히 1988년 12월 초 취임한 카를로스 살리나스(Carlos Salinas de Gortari) 대통령은 경제협력개발기구(OECD) 가입과 북아메리카자유무역협정(NAFTA)의 추진을 통해 신자유주의적 전환을 재촉했다. 미국, 멕시코, 캐나다 간에 1992년 8월 체결되고 의회 비준을 거쳐 1994년 1월 1일부터 발효된 북아메리카자유무역협정은 모두 3억 5600만 명의 인구와 6조 달러 이상의 국내 총생산을 자랑하는 세계 최대의 무역협정이었다. 한편 아르헨티나의 카를로스 메넴 대통령은 포퓰리즘의 대명사라고 할 수 있는 '정의당(PJ, 페론주의 정당)' 출신임에도 전통적인 정부 주도의 경제 정책과 결별하고 노조세력을 약화시켰으며 남아메리카공동시장(MERCOSUR)에 참여하는 등 새로운 교리의 실천 대열에 동참했다.[12]

라틴아메리카의 여러 국가가 '만병통치약'처럼 받아들인 신자유주의적 처방은 각종 정부 규제나 수입대체산업화 정책의 폐기를 목표로 삼았다. 이는 1989년 미국 워싱턴 D. C.의 싱크탱크 '국제경제연구소(Institute for International Economics)'가 제시한 '워싱턴 합의'로 정리되었다. '워싱턴 합의'는 경제위기의 극복 방안으로서 국제통화기금과 세계은행, 그리고 미국의 정책 결정자들의 의견을 종합적으로 반영한 것이었다. 그 주요 골자는 정부 규제의 축소와 재정 정책의 규율 유지, 공기업의 사유화와 교육, 보건, 사회간접자본 투자 같은 공공 지출의 재조정, 외국자본에 대한 제한 철폐, 시장개방과 세제개혁, 경쟁적인 환율 정책 실시, 무역 자유화, 해외 직접 투자에 대한 국내 시장의 개방 등이었다.

이런 분위기는 경제적 자유주의를 표방하며 외자 유치와 유럽 이주민 유입에 박차를 가한 19세기 말 라틴아메리카 엘리트의 유럽지향 정책을 상기시키는 것이었다. 하지만 '경제개혁'의 성과는 지속적이지 않았다. 1970년대 신자유주의 정책의 모범국가로 간주되던 칠레 역시 1982년 멕시코와 마찬가지로 불황에 빠졌다. 특히 금융부문에 대한 감독 소홀로 금융 부정 사건이 수차례 발생했다. 1985년 '시카고 보이스'와는 달리 융통성 있는 정책을 펼친 '제2세대 개혁파'가 등장한 뒤에야 향후 몇 년 동안 경제적 안정세를 유지할 수 있었다.

'워싱턴 합의'를 이행하며 신자유주의적 세계화를 적극적으로 추진했음에도 라틴아메리카의 경제 사정은 지난 20여 년 동안 크게 나아지지 않았다. 신자유주의적 처방은 공공부채의 누적과 고율의 인플레이션이라는 라틴아메리카의 중병을 치료하는 데 뚜렷한 효과를 나타내지 못하고 계층과 지역 간의 불균등한 발전을 심화시켰다. 그동안 일인당 국내 총생산은 성

----

12 남아메리카공동시장은 아르헨티나, 브라질, 파라과이, 우루과이 사이에 체결된 지역 간 자유무역 블록이자 경제협력기구로서 1991년 3월부터 추진되기 시작해 1994년 12월에 모습을 드러냈다.

장세를 멈추었고 기업의 권리는 서유럽 수준으로 개선되었지만 노동자의 권리나 사회안전망은 더욱 약화되었다. 세계화는 신자유주의 성장으로부터 사실상 배제된 대다수 라틴아메리카 인에게 생계와 안전을 보증하지 않았다. 그리하여 1994년 1월 1일 북아메리카자유무역협정의 발효에 맞서 멕시코 치아파스의 사파티스타 해방군(EZLN)은 신자유주의적 세계화 노선의 철폐와 원주민 권리의 회복을 강력하게 촉구했다.[13] 게다가 1994년 말 다시 한 번 발생한 멕시코의 페소화 위기와 경기 후퇴는 살리나스 정부가 추진한 신자유주의 정책의 부산물로 평가되었다.

신자유주의적 세계화의 미흡한 성적 탓에 최근 라틴아메리카는 신구조주의[14]에 입각한 대안이 등장하거나 신자유주의 노선의 폐기를 주장하는 좌파 세력의 진원지가 되었다. 베네수엘라에서는 우고 차베스(Hugo Chávez Frias)가 1998년 대통령에 선출된 뒤 2009년 현재까지 3선에 성공했으며 2003년 브라질에서는 '노동자당(PT)'의 루이스 이나시우 룰라(Luiz Inácio Lula da Silva)가 대통령에 당선된 뒤 연임에 성공했다. 같은 해 아르

----

13 라틴아메리카에서 원주민의 비율이 높은 국가(전체 인구 대비 30%를 상회하는 사례)로는 볼리비아, 과테말라, 페루, 에콰도르를 꼽을 수 있다. 이에 비해 멕시코의 원주민 비율은 최대 14% 정도이다. 라틴아메리카의 원주민 운동은 1992년 에스파냐 정복에 대항한 '원주민의 저항 500주년 기념'을 계기로 활동 폭을 넓혔다. 특히 멕시코와 과테말라의 마야(Maya), 페루와 에콰도르의 케추아(Quechua), 그리고 볼리비아의 아이마라(Aymara) 같은 원주민 공동체는 관습법과 공동재산권의 인정, 이중 언어 교육의 실시를 넘어 정치적·사법적 자치를 요구해왔다. Nancy Grey Postero · Leon Zamosc(eds.), *The Struggle for Indigenous Rights in Latin America*(Brighton and Portland: Sussex Academic Press, 2004), 1~2쪽, 15~16쪽.

14 카르도주가 역설하듯이 이는 라틴아메리카 좌파 노선의 합리적 변신을 촉구하는 동시에 국가가 발전 과정에서 담당하는 핵심적 역할과 세계 경제로의 선별적인 통합의 필요성을 인정하면서 '작은 정부'와 민간부문의 영향력 확대를 능사로 아는 신자유주의 일변도 정책에 수정을 가하려는 경향이다. Robert N. Gwynne · Cristóbal Kay(eds.), *Latin America Transformed: Globalization and Modernity*(London: Edward Arnold, 2004), 263쪽.

헨티나에서는 국제통화기금의 정책을 비판하며 외채 상환 계획의 재조정을 주장한 '정의당'의 네스토르 키르츠네르(Néstor Carlos Kirchner)가 집권했다. 2005년 12월에는 원주민 출신으로 '사회주의운동당' 소속인 에보 모랄레스(Juan Evo Morales Ayma)가 54%에 이르는 지지 속에 볼리비아 대통령에 당선되었다. 이 밖에 2005년 3월 취임해 우루과이 역사상 최초로 중도좌파 대통령이 된 타바레 바스케스(Tabaré Vásquez)나 2006년 3월 4년 임기의 대통령에 취임함으로써 칠레 역사상 최초의 여성 대통령이 된 사회당의 미첼레 바첼렛(Verónica Michelle Bachelet)도 '좌파 바람'을 이어갔다. 물론 이들 사이에는 예컨대 미국과의 경제 협력이나 자유무역을 인식하는 데 시각 차이가 존재하지만, 대부분 민주주의와 사회 정의를 강조하는 진보 세력의 지지를 받고 있다는 점은 분명해 보인다. 그 중에서도 특히 베네수엘라의 차베스는 권좌에 오른 뒤 '볼리바르 혁명'을 이끌면서 19세기 초 남아메리카의 '해방자' 시몬 볼리바르가 염원한 지역 통합과 미국 견제의 기치를 자신의 것으로 만들며 최근 수년 동안 반세계화와 반미의 선봉장으로 부상했다.[15] 더욱이 2004년에 그가 설립을 주도한 '아메리카를 위한 볼리바르 대안(ALBA)'은 현재까지 베네수엘라, 쿠바, 볼리비아, 니카라과, 에콰도르, 온두라스 등 6개국이 참여한 독자적인 지역 연대로서 미국의 헤게모니를 견제하는 대안적 연합의 가능성 때문에 세인의 주목을 끌고 있다.

· · · · · · · · · · · · · · · · · · · ·

15 차베스는 국내외 지지자들에게는 '사회주의 해방자', 반대파로부터는 '권위주의적 선동가'로 그 평가가 크게 엇갈릴 만큼 논란의 대상이 되었다. 차베스는 '제국주의', '세계 평화의 파괴자', '가장 큰 위협'과 같은 표현으로 미국을 강하게 비난했으며 2002년 4월 끝내 실패로 돌아간 쿠데타의 배후에 미국이 있었다는 의혹을 제기했다. 2003년 1월 룰라 대통령의 취임식에서는 브라질, 쿠바, 베네수엘라가 이른바 '선의 축(axis of good)'을 구축하고 있다고 주장하기도 했다. Alan Clendenning, "'Axis of Good' for Brazil, Cuba and Venezuela?", January 3, 2003, http://www.commondreams.org/headlines03/0103-01.htm.

최초의 원주민 출신 볼리비아 대통령
에보 모랄레스.

민주화 이행과 인권의 제도화, 그리고 불확실한 현재

'시장 개혁'으로 대변되는 경제체제의 급격한 변환과 더불어 1980년대 초 이래 라틴아메리카의 변화를 규정하는 또 다른 축은 민주화 이행이었다(Przeworski, 1991, 139~140쪽). 아르헨티나에서는 1982년 영국과의 말비나스(Malvinas, 영어식으로는 포클랜드) 전쟁에서 참패한 군부가 경제 파탄이라는 굴레를 남긴 채 물러나면서, 브라질에서는 1985년 군부의 정권 이양에 의해, 또 칠레에서는 피노체트의 오랜 철권통치가 시민들의 저항에 직면하기 전 1988년 국민투표에서 사실상 패배한 군부가 선택적인 양보를 취함으로써 정치적 '개방(apertura)'이 시작되었다. 곧이어 등장한 아르헨티나와 칠레의 민선 정부는 군부 독재체제가 해산시킨 의회의 기능을 복원하고 사회 전반의 탈군사화를 추진했다.

민주화 이행은 불가피하게 과거사 청산이라는 난제를 라틴아메리카 여러 국가에 안겼다. 한국의 민주화 이행 과정에서도 군부 독재 시절의 국가

폭력과 인권유린 행위에 대한 진상규명의 문제가 핵심적인 사안으로 떠올 랐듯이, 라틴아메리카 민주화 이행기의 가장 중요한 쟁점은 과거사 청산과 인권의 제도화였다. 대체로 비극적인 과거사를 둘러싸고 진실과 정의를 요 구하는 집단과 상황을 감안해 현실적 해법을 주장하는 이들 사이에 논란이 불거졌다. 이를테면 1983년 12월 아르헨티나의 라울 알폰신(Raúl Alfonsín) 정부는 '실종자 진상조사 국가위원회'를 설치하고 조사보고서인 『눈카마 스(Nunca Más)』를 발간함으로써 세계적인 이목을 끌었지만, 사법적 청산 과정은 군부, 특히 일방적인 처벌을 우려한 일부 중·하급 장교의 강력한 반발에 부딪혔다. 이 문제가 정부 방침의 일관성 부재 탓에 가해자와 피해 자 어느 쪽도 만족시키지 못한 채 표류하는 동안 납치와 학살의 책임자들 은 일련의 사면 조치를 통해 처벌의 위협에서 벗어났으며, 기록적인 인플 레이션에 직면한 알폰신은 1989년 6월에 임기 종료를 6개월 앞두고 퇴진 하고 말았다(Barahona de Brito, 2001, 124쪽). 또한 후임 대통령 카를로스 메 넴은 1989년 10월과 1991년 1월 두 차례에 걸쳐 '추악한 전쟁' 관련자 전 원에 대해 사면령을 발표했다. 과거사 규명이란 과제가 점차 기소범위 축 소와 신속한 재판 종결, 포괄적인 사면을 통한 정치적 타협으로 귀결됨에 따라 많은 이들의 기대는 실망과 무관심으로 바뀌었다.

하지만 치유되지 못한 '추악한 전쟁'의 상흔, 특히 실종자 문제는 오랫동 안 논란거리로 남았다. '오월광장 어머니회'를 비롯해 일부에 국한된 진상 규명의 요구는 2003년 5월 중도좌파 성향의 네스토르 키르츠네르가 대통 령에 취임한 뒤에야 해결의 물꼬를 트게 되었다. 2001년 말부터 지속된 최 악의 경제위기 속에 취임했음에도 키르츠네르는 과거사 규명 작업을 우선 적인 과제로 삼아 군부의 처벌면제를 번복할 수 있는 새로운 입법 활동을 독려했다. 결국 2005년 6월 아르헨티나 대법원이 1980년대와 1990년대 초 민선 정부의 사면법이나 사면령에 대해 위헌 판결을 내림으로써 '추악한 전쟁'에 대한 정치적·사법적 심판이 현재진행형임을 보여주었다.

1998년 10월 영국 런던에서 피노체트가 집권기의 인권유린 혐의로 연행된 뒤 칠레에서도 과거사에 대한 망각과 무관심한 분위기가 뚜렷이 바뀌기 시작했다. 2004년 이후 헌법 개정을 통해 피노체트의 처벌을 어렵게 만들었던 각종 면책 조항이 폐기되면서 과거사 청산 문제가 뜨거운 쟁점으로 떠올랐다.[16] 1980년대 내내 군부정권의 인권유린으로 악명을 떨친 중앙아메리카의 엘살바도르, 온두라스, 과테말라도 1990년대에 들어 공식적인 조사 작업에 착수했다. 아울러 여러 나라에서 국가인권위원회 또는 칠레의 '국가배상화해재단'과 같은 민관 합동 배·보상 기구, 그리고 희생자 추모와 기념 단체를 비롯한 인권관련 비정부 기구 등 여러 유형의 새로운 조직이 생겨났다.

민주화 이행 과정에서 가장 민감한 쟁점으로 떠오른 과거사 정리 문제뿐만 아니라 적절한 정당 체제와 민주적인 절차를 갖추면서 정치적 안정을 도모하는 일도 점차 성과를 드러내고 있다. 노동자 출신의 대통령 룰라가 연임에 성공한 브라질의 경우나 1970년대 말 게릴라 전사였던 다니엘 오르테가가 과거의 적대 세력인 반군(Contras) 출신의 보수적 정치가와 연합해 2006년 11월 대통령 선거에서 승리를 거둔 니카라과 산디니스타의 온건 선회는 라틴아메리카에서 민주적 정치 환경이 어떻게 정착되고 있는지 보여주는 실례이다.

다른 한편에서는 새로운 실험이 지속되고 있다. 베네수엘라의 차베스 대통령은 1000만 달러를 투자해 2005년 10월 말 24시간 뉴스 방송국 '텔레수르(TeleSUR)'를 개국함으로써 CNN에 맞서는 '남아메리카의 알 자지라'

....

16 1990년 이후 민주화 이행 과정에서도 피노체트는 육군 총사령관직과 면책특권이 보장되는 종신 상원의원직을 유지하며 막강한 영향력을 행사했다. 하지만 1998년 에스파냐 사법 당국의 기소요청에 의해 런던에서 체포된 뒤에는 500여 일간 구금된 바 있고 귀국 후에 군부 독재의 청산 문제와 관련해 숱한 논란을 불러일으켰다. 피노체트는 2005년 살인, 납치, 탈세 혐의로 기소가 최종 확정된 뒤 칠레 대법원의 판결을 기다리다가 2006년 12월 10일 91세를 일기로 사망했다.

의 초석을 놓은 반면 2007년 5월 말에는 2002년 자신을 축출하려고 한 보수파의 쿠데타를 승인한 '라디오 카라카스 TV'의 방송권 갱신을 거부하기도 했다. 또 차베스는 2007년 12월 7개국의 참여로 출범한 남아메리카은행(Banco del Sur)을 후원했다. 국제통화기금과 세계은행에 맞서 대안적인 기금 조성과 대출 기관으로 설립된 이 은행은 주로 라틴아메리카 국가들의 사회복지 프로그램 수립과 사회간접자본 건설에 필요한 자금을 지원할 예정이다. 차베스의 통치가 그 포부대로 '지속가능한 발전'을 통해 라틴아메리카의 빈곤과 양극화 문제를 해소하는 데 기여할지 아니면 단지 '좌파 포퓰리스트'나 또 다른 독재로 귀결될지 주의 깊게 살펴보아야 할 것이다.

한때 활발히 논의된 아메리카자유무역지대(FTAA)의 실현 가능성이 매우 낮아진 가운데 볼리비아, 콜롬비아, 에콰도르, 페루를 중심으로 한 안데스공동체(CAN)나 남아메리카공동시장과 같이 중소 규모의 역내 무역 협정에 주력하는 듯 보였던 남아메리카 대륙의 국가들은 2008년 5월 23일 브라질리아에서 개최된 12개국 정상 회의를 통해 남아메리카국가연합(UNASUR, 포르투갈어로는 UNASUL)을 출범시켰다. 국가 간 경제력 격차와 정부 간 이념적 편차를 감안할 때 오랜 의견수렴 과정이 필요할 테지만, 이는 남아메리카 대륙이 유럽연합(EU)과 유사한 통합기구를 목표로 에너지, 통신, 과학기술, 금융, 교육, 문화 등 다양한 분야에 걸쳐 상호협력의 수준을 높이는 계기가 될 것이다.[17]

이와 관련해 경제적 이해관계를 최우선시하는 탈냉전 시대에 라틴아메리카와 미국의 관계가 어떻게 변화할 것인지 역시 관심을 끌고 있다. 탈냉

---

17 남아메리카국가연합은 인구 3억 9240여만 명과 국내 총생산 규모 2조 3490여 억 달러를 갖춘 거대 기구이다. 물론 남아메리카 의회의 구성뿐만 아니라 볼리비아 정부의 에너지산업 국유화 정책에 따른 브라질, 아르헨티나, 칠레의 천연가스 공급난, 칠레와 페루 간의 태평양 연안 해역 영유권 갈등, 콜롬비아-에콰도르-베네수엘라의 영토 침범 논란 등 해결해야 할 난제들도 만만치 않다.

전 시대에 유일한 초강대국으로서 미국의 역할은 반공의 맹주에서 세계화의 기수로 바뀌었다. 이에 따라 미국과 라틴아메리카의 관계는 경제적 통합뿐 아니라 환경 보존, 마약 밀매매, 국제 테러, 불법 이민 등 "국내 상황에 영향을 미치는 국제적인 사안(intermestic issues)"을 중심으로 재편되고 있다(Smith, 2000, 246~247쪽). 예컨대 이미 오래전부터 미국의 서남부는 라티노 인구의 지속적인 증가 추세[18]에 따라 초국적인 변화의 실험실로 떠올랐으며, 볼리비아와 콜롬비아는 코카인의 원료인 코카 잎 재배를 둘러싸고 미국과 심각한 갈등을 빚고 있다.

그 밖에 빈곤, 사회경제적 양극화의 심화, 범죄 증가와 치안의 악화가 라틴아메리카의 여러 나라를 괴롭히는 문제로 대두되고 있다. 예컨대 차베스가 집권한 1998년 이후에도 마약 거래 세력의 발호 탓에 베네수엘라의 수도 카라카스는 '세계 제1의 살인 도시'가 되었다. 공식 통계만으로 연간 살인 건수가 10만 명당 130명에 달하면서 인구가 320만 명인 카라카스는 예전부터 악명이 높았던 콜롬비아의 보고타나 남아프리카공화국의 케이프타운, 미국의 뉴올리언스를 제치고 오명을 넘겨받게 되었다. 또 볼리비아에서는 최초의 원주민 출신 대통령 에보 모랄레스의 기간산업 국유화 정책에 대해 2008년 여름부터 동남부 '부유한 주(州)'들의 강력한 반발과 함께 자치권 확대 요구가 이어지면서 혼란스러운 정국이 펼쳐지고 있다.

한편 쿠바의 사회주의 체제는 소련과 동유럽의 공산주의 진영이 몰락한 뒤 전개된 '평화 시의 특별한 시대' 동안 눈에 띄는 변화를 겪게 되었다. 무엇보다 쿠바의 국가소득은 1989년 81억 달러에서 1993년에는 20억 달러로 크게 감소했다(Gwynne · Kay, 2004, 85쪽). 무역 거래와 원조의 현저한 감소에 따라 생필품 부족 현상이 심각해지고 암시장이 등장하자 쿠바 정부

---

18 미국 인구통계국에 따르면 미국의 라티노 인구는 2007년에 4550만 명, 즉 전체 인구의 15%를 넘어섰다.

2008년 12월 라틴아메리카와 카리브 해 연안 국가 정상 회의. 우고 차베스 베네수엘라 대통령(왼쪽)과 라울 카스트로 쿠바 국가평의회 의장.

는 외국인 투자자에 대한 유인책 제공, 달러화의 합법적인 유통, 관광 활성화, 대규모 국가 농장의 협동조합화, 완전고용 정책의 중단을 통해 부분적으로 자본주의적 관행을 도입할 수밖에 없었다. 그리하여 비공식 부문을 비롯한 소규모 자영업과 농민 시장이 점차 확산되었고 심지어 국가 자원의 개인적 유용 같은 불법적인 생존 방식도 출현했다. 예를 들어 일부 청년들은 경제적 어려움을 해결하기 위해 농장에서 불법적으로 흘러나온 담배와 담뱃갑을 활용해 손수 인기 상품인 '포풀라르(popular)'를 제작한 뒤 이를 암시장에서 국영 상점의 절반 가격에 판매하는 방식으로 '새로운 삶을 개척'하기도 한다(Gwynne · Kay, 2004, 86쪽).

2006년 7월 이후 공석에서 모습을 감춘 '최고 지도자' 피델 카스트로에 이어 2008년 2월 새로운 국가평의회 의장에 취임한 라울 카스트로는 각종 규제·철폐를 비롯해 일련의 사회적 변화를 주도하면서 2009년 공산당 대회의 소집을 예고했다. 1997년 이후 처음으로 개최될 공산당 대회는 쿠바의 정치적 미래를 결정할 주요 계기로 전망되고 있다. 그렇지만 쿠바의 변화에 대한 미국의 반응은 특별히 달라진 바 없다. 1960년대 카스트로 정권을 "미국의 심장을 겨눈 대검이 아니라 몸에 박힌 하나의 가시"에 비유한 민주당 상원의원 윌리엄 풀브라이트(William Fulbright)의 견해는 오랫동안 미국 정계에서 듣기 어려운 소수 발언일 뿐이었다. 자국에 비해 형편없이 작은 적성국가에 대한 미국 정부의 경제 봉쇄와 더불어 보수 강경파의 '쿠바 위험론'은 현재까지 반세기나 지속되고 있다. 미국판 '햇볕정책'이 요원한 가운데 라울 카스트로는 2008년 12월 라틴아메리카와 카리브 해 연안 국가 정상 회의에 참석하는 등 새로운 활로를 모색하고 있다.

◯ 기본문헌

김병권 외, 『베네수엘라, 혁명의 역사를 다시 쓰다—차베스의 상상력, 21세기 혁명의 방식』(시대의 창, 2007)

베네수엘라에서 진행 중인 '볼리바르 혁명'이 신자유주의 세계화에 맞서 새로운 사회 변혁의 모델로서 대안을 제시할 수 있을지 살펴본 연구서. 베네수엘라 식 '참여민주주의'의 내용과 경제 변혁의 특성, 그리고 남아메리카 공동체를 실현하려는 우고 차베스의 구상을 소개함.

안병직 외, 『세계의 과거사청산』(푸른역사, 2005)

20세기 후반 세계 여러 나라의 과거사청산 과정과 사회적 논란을 정리한 입문서로 아르헨티나와 칠레의 사례가 수록됨.

이성형, 『라틴아메리카: 영원한 위기의 정치경제』(역사비평사, 2002)

1982년 외채 위기에 봉착해 신자유주의 모델을 적극적으로 수용한 아르헨티나, 멕시코, 페루, 칠레, 베네수엘라 등 라틴아메리카 5개국의 정치경제적 변화를 정리하고 한국 사회 주류 언론의 라틴아메리카 인식을 비판한 입문서.

이브 드쟐레이 · 브라이언트 가스, 『궁정전투의 국제화』, 김성현 옮김(그린비, 2007)

라틴아메리카의 군부 세력과 미국식 경제학 지식으로 무장한 신진 엘리트가 구축한 정치경제적 동맹관계뿐만 아니라 지식을 무기로 한 권력투쟁의 양상을 국제적 차원에서 조명함.

에릭 허쉬버그 · 프레드 로렌 외, 『신자유주의 이후의 라틴아메리카—21세기에 대세를 전환하다』, 강혜정 · 김종돈 옮김(모티브북, 2008)

세계 경제로의 유례없는 통합 과정에서 발생한 라틴아메리카의 변화, 그리고 미국과 라틴아메리카의 관계를 빈곤, 마약, 인권, 범죄, 종족, 여성, 불법체류 등 다양한 주제를 통해 검토한 연구서.

Brian Loveman & Thomas M. Davies, Jr.(eds.), *The Politics of Anti-politics: The Military in Latin America*(Scholarly Resources Inc., 1997)

라틴아메리카 정치의 특성으로 지목되는 군부의 정치 개입을 '반(反)정치'라는 좀 더 넓은 맥락에서 검토한 입문서. 반정치의 뿌리를 19세기 초까지 거슬러 올라가지만 주요 초점은 1965년부터 1995년까지 각국의 군부 통치에 맞춰짐. 다양한 사료가 수록됨.

Thomas E. Skidmore & Peter H. Smith, *Modern Latin America*(6th edition), (Oxford University Press, 2005)

라틴아메리카의 500년 역사, 특히 19세기 초 독립을 성취한 뒤 전개된 '국민국가 시대(national period)'의 역사를 주요 국가별로 정리한 대표적인 개설서.

Peter H. Smith, *Talons of the Eagle: Dynamics of U. S.—Latin American Relations*(2nd edition)(Oxford University Press, 2000)

18세기 말부터 두 세기 동안 펼쳐진 미국과 라틴아메리카의 '비대칭적 관계'를 '제국의 시대', '냉전 시대', '불확실성의 시대'로 나누어 정리한 입문서.

492

○ 참고문헌

김수행, 「시평: 라틴아메리카와 한국」, 《한겨레신문》 2002년 8월 3일.

Barahona de Brito, Alexandra, "Truth, Justice, Memory, and Democratization in the Southern Cone", Paloma Aguilar, et al.(eds.), *The Politics of Memory: Transitional Justice in Democratizing Societies*, Oxford University Press, 2001.

Beezley, William H., "Sons and Daughters of the Cisco Kid: Images of Mexicans in American Popular Culture", Paul Ganster & Mario Miranda Pacheco(eds.), *Imagenes Reciprocas: La educación en las relaciones México-Estados Unidos de América*, Universidad Autónoma Metropolitana Azcapotzalco, 1991.

Galeano, Eduardo, *Las venas abiertas de America Latina*; 박광순 옮김, 『수탈된 대지』, 범우사, 1999.

García Márquez, Gabriel, "The Solitude of Latin America", Nobel Prize Lecture, December 8, 1982, http://www.themodernword.com/gabo/gabo_nobel.html; 송병선 편역, 『가르시아 마르케스』, 문학과지성사, 1997.

Gwynne, Robert N. & Kay, Cristóbal(eds.), *Latin America Transformed: Globalization and Modernity*, Edward Arnold, 2004.

Johnson, John J., *Latin America in Caricature*, University of Texas Press, 1980.

Miller, Nicola & Hart, Stephen(eds.), *When Was Latin America Modern?*, Palgrave Macmillan, 2007; 서울대학교 라틴아메리카 연구소 옮김, 『라틴아메

리카의 근대를 말하다』, 그린비, 2008.

Postero, Nancy Grey & Zamosc, Leon(eds.), *The Struggle for Indigenous Rights in Latin America*, Sussex Academic Press, 2004.

Przeworski, Adam, *Democracy and the Market: Political and Economic Reforms in Eastern Europe and Latin America*, Cambridge University Press, 1991.

Rouquié, Alain, "The Military in Latin American Politics since 1930", Leslie Bethell(ed.), *Latin America: Politics and Society since 1930*, Cambridge University Press, 1998.

Yergin, Daniel & Stanislaw, Joseph, *The Commanding Heights: The Battle for the World Economy*, Simon & Schuster, 1998; 주명건 옮김, 『시장 대 국가』, 세종연구원, 1999.

Young, Robert J. C., *Postcolonialism: An Historical Introduction*, Wiley-Blackwell, 2001; 김택현 옮김, 『포스트식민주의 또는 트리컨티넨탈리즘』, 박종철출판사, 2005.

494

제13장

소련 사회주의의 종언

개혁의 시도와 체제의 해체

김남섭 서울과학기술대 기초교육학부

【연표】

1953. 3	스탈린 사망
1953. 9	흐루쇼프, 공산당 제1서기로 선출
1956. 2	제20차 공산당 대회에서 흐루쇼프, 스탈린을 비판하는 비밀보고
1956. 10	헝가리 사태에 소련군 개입 시작
1960. 7	중·소 국경분쟁 발생
1962. 10	쿠바 위기
1965. 9	코시긴 개혁 결정
1968. 8	소련과 동유럽 5개국 군대, 체코슬로바키아 침공(체코 사태)
1969. 3	중·소 국경의 우수리 강에서 양국군 무력충돌
1975. 8	소련, 신공존체제를 고무하는 헬싱키 선언에 조인
1977. 10	브레즈네프 헌법 채택하여 소련을 '전인민의 국가'로 규정
1979. 12	소련군, 아프가니스탄에 대규모 군사개입 개시
1982. 11	브레즈네프 총서기 사망. 안드로포프, 총서기로 선출
1984. 2	안드로포프 총서기 사망. 총서기에 체르넨코 선출
1985. 3	체르넨코 총서기 사망. 고르바쵸프, 총서기로 선출
1986. 2~3	제27차 공산당 대회, '가속화' 노선을 승인
1986. 4	체르노빌 원전 사고
1987. 11	고르바쵸프, 스탈린 시대의 정치 탄압 비판
1988. 10	발트 3국에서 인민전선 결성
1990. 3~5	발트 3국, 독립 선언
1991. 6	러시아 공화국 대통령으로 옐친 당선
1991. 8	'국가비상사태위원회'에 의한 쿠데타
1991. 12	'독립국가연합(SNG)' 결성. 소연방 소멸
1993. 10	반(反)옐친파, 시청사와 텔레비전 방송국 점거. 옐친, 비상사태 선포

【연표】

1994	루블화 대폭락
1994. 12	체첸 분쟁에 러시아군 본격 개입
1996. 7	대통령 선거에서 옐친 재선
1998. 8	루블화 폭락. 대외 채무 불이행 선언
1999. 5	푸틴, 수상으로 임명
1999. 12	옐친 사임
2000. 3	푸틴, 러시아 공화국 대통령으로 선출
2004. 3	푸틴, 러시아 공화국 대통령으로 재선
2008. 3	러시아 공화국 대통령으로 메드베데프 당선

소련 역사와 소연방의 붕괴

1991년 12월 26일 구성 공화국들의 잇단 독립 선언을 견디지 못한 '소비에트 사회주의 공화국 연방(SSSR)'은 '독립국가연합(SNG)'이라는 훨씬 느슨한 또 다른 연방체를 유산으로 남긴 채 최고 의결기관인 연방 최고회의의 이름으로 스스로의 소멸을 공식 선언했다. 이로써 1917년 10월 혁명으로 성립한 인류 최초의 사회주의 국가는 정확히 74년 만에 짧지 않은 여정을 끝내고 역사의 뒤안길로 영원히 사라졌다. 소(蘇)연방의 몰락은 전 세계에 엄청난 충격을 주었다. 어떤 이는 '역사의 종언'을 이야기하면서 자유주의의 궁극적인 승리를 자랑스럽게 선언했고, 또 어떤 이는 죽은 것은 스탈린(Iosif Stalin) 체제라는 가짜 사회주의이며 마르크스(Karl Marx) 이래 전 세계의 사회주의자들이 꿈꾸어온 진짜 사회주의의 이상은 여전히 살아 있다고 애써 자위했다. 연방의 해체와 이러한 세계인들의 반응은 한국 사회에도 큰 영향을 미쳤다. 무엇보다도 소련식 사회주의에 얼마간 이념적 젖줄을 대고 있던 '진보 진영'은 대혼란에 빠졌고, 많은 이들이 대열을 이탈하면서 그 정치적, 사회적 입지가 크게 줄어들었다. 대열을 이탈한 이들은 사회주의 사상 자체를 서둘러 포기하거나 또 다른 사회주의 사상을 찾아 새로운 종류의 대안 사회를 열심히 모색했다. 하지만 연방의 극적인 해체 이후 발생한 이러한 백가쟁명식 반응에도 불구하고 정작 사회주의의 해체 과정에 대한 검토는 지금까지 상대적으로 소홀했다는 인상을 지울 수 없다. 그것은 사회주의 종언을 둘러싼 논의가 소련 사회의 성립과 해체라는 구체적인 역사적 상황 속에서 파악되기보다는 주로 사회주의 사상과 관련하여 이론적이고 추상적인 측면에 집중되어왔기 때문이다. 이 장에서는 사회주의의 해체를 스탈린 체제 성립 이후의 소련 역사의 전개라는 시대적 맥락에서 고찰함으로써 인간에 의한 인간의 착취를 폐지하고자 하는 사회주의의 고상한 이념이 현실 사회에서 어떻게 굴곡을 겪고 궁극적으로 실패할 수밖에 없었는지를 살펴보는 것을 주요 목표로 삼고자 한다.

돌이켜보면 지난 70여 년의 세월 동안 소련이라는 나라는 한편으로는 누구도 예상 못한 놀라운 성과를 이룩하기도 했고, 또 다른 한편으로는 기대에 훨씬 못 미치는 참담한 실패를 맛보기도 했다. 소련은 제2차 세계대전 이후 새로 성립한 냉전체제에서 핵무기를 비롯한 엄청난 병기를 축적하는 데 성공함으로써 미국과 함께 세계정세를 기본적으로 결정짓는 군사적 초강대국이었다. 하지만 국제무대에서 이러한 업적을 달성하는 과정에서 소련 국민들은 많은 대가를 치러야 했다. 소련은 인민들의 자치 기관인 소비에트 제도를 활용하여 '진정한' 새로운 민주주의 제도를 정착시키려 했으나, 아래로부터의 민주주의는 결국 공산당 일당 지배체제하에서 전체주의적 독재체제로 변질되고 말았다. 또 중공업 위주의 경제개발은 소비재 산업의 발전을 더디게 함으로써 소련 국민들은 기본적인 생필품의 만성적인 부족을 감수하지 않으면 안 되었다. 게다가 스탈린 시대 이래 시장 기제가 거의 소멸하면서 사회주의적 계획 경제는 경직된 '행정—명령 체제'로 완전히 왜곡되었다.

실패로 끝난 여러 실험을 염두에 둘 때 어쩌면 소련 사회주의 체제의 궁극적인 붕괴는 충분히 예견된 일인지도 모른다. 하지만 사회주의 체제는 스탈린에 의해 기본 골격이 갖추어진 이후 최후를 맞이할 때까지 그 결함들을 수정하기 위한 노력을 둘러싸고 일련의 큰 변화를 겪었다. 그것은 스탈린 사후 스탈린 시대가 남긴 부정적 유산들의 처리 문제에 대한 소련 지도부의 태도와 밀접하게 관련되었다. 흐루쇼프(Nikita Khrushchev)는 스탈린 개인을 비공개적으로 비난함으로써 동요하는 체제를 유지하려 하였으며, 또 제한된 혁신을 통해 스탈린 체제가 남긴 비효율성과 경직성을 완화하고자 했다. 브레즈네프(Leonid Brezhnev)는 흐루쇼프의 개혁에 대한 반발을 잠재우고자 탈스탈린화 속도를 늦추는 한편으로, 그의 개혁 정책을 원점으로 돌리면서 안정 성장을 지향하는 정책을 실시했다. 끝으로 고르바쵸프(Mikhail Gorbachev)는 스탈린 개인의 잘못뿐만 아니라 공산당과 국가 관료의 책임도 일정 정도 문제 삼기 시작했으며, 소련 사회에 의한 탈스탈린화의 공개적 논의도 체제를 근본적으로 위협하지 않는 선에서 얼마간 허용하고자 했다. 그리고 위기에 빠진 소련 체제를 '인간적'이고 민주적인 사회주의 사회로 거듭날 수 있도록 여러 급진적인 개혁 정책을 실시했으나, 그 결과는 뜻하지 않게 소련 체제 자체의 붕괴로 나타났다.

전체주의 체제에서 권위주의 체제로

흐루쇼프의 등장과 스탈린 격하 운동

스탈린의 죽음은 스탈린 자신에게도 그리고 그의 측근과 일반 국민들에게도 전혀 예상치 않게 갑작스럽게 찾아왔다. 1953년 3월 2일 모스크바 외곽의 한 별장에서 부하들과 함께 밤늦게까지 만찬을 즐긴 스탈린은 과다한 업무와 정적들에 대한 공포 등이 야기한 스트레스로 뇌동맥이 폐쇄되면서 치명적인 발작을 일으켰고 사흘 후 영원히 눈을 감았다. 그의 죽음에 대한 소련 국민들의 즉각적인 반응은 비통 그 자체였다. 많은 소련 국민들은 스탈린을 '위대한 사회주의'의 건설자이자 독일군의 급습으로부터 조국을 방어한 '대원수'로 기억하고 있었다. 그 때문에 전국 방방곡곡에서 수십만 명이 장례식에 참석했고, 그 과정에서 수백 명에 이르는 사람들이 인파에 떠밀리면서 깔려 죽었다.

그러나 측근들은 좀 더 냉정하게 상황에 대처했다. 그들은 스탈린이 어떤 후계자도 지명해놓지 않은 상태인 데다가 새 소련 지도자를 선출할 어떤 규칙이나 관례도 없었기 때문에 무엇보다도 권력의 공백이 가져올 혼란을 우려했다. 이에 따라 스탈린의 부하들은 서둘러 '집단 지도체제'라는 레닌주의적 원리를 천명하면서 적절한 권력 분배를 도모했다. 그 결과 말렌 코프(Georgii Malenkov)가 각료 회의 의장, 즉 수상으로 임명되고, 흐루쇼프 는 당 제1서기 서리가 되었다. 한편 비밀경찰과 보안기관의 수장으로서 스 탈린의 다른 후임자들에게 공통의 위협 인물이었던 베리야(Lavrentii Beriia) 는 1953년 6월 말 체포되어 6개월 뒤 비밀리에 재판을 받고 형장의 이슬로 사라졌다.

베리야의 제거에 결정적인 역할을 한 사람은 흐루쇼프였다. 이 사실은 그를 권력 투쟁에서 최대 경쟁자였던 말렌코프보다 기본적으로 우위에 서 게 만들었다. 여기에 정치가로서 흐루쇼프의 노련함도 그의 최종적인 집권 을 도왔다. 흐루쇼프는 당의 수장으로서 소련 특유의 인사 관리 체제인 노 멘클라투라[1]를 십분 활용하여 자신의 부하들을 중앙과 지역의 각 요직에 임명했다. 게다가 흐루쇼프는 국민들의 생활수준을 향상시킬 소비재 산업 을 확대하기 위해 군비를 삭감할 것을 주장하던 말렌코프에 반대함으로써 군부의 지지도 확보했다. 또 중공업의 발전을 강력히 옹호함으로써 말렌코 프를 보수파로부터 더욱더 고립시키는 데도 성공했다. 1954년 말에는 말 렌코프가 베리야와 결탁하여 스탈린 말기에 '레닌그라드 사건'[2]을 날조한 것이 공개적으로 확인되면서 말렌코프의 입지는 결정적인 타격을 받았다. 1955년 2월 말렌코프는 수상직에서 해임되었고, 흐루쇼프는 국방장관직을 맡고 있던 불가닌(Nikolai Bulganin)으로 그 자리를 메웠다.

이리하여 마침내 돈바스의 광부 출신으로 스탈린 시대 동안 큰 어려움 없이 승승장구하던 흐루쇼프가 1955년까지는 소련의 새로운 지도자로 확 고히 등장했다. 하지만 정적들을 제거하고 권좌에 오르는 일과 일국의 지 도자로서 나라를 통치하는 일은 완전히 별개의 문제였다. 흐루쇼프는 경직

---

1 노멘클라투라(nomenklatura)는 주요 직책과 그것을 채워넣을 당원들의 명부를 가리킨다. 주요 직책으로 승진한 정치가는 이 명부를 바탕으로 자신의 부하들도 승진시킬 수 있었다.
2 1948년 레닌그라드 등지에서 공산당과 정부 관리들이 대대적으로 숙청된 사건을 가리킨다.

된 스탈린 체제의 일정한 수정 없이는 소련 체제 자체의 생존을 보장할 수 없다는 것을 잘 알고 있었다. 무엇보다도 국내 여론의 압력이 심상치 않았다. 스탈린 사망 직후부터 진실을 알고 싶어하는 스탈린 테러 희생자들과 그 가족들의 문의가 당 본부로 쇄도하였고 강제 수용소에서는 폭동도 몇 차례 일어났다. 흐루쇼프를 비롯한 새 지도자들은 1955년까지 수십만 명의 정치범을 서둘러 석방했다. 그러나 이것만으로는 불충분하다는 것이 명확했고 흐루쇼프는 스탈린 테러의 근본적인 차단과 더불어 사회주의 원리를 훼손함이 없이 나라를 대대적으로 혁신할 수 있도록 경제적, 사회적 개혁과 대외 정책의 변화도 필요함을 인정했다.

흐루쇼프의 이러한 대담한 구상은 그가 1956년 2월 제20차 공산당 대회에서 스탈린의 범죄 행위를 공격함으로써 역사적인 스탈린 격하 운동을 개시하는 것으로 나타났다. 그는 이른바 '개인숭배와 그 결과들에 대하여'라는 '비밀보고'를 통해 공업화, 농업 집단화, 문화혁명, 파시즘에 대한 투쟁 등은 긍정적으로 평가했지만, 스탈린의 개인숭배와 무오류성의 신화, 측근들의 불법적인 숙청, 전쟁 기간의 비러시아계 소수민족 추방, 사회주의 진영으로부터의 티토(Josip Tito) 축출 등은 레닌주의적 원리에서 일탈한 것으로 간주하여 신랄한 비판을 가했다. 하지만 흐루쇼프의 스탈린 비판은 한계가 뚜렷했다. 그는 집단화로 인한 대참사 등 소련 사회의 현 구조에 직접 부담을 주거나 기존 당 정책을 의문시하는 문제들은 회피했다. 또한 스탈린 체제에서 테러로 희생된 수백만 국민에 대해서는 거의 언급하지 않고 결백한 공산당원들의 희생은 상술함으로써 스탈린 시대의 범죄를 당이나 체제가 아니라 스탈린 개인의 오류와 인격적 결함의 탓으로 돌리려 했다.

왜 흐루쇼프는 누구도 하지 못한 스탈린 비판에 대담하게 나섰는가? 이 질문을 두고 여러 분석이 가능하지만 한 가지 분명한 점은 흐루쇼프가 자신이 구상한 개혁을 순조로이 실시하기 위해서 그 주체를 형성하는 것이 무엇보다 급선무였다는 것이다. 개혁의 주체는 현실적으로 기존의 공산당 관료들 외에는 존재하지 않았고, 따라서 그들을 개혁의 길로 나서도록 고무할 필요가 있었으며, 그러기 위해서는 무엇보다도 스탈린 치하에서 무차별 자행되던 억압의 공포로부터 그들을 해방시켜야만 했다. 또 하나, 스탈린 비판에는 몰로토프(Viacheslav Molotov), 카가노비치(Lazar' Kaganovich) 등 스탈린의 보수파 측근들의 명성을 훼손하여 자신의 입지를 더욱 공고히 하겠다는 흐루쇼프 개인의 권력 욕구도 작용한 듯이 보인다. 이제 그들은 흐루쇼프에게 동조하든지, 아니면 스탈린과 함께 몰락하든지 둘 중의 하나를 선택하지 않으면 안 되었다. 여하튼 그 진실한 동기가 무엇이든 흐루쇼프는 20차 당 대회에서의 비밀 연설로 스탈린 체제와의 결별을 확고하게 선언했고, 이를 통해 소련 국민들이 체제 자체를 거부할 가능성을 방지하면서도 위기에 빠진 체제를 개혁할 동력을 확보하고자 했다.

국내 개혁의 명암

흐루쇼프의 개혁은 이처럼 스탈린의 '개인숭배'를 비난함으로써 궁극적으로 체제의 정당성을 확보하는 정치 이념적 개혁에 국한되지 않았다. 개혁은 정치, 경제, 사회, 문화 등 소련 체제의 거의 전 분야를 망라했고, 또한 그가 다른 모든 경쟁자를 물리치고 정권의 최고 지도자가 되기 전에 이미 시작되었다.

흐루쇼프는 스탈린 사망 직후인 1953년부터 농업 개혁에 착수했다. 그의 목표는 1953년에 2.5%의 증가에 머문 데서 보이듯이 낮은 농업 생산성―이에 반해 공업 생산은 12.5% 증가했다―을 극복해 농민들의 빈곤한 생활을 개선하고 만성적인 식량 부족을 타개하는 것이었다. 그는 농민들의 소득을 증가시키기 위해 농산물의 수매 할당량을 축소하는 동시에 수매가를 인상하고, 사적 부속지에서 생산된 농산물에 대한 중과세를 인하했다. 또 농업의 기계화를 추진하고 콜호스(Kolkhoz, 집단농장)의 합병과 콜호스에 대한 지원 확대 등을 통해 농업 경영의 효율화도 도모했다. 특히 집단 농장의 합병은 1960년대까지 계속되었고, 그 결과 농장의 수는 1953년 9만여 개에서 1958년 7만 개 이하로, 그리고 1970년대에는 3만 6000개 정도로 급감했다. 더욱이 경작지를 확대하기 위해 1954년부터 대규모 처녀지 개간 사업을 벌여, 카자흐스탄과 서남부 시베리아 등지에 캐나다의 총경작지 면적과 맞먹는 엄청난 면적의 땅을 새로 개척했다. 거의 30만 명에 이르는 사람들이 새 삶을 찾아 개척지로 이주했다. 다행히 개간 운동 초기에는 풍부한 강우량 덕분에 수확이 크게 증가해 소련의 총수확고는 1953년부터 1956년까지 50% 정도 늘어났지만, 그 대가는 매우 비싼 것으로 곧 드러났다. 불충분한 강우량과 제초제, 그리고 부적절한 토질 때문에 수확고는 급감했고 곡물은 다시 만성적인 부족 상태에 빠졌다. 그런데도 정부가 외국으로부터 곡물 수입을 중단하는 바람에 국민들은 때때로 기근에 가까운 곤경을 겪어야만 했다. 이 같은 식량 사정은 1962년 러시아 공화국 서남부에 위치한 노보체르카스크에서 군대를 동원해야 할 정도로 노동자들의 파업이 격렬히 진행된 주요 원인이 되었다. 흐루쇼프의 두 번째 농업 개혁은 사료용 옥수수의 재배를 확대하는 것이었다. 흐루쇼프는 아주 가까운 시일 안에 육류와 우유 및 버터의 생산에서 미국을 능가하는 것이 자신의 목표라고 공언했다. 그러므로 식탁에 오를 쇠고기의 공급을 늘리기 위해서 소를 먹일 옥수수 생산을 확대하는 것이 필수적이었으며, 이 때문에 그는 '옥수수광(kukuruznik)'이라는 별명을 얻을 정도로 옥수수에 집착했다. 흐루시초프는 대대적인 캠페인을 통해 농민들에게 옥수수 재배를 거의 의무로 만들었지만, 기후적 적합성을 고려하지 않은 이 운동도 곧 실패로 끝났다.

흐루쇼프는 공업 부문에도 눈을 돌렸다. 앞에서도 언급했듯이 그는 원래 스탈린 사망 직후의 권력 투쟁 기간에는 중공업과 방위 산업의 육성을 강조했지만 최고 권좌에 오른 뒤에는 소비재 생산을 확대하고 주택 사정을 개선하며 임금을 인상할 필요성을 인정했다. 이를 위해 흐루쇼프는 국방비를 삭감하고 병력을 감축함으로써 공업 투자를 위한 자금을 확보하고 심각한 노동부족을 완화하고자 했다. 나아가 임금 격차를 시정하는 임금 제도의 개편과 계획 구조의 간소화, 기업 단위의 책임과 능률 등을 강조하는 개혁 등이 이루어졌으나 기득권을 빼앗기지 않으려 하는 관료층의 저항은 거셌다.

관료들의 저항은 소브나르호스(sovnarkhoz)[3]라는 새로운 경제 행정 기관을 만드는 과정에서 가장 두드러졌다. 흐루쇼프는 1957년 2월 스탈린식 '행정-명령 체제'의 골간을 이루는 중앙 경제 기관들을 대부분 폐지하고 경제 관리를 107개의 이 지역 경제회의들로 이관했다. 개편은 두 가지 점에서 흐루시초프에게 이익이었다. 먼저 흐루쇼프는 자신의 주요 반대자들이 중앙의 경제 부서들에 기반을 두고 있었기 때문에 이것들을 폐지하면 자신에 대한 도전을 약화시킬 수가 있었다. 또한 이론적으로 볼 때 개편은 지역 사정에 밝은 지역 당 지도자와 관리자 및 계획가들이 생산에 참여하도록 독려함으로써 과도한 중앙집권화가 초래하는 경직성을 완화할 수도 있었다. 이 경제 개혁은 1954년부터 계속되어온 정책 결정의 탈집중화 추세의 연장선상에 있었다. 1954~1955년 동안 1만 1000개에 달하는 기업들이 중앙의 통제를 받다가 구성 공화국의 통제를 받게 되었다. 1955년에는 중앙의 모스크바에서 이루어진 주요 계획 및 재정적 결정 중 많은 것이 공화국 정부로 넘어갔고, 이듬해에는 12개의 중앙 행정부서가 운영하던 기업들을 공화국 기관들이 책임지게 되었다. 1954년부터 지속되어온 이러한 일련의 흐름은 결국 중앙집권적 경제 기관에 의존해온 중앙의 많은 고위 당 지도자들의 기득권을 공격한 결과를 초래하면서 그들의 큰 반발을 샀다.

• • • • • • • • • • • • • • • • • • • •

3 '국민경제회의'라고 번역된다.

한편 스탈린 사망은 문화 분야에서도 스탈린주의적 원리들의 비판을 가져왔다. 처음에 소련 지식인들은 소련의 공식 미학 원리인 사회주의 리얼리즘을 비판하면서 창작의 자유를 옹호하는 데 그쳤다. 하지만 20차 당 대회 이후 지식인들은 자발적 단체를 결성하는 등 좀 더 집단적인 움직임을 보였고, 당국도 일정한 한계 내에서 이러한 움직임을 허용했다. 이에 따라 문학계에서는 1960년대 초부터 스탈린 시대라면 상상도 못할 혁신적인 작품들이 솔제니친(Aleksandr Solzhenitsyn) 등에 의해 발표되었고, 역사학계에서도 일부 역사가들에 의해 1917년 혁명과 농업 집단화, 독소전쟁 등에서 당과 스탈린이 수행한 역할에 대한 일정한 비판이 이루어졌다. 과학자와 예술가, 스포츠 선수들의 서구 여행도 어느 정도 허용되었다. 하지만 이러한 자유주의적 움직임은 파스테르나크(Boris Pasternak)의 노벨상 수상 포기 추문에서 드러나듯이 흐루쇼프 자신의 창작 활동에 대한 이해 부족과 보수주의자들의 반발로 전면적인 자유화를 가져오지는 못했다.

그 외에도 흐루쇼프는 소련 국민들의 삶의 질을 높이는 여러 사회 정책을 실시했다. '사회주의 적법성'의 확립이라는 기치 아래 일상생활에서 법치를 보장하려 했고, 관료들의 복지부동에 대한 일반인들의 비판도 일정한계 내에서 허용했으며, 처음으로 농민들을 연금 제도에 편입시켜 농민의 지위도 향상시켰다. 1958년부터는 7개년 계획을 통해 '1가구, 1주택'이라는 구호를 내걸고 도시 노동자들을 위해서 1500만 호의 아파트를, 농민들을 위해서는 700만 호의 주택을 건설하기로 하는 등, 공동 아파트(kommunalka)[4]로 대표되는 고질적인 주택 부족 문제를 해결하기 위해 주택을 대량 공급하고자 했다. 7시간 노동일이 도입되면서 노동시간도 주 42시간으로 줄었으며, 스탈린 시대의 유산인 노동 규율 위반에 대한 가혹한 처벌도 완화했다. 소득세가 폐지되었고 독신 남녀에 부과하던 세금 부담이 경

---

4 한 아파트에 여러 가구가 사는 주거 형태.

1962년 5월 26일 흐루쇼프가 모스크바의 중심지인 노비 아르바트 거리를 어떻게 재정비할 것인지 부하 직원들에게 이야기하고 있다.

감되었다. 또 생산 현장에서의 기술 교육을 강화하고, 노동자들이 대학을 비롯한 고등교육 기관에 진학하는 것을 용이하게 하려는 교육 개혁이 실시되었다. 하지만 종교 생활은 수도원과 교회가 폐쇄되는 등 스탈린 시대 후기보다 더 극심한 탄압을 받았다.

평화공존 정책과 흐루쇼프의 몰락

흐루쇼프는 국내 문제만큼이나 대외정책에서도 혁신적인 모습을 보였다. 스탈린 격하 운동이 시작된 20차 당 대회에서 흐루쇼프는 레닌주의에 근거를 둔 스탈린 시대의 대결 정책을 폐기하는 평화공존론을 제창했다. 이는 미국과 소련 양측 모두 핵무기를 보유하고, 핵전쟁이 가져올 파멸적 결과를 잘 알고 있는 상황에서 다른 여지가 없는 선택이었다. 평화공존이라는 원칙에 따라 흐루쇼프는 자본주의 진영과 사회주의 진영 사이의 전쟁은 피할 수 있으며 피해야 한다고 선언했다. 대신 사회주의는 정치적, 경제적, 이데올로기적 투쟁 등 비군사적 수단에 의해 승리할 수 있을 것이었다.

이러한 소련 외교 정책의 변화는 하루아침에 이루어진 것이 아니었다. 스탈린 사망 직후부터 그의 후계자들은 국내의 안정을 위해 가능하면 국외에서의 위기를 피하고자 했다. 그 결과 1953년 7월에 한국전쟁의 휴전이 이루어졌고 1954년 여름에는 제네바 협정을 통해 프랑스와 베트남민주공화국 사이의 오랜 전쟁도 종식시켰다. 오스트리아에서도 오스트리아가 중립을 약속하는 대가로 서방측과 더불어 소련군을 철수하겠다고 약속했다. 비록 독일에서는 독일을 유럽의 방위 프로그램에 편입시키려는 서방측과 이를 저지하려는 소련 사이에 긴장이 여전히 존재하면서 1961년 10월 동베를린과 서베를린 사이의 경계선상에서 미·소 간의 탱크가 대치하는 등 일촉즉발의 위기가 야기되기도 했지만, 서방과의 대결을 피하려는 시대적 흐름은 어느 누구도 거스르기 힘든 것 같았다. 서방과의 대결 정책을 청산함으로써 파국을 피해보려는 흐루쇼프의 노력은 1962년 10월에 조성된 '쿠바 미사일 위기'를 해결하는 과정에서 극적으로 드러났다. 터키에 배치된 미국의 중거리 미사일에 자극받은 흐루쇼프는 1962년 6월부터 미국의 '앞마당'인 쿠바에 똑같이 미사일을 반입하고자 했다. 이 비밀 조치는 당연히 미국의 격렬한 반발을 불러일으켰지만, 결국 미국이 쿠바를 침공할 의사가 없음을 확인하고 터키로부터 미사일을 철수하는 조건을 받아들임으로써 양국의 긴박한 대결은 가까스로 일단락되었다. 흐루쇼프는 이런 식의 사태 해결을 자신이 승리한 것으로 생각했지만 소련 내의 다른 지도자들은 소련의 국제적 위신을 손상시킨 것으로 이해했다. 그 후 소련은 미국 및 영국과 핵실험을 제한하는 조약에 조인하고 모스크바와 워싱턴 사이에 '핫라인'을 설치하는 등 서방과의 타협을 계속 모색했다.

이처럼 흐루쇼프는 '전쟁의 가피성(可避性)' 원칙에 따라 서방과의 대결 분위기는 완화했지만, 그렇다고 그의 시대에 모든 국제관계가 평화적으로 정립된 것은 아니었다. 소련은 반제국주의 혁명이 진행 중인 인도, 버마, 아프가니스탄, 이집트 등의 제3세계 인민들에게 원조의 손길을 뻗쳤고 미국을 비롯한 서방 국가들은 이에 얼마간의 긴장을 느끼지 않을 수 없었다. 신흥 사회주의 국가로 떠오른 중화인민공화국과 소련의 불화도 국제무대에서 긴장을 격화시키는 한 현상으로 자리잡았다. 소련과 중국의 불화는 이미 사회주의 주도권을 둘러싸고 스탈린 말기부터 진행되고 있었지만, 흐루쇼프 시대에 이르러 더욱 첨예화되었다. 중국은 흐루쇼프의 평화공존론을 '수정주의'라고 비난하면서 사회주의 내의 소련 지도권에 의문을 표시했고, 이는 베트남과 인도 등 제3세계에 대한 영향력을 둘러싼 대결에서 확연히 드러났다. 1960년대 들어서면서 중소관계는 마침내 소련이 중국에서 소련 전문가들을 소환하고 자국에 유학하고 있던 중국 학생들을 돌려보낼 정도로까지 악화되었으며, 중국의 핵무기 개발을 방해하고자 하는 소련 측의 기도는 이 불화를 더욱 부채질했다. 뒤에서 살펴보겠지만 중·소분쟁은 브레즈네프 시대에 들어서 양국 간에 무력 충돌이 발생할 정도로 더욱 격화된다.

흐루쇼프의 평화공존 정책은 소련의 전통적 동맹 지역인 동유럽에서도 큰 변화를 불러일으켰다. 무엇보다 극적인 반향이 발생한 곳은 당시 소련 지배를 받고 있던 동유럽의 폴란드와 헝가리였다. 폴란드에서는 민족주의적 공산주의자였던 고무우카(Władysław Gomułka)가 1956년 10월에 정권을 잡으면서 집단 농장의 해체 등 경직된 사회 경제적 구조를 이완시키는 일련의 개혁을 단행했다. 헝가리에서는 11월에 임레 너지(Imre Nagy)를 중심으로 한 개혁 정부가 탄생하자 소련군이 적극 개입함으로써 대규모 유혈 사태가 벌어졌다. 폴란드에서와는 달리 소련이 헝가리에 무력 개입을 한 것은 헝가리의 개혁 지도자가 바르샤바 조약을 탈퇴하고 중립을 선언함으로써 소련 정부가 자국의 국제적 안전 보장이 위협을 받고 있다고 생각했

기 때문이었다. 폴란드와 헝가리에서의 긴장만큼은 아니지만, 발칸 지역이
나 중 · 소분쟁 문제를 둘러싼 유고슬라비아, 알바니아, 루마니아 지도자들
의 독자적인 행동도 소련을 얼마간 곤혹스럽게 했다.

흐루쇼프의 개혁은 기존 체제를 유지하고 싶어한 많은 사람들의 격렬한
저항을 불러일으켰다. 1957년 6월 중순 흐루쇼프가 핀란드를 공식 방문하
고 있는 동안 스탈린의 측근들이 흐루쇼프를 축출하는 음모를 꾸몄으나,
지지자들의 도움으로 쿠데타를 가까스로 극복할 수 있었다. 하지만 1964
년 10월 브레즈네프와 포드고르니(Nikolai Podgornyi)를 비롯한 흐루쇼프의
정적들은 마침내 그를 권좌에서 끌어내리는 데 성공했다. 이미 1964년 봄
부터 시작된 반흐루시초프 음모는 여름에 흐루쇼프가 브레즈네프를 당 간
부회 의장직에서 해임하고 서기직에 전념하게 하자 이에 격렬히 반발한 브
레즈네프를 중심으로 구체적인 움직임으로 발전했다.

스탈린을 과감히 비판함으로써 소련 사회를 개혁해보고자 했던 흐루쇼
프가 결국 국내의 지지를 받지 못하고 몰락한 이유는 복합적이다. 그의 실
각을 가져온 가장 큰 이유는 국내 경제가 기대한 만큼 성과를 올리지 못한
데 있었다. 절대 생산량으로 보면 흐루쇼프 시기 동안 곡물과 축산물 등 농
업 생산이 꾸준히 증가한 것은 사실이다. 예를 들어 곡물 생산량은 1964년
에는 1958년보다 약 13% 증가했다. 하지만 이것은 같은 기간의 인구 증가
를 감안하여 계획된 증가율 70%의 20%에도 미치지 못하는 것이었다. 그에
따라 식량은 항상 부족했고 농민 소득도 감소했다. 또한 1958~1962년의
임금 개혁으로 최저 임금이 늘어나는 등 일부 노동자들의 소득이 조금 늘
어났으나, 이 개혁으로 숙련 노동자와 미숙련 노동자의 임금 격차가 줄어
들면서 숙련 노동자들의 상태는 악화되었다.

두 번째는 행정 개혁의 부작용이었다. 앞에서 언급한 대로 소브나르호스
를 창설함으로써 경제의 관리를 지역으로 위임한 일은 중앙집권적 경제 기
관에 의존하면서 기득권을 유지해온 많은 관료들의 반발을 샀다. 또 1962

년 말에 지역 수준의 당과 소비에트 기구를 공업과 농업 두 부분으로 분할함으로써 혼란을 일으킨 일도 큰 문제가 되었다. 개혁의 목표는 지역적 정책 결정에 대한 중앙의 통제를 강화하는 것이었으나 권위에 손상을 당한 지역의 당 위원회는 이 개혁을 결코 호의적으로 바라보지 않았다. 세 번째는 1961년의 당규 개정에 따라 당 직책에 임기제를 도입했다는 사실이다. 이제 간부회 의원들은 임기를 세 번만 연임할 수 있었고, 기초 당 조직의 서기들도 두 번밖에 연임할 수 없었다. 이는 관리가 말단 수준에서는 최장 6년, 최고위급 수준에서는 15년을 넘어 근무할 수 없음을 의미하는 것이었다. 이러한 조치가 당직을 종신으로 맡을 수 있었던 당료들의 마음을 상하게 한 것은 말할 것도 없었다. 끝으로 흐루쇼프는 베를린 장벽 위기, 쿠바 위기, 동유럽의 이탈 조짐, 중국과의 대결 등 국제무대에서의 잇단 패배로 소련의 명예가 추락한 데 대한 비난을 감수해야만 했다. 이와 함께 당 동료들의 의견을 무시하는 변덕스럽고 독단적인 그의 통치 스타일도 다른 지도자들의 혐오감을 야기하면서 일국의 지도자로서 그의 자질을 근본적으로 의심하게 만들었다. 그리하여 1964년까지 흐루쇼프는 국가 지도자, 군부, 당원, 노동자, 농민, 경제 관료층 등 소련 사회의 모든 주요 집단들로부터 경멸의 대상이 되었다.

안정에서 정체로

브레즈네프의 등장과 관료적 보수주의 체제의 성립

1964년 흐루쇼프가 물러난 뒤 그를 대신한 새로운 지도부는 무엇보다도 먼저 자신들의 지위를 강화하는 조치에 착수했다. 흐루쇼프가 축출된 다음 날인 10월 14일에 개최된 당 중앙위원회 총회는 브레즈네프를 당 제1서기로, 코시긴(Aleksei Kosygin)을 각료회의 의장으로 각각 선출했다. 그리고 1년 뒤에는 포드고르니를 최고회의 간부회 의장으로 선출함으로써 소련의 지도부는 스탈린 사후처럼 집단 지도체제 형식을 취했다. 이들 새 지도자들은 흐루쇼프가 계속 모스크바에 거주하는 것을 허용했지만, 공식적으로 그를 '망각된 사람'으로 취급함으로써 그의 영향력을 원천적으로 차단하는 한편 그가 재임 기간에 실시한 개혁 중 '주관주의적'이라고 비난받던 것들을 서둘러 폐기했다. 이에 따라 흐루쇼프가 행한 경제 행정 및 농업 행정의 재편이 취소되고 1965년까지 소브나르호스 대신에 다시 전통적인 중앙의 경제 기관들이 부활했다. 또 당을 공업 부문과 농업 부문으로 나눈 것도 취소하고 당료들의 임기 제한도 철폐했다. 특히 당 관료들의 임기 제한을 취소한 조치는 당 아파라치크(aparatchik)들의 큰 환영을 받았다.

1966년 3월 제23차 당 대회에서 제1서기라는 직책 대신에 스탈린 시대의 총서기(gensek)라는 직책이 부활했다. 총서기가 된 브레즈네프는 그때부터 서서히 집단 지도체제하에서도 최고 지도자로 올라서기 시작했다. 형식적으로 그의 권력은 1977년에 포드고르니 대신에 최고회의 간부회 의장을 겸임하고 1980년에 코시긴이 각료회의 의장직에서 물러남으로써 공고해졌지만, 브레즈네프는 초기부터 동료들 가운데 분명히 제1인자였던 것 같다. 흐루쇼프를 계승한 1964년부터 1982년 죽을 때까지 18년 동안 지속된 그의 통치기는 크게 두 시기로 나뉜다. 그는 통치 초기, 즉 대체로 1960년대에는 동료의 견해를 경청하고 전문가에게 자문하는 등 정책 결정에서 명실상부하게 집단 지도의 형식을 갖추고자 노력했다. 하지만 1970년대의 후기 브레즈네프는 건강이 악화되면서 비판을 수용하려 하지 않았고 아첨에 민감하게 반응함으로써 정책 판단에 많은 잘못을 저질렀다고 일반적으로 평가된다.

흐루쇼프의 빈번한 개혁 조치에 대한 당 엘리트들의 반감 덕분에 최고권좌에 오를 수 있었던 브레즈네프는 당 관료층에 의한 안정된 통치의 유지와 옹호에 관심을 가장 많이 두었다. 이것은 이른바 '간부 신뢰' 및 '간부의 안정' 운동으로 구체화되었다. 당료 우선 정책에 따라 당은 끊임없이 확대되었다. 당원 수는 1966년 1170만 명에서 1981년에는 1740만 명(성인 인구의 10%)이 되었고, 당 중앙위원회 정위원 수도 1966년 195명에서 1981년에는 319명으로 늘어났다. 당원들의 지위도 보장되어 전출과 해고가 거의 사라졌다. 이것은 흐루시초프 시대와 브레즈네프 시대의 당 엘리트들의 구성을 비교해보면 잘 드러난다. 예를 들어 1952년에 선출된 당 중앙위원회 위원 중 단지 56%만이 4년 뒤에 재선되었으며, 1956년 중앙위원회 위원 가운데 50%만이 1961년의 22차 당 대회에 다시 출석했다. 반면에 브레즈네프 통치 시기에 이 비율은 크게 늘어났다. 1961년 중앙위원회 위원 중 1966년에도 여전히 그 직을 차지하고 있던 사람은 83%나 되었다. 그 후 조금 떨어지기는 했지만, 1981년에 열린 26차 당 대회까지 80% 가까이 되는 높은 비율이 계속 유지되었다. 1966년에 당 중앙위원회 간부회가 폐지되면서 부활한 최고 정책 결정 기관인 정치국도 매우 안정된 모습을 보였다. 1977년 포드고르니가 제거될 때까지 1964년 10월에 등장했던 지도부 내의 핵심 인물들인 브레즈네프, 코시긴, 수슬로프(Mikhail Suslov), 포드고르니는 모두 정치국에 그대로 머물러 있었다. 이들 당 엘리트들에게는 고급 아파트와 자녀들을 위한 좋은 교육 기회, 특별 상점, 고급 별장, 고급 휴양소 이용 등 보통 국민들이 누릴 수 없는 많은 특권이 주어졌다. 따라서 조그만 아파트에서 살면서 일상용품의 만성적인 부족에 시달리던 일반 국민들이 이 '신계급'의 복지부동과 특권에 분노하게 되는 것은 자연스러운 일이었다.

한편 당의 역할에 대한 강조는 지역 수준에서 당 조직이 지역의 이익을 우선하는 일을 초래하면서, 부정부패, 특히 사리사욕을 위해 국가와 당의 자금을 유용하는 사태를 만연하게 만들었다. 이런 일은 이전에도 존재했지만 브레즈네프 시대에 크게 증가했으며, 지도자들이 오랫동안 책임 있는 자리를 차지하고 있던 변경의 공화국들에서 특히 심했다. 아르메니아, 그

브레즈네프의 면허증. 브레즈네프 통치 말기에 소련 국민의 자동차 보급률은 9%에 불과했지만, 브레즈네프 자신은 고급 자동차를 10대 이상 보유했던 것으로 알려져 있다.

루지야, 아제르바이잔의 남부 자카프카지예 공화국들에서는 마피아 같은 범죄조직이 공적 부문에 뿌리를 내렸고, 이들은 자주 사회 각 부문에서 소군주로 군림하면서 전횡을 휘두르는 당 관리, 즉 '소스탈린'들과 연결되었다. 일부 지역에서는 관직을 공공연하게 사고파는 일도 벌어졌다. 이러한 지역 관리들의 부정부패는 1980년대 말에 발각된 이른바 중앙아시아의 '면화 사건'에서 매우 전형적으로 나타났다. 농장의 경영자들, 공화국의 지도자들, 그리고 연방 내무성의 관리들이 공모하여 1976년부터 1985년까지 10년 동안 면화 생산량을 해마다 엄청나게 부풀려 보고함으로써 수백 만 루블의 국고를 횡령한 이 사건은 규모 면에서 유례를 찾기 힘든 것이어서 소련 사회에 큰 충격을 주었다. 하지만 이런 부류의 사건은 규모만 작을 뿐 브레즈네프 시절의 소련 전역에서 빈번히 발생했다. 지역 엘리트들은 자신만의 성을 쌓고 '영지'를 관리하면서 연방의 자원과 권리를 마음대로 유용했고 그럼으로써 자신과 가족의 배를 불렸던 것이다.

한편 당 간부의 지위 보장은 정치 엘리트들의 노령화를 필연적으로 재촉했다. 브레즈네프와 코시긴을 비롯한 많은 국가 지도자는 1936~1938년의 대테러의 결과 공석이 된 공직에 재빨리 진출하여 제2차 세계대전 후 당과 정부의 고위직을 차지했다. 그리하여 이들은 1980년대 초까지 소련 정치를 지배한 이른바 '37년 클래스' 출신의 고급 관리가 되었다. 이들처럼 젊을 때부터 계속 관료직에 머문 사람만 나이가 든 게 아니었다. 브레즈네프 시절에 새로 고위 관리로 임명되는 사람조차도 자기 전임자만큼 나이가 많거나 그보다 훨씬 고령인 경우가 매우 일반적이었으며, 그보다 훨씬 젊은 사람이 임명되는 경우는 거의 없었다. 1980년에 76세의 코시긴 대신에 브레즈네프의 충복이던 75세의 티호노프(Nikolai Tikhonov)를 각료회의 의장에 임명한 것은 전형적인 사례이다. 중앙위원회와 당 및 국가 관료들이 증가했지만 젊은 사람들은 별로 늘어나지 않았다. 1970년대 말에 중앙위원회 위원 중 40세 이하는 단 한 명도 없었으며, 오히려 그들의 평균 연령은 당 대회를 거듭할수록 높아지는 경향을 보였다. 그 결과 당 중앙위원회 위원 중 66세 이상의 위원은 1966년 6명에서 1981년에는 37명으로 증가하고, 또 50세 이상은 1961년에 27%였던 반면 1980년대 초에는 94%로 늘어났다. 최고 통치 기관인 정치국 정위원의 평균 연령도 1966년 58세에서 1981년에 71세로 늘어났다.

이러한 국가 지도자들의 노령화는 국가 통치에 직접적인 악영향을 미쳤다. 1960년대에 3~6시간씩 걸리던 정치국 회의 시간이 30~40분으로 대폭 줄어드는 일이 잦아졌다. 이 문제를 해결하기 위해 브레즈네프가 사망한 직후에는 정치국이 위원들이 일해야 할 노동시간을 공식적으로 감축하기까지 했다. 노령화는 당연히 '새 피', 그리하여 새로운 아이디어를 도입할 가능성을 차단함으로써 1930년대의 대격변 속에서 정치적 경험을 쌓고 제2차 세계대전의 승리를 통해 체제의 정당성을 근본적으로 확신하는 이른바 '제2세대 스탈린주의자들'로 이루어진 현 국가 지도부의 보수적 관점을 더욱 강화하는 결과를 빚었다.

경제성장의 한계와 반체제 운동의 성장

1971년 24차 당 대회에서 브레즈네프는 소련이 '발달한 사회주의'에 도달했다고 선언했다. 몇 가지 외형적인 수치는 그때까지 경제성장이 상당히 빨리 이루어지고 있음을 보여준다. 우선 연평균 경제성장률은 1965~1970년 동안 공식적으로 7.7%에 이르렀으며, 이는 1950~1960년 동안의 연평균 성장률 10.2%보다 낮기는 하지만, 그 전 5년 동안의 6.5%를 상회하는 것이었다. 이를 바탕으로 1970년까지는 무선통신, 전자, 원자력, 화학, 기계 공업 등이 크게 발달하면서 미국과의 총공업 생산 격차가 1.2대 1까지 줄어들었다. 소련 국민들의 생활 수준도 1970년에는 제2차 세계대전 직후보다 약 2배 높아졌다. 국민의 평균 소비도 1964~1972년 동안 50% 이상 증가했다. 공식적으로 1967년에 주 2일 휴무제가 시행되었고, 그 외에도 각종 연금 및 보험제도가 뿌리를 내렸으며 무료 의료제도, 중등학교의 무상 의무교육이 실시되었다.

브레즈네프 시대 전반기에 보인 이와 같은 경제적 성과는 전후 세계 경제의 흐름과도 밀접한 관련이 있었다. 잘 알려져 있듯이 전후 서방의 자본주의 경제는 1973년 이른바 '오일 쇼크'가 닥칠 때까지 계속 팽창하고 있었으며, 이 점에서 동유럽 사회주의 체제와는 물론이고 기계류나 원료, 연료 등의 수출로 세계 자본주의와 어느 정도 긴밀한 관계를 맺고 있던 소련도 예외는 아니었던 것이다. 그리하여 소련의 1인당 생산은 1964~1973년에 서유럽 평균의 약 절반 수준에 불과했으나, 서유럽의 주요 국가들처럼 소련도 이 기간에 총생산이 미국보다 빠르게 증가할 수 있었다.

하지만 브레즈네프 전반기의 지속적인 팽창에도 불구하고 소련 경제는 여전히 고질적인 여러 문제점을 안고 있었다. 소련 국민의 생활 수준은 1980년까지 소련 가정의 85%가 텔레비전을, 86%가 냉장고를, 70%가 세탁기를 소유하게 되고(자동차의 경우는 브레즈네프 말기에 9%에 불과), 또 육류 소비가 1965~1980년에 40% 이상 증가하는 등 일부 측면에서는 꾸준히 좋아지고 있었지만, 전반적으로 생활 수준의 증가율은 해마다 계속 떨어지고 있었다. 1959년부터 1984년까지 소련 성인 중 고등교육을 받은 사람의 비율이 세 배 이상 늘어나 8.2%에 이르게 되고 중등교육을 받은 사람은 10.9%에서 36.4%까지 증가하는 등 교육 기회의 확대로 점점 더 많은 사람이 엔지니어와 전문가가 되었으나 경제성장의 속도가 이를 따라잡지 못해 많은 사람들이 자신에게 걸맞은 일자리를 찾지 못하게 되었다. 1950~1980년 동안 1인당 병상 수와 의사 수는 두 배로 증가했지만, 의료업에 대한 투자 감소와 의료인의 열악한 처우 등으로 의료의 질은 계속 떨어졌다. 일반 노동자들은 적은 보수를 받아들이고 안정적 직업을 유지하는 대가로 파업권을 포기했고, 또 더 나은 직장을 찾아 자주 전업을 시도했다. 소비재 부족으로 '지하 경제'가 광범하게 형성되면서 국영 공장의 물품을 훔치는 일이 빈번하게 발생했다. 노동자들이 작업 의무를 경시하면서 노동 규율은 악화되었다. 농업은 여전히 저생산에 시달렸다.

소련 지도부는 이런 문제점들을 고치기 위해 일련의 정책을 실시했으나 장기적으로는 대체로 실패했다. 예를 들어 농업 분야에서는 수매 가격을 올려 집단농장 농민과 국영기업 노동자 사이의 소득 격차를 줄이는 데 어느 정도 성공했지만, 그 격차는 여전히 컸다(대략 3분의 1). 또 농업에 대한 지속적인 투자로 총투자에 대한 농업 부문의 투자 비율은 1961~1965년 사이에 19.6%에서 1976~1980년에는 26.2%까지 크게 늘어났다. 이에 따라 소련의 농업 생산은 해마다 증가율이 떨어지기는 했으나 꾸준히 성장했고, 그 결과 소련은 1970년대에 세계 최대의 밀 생산국이 되었다. 해외에서 곡물 수입이 상당히 증가한 것은 사실이지만 이것은 식량용이라기보다는 가축에게 먹일 사료용이었다. 하지만 크게 늘어난 투자에 비해 그 성과는 전혀 만족스럽지 못했으며, 한 연구자는 1970~1990년 동안 소련 농업의 생산성 증가율은 연 -4%에 이른다고 비관적으로 평가했다. 그에 따라 흐루쇼프 시대의 여러 조치에도 불구하고 지속되어오던 고질적인 농민들의 빈곤 현상은 브레즈네프 시대에도 크게 나아지지 않았고, 이농현상이 계속되면서 노동력 부족은 여전히 소련 농업의 가장 큰 문제점 중 하나로 남았다.

공업에서도 이윤의 도입과 기업 단위의 책임 및 자율성을 강조한 1965년의 '코시긴 개혁'이 중앙의 경제 관료들의 반대에 부딪혀 좌초한 뒤 성장률이 지속적으로 하락했다. 1975년에는 1970년보다 총생산이 47%가 늘어나는 것으로 계획했지만 실제 증가율이 43%에 그쳤고, 1980년에는 1970년 대비 37%의 증가를 예측했으나 실제로는 24% 증가에 머묾으로써 성장률의 하락이 더 심해졌다. 1980년에는 가스를 비롯한 아주 극소수의 부문만 5개년 계획의 목표에 도달했을 뿐, 다른 에너지원과 강철, 비료, 트랙터, 기관차와 그 밖의 사실상 모든 소비재가 기대에 훨씬 못 미쳤다. 그리하여 1970년까지 높은 비율을 자랑하던 경제성장은 그 후 속도가 지속적으로 감소했다. 공식적으로 1965~1970년에 연평균 7.7%에 달했던 성장률은 1970~1975년에는 5.7%, 1975~1980년에는 4.2%, 1980~1985년에는 3.5%까지 하락했다. 이 비율을 과장된 것으로 평가하는 한 연구자에 따르면 실질 성장률은 1965~1970년에는 4.1%, 1975~1980년에는 1.0%, 그 다음 5년 동안은 0.6%였다.

많은 연구자들은 브레즈네프 시대 동안 소련 경제가 침체에 빠지게 된 일차적인 원인을 서방과의 군비 경쟁에 따른 국방비 지출의 급속한 증가에서 찾아왔다. 실제로 1980년까지 소련은 경제 규모가 미국의 3분의 1에 불과했음에도 불구하고 국방비에 더 많은 지출을 했다. 정확한 수치는 알 수 없지만, 가장 적게는 국내총생산(GDP)의 15%, 많게는 30% 정도를 국방비에 쏟아부은 것으로 평가된다. 하지만 브레즈네프 시대의 경제가 결국 정체에 이르게 된 데는 좀 더 근본적인 원인이 있다. 그것은 이른바 스탈린 시대에 그 모습을 드러내기 시작한 중앙집권적 '행정-명령 경제' 체제가 원료나 노동, 자본을 강제적으로 동원하여 경제를 외연적으로 확장하는 데는 나름의 효과를 가질 수 있지만, 경제가 효율성에 기반을 둔 '내포적' 성장이 요구되는 단계에서는 오히려 걸림돌로 작용했다는 것이다. 브레즈네프 정부는 순생산 증가의 80% 이상이 생산성의 증가에서 나와야 한다고 생각했지만, 현실은 그러지 못했다. 경제는 고정 가격 체제 때문에 효율성을 적절히 추구할 수 있는 기제를 갖지 못했고, 양적 목표 달성을 위해 보너스를 지급하는 식으로 인센티브를 아무리 부여하더라도 성장의 질적 측면은 근본적으로 무시되었다. 따라서 1980년대까지 소련 정부는 선진 서방국가들보다 생산단위당 2~3배나 많은 에너지와 원료를 투입했지만, 생산품의 질은 훨씬 낮을 수밖에 없었다. 또한 대외 조건의 변화도 경제적 침체를 심화하는 데 한몫했다. 즉 1970년대 초에 금의 가격이 10배 이상 급등하고 '오일 쇼크' 이후 석유 가격이 급속히 상승하며 또 아랍 국가들에 대한 무기 판매가 급증하면서 소련의 수출이 크게 확대되었다. 하지만 소련의 지도자들은 수출로 벌어들이는 이익에 만족할 뿐, 경제성장의 가속화를 위해 필요한 개혁을 등한시함으로써 일부 품목에 바탕을 둔 수출의 확대가 오히려 경제발전에 해를 끼치는 결과를 빚고 말았다. 궁극적으로 소련 경제는 기계류 수입이 크게 확대되는 등 초기의 공업 강국으로서의 모습을 잃어버렸고, 선진 기술의 해외 종속도 점점 심화되었다.

한편 브레즈네프 시대의 경제성장의 정체와 특권층의 형성은 주민들의 불만을 야기했고, 이는 체제 자체의 정당성에 의혹의 눈길을 보내는 반체제운동의 발전에 반영되었다. 반체제운동은 1950년대 중반 탈스탈린화와 해빙에 뒤이은 흐루쇼프 정책의 비일관된 문화정책에 실망한 일부 지식인 들의 비판적 태도에서 본격적으로 발생했다. 또 1958년 이후 예술가, 과학 자, 학자 들의 서방과의 접촉 강화도 운동의 태동을 위한 분위기를 형성했 다. 특히 1968년 8월에 일어난 브레즈네프의 체코슬로바키아 사태 무력 개 입은 운동이 결정적으로 확대되는 데 큰 역할을 했다.

하지만 1960년대의 반체제 인사들이 대체로 원한 것은 사회주의의 폐지 가 아니라 민주적 개혁이었다. 처음에 반체제 인사들은 개별적으로 체제에 저항했다. 시냡스키(Andrei Sinyavskii)나 다니엘(Yulii Daniel')등 일부 지식 인들이 1960년대에 반소 활동 혐의로 체포되었고, 그 뒤를 이어 원고 형태 의 비공개 문헌인 사미즈다트(samizdat)의 유포에 대한 대대적인 단속이 이 루어졌다. 이를 계기로 1960년대 말부터 반대파는 인권을 옹호하는 위원 회들을 조직하기 시작했고, 1975년에 유명한 인권운동 단체인 '헬싱키 그 룹'을 결성했다. 반체제운동에 참여하는 사람들의 철학은 다양했다. 역사 학자 메드베데프(Roy Medvedev) 같은 사람들은 스스로를 '사회주의자'라고 선언하고 레닌주의로의 복귀를 요구했다면 사하로프(Andrei Sakharov)같이 서방의 자유주의에 얼마간 동조하는 사람들도 있었다. 그리고 솔제니친 같 은 사람들은 '신슬라브주의'를 표방했다. 반체제 인사들은 결코 수천 명을 넘지 못했다. 또한 대중들과의 접촉 부재로 체제에 어떤 현실적인 위협도 가하지 못함으로써 정부의 대외정책이나 문화정책에 거의 영향을 끼치지 못했다. 그런 점에서 그들의 활동을 과대평가할 수 없지만, 반체제 인사들 은 정부의 공식 이데올로기인 '발달한 사회주의'에 대한 대안을 제시하고 다가올 고르바쵸프 시대에 폭발적으로 터져나올 시민운동의 선구를 이루 었다는 점에서 결코 과소평가될 수도 없을 것이다.

브레즈네프의 민족정책과 대외정책

브레즈네프 시대에 소련 체제가 위기에 빠진 징후는 연방을 구성하는 소수민족들의 변화에서도 나타났다. 브레즈네프 시기 동안 러시아인들의 비율이 감소하고, 중앙아시아인들의 비율이 1959년부터 20년 동안 6%에서 10%로 증가하는 등 소련의 인구 구성이 크게 바뀌었다. 이것은 중앙아시아 공화국들의 인구는 급속히 증가하고 있는데, 러시아 공화국의 인구는 거의 늘지 않은 사실에서 잘 드러난다. 1980년에 러시아 공화국의 인구 증가율은 0.49%에 머문 반면, 중앙아시아 공화국들은 2.0~2.9%에 이르렀다. 그리하여 소련의 무슬림 인구는 매년 2.5%씩 성장했는데, 이것은 대러시아인의 인구 증가율보다 네 배나 높은 것이었다. 당연히 모스크바 당국은 러시아인들의 비율 약화를 우려했으나, 그럼에도 불구하고 브레즈네프도 흐루쇼프처럼 비러시아계 민족들에게 전통적 유산을 보존할 수 있게 해주는 등 얼마간의 문화적 자치를 보장하고, 그에 더하여 정치적 자치도 향유하게 했다.

모스크바는 특히 브레즈네프의 '간부 안정화' 정책과 맞물려 민족 공화국들의 정치 과정에 대한 직접적 개입을 자제했다. 지역의 지도자들은 스탈린이나 흐루쇼프 치하에서와는 달리 장기 집권이 가능했다. 그 결과 지역 공화국들에서는 자기들만의 정치적 후원관계가 확산되고 이를 바탕으로 부정부패와 지하 경제가 만연하면서 중앙의 통제를 어느 정도 벗어나는 등, 이른바 '눈에 띄지 않는 탈식민화' 과정이 전개되었다. 이처럼 지역에서 '조합주의적 타협'을 통해 지도자들의 이익이 보장되면서 지역의 민족 공화국은 적어도 브레즈네프 통치 전반기에는 소련 체제에 대해 대체로 만족했고, 이는 일부 연구자들이 브레즈네프의 민족 정책이 궁극적으로 체제 자체의 생존을 연장하는 데 도움을 주었다고 평가하는 주된 근거가 되었다.

하지만 브레즈네프 지도부와 지역 비러시아계 지도자들의 이러한 타협은 지역 공화국 수준에서만 이루어졌기 때문에 체제가 단단한 응집력을 갖기에는 근본적으로 한계가 있었다. 중앙의 당과 국가 기관에 근무하는 관료의 인종적 구성은 브레즈네프 시대 동안 점점 더 러시아화되어갔다. 예를 들어 1966년에 선출된 당 중앙위원회 위원 중 러시아인의 비율은 57%였지만, 1981년에는 그 비율이 68%로 증가하였다. 최고 정책 결정 기구인 정치국도 마찬가지였다. 1966년에 11명의 정위원 중 6명이 러시아인이었으나, 1981년에는 14명의 정위원 중 10명이 러시아인이었다. 이리하여 민족 공화국 수준에서는 토착 비러시아인들이 지배적인 인종으로 나타나고 중앙의 연방 수준에서는 러시아인들이 지배적으로 되자, 지역의 비러시아계 관리들은 자신들의 공화국에서 정체성을 확인하게 되면서 점점 더 민족주의적으로 되어갔다.

브레즈네프 치하에서 얼마간 보장된 문화적 자치도 비러시아인들의 민족의식을 고취하는 데 일조했다. 당시 우크라이나와 벨로루시야 등 일부 지역 공화국의 학교에서는 수업 시간에 러시아어가 강제로 사용되었다. 그 결과 우크라이나의 경우 토착어로 수업을 하는 학생들의 비율이 1955년에 72%에서 1985년 51%로 떨어지는 등, '언어적 러시아화'가 상당히 진척되었다. 하지만 이러한 일부 추세에도 불구하고 지역에서는 중앙 당국의 묵인 속에 소수민족들의 토착 언어와 문학에 대한 연구가 전반적으로 활성화되었다. 문학 작품과 역사적 문헌들이 토착 언어로 간행되었고 민담, 가요, 민족적 공연이 꽃을 피웠다. 한편 비러시아계 공화국들에서 교육 기회가 확대되면서 소수민족 사이에 러시아인들에 의한 정치적, 경제적, 문화적 생활의 지배를 배척하는 분위기가 더욱 강화되었다. 더구나 비러시아인들의 교육적 성취가 고등교육을 받은 사람들의 적절한 취업 기회가 줄어들고 있을 때 확대됨으로써 그들의 불만은 민족의식의 고양으로 연결되기가 더욱 쉬웠다.

민족의식이 고양되면서 러시아인들이 지배하는 중앙 정부의 경제적 착취가 소수민족들의 분노를 부채질했다. 실제로 모스크바가 지역 공화국의 경제를 수탈했는지, 수탈했다면 어느 정도였는지는 정확히 알 수 없지만 거의 모든 민족 집단은 중앙 정부가 자신들의 경제를 이용한다고 믿었다. 이것의 가장 좋은 예는 중앙아시아의 많은 지역이 목화라는 단일 작물 재배로 특화되었다는 사실이다. 지역민들은 농업이 지배적인 자신의 지역을 모스크바의 식민지로 생각했다. 게다가 목화 재배 때문에 강물이 고갈되면서 아랄 해가 축소되는 등 엄청난 환경 재난이 발생하자 그들의 불만은 더욱 커졌다. 또한 지역 경제를 활성화하기 위해 중앙으로부터 가능하면 많은 투자를 유치하려고 노력하는 과정에서 중앙과의 갈등이 불거지면서 지역 민족주의가 더욱 강화되기도 했다. 발트 3국과 카자흐스탄, 우크라이나, 몰다비아 등지에서는 제2차 세계대전 후 수십 년 동안 러시아인들이 공장 노동자나 농업 노동자로 대거 유입되면서 토착민과 반목했다.

　브레즈네프의 대외정책도 반드시 성공적이지 않았다. 브레즈네프 정부는 전반적으로 흐루쇼프의 대외정책의 기조를 이어받았다. 브레즈네프는 집권 기간 서방측에 대해서는 미국과 핵전력 균형을 유지하는 가운데 '데탕트'로 표현되는 평화 공존 정책을 지속하고, 동유럽 등 사회주의권에 대해서는 통제를 강화하며, 제3세계에 대해서는 '민족해방운동'을 지원하는 정책을 실시했다. 이 세 가지 목표 중에서 서방과의 평화 공존 정책은 적어도 1979년 아프가니스탄 침공으로 관계가 다시 악화되어 이른바 '제2차 냉전'이 시작될 때까지는 미국과 성공적인 군축 협상을 이끌어내는 등 동서 간에 긴장을 어느 정도 완화시킬 수 있었다. 소련이 특히 1970년대 이후 긴장 완화를 적극 추진할 수 있었던 것은 브레즈네프 초기에 미국과의 군사력 균형을 이루기 위해 핵미사일과 해군력을 증강하는 등 군비를 확대하는 데 상당한 성공을 거두었기 때문이다. 제3세계에 대한 지원도, 비록 중동에서의 아랍인들에 대한 지원이 1967년과 1973년의 아랍–이스라엘 전쟁에서 아랍인들이 패배함으로써 치욕적인 실패를 맛보기도 했지만, 1975

년 베트남전에서 북베트남이 최종적으로 승리하고 1970년대 중반 앙골라
와 에티오피아에서 친소정권이 수립되는 등, 어느 정도 그 목표를 달성했
다. 하지만 사회주의권에 대한 통제는 많은 문제점을 노출하면서 국제무대
에서 소련의 국가적 위상을 약화시키는 데 일조했다.

특히 브레즈네프 시기 동안 사회주의 종주국에 대한 중국의 도전이 더욱
격화되었다. 중국은 1964년 흐루쇼프가 제거된 바로 그 날 원자폭탄 폭발
시험을 성공적으로 수행함으로써 소련을 비롯한 세계를 깜짝 놀라게 했다.
더구나 중국은 1966년 문화혁명의 개시와 함께 이데올로기적으로 더욱 급
진화하는 한편, 베트남전에서 소련과의 경쟁이 심화되고 인도에서 소련의
영향력이 확대되는 것에 반감을 가지면서, 소련에 대한 적대감을 더욱더
노골적으로 표방했다. 이는 결국 1969년 3월 국경 문제를 둘러싼 우수리
강에서의 양국 간의 총격전으로까지 발전하여 중국군의 사상자가 800명이
넘고 소련군도 60명 정도가 피해를 당할 정도로 대규모의 국지적인 무장
충돌로까지 이어졌다. 그 후 전면전이 초래할 위험을 깨달은 양국의 협상
으로 즉각적인 전쟁의 위험은 사라졌지만, 6500킬로미터에 달하는 중·소
국경의 방어를 위해 소련은 1967~1972년 사이에 병력을 두 배로 늘려 총
46개 사단을 배치하지 않으면 안 되었다. 중·소관계는 1970년대 말 베트
남과 중국의 충돌, 소련의 아프가니스탄 침공 등으로 더욱 악화되었다. 양
사회주의 대국의 관계는 1985년 고르바쵸프가 등장하면서 비로소 개선되
기 시작했다.

1956년 이후 한동안 안정되었던 동유럽의 정권들도 1960년대 들어 중·
소분쟁에 대해 알바니아가 중국을 지지하고 또 동유럽 국가들의 상호원조
경제 조직인 코메콘(COMECON) 통합계획에 따라 중공업 발전을 봉쇄당한
루마니아가 소련에 반발하면서 다시 요동치기 시작했다. 특히 브레즈네프
시대에 들어서 1968년 봄에 체코슬로바키아에서 기존 공산당 지도부의 스
탈린주의적 통치에 반대하면서 '인간의 얼굴을 한 사회주의'를 원하는 대

규모의 개혁운동이 둡체크(Alexander Dubček)를 중심으로 일어났고, 소련 지도부는 이에 무력 진압으로 대응함으로써 서방세계의 격렬한 반발을 불러일으켰다. 1981년 12월에는 폴란드에서 연대 노조를 중심으로 개혁운동이 거세게 불타올랐다. 이 개혁운동에 대해 소련 지도부는 '프라하의 봄' 때와는 달리 이른바 '브레즈네프 독트린'을 발동하지 않음으로써 적극적인 개입은 자제했지만, 이 또한 동유럽의 독립 의지를 명확히 보여주면서 소련의 국제적 위상이 추락했음을 입증하는 것이었다.

페레스트로이카에서 소연방의 붕괴로

고르바쵸프의 등장과 전면적인 체제 개혁

1982년 11월 10일 75세의 브레즈네프가 사망했다. 며칠 뒤 당 중앙위원회 총회는 10년 이상 국가 보안기관인 KGB의 수장으로 있던 68세의 안드로포프(Yurii Andropov)를 총서기로 선출했다. 이제 나라의 수장으로서 성장의 동력을 잃어버린 사회주의 거국을 떠맡게 된 안드로포프는 무엇보다 먼저 침체한 경제를 되살리기 위해 서둘러 몇 가지 개혁조치를 취했다. 그는 반부패운동을 개시하고, 잘못된 장부 기입과 무단결근, 그리고 작업장에서의 음주를 가혹하게 처벌하는 등 전반적으로 노동 규율을 강화하고자 했다. 하지만 그의 개혁 조치는 1984년 2월 심장병에 의한 그의 돌연한 죽음과 함께 짧은 실험으로 끝났고, 뒤를 이은 병약한 체르넨코(Konstantin Chernenko)도 1984년 12월 마지막으로 공식 석상에 그 모습을 나타낸 뒤 이듬해 3월 사망하고 말았다.

체르넨코가 죽은 다음 날 당 중앙위원회는 원로 정치국원으로서 제1부수상이던 그로미코(Andrei Gromyko)의 추천을 받아 54세의 고르바쵸프를 새 당수로 승인했다. 왜 정치국원 중에서 가장 젊은 고르바쵸프가 '예기치 않게' 새 최고 지도자로 등장하게 되었는지는 불분명하다. 아마도 고르바 쵸프가 안드로포프의 강력한 후원을 받은 인물인 데다 병약한 브레즈네프의 부재 시에 정치국의 사회를 맡았고, 또 당시 모스크바 당수였던 빅토르 그리신(Viktor Grishin)을 비롯한 유력한 경쟁자들이 부정부패 등의 개인적인 약점을 가지고 있었기 때문인 듯하다. 여하튼 보수파를 포함해 최고회의 간부회의 만장일치로 총서기로 추대된 고르바쵸프는 전임 지도자들과는 달리 레닌(Vladimir Lenin) 이래로 처음으로 정규 교육 절차에 따라 고등 교육을 받은 세련된 인물이었다. 그는 지도부의 역관계 때문에 처음에는 신중한 자세를 취할 수밖에 없었지만, 곧 침체한 경제를 복구하고 비효율적인 체제를 고치지 않고서는 체제의 안전을 보장할 수 없다는 인식에 도달했다.

사실 고르바쵸프의 개혁 구상은 그가 총서기가 되기 전에 불명확하나마 얼마간 공개적으로 표방되었다. 그것은 이미 안드로포프 시기에 본격적으로 시작된 소련 지식인들의 체제 비판과 맥을 같이하는 것이었다. 1983년 사회학자 타티야나 자슬랍스카야(Tat'yana Zaslavskaya)가 쓴 노보시비르스크 보고서와 이듬해 작성된 경제학자 아벨 아간베갼(Abel Aganbegyan)의 보고서는 소련이 당면한 사회 경제적 문제를 분석하면서 경제 침체의 책임을 체제 탓으로 돌렸다. 이러한 개혁 사상의 대두를 배경으로 하여 고르바 쵸프는 1984년 12월 한 연설에서 위기에 빠진 경제를 구하기 위해 탈집중화가 필요함을 강조하고 자치의 확대와 개방 및 민주화, 그리고 국민의 생활 수준 향상을 위한 적극적인 조치들을 촉구했다.

총서기가 된 후 고르바쵸프는 가장 먼저 당이 변화의 주체가 되기를 바라면서, 개혁주의적 인사들을 고문으로 앉히고 로마노프(Grigorii Romanov)와 그리신 같은 보수파 정치국원들을 퇴임시키는 등 당과 정부의 관리들을 상대로 대대적인 인적 쇄신을 단행했다. 그 결과 집권 첫 해 동안 중앙의 각료 가운데 70%가 물러났고, 연방 공화국들의 지도자 중 50%가 새로운 인물로 대체되었다. 집권 9개월 만인 1985년 말까지는 제1서기 중 40%가 직책을 상실했다. 이러한 변화는 각 공화국의 주, 지구 수준의 관리들에게까지 광범하게 이루어졌으며, 그 결과 1986년 3월 27차 당 대회를 개최했을 때 중앙위원회 정위원의 60%가 새로 등장한 인물로 드러났다.

처음에 고르바쵸프는 위기에 빠진 경제에 초점을 맞추었다. 그러나 고르바쵸프는 경제 회복이 체제 개혁의 핵심적인 요소임을 깨닫고 있었으나, 불행히도 한 경제학자의 말마따나 "자신이 도입하고자 하는 개혁의 기본 경제 원리를 이해하지 못했다". 그는 집권 기간 내내 경제를 개선하고자 수많은 시도를 했지만, 그것들은 고르바쵸프의 일관된 정책에서 나왔다기보다는 상황의 변화에 그때그때 즉흥적으로 대처한 면이 훨씬 컸다. 먼저 고르바쵸프는 1985년 5월에 작업장에서의 무단결근과 안전사고 같은 노동 규율의 해이를 초래하여 연 800억 루블에 달하는 생산 손실을 가져온다고 생각한 음주 행위를 제한하기 위해 보드카의 입수 자체를 어렵게 하는 금주 운동을 전개했다. 고르바쵸프의 목표는 5년간에 걸쳐 보드카의 생산을 10% 줄이는 것이었다. 하지만 이 운동은 고르바쵸프를 '오렌지 주스 동지'라고 부르는 등 일반 국민들의 조소만 받고 거의 성과를 내지 못한 채 1989년에 조용히 끝나고 말았다.

1986년에 들어서서 고르바쵸프는 경제의 계획과 통제 분야에서 좀 더 많은 변화를 꾀하기 시작했다. 3월에 열린 27차 당 대회에서는 산업 활동의 '가속화' 전략을 채택했다. 그러나 이 전략은 생산 비용을 줄이고 원료를 더욱 현명하게 사용할 것을 촉구하는 정도의 온건한 변화만을 요구했다. 또 급여와 상여금을 노동 생산성과 연계시켜 노동자들의 노동 의욕을 고취하고자 했다. 이에 더하여 생산물의 질을 높이기 위한 조치들을 도입해 일단 시험 삼아 1500여 개의 공장에 상품의 품질을 감시하는 새로운 시스템을 마련하고 5월에는 그를 위한 국가 기구까지 구성했다. 하지만 이러한 조치는 대규모 저항 속에 2년 뒤에 흐지부지 끝나고 말았고, 다른 많은 고르바쵸프의 개혁들처럼 노동자들이 더 큰 변화를 받아들이기를 꺼리는 부작용만 낳았다.

한편 경제 개혁과 더불어 고르바쵸프는 점점 공공 생활의 모든 측면에서 근본적인 변화가 필요하다고 말하기 시작했다. 1985년이 지나면서 '페레스트로이카(perestroika)', 즉 재편이라는 용어가 공식적으로 점점 더 많이 등장했고, 마침내 1986년 4월에는 단순히 경제의 쇄신만이 아니라 "정치체제와 사회관계, 이데올로기적 영역 등 모든 부문에서 페레스트로이카가 필요하다."고 선언했다. 이러한 포괄적인 전망은 경제 개혁이 소련 사회의 다른 모든 분야의 개혁과 긴밀히 연결되어 있음을 고르바쵸프가 깨달아감을 반영하는 것이었다. 나아가 4월 26일에 발생한 우크라이나의 체르노빌 원자력 발전소의 사고는 개혁의 필요성에 대한 공감을 더욱 확산시켰다. 잘못된 설계와 사람의 실수로 발생한 이 비극적인 원자로 폭발사고는 사고 후 보호 장비를 제대로 갖추지 않은 수천 명의 청소부를 투입한 데서 보이듯 수습 과정에서 드러난 여러 심각한 문제에 이르기까지 그 동안 누적되어온 소련 사회의 모든 부정적 측면을 한꺼번에 노출하는 계기가 되었다. 이 사고로 공식적으로는 38명의 사망자가 발생했다고 발표했지만, 현재 10만 명 이상이 후유증으로 죽거나 방사능 때문에 부상을 입은 것으로 추정하고 있다.

고르바쵸프는 페레스트로이카의 본격적인 시동과 함께 국제무대에서도 이른바 '신사고'를 도입했다. 그는 미국과의 군비 경쟁을 완화함으로써 무려 국가 예산의 40%에 이르는 국방비를 절감하는 한편으로 국내 개혁을 위한 안정된 분위기를 보장하기 위해 국제적인 평화가 절대적으로 필요한 상황이었다. 이에 따라 고르바쵸프는 집권하자마자 미국 대통령과의 정상회담을 희망한다는 뜻을 피력했고 실제로 역대 어느 소련 지도자보다도 적극적으로 핵무기를 비롯한 군비 감축을 도모함으로써 미국을 비롯한 서방

1988년 소련공산당 중앙위원회 총서기이자 소연방 최고 소비에트 간부회 의장인 고르바쵸프
가 UN 총회에서 연설하고 있다.

과의 관계 개선을 꾀했다. 이러한 대담한 노력은 1987년 12월 한때 소련을
'악의 제국'이라고 칭했던 레이건(Ronald Reagan) 미국 대통령을 워싱턴에
서 만나 일부 핵미사일의 폐기에 합의함으로써 뚜렷한 성과를 낳았다.
1988년 5~6월에는 레이건이 모스크바를 방문하여 고르바쵸프와 군축과
인권, 그리고 지역 갈등 문제를 더욱 깊이 논의했고, 그해 말에는 UN에서
고르바쵸프가 소련군의 대대적인 감축을 일방적으로 선언해 세계를 놀라
게 하기도 했다.

이에 더하여 고르바쵸프는 그 동안 서방측으로부터 집중적인 비난의 표
적이 되었던 아프가니스탄 전쟁을 끝내기로 결정했다. 1986년 7월 아프가
니스탄에서 소련군을 철군할 뜻을 처음으로 피력한 고르바쵸프는 공언한
대로 1989년 2월까지 철군을 완료했다. 이로써 거의 10년에 이르는 전쟁
동안 1만 3000명 이상의 소련군 전사자와 3만 5000명 이상의 부상자를 낳
은 아프가니스탄 전쟁은 일단락되었고, 미국을 비롯한 서방측은 고르바쵸

프의 국제 긴장 완화 노력이 단순한 수사가 아니라 근본적인 정책 변화의 한 모습임을 인정할 수밖에 없었다. 한편 고르바쵸프는 1989년 5월에는 중국을 방문해 중·소관계의 정상화를 모색함으로써 국경 문제를 둘러싼 협상이 지연되기는 했지만, 궁극적으로 두 사회주의 대국이 좀 더 긴밀한 관계를 맺는 데 큰 역할을 했다.

그러나 이와 같은 국제적인 평화 노력의 진전에도 불구하고 고르바쵸프는 국내 경제의 회복에는 실패를 거듭했다. 그는 1986년까지 경제가 인상적인 회복을 보이지 않자 표면적인 경제개혁을 뛰어넘어 '시장 사회주의'라는 더욱 급진적인 구호를 들고 나왔다. 이 정책은 마치 1920년대의 신경제정책(NEP)처럼 소련 경제에 경제적 탈집중화와 제한적 자유화 및 부분적 시장을 도입하는 것이었다. 그러한 조짐은 이미 1986년 2월에 소비자 협동조합의 설립을 허용했을 때 시작되었지만, 1987년 들어 이 정책이 소비재와 일반 식품 및 서비스 분야까지 확대되면서 탄력을 받았다. 1987년 6월에는 기업의 자주관리와 독립 채산제가 채택되고, 또 이를 전후하여 개인기업의 설립이 허용되었으며 외국 기업과의 합작도 장려되었다. 그러나 이 급진적 개혁들의 목표는 "사회주의를 강화하는 것이며 그것을 다른 체제로 대체하는 것은 아니었다". 농업 부문에서는 개인이 집단농장이나 국영농장의 토지 일부를 임차하여 독자적으로 경작하는 것이 허용되었다. 이와 같은 자본주의적 요소들의 빠른 도입은 국가의 보호에 의존하던 기존 경제에 상당한 충격을 주는 것이었다. 1987년 12월에 이미 생산 현장에서 대량 해고가 불가피할 것이며 1600만 명의 실업자가 발생할 것이라는 충격적인 보고서가 나왔다.

한편 고르바쵸프의 페레스트로이카 정책은 정치 분야에서도 일대 혁신을 가져왔다. 정치적 변화는 '민주화(demokratizatsiya)'라는 용어로 집약되었다. 그것은 완전한 대의제의 도입을 뜻하지는 않았지만 정치 과정에 인민들의 참여를 크게 제고하는 것은 확실했다. 작업장에서는 종업원들이 경영자를 직접 선출하도록 고무되었고 국가 정치에서도 1987년 가을에 지방 소비에트 선거에서 처음으로 복수 후보제가 실시되었다. 1989년 3월에는 새로 설치하기로 한 인민대의원 대회의 구성을 위해 1917년 10월 혁명 직후의 제헌의회 선거 이래 처음으로 전국적 규모의 민주적 선거가 실시되었다. 총 2250명의 대의원 중 1500명을 국민들의 직접선거로 뽑은 이 선거에서 국민들은 대부분의 선거구가 내세운 복수 후보 가운데 한 사람을 선택했다. 그 결과 일부 선거구에서는 구정치인들이 뚜렷이 몰락했다. 대회는 수백 명으로 이루어진 최고 소비에트를 선출했고 그 의장으로 고르바쵸프를 뽑아 이제 고르바쵸프는 당수뿐만 아니라 소련 대통령직도 겸임하게 되었다. 이런 정치의 민주적 분위기를 타고 1989년 초까지 무려 20개 이상의 정당이 새로 출현했다. 이들은 이해관계에 따라 끝없이 이합집산했으나, 불행히도 여전히 공산당에 기반을 둔 고르바쵸프는 이들 가운데서 자신을 지지하는 정치세력을 만드는 데 실패했으며, 곧 좌우익 모두로부터 공격을 받는 처지가 되고 말았다. 고르바쵸프는 내키지 않았지만, 1990년 3월 공산당 권력 독점을 포기하고 다당제를 인정했다.

하지만 이러한 체제 개혁을 위한 여러 노력에도 불구하고 국민들 사이에서 고르바쵸프의 인기는 점점 하락했다. 비록 일부 여론조사에서는 1990년 봄에도 여전히 고르바쵸프가 상당한 인기를 누리고 있는 것으로 나타났지만, 1989년 이후 그에 대한 대중의 지지 정도는 분명 전보다 못한 것 같았다. 그것은 무엇보다도 경제개혁이 당장의 효과를 가져다주지 못했고, 또 정치적 민주화도 옛 공산당 인사들이 여전히 정치 기구를 지배하는 등 실질적인 결과가 뚜렷하지 못했기 때문이었다. 이러한 지지율 하락은 고르바쵸프의 고무로 1989년까지 심화된 글라스노스티(glasnost'), 즉 개방 정책에 의해 역설적으로 더욱 빠르게 진행되었다.

1987년부터 본격화되기 시작한 글라스노스티는 우선 국가 기구와는 상관없는 비공식적인 결사체의 폭발적 증가를 가져오는 데 큰 역할을 했다.

1970년대부터 1980년대 초에 등장하기 시작한 이들 단체는 처음에는 환경 보호, 역사 유적 보존, 예비군의 권리 같은 비정치적인 분야에서 활동했다. 이들은 글라스노스티에 고무되어 1986년 이후 급증했고, 아동과 여성의 권리, 사회주의 비판, 스탈린 테러 희생자 기념사업 등과 같은 문제들을 포괄했다. 파먀티(pamyat', 기억) 같은 극우단체까지 포함해 1990년까지 전국적으로 이러한 조직은 수만 개에 이를 정도가 되었다.

이와 함께, 1987년부터 소련 역사의 과거사에 대한 재평가 작업이 활발하게 이루어졌다. 스탈린 테러의 희생자들이 복권되고, 집단화와 공업화, 제2차 세계대전 같은 소련 역사의 주요한 계기들이 주로 소련 사회에 미친 부정적 영향을 중심으로 새로 평가되었다. 문학을 비롯한 예술 분야에서는 금지된 작품들이 잇달아 해금되고, 언론은 매춘, 범죄 등 이전에는 다루지 못한 주제들을 솔직하게 취급할 수 있게 되었다. 그 결과 지난 시절 소련의 정치와 사회를 좌지우지했던 공산당과 사회주의 이데올로기의 정당성 및 도덕적 권위는 완전히 땅에 떨어지게 되었고, 이는 결과적으로 공산당과 그 이데올로기에 의존하고 있던 고르바쵸프의 몰락에 크게 기여했다.

동유럽 사회주의 정권의 몰락과 소련의 해체

고르바쵸프의 개혁은 동유럽 사회주의 정권의 몰락도 촉진했다. 특히 그의 '신사고' 정책은 브레즈네프 독트린의 폐기를 가져오면서 이제 소련의 개입을 두려워하지 않게 된 동유럽 국가들의 변혁을 가져오는 결정적 계기가 되었다. 1989년 봄 폴란드의 연대노조는 자유로운 의회 선거 덕분에 압승을 거두었고, 공산주의자들과 연합하여 동유럽 최초의 비공산당계 연립정부를 출범시켰다. 이 연대노조의 승리는 그 후 동유럽 블록 전체를 산산조각 나게 하는 일련의 동유럽 혁명을 초래했다. 수십만 명의 사람들이 참여한 몇 주간의 시위와 농성으로 같은 해 11월에는 동독 정부가 무너지면서 베를린 장벽이 거의 30년 만에 철거되었다. 12월 초에는 체코슬로바키아에서 다시 소요가 일어나면서 공산당 정권이 붕괴하고 저명한 반체제 인사 바츨라프 하벨(Václav Havel)이 주도하는 '벨벳 혁명'이 완수되었다. 헝가리는 다당제로 나아가기 시작했고, 불가리아에서도 공산당 지도부가 퇴진하고 개혁적 정부가 출범했다. 루마니아에서는 체아우셰스쿠(Nikolae Ceauçescu)가 끝까지 권력을 고수하다 대중 봉기로 무너지면서 유혈사태 속에서 1989년 12월 말 그 자신이 전격 처형되는 비극을 감수해야만 했다.

이와 같은 동유럽 국가들의 급격한 변화는 동유럽과 소련의 전통적인 동맹관계의 해체를 가져왔다. 동유럽 국가들은 이제 바르샤바 조약이라는 국제 조직에 더 이상 머무르지 않으려고 했다. 1990년 1월에 헝가리와 체코슬로바키아가 자국 영토 내에서 소련군의 철수를 요구했고, 1990년 6월에는 조약국 7개국이 모스크바에 모여 유럽 정세의 변화에 따른 조약의 역할을 재검토했다. 그리하여 마침내 1991년 2월 말 조약국들은 1955년에 성립한 군사동맹을 3월 31일까지 완전히 해체하기로 결정했다. 이것은 서방측의 시각으로는 제2차 세계대전 이후 시작된 동서 간의 냉전체제가 수명을 다했음을 보여주는 상징적인 사건이었다. 하지만 소련측의 시각으로는 소련이라는 냉전의 한 축이었던 거대 강국이 실제로는 세계사적 변화에서 아무런 역할도 할 수 없는 무력한 존재에 불과하다는 것을 보여주는 것이었다. 고르바쵸프는 새 통일 독일이 NATO에 가입하는 것을 어떻게든 지연시키거나 막아보려고 했지만 결국 1991년 7월에 이를 허용하고 말았다. 그리하여 고르바쵸프의 반대자들은 그의 '신사고' 정책 때문에 동유럽에서 국가의 위신이 크게 추락했으며 독일을 가로질러 폴란드 국경까지 서방의 영향력이 증대함으로써 국가 안보가 위험에 빠졌다고 그를 비난했다.

한편 1990년대에 들어서면서 소련 경제의 위기가 본격화되기 시작했다. 공식 수치에 따르면 경제는 1989년까지는 아주 나쁘지 않은 듯 보였다. 소련의 국민총생산(GNP)은 전년도에 비해 3%, 국민소득은 2.4% 성장했으며 국가 예산의 적자폭도 상당히 줄어들었다. 하지만 이 수치는 원계획을 밑도는 것이었고, 일관성 없는 개혁 노력으로 일반 국민들이 느끼는 생활의 어려움은 훨씬 컸다. 이에 따라 경제에 대한 국민의 불만은 점점 고조되어 갔고, 이것은 이 시기 30% 이상이나 급격히 증가한 범죄가 보여주듯이 치안 불안에 대한 불만과 결합하면서 1989년 마침내 일련의 심각한 소요를 야기하는 지경에까지 이르렀다. 소요는 1989년 7월 시베리아 서부의 쿠즈바스 탄전 광부들의 파업으로 시작되었다. 그들은 비누 같은 생필품의 부족을 비롯한 노동 조건의 악화에 저항했다. 파업은 쿠즈바스에서 우크라이나와 러시아의 접경지대에 위치한 돈바스로, 그리고 페초라와 카라간다 지역으로까지 확대되면서 무려 18만 건이 발생했다. 특히 돈바스 지역에서는 파업이 경제적인 요구를 넘어 정치적인 성격까지 띠었다. 그들은 비공식적인 노동조합을 결성했고 소비에트 정부에 대한 불만을 터뜨렸다. 고르바쵸프는 이들의 행동을 지지하면서 임금 인상과 노동조건의 개선을 약속했으나 그 약속은 지켜지지 않았다. 1990년 7월 돈바스 광부들은 다시 생활 개선을 요구하면서 파업에 돌입했고 광산의 당 지도자들을 쫓아냄으로써 고르바쵸프 행정부를 더욱 위협했다.

이처럼 1990년까지 경제 상황이 호전되지 않고 오히려 국민의 불만이 조직적인 양상을 띠게 되자 전문가들은 다시 다양한 처방을 내놓았다. 1990년 3월에는 소련 각료회의 부의장 아발킨(Leonid Abalkin)이 주도하는 그룹이 가격 개혁, 독점 금지법, 중앙은행의 창설 등을 내용으로 하는 좀 더 급속한 시장제도의 도입을 주장했고, 5월에는 소련 각료회의 의장 리시코프(Nikolai Ryzkov)가 국가 보조금의 삭감을 주장하는 또 다른 계획을 내놓았다. 이러한 구상들을 바탕으로 1990년 9월에는 5월에 러시아 연방 최고회의 의장직에 선출됨으로써 고르바쵸프의 가장 강력한 정적으로 떠오른 옐친(Boris Yeltsin)의 승인으로 이른바 샤탈린(S. Shatalin) 계획이 입안되었다. '500일 계획'이라고 불린 이 경제개혁안은 전면적인 사유화와 공개 시장의 도입 그리고 가격 자유화를 바탕으로 500일 안에 러시아를 시장 경제로 이행시킨다고 되어 있었다. 그러나 가능하면 사회주의 원리를 고수하고자 하는 고르바쵸프는 가격에 대한 국가의 통제를 중단할 경우 뒤따를 것이 확실한 인플레이션을 우려했고, 이 경제적 고통이 떨어지는 자신의 인기를 더욱더 떨어뜨릴 것이라고 생각했다. 그 결과 원안에서 크게 후퇴하여 공표된 1990년 말의 개혁안도 경제를 회복시킬 수가 없었다. 1990년에 인플레이션은 한 달에 8%를 기록함으로써 퇴직자 및 기타 고정 수입에 의존하는 사람들의 삶 자체를 위협했다. 많은 도시에서 육류와 설탕 등 생필품에 대한 배급제가 도입됨으로써 국민들에게 부족 사태로 힘들었던 스탈린 시대와 제2차 세계대전 시기를 상기시켰다.

경제는 1991년에 거의 파탄 지경에 이르렀다. 1991년 초 소련 정부는 1991년 첫 3개월 동안 소련의 국민총생산이 8% 하락했다고 공표했다. 국민소득은 10%, 노동생산성은 9% 감소했으며 수출과 수입도 큰 폭으로 감소한 것으로 밝혀졌다. 우크라이나와 카자흐스탄과 극북 지역의 광부들이 다시 파업에 돌입하기 시작했고 1991년 3월에는 돈바스와 쿠즈바스 그리고 보르쿠타의 광부 30만 명이 파업 대열에 동참했다. 소련 경제의 전면적인 붕괴가 임박한 것 같았다. 고르바쵸프는 마지막으로 리시코프를 대신하여 1991년 1월에 새 각료회의 의장이 된 파블로프(Valentin Pavlov)가 준비한 새로운 개혁 프로그램에 기대를 걸었다. 1991년 4월에 마련된 이 '파블로프 프로그램'은 제한된 사유화와 임금과 물가, 수요와 공급에 대한 긴밀한 통제, 1년 동안의 파업 금지, 개인 영농의 확대 등을 그 내용으로 했다. 하지만 이 개혁안도 큰 효력을 발휘하지 못했다. 파블로프는 여름까지 경제가 '안정'되고 있다고 말했지만 전반적인 경제 수치는 좋지 않았다. 1991년 첫 6개월 동안 국민총생산은 10%, 국민소득은 12%, 산업생산은 6.2%의 하락을 겪었다. 한 연구자에 따르면 소련의 경제성장률은 1991년 한 해 동안 20%의 마이너스를 기록했다.

이런 치명적인 경제 위기는 소연방 자체의 해체와 거의 동시에 진행되었다. 소련의 소수민족들 사이에 민족주의적 열풍을 가져올 마개를 연 것은 역설적이게도 고르바쵸프의 개혁 프로그램이었다. 무엇보다도 글라스노스티 정책은 과거 연방의 형성 과정에서 발생한 민족들에 대한 억압을 폭로했고, 오늘날 연방에서 민족들이 차지하는 종속적 지위에 대한 비판도 고무했다. 또 작업장에서의 책임과 일반 인민들의 정치 참여를 고취한 민주화 과정도 비러시아인들이 자치를 추구하는 과정에서 그대로 적용할 수 있는 좋은 사례를 제공하는 것이었다.

고르바쵸프는 최고 지도자 자리에 올랐을 때, 브레즈네프 시대에 점점 깊어간 소수민족들의 불만을 해결할 새로운 민족 정책을 제시할 수 있는 인물로 기대되었다. 그는 1955년 대학을 졸업한 후 1971년 당 중앙위원회로 진출할 때까지 여러 인종들이 뒤섞여 사는 카프카스 지역의 스타브로폴에서 관리로 근무했다. 따라서 고르바쵸프는 분명히 기존의 소련 민족 정책에 어떤 결함이 있는지 깨닫지 않을 수 없었을 것이다. 그런데도 고르바쵸프는 민족문제를 어떻게 다룰지 전혀 구체적인 복안이 없었던 것 같다. 고르바쵸프가 권좌에 앉고 얼마 되지 않아 민족문제가 급속히 대두하면서 거의 손쓸 틈도 없이 민족 공화국들이 연방으로부터 이탈한 것은 바로 격화되어가는 민족주의적 요구에 대해 어떻게 대응해야 할지 그 자신이 분명한 관념을 갖고 있지 못했다는 데 일부 원인이 있다 할 것이다.

민족 반란의 첫 조짐은 1986년 12월 고르바쵸프가 장기 집권을 하고 있던 쿠나예프(Dunmukhamed Kunaev)를 해임하고 러시아인인 콜빈(Gennadii Kolbin)을 임명하자 반러시아 폭동이 일어났던 카자흐스탄에서 이미 나타났다. 그 뒤 1988년 2월에는 아제르바이잔 공화국 내의 지역으로 아르메니아계 주민이 대다수를 이루고 있던 나고르노-카라바흐에서 아르메니아인들이 이 지역을 아르메니아로 편입시켜달라고 요구하면서 대대적인 시위를 벌이자, 이에 맞서 아제르바이잔인들이 아르메니아인들을 숨가이트에서 대량 학살하는 인종갈등이 발생했다. 고르바쵸프는 나고르노-카라바흐의 아르메니아 편입을 거부했지만, 마찬가지로 폭력 사태를 종식시키기 위해 아제르바이잔에도 군대를 급파했다. 갈등은 1990년 2월까지 계속되었고, 고르바쵸프의 모호한 태도는 갈등의 당사자인 양국 모두 모스크바에 불만을 갖게 만들었다.

1989년에 분리주의 운동이 가속화되었다. 소수민족과 인종들이 자치권, 나아가 독립과 주권을 요구하는 일이 더욱 빈번해지면서 거의 걷잡을 수 없게 되었다. 우즈베키스탄, 키르기스탄, 카자흐스탄, 타지키스탄, 몰도바, 그루지야, 아르메니아, 아제르바이잔, 발트 3국 등에서 인종대립 때문에 혹은 분리주의 움직임 때문에 대규모 소요가 발생했다. 특히 독립의 선두에 선 나라는 1940년에 소련에 편입된 발트 3국이었다. 소련의 다른 나라들보다 생활 수준이 높았던 이들 세 나라는 고르바쵸프 시대의 이완된 분위기를 민족적 권리를 찾는 데 이용했다. 최초의 주목할 만한 시위는 1987년 8월 독·소협정 48주년 때 이 세 나라 모두에서 발생했다. 1988년 8월부터 11월 사이에는 리투아니아를 필두로 강한 민족주의적 성향을 지닌 '인민전선'이라는 폭넓은 국민들의 동맹이 발트 3국에서 생겨났다. 1989년에는 이와 비슷한 조직들이 카프카스 공화국들과 몰도바에서도 모습을 드러냈다. 이 조직은 일반적으로 페레스트로이카를 지지했으나 전통적인 깃발을 게양하고 종교적, 민족적 휴일을 기념하며 자국 언어를 사용하는 것을 허용하는 등 민족주의적 권리도 적극적으로 행사했다. 또 러시아인들이 자국으로 이주하는 것을 중지하고 자국의 경제에 대한 통제권을 확대해달라고 모스크바에 압력을 가했다. 고르바쵸프 정부의 미온적인 태도에 실망한 발트 3국의 인민들은 1989년 들어서서 차츰 독립적인 자세를 취했다. 그 해 8월에는 독립의 희망을 표출하기 위해 3국을 가로지르는 인간 사슬이 만들어졌고 12월부터는 각국의 공산당이 중앙집권적인 소련공산당과 결별했다. 그리하여 어떻게든 연방을 유지하고 싶었던 고르바쵸프의 노력에도 불구하고 마침내 발트 3국은 1990년 3월 리투아니아의 독립 선언을 계기로 모두 곧 연방에서 사실상 이탈했다.

발트 3국의 독립 선언은 소련 해체의 시발점이었다. 카프카스로부터 중앙아시아에 이르는 다른 민족 공화국들에서도 민족주의 감정이 1990년까지 크게 확산되어, 각 민족 엘리트들의 주도로 공화국들은 모스크바에 대해 실질적인 권력을 획득했다. 이 민족 엘리트들은 공산당을 통해 권력을 장악했으나 그 후 곧 자신들의 정체성을 중앙보다는 공화국에서 찾고자 했다. 이들 나라는 독립의 희망 정도가 각각 다르고 또 발트 3국보다는 전반적으로 허약했으나 모두 자치권의 확대를 원했다는 점에서는 한결같았다. 그리하여 1990년 여름에는 마찬가지로 민족주의 감정이 고양된 러시아 공화국을 포함하여 15개 연방 공화국 전체가 경제적 주권과 천연자원에 대한 통제, 그리고 경제 개발에 관해 스스로 결정할 수 있는 권리가 있다고 선언함으로써 연방 대통령이었던 고르바쵸프를 더욱 궁지에 몰아넣었다. 이러한 혼란의 와중에서 개혁파의 기수로 떠오른 러시아 공화국 대통령 옐친은 소련의 죽음에 결정적 타격을 가했다. 1991년 8월 보수파의 쿠데타 실패를 계기로 고르바쵸프를 몰아내고 권력을 차지한 그는 1991년 12월 말 연방을 완전히 해체하면서, 구소련 구성 공화국 중 발트 3국과 그루지야를 제외한 나머지 11개국으로 훨씬 느슨한 형태의 독립국가연합(SNG)을 출범시켰던 것이다.

몰락 이후, 그리고 소련 사회주의 붕괴의 원인

소련 해체 후 이제 러시아의 새 지도자가 된 옐친은 위기에 빠진 경제를 되살리기 위해 자유시장을 전면적으로 도입하는 급진적인 개혁에 돌입했다. 가격 자유화, 국가 보조금의 철폐, 국영 기업의 사유화 등이 전면적으로 실시되었다. 서방 열강도 러시아의 자본주의화를 도와주기 위해 대규모 자금 지원을 단행했다. 하지만 이와 같은 '체제 전환'의 대가는 혹독했다. 1992~1993년 동안 물가가 166배가 치솟는 등 인플레이션이 엄청났고 실업이 대규모로 발생했다. 1993년에 이러한 경제적 위기와 보수적 의회의 반발을 가까스로 극복한 옐친 정부는 1994년부터 서서히 경제를 안정시키는 데 성공했다. 그러나 옐친 정부는 또다시 1998년에 모라토리움을 선언할 정도로 경제 위기를 겪게 되었다. 또 그 자신과 측근들이 비리와 부패로 얼룩지게 되자 옐친은 1999년 12월 31일 전격적으로 러시아 대통령직을 사임했다. 그 후 실시된 러시아 대선에서 KGB 출신의 푸틴이 대통령에 당선되었고, 그는 2004년 총선거에서 다시 대통령으로 선출되었다. 2008년 5월에는 메드베데프(Dmitrii Medvedev)가 푸틴에 이어 러시아 연방 제5대 대통령으로 취임했다. 이리하여 러시아는 사회주의 실험을 마친 지 십수년 만에 나름대로 안정 궤도에 들어섰다. 이제 러시아는 적어도 일부 서방학자들이 우려하듯, 당장은 야만적인 파시즘 체제로 변모할 것 같지는 않다. 소련 해체 이후 계속되어온 경제적 자본주의화와 정치적 민주화로의 진전은 비록 왜곡된 형태이나마 평화적으로 당분간 계속되지 않을까 전망되는 것이다.

글을 마치기에 앞서 마지막으로 중요한 질문을 던져보자. 왜 소련 사회주의 체제는 궁극적으로 붕괴했는가? 한 저명한 미국인 역사가가 말했듯이, "도대체 무엇이 잘못되었는가?" 역사가들은 그 동안 이 질문을 두고 많은 논란을 벌여왔다. 일부 연구자들은 서방과의 군사적 대결을 본질로 하는 냉전의 압력이 결국 소련의 해체를 가져왔다고 지적한다. 앞에서 보았듯이 소련의 군사비가 상당 수준에 달하고 이것이 소련의 경제적 침체에 일정 역할을 한 것은 부인할 수 없다. 그러나 이것은 소련이 왜 하필 고르바쵸프 시대에 이르러 해체되고 말았는지는 충분히 설명하지 못한다. 군사비의 압력은 서방과의 화해 무드로 냉전체제가 급속히 해체되고 있던 고르바쵸프 시대보다 데탕트 속에서도 군사비의 지출이 적지 않았던 브레즈네프 시대가 훨씬 컸기 때문이다.

이보다 소련 사회주의 붕괴에 좀 더 큰 역할을 한 것은 소련 경제 자체의 비효율성이었다. 급속한 산업화의 와중에서 스탈린 시대에 모습을 드러내기 시작한 이른바 경직된 '행정-명령 체제'는 이후 소련 경제의 본질적인 모습이 되어 그대로 이어졌다. 물론 스탈린 사후 흐루쇼프와 고르바쵸프라는 두 명의 걸출한 개혁가가 나타나 기업이나 지역에 자율성을 확대하는 등 경제를 나름대로 손질하려고 했지만, 이러한 노력은 결국 실패했다. 일부는 경제의 사회주의적 가치와 중앙집권적 계획 경제를 근본적으로 동일시한 지도자들의 시각 때문이고, 일부는 중앙집권적 경제 속에서 자신의 기득권을 신장시키고 있던 당과 정부 관료들의 저항 때문이었다. 이와 관련하여 또 하나 소련의 붕괴에 이바지한 요소로 지적할 수 있는 것은 두 명의 개혁적 지도자 모두 개혁의 지렛대로 공산당이라는 조직에 전적으로 의존했다는 점이다. 이러한 상황은 이미 악명 높은 노멘클라투라에게 스스로 기득권을 포기하라는 역설적인 상황을 야기하는 것이었다. 고르바쵸프는 막판에 공산당의 권력 독점을 포기했지만, 자신의 개혁을 뒷받침해줄 새로운 정치 세력을 형성하기에는 이미 때가 늦었다. 국제적인 경제 상황도 소련의 생존에 결코 유리하지 않았다. 앞에서 보았듯이 1970년대 초의 '오일 쇼크' 이후 소련 경제는 석유의 수출로 국제 무역에서 큰 혜택을 보았다. 하지만 1980년대 이후 세계 석유 가격이 지속적으로 하락하고 특히 1988년 이후 소련의 석유 생산이 30%나 크게 줄어듦으로써 더 이상 이러한 이점은 유지될 수 없었다.

끝으로, 많은 분석가들이 주로 중앙 모스크바의 관점에서 소련의 역사를 이해해왔기 때문에 소련 사회주의 체제의 몰락을 설명하는 데 상대적으로 간과해왔던 요소를 지적해보자. 그것은 소련의 지도자들 중 어느 누구도 연방을 구성하고 있던 비러시아인 민족들의 자치 열망을 제대로 이해하지 못했다는 것이다. 물론 흐루쇼프 이래 소련의 민족들이 일정 정도 문화적 자치와 정치적 독자성을 누려온 것은 사실이다. 하지만 이것은 지역의 비러시아인들이 러시아인들이 지배 민족이고 자신들은 그들에 의해 경제적으로 수탈당하고 있다고 믿는 이상 비러시아인들의 불만을 근본적으로 잠재우기에는 뚜렷한 한계가 있는 것이었다. 게다가 브레즈네프 시기에는 소수민족들에게 러시아어를 강제로 사용하게 하는 등 문화적 자치마저 줄이는 경향이 있었다. 또한 남아 있는 문화적 자치마저 비러시아인들 사이에 소수민족으로서의 정체성을 강화하면서 민족의식을 고양시키는 역설적인 결과를 가져왔다. 그리하여 고르바쵸프의 글라스노스티와 민주화 정책이 비러시아인들 사이에 체제 변화에 대한 열망을 풀어놓자마자 연방으로부터 그들의 이탈은 단지 시간문제인 것처럼 보였던 것이다.

○ 기본문헌

알렉 노브, 『소련경제사』, 김남섭 옮김(창작과비평사, 1998)

1994년 작고한 영국의 저명한 러시아 경제 전문가가 쓴 고전적인 저서로 20세기 러시아 경제의 흐름을 이해하기 위해서는 필수적으로 읽어야 하는 기본 역사서. 20세기 러시아 경제와 관련된 주요 사건, 사상, 정책 및 조직의 변화 등을 날카롭게 분석한다.

브라이언 모이나한, 『20세기 포토 다큐 세계사 3: 러시아의 세기』, 김남섭 옮김(북폴리오, 2007)

사회주의 실험이 행해진 20세기 동안 러시아가 겪은 극적인 파노라마를 300여 장에 이르는 희소한 사진들로 생생하게 재현한 사진집. 모이나한은 여러 가지 흥미로운 일화를 통해 이러한 사진들의 역사적 의미를 좀 더 명확히 설명한다.

헤드릭 스미스, 『새로운 러시아 사람들』, 조정남 옮김(교양사, 1992)

모스크바 특파원을 지낸 미국 기자의 눈을 통해 격동하는 고르바쵸프 시대의 소련 사회의 모습을 잘 살펴볼 수 있는 책.

리처드 스타이츠, 『러시아의 민중 문화: 20세기 러시아의 연예와 사회』, 김남섭 옮김(한울, 2008)

미국의 러시아 문화 연구 전문가가 쓴 고전적인 저서로 지난 한 세기 동안 러시아 인민들이 향유한 문화를 '하급문화'에 초점을 맞추어 세밀히 분석한다.

헬무트 알트리히터, 『소련소사, 1917~1991』, 최대희 옮김(창작과비평사, 1997)

74년간의 소련 사회주의 역사를 당, 국가, 경제와 사회, 민족 및 대외 정책의 네 측면으로 나누어 간명하게 체계적으로 해설한 소련 역사 개괄서.

존 M. 톰슨, 『20세기 러시아 현대사』, 김남섭 옮김(사회평론, 2004)

중도적 입장에서 20세기 러시아 현대사를 체계적으로 다룬 책으로 대학생을 위한 교재용으로 개발되었다.

크리스 하먼, 『동유럽에서의 계급투쟁, 1945~1983』, 김형주 옮김(갈무리, 1994)

제2차 세계대전 후 동유럽 각국이 소련의 지배에 저항해 벌인 여러 투쟁을 서술한 책. 독일, 헝가리, 폴란드, 체코슬로바키아 등의 사례가 실려 있다.

니키타 세르게예비치 흐루시초프, 『개인숭배와 그 결과들에 대하여』, 박상철 옮김(책세상, 2006)

역사적인 스탈린 격하 운동의 시발점이 된 흐루쇼프의 20차 소련공산당 대회의 비밀 보고를 번역한 책. 말미에 이 비밀 보고가 나온 배경과 그 역사적 의미를 명쾌하게 해설하는 옮긴이의 긴 해제가 달려 있다.

Martin McCauley, *The Khrushchev Era, 1953~1964*(Longman, 1995)

스탈린의 유산을 부정하고 소련 체제의 개혁을 도모한 흐루쇼프의 생애를 분석하면서 흐루쇼프 시대의 소련 체제의 모습을 잘 드러낸 책.

David R. Marples, *The Collapse of the Soviet Union, 1985~1991* (Longman, 2004)

소연방이 종국적으로 해체된 고르바쵸프 시대를 시기 순으로 세밀하게 분석한 책.

William Tompson, *The Soviet Union Under Brezhnev*(Longman, 2003)

안정과 정체의 시기로 불리는 브레즈네프 시대를 국내 정치, 대외 정치, 경제, 사회, 문화 등 다양한 각도에서 체계적으로 서술한 책.

○ 참고문헌

노브, 알렉, 『소련경제사』, 김남섭 옮김, 창작과비평사, 1998.

박상철, 「흐루시초프의 비밀 연설: 동기와 배경을 중심으로」, 《러시아 연구》 제14권 제1호(2004).

알트리히터, 헬무트, 『소련소사, 1917–1991』, 최대희 옮김, 창작과비평사, 1997.

톰슨, 존 M., 『20세기 러시아 현대사』, 김남섭 옮김, 사회평론, 2004.

하먼, 크리스, 『동유럽에서의 계급투쟁, 1945–1983』, 김형주 옮김, 갈무리, 1994.

흐루시초프, 니키타 세르게예비치, 『개인숭배와 그 결과들에 대하여』, 박상철 옮김, 책세상, 2006.

Alexeyeva, Ludmilla, *Soviet Dissent: Contemporary Movements for National, Religious, and Human Rights*, Wesleyan University Press, 1987.

Bacon, Edwin & Sandle, Mark(eds.), *Brezhnev Reconsidered*, Palgrave, 2002.

Davies, R. W., *Soviet History in the Gorbachev Revolution*, Indiana University Press, 1989.

Filtzer, Donald, *The Khrushchev Era: De-Stalinisation and the Limits of Reform in the USSR, 1953–1964*, Macmillan, 1993.

Gilbert, F. & Large, D. C., *The End of the European Era, 1890 to the Present*(5th ed.), W. W. Norton & Co., 2002.

Ilič, Melanie, Reid, Susan E. & Attwood, Lynne(eds.), *Women in the Khrushchev Era*, Palgrave, 2004.

Marples, David R., *The Collapse of the Soviet Union, 1985–1991*, Pearson, 2004.

McCauley, Martin(ed.), *Khrushchev and Khrushchevism*, Indiana University Press, 1987.

McCauley, Martin, *The Khrushchev Era, 1953-1964*, Longman, 1995.

Nove, Alec, *Glasnost' in Action : Cultural Renaissance in Russia*, Unwin Hyman, 1989.

Taubman, W., Khrushchev, S. & Gleason, A.(eds.), *Nikita Khrushchev*, Yale University Press, 2000.

Tompson, William, *The Soviet Union under Brezhnev*, Longman, 2003.

Zubkova, Elena, *Russia after the War: Hopes, Illusions and Disappointments, 1945-1957*, M. E. Sharpe, 1998.

Афанасьев, Ю. Н., ред., *Советское общество: Возникновение, Развитие, исторический финал*, Том. 2, Москва, 1997.

Барсенков, А. С. и Вдовин, А. И., *История СССР, 1938-2002*, Москва, 2003.

Кагарлицкий, Борис, *Периферийная империя: Россия и миросистема*, Москва, 2003.

Ко Ка Ён, "Правозащитные ассоциации в СССР в 70-80-е годы XX века", Диссертация МГУ, Москва, 2004.

Курилов, И. В., Михайлов, Н. Н. и Наумов, В. П., сост., *Реабилитация: Политические процессы 30-50-х годов*, Москва, 1991.

Лавренов, С. и Попов, И., *Советский Союз в локальных войнах и конфликтах*, Москва, 2003.

Пихоя, Р. Г., *Советский Союз: История власти, 1945-1991*, Москва, 1998.

제14장

오늘날의 세계화

배영수 서울대 서양사학과

【연표】

1944	미국 브레턴우즈에서 유엔통화금융회의 개최
1945	국제통화기금(IMF) 및 세계은행 출범
1947	관세 및 무역에 관한 일반협정(GATT) 체결
1948~1952	마셜 플랜
1952	제트 비행기 여객수송 서비스 시작
1955	인도네시아 반둥에서 비동맹운동 출범
1956	컨테이너 화물수송 시작, 극초단파 증폭기술 개발
1964	비틀스 미국 공연
1964~1967	케네디 라운드
1971	달러 태환 중지
1973	변동환율제 채택
1973~1974	제1차 석유 파동
1973~1979	도쿄 라운드
1976	G7 출범
1977	가정용 컴퓨터 출시
1979~1980	이란 혁명, 제2차 석유 파동
1982	라틴아메리카 외채위기
1986~1994	우루과이 라운드
1992	유럽연합 탄생, 북미자유무역지대 창설
1994	스페인 마드리드 반세계화 집회
1995	세계무역기구(WTO) 출범, 인터넷 개인 사용자로 확산
1997~1998	아시아 금융위기
1999	미국 시애틀 반세계화 시위
2000	미국 워싱턴 반세계화 시위
2001	중국 세계무역기구 가입
2001~	도하 라운드
2005~	미국 주택시장 침체
2008~	세계 경제위기

2008년 여름에 시작되어 점점 심화된 세계적 경제위기는 1997년에 있었던 외환위기와 그에 따른 고충을 되새기게 만든다. 1997년 가을, 외환위기는 갑자기 들이닥쳐 우리의 일상생활을 뒤흔들어놓았다. 해외로부터 지원을 얻어 위기를 극복하기 위해서는, 무엇보다도 우리의 경제생활을 이른바 '국제 규범'에 맞게 바꿔야 했다. 따라서 기업의 경영을 투명하게 들여다볼 수 있도록 회계제도를 고치고, 기업의 구조를 쉽게 조정할 수 있도록 고용제도를 바꾸는 등 여러 가지 개혁을 추진했다. 그 결과로 수많은 노동자가 구조조정이라는 명분 아래 직장을 잃었고, 일부는 심지어 가정까지 잃는 고통을 겪었다. 그 여파는 2001년 우리나라가 외환위기에서 벗어난 뒤에도 남았다. 계속되는 내수 침체, 높은 실업률, 심화되는 빈부격차 같은 문제점이 고통스러운 경제개혁에도 불구하고 해결되지 않았던 것이다.

이런 사정을 이해하기 위해서는 두말할 나위도 없이 한국 경제를 면밀하게 분석해야 하지만, 그것만으로는 부족하다. 한국 경제가 국제적인 상품 교역과 자본 거래에 크게 의존하고 있으므로, 세계적인 맥락도 고려해야 온전하게 이해할 수 있는 것이다. 외환위기의 실체는 태국을 비롯해 동남아시아에 막대한 액수의 단기 금융자본이 몰려 있었다는 점을 감안해야 정확하게 파악할 수 있다. 외환위기의 여파도 한국의 경제개혁을 세계경제의 변화라는 큰 틀에서 평가할 때 올바르게 이해할 수 있다. 더욱이 외환위기와 경제개혁은 우리나라에서만 일어난 일이 아니다. 그것은 태국, 인도네시아, 말레이시아, 싱가포르에서도 있었고, 1994년에는 멕시코 같은 나라에서도 있었다. 따라서 세계를 무대로 설정할 때, 한국의 경험도 깊이 있게 이해할 수 있다.

이렇게 시야를 넓게 잡으면, 우리나라를 넘어서는 커다란 의문이 떠오른다. 세계화는 세계를 어떤 모습으로 바꾸어놓고 있는가? 그런 변화는 어디서 시작된 것인가? 왜 격렬한 비판과 저항에도 불구하고 계속되는가? 또 그것은 어떤 의미를 지니고 있는가? 이런 의문이 여기서 다루고자 하는 핵심적인 문제점이다.

그런 문제점을 다루기 위해서는, 먼저 세계화나 지구화라는 용어가 어떤 뜻을 지니고 있는지 살펴볼 필요가 있다. 세계화는 기원이 명확하게 밝혀져 있지 않으나, 흔히 알려져 있는 것처럼 1980년대에 나타난 신조어가 아니다. 그것은 이미 1960년대에 미국과 프랑스에서 쓰인 적이 있다. 그러나 당시에는 일반인들은 물론이요 전문가들 사이에서도 관심을 끌지 못했다. 그것은 1980년대에 들어와서 미국 경영학계를 중심으로 자주 쓰이기 시작했는데, 그 의미는 대체로 재화와 용역뿐 아니라 화폐나 채권 같은 금융상품과 그 파생상품도 국경선을 가리지 않고 활발하게 거래되고 그에 따라 세계가 하나의 시장으로 통합되는 현상에 한정되어 있었다. 이후에 벌어진 치열한 논쟁에서, 세계화는 경제 통합에 수반되는 사회적 충격과 정치적 변화, 그리고 문화적 파장까지 포괄하는 의미로 사용되었다.

그래도 세계화란 본질적으로 경제 현상이라는 점을 기억해야 한다. 인도 출신의 경제학자로서 확고한 세계화 지지자인 자그디시 바그와티(Jagdish Bhagwati)는 그것을 전제로 세계화의 개념을 명확하게 규정한다. 그는 세계화에 반대하는 사람들이 흔히 기업과 자본주의에 대한 적대의식과 미국에 대한 반감도 보여주는데, 이는 그들이 세계화와 거기에 연관되어 있는 다른 것들을 구분하지 못하고 한데 뭉뚱그려 비판하기 때문이라고 지적한다. 그 대신, 바그와티는 세계화란 구체적으로 말해 무역과 자본 거래, 그리고 이민의 자유화를 통해 세계경제가 긴밀하게 통합되는 현상이라고 강조한다. 덧붙여서 그것이 교통 · 통신 수단이 발전함에 따라 자동적으로 전개되는 과정이 아니라, 사람들이 정치와 정책을 통해 결정하는 과정이라는 점도 역설한다.

이 개념은 세계화의 전개 과정에 대한 이견을 넘어서는 데 큰 도움이 된다. 일부에서는 세계화가 기술의 발전에 따라 저절로 전개되는 과정이라고 주장하고, 다른 일부에서는 미국 같은 강대국의 의도에 따라 추진되는 프로젝트로 간주하면서 다른 나라들을 무력증에 빠진 환자처럼 취급한다. 이에 관해 바그와티가 말하는 것은 세계화란 결국 사람들이 움직이는 과정, 즉 사람들이 국제적인 개방과 교류에 관해 어떤 결정을 내리고 그것을 실천으로 옮기는 과정이라는 점이다. 이 과정에서는 국가의 존재가 전제되어 있으므로, 세계화는 필연적으로 국가 사이의 갈등과 타협을 수반한다. 사실, 세계화는 개방과 교류를 요구하는 국가와 저항, 편승을 통해 그에 대응하는 국가 사이의 관계에 따라 결정되었다. 그것은 특히 가장 강력한 세력을 지닌 패권 국가의 정책과 그에 대한 다른 나라들의 반응에 따라 좌우되었다. 바꿔 말해, 기술의 발전이나 패권 국가의 정책이 아니라 국가 간의 상호작용이 세계화의 전개 과정에서 관건이었다고 할 수 있다.

그런 견지에서 볼 때, 오늘날 진행되고 있는 세계화에서는 미국의 역할에 주목할 필요가 있다. 미국은 제2차 세계대전이 끝났을 때부터 오늘에 이르기까지 상품과 서비스, 그리고 자본의 자유로운 거래를 중심으로 세계화를 성공적으로 주도해왔다. 그렇지만 그런 주도적 역할에도 불구하고, 세계화를 일방적으로 통제하지 못하고 다른 강대국들을 비롯해 여러 국가와 갈등이나 타협을 벌이며 추진해왔다. 바로 거기에 미국이 주도해온 세계화의 특징이 연관되어 있다.

국제 경제질서의 재편

미국이 제2차 세계대전 이래 세계화를 성공적으로 추진할 수 있었던 것은 무엇보다도 19세기 영국과 달리 미국이 도덕적 모범 대신에 제도적 규범에 호소했기 때문이다. 제도적 규범은 국제통화기금(IMF)과 세계은행(World Bank), 그리고 관세 및 무역에 관한 일반협정(GATT)을 통해 확립되었는데, 이들은 모두 제2차 세계대전의 산물이다. 국제통화기금과 세계은

브레턴우즈 회담에 나온 미국의 해리 덱스터 화이트와 영국의 존 메이너드 케인스.

행은 1944년 7월 미국의 휴양 도시 브레턴우즈(Bretton Woods)에서 열렸던 유엔통화금융회의에서 국제금융의 안정을 위해 설립되었고, 그래서 전후에 등장한 국제 통화제도는 흔히 브레턴우즈 체제라 불린다. 관세 및 무역에 관한 일반협정은 그로부터 3년이 지난 뒤에 무역 자유화를 목적으로 체결되었다. 이 협정은 브레턴우즈 체제와 함께 20세기 후반의 세계화에서 핵심적인 중요성을 지닌다.

이 새로운 금융 · 무역제도는 국제 경제질서를 종래의 블록경제 대신에 문호 개방과 상호 통합으로 이끄는 기능을 지니고 있었다. 국제통화기금은 무엇보다도 각국이 환율을 자의적으로 책정하지 못하게 막기 위해 설치되었다. 블록경제의 해체에 따라 수출보다 수입이 늘어나면, 각국은 달러 같은 국제 통화의 보유고가 줄어드는 것을 막기 위해 외환시장에 개입해 환

552

율을 조정하려는 유혹에 빠질 수 있다. 그에 대비해, 국제통화기금은 회원국에게 달러를 기준으로 환율을 고정하게 하고 달러가 모자라면 달러를 빌려주는 임무를 지니고 있었던 것이다. 또 세계은행은 전후 각국에서 경제를 재건하기 위해 사업을 지원하는 기능을 지니고 있었다. 그것은 '재건과 개발을 위한 국제 은행'이라는 긴 이름 아래, 주로 미국의 민간 은행이 자금을 대부하도록 주선했다. 그리고 '일반협정'은 관세를 인하함으로써 무역을 자유화하자는 취지를 지니고 있었다. 이 협정에 조인하는 국가는 하나의 외국에 대해 어떤 품목의 관세를 가장 낮게 책정하는 최혜국 대우를 하는 경우, 그런 혜택을 다른 모든 외국에도 베풀어야 하는 의무를 진다. 또 혜택을 받은 국가는 그에 상응하는 조치를 취해야 하는 의무를 진다. 따라서 이 협정에는 관세 인하의 압력이 내재해 있었다. 결국 이들 제도는 경제를 재건하는 동시에 낮은 관세와 안정된 환율을 토대로 무역을 확대함으로써 경제의 지속적 성장을 도모하는 장치였다. 그리고 거기에는 무역 자유화에서 시장경제와 사유재산제에 이르기까지 명시적이거나 묵시적으로 경제적 자유를 존중하는 이데올로기가 새겨져 있었다.

왜 그런 제도가 종전 직후에 수립되었는가 하는 것은 2차 대전으로 조성된 상황과 그에 대한 미국의 처방을 살펴보지 않고서는 올바르게 이해할 수 없다. 1945년 8월 전쟁이 끝났을 때 독일이나 일본 같은 패전국은 물론이요 영국과 프랑스 같은 승전국도 주택에서 공장을 거쳐 철도에 이르기까지 막심한 피해를 입었기 때문에, 재건은 절대적인 명제였다. 그러나 어느 나라도 재건에 필요한 자원, 특히 필수적인 생산시설을 스스로 확보할 수 없었다. 그런 상황은 이미 1년 전에 브레턴우즈에서 경제문제를 다루는 회의가 소집되었을 때도 분명하게 보였다. 연합국들은 오래전부터 군수물자를 비롯해 공업제품을 미국에 의존해서 조달했기 때문이다. 따라서 미국은 전후 복구에 미국의 원조가 불가결한 요소라는 점뿐 아니라, 건실한 유럽 경제가 미국의 경제성장에 도움이 된다는 점도 알고 있었다. 문제는 유럽

의 강대국들이 다시 블록 경제로 되돌아갈지도 모른다는 데 있었다. 1929
년에 대공황이 시작된 이래 수입을 억제하기 위해, 강대국들은 관세 장벽
을 높이 쌓고 자국의 세력권을 폐쇄된 경제권으로 만들었다. 더욱이 전쟁
이 끝났을 때 영국과 프랑스는 각각 자국의 식민지를 독립시키지 않고 '연
방'이나 '연합'이라는 이름 아래 세력권으로 묶어두려 했다. 미국이 내린
처방은 영국과 프랑스 등에 대해 원조를 제공하는 대가로 제국주의를 포기
하고 경제를 개방하게 만드는 것이었다. 사실 미국은 대공황의 수렁에 깊
이 빠져 있던 때에 이미 개방 경제로 나아가기 위한 노력을 기울이기 시작
했다. 그것은 1934년에 제정된 상호 무역 협정법(Reciprocal Trade
Agreements Act)에서 뚜렷하게 나타났다. 그 골자는 관세를 책정하는 권한
을 상당 부분 의회에서 행정부로 이전하고, 외국의 관세 인하를 유도하기
위해 행정부가 재량에 따라 미국의 관세를 조정할 수 있게 하는 데 있었다.
바꿔 말해, 미국은 관세 정책에서 행정부가 주도권을 쥐고서 외국과 유연
하게 협상함으로써 다른 나라들이 관세 장벽을 낮추도록 유도하고자 했던
것이다. 브레턴우즈 회의에서 강대국들은 물론 미국의 제안에 저항했지만,
미국의 원조를 거부할 수는 없었다. 더욱이 영국 대표단을 이끌던 경제학
자 케인스(John Maynard Keynes)는 무역 확대가 전후의 경제성장에 중요한
관건이 되리라는 점을 누구보다 잘 알고 있었다. 결국 각국 대표는 개방 경
제와 무역 자유화라는 대의에 동의했다.

새로운 금융, 무역제도는 이른바 경제 논리에 따라 수립되었지만, 정치
논리에서 완전히 해방된 것은 결코 아니다. 그것은 미국이 주도하는 체제
였으므로, 미국이 국제정치에서 자임하는 역할과 설정하는 방향에 따라 좌
우될 수밖에 없었다. 사실 국제정치에 대한 미국의 태도는 2차 대전을 계기
로 극적으로 변했다. 미국은 이미 제1차 세계대전을 통해 군사적으로나 경
제적으로 가장 강력한 국가로 부상했지만, 전쟁이 끝난 다음에는 유럽 문제
에 개입하지 않는 고립주의 외교노선으로 돌아갔다. 따라서 1939년 가을

유럽에서 다시 전쟁이 시작된 뒤에도, 미국인들은 참전 여부를 놓고 고민했다. 여론은 점차 연합국에 동정적인 방향으로 기울어져갔지만, 그것이 미국의 이익에 부합하는 것인지 의문을 제기하면서 고립주의를 강조하는 지식인들도 적지 않았던 것이다. 이런 상황에서 《타임(Time)》 지의 발행인 헨리 루스(Henry R. Luce)는 미국의 참전을 촉구했다. 그는 「미국의 세기」라는 글에서 미래의 세계질서가 2차 대전에서 결정될 것이라고 전망하면서, 미국은 전쟁에 개입해서 미국을 중심으로 세계질서를 재편하기 위해 노력해야 한다고 주장했다. 그가 상정한 질서는 미국이 다른 나라와 자유로이 교역할 수 있도록 자본주의와 민주주의가 널리 확립되어 있는 세계였다. 그의 글은 즉각 책으로 엮어내야 할 만큼 이목을 끌면서, 1941년 겨울 일본이 진주만을 기습하기 전까지 고립주의를 위축시키는 데 기여했다. 루스의 생각은 종전에 따라 후퇴하는 듯 보였다. 미국은 종전과 동시에 소련이라는 새로운 적대 국가를 상대로 안보전략을 수립했기 때문이다. 소련이 미국에 버금가는 군사력을 가진 강대국으로서 미국의 정치·경제체제와 대조되는 공산주의를 확산시키려 했던 반면에, 미국은 소련의 팽창을 봉쇄하면서 자유민주주의와 자본주의를 채택한 국가들 사이에서 결속력을 강화하고자 했다. 이 전략은 한편으로 북대서양 조약기구에서 동남아시아 조약기구에 이르는 군사동맹 체제의 수립으로 나타났고, 다른 한편으로는 1948~1952년에 130억 달러를 제공한—요즈음 가치로 환산하면 1000억 달러에 이르는—마셜 플랜(Marshall Plan)에서 드러나듯이 서독이나 일본조차도 미국에 우호적인 체제를 수립하면 막대한 자금을 지원받을 수 있는 원조계획의 추진으로 나타났다. 미국은 소련에 대립되는 '자유 진영'을 구축하고 거기서 주도적인 역할을 자임했던 것이다. 이런 전략은 미국의 안보정책을 기획하고 총괄하는 국가안보회의(National Security Council)의 공식 문서에서 드러난다. 특히 1950년 봄에 완성된 NSC 68은 전후 외교정책을 전반적으로 검토하고 기본 방향을 다시 설정한 중요한 보고서인데, 여

초기의 제트 여객기인
코메트 1호.

기서 미국은 외교정책의 기본 목표를 "미국의 체제가 존속하고 번영할 수
있는 세계적 환경을 조성하는 것"으로 규정하고, 이에 따라 고립 노선을
폐기하고 "국제사회에 적극적으로 참여해야 할 필요가 있다는 점"을 확인
했다. 따라서 냉전은 '자유 진영' 안에서 무역 확대를 비롯해 미국이 주도
하는 세계화의 진전에 기여하는 의외의 결과를 가져왔다.

  기술혁신도 제도적 장치에 못지않게 전후의 세계화에 기여했다. 이는 교
통·통신수단의 발달에서 가장 뚜렷하게 나타났다. 우선 국제 여행에서 선
박이 비행기로 대체되었다. 비행기는 2차 대전 이후에 민간인의 여행에 이
용되기 시작했지만, 안정성과 경제성 측면에서 장거리 여행에 적합한 수단
으로 여겨지지는 않았다. 그러나 1950년대에 제트 여객기가 개발되자, 비
행기는 순식간에 국제 여행을 독점했다. 예를 들어 비행기를 이용한 미국
의 국제 여행객은 1945년에 48만 명도 되지 않았으나, 1958년에는 477만
명으로, 또 1970년에는 1626만 명으로 급격하게 늘어났다. 이는 공간의 압
축이라는 현상을 가져왔다. 당시에 가장 빠른 교통수단은 철도였는데, 그
속노는 시속 200km를 넘지 못했다. 그러나 제트 여객기는 시속 800km까
지 비행할 수 있었으니, 지구의 면적이 20세기 중반을 전후해서 16분의 1

로 줄어들었다고 할 수 있다. 화물 운송에서는 선박이 여전히 가장 큰 비중을 차지하고 있었는데, 여기서도 중요한 기술혁신이 있었다. 화물을 싣거나 내리는 데는 오래전부터 부두 노동자들의 근력이 필수적인 요소였는데, 한 사람이 처리할 수 있는 물량은 시간당 10톤 내지 15톤을 넘지 못했다. 그러나 1950년대 중반에 컨테이너가 개발되고 또 그것을 하나씩 실어 나를 수 있는 트럭 트레일러가 도입되자, 1인당 처리 물량은 시간당 600톤 내지 700톤으로 40배 이상 급증했다. 통신 부문에서는 이미 1920년대부터 전화가 쓰였지만, 국제 통화에 이용할 수 있을 만큼 안정성과 경제성을 갖추지는 못하고 있었다. 이런 문제는 1956년에 극초단파 증폭기술의 개발로 해결되었고, 그에 따라 25만 건 정도였던 미국-유럽 사이의 통화는 4년 만에 430만 건으로 17배 이상 폭증했다.

이런 변화는 이 시기에 빠른 속도로 성장한 무역을 반영하고 있었다. 영국, 프랑스 같은 승전국은 물론이요 서독, 일본 같은 패전국도 전후 재건에 그치지 않고 지속적 성장을 위해 노력했다. 그것은 무엇보다도 노동자를 비롯해 승리를 위해 희생을 감수한 대중에게 보상하는 방법이었다. 따라서 나라마다 다르기는 해도, 자본주의가 발전한 선진국에서는 대개 임금이 크게 인상되고 사회보장도 확대되었다. 그렇게 해서 늘어난 구매력은 생산과 무역을 자극했고, 그 결과 미국을 포함해 선진국들은 1960년대 말까지 대략 20년 동안 이른바 장기 호황을 누렸다. 그것이 상당 부분 무역 확대 덕분이라는 점에서는 의심의 여지가 없다. 세계 전역에서 국내총생산과 수출이 성장한 속도를 살펴보면, 전쟁과 공황 때문에 많은 나라가 자립경제를 추구했던 1913~1950년에는 국내총생산의 연간 성장률이 1.7%였는 데 비해 수출의 성장률은 0.5%에 그쳤다. 그러나 호황이 지속되었던 1950~1973년에는 국내총생산이 평균 5.3% 성장한 데 비해 수출은 평균 9.9%나 성장했다. 이런 성장세를 이끌고 나간 것은 물론 미국과 서부 유럽, 그리고 일본 사이의 경제 교류와 통합이었다.

문화적 교류도 경제 통합의 진전과 함께 활발해졌다. 최고 강대국 미국의 문화는 미국 상품과 마찬가지로 '자유 진영'에 널리 보급되었는데, 이런 현상은 대중문화, 그중에서도 특히 영화와 음악에서 뚜렷했다. 할리우드에서 제작된 영화는 어디서나 대중을 사로잡았고, 프랑스나 이탈리아의 영화 제작자들도 할리우드를 따라가기 시작했다. 그러나 문화적 교류는 대중음악에서 드러나듯이 결코 일방적인 과정이 아니었다. 로큰롤은 1940년대 미국에서, 그것도 주로 흑인들 사이에서 발전한 장르이지만, 1960년대에 세계 전역으로 확산된 다음에 미국으로 역수입되기도 했다. 이 과정을 이끌고 나간 것은 영국의 록 그룹 비틀스였다. 그들은 미국의 해군 수병들이 영국의 항구 도시 리버풀에 소개한 로큰롤에서 영향을 받아 참신하고 도전적인 음악을 만들어냈다. 더욱이, 처음에 그들의 음악에 심취한 사람들은 영국이 아니라 북부 독일의 항구 도시 함부르크에서 나이트클럽에 출입하던 청년들이었다. 그래도 미국의 음반 제작자들은 비틀스를 과소평가했지만, 1964년 초에 그들의 노래가 유럽 전역을 휩쓸자 미국에서 순회공연을 할 기회를 만들어주었다. 그것은 비틀스를 비롯해 유럽의 대중음악이 미국에 심대한 영향을 끼치는 계기가 되었다. 그리고 음악이라는 공통의 언어는 미국과 유럽을 아우르는 청년문화가 형성되는 데 기여했다. 로큰롤에 들어 있던 저항 정신은 전후에 성장한 청년들, 특히 전후에 크게 늘어난 대학생들이 기성세대와 기존 체제에 대해 갖고 있던 비판적인 태도와 맞아떨어졌던 것이다.

새로운 국제 분업

결국 미국과 서부 유럽은 경제적으로나 문화적으로나 긴밀하게 통합되었는데, 이 관계는 1960년대 말부터 1970년대 말까지 중대한 변화를 겪었다. 무엇보다도 브레턴우즈 체제가 위기에 봉착했다가 변형을 거친 다음에 더욱 확고해졌다. 더욱이, 동아시아에서는 한국을 비롯해 여러 나라들이 산업화에 성공하면서 국제 경제에서 새로운 역할을 수행하기 시작했다. 말하자면, 세계화의 제도적 안정과 공간적 확대가 있었던 것이다.

브레턴우즈 체제는 1960년대 말에 와서 위기에 부딪혔다. 표면적인 위기는 미국이 금을 충분히 갖고 있지 못한 데 있었다. 미국은 브레턴우즈 체제에 참여하는 국가들이 달러를 기준으로 환율을 고정할 수 있도록 달러의 가치를 일정하게 유지해야 했고, 이를 보장하기 위해 언제든 금 1온스를 35달러에 내주는 태환정책을 견지했다. 그러나 미국의 금 보유고는 이미 1950년부터 해마다 대략 2억 달러씩 줄었고, 1958년에는 한 해 동안 무려 25억 달러나 줄어들었다. 따라서 미국은 1960년에 처음으로 외국의 달러 보유고가 미국의 금 보유고를 넘어서는 상황, 다시 말해 태환정책을 유지하기 어려운 상황에 부딪히게 되었다. 더욱이, 그것은 심층적인 위기의 일환이었다. 미국은 무역을 통해 벌어들이기보다는 해외에 투자하는 데 더관심을 기울이고 있었다. 2차 대전이 끝난 다음부터 1960년대 말까지 해마다 무역에서 45억~55억 달러의 흑자를 보고 있었지만, 해외로 유출되는 자본은 1947년 10억 달러에서 1960년 39억 달러로, 또 1970년에는 69억 달러로 늘어났던 것이다. 물론 외국 자본이 미국으로 유입되기도 했지만, 1960년대 말까지 그것은 대부분 단기 자본이었다. 그에 반해 미국에서 유출되는 자본은 대부분 장기 자본이었고, 따라서 미국의 국제수지는 계속해서 악화되고 있었다.

미국은 무역 자유화에서 해답을 찾았다. 케네디 행정부는 1962년 관세 인하를 위한 다자간 협상을 관세 및 무역에 관한 일반 협정 참여국들에게 제안했다. 그런 협상이 이미 다섯 차례나 있었지만, 관세 장벽은 상당히 많이 남아 있었다. 이제 케네디 행정부는 기존 관세를 절반까지 삭감할 수 있는 권한을 의회로부터 확보하고, 그것을 이용해 외국의 관세 인하를 유도

할 작정이었다. 이 케네디 라운드는 1964년부터 1967년까지 계속되었는데, 여기서 미국은 유럽공동시장(European Common Market)을 가장 중요한 문제로 취급했다. 유럽공동시장은 미국이 냉전 전략의 일환으로 추진했던 유럽 통합의 산물이었지만, 미국의 수출품에 대해 공동으로 관세 장벽을 쌓았을 뿐만 아니라 1959년에 정권을 잡은 프랑스 드골 대통령의 영향력 때문에 미국에 대해 냉담한 태도를 보이기도 했기 때문이다. 따라서 협상 결과는 어느 쪽에도 만족스럽지 않았다. 공업제품에 대한 관세는 대부분 사라졌으나, 쿼터를 비롯해 비관세 장벽은 고스란히 남아 있었다. 더욱이, 농산물에 대한 관세와 보조금도 프랑스와 서독을 중심으로 하는 유럽공동시장의 저항 때문에 살아남았다. 최대 수혜자는 오히려 일본이었다. 케네디 행정부는 아이젠하워나 닉슨 행정부와 마찬가지로 일본에 대해 강한 압력을 가하지 않으려 했다. 일본은 소련에 대한 봉쇄 전략의 견지에서 볼 때 동북아시아에서 미국의 가장 중요한 동반자였기 때문이다. 따라서 일본은 공업제품에 대한 관세를 유지하면서도, 유럽공동시장처럼 비관세 장벽과 농산물 보조금을 이용할 수 있게 되었다. 이런 뜻에서 냉전은 미국이 세계화를 추진하는 데 유리한 조건만 만들어준 것은 아니라고 할 수 있다.

더욱이, 1960년대 말에는 미국이 지닌 힘의 한계가 뚜렷하게 드러났다. 대내적으로는 흑인 민권운동을 계기로 빈곤문제를 해결하기 위해 막대한 재원을 투입했는데도 인종 폭동을 방지하는 데 실패했고, 대외적으로는 베트남 전쟁에서 2차 대전에 못지않은 전비를 들이며 막강한 군사력을 동원했는데도 승리를 거둘 수 없었던 것이다. 특히 미국의 경제력은 한계에 도달한 것처럼 보였다. 실업률과 물가고는 떨어지지 않았고, 케네디 라운드도 미국의 기대와 달리 수출 증진으로 이어지지 않았다. 무역 수지는 1960년대 말에 겨우 6억 달러 안팎에서나마 흑자를 유지하다가 잠시 개선되는 듯했으나, 1971년에는 20세기에 들어서 처음으로 적자로 바뀌어 27억 달러에 이르렀고, 다음 해에는 그 액수가 69억 달러로 늘어났다. 따라서 달러에 대한 신뢰가 흔들렸다. 일부에서는 달러의 가치 하락에 대비해 환투기나 금 사재기에 나섰고, 국제통화기금은 달러의 가치를 유지하는 데 필요하다면 미국에 자금을 대부할 수 있도록 대책을 마련했다. 결국 1971년 8월 닉슨 대통령은 달러의 태환을 중지하기로 결정했다. 그것은 달러의 가치 하락을 허용한다는 것을 의미했다. 물론 그는 관세를 일률적으로 10% 인상해 수입을 억제하고 무역 수지를 개선함으로써 달러의 가치를 유지하기 위해 노력했으나, 브레턴우즈 체제의 전제조건을 깨뜨리고 말았다. 따라서 국제통화기금 회원국들도 1973년부터 달러를 기준으로 환율을 고정하던 정책을 폐기하고 변동환율제를 채택했다.

달러의 태환 중단과 변동환율제의 채택은 커다란 변화인데, 그것을 브레턴우즈 체제의 해체라고 해야 할지, 아니면 변형이라고 해야 할지는 논란거리이다. 이 체제가 달러의 가치를 일정하게 유지하고 그것을 전제로 환율을 고정하는 통화제도였다는 점을 감안하면, 해체론은 일리가 있는 견해라 할 수 있다. 사실 그런 통화제도를 운영하는 임무를 띠고 있던 국제통화기금은 이후에 다른 역할을 떠맡았다. 국제수지를 유지하는 데 자금이 필요한 경우에 대부해주던 기능 대신에, 외환위기에 빠진 회원국을 지원하면서 금융과 무역의 자유화를 요구하는 역할을 수행하기 시작한 것이다. 그러나 브레턴우즈 체제가 통화제도 이상의 것이었음을 기억할 필요가 있다. 그것은 앞에서 언급한 것처럼 무역의 자유화를 통해 미국을 중심으로 경제통합을 추진하는 장치였다. 이런 뜻에서 관세 및 무역에 관한 일반 협정도 국제통화기금에 못지않게 중요한 부분이다. 이 점에 비춰보면, 국제통화기금의 역할은 달러의 가치 하락에 따라 수정되었을 뿐이다. 따라서 1971~1973년의 변화는 브레턴우즈 체제의 변형이라 해야 할 것이다.

변형된 브레턴우즈 체제는 국제적 신뢰와 협력 없이는 움직일 수 없었다. 상품이나 자본의 국제적 이동은 환율의 변화에 민감한 반응을 보이기 때문에, 변동환율제에서는 참여국들이 필요에 따라 환율을 조정하면서도 국제적 파장을 고려해야 했던 것이다. 국제적 신뢰와 협력을 위한 장치는 1973~1974년의 석유 파동을 계기로 수립되었다. 서아시아의 석유 수출국들은 달러의 가치 하락에 따라 달러로 표시되어 있던 자산의 가치도 하락하는 데 불만을 갖고 있었을 뿐만 아니라, 미국과 유럽이 아랍 국가들과 전쟁을 벌이는 이스라엘을 지원하는 데도 분노했다. 그들은 석유수출국기구(Organization of the Petroleum Exporting Countries)를 통해 1973년 10월 석유 생산량을 감축하고 이스라엘을 지원하는 국가에 대해 석유 공급을 중단하겠다고 선언했다. 이는 미국을 비롯해 많은 나라에서 유가 폭등과 에너지 위기, 그리고 경기 침체를 가져왔다. 이런 상황을 타개하기 위해 미국은 선진국의 고위 재무관리들을 불러 모아 회의를 열었고, 1975년 프랑스의 지스카르 데스탱 대통령은 여기서 한 걸음 더 나아가 영국, 서독, 이탈리아, 일본과 미국에 6개 선진국 정상의 정기적 회담을 제안했다—이때 프랑스는 드골의 중립 노선에서 벗어나 미국에 협조하면서 해외에서 자본을 유치하기 위해 국제 협력을 추구하고 있었다. 여기에 캐나다도 가담해서 1976년부터 Group of Seven, 즉 G7이 가동되기 시작했다. 이들 국가는 매년 열리는 정상회담을 통해 환율과 무역에서 에너지와 안보에 이르기까지 다양한 주제에 관해 의견을 교환하고 정책을 조정한다. 더욱이, 그들은 세계 인구의 10분의 1을 조금 넘지만 국내총생산을 기준으로 볼 때 세계의 부 가운데 3분의 2를 차지하기 때문에, 결정 사항을 실천에 옮기는 실력을 갖추고 있었다. 따라서 G7은 변형된 브레턴우즈 체제에 필요한 국제적 신뢰와 협력을 제공하는 장치가 되었다.

그런 장치가 있었기 때문에 무역 자유화에서도 의미 있는 진전을 기대할 수 있었다. 선진국들은 1973~1979년에 일본 도쿄에서 또다시 다자간 무역 협상에 돌입했다. 도쿄 라운드라 불리는 이 협상에서 중요한 의제는 공산품에 대한 관세 인하와 비관세 장벽 제거, 농산물 시장의 개방, 안전 기준, 공공 구매, 수출 보조금 등 무역에 관한 각종 규제의 기준 수립 등이었다.

바꿔 말해, 이제 의제가 한 세대 전에 협상의 초점이었던 관세 인하에서 무역에 관한 규제의 완화로 옮겨간 것이다. 그 결과, 도쿄 라운드는 공산품 관세를 더욱 인하하고 비관세 장벽과 수출 지원정책에 관한 기준을 마련하는 성과를 거두었다. 이는 무역 자유화를 향한 의미 있는 진전이었다. 왜냐하면 그 시기에 미국이 경제위기에서 벗어나기 위해 보호주의 정책으로 경도되었고 그에 따라 국제사회에서 점차 '무역전쟁'의 분위기가 고조되고 있었는데, 도쿄 라운드는 그런 경향을 반전시켰기 때문이다. 그래도 농산물 시장의 개방, 무역 분쟁의 해결 절차 등 많은 쟁점이 남아 있었다.

그런 진전도 선진국 사이의 무역에 국한되었고, 선진국과 저개발국가 사이의 관계까지 연장되지는 않았다. 도쿄 라운드가 시작되었을 때, 관세 및 무역에 관한 일반 협정에는 모두 59개 국가가 참여하고 있었고 그들 중 다수는 경제발전에서 뒤떨어져 있었다. 특히 인도, 인도네시아, 이집트 등 2차 대전 후에 독립한 나라들은 빈곤에 빠져 있는 '제3세계'를 대신해 지구의 북반부에 집중되어 있는 선진국들에게 이른바 '남북 문제'를 거론하면서, 그 대책으로 '새로운 국제 경제질서(New International Economic Order)'를 제안했다. 그 골자는 제3세계에 대한 특수한 대우, 즉 저개발국가의 공업제품에 대해 시장을 개방하고 관세를 전반적으로 인하하는 조치를 선진국에 요구하는 데 있었다. 그에 따라 미국을 비롯해 선진국들은 제3세계에 대해 수입을 허용하는 한도를 지정하거나 다른 선진국에 비해 관세를 더욱 낮춰주는 혜택을 제공했다.

그래도 남북 무역은 크게 활성화되지 않았는데, 이는 한편으로 그와 같은 혜택이 일부 품목에 제한되었고, 다른 한편으로 '새로운 국제 경제질서'가 근본적으로 무역 자유화에 상치되는 관념이었기 때문이다. 도쿄 라운드에서 거론된 무역상 혜택은 남북 문제에 관한 원대하고 급진적인 대책의 일부였을 뿐이다. 대책의 전모는 제3세계 국가들이 자국 영토에 있는 외국인의 재산을 자유롭게 국유화하거나 외국 기업의 활동을 국내법에 따라 규제할 수 있고, 석유수출국기구(OPEC) 같은 기구를 만들어 다른 원료 상품의 수출 물량을 조절할 수 있으며, 선진국은 제3세계에 대해 아무 조건도 없이 물자나 기술을 지원해야 한다는 것이었다. 이것은 당시 제3세계를 이끌고 나가던 '비동맹운동'의 산물이었다. 이 운동은 냉전 속에서 미국이 이끄는 '제1세계'나 소련이 이끄는 '제2세계'에 대해 거리를 두고자 한 인도의 네루, 인도네시아의 수카르노, 이집트의 나세르, 가나의 은크루마 등이 1955년 인도네시아의 반둥에서 모인 데서 시작되었다. 그들은 모두 자신들의 나라가 2차 대전을 계기로 제국주의 국가들의 정치적 지배와 경제적 착취에서 벗어났는데도 후진 상태를 모면하지 못하는 현실에 대해 고민했다. 그들이 찾아낸 원인은 제국주의가 남긴 깊은 상처 외에 신식민주의적 종속, 즉 공식적인 독립에도 불구하고 구제국에 종속되어 있는 경제와 문화에도 있었다. 따라서 필요한 것은 과거의 제국의 속죄와 양보, 그리고 신생 국가의 자율성이었고, 이는 석유파동을 계기로 '새로운 국제 경제질서'로 정립되었다. 그것은 도덕적으로 정당한 것이었지만, 정치적으로는 목적 달성에 필요한 수단을 결여한 무력한 방안이었다. 1970년에 오면서 비동맹운동에는 54개국이나 참여하였지만, 인도, 중국, 파키스탄 사이의 상호 견제에서 드러나듯이 상충되는 이해관계를 조정해 연대관계를 구축하는 데 실패했던 것이다. 따라서 거기에 참여했던 아시아와 아프리카의 여러 나라들은 도쿄 라운드 이후에도 무역 자유화를 비롯해 세계화의 조류에 가담하지 않았다.

제3세계에 속하는 라틴아메리카에서도 비슷한 현상이 나타났다. 쿠바가 비동맹운동에 적극적으로 참여했고 브라질이 비공식적 차원에서 동조했던 반면에, 대다수 국가는 선진국과의 관계를 아예 단절하고자 했다. 이들 국가도 문제의 원천이 신식민주의적 종속에 있다는 데 대해 비동맹운동에 공감했다. 그러나 라틴아메리카의 지도적인 지식인들은 마르크스주의에서 커다란 영향을 받았기 때문에 다른 처방을 제시했다. 그들이 보기에 라틴아메리카의 농촌과 어촌, 그리고 광산에서 생산되는 1차 산품은 선진국의 공장에서 생산되는 공업제품보다 훨씬 더 많은 노동력이 필요한 상품이었다. 바꿔 말해, 그것은 공업제품보다 더 큰 가치를 지니고 있었던 것이다. 그런데도 공업제품보다 낮은 가격으로 거래되고 있었는데, 그것은 선진국과 저개발국가 사이의 지배−종속관계 때문이었다. 바로 그런 관계 때문에 라틴아메리카 국가들은 선진국과의 무역에서 이익을 얻기보다는 오히려 손해를 입으며, 그 결과 경제발전에 필요한 자본도 만들어내지 못한다는 것이었다. 라틴아메리카의 발전을 가로막는 것은 결국 1차 산품과 2차 산품의 불평등 교환을 강제하는 세계경제의 구조에 있었다. 그러므로 나중에 '종속 이론'이라고 불리는 이 견해에 따른다면, 필요한 것은 그 구조로 유인하는 무역 자유화가 아니라 무역 억제, 특히 수입 제한이었다. 실제로 라틴아메리카 국가들은 1970년대에도 선진국에 대한 수출을 늘리기 보다는 오히려 선진국으로부터의 수입을 줄이는 방안, 즉 관세 장벽을 높이고 수입을 대체하는 물품을 생산하는 전략을 고수했다. 이 수입 대체 발전전략이 세계화의 조류에 역행하여 특히 경제적 고립과 낙후 상태를 가져왔다는 데 대해서는 따로 설명할 필요도 없다.

반면에 동아시아는 제3세계와 달리 세계화에 합류했다. 한국, 홍콩, 타이완, 싱가포르, 그리고 말레이시아는 이르면 1950년대 말부터, 늦어도 1970년대 초부터 해외 수출에서 활로를 모색했다. 이들 국가는 한국전쟁을 계기로 재기하기 시작한 일본을 선례로 삼아, 저렴하고 풍부하며 열성적인 노동력을 활용해 공업 발전과 수출 증진을 동시에 추구하는 수출 주도 발전전략을 채택했다. 이들은 자본이 부족했기 때문에, 투자 부담이 적은 경공업 부문, 특히 방직업, 의류업, 제화업에 관심을 기울였고, 거기에 필요한 자본은 국내보다는 해외에서, 특히 선진국에서 들여오는 차관이나 외국 기업의 직접 투자를 통해 조달했다. 그리고 미국과 유럽은 동아시아의 차관 내지 투자 요청에 호응했다. 2차 대전 이후에 지속된 장기 호황은 앞에서 언급한 것처럼 높은 수준의 임금 인상을 동반했기 때문에, 미국과 유럽에서는 노동력에 크게 의존하는 이른바 노동집약적인 산업이 이전과 달리 큰 이윤을 내지 못했다. 따라서 선진국들은 많은 노동력이 필요한 공업을 해외로 이전하고, 그 대신 제품을 수입해서 사용하고자 했다. 그 결과, 동아시아의 여러 국가들은 신흥공업국가(Newly Industrializing Countries)로 변신하기 시작했다.

이는 '새로운 국제 분업(New International Division of Labor)'의 형성을 뜻한다. 동아시아 국가들은 저개발국가의 1차 산품과 선진국의 2차 산품이 불평등하게 교환되는 구조, 즉 종속 이론가들이 말하던 전통적인 구조에서 벗어나 공산품을 제조하고 수출했을 뿐 아니라, 놀라운 속도의 경제성장을 달성하며 세계경제의 견인차 역할도 수행했던 것이다. 특히 한국은 경공업에 만족하지 않고 중화학공업에도 도전했다. 세계은행을 비롯해 국제기구와 선진국의 만류에도 불구하고, 1960년대 말에 제철업에 뛰어들었고 1970년대 초부터는 조선, 자동차, 화학, 전자 산업에 집중적으로 투자했다. 그리고 이런 부문에서 거둔 성공은 1980년대에 들어와서 '기적'이라는 찬양을 받으며 산업화의 모범으로 간주되었다. 그러나 거기에는 흔히 간과되는 어두운 이면도 있었다. 노동자들이 적은 임금을 받으며 오랜 시간 노동을 수행하는 희생을 치렀을 뿐만 아니라, 모든 국민이 권위주의 국가의 통제에 시달려야 했다. 한국을 포함해 동아시아의 산업화에서 국가는 전략적으로 중요한 산업 부문을 지정하고 거기에 자원을 집중하는 정책을 수행했는데, 이 '산업정책'은 국민의 생활을 전면적으로 통제할 수 있는 강력한 권위의 산물이었던 것이다.

워싱턴 합의

결국 1970년대에 세계화는 미국과 서부 유럽 사이에 형성된 초국적 경제 (transnational economy)에 동아시아를 통합하는 데까지 진행되었는데, 이 추세는 1990년대 중반까지 확대되고 또 증폭되었다. 라틴아메리카에서 많은 나라가 문호를 개방하고 세계경제에 참여했으며, 유럽과 아시아에서 사회주의 국가들이 체제를 바꾸고 그 뒤를 이었으며, 세계경제는 무역뿐 아니라 자본의 활발한 거래를 통해서도 긴밀하게 통합되었던 것이다.

이런 변화에서 주역은 역시 미국이었지만, 변화의 단초는 기이하게도 미국과 서부 유럽에 저항하던 서아시아의 산유국들이 만들어주었다. 그들은 1973~1974년에 석유 가격을 배럴당 3달러에서 12달러로 4배나 올리면서 생산량을 줄였고, 1979~1980년에는 이란 혁명을 계기로 다시 석유 수출량을 줄였기 때문에 석유 가격을 16달러에서 40달러까지 끌어올렸다. 그에 따라 산유국들은 갑자기 엄청난 규모의 수입을 얻게 되었다. 석유수출국기구의 경상수지는 1974년부터 1981년까지 무려 4500억 달러를 넘는 흑자를 보였는데, 이는 회원국들이 상품을 수입하고 그 대금을 지불하는 등 쓰고 남은 돈이 그만큼 된다는 뜻이다. 이 돈은 거의 모두 미국이나 유럽의 은행에 예치되었다. 그리고 은행들은 미국의 재무부와 국무부의 권고에 따라 개발도상국에 차관으로 제공했고, 그 총액은 1981년까지 2780억 달러로 늘어났다. 대부분은 멕시코, 브라질, 아르헨티나 등 라틴아메리카에 집중되었고, 거기서 제철소나 발전소, 또는 정유시설의 건설 등 공업에 투자되었다. 그런데도 방만한 운영과 만연한 부정부패, 그리고 낮은 교육 수준과 대중에 영합하는 정치권력 때문에, 공업과 경제의 발전은 지체되었다. 반면에 차관에 따르는 이자 부담이 크게 늘어났다. 미국이 산유국들의 예치금이 국내에서 풀려나가 물가를 인상하는 요인으로 작용하지 않도록 이자율을 크게 올렸던 것이다. 따라서 1982년에 와서 라틴아메리카 국가들은 외채 위기에 봉착했다.

위기는 그들 국가가 세계화에 합류하는 계기가 되었다. 멕시코를 비롯해 라틴아메리카 국가들은 먼저 자금을 더 빌리고 상환 기한을 늦추고자 했다. 그러나 자본시장의 상황은 좋지 않았다. 선진국들은 석유파동 이후 소형차 개발을 비롯해 에너지 절감을 위해 노력했고, 그 결과 석유 소비가 줄어들면서 석유 가격이 1983년에 배럴당 30달러로 떨어졌고 1980년대 후반에는 20달러를 밑돌았다. 이른바 '오일 달러'는 더 이상 얻을 수 없었다. 따라서 멕시코와 브라질 등은 IMF에 구제 금융을 요청했다. IMF는 구제 금융을 제공하는 조건으로 예산 긴축과 물가 억제, 통화의 평가 절하와 금융시장의 개방을 요구했다. IMF는 고정환율제의 운영에 대한 감독 기능을 잃어버린 뒤에, 자유무역의 확대라는 다른 목적을 위해 외환위기의 극복을 지원하면서 시장의 개방과 통합을 유도하는 기능을 발휘하고 있었던 것이다. 결국 라틴아메리카 국가들은 그런 조건을 수용했고, 특히 멕시코는 관세 및 무역에 관한 일반 협정에 가입하기까지 했다.

그것은 시작에 불과했다. 구제 금융으로 한숨을 돌린 국가들은 외채 문제를 해결하기 위해 뉴욕의 채권 시장으로 눈을 돌렸다. 그러나 미국 은행들은 라틴아메리카의 상환 능력을 의심하며 냉담한 태도를 취했다. 라틴아메리카의 지배집단은 1980~1985년에 1000억 달러라는 거금을 미국과 다른 선진국 은행으로 빼돌리면서, 경제위기를 해결하는 대신에 회피하는 태도를 보였던 것이다. 예를 들면 그 기간에 멕시코에서 빠져나간 자금은 멕시코 외채의 절반에 해당하는 규모였다. 따라서 라틴아메리카의 외채 문제를 해결하기 위해서는 특별한 조치가 필요했다. 1985년 미국의 레이건 행정부는 뉴욕의 은행과 국제통화기금과 세계은행 같은 국제기구를 설득해 상환 기간을 연장하는 데 성공했다. 그러나 뉴욕의 은행들은 여전히 소극적인 태도를 보였고, 따라서 외채 위기는 남아 있었다. 결국 1989년 미국의 부시 행정부는 새로운 안을 내놓았다. 그 골자는 채권자들이 외채를 탕감해주고 상환 기한을 연장해주는 반면에, 채무 국가들은 상환이 어려워진 기존 채권 대신에 미국 재무부가 지급을 보증하는 특별한 채권을 제공한다는 것이었다. 조건은 채무 국가들이 예산 긴축과 통화 평가 절하에 그치지 않고 공기업 민영화와 시장 개방을 추진한다는 데 대해 국제통화기금 및 세계은행과 합의한다는 것이었다. 이에 따라 라틴아메리카 국가들은 시장에 대한 개입을 억제하면서 공기업을 개인에게 매각했고, 다른 한편으로 상품 시장과 금융 시장을 개방했다. 그 결과, 내국인의 투자는 물론이요 외국인의 투자도 늘어나면서 외채 위기가 해소되고 경기가 회복되었다. 따라서 라틴아메리카는 더욱 심각해진 빈부격차를 안고 세계경제에 통합되었다.

새로운 제안에 들어 있던 채무 국가의 이행 조건은 곧 '워싱턴 합의(Washington Consensus)'로 불리기 시작했는데, 그 아래에는 케인스 경제학과 다른 관념이 자리잡고 있었다. 워싱턴 합의가 형성되던 1980년대에 미국에서는 레이건 대통령이 규제 완화, 세금 감면, 복지 축소와 노동시장 유연화, 그리고 정부의 직접 개입 대신 중앙은행을 통한 통화 조절과 경제 운영을 역설하고 있었다. 요점은 한마디로 말해 경제성장을 위해서는 수요 확대보다 공급 확대를 강조해야 한다는 것, 바꿔 말해 기업이 더 많은 것을 만들어내고 그래서 더 많은 일자리가 생기도록 도와줘야 한다는 것이었다. 이는 대공황 시대에 케인스가 경기 회복을 위해 고용과 수요를 확대해야 한다고, 그러기 위해 정부가 재정 적자를 무릅쓰더라도 투자를 늘리면서 시장에 적극적으로 개입해야 한다고 주장한 것과 배치되는 견해였다. 그 토대는 1976년도 노벨 경제학상 수상자 밀턴 프리드먼(Milton Friedman)이 만들어주었다. 그는 통화정책과 자유시장의 신봉자로서, 저술과 강연을 통해 경제에 대한 정부의 개입을 최소한도로 억제하면 '보이지 않는 손'이 수요와 공급을 조절하면서 경제성장에 기여할 것이라고 역설했다. 이는 그로부터 200년 전에 애덤 스미스가 말했던 원리로 되돌아가자는 것이었고, 그런 뜻에서 신자유주의로 알려졌다. 이런 견해에는 1980년대에 영국 정부를 이끌었던 대처 수상도 공감했다. 그도 국가 개입을 축소하고 기업 규제를 완화하며 근로의욕을 고취하는 데서 시장기제의 활력과 경제성장의 동력을 찾았다. 그래서 레이건은 대처와 함께 미국과 영국의 경제는 물론이요 세계 전역의 경제까지도 신자유주의적 원칙에 따라 개혁하고자 노력했던 것이다.

워싱턴 합의와 신자유주의적 개혁은 아무도 예상하지 못했던 지역으로도 전파되었다. 소련과 '공산 진영'은 1980년대 초부터 심각한 경제적 난관에 봉착했다. 소련은 이미 1970년대부터 소비재의 부족과 경제성장의 둔화라는 문제에 부딪혔지만, 석유파동과 유가 인상 덕분에 크게 늘어난 석유 수출대금으로 문제를 덮어둘 수 있었고 또 같은 문제에 부딪힌 동맹국들을 도와줄 수도 있었다. 그러나 석유 가격이 떨어지고 수출 물량도 줄어들자, 사태가 몹시 심각해졌다. 미국의 레이건 행정부가 첨단 기술의 이전을 차단하고 무역을 통제하며 군비 경쟁을 유도하는 등, 소련에 대해 압박을 가했던 것이다. 이런 상황에서 고르바쵸프가 정권을 잡고 "더 많은 사회주의"를 외치며 사유재산제와 시장경제의 도입을 시도했다. 그러나 공산당의 저항으로, 식량과 연료의 부족을 비롯해 기초 생활마저 어려워진 사태를 해결할 수 없었다. 결국 그는 서방의 정당제도와 의회제도를 도입하는 정치개혁을 시도했고, 그것은 공산당을 중심으로 형성되어 있던 소련의 권력구조를 해체하는 결과를 가져왔다. 따라서 소련은 1989년 독일의 통일에 동의한 이후에 동부 유럽의 동맹국들에 대한 영향력을 잃었을 뿐만 아니라 자국의 해체마저 막을 수 없었다. 그 결과 소련은 러시아로 위축되었고, 그 과정에서 부상한 옐친은 고르바쵸프가 시도했던 시장경제의 도입을 급격한 방식으로 추진했다. 또 연방에서 독립한 신생국들과 구소련의 동맹국들도 소련과 비슷한 길을 걸었다. 이들 국가는 자본주의로 이행하는 과정에서 대개 '충격요법'에 의존했다. 미국은 체제 이행을 지원하기 위해 경제학자 제프리 삭스(Jeffrey David Sachs)를 비롯해 많은 전문가를 고문으로 파견했는데, 그들은 러시아, 폴란드 등지에서 워싱턴 합의와 신자유주의적 개혁을 전격적인 방식으로 실천하도록 권고했다. 따라서 사회주의 경제의 토대였던 국유재산과 계획경제가 하루아침에 사유재산과 시장경제로 대체되었는데, 이는 소수가 국유재산을 헐값으로 차지하는 반면에 다수가 물가 급등 때문에 생계조차 제대로 잊지 못하는 사태를 가져왔다. 시간이 흐름에 따라 혼란은 점차 안정으로 바뀌었지만, 비리와 부패는 이전처럼 살아남았다. 그래도 자본주의가 새로운 체제로 자리잡았고, 그것은 구소련과 '공산 진영'을 미국이 주도하는 초국적 경제에 통합해 세계화에 합류하게 해주었다. 이는 러시아가 1991년부터 G7 회의에 참여하기 시작해 1997년에는 공식적으로 가입했으며, 그래서 G7이 G8으로 변모했다는 사실에서 단적으로 드러난다.

세계화가 미국의 영향력 아래서만 진척된 것은 아니다. 우선 중국이 1970년대 말부터 독자적인 방식으로 세계화에 합류했다. 덩샤오핑은 1976년에 재기한 다음에 중국 공산당을 확고하게 장악하면서, 중국 경제의 낙후 상태를 타개하기 위해 실용주의 노선을 천명했다. "검은 고양이든 하얀 고양이든 간에 쥐만 잡으면 된다."는 비유에서 드러나듯이, 그는 경제발전에 도움이 된다면 계획경제인지 시장경제인지 가리지 않고 어떤 조치든 채택했다. 더욱이, 고르바쵸프처럼 체제를 전체적으로 개혁하지 않고, 생산현장에서 효과가 입증된 단편적인 조치를 점진적으로 확대해나가는 접근방법을 중시했다. 따라서 중국은 공산당의 지배 아래 공식적으로 사회주의를 표방하면서도 실질적으로는 자본주의를 지향하는 기이한 형태로 경제발전을 시도했고, 그 결과는 성공이었다. 경제는 1980년대 초부터 해마다 9%라는 놀라운 속도로 성장했고, 또 경공업에서 중화학공업까지 다양한 공업이 선도하는 구조로 개편되었다. 그 대가는 물론 컸다. 동부 해안과 내륙지방, 그리고 도시와 농촌 사이의 불균형, 격심한 빈부격차와 환경오염, 만연한 부정부패와 물질주의 같은 부작용을 통제하는 데 실패한 것이다.

그래도 중국의 국내총생산은 중국 화폐의 실질 구매력을 감안할 때 이미 1994년에 3조 달러에 가까운 액수로 성장했는데, 이는 오랫동안 2위 자리를 차지했던 일본을 3위로 밀어내는 규모였다. 그리고 인도는 1991년부터 체제 이행에 들어갔다. 사회주의를 지향한다는 명분으로 사기업을 통제하고 공기업을 육성하며 자립경제를 구축하던 정책을 버리고, 사기업을 지원하고 공기업을 민영화하며 해외 무역과 외국인의 투자를 권장하기 시작했던 것이다. 인도도 중국과 비슷한 부작용을 겪으면서 비슷한 속도의 경제성장을 보여주었다. 인도 화폐의 실질 구매력을 감안할 때 국내총생산이 1994년에 1조 2540억 달러에 이르렀는데, 이는 세계에서 다섯 번째로 큰 규모였다. 그렇지만 중국, 인도 모두 미국에 의지해 경제발전을 달성해왔다. 이들 국가에서 생산된 공업제품은 주로 미국으로 수출되고 거기서 소비되며, 특히 인도는 소프트웨어 개발과 고객상담 전화 서비스를 비롯해 미국 기업의 외주에서도 성장의 동력을 얻는다. 따라서 중국과 인도 역시 미국이 주도하는 초국적 경제에 통합되며 세계화에 합류한 것이다.

　그렇게 해서 세계화의 조류가 1990년대 초까지 아프리카를 제외하고는 사실상 세계 전역을 포괄했을 뿐 아니라, 이 넓은 공간을 더욱 긴밀하게 통합하기도 했다. 긴밀한 통합은 물론 기술, 특히 정보·통신 기술의 발전 덕분이었다. 컴퓨터는 1970년대 말에 오면 작고 값싼 형태로 개발되어 '가정용'으로 전환되었고, 1980년대 초부터는 '개인용'으로 불리면서 널리 보급되기 시작했다. 실제로 컴퓨터는 1976년에 '가정용'으로 4만 대 정도 판매되었으나, 1994년에는 '개인용'으로 4000만 대나 판매되었다. 이는 두말할 나위도 없이 컴퓨터를 움직이는 운영체제와 문서작성 프로그램 등 소프트웨어를 개발한 덕분이기도 했다. 통신 분야에서는 이미 1960년대 후반에 빛을 이용해 신호를 주고받는 기술이 개발되었는데, 1980년대 말에 오면 광학섬유로 만든 케이블이 해저에 설치되어 국제전화에 사용되기 시삭했다. 덕분에 국제전화는 1990년대에 들어오면 20년 전에 비해 거의 10분의

1981년 시판되어 개인용 컴퓨터 시대의 개막을 알린 IBM PC.

1에 불과한 요금으로 사용할 수 있게 되었다. 그와 더불어 인터넷은 1980년대 후반에 미국에서 유럽과 아시아로 연결되었고, 사용자도 1990년대 중반부터 기관에서 개인으로 확대되었다. 사람들을 서로 연결해주는 네트워크가 전례 없이 치밀해졌고, 세계가 그야말로 '지구촌'으로 좁아졌다.

문화적으로도 세계는 더욱 가까워졌는데, 그 중심에는 미국이 자리잡고 있었다. 미국의 뉴스 채널 CNN은 1980년에 탄생한 후 10년도 되지 않아 140개국에서 시청할 수 있을 만큼 성장했다. 성장 비결 속에는 사건 현장을 직접 방문해 취재하고 당사자들의 목소리를 가공하지 않고 전파하는 국제적인 접근방법도 있었다. 그래도 미국의 가치관은 세계적으로 확산되었는데, 거기에 기여한 것은 세계의 대중을 사로잡은 할리우드 영화나 TV 프로그램만이 아니다. 코카콜라와 맥도날드는 세계 어디서나 구할 수 있을 만큼 널리 보급되었는데, 그것들은 음료나 식품에 그치지 않고 미국의 상징으로서 미국의 가치를 전달하는 매체로 간주되었다. 소비자들은 거기서 풍요와 자유, 효율성과 근대성을 느꼈을 뿐 아니라, 낭비와 물질주의, 기존 권위에 대한 도전을 보기도 했다. 더욱이, 미국 문화는 수용자의 자세에 따라 다른 의미로 해석되었다. 디즈니랜드가 1983년 도쿄 부근에서 개장했을 때, 그것은 사실상 미국의 원형을 복사한 형태를 띠고 있었다. 그곳을 방문하는 일본인들에게 중요한 것은 미국의 디즈니랜드를 경험하는 일, 바꿔 말해 전통적 동화의 세계를 근대적 위생처리를 거친 형태로 경험하는 일이었다. 그러나 디즈니랜드가 몇 년 뒤에 파리 근교에서 개장했을 때는 유럽인의 취향에 맞게 변형되어 있었다. 거기서는 유럽인들에게 친숙한 형태와 색상이 많이 사용되어 미국의 원형에 비해 전통적인 요소가 더욱 크게 부각되었다. 결국 미국 문화는 현지인들의 필요에 맞게 변형되기도 한 것이다. 이처럼 상업적인 목적에서 더 많은 사람에게 접근하기 위해 서로 다른 문화를 한데 뒤섞는 이른바 퓨전 문화는 현대의 세계화에서 두드러지게 나타나는 현상이다.

기술이나 문화를 통한 교류는 경제통합을 위한 제도적 노력 속에서 진전되었다. 관세 및 무역에 관한 일반 협정 참여국들은 이미 1982년에 또다시 다자간 협상을 개시하기로 했지만, 실제 협상은 4년 뒤에 우루과이에서 시작되었다. 이번에는 관세와 비관세 장벽에서 농산물과 서비스와 지적 재산권을 거쳐 협정 자체에 이르기까지 무역정책에 관한 쟁점이 거의 모두 거론되었다. 따라서 협상은 상당한 시간이 걸릴 것으로 예상되었는데, 특히 농산물과 섬유 및 의류, 그리고 지적 재산권에 관한 이견 때문에 더욱 지연되었다. 그러나 미국의 클린턴 행정부는 세계화가 피할 수 없는 조류라고 역설하며, 진전을 촉구했다. 1994년에 드디어 협상이 끝났을 때, 그 결과는 기대 이상이었다. 무엇보다도 개발도상국들은 선진국들로부터 농업 보조금을 삭감하고 열대지방에서 생산되는 1차 산품과 섬유 및 의류 제품에 대해 시장을 개방한다는 약속을 받았고, 선진국들은 개발도상국들로부터 관세를 일정한 수준 이상으로 인상하지 않고 무역 분쟁 처리기구의 결정을 수용하며 서비스 시장을 개방하고 지적 재산권을 보호하는 데 대해 동의를 얻었다. 그리고 참여국들은 무역에 관한 규칙과 분쟁을 다루는 세계무역기구를 설치하기로 합의했다. 이는 기본적으로 미국의 승리였다. 미국은 다른 국가와 무역 분쟁이 있을 때 국내법을 내세워 일방적으로 제재를 가했으나, 그런 관행을 포기하는 대신 세계무역기구를 통해 문제를 해결할 수 있게 되었다. 더욱 중요한 것은 공산품 관세가 대개 5%로 책정될 만큼 무역 자유화가 진전되었을 뿐만 아니라, 우루과이 라운드에 무려 125개국이 참여함으로써 경제 통합의 범위가 확대되기도 했다는 점이다. 거의 반세기 전에 관세 및 무역에 관한 일반 협정이 출범했을 때 참여국이 23개에 불과했고 관세가 보호주의적 색채를 띠고 있었다는 사실을 기억한다면, 이제 세계경제가 미국을 중심으로 통합되었다고 말할 수 있을 것이다.

경제통합을 위한 제도적 노력은 지역 차원에서도 활발하게 진행되었다. 그것을 선도한 것은 1992년에 탄생한 유럽연합(European Union)이다. 오늘날 4억 6000만 명의 인구에다 미국과 비슷한 경제력을 갖고 있는 이 거대한 기구는 역내 교역에 대해 관세를 철폐하고 역외 무역에 대해서만 관세를 부과하며 단일한 화폐를 사용하는 공동체로서 경제통합의 모범 사례라 할 수 있다. 그 토대는 오랜 기간에 걸쳐 소속 국가들 사이에서 형성된 긴밀한 경제적·문화적 관계에 있지만, 그 위에 쌓아올린 연합이라는 구조물은 그들 사이의 군사적 긴장과 정치적 알력을 극복하려는 노력의 산물이다. 냉전체제가 약화되던 1980년대 중반부터 유럽은 독자적인 세력으로 발돋움하기 위해 노력했고, 그 결과 1992년에 유로화의 도입을 비롯해 경제의 완전한 통합을 규정한 마스트리히트 조약(Maastricht Treaty)을 체결할 수 있었다. 이런 움직임을 주시하고 있던 미국은 1989년 캐나다와 자유무역협정을 체결해 양국 간 무역에서 관세를 철폐하기 시작했고, 1992년에는 여기에 멕시코를 끌어들여 북미자유무역지대(North American Free Trade Area)를 만들었다. 이것은 마스트리히트 조약과 달리 15년 정도의 유효 기간을 갖고 있는 한시적인 협정일 뿐만 아니라 화폐나 관세 등의 측면에서도 통합 수준이 높은 것은 아니었다. 그래도 무역과 금융 측면에서 볼 때 이들 국가는 종래보다 훨씬 더 긴밀한 관계를 맺었다. 이런 추세는 곧 아시아를 비롯해 다른 지역으로도 확산되었다. 더욱이, 최근에는 지리적 거리보다 경제적 관계의 밀도에 따라 자유무역협정이 체결되는 경향도 뚜렷하게 보인다.

현황과 과제

세계무역기구의 창설과 자유무역협정의 확산으로 세계화는 더욱 밝은 전망을 갖게 되었지만, 그때부터 세계화에 대한 비판과 저항이 확산되었다. 그리고 세계화의 문제점도 뚜렷하게 보이기 시작했다. 세계화에 대한 성찰이 필요해진 것이다.

비판과 저항은 우루과이 라운드에서 농산물 시장의 개방이 쟁점으로 부각되었을 때 주목을 끌기 시작했다. 농산물 관세의 인하와 농업 보조금의 삭감은 농산물 시장의 세계적 통합을 의미했기 때문에, 많은 나라에서 농민이 국제적 경쟁에 직접 노출될 뿐 아니라 국민 전체가 위기에 처할 가능성도 거론되었다. 식량은 국제적 갈등에서 무기로 이용될 수 있는 전략적 중요성을 갖고 있었고, 또 대다수 국민에게 뿌리를 생각하게 만드는 정서적 의미를 지니고 있었기 때문이다. 더욱이, 선진국 노동자들도 세계화에 대해 반대한다는 뜻을 보여주었다. 이미 1960년대부터 '새로운 국제 분업'에 따라 일자리가 선진국에서 개발도상국으로 옮겨가기 시작했는데, 이런 추세가 이른바 생산의 세계화로 더욱 심화되었다. 교통·통신 수단의 발달 덕분에 상품의 생산 과정을 멀리서도 통제할 수 있게 되었기 때문에, 선진국 기업들이 생산 과정을 부분적으로나 전체적으로 개발도상국으로 이전함으로써 생산이나 유통에 드는 비용을 절감하기 시작한 것이다. 그 외에 시장 개방에서 위협을 느낀 다른 여러 직업 집단도 세계화에 대해 비판적인 태도를 보였다. 따라서 1994년 국제통화기금과 세계은행의 창설 50주년 기념식을 계기로 스페인 마드리드에서 세계화에 반대하는 사람들이 시위와 집회를 벌였을 때부터, 반세계화 운동은 점점 더 자주 뉴스에 등장하기 시작했다.

그런 움직임보다 세계화의 문제점을 분명하게 보여준 것은 아시아 금융위기이다. 1997년 가을 태국에서 시작되어 인도네시아와 말레이시아, 그리고 싱가포르를 거쳐 한국까지 확산된 외환위기는 자본 거래의 세계화와 무분별한 금융 자유화의 소산이라 할 수 있다. 자본시장의 통합이 진전됨에 따라, 선진국에서 각종 연금이나 투자기금으로 축적된 자본은 국경선을 자유로이 넘나들었는데, 그 가운데 일부는 높은 수익이 기대되는 개발도상국으로 몰렸다. 실제로 개도국에 유입된 민간 자본은 1990년에 400억 달러였으나, 6년 뒤에는 3290억 달러로 급증했다. 문제는 그 대부분이 단기 자금이었는데도 그것을 통제하는 장치가 없었다는 점이다. 사실 1992년 환투기꾼들이 일으킨 영국의 통화위기를 비롯해 부동 자금으로 인한 금융위기는 자주 있었다. 그래서 1981년도 노벨 경제학상 수상자 제임스 토빈 (James Tobin)이 부동 자금에 대한 과세를 제안하는 등 전문가들이 투기를 억제하기 위해 노력했지만, 자유로운 시장에 대한 믿음은 미국을 비롯해 선진국 지도자들 사이에서 종교적 신념처럼 확고했다. 그에 못지않게 심각한 문제는 개도국들이 금융 자유화를 추진하면서 금융기관에 대한 감독까지 완화했다는 데 있다. 태국의 금융기관들이 해외에서 차입한 자금을 부동산 투기꾼들에게 공급하고 한국의 금융기관들이 태국에서 단기 자금을 빌려와 장기 대출로 돌리는데도, 양국 정부는 무슨 일이 벌어지고 있는지도 몰랐다. 따라서 부동 자금이 태국 경제에서 침체 징후를 보고 빠져나가기 시작하자 국제 자본이 모두 시간을 다투며 따라나섰고, 그 파장은 한국까지 밀려왔다.

외환위기를 타개하는 과정에서 세계화의 다른 문제점도 드러났다. 위기에 처한 아시아 국가들에 구제 금융을 제공한 국제통화기금은 이행 조건으로 다시 워싱턴 합의와 신자유주의적 개혁을 요구했다. 더욱이, 자본 거래에 대한 규제 대신에 자본시장의 완전한 개방까지 요구했다. 그런 처방을 동아시아 국가들에 획일적으로 적용하는 것은 옳지 않다고 전문가들이 비판했으나, 국제통화기금은 귀를 기울이지 않고 밀어붙였다. 여기서 드러난 국제통화기금의 권위가 도대체 어디서 오는 것인지, 또 그것이 국민국가의 주권을 침해하는 것은 아닌지, 많은 사람들이 의아하게 생각하기 시작했다. 그래도 외국 자본은 곧 돌아왔고, 따라서 차츰 경제도 인도네시아를 제외하고는 대부분의 동아시아 국가에서 이전 수준으로 회복되었다. 그렇지만 그 동안 여유 자금을 가진 사람들이 30%까지 치솟았던 이자율 덕분에 더 부유해진 반면에, 그렇지 못한 사람들은 실업이나 소득 감소에 대해 걱정하는 이른바 양극화 현상이 나타났다. 그리고 이것은 세계화 반대의 중요한 논거가 되었다. 대중적인 반대운동이 1999년 11월 미국 시애틀과 다음 해 4월 워싱턴에서 절정에 이르렀을 때, 거기서는 국제기구의 비민주적 운영과 빈부격차의 악화에 대한 비판이 뚜렷하게 나타났던 것이다.

세계화 때문에 국민국가의 주권이 위축되지 않는가 하는 의문을 풀기 위해서는 세계화의 현황부터 점검해야 한다. 이제 세계는 한 세기 전보다 훨씬 더 긴밀하게 통합되어 있다. 상품 수출이 세계의 국내총생산에서 차지하는 비중은 1913년에는 7.9%에 불과했으나 1992년에는 17.2%로 증가했다. 21세기에 들어와서 세계화에 합류한 아프리카를 제외하면, 그 비중은 물론 더 커진다. 미국과 일본은 경제 규모가 워낙 크기 때문에 국내총생산에서 수출이 차지하는 비중이 1998년에도 각각 10.1%와 13.4%에 불과하지만, 서부 유럽은 그 비중이 30% 정도이며, 한국은 무려 36.3%나 된다. 자본 거래는 한 세기 전과 비슷한 수준이라고 할 수 있다. 물론 해외 자산이 세계의 국내총생산에서 차지하는 비중은 1914년 17.5%에서 줄어들었다가 1980년에 제자리로 돌아온 다음에 1995년 56.8%로 폭발적으로 늘어났다. 그러나 그중 대부분이 단기 자금이고 또 선진국에 집중되어 있다. 이민은 20세기 말에 숫자가 크게 늘어났는데도, 이주 국가의 인구 가운데서 차지하는 비중을 살펴보면 한 세기 전에 비해 3분의 1 수준으로 오히려 줄어들었다. 과거에는 사람들이 일자리를 찾아 공장이 집중되어 있던 선진국으로 움직였지만, 이제 생산의 세계화로 개발도상국에 건립되는 공장에서 일자리를 얻고 있는 것이다. 따라서 오늘날 세계화는 자그디시 바그와티의 견해와 달리 이민의 자유화를 수반하지 않은 채 무역과 자본 거래의 자유화를 중심으로 진행되고 있다.

그중에서 자본 거래의 자유화는 국민 주권을 침식하는 중요한 요소이다. 아시아 금융위기에서 드러났듯이, 국민국가는 이제 금융시장을 통제하지 못한다. 국제적 금융거래의 폭발적인 성장세를 주도한 것은 1970년대 중반부터 뮤추얼 펀드를 비롯해 다양한 투자기금으로 전환된 미국 중산층의 저축이다. 그 일부는 소수의 부유한 투자가들이 운영하는 헤지 펀드와 함께 단기적인 시세 차익을 추구한다. 이런 단기 자금은 정보·통신 기술의 발전을 이용해 국가가 통제할 수 없을 정도로 빨리 움직인다. 세계의 무역은 상품은 물론이요 서비스까지 포함해도 1997년 한 해 동안 6조 6000억 달러를 기록해서 하루에 평균 250억 달러 정도의 거래 규모를 보여준 반면에, 외환은 하루에 1조 5000억 달러에 가까운 규모로 거래되었다. 이는 1980년대 중반에 비해 8배 정도로 증가한 것이다. 장기 자금은 국민국가에 양보를 요구한다. 세계 전역에서 외국인의 직접 투자는 1980년 5640억 달러에서 10년 뒤 1조 7630억 달러로 313% 늘어났지만, 그로부터 다시 10년이 흐른 2000년에는 5조 9918억 달러로 340% 늘어났다. 이런 자금은 점점 채권보다 주식으로 집중되면서 증권시장을 통해 국경선을 넘나든다. 거기에 필요한 것은 무엇보다도 국제 기준에 맞는 기업 회계와 공개적이고 투명한 경영이다. 따라서 자본을 유치하기 위해, 국민국가는 회계제도의 개선뿐만 아니라 세금 감면과 규제 완화 등 기업에 유리한 환경의 조성도 약속한다.

국민 주권을 침식하는 다른 중요한 요소는 다국적기업 또는 초국적기업이라 불리는 대기업들이다. 그들은 여러 나라에 자산을 보유하고 있으면서 국경을 넘어 사업을 수행한다는 점에서 국적을 초월한 것처럼 보이지만, 대개 본부를 장악하는 경영진이나 본부가 소재하는 국가에 따라 국적이 결정되는 조직이다. 그런 뜻에서 차라리 초국경기업이라 불러야 할 이들 조직은 근래에 세계화의 시대를 맞아 놀랄 만한 속도로 성장해왔다. 예를 들어 1990년에 그 숫자는 3만 5000개였으나 10년 후에는 6만 5000개로 늘었고, 그것도 경제가 이미 발전한 나라보다는 한창 발전하고 있는 나라에서 훨씬 빠른 속도로 늘었다. 그렇지만 가장 규모가 큰 기업들, 특히 수입 측면에서 규모가 큰 기업들은 강대국에 집중되어 있다. 2006년도에 《포천(Fortune)》지에서 선정한 세계 500개 대기업 가운데 3분의 1이 넘는 170개가 미국에, 70개가 일본에, 그 절반 정도의 숫자가 각각 영국, 프랑스, 독일에, 그리고 중국에 20개, 한국에 12개가 분포되어 있는 것이다. 이들 대기업은 막대한 자금과 수많은 인원을 통제하고 있기 때문에, 투자와 고용이라는 측면에서 볼 때 많은 국민국가에 대해 양보를 요구할 수 있는 힘을 지니고 있다. 더욱이, 석유와 자동차에서, TV와 인터넷을 거쳐, 햄버거와 음료수에 이르기까지 여러 부문에서 국경선을 넘어 커다란 영향을 끼친다.

국제기구들이 주권 국가에 행사하는 공식적인 영향력은 세계화 과정의 주도권과 연관되어 있다. 앞에서 살펴본 것처럼 2차 대전 이후에 세계화에서 주도적인 역할을 맡은 것은 미국이며, 다국적기업의 분포에서 드러나듯이 세계화된 경제에서 주도적인 위치를 차지하는 것도 미국이다. 더욱이, 근래에 미국은 냉전 시대와 달리 소련이라는 경쟁 국가의 영향력을 고려할 필요를 느끼지 않기 때문에, 국제관계에서 일방주의적인 자세를 드러낸다. 이는 현재의 부시 행정부에서 특히 뚜렷하다. 그렇다고 해서 부시 행정부가 다자주의적인 협상의 필요성을 무시하는 것은 아니다. 사실 오랫동안 미국은 독자적으로 움직이기보다는 영국과 독일 등 서구 국가와 일본으로부터 동의와 협력을 얻으며 그들과 보조를 맞춰왔다. 이런 기제는 세계화

세계화를 주도하는 국제기구인 국제통화기금의 미국 워싱턴 소재 본부.

를 추진하는 국제기구의 운영에 고스란히 반영되어 있다. 왜냐하면 미국은 19세기 영국과 달리 세계화를 추진하기 위해 제도적 장치를 수립하는 데 주력했기 때문이다. 국제통화기금에서는 가장 중요한 권한을 지니고 있는 이사회가 미국, 일본, 독일, 프랑스, 영국 등 5개국에서 각각 임명하는 5명과 나머지 179개 회원국들이 임명하는 19명으로 구성된다. 이 구조는 회원국이 출연 금액에 따라 투표권을 갖는다는 원칙에 따라 결정된 것이다. 출연 금액을 백분비로 계산해보면, 1% 이상 출연한 회원국은 한국을 포함해서 25개국밖에 되지 않는다. 이들 가운데서도 일본, 독일, 프랑스, 영국 4개국이 4.87%에서 6.04%를 출연한 반면에, 오직 미국의 출연 비율만 16.83%나 된다. 따라서 미국은 나머지 4개국과 함께 38.51%에 달하는 발언권을 행사하며 국제통화기금을 통제한다. 이런 사정은 세계무역기구에서도 비슷하다. 회원국들은 정관에 따라 참여 범위가 제한되는 분쟁조정위원회 같은 것을 제외하고는 장관회의를 비롯해 모든 회의에 참여할 수 있다. 그러나 중요한 결정은 강대국 대표들이 녹색으로 치장된 의장실에 모여서 내린다. 이 '푸른 방' 모임에서 주역은 물론 G8에 속하는 나라들이다.

이것이 오늘날 국제기구의 민주화를 외치는 목소리가 점점 크게 들리는 이유이다.

빈부격차의 악화는 조심스럽게 다루어야 할 주제이다. 세계화에 반대하는 사람들 가운데는, 세계화에서 이득을 보는 것은 부유한 사람들뿐이고 가난한 사람들은 점점 더 가난해진다고 말하는 사람들이 있다. 그러나 이는 사실과 다르다. 유엔무역개발협의회(United Nations Conference on Trade and Development)의 조사에 따르면, 세계의 상품 무역은 1960년 1300억 달러에서 2002년 6조 4141억 달러로 늘어났는데, 그중에서 선진국이 차지하는 비중은 64.7%에서 63.5%로 약간 줄어든 반면에 개발도상국의 비중은 24.7%에서 31.7%로 크게 늘어났다. 또 세계의 서비스 무역은 1980년 3854억 달러에서 2002년 1조 6106억 달러로 늘어났는데, 선진국 비중이 79.1%에서 73.2%로 상당히 줄어든 반면에 개도국 비중은 17.9%에서 22.6%로 꽤 늘어났다. 한마디로 줄이자면, 개도국들은 세계화 덕분에 세계경제에서 더 큰 몫을 차지한 것이다. 그런 경제성장 덕분에 빈곤층은 줄어들었다. 특히 앞에서 언급한 것처럼 수출주도 발전전략을 채택한 동아시아 국가들은 1960년대부터 매년 평균 5~7%의 비율로 경제성장을 계속했고, 그 결과 생계가 어려운 빈곤층을 절반으로 줄일 수 있었다.

더욱이, 개도국 가운데서도 일부 국가는 더 높은 단계의 경제로 발전하면서 국제적 위상의 신장을 경험했다. '새로운 국제 분업'에도 불구하고 1965년 이후 자본주의 국가들 사이의 분업 관계에 근본적인 변동은 없었다. 오늘날에도 미국을 비롯해 선진국들은 첨단 산업에 주력하며 우월한 위치를 차지하는 반면에, 저개발국가들은 1차 산업에 매달리며 열등한 위치에서 빠져나오지 못하고 있다. 그래서 그들 국가는 선진국에 대해 농업 보조금의 삭감과 농산물 관세의 인하 등 이른바 도하 개발 의제를 요구하며 돌파구를 찾으려 하지만, 2001년에 시작된 도하 라운드의 부진한 협상에서 드러나듯이 뚜렷한 진전을 보지 못하고 있다. 그러나 최근에 발표된 어느 연구에 따르면, 이 구조 안에서도 서열의 변동이 있었다. 한국과 싱가포르, 그리고 터키는 예외적으로 많은 계단을 뛰어올랐다. 1965년부터 2000년 사이에 한국은 34위에서 10위로 24계단을, 싱가포르는 33위에서 14위로 19계단을, 터키는 39위에서 24위로 15계단을 뛰어오른 것이다. 이처럼 국제 분업은 세계화 지지자들이 일반적으로 가정하는 것처럼 자유롭고 평등한 관계가 아니다. 그렇지만 세계화 반대자들이 흔히 상정하는 것과 달리, 이미 수립되어 있는 불평등한 관계에 변화를 허용하지 않는 굳은 체제도 아니다. 비유해 말하자면, 그것은 주어져 있는 틀 안에서는 그래도 옮겨 다닐 수 있는 상자사다리라고 할 수 있다.

그래도 세계화 때문에 빈부격차가 악화된다고 할 수 있다. 그것은 밑에 있는 사람들이 위로 올라가는 동안, 위에 있는 사람들은 더 높은 곳으로 올라갈 수 있기 때문이다. 이는 세계화의 본질과 연관되어 있다. 오늘날의 세계화는 미국의 경제체제를 세계로 확산하는 프로젝트에서 시작되었다. 앞에서 살펴본 브레턴우즈 체제는 미국이 2차 대전을 계기로 국제사회에서 적극적인 역할을 담당하기로 결정하면서 수립한 기본 정책의 산물이다. 그 시기에 미국은 지속적 번영을 위해 세계에 미국의 경제체제, 즉 사기업과 자유로운 시장이 주도하는 체제를 전파하고 자유무역을 확립한다는 목표를 설정했다. 그리고 이 목표는 미국이 직접적으로든 국제통화기금이나 세계무역기구 같은 국제기구를 통해서든 간에 오늘날까지 일관성 있게 추구해온 것이다. 물론 미국의 의도가 고스란히 실현된 것은 아니다. 미국은 우방국의 저항이나 적대국의 영향 때문에 양보나 타협을 하지 않을 수 없었다. 그래도 점점 더 많은 나라가 경제를 개방하면서 미국이 주도하는 초국적 경제에 통합되었을 뿐만 아니라, 경제생활을 규정하는 원칙과 제도에서 이른바 '국제 기준'을 수용해왔다. 이런 뜻에서 세계화는 세계의 경제체제를 미국과 닮은꼴로 만들어가는 과정이라고 할 수 있다. 특히 신자유주의는 사회적 약자를 배려하지 않고 시장에서의 경쟁을 강조한다는 점에서,

미국에서도 빈부격차를 더욱 심각한 문제를 만들고 있다. 그것은 빈부격차를 구조의 문제보다는 개인의 문제로 규정하고 자유로운 경쟁을 역설할 뿐이기 때문이다. 바로 그런 이데올로기 위에서 추진되는 개혁이 세계화의 조류를 타고 곳곳에서 중산층을 위축시키며 양극화를 심화시키는 것이다.

빈부격차의 악화는 요즈음 진행되고 있는 세계적 경제위기 때문에 특히 주목할 필요가 있는 현상이다. 위기의 직접적 원인은 널리 알려져 있듯이 2005년 여름에 시작된 미국 주택시장의 침체와 그에 따른 신용 경색에 있다. 미국의 주택시장은 수년 동안 가격이 뛰고 공급이 늘어나는 추세를 보이다가 갑자기 침체기를 맞았고, 그 때문에 주택 구입자금을 지원하는 기업들이 융자금 회수에 어려움을 겪게 되었으며, 그런 기업에 자금을 공급하는 다른 기업들이 부실 채권을 떠안게 되었다. 그 결과, 2007년 여름 미국에서 주가가 급락하면서 주식시장이 침체에 빠졌고, 앞에서 살펴본 세계화 때문에 그 여파는 즉각 전 세계로 확산되었다. 더욱이 2008년 가을에는 미국을 비롯해 많은 나라에서 소비가 위축되는 이른바 실물경제의 침체가 시작되었을 뿐만 아니라, 1929년 대공황을 연상시키는 당혹감과 좌절감, 그리고 비관론까지 자리잡았다. 따라서 각국 정부가 마련한 대책은 금융부문에 공공자금을 투입해 신용 경색을 푸는 데서 시작해서, 최근에는 소비를 진작하기 위해 개인과 가정에 신용을 지원하는 방향으로 옮겨가는 것으로 보인다.

그렇지만 이런 대책으로 실물경제에 활력을 불어넣을 수 있을지는 의심스럽다. 무엇보다도 세계의 소비 중심지인 미국에서 구매력을 확대하기 위해서는, 경기를 부양하는 조치를 넘어 소득 재분배를 지향하는 개혁도 필요한 것으로 보이기 때문이다. 미국의 소득 불평등은 20세기 중반에 조금씩이나마 꾸준히 개선되어 1970년대에는 최상위 20%를 차지하는 가구의 소득이 최하위 20%에 비해 네 배 정도 많았다. 그러나 1970년대 말부터 추세가 역전되어 그 비율이 점점 커지더니, 2003년에는 다섯 배에 가까워졌다. 그에 따라 최상위 20%의 가구가 전체 소득에서 차지하는 비중이 같은 기간에 대략 43.3%에서 49.8%로 크게 늘어난 반면에, 최하위 20%의 비중은 4.4%에서 3.4%로, 또 차하위 20%의 비중은 10.3%에서 8.7%로 뚜렷하게 줄어들었다. 더욱이 이런 추세가 지속되는 동안에도 처음에는 경제가 느린 속도로 성장했지만, 1990년대에 들어와서는 생산성이 크게 향상되는 등 빠른 속도로 성장했다. 바꿔 말하면, 저소득 계층은 지난 한 세대 동안 경제성장에서 거의 혜택을 보지 못한 것이다. 그런데도 지금까지 제기된 대책은 이 점을 간과하고, 소득 불평등을 개선하는 대신에 단지 소비 위축을 방지하는 데 머물러 있다.

　세계화에 수반되는 과제는 문화적 측면에도 있다. 문화적 세계화에 대해 비판하는 사람들은 미국의 대중문화가 세계적으로 확산됨에 따라 다양한 국민문화가 위축되지 않을까 우려해왔다. 그런 우려는 지나친 것이라 할 수 있다. 이미 살펴본 것처럼 문화적 교류는 활발하게 진행되어왔고, 그 과정에서 미국의 가치관이 세계인들에게 친숙해진 것은 사실이다. 그렇지만 할리우드에서 제작된 TV 프로그램을 본다고 해서 세계인들이 미국 문화에 동화되지 않는 것은 한류에 열광한다고 해서 외국인들이 한국 문화에 동화되지 않는 것과 같다. 거기서 보이는 퓨전 문화보다 더 주목해야 할 것은 제도의 변화가 아닌가 싶다. 세계화에 따라 경제 부문을 중심으로 여러 가지 제도가 변경되는데, 거기에는 흔히 행동방식과 사고방식의 변화가 수반된다. 예를 들면, 우리에게 이미 익숙해진 연봉제나 비정규직은 직장에 대한 생각과 행동의 변화를 요청한다. 더욱 중요한 것은 근래에 와서 자본 거래의 세계화가 크게 진척됨에 따라, 증권시장이 세계경제를 선도하는 영향력을 갖게 되었다는 점이다. 왜냐하면 증권시장을 통해 유입되는 국제 자본은 미국에서 드러나듯이 주주의 권익이라는 명분 아래 단기적인 경영 실적을 중시하는 반면에 장기적인 성장 전략을 경시하기 때문이다. 금융시장의 개방과 회계제도의 개선 같은 경제개혁의 결과, 기업은 경영 방식의 변화에 직면한 것이다. 이런 경제개혁의 문화적 함의는 아직 관심을 끌지 못하고 있지만, 세계화의 시대에 잊을 수 없는 과제라 할 수 있다.

이 과제는 역사적 안목에서 볼 때 완전히 새로운 것이라 할 수 없다. 문화적 과제 아래에 자리잡고 있는 '국제 기준'은 오늘날 미국이 역설하고 있지만 원래 유럽에서 형성된 것이다. 그와 같은 서양의 문물이 비서양 세계에 수용되는 과정에서 마찰을 일으킨 것은 어제, 오늘의 일이 아니다. 마찰은 근대와 함께, 정확하게 말해 15세기에 시작된 유럽의 팽창과 함께 바꿔 말하면 이 장의 첫머리에서 규정한 의미에서 세계화와 함께 일어났다. 아프리카와 아메리카는 곧 유럽의 우세한 문명에 제압당해 종속적인 위치에 놓이게 되었지만, 아시아, 특히 동아시아는 발달한 문명 덕분에 오랫동안 독립적인 지위를 유지할 수 있었다. 그렇지만 19세기 중반으로 접어들면, 동아시아도 서양으로부터 종속적인 지위를 강요당하게 되었다. 그때부터 동아시아인들은 기술과 문물에서 서양이 앞서 있지만, 정신적 측면에서는 동양의 고귀한 전통을 따라 오지 못한다고 믿었다. 이런 신념은 널리 알려져 있듯이 동도서기(東道西器), 중체서용(中體西用), 화혼양재(和魂洋材)로 표현되었는데, 거기에는 서양에 대한 경외심이 경멸감과 함께 어우러져 있었다. 동아시아인들은 서양의 우월한 세력에 굴복하면서도 그 아래에는 편협한 이기심과 지칠 줄 모르는 물질적 탐욕 등, 서양인들의 피폐한 정신이 자리잡고 있다고 생각했던 것이다. 이는 간단히 줄이면 옥시덴털리즘이다. 서양인들이 동양을 정복하고 지배하면서 동양인들을 미신과 편견과 본능에 사로잡혀 있는 미개하고 수동적인 존재라고 폄하하면서 오리엔털리즘을 확립했던 것과 마찬가지로, 동양인들 역시 필요에 따라 서양에 대해 일그러진 형상을 구성했기 때문이다. 이렇게 19세기 말에 동·서양 사이에서 마찰을 일으키던 관념들은, 바꿔 말해 이 책의 1장에서 검토하는 시기에 세계화를 계기로 형성된 관념들은, 아직도 살아남아서 TV나 영화에 자주 등장한다.

흥미로운 것은 이런 관념상 마찰이 오늘날에는 그다지 치열하지 않다는 점이다. 물론 마찰의 열기는 지역에 따라 다르다. 동아시아로 논의의 범위를 한정하면, 옥시덴털리즘은 이제 편견으로 간주된다. 특히 오늘날 동아시아에서는 동도서기 같은 어구가 생소한 것으로 취급되기도 한다. 그 이유는 우선 동아시아의 근대화에서 찾을 수 있다. 동아시아에서도 근대화는 나라에 따라 다른 경로로 추진되었다. 한국, 중국, 일본, 세 나라의 역사에서 드러나듯이, 무엇보다도 제국주의와 사회주의 경험 때문에 근대화는 서로 다른 과정이 될 수밖에 없었다. 그래도 동아시아는 20세기 후반에 비약적으로 발전했고, 이제 비서양 세계 가운데서 가장 서양에 가까운 외양을 갖추고 있다. 이렇게 좁혀진 간격은 왜 동양과 서양 사이에 관념상 마찰이 적은지 이해하는 데 도움이 된다.

그에 못지않게 중요한 이유는 차이에 대한 이해가 부족하다는 데도 있다. 동아시아는 미국이나 유럽과 다른 공통적인 특징을 지니고 있다. 겉으로 보기에 공장이나 상점은 서양과 비슷한 모습을 갖추고 있지만, 경제는 미국이나 유럽에서 유례를 찾아볼 수 없을 만큼 정부가 주도적인 역할을 수행한다는 점에서 뚜렷하게 다른 방식으로 움직인다. 따라서 일부 학자들은 '복수의 근대성'을 내세우며 동아시아에서 구현된 근대성이 서양과는 다르다는 점, 정확하게 말해 서양 근대성의 아류(亞流)가 아니라 차라리 그것과 구분되는 변종(變種)으로 간주해야 한다고 주장한다. 그렇지만 그들도 동아시아에 구현된 근대성이 구체적으로 어떻게 다른지, 또 그런 차이가 어디서 오는지 아직 설명하지 못한다. 더욱이 그런 차이가 어떤 의미를 지니고 있는지에 대해서는 거론조차 못하고 있다. 이런 거대한 문제에 대해 해답을 얻을 때야 비로소 세계화에 수반되는 문화적 과제도 더 분명하게 보일 것이다.

○ 기본문헌

서울대학교 미국학연구소 편, 『세계화의 역사와 패권 경쟁』(서울대학교 출판부, 2007)
세계화의 전개 과정을 강대국 사이의 세력 관계에 비춰 해명하려는 논문집이다.

피터 고완, 『세계 없는 세계화』, 홍수원 옮김(시유시, 2001)
세계화가 세계를 지배하려는 미국의 전략에 따라 진행되는 과정이라고 보는 급진
적인 비판서이다.

한스-페터 마르틴 · 하랄트 슈만, 『세계화의 덫』, 강수돌 옮김(영림, 1997)
일반인들이 쉽고 흥미 있게 세계화의 폐단을 이해할 수 있도록 해설한다.

조지프 스티글리츠, 『세계화와 그 불만』, 송철복 옮김(세종연구원, 2002)
IMF를 중심으로 국제기구들의 세계화 접근방법에 초점을 맞추어 비판한다.

다니엘 예르긴 · 조셉 스태니슬로, 『시장 대 국가』, 주명건 옮김(세종연구원, 1999)
시장기제에 대한 국가개입이나 계획경제의 퇴조를 세계적인 추세로 설명하는 입
문서이다.

토머스 L. 프리드먼, 『렉서스와 올리브나무』, 신동욱 옮김(창해, 2003)
일반인을 대상으로 세계화를 기술 발전의 필연적 산물로 설명하는 쉽고 흥미로운
입문서.

데이비드 헬드 · 앤터니 맥그루 · 데이비드 골드블라트 · 조너선 페라턴, 『전지구적 변
환』, 조효제 옮김(창작과비평사, 2002)
세계화를 경제 이외에 정치, 문화, 환경 등 다각도에서 전문적으로 분석했다.

Jagdish Bhagwati, *In Defense of Globalization*(Oxford: Oxford Univer-
sity Press, 2004)

저명한 경제학자가 일반인을 대상으로 세계화의 긍정적 효과를 역설한다.

Alfred E. Eckes, Jr. & Thomas W. Zeiler, *Globalization and the American Century*(Cambridge: Cambridge University Press, 2003)

역사적 시각에서 세계화를 미국의 패권과 연관시켜 설명한다.

Robert O. Keohane, *After Hegemony*, Princeton Classic Ed.(Princeton, N. J.: Princeton University Press, 2005)

2차 대전 이후에 발전한 국제체제를 해명하는 중요한 전문적 연구서로서, 세계화의 제도적 기초를 이해하는 데 도움이 된다.

Martin Wolf, *Why Globalization Works*(New Haven: Yale University Press, 2004)

충실한 자료와 명쾌한 논리로서 세계화의 긍정적 결과를 강조하는 일반적인 입문서이다.

○ 참고문헌

고완, 피터, 『세계 없는 세계화—금융패권을 통한 미국의 세계 지배전략』, 홍수원
　　옮김, 시유시, 2001.

나이, 조지프, 『21세기 미국 파워』, 박노웅 옮김, 한국경제신문사, 1991.

─── , 『제국의 패러독스』, 홍수원 옮김, 세종연구원, 2002.

존슨, 찰머스, 『제국의 슬픔』, 안병진 옮김, 삼우반, 2004.

마르틴, 한스-페터 · 슈만, 하랄트, 『세계화의 덫』, 강수돌 옮김, 영림, 1997.

서울대학교 미국학연구소 편, 『세계화의 역사와 패권 경쟁』, 서울대학교 출판부,
　　2007.

스티글리츠, 조지프, 『세계화와 그 불만』, 송철복 옮김, 세종연구원, 2002.

양동휴, 『세계화의 역사적 조망』, 서울대학교 출판부, 2007.

예르긴, 다니엘 · 스태니슬로, 조셉, 『시장 대 국가』, 주명건 옮김, 세종연구원,
　　1999.

장하준, 『사다리 걷어차기』, 형성백 옮김, 부키, 2004.

케네디, 폴, 『강대국의 흥망』, 이일수 등 옮김, 한국경제신문사, 1988.

퍼거슨, 니얼, 『현금의 지배』, 류후구 옮김, 김영사, 2002.

프리드먼, 토머스 L., 『렉서스와 올리브나무』, 신동욱 옮김, 창해, 2003.

하트, 마이클 · 네그리, 안토니오, 『제국』, 윤수종 옮김, 이학사, 2001.

헬드, 데이비드 · 맥그루, 앤터니 · 골드블라트, 데이비드 · 페라턴, 조너선, 『전지
　　구적 변환』, 조효제 옮김, 창작과비평사, 2002.

Amsden, Alice H., *Asia's Next Giant: South Korea and Late Industrialization*,

Oxford: Oxford University Press, 1989.

Aoki, Masahiko, Kim, Hyung-Ki & Okuno-Fujiwara, Masahiro(eds.), *The Role of Government in East Asian Economic Development: Comparative Institutional Analysis*, Oxford: Clarendon Press, 1996.

Arrighi, Giovanni, *The Long Twentieth Century: Money, Power, and the Origins of Our Times*, London: Verso, 1994.

Bacevich, Andrew J., *American Empire: The Realities and Consequences of U. S. Diplomacy*, Cambridge, Mass.: Harvard University Press, 2002.

Berger, Peter L. & Huntington, Samuel P., *Many Globalizations: Cultural Diversity in the Contemporary World*, Oxford: Oxford University Press, 2002.

Bhagwati, Jagdish, *In Defense of Globalization*, Oxford: Oxford University Press, 2004.

Castles, Stephen, "Nation and Empire: Hierarchies of Citizenship in the New Global Order", *International Politics* 42(2005), 203~224쪽.

Eckles, Alfred E., Jr. & Zeiler, Thomas W., *Globalization and the American Century*, Cambridge: Cambridge University Press, 2003.

Gaddis, John Lewis, *Strategies of Containment: A Critical Appraisal of Postwar American National Security Policy*, Oxford: Oxford University Press, 1982.

Ikenberry, G. John, *After Victory: Institutions, Strategic Restraint, and the Rebuilding of Order after Major Wars*, Princeton, N. J.: Princeton University Press, 2001.

Johnson, Chalmers., *MITI and the Japanese Miracle: The Growth of Industrial Policy, 1925-1975*, Stanford, Calif.: Stanford University Press, 1982.

Keohane, Robert O., *After Hegemony: Cooperation and Discord in the World Political Economy*, Princeton, N. J.: Princeton University Press, 2005.

_____ & Nye, Joseph S., *Power and Interdependence: World Politics in Transition*, Boston: Little, Brown and Co., 1977.

Krasner, Stephen D.(ed.), *International Regimes*, Ithaca: Cornell University Press, 1983.

Maier, Charles S., *Among Empires: American Ascendancy and Its Predecessors*, Cambridge, Mass.: Harvard University Press, 2006.

Ninkovich, Frank, *The Wilsonian Century: U. S. Foreign Policy since 1900*, Chicago: University of Chicago Press, 1999.

Porter, Bernard, *Empire and Superempire: Britain, America and the World*, New Haven: Yale University Press, 2006.

Rasch, William, "Human Rights and the Legal Form of American Supremacy", *Cultural Critique* 54(Spring 2003), 120~147쪽.

Ruggie, John Gerard, "International Regimes, Transactions, and Change: Embedded Liberalism in the Postwar Economic Order", *International Organization* 36: 2(Spring 1982), 379~415쪽.

Wallerstein, Immanuel, *The Politics of World-Economy: The States, the Movements, and the Civilizations*, Cambridge: Cambridge University Press, 1984.

Wolf, Martin. *Why Globalization Works*, New Haven: Yale University Press, 2004.

Woo-Cumings, Meredith(ed.), *The Developmental State*, Ithaca: Cornell University Press, 1999.

Wood, Ellen Meiksins, *Empire of Capital*, London: Verso, 2003.

필자 약력

김남섭

서울대 서양사학과, 서울대 서양사학과 석사, 미국 인디아나 대학 역사학과 박사. 현재 서울과학기술대 기초교육학부 교수. 주요 저서로 『러시아의 민족정책과 역사학』(공저), 『꿈은 소멸하지 않는다: 스파르타쿠스에서 아옌데까지 다시 보는 세계의 혁명가들』(공저), 논문으로 「고르바쵸프 혁명과 스딸린 체제: 글라스노스찌 시대의 역사 다시 쓰기」, 「스딸린 테러와 소련의 강제수용소: 굴라그와 강제 노동의 경제학」, 역서로 「20세기 러시아 현대사」, 「러시아의 민중문화: 20세기 러시아의 연예와 사회」 등이 있다.

김진희

한림대 사학과, 미국 뉴욕 주립대(빙햄턴) 사학과 석·박사. 현재 경희사이버대 미국학과 교수. 주요 저서로 *Labor Law and Labor Policy in New York State, 1920s-1930s*, 논문으로 「1930-40년대 미국 지식인의 대중문화 인식: 뉴욕 지식인들을 중심으로」, 「대공황기 미국인의 정체성과 문화형성: 인민전선문화와 뉴딜연합을 중심으로」, 「뉴딜의 적들」, 「뉴딜 단체협상법의 생성과 변형: 와그너 법에서 태프트-하틀리 법까지」, 「이중적 연방주의에서 협조적 연방주의로: 1930년대 미국 노동법의 변화를 통해 살펴 본 연방주의 변천의 의미와 한계」 등이 있다.

김학이

한국외대 독어과, 서울대 서양사학과 석사, 독일 보쿰대 역사학과 박사. 현재 동아대

사학과 교수. 주요 논문으로 「홀로코스트와 근대성」, 「나치 일상에서의 동의와 이의」, 「나치 경제정책과 자동차산업」, 역서로 『분열과 통일의 독일사』, 『나치스 민족공동체와 노동계급』, 『나치 시대의 일상사』 등이 있다.

류한수

서울대 서양사학과, 서울대 서양사학과 석사, 영국 에식스 대학 역사학과 박사. 현재 상명대 역사콘텐츠학과 교수. 주요 저서로 『러시아의 민족정책과 역사학』(공저), 논문으로 「전쟁의 기억과 기억의 전쟁」, 「제2차 세계대전기 여군의 역할과 위상」, 「20세기 전쟁의 연대기와 지리」, 역서로 『스탈린과 히틀러의 전쟁』, 『2차세계대전사』 등이 있다.

박구병

서울대 서양사학과, 서울대 서양사학과 석사, 미국 LA 소재 캘리포니아 주립대(UCLA) 역사학과 박사. 현재 아주대 인문학부 사학전공 교수. 주요 저서로 『서양문화사 깊이 읽기』(공저), 『제3세계의 역사와 문화』(공저), 『세계의 과거사청산』(공저), 논문으로 「프랭클린 D. 루스벨트의 '선린정책'과 멕시코의 석유 국유화」, 「'해방자'의 꿈과 현실: 볼리바르의 눈에 비친 미국」, 역서로 『라틴아메리카의 근대를 말하다』(공역) 등이 있다.

박상철

서울대 서양사학과, 서울대 대학원 서양사학과 석사 및 박사. 현재 전남대 사학과 교수. 주요 저서로 『스톨리핀과 그의 시대(1906-1911), 체제 변혁기의 보수적 개혁』, 논문으로 「뻬뜨로그라드 소비예뜨의 형성과 혁명세력들」, 「러시아 역사교과서 속의 러일전쟁」, 「흐루시초프의 '비밀연설': 동기와 배경을 중심으로」, 역서로 흐루시초프의 『개인숭배와 그 결과들에 대하여』 등이 있다.

배영수

서울대 서양사학과, 서울대 서양사학과 석사, 하버드대 사학과 박사, 현재 서울대 서양사학과 교수. 주요 저서로 *Labor in Retreat*, 논문으로 「미국은 제국인가?」, 역서로 『미국혁명의 이데올로기적 기원』 등이 있다.

송충기

서울대 서양사학과, 서울대 서양사학과 석사, 독일 보쿰대 박사. 서울대 조교, 강사, 연구원 역임. 현재 공주대학교 사학과 교수. 지은 책으로는 『세계의 과거사 청산』(공저)이 있고, 옮긴 책으로는 『히틀러와 홀로코스트』, 『변화의 변증법』, 『20세기 포토다큐 세계사 4—독일의 세기』, 『옥시덴탈리즘』 등이 있다.

이남희

서울대 서양사학과, 서울대 서양사학과 석사 및 박사. 현재 서울대 여성연구소 책임연구원. 주요 저서로는 『세계의 과거사 청산』, 『유럽 바로 알기』, 『성·사랑·사회』, 『근대화와 동서양』(이상 공저) 등이 있으며, 한국문화콘텐츠진흥원 지원 '우리문화원형의디지털콘텐츠화사업' 중 하나인 '한국근대여성교육과 신여성문화의 디지털콘텐츠 개발' 연구책임자로 일했다.

이용재

서울대 서양사학과, 서울대 대학원 서양사학과 석사, 파리 1대학 사학과 박사. 현재 전북대 사학과 교수. 주요 저서로 『함께 쓰는 역사: 독일과 프랑스의 화해와 역사교과서 개선활동』(공저), 역서로 『유럽의 탄생』, 『폭력에 대한 성찰』, 『앙시앵 레짐과 프랑스혁명』, 논문으로 「엘리제조약을 위하여: 유럽통합과 독일-프랑스 화해의 샛길」, 「알제리전쟁과 프랑스인」, 「갈등의 역사에서 화합의 역사로」 등이 있다.

최승완

이화여대 사학과, 이화여대 사학과 석사, 독일 빌레펠트 대학 역사학과 박사. 현재 이화사학연구소 연구원. 저서로 『한국 지식 지형도: 서양사』(공저), 『대중독재: 강제와 동의 사이에서』(공저), 논문으로 「냉전의 억압적 정치현실: 1950/60년대 서독의 공산주의자 탄압을 중심으로」, 「영화를 통해 본 냉전: 1950/60년대 동독 냉전 영화를 중심으로」, 역서로 『통일과 역사 새로 쓰기: 독일 현대사에서 배운다』, 『냉전이란 무엇인가: 극단의 시대 1945~1991』, 『역사가들』(공저) 등이 있다.

황보영조

서울대 서양사학과, 서울대 서양사학과 석사 졸업 및 박사 수료, 스페인 마드리드 콤플루텐세대 역사학 박사. 현재 경북대학교 사학과 교수. 주요 논문으로 「스페인 내전 연구의 흐름과 전망」, 「프랑코 체제와 대중」 등이 있으며, 『히스패닉 세계』(공역), 『대중의 반역』, 『정보와 전쟁』, 『전쟁의 패러다임』을 번역하였고, 공저로 『대중독재』, 『대중독재의 영웅 만들기』, 『지중해, 문명의 바다를 가다』 등이 있다.

세계화 시대의 서양 현대사

1판 1쇄 펴냄 2009년 8월 25일
신장판 1쇄 펴냄 2010년 8월 31일
신장판 12쇄 펴냄 2023년 2월 3일

지은이 ㅣ 송충기, 김남섭 외
펴낸이 ㅣ 김정호
펴낸곳 ㅣ 아카넷

출판등록 2000년 1월 24일(제406-2000-000012호)
10881 경기도 파주시 회동길 445-3 2층
전화 031-955-9511(편집), 031-955-9514(주문) ㅣ 팩스 031-955-9519
www.acanet.co.kr

ⓒ 송충기, 류한수, 박상철, 김진희, 황보영조, 김학이,
이용재, 최승완, 이남희, 박구병, 김남섭, 배영수, 2009

Printed in Paju, Korea.

ISBN 978-89-5733-190-3 93900